Das neue Recht der internationalen Adoption und Adoptionsvermittlung

Das neue Recht der internationalen Adoption und Adoptionsvermittlung

Einführung · Erläuterung · Materialien

bearbeitet von

Thomas Steiger,

Regierungsdirektor im Bundesministerium der Justiz, Berlin

Bundesanzeiger Verlag

Die Deutsche Bibliothek – CIP-Einheitsaufnahme

Steiger, Thomas:
Das neue Recht der internationalen Adoption und Adoptionsvermittlung : Einführung – Erläuterung – Materialien / Steiger. – 1. Aufl. – Köln : Bundesanzeiger-Verl., 2002
ISBN 3-89817-119-1

Lektorat: Dorothea Venator
Herstellung: Norbert Nickel
Satz: WVG, Werbe- und Verlagsgesellschaft mbH, Grevenbroich
Druck und buchbinderische Verarbeitung: Theissen Druck GmbH, Monheim
Printed in Germany

Vorwort

Die Bundesrepublik Deutschland hat das Haager Übereinkommen vom 29. Mai 1993 über den Schutz von Kindern und die Zusammenarbeit auf dem Gebiet der internationalen Adoption – begleitet von Umsetzungsvorschriften und weiteren Modernisierungsschritten im Bereich der Adoptionsvermittlung und der Wirkungen ausländischer Adoptionsakte – in ihr innerstaatliches Recht übernommen. Betroffene und Fachleute haben darauf schon dringlich gewartet, weil damit entscheidend verbesserte rechtliche Rahmenbedingungen geschaffen werden, um adoptionsbedürftigen Kindern aus aller Welt ein neues Zuhause zu geben.

Auf Fachleute und Betroffene kommt nun die schwierige Aufgabe zu, sich mit dem neuen rechtlichen Ordnungsrahmen der grenzüberschreitenden Adoption vertraut zu machen und diesen zum Wohl der Kinder mit Leben zu erfüllen. Der vorliegende Band möchte dazu eine erste Hilfestellung bieten und mit der Zusammenstellung und Aufbereitung der Gesetzesmaterialien den Zugang zu den neuen Rechtsvorschriften erleichtern. Im Rahmen der Einführung (Teil A) und der ergänzenden Hinweise im Teil B gibt der Verfasser ausschließlich seine persönliche Auffassung wieder.

Ohne die Mithilfe der Mitarbeiterinnen und Mitarbeiter des Referats Internationales Privatrecht im Bundesministerium der Justiz wäre dieses Buch nicht entstanden. Insbesondere danke ich Herrn Ministerialrat Dr. Rolf Wagner und Frau Staatsanwältin Ulrike Janzen für vielfältige selbstlose Unterstützung. Mein Dank gebührt darüber hinaus Herrn Michael Busch, Leiter des Deutschen Zweigs des Internationalen Sozialdienstes, der wertvolle Anregungen für das Gesetzgebungsprojekt und damit zugleich Denkanstöße für Erläuterungen dazu gegeben hat, ferner meinem Freund, Herrn Rechtsanwalt Stefan Michels, von dem die Abbildungen im Text stammen, und der Verlagslektorin Frau Dorothea Venator, die mit Umsicht und Sorgfalt dazu beigetragen hat, die Lesbarkeit des Textes zu verbessern. Danken möchte ich last but not least meiner Frau Janet sowie meinen Eltern für liebevolle Geduld.

Berlin, im Dezember 2001 — Thomas Steiger

Inhalt

Teil B Erläuterungen

Teil C
Anhang

Abkürzungen

Abs.	Absatz
AdÜbAG	Adoptionsübereinkommens-Ausführungsgesetz
AdVermiG	Adoptionsvermittlungsgesetz
AdVermi-Stelle	Adoptionsvermittlungsstelle
AdWirkG	Adoptionswirkungsgesetz
Anh	Anhang
Art.	Artikel
Aufl.	Auflage
AuslG	Ausländergesetz
BayObLG	Bayerisches Oberstes Landesgericht
BayVGH	Bayerischer Verwaltungsgerichtshof
BeurkG	Beurkundungsgesetz
BGB	Bürgerliches Gesetzbuch
BGBl.	Bundesgesetzblatt
BGH	Bundesgerichtshof
BVerfG	Bundesverfassungsgericht
Drucks.	Drucksache
DVAuslG	Durchführungsverordnung zum Ausländergesetz
DVPassG	Durchführungsverordnung zum Passgesetz
EGBGB	Einführungsgesetz zum Bürgerlichen Gesetzbuche
EMRK	Europäische Konvention zum Schutze der Menschenrechte und Grundfreiheiten
Erman	Erman, Handkommentar zum BGB
FamRÄndG	Familienrechtsänderungsgesetz
FamRZ	Zeitschrift für das gesamte Familienrecht
FGG	Gesetz über die Angelegenheiten der freiwilligen Gerichtsbarkeit
GBA	Generalbundesanwalt beim Bundesgerichtshof
GG	Grundgesetz für die Bundesrepublik Deutschland
IPR	Internationales Privatrecht
IPRax	Praxis des Internationalen Privat- und Verfahrensrechts (Zeitschr.)
JVKostO	Verordnung über Kosten im Bereich der Justizverwaltung
MK-BGB	Münchener Kommentar zum Bürgerlichen Gesetzbuch
NJW	Neue Juristische Wochenschrift
Palandt	Palandt, BGB, Kommentar
PassG	Passgesetz
PStG	Personenstandsgesetz
Rdn.	Randnote, Randnummer
SGB	Sozialgesetzbuch
Soergel	Soergel, Kommentar zum BGB

SorgeRÜbkAG	Sorgerechtsübereinkommens-Ausführungsgesetz
StAG	Staatsangehörigkeitsgesetz
StAZ	Das Standesamt (Zeitschr.)
Übk	Übereinkommen
ZfJ	Zentralblatt für Jugendrecht

Teil A

Einführung

I. Grenzüberschreitende Adoptionen und ihre Probleme

Nach den Angaben des Statistischen Bundesamtes (Arbeitsunterlage „Sozialleistungen, Statistik der Kinder- und Jugendhilfe, Teil I, Nr. 5, Adoptionen 2000“, Wiesbaden 2001) übersiedelten im Jahre 2000 878 Kinder zum Zwecke der Adoption aus dem Ausland ins Inland. Tatsächlich dürfte die Anzahl grenzüberschreitender Adoptionsvermittlungen höher liegen, da allein im Herkunftsstaat des Kindes vollzogene (im Inland nicht wiederholte) Adoptionen durch die statistische Erhebung bei den deutschen Gerichten und Adoptionsvermittlungsstellen kaum vollständig erfasst werden können. 1

Von insgesamt 6.373 in Deutschland adoptierten Kindern hatten im Jahre 2000 1.891, d. h. 29,7 Prozent, eine ausländische Staatsangehörigkeit, ohne zugleich Deutsche zu sein. Die bedeutendsten Heimatstaaten waren Russland (232), Polen (129), Vietnam (106), Rumänien (102) und Indien (93). Beschränkt man die Betrachtung auf sogenannte Fremdadoptionen (im Unterschied zu den Fällen der Verwandten- und der Stiefkindadoption), so bildeten Vietnam (92), Indien (86), Rumänien (58), Russland (51) und Brasilien (49) die wichtigsten Heimatstaaten. 2

Insgesamt werden in der Bundesrepublik Deutschland jährlich um die 7.000 Kinder adoptiert; die Tendenz ist rückläufig (2000: 6.373 Kinder nach 7.119 in 1998 und 8.449 in 1994). Weitaus größer als die Anzahl der Adoptionen ist die Gruppe der adoptionswilligen Ehepaare und Einzelpersonen, die sich Ende 2000 auf 13.138 belief. Ihnen standen zum gleichen Zeitpunkt nur 942 Kinder und Jugendliche gegenüber, die im Inland zur Adoption vorgemerkt waren. Dieses Missverhältnis ist eine wesentliche Ursache dafür, dass sich immer mehr Adoptionsinteressenten ausländische Kinder vermitteln lassen oder selbst versuchen, ein Kind im Ausland zu adoptieren. Hinzu kommt der Wunsch adoptionswilliger Paare, gerade einem benachteiligten Kind, das in seinem Herkunftsstaat unter ungünstigsten Bedingungen z. B. in einem Waisenhaus aufwachsen müsste, eine gedeihliche Entwicklung zu ermöglichen. 3

Mit der Anzahl grenzüberschreitender Adoptionen – nicht nur nach Deutschland, sondern vielfach aus der „Dritten“ in die „Erste“ Welt – haben leider auch die Fälle von Kinderhandel, oft begleitet von Kindesentziehung, Personenstandsfälschung und ähnlichen Machenschaften, erheblich zugenommen. Begünstigt wird dies durch Angebote kommerzieller Agenturen, die bevorzugt das Internet als Werbemedium nutzen und Adoptivkinder aus Entwicklungs- und Schwellenländern, aber beispielsweise auch aus den USA für meist fünfstellige Gebühren in die Bundesrepublik Deutschland oder in andere Staaten bringen. 4

Abgesehen von den Gefahren kriminellen Missbrauchs, liegt eine Schwierigkeit bei der internationalen Adoptionsvermittlung darin, die Informationen zusammenzuführen und auszuwerten, die benötigt werden, um einerseits die Eignung der Adoptionsbewerber zur Betreuung eines Kindes aus einem anderen Kulturkreis, andererseits die Bedürfnisse des zu adoptierenden Kindes richtig einzu- 5 schätzen und auf dieser Grundlage eine tragfähige Entscheidung über die Vermittlung eines bestimmten Kindes an bestimmte Bewerber – das sog. Matching – zu treffen.

6 Nach Übersiedlung des Kindes zu den Adoptiveltern können sich praktische Probleme bei der Integration des Kindes in die neue Familie sowie hinsichtlich seiner Persönlichkeitsentwicklung und Identitätsfindung ergeben, die zwar auch als Folge einer Inlandsadoption vorkommen, durch den Wechsel des Kindes in einen anderen Kulturkreis aber deutlich verstärkt werden können. Nicht selten wird die Entwicklung des Kindes zusätzlich belastet durch skeptische Einstellungen im gesellschaftlichen Umfeld gegenüber fremdartig aussehenden Menschen im Allgemeinen und gegenüber der – als dubios eingestuften – Auslandsadoption im Besonderen. Möchte sich das Adoptivkind – etwa im Zuge fortschreitender Emanzipation von den Adoptiveltern während der Pubertät – auf die Suche nach seiner Herkunftsfamilie begeben, so ist auch dies meist mit erhöhten Schwierigkeiten verbunden und erweist sich oftmals als unmöglich.

7 Rechtliche Zweifelsfragen stellen sich häufig im Hinblick auf die Anerkennung und den Wirkungsumfang einer im Heimatstaat des Kindes vollzogenen Adoption im Aufnahmestaat. Diese Probleme wurzeln in der bereits angesprochenen Missbrauchsanfälligkeit internationaler Adoptionen sowie in der international breit gefächerten Ausgestaltung des Adoptions- und Adoptionsvermittlungsrechts:

8 Während etwa dem islamischen Recht die Annahme als Kind fremd ist, folgen die meisten anderen Rechtsordnungen entweder dem „Vertrags-“ oder dem „Dekretsystem“, d. h., die Begründung des Annahmeverhältnisses geschieht entweder durch Vertrag zwischen Annehmendem und Kind (Vertragsadoption) oder – überwiegend – durch Hoheitsakt eines Gerichts oder einer Behörde (Dekretsystem). In der Bundesrepublik Deutschland wurde bis 1977 durch Vertrag zwischen Annehmendem und Kind adoptiert; seither wird die Adoption durch Entscheidung des Vormundschaftsgerichts, d. h. nach dem Dekretsystem, vollzogen (§ 1752 Abs. 1 BGB). Unterschiedlich sind auch die Rechtswirkungen einer Adoption. Das minderjährige Adoptivkind wird z. B. nach deutschem, italienischem und schweizerischem Recht vollkommen aus seinem bisherigen Familienverband herausgelöst und mit allen Rechten und Pflichten in die neue Familie aufgenommen (starke Adoption oder Volladoption). In anderen Ländern, wie etwa in Äthiopien, Ecuador oder der Republik Korea, behält das Adoptivkind hingegen rechtliche Bindungen zu seiner bisherigen Familie (schwache Adoption); zugleich wird es entweder vollständig oder nur in einzelnen Beziehungen, wie etwa elterliche Sorge und Unterhalt, einem leiblichen Kind des Annehmenden gleichgestellt. Ähnlich ist in Deutschland die Volljährigenadoption ausgestaltet (vgl. §§ 1770, 1772 BGB). In vielen Staaten bestehen beide Ausgestaltungen der Wirkungen der Kindesannahme, die zudem in unterschiedlichen Abstufungen vorkommen, alternativ nebeneinander.

Diese Unterschiede erschweren die Feststellung von Wirksamkeit und Rechtsfolgen einer ausländischen Adoption im Aufnahmestaat. Für die betroffenen Familien kann dies fortwährende Rechtsunsicherheit bedeuten. 9

II. Zur Rechtsentwicklung auf internationaler Ebene

1. Internationale Verträge und Deklarationen bis 1989

Vornehmlich drei internationale Foren haben sich mit dem Thema Adoption auseinandergesetzt: 10

- die **Haager Konferenz für Internationales Privatrecht**, der heute (Stand: September 2001) 54 Staaten aus allen Teilen der Welt angehören und die in ihrer über 100-jährigen Geschichte eine Fülle internationaler Übereinkommen zur Regelung des anwendbaren Rechts in Fällen mit Auslandsbezug, zur internationalen Zuständigkeit der Gerichte und zur Anerkennung ausländischer Entscheidungen sowie zur zwischenstaatlichen Zusammenarbeit von Behörden ausgearbeitet hat; 11
- der **Europarat**, dem derzeit (Stand: September 2001) 43 Staaten Europas und des nördlichen Asiens (Nachfolgestaaten der UdSSR) angehören und der mittels Empfehlungen und Übereinkommen die Herausbildung einheitlicher Rechtsprinzipien im Kreise seiner Mitglieder fördert; 12
- die **Organisation der Vereinten Nationen**, die derzeit (Stand: September 2001) 189 Mitglieder zählt und durch internationale Erklärungen sowie Übereinkommen zum Schutz der Menschenrechte und speziell der Rechte von Kindern Maßstäbe gesetzt hat. 13

Fragen des Adoptionsrechts sind in der Staatengemeinschaft allerdings vergleichsweise spät zum Gegenstand internationaler Erklärungen und Übereinkünfte gemacht worden. So bezieht das Haager Übereinkommen vom 5. Oktober 1961 über die Zuständigkeit der Behörden und das anzuwendende Recht auf dem Gebiet des Schutzes von Minderjährigen (BGBl. 1971 II S. 217), das für die Entwicklung des internationalen Kinderschutzes im kontinentaleuropäischen Rechtskreis erhebliche Bedeutung gehabt hat, die Adoption nicht in seinen sachlichen Anwendungsbereich ein (Soergel-*Kegel*, BGB, 12. Aufl., Vor Art. 19 EGBGB Rdn. 19). 14

Das Haager Übereinkommen vom 15. November 1965 über die behördliche Zuständigkeit, das anzuwendende Recht und die Anerkennung von Entscheidungen auf dem Gebiet der Annahme an Kindesstatt hat sich international nicht durchsetzen können. Vertragsstaaten sind lediglich Österreich, die Schweiz und das Vereinigte Königreich. 15

16 Das Europäische Übereinkommen vom 24. April 1967 über die Adoption von Kindern dient der Vereinheitlichung des Sachrechts im Kreis der Mitgliedstaaten des Europarates, betrifft aber nicht speziell Fragen der internationalen Adoption. Für grenzüberschreitende Adoptionen im europäischen Raum ist es insofern von Bedeutung, als es unter den derzeit (Stand: September 2001) 17 Vertragsstaaten Mindeststandards hinsichtlich der Ausgestaltung ihres Adoptionsrechts festschreibt. Die Bundesrepublik Deutschland hat das Übereinkommen – nach Anpassung des deutschen Rechts an die europäischen Standards durch die Reform des Jahres 1976 (Adoptionsgesetz vom 2. Juli 1976 (BGBl. I S. 1749) – im Jahre 1980 ratifiziert (BGBl. 1980 II S. 1093).

17 Wesentliche Prinzipien, an denen sich Recht und Praxis der internationalen Adoption orientieren sollten, fasst eine Entschließung der Generalversammlung der Vereinten Nationen vom 3. Dezember 1986, die Erklärung über die sozialen und rechtlichen Grundsätze für den Schutz und das Wohl von Kindern unter besonderer Berücksichtigung der Aufnahme in eine Pflegefamilie und der Adoption auf nationaler und internationaler Ebene, zusammen. Zu den hier genannten Leitsätzen zählen z. B. die vorrangige Bedeutung des Kindeswohls (5. Absatz der Präambel), der Vorrang der Erziehung des Kindes durch die eigenen Eltern, sonst durch andere Angehörige oder in einer Pflege- oder Adoptivfamilie und nur im Bedarfsfall in einer Einrichtung (Artikel 3 und 4) sowie das Erfordernis angemessener Beratung aller Beteiligten (Artikel 15). Der Erklärung kommt kein völkerrechtlich bindender Charakter zu.

2. Die UN-Kinderrechte-Konvention von 1989

18 Völkerrechtlich bindende Normierungen beinhaltet das Übereinkommen der Vereinten Nationen über die Rechte des Kindes, das die Generalversammlung am 20. November 1989 zur Zeichnung aufgelegt hat. Diese Übereinkunft (BGBl. 1992 II S. 121; Auszug im Anhang S. 226) formuliert einen weitgespannten Katalog von Anforderungen an die Vertragsstaaten, der von statusbezogenen und allgemein-politischen bis hin zu sozialen und kulturellen Gewährleistungen reicht und damit die besonderen Bedürfnisse des Kindes nach Wahrung und Förderung seiner Lebens- und Entwicklungsmöglichkeiten in umfassender Weise abzudecken sucht. Gemessen an der Zahl der Vertragsstaaten, die inzwischen (Stand: September 2001) bei 191 liegt, ist das Übereinkommen binnen Kurzem zur erfolgreichsten internationalen Vereinbarung aller Zeiten avanciert.

19 Artikel 21 regelt grundlegende Anforderungen an das Rechtsinstitut der Adoption und dessen Handhabung:

20 • Der einleitende Halbsatz der Vorschrift schreibt die vorrangige Bedeutung des Kindeswohls in Adoptionsangelegenheiten fest.

- Buchstabe a verlangt die Mitwirkung staatlicher Stellen bei einer Adoption. Die zuständigen Stellen haben namentlich die Feststellung zu treffen, dass der Adoption eines bestimmten Kindes keine rechtlichen Hindernisse entgegenstehen, die aus dessen familienrechtlicher Bindung an Eltern oder Verwandte resultieren. Sie haben ferner festzustellen, dass die Personen, deren Zustimmung zu der Adoption erforderlich ist, diese Zustimmung in Kenntnis der Sachlage und auf der Grundlage einer ggf. erforderlichen Beratung erteilt haben. Auch wenn diese Formulierungen es offen lassen, ob und unter welchen Voraussetzungen die Zustimmung der leiblichen Eltern zu der Adoption gefordert werden muss, ergeben sich insoweit Einschränkungen insbesondere aus den Artikeln 7 bis 9 der Konvention. 21

- Buchstabe b des Artikels 21 ist im Zusammenhang mit Artikel 20 der Konvention zu lesen. Nach Absatz 2 dieser Vorschrift stellen die Vertragsstaaten für ein von seiner Familie getrennt lebendes Kind andere Formen der Betreuung sicher. In Artikel 21 Buchstabe b erkennen die Vertragsstaaten einerseits an, dass auch die internationale Adoption als eine solche anderweitige Betreuungsform in Betracht kommt. Andererseits legen sie den Grundsatz der Subsidiarität der internationalen Adoption fest, die nur dann stattfinden soll, wenn das Kind in seinem Heimatstaat nicht in einer Pflege- oder Adoptionsfamilie untergebracht oder wenn es dort – d. h. in einer Familie im Heimatstaat – nicht in geeigneter Weise betreut werden kann. 22

- Buchstabe c schreibt vor, dass der Schutz des Kindes bei einer internationalen Adoption in gleicher Weise gewährleistet sein muss wie im Falle einer innerstaatlichen Adoption. 23

- Buchstabe d verpflichtet die Vertragsstaaten, unstatthafte Vermögensvorteile im Zusammenhang mit einer internationalen Adoption zu unterbinden. Offen bleibt allerdings, was genau unter unstatthaften Vermögensvorteilen zu verstehen ist. 24

- Buchstabe e fordert die Vertragsstaaten des Kinderrechte-Übereinkommens auf, den Schutz der betroffenen Kinder auf dem Gebiet der internationalen Adoption durch weitere – detailliertere – Übereinkünfte zu fördern. 25

Als weitere Bestimmungen der UN-Kinderrechte-Konvention, denen im Zusammenhang mit internationalen Adoptionen besondere Bedeutung zukommt, sind zu nennen: 26

- Artikel 7 verlangt, dass das Kind unverzüglich nach seiner Geburt in ein Register einzutragen ist und dass es soweit möglich das Recht haben muss, seine Eltern zu kennen und von ihnen betreut zu werden. 27

- In Artikel 8 verpflichten sich die Vertragsstaaten, das Recht des Kindes auf nicht durch rechtswidrige Eingriffe beeinträchtigte Wahrung seiner Identität einschließlich seiner gesetzlich anerkannten Familienbeziehungen zu achten. 28

29 • Nach Artikel 9 Abs. 1 und 2 stellen die Vertragsstaaten sicher, dass ein Kind nicht gegen den Willen seiner Eltern von diesen getrennt wird, es sei denn, dass die zuständigen Behörden in einer gerichtlich nachprüfbaren Entscheidung bestimmen, dass diese Trennung zum Wohl des Kindes notwendig ist; dabei ist allen Beteiligten Gelegenheit zu geben, am Verfahren teilzunehmen und ihre Meinung zu äußern.

30 • In Artikel 12 sichern die Vertragsstaaten dem hinreichend verständigen Kind das Recht auf Äußerung seiner Meinung in allen seinen Angelegenheiten sowie auf angemessene Berücksichtigung dieser Meinung zu; hierzu zählt das Recht, in Gerichts- und Verwaltungsverfahren unmittelbar oder durch einen Vertreter gehört zu werden.

31 • Artikel 22 verpflichtet die Vertragsstaaten, Flüchtlingskindern Schutz und humanitäre Hilfe zu gewähren und dabei mitzuwirken, die Eltern oder andere Familienangehörige ausfindig zu machen. Können Familienangehörige des Kindes nicht ausfindig gemacht werden, so ist seine anderweitige Betreuung i.S. des Artikels 20 (vgl. oben zu Artikel 21 Buchstabe b, Rdn. A 22) zu gewährleisten.

32 • Nach Artikel 35 treffen die Vertragsstaaten alle geeigneten innerstaatlichen, zweiseitigen und mehrseitigen Maßnahmen, um die Entführung und den Verkauf von Kindern sowie den Handel mit Kindern zu irgendeinem Zweck und in irgendeiner Form zu verhindern.

3. Das Haager Übereinkommen von 1993

a) Entstehung und Zielsetzung

33 In Anbetracht verstärkten öffentlichen Problembewusstseins in Bezug auf Fragen der internationalen Adoption, wie es insbesondere auch in der Erklärung der Generalversammlung der Vereinten Nationen vom 3. Dezember 1986 (oben Rdn. A 17) zum Ausdruck kommt, fasste die Haager Konferenz für Internationales Privatrecht im Jahre 1988 den Beschluss, ein internationales Übereinkommen zu dem Fragenkreis auszuarbeiten. In der Erkenntnis, dass im Vergleich zu dem wenig erfolgreichen Haager Übereinkommen von 1965 die behördliche Zusammenarbeit zwischen Herkunfts- und Aufnahmestaaten einen Schwerpunkt der neuen Übereinkunft bilden und dass die Problemsicht der Herkunftsstaaten insgesamt stärker berücksichtigt werden müsse, wurden auch zahlreiche der Haager Konferenz nicht als Mitglieder angehörende Staaten zur Mitarbeit eingeladen. Das Übereinkommen wurde sodann – fortlaufend begleitet durch das Ständige Büro der Haager Konferenz, zeitweise auch durch kleinere Arbeitsgruppen – in drei je etwa 10-tägigen Sitzungen einer Spezialkommission in den Jahren 1990 bis 1992 sowie in einer dreiwöchigen Diplomatischen Konferenz im

Jahre 1993 ausgearbeitet. An den Beratungen nahmen neben zu Beginn 31, zum Schluss 36 Mitgliedstaaten der Haager Konferenz zunächst 18, zuletzt 30 Nicht-Mitgliedstaaten aus Afrika, Asien, Osteuropa und Südamerika teil. Mit Beobachterstatus waren darüber hinaus eine Reihe über- und zwischenstaatlicher Organisationen sowie Nicht-Regierungsorganisationen vertreten. Mit Unterzeichnung der Schlussakte am 29. Mai 1993 und Zeichnung des Übereinkommens am gleichen Tage durch Mexiko und Rumänien fanden die Arbeiten ihren Abschluss.

Einzelheiten zur Entstehung des Übereinkommens sowie zum Inhalt der einzelnen Vorschriften enthält der Erläuternde Bericht des Leiters der venezolanischen Konferenzdelegation, Professor Gonzalo Parra-Aranguren (unten C. II. 2.). Weitere Auslegungs- und Anwendungshilfen ergeben sich aus den Berichten über die sog. Spezialkommissionen, die der Generalsekretär der Haager Konferenz nach Artikel 42 des Übereinkommens einberuft, um dessen praktische Durchführung zu prüfen. Bislang haben in den Jahren 1994 und 2000 Spezialkommissionen zum Adoptionsübereinkommen getagt. Zusammenfassende Berichte über diese Tagungen in englischer und französischer Sprache veröffentlicht die Haager Konferenz auf ihrer web-site (www.hcch.net). Im Anhang zu dem Kommissionsbericht von 1994 finden sich Musterformblätter für die Zustimmungserklärung der leiblichen Eltern zu der Adoption (vgl. unten Rdn. A 58) und für die Bescheinigung nach Artikel 23 des Übereinkommens (vgl. unten Rdn. A 100). Diese Musterformblätter haben jedoch lediglich empfehlenden Charakter. Mit noch etwas schwächerer Verbindlichkeit – als „nützliche Anleitung für die Praxis" – ist das in den Anhang zu dem Bericht über die Tagung im Jahr 2000 aufgenommene Muster für einen ärztlichen Gesundheitsstatus des Kindes ausgestattet (vgl. Bericht der Spezialkommission 2000, Rdn. 60). 34

Zielsetzung der Haager Konferenz war es, einen angemessenen rechtlichen Rahmen zu schaffen, um die Wahrung des Kindeswohls bei einer internationalen Adoption zu gewährleisten. Nach der Formulierung in Artikel 1 des Übereinkommens ist es dessen Ziel, 35

- Schutzvorschriften einzuführen, damit internationale Adoptionen zum Wohl des Kindes und unter Wahrung seiner völkerrechtlich anerkannten Grundrechte stattfinden; 36
- ein System der Zusammenarbeit unter den Vertragsstaaten einzurichten, um die Einhaltung dieser Schutzvorschriften sicherzustellen und dadurch die Entführung und den Verkauf von Kindern sowie den Handel mit Kindern zu verhindern; 37
- in den Vertragsstaaten die Anerkennung der gemäß dem Übereinkommen zustande gekommenen Adoptionen zu sichern. 38

Aus der Sicht der Heimatstaaten stellt die Notwendigkeit, adoptionsbedürftige Kinder mangels geeigneter Betreuungsmöglichkeiten im eigenen Land an Adoptionsbewerber aus dem Ausland zu vermitteln, nicht selten eine sensible 39 politische Thematik dar. Heimatstaaten sind daher oftmals darauf bedacht, im individuellen Vermittlungsverfahren den ausschlaggebenden Einfluss zu behalten und nach Übersiedlung des Kindes zu den Adoptionsbewerbern über dessen Entwicklung in seiner neuen Lebensumwelt unterrichtet zu werden.

40 Aus der Perspektive des Aufnahmestaates, der Verantwortung für das Wohlergehen des dorthin übersiedelnden Kindes übernimmt, ist es wünschenswert, an dem Vermittlungsprozess angemessen beteiligt zu werden. Die Einbindung des Aufnahmestaates zumindest bei der Begutachtung der Adoptionsbewerber trägt wesentlich dazu bei, der Vermittlung eines Kindes an ungeeignete Bewerber vorzubeugen, denn die Behörden im Aufnahmestaat verfügen in aller Regel über die besseren Erkenntnismöglichkeiten hinsichtlich der Eignung der Bewerber. Gelingt es darüber hinaus, dauerhafte partnerschaftliche Arbeitskontakte zwischen den zuständigen Stellen im Aufnahme- und im Heimatstaat aufzubauen, so ermöglicht dies einen vertieften Einblick in die Entscheidungsprozesse im Heimatstaat und bietet damit zugleich die beste Gewähr dafür, dass bei der Vermittlung eines Kindes die Rechte des Kindes und seiner leiblichen Eltern gewahrt werden und dass die Vermittlungsentscheidung nicht von sachfremden – namentlich finanziellen – Motiven beeinflusst, sondern ausschließlich am Wohl des betroffenen Kindes ausgerichtet ist.

41 Was die Anerkennung von Adoptionsakten betrifft, so ist der Staat, in dem die Adoption vollzogen wurde – meist der Heimatstaat des Kindes –, grundsätzlich daran interessiert, dass die Adoption auch in anderen Staaten – insbesondere im Aufnahmestaat – anerkannt wird. Der Aufnahmestaat wird dagegen bestrebt sein, sich die Möglichkeit einer Überprüfung der im Heimatstaat durchgeführten Adoption offen zu halten.

42 Diesen Erfordernissen trägt das Haager Adoptionsübereinkommen Rechnung, indem es für den als regelungsbedürftig eingestuften Kreis grenzüberschreitender Adoptionen

43 • grundlegende Standards festlegt, die bei einer internationalen Adoption beachtet werden müssen,

44 • einen organisatorischen Rahmen für die Zusammenarbeit zwischen Heimatstaat und Aufnahmestaat absteckt,

45 • wesentliche Verfahrensschritte einer internationalen Adoptionsvermittlung vorzeichnet und

46 • die Anerkennung und die Wirkungen einer nach Maßgabe der Übereinkunft zustande gekommenen Adoption normiert.

b) Anwendungsbereich

Der Anwendungsbereich des Übereinkommens ist in den Artikeln 2 und 3 geregelt. Nach Artikel 3 erfasst es Kinder und Jugendliche bis zur Vollendung des 18. Lebensjahres. 47

Artikel 2 Abs. 1 grenzt den Schutzbereich der Übereinkunft näher ein und bejaht ein Bedürfnis für die Anwendung ihrer Schutzmechanismen in allen Fällen, in denen der gewöhnliche Aufenthalt des Kindes im Zusammenhang mit einer Adoption aus dem Gebiet eines Vertragsstaates – des Heimatstaates – in das Gebiet eines anderen Vertragsstaates – des Aufnahmestaates – verlegt wird. Abgestellt wird das erhöhte Schutzbedürfnis des Kindes also auf den Wechsel der Lebensumwelt im Zuge einer Adoption. Die Anknüpfung an den gewöhnlichen Aufenthalt entspricht im Übrigen einem verbreiteten Trend im internationalen Kindschaftsrecht und hängt überdies mit der Ausgestaltung der zwischenstaatlichen Zusammenarbeit durch das Adoptionsübereinkommen zusammen, das z. B. den Behörden des Heimatstaates die Erstellung eines Sozialberichts über das Kind zur Pflicht macht und daher ein Tätigwerden der Behörden in dem Staat voraussetzt, in dem sich das Kind auf längere Zeit befindet. 48

Die Anwendung des Übereinkommens hängt dagegen nicht davon ab, 49

- welche Staatsangehörigkeit das Kind oder die Adoptionsbewerber haben,
- ob die Adoption vor oder nach der Übersiedlung des Kindes in den Aufnahmestaat
- durch die zuständigen Stellen im Heimatstaat oder im Aufnahmestaat vollzogen wird
- oder ob es sich um eine sog. Fremdadoption oder aber um eine Adoption durch Verwandte oder durch einen Stiefelternteil des Kindes handelt (näher dazu unten Rdn. A 165 ff.).

Auch greift das Übereinkommen gleichermaßen ein 50

- bei einer Volladoption, die das Kind rechtlich vollkommen aus seiner Ursprungsfamilie herauslöst, wie
- bei einer sog. schwachen Adoption, die gewisse rechtliche Beziehungen zwischen dem Kind und seiner Herkunftsfamilie bestehen lässt.

Allerdings muss es um einen familienrechtlichen Vorgang gehen, der ein dauerhaftes Eltern-Kind-Verhältnis zu den Adoptionsbewerbern herstellt (Artikel 2 Abs. 2 des Übereinkommens), so dass insbesondere die Begründung eines Pflegeverhältnisses oder einer Vormundschaft nicht ausreicht. 51

Weitere Hinweise zum Anwendungsbereich unten Rdn. A 147 ff. 52

c) Grundlegende Standards

53 Die Artikel 4 und 5 des Übereinkommens beinhalten einige grundlegende materielle und formelle Standards, die bei einer Adoption im Anwendungsbereich der Übereinkunft zu beachten sind. Ist eine der dort genannten Voraussetzungen nicht eingehalten, so darf die Adoption nicht ausgesprochen werden. Diese Einschränkung bindet auch die Gerichte in den Vertragsstaaten; sie wird allerdings dadurch relativiert, dass die Artikel 4 und 5 jeweils (nur) Feststellungen der zuständigen Behörden des Heimat- bzw. des Aufnahmestaates in Bezug auf die in den Artikeln 4 und 5 genannten Merkmale verlangen, so dass sich die gerichtliche Prüfung nicht zwingend auf das Vorliegen dieser Merkmale erstreckt.

54 Artikel 4 betrifft Adoptionsvoraussetzungen, die an die Person des Kindes anknüpfen und deren Prüfung – jedenfalls in erster Linie – in die Kompetenz des Heimatstaates fällt. Diese Voraussetzungen beziehen sich auf:

55 • **Die (passive) Adoptionsfähigkeit des Kindes (Buchstabe a):**
Welche Merkmale dafür gefordert werden, bestimmt sich nach dem aus der Sicht des Heimatstaates anzuwendenden Recht. Es kann sich um Maßstäbe handeln, die keiner weiteren Konkretisierung im Einzelfall bedürfen (z. B. eine Höchstaltersgrenze, bis zu der ein Kind adoptiert werden kann), oder um einen Tatbestand, der eine individuelle Kindeswohlprüfung umfasst.

56 • **Die Einhaltung des Subsidiaritätsgrundsatzes (Buchstabe b):**
Eine internationale Adoption muss nach Einschätzung der Heimatbehörden bei gebührender Prüfung der Unterbringungsmöglichkeiten im Heimatstaat dem Wohl des Kindes dienen; diese Bestimmung ist in Verbindung mit Absatz 3 der Präambel zu verstehen, der den grundsätzlichen Vorrang einer Familienunterbringung im Heimatstaat zum Ausdruck bringt. Die Formulierungen im Übereinkommen sind flexibler gefasst als z. B. noch Artikel 17 der Erklärung der Generalversammlung der Vereinten Nationen vom 3. Dezember 1986; sie berücksichtigen, dass das Subsidiaritätsprinzip seinen Grund und seine Grenzen in der Beachtung des Kindeswohls findet.

57 • **Die Berücksichtigung des Kindeswillens (Buchstabe d Nr. 2):**
Bei der Entscheidung über die Adoption müssen die Wünsche und Meinungen des Kindes in einer dessen Alter und Reife entsprechenden Weise (Einleitungssatz des Buchstaben d) Berücksichtigung gefunden haben. Dies bedeutet allerdings keine Bindung an den von dem Kind geäußerten Willen. Auch belässt das Übereinkommen den Vertragsstaaten Spielraum hinsichtlich der Frage, von welchem Alter an das Kind im Adoptionsverfahren anzuhören ist (Erläuternder Bericht, unten C. II. 2., Rdn. 157/158).

58 • **Das Vorliegen ordnungsgemäßer Zustimmungserklärungen (Buchstabe c Nr. 1 bis 4 und Buchstabe d Nr. 1, 3 und 4):**
Buchstabe d Nr. 1, 3 und 4 stellt für die Zustimmung des Kindes und Buch-

stabe c Nr. 1 bis 3 stellt für die Zustimmung der leiblichen Eltern sowie anderer Personen und Institutionen parallel gehaltene Regeln auf. Artikel 4 trifft allerdings keine Bestimmungen darüber, inwieweit überhaupt die Zustimmung des Kindes, seiner Eltern und sonstiger Personen zu einer Adoption zu fordern ist. Diese Entscheidung bleibt vielmehr dem aus der Sicht des Heimatstaates anzuwendenden Recht überlassen; Mindestanforderungen können sich aus der UN-Kinderrechte-Konvention und anderen Normen des internationalen Menschenrechtsschutzes ergeben. Artikel 4 verlangt, dass die erforderlichen Zustimmungserklärungen nach angemessener Beratung der Beteiligten formgerecht (mindestens schriftlich) sowie unbeeinflusst, insbesondere nicht im Hinblick auf eine Gegenleistung, erteilt worden sind. Buchstabe c Nr. 4 bestimmt zusätzlich, dass die Zustimmung der Mutter nicht vor der Geburt des Kindes erteilt werden kann.

Artikel 5 des Übereinkommens formuliert Adoptionsvoraussetzungen, die 59
hauptsächlich die Adoptionsbewerber betreffen und vorrangig von den zuständigen Stellen im Aufnahmestaat zu prüfen sind:

- **Die Adoptionseignung der Bewerber (Buchstabe a):** 60
  Angesprochen ist hier sowohl die rechtliche Befähigung (z. B. Erreichen eines gesetzlichen Mindestalters) als auch die gesundheitliche und psychosoziale Eignung der Bewerber. Wie sich aus der Zusammenschau mit Artikel 15 Abs. 1 ergibt, muss sich die Eignung auf eine internationale Adoption beziehen; sie braucht jedoch im Kontext des Artikels 5 noch nicht im Hinblick auf ein bestimmtes Kind, das den Bewerbern anvertraut werden soll, geprüft zu werden. Dieser Prüfung bedarf es erst im Rahmen der Verständigung der zuständigen Stellen im Heimat- und im Aufnahmestaat über das sog. Matching, d. h. die Auswahl bestimmter Bewerber für ein bestimmtes adoptionsbedürftiges Kind; rechtlich verankert ist diese Verständigung in dem Zustimmungserfordernis nach Artikel 17 Buchstabe c.
- **Die Beratung der Adoptionsbewerber (Buchstabe b):** 61
  Der Aufnahmestaat hat sicherzustellen, dass die Adoptionsbewerber hinreichend beraten und dadurch in die Lage versetzt sind, eine wohlinformierte Entscheidung darüber zu treffen, ob sie ihre Absicht, ein Kind aus dem Ausland zu adoptieren, weiterverfolgen wollen. Die Bestimmung entspricht dem in Artikel 4 Buchstabe c Nr. 1 und Buchstabe d Nr. 1 geregelten Erfordernis wohlinformierter Zustimmungsentscheidung (informed consent) des Kindes und seiner leiblichen Eltern.
- **Die Bewilligung der Einreise des Kindes in den Aufnahmestaat und seines ständigen Aufenthalts dort (Buchstabe c).** 62

Auch wenn Artikel 4 von einer Feststellung der dort geregelten Voraussetzungen 63
durch die Behörden des Heimatstaats und Artikel 5 hinsichtlich seiner Erfordernisse von der Verantwortlichkeit der Behörden des Aufnahmestaats ausgeht, erlaubt es die Bestimmung des Artikels 17 Buchstabe c (Erfordernis beiderseiti-

ger Zustimmung zur Fortsetzung des Adoptionsverfahrens) im Ergebnis, dass die zuständigen Stellen im Heimat- wie im Aufnahmestaat ihre Prüfung auf die jeweils von der anderen Seite zu verantwortenden Umstände erstrecken können.

64 Die in den Artikeln 4 und 5 niedergelegten Standards für das Zustandekommen der Adoption werden durch Artikel 32 ergänzt, der jedoch kein für den Vollzug einer Kindesannahme in den Vertragsstaaten des Übereinkommens bindendes Adoptionserfordernis oder -hindernis beinhaltet. Nach dieser Bestimmung darf niemand aus einer Tätigkeit im Zusammenhang mit einer internationalen Adoption unstatthafte Vermögens- oder sonstige Vorteile erlangen (Absatz 1); es dürfen (nur) Kosten und Auslagen einschließlich angemessener Honorare in Rechnung gestellt und gezahlt werden (Absatz 2). Einen Maßstab zur Abgrenzung angemessener von unstatthaften Leistungen benennt das Übereinkommen allerdings nicht. Problematisch sind etwa hohe Honorarforderungen von Agenturen oder Rechtsanwälten, die in die Vermittlung eingeschaltet sind, hohe Belastung der Adoptionsbewerber mit Kosten für die bisherige Betreuung des Kindes in einem Heim oder die gegenüber den Adoptionsbewerbern zum Ausdruck gebrachte Erwartung einer Zuwendung zur Unterstützung der Kinder- und Jugendhilfe in dem betreffenden Heimatstaat.

65 Eine von den Vertragsstaaten des Übereinkommens gemeinsam getragene Haltung hat sich zu diesem Problemkreis noch nicht finden lassen. Immerhin ist die Tagung der Spezialkommission der Haager Konferenz im Jahr 2000 zu der einmütigen Empfehlung (Tagungsbericht, www.hcch.net, Rdn. 42 und 47) gelangt, dass Zuwendungen künftiger Adoptiveltern an Stellen, die am Adoptionsvorgang beteiligt sind, weder gefordert noch angeboten oder geleistet werden dürfen und dass Entscheidungen über die Unterbringung von Kindern im Wege der internationalen Adoption nicht durch Zahlungen oder Beitragsleistungen aus den Aufnahmestaaten für Aufgaben des Kinderschutzes im Heimatstaat beeinflusst werden sollen. Bezüglich durchgängiger Umsetzung dieser Empfehlungen in der Praxis bleibt allerdings kritische Beobachtung am Platze.

d) Organisatorischer Rahmen

66 Die organisatorischen Rahmenbedingungen einer internationalen Adoption zeichnen sich durch ein erhebliches Maß an Komplexität aus. Schon bei der innerstaatlichen Adoption greifen verschiedene Rechtsmaterien, wie das Familienrecht, das Adoptionsvermittlungsrecht, das gerichtliche Verfahrensrecht und das Personenstandsrecht, sowie die Zuständigkeiten etwa des Jugendamts, des Landesjugendamts, freier Adoptionsvermittlungsstellen, des Vormundschaftsgerichts und des Standesbeamten in einer nicht immer einfach überschaubaren Weise ineinander. Bei der internationalen Adoption haben es die Beteiligten sowohl mit dem Rechts- und Verwaltungssystem im Herkunftsstaat des Kindes

als auch mit den entsprechenden Strukturen im Aufnahmestaat zu tun. Weitere rechtliche Aspekte und zuständige Behörden, insbesondere auf den Gebieten des Staatsangehörigkeits- und des Ausländerrechts, spielen bei der grenzüberschreitenden Adoption zusätzlich eine Rolle. Schließlich und vor allem bedarf es einer funktionierenden Zusammenarbeit zwischen den zuständigen Stellen im Heimat- und im Aufnahmestaat, um sicherzustellen, dass die internationale Adoption zum Wohle des Kindes, unter Wahrung der Rechte seiner leiblichen Eltern und ohne übermäßige Belastungen für die Adoptionsbewerber zustande kommt.

Wichtigstes Instrument des Haager Übereinkommens, um auf die gebotene Zu- **67**
sammenarbeit hinzuwirken, ist die in Artikel 6 Abs. 1 niedergelegte Verpflichtung der Vertragsstaaten, zur Durchführung des Übereinkommens jeweils zentrale Behörden einzurichten. Solche zentralen Behörden haben sich im Bereich der internationalen justiziellen Zusammenarbeit mehrfach bewährt, so etwa bei der Umsetzung des Haager Übereinkommens vom 25. Oktober 1980 über die zivilrechtlichen Aspekte internationaler Kindesentführung (BGBl. 1990 II S. 206). Die Einrichtung zentraler Behörden in den Vertragsstaaten schafft Kompetenzzentren, die mittels fachlicher Beratung und koordinierender Zuständigkeiten nach innen und nach außen wirken, im innerstaatlichen Bereich maßgeblich zur richtigen Anwendung des Übereinkommens beitragen und im Verhältnis zu anderen Vertragsstaaten verlässliche Arbeitskontakte herstellen und wechselseitiges Vertrauen fördern.

In Anbetracht der vielfältigen rechtlichen und fachlichen Bezüge, die bei einer **68**
internationalen Adoption zu beachten sind, sowie um die Adoptionsvermittlung im Einzelfall ortsnah, bürgerfreundlich und im Hinblick auf die Belange des Kinderschutzes effizient zu gestalten, fordert das Übereinkommen jedoch nicht etwa eine Konzentration sämtlicher Zuständigkeiten bei einer zentralen Behörde, sondern belässt den Vertragsstaaten einen weiten Spielraum für eine ihrer jeweiligen Rechts- und Verwaltungsstruktur angepasste Umsetzung der Übereinkunft:

- So räumt Artikel 6 Abs. 2 des Übereinkommens bundesstaatlich verfassten **69**
  Vertragsstaaten die Möglichkeit ein, mehrere zentrale Behörden einzurichten, nämlich entweder auf der Ebene des Zentralstaates und auf der Ebene der Gliedstaaten oder aber nur auf Gliedstaatenebene. In diesem Fall muss allerdings eine dieser zentralen Behörden als Empfangsstelle auch für Mitteilungen an die übrigen zentralen Behörden dieses Vertragsstaates benannt sein.
- Darüber hinaus haben alle Vertragsstaaten die Möglichkeit, die meisten Auf- **70**
  gaben, die das Übereinkommen nennt, auf andere staatliche Stellen oder auf sog. zugelassene Organisationen, in eng begrenztem Umfang auch auf sonstige private Stellen zu delegieren.

aa) Die **zentralen Behörden** arbeiten nach Artikel 7 Abs. 1 des Übereinkom- **71**
mens zusammen und fördern die Zusammenarbeit der zuständigen Behörden ihrer Staaten im Rahmen der Übereinkunft. Darüber hinaus weist das

Übereinkommen den zentralen Behörden die folgenden Aufgaben zur unmittelbaren Erledigung zu:

72 • Die zentralen Behörden erteilen Auskünfte über das Adoptionsrecht ihrer Staaten und übermitteln andere allgemeine Informationen, wie statistische Daten und Musterformblätter (Artikel 7 Abs. 2 Buchstabe a).

73 • Die zentralen Behörden verschiedener Vertragsstaaten unterrichten einander über die Wirkungsweise des Übereinkommens und räumen Hindernisse, die seiner Anwendung entgegenstehen, so weit wie möglich aus (Artikel 7 Abs. 2 Buchstabe b).

74 • Ist eine Bestimmung des Übereinkommens nicht beachtet worden oder ist dessen Nichteinhaltung zu besorgen, so haben Behörden eines Vertragsstaates, die das feststellen, die zentrale Behörde dieses Staates zu unterrichten, die ihrerseits für Abhilfe zu sorgen hat (Artikel 33).

75 In den unmittelbaren, nicht delegierbaren Zuständigkeitsbereich der zentralen Behörden fallen damit vor allem allgemeine, fallübergreifende Aufgaben sowie eine Überwachungsfunktion hinsichtlich der Einhaltung des Übereinkommens.

76 bb) Einen weiteren Kreis von Aufgaben, die von den zentralen Behörden allein oder mit Hilfe **anderer staatlicher Stellen** – nicht jedoch von zugelassenen Organisationen oder anderen privaten Stellen – zu erfüllen sind, bezeichnen die Artikel 8 und 23 Abs. 1 des Übereinkommens:

77 • Nach Artikel 8 zählen dazu alle geeigneten Maßnahmen, um unstatthafte Vermögens- oder sonstige Vorteile im Zusammenhang mit einer Adoption auszuschließen und alle den Zielen des Übereinkommens zuwider laufenden Praktiken zu verhindern. Soweit es sich dabei um Maßnahmen der Strafverfolgung, etwa wegen Kindesentführung oder Kinderhandels, handelt, werden in erster Linie die Polizei- und Anklagebehörden sowie die Gerichte der Vertragsstaaten zum Einschreiten berufen sein. In den Bereich des Artikels 8 fällt darüber hinaus die Aufsicht über zugelassene Organisationen und sonstige nicht-staatliche Stellen, die an einer Adoption oder Adoptionsvermittlung mitwirken (vgl. Erläuternder Bericht, unten C. II. 2., Rdn. 214 ff.).

78 • Ebenfalls einer staatlichen Stelle dürfte die in Artikel 23 Abs. 1 Satz 1 geregelte Aufgabe obliegen, nach Vollzug einer internationalen Adoption in dem betreffenden Staat zu bescheinigen, dass die Adoption im Einklang mit den Bestimmungen des Übereinkommens zustande gekommen ist (vgl. Erläuternder Bericht, unten C. II. 2., Rdn. 404). Da die Adoption auf Grund einer solchen Bescheinigung grundsätzlich in allen Vertragsstaaten anzuerkennen ist, bedarf es der Autorität einer staatlichen Stelle im Vollzugsstaat, die mit dem Ausstellen der Bescheinigung die Verant-

wortung für das ordnungsgemäße Zustandekommen der Adoption übernimmt.

cc) Die übrigen in dem Übereinkommen genannten Aufgaben können von den zentralen Behörden, anderen staatlichen Stellen oder sog. **zugelassenen Organisationen** wahrgenommen werden. 79

Unter einer zugelassenen Organisation versteht das Übereinkommen eine nicht-staatliche, aber staatlich lizenzierte Adoptionsvermittlungsagentur, die mit qualifiziertem Personal nach fachlich bestimmten Grundsätzen auf nicht-kommerzieller Basis arbeitet. Im Einzelnen muss es sich bei einer zugelassenen Organisation um eine gemeinnützige Institution handeln (Artikel 11 Buchstabe a), die durch integres und fachlich qualifiziertes Personal geleitet und verwaltet wird (Artikel 11 Buchstabe b). Die staatliche Aufsicht muss sich auf ihre Zusammensetzung, Arbeitsweise und Finanzlage erstrecken (Artikel 11 Buchstabe c), und zwar nicht nur im Zeitpunkt ihrer Zulassung, sondern darüber hinaus fortlaufend (Artikel 10). Für die Dauer ihrer Zulassung muss die Organisation darlegen, dass sie in der Lage ist, die ihr übertragenen Aufgaben ordnungsgemäß zu erfüllen. 80

Nicht-staatliche Agenturen sind in vielen Staaten im Bereich der Adoptionsvermittlung tätig. Wenn sie die vorgenannten Kriterien erfüllen, leisten sie oftmals einen besonders wichtigen Beitrag zu einer unabhängigen, von sachfremden Motiven freien, am Kindeswohl orientierten Vermittlungsarbeit. Die Übereinkunft stellt deshalb die zugelassenen Organisationen den zentralen Behörden und den anderen staatlichen Stellen an die Seite und bindet sie in weitem Umfang in die Aufgabenerfüllung nach der Konvention ein: 81

- Nach Artikel 9 können die zugelassenen Organisationen dabei mitwirken, 82
  - bei der Anbahnung einer Adoption Auskünfte über das Kind und die Adoptionsbewerber auszutauschen und aufzubewahren,
  - das Adoptionsverfahren unterstützend zu begleiten,
  - begleitende und nachgehende Beratungsdienstleistungen bereit zu stellen,
  - allgemeine Erfahrungsberichte über internationale Adoption auszutauschen und
  - auch außerhalb eines laufenden Adoptionsvermittlungsverfahrens begründete Auskunftsersuchen zentraler Behörden oder sonstiger staatlicher Stellen aus anderen Vertragsstaaten zu beantworten.
- Auch die in Artikel 30 des Übereinkommens genannte Aufgabe, nach vollzogener Adoption Angaben über die Herkunft des Kindes aufzubewahren und dem Kind oder dessen Vertreter, d. h. in der Regel den Adoptiveltern, zugänglich zu machen, kann von zugelassenen Organisationen wahrgenommen werden (vgl. Erläuternder Bericht, unten C. II. 2., Rdn. 510). 83

84 • Von besonderer Bedeutung ist Artikel 22 Abs. 1 des Übereinkommens, der es den Vertragsstaaten ermöglicht, die in den Artikeln 14 bis 21 geregelten Aufgaben im Zuge eines konkreten Adoptionsvermittlungsverfahrens in die Hände zugelassener Organisationen zu legen. Die Alternativen, diese Aufgaben einer zentralen Behörde oder anderen – insbesondere dezentralen – staatlichen Stellen zuzuweisen, bleiben davon unberührt; auch ein Nebeneinander von staatlicher und nicht-staatlicher Adoptionsvermittlung erlaubt die Übereinkunft.

85 dd) Nach Artikel 22 Abs. 2 und 5 kann darüber hinaus ein Vertragsstaat, der gegenüber dem Verwahrer des Übereinkommens, d. h. gegenüber dem niederländischen Außenministerium (Artikel 43 Abs. 2), eine entsprechende Erklärung abgegeben hat, die Befugnis zur Adoptionsvermittlung nach der Übereinkunft mit gewissen Einschränkungen auch solchen Personen oder nicht-staatlichen Stellen verleihen, die die Kriterien einer zugelassenen Organisation i. S. der Artikel 10 und 11 des Übereinkommens nicht erfüllen, namentlich weil es sich nicht um gemeinnützige Einrichtungen handelt. Besonders in den USA, die der Konvention noch nicht angehören, ihre Umsetzung aber vorbereiten, spielen kommerzielle Vermittlungsagenturen eine bedeutende Rolle.

86 Andere Vertragsstaaten können es durch eine Erklärung gegenüber dem Verwahrer nach Artikel 22 Abs. 4 ablehnen, mit derartigen Agenturen zusammenzuarbeiten, soweit es um die Adoption von Kindern geht, die in ihrem Hoheitsgebiet leben. Von dieser Möglichkeit hat die Bundesrepublik Deutschland anlässlich der Ratifikation des Übereinkommens Gebrauch gemacht.

e) Wesentliche Verfahrensabläufe

87 Das Verfahren einer internationalen Adoptionsvermittlung nach der Übereinkunft ist in den Artikeln 14 bis 21 geregelt. Dabei ist zur sprachlichen Vereinfachung stets nur von den Zuständigkeiten der zentralen Behörden der Vertragsstaaten die Rede, auch wenn diese Aufgaben, wie oben Rdn. A 79, A 84 ff. ausgeführt, nach Artikel 22 des Übereinkommens auch von anderen staatlichen Stellen, von zugelassenen Organisationen und zum Teil von etwaigen sonstigen Stellen wahrgenommen werden können.

88 Im Überblick stellt sich die Zusammenarbeit der zuständigen Stellen im Heimat- und im Aufnahmestaat in Bezug auf den einzelnen Adoptionsfall folgendermaßen dar:

89 • Die Adoptionsbewerber richten ihre Bewerbung an die zuständige Stelle im Aufnahmestaat, d. h. im Staat ihres gewöhnlichen Aufenthalts (Artikel 14). Die zuständige Stelle im Aufnahmestaat berät die Adoptionsbewerber, prüft

ihre Eignung und leitet bei positivem Ergebnis die Bewerbung mit einem Eignungsbericht und weiteren erforderlichen Unterlagen an die zuständige Stelle im Heimatstaat, d. h. in dem Staat, aus dem die Bewerber ein Kind adoptieren möchten, weiter (Artikel 15).

- Der zuständigen Stelle im Heimatstaat obliegt es ein Kind vorzuschlagen, dem **90** eine internationale Adoption in seiner persönlichen Situation eine geeignete Lebensperspektive bieten könnte, und erforderliche Zustimmungen, namentlich der leiblichen Eltern, einzuholen; sie dokumentiert ihre Erkenntnisse gegenüber der zuständigen Stelle im Aufnahmestaat in einem Sozialbericht und fügt Nachweise bei (Artikel 16).
- Kontakte zwischen den Adoptionsbewerbern und den leiblichen Eltern des **91** Kindes oder sonstigen Sorgeinhabern unterliegen Beschränkungen, um einer privaten Platzierung des Kindes in der Bewerberfamilie, womöglich gegen Entgelt, vorzubeugen (Artikel 29).
- Die zuständigen Stellen im Heimat- und im Aufnahmestaat entscheiden ge- **92** meinsam, ob die Annahme eines bestimmten Kindes durch bestimmte Adoptionsbewerber dem Wohl des Kindes dient (Artikel 17 Buchstabe c). Sie wirken darauf hin, dass das Kind aus dem Staat seines bisherigen gewöhnlichen Aufenthalts ausreisen und in den Wohnsitzstaat der Adoptionsbewerber einreisen und sich dort ständig aufhalten darf (Artikel 18). Ist dies sowie das Einverständnis der Adoptionsbewerber mit der Adoption des ihnen vorgeschlagenen Kindes sichergestellt, so kann dieses den Adoptionsbewerbern anvertraut und in den Aufnahmestaat gebracht werden (Artikel 17 Buchstabe a und d, Artikel 19 Abs. 1).
- Über das Adoptionsverfahren, ggf. über den Verlauf einer erforderlichen Pro- **93** bezeit, halten die zuständigen Stellen im Heimat- und im Aufnahmestaat einander auch nach der Übersiedlung des Kindes auf dem Laufenden (Artikel 20). Bestimmungen über sog. Entwicklungsberichte, d. h. über eine Unterrichtung des Heimatstaates über die weitere Entwicklung des Kindes, für die Zeit nach dem Vollzug der Adoption, trifft das Übereinkommen nicht.
- Sollte die (noch nicht vollzogene) Adoption scheitern, nachdem das Kind **94** bereits in die Bewerberfamilie aufgenommen war, so setzt sich die zuständige Stelle im Aufnahmestaat mit der zuständigen Stelle im Heimatstaat ins Benehmen, bevor über das weitere Schicksal des Kindes entschieden wird (Artikel 21 Abs. 1).

Besondere Bedeutung in dem Verfahren kommt der in Artikel 17 Buchstabe c für **95** die Fortsetzung des Adoptionsverfahrens geforderten Zustimmung der zentralen Behörden (oder der sonst zuständigen Stellen) des Heimat- und des Aufnahmestaates zu. Die Bestimmung bildet eine Schnittstelle zwischen dem Adoptionsvermittlungsverfahren einerseits, das die Platzierung des Kindes in der Bewerberfamilie und die Vorbereitung des familienrechtlichen Rechtsakts der Adoption zum Gegenstand hat und im Mittelpunkt der Übereinkommensregelungen steht, und dem – meist gerichtlichen – Adoptionsverfahren, das mit der Neugestaltung der familienrechtlichen Beziehungen endet, andererseits. Artikel 17 Buchstabe c ermöglicht es den zuständigen Stellen jedes der beteiligten Staaten, den Vollzug der Adoption im jeweils anderen Staat zu blockieren. Die Übereinkunft bindet die Erteilung oder Verweigerung der Zustimmung – abgesehen von den in der Präambel und in Artikel 1 niedergelegten allgemeinen Grundsätzen – nicht an inhaltliche Kriterien.

f) Anerkennung und Wirkungen ausländischer Adoptionen

96 Eine internationale Adoption kann im Aufnahmestaat, in den sich die Adoptionsbewerber mit dem Kind begeben, oder im Heimatstaat des Kindes, in dem dieses bisher seinen gewöhnlichen Aufenthalt gehabt hat, unter Beachtung des dort geltenden Internationalen Privat- und Verfahrensrechts zustande kommen. Zahlreiche Herkunftsstaaten gestatten die Ausreise eines Kindes zu den Adoptionsbewerbern nur dann, wenn zuvor die Annahme nach den Regeln des Heimatstaates stattgefunden hat. Ist die Adoption im Heimatstaat durchgeführt worden, so stellt sich die Frage, ob dieser ausländische Rechtsakt im Aufnahmestaat als gültig zu behandeln ist und, wenn ja, ob der auf diese Weise zustande gekommenen Adoption die gleichen Rechtswirkungen zukommen wie einer Annahme als Kind nach dem Recht des Aufnahmestaates.

97 aa) **Probleme** in diesem Zusammenhang ergeben sich häufig daraus, dass das materielle Adoptionsrecht international sehr unterschiedlich ausgestaltet ist (dazu bereits oben Rdn. A 7 ff.).

98 Für die Adoptivfamilie ist es von geradezu existenzieller Bedeutung, dass die im Heimatstaat des Kindes erfolgte Adoption auch im Aufnahmestaat, d. h. am Ort der neuen Lebensumwelt des Kindes, Gültigkeit besitzt. Wünschenswert ist es darüber hinaus, wenn sich die Wirkungen dieser Adoption so weit wie möglich den Wirkungen annähern, die eine Adoption im Aufnahmestaat üblicherweise entfaltet. Hat die Adoption (ausnahmsweise) nicht im Heimatstaat, sondern im Aufnahmestaat stattgefunden, so ist es umgekehrt von Bedeutung, dass dieser Rechtsakt im Heimatstaat des Kindes, aber auch in anderen Staaten als gültig behandelt wird, wenn z. B. die Adoptiveltern mit dem Kind dort einen Besuch machen oder sogar in einen anderen Staat umziehen wollen. Auch wenn unterhaltsrechtliche oder erbrechtliche Beziehungen des Kindes zu seinen Adoptiveltern einerseits, zu seinen leiblichen Eltern andererseits oder die Staatsangehörigkeit des Kindes in Frage stehen, müssen Gültigkeit und Wirkungsumfang der Adoption als Vorfragen geklärt werden.

99 bb) Vor diesem Hintergrund trifft das **Übereinkommen in den Artikeln 23 bis 27** Bestimmungen zum Schutz des Kindes im Zuge einer in den Anwendungsbereich der Übereinkunft fallenden internationalen Adoption.

- Artikel 23 verpflichtet die Vertragsstaaten im Grundsatz, eine Kindesannahme, die in einem anderen Vertragsstaat unter Beachtung des Übereinkommens zustande gekommen ist, **kraft Gesetzes anzuerkennen**, also ohne dass es im Anerkennungsstaat einer auf die Anerkennung gerichteten Entscheidung oder Förmlichkeit bedürfte. Voraussetzung ist, dass die zuständige Stelle des Staates, in dem die Adoption vollzogen worden ist, deren konventionsgemäßes Zustandekommen bescheinigt hat. Dieser Grundsatz der Anerkennung kraft Gesetzes bezieht sich auf alle Adoptionen, die in den Anwendungsbereich des Übereinkommens fallen (vgl. oben Rdn. A 47 ff.), ohne Rücksicht darauf, ob es sich um eine Dekret- oder eine Vertrags-, um eine schwache oder um eine Volladoption handelt (vgl. oben Rdn. A 8). **100**

- Als **Anerkennungshindernis** kennt die Übereinkunft – abgesehen von dem hier nicht zu erörternden Sonderfall des Artikels 25 – nur den offensichtlichen Widerspruch der Adoption zur öffentlichen Ordnung des Anerkennungsstaates; bei der Prüfung dieses – eng auszulegenden – Merkmals ist das Wohl des Kindes zu berücksichtigen (Artikel 24; vgl. auch Erläuternder Bericht, unten C. II. 2., Rdn. 426). Das bedeutet, dass der durch die Adoption herbeigeführte Rechtszustand insbesondere im Hinblick auf seine Auswirkungen auf das Kind zu würdigen ist; im Einzelfall kann deshalb eine Adoption trotz schwerwiegender Rechtsverstöße Bestand haben, wenn das Wohl des Kindes die Aufrechterhaltung des durch die Adoption begründeten Eltern-Kind-Verhältnisses erfordert. Der Umstand, dass ein Vertragsstaat eine bestimmte Adoptionsform, die in einem anderen Vertragsstaat vollzogen wurde, nicht kennt, bildet für sich genommen keinen Grund, die Anerkennung dieser Adoption zu versagen (Erläuternder Bericht, unten C. II. 2., Rdn. 428); hinsichtlich ihrer Wirkungen ist Artikel 26 der Konvention zu beachten. **101**

- Artikel 26 der Übereinkunft trifft Bestimmungen über die **Wirkungen** einer in den Anwendungsbereich des Übereinkommens fallenden Annahme und deren Anerkennung in den Vertragsstaaten. In den Anwendungsbereich des Übereinkommens fallen nach dessen Artikel 2 Abs. 2 nur Adoptionen, die ein dauerhaftes Eltern-Kind-Verhältnis begründen; aus Artikel 3 ergibt sich ferner, dass die Übereinkunft grundsätzlich nur die Annahme eines Kindes vor Vollendung dessen achtzehnten Lebensjahres erfasst. Daraus zieht Artikel 26 Abs. 1 Buchstabe a und b die Konsequenz und normiert als in allen Vertragsstaaten anzuerkennende Mindestwirkung jeder derartigen Adoption die Begründung eines Eltern-Kind-Verhältnisses, d. h. eines unmittelbarer Abstammung entsprechenden Verwandtschaftsverhältnisses, zwischen den Annehmenden und dem Kind sowie der elterlichen Verantwortung der Annehmenden für das Kind. **102**

103 Artikel 26 Abs. 1 Buchstabe c und Abs. 2 enthält weitere Regelungen für den Fall, dass es sich bei der (im Heimat- oder im Aufnahmestaat) konventionsgemäß vollzogenen Annahme nach dem dabei zugrunde gelegten Recht um eine Volladoption handelt. In diesem Fall ist die Beendigung des Rechtsverhältnisses zwischen dem Kind und dessen leiblichen Eltern in allen Vertragsstaaten anzuerkennen (Absatz 1 Buchstabe c). Ferner genießt das Kind in jedem Vertragsstaat, dessen Sachrecht ebenfalls die Volladoption kennt, eine der Volladoption nach dem jeweiligen Sachrecht entsprechende Rechtsstellung (Absatz 2).

104 Nach Artikel 26 Abs. 3 bleibt die Anwendung für das Kind günstigerer Bestimmungen unberührt. Der Regelungsgehalt der Norm zielt auf eine schwache Adoption ab und stellt es den Vertragsstaaten insoweit frei, dem Kind weitergehende Rechte gegenüber den Adoptiveltern einzuräumen, als sie nach dem der anzuerkennenden Kindesannahme zugrunde liegenden Recht bestehen. Die Vorschrift trifft dagegen keine Aussage darüber, unter welchen Voraussetzungen einer schwachen Adoption die Wirkungen einer Volladoption im Sinne einer (vollständigen) Beendigung der Rechtsbeziehungen des Kindes zu seinen leiblichen Eltern beigelegt werden können. Denn eine solche völlige Herauslösung des Kindes aus seiner Herkunftsfamilie kann nicht unter allen Umständen als günstigere Behandlung eingeordnet werden; auch beinhaltet Artikel 26 Abs. 3 keine Regelung hinsichtlich einer Interessenabwägung mit den Belangen der leiblichen Eltern, auf die bei der Entscheidung über ein „Kappen" der rechtlichen Bindungen des Kindes an seine Ursprungsfamilie nicht verzichtet werden kann.

105 • Für die letztgenannte Problemlage trifft Artikel 27 Abs. 1 der Übereinkunft eine besondere Regelung und erlaubt es unter bestimmten Voraussetzungen, eine im Heimatstaat vorgenommene **schwache Adoption** im Aufnahmestaat **in eine Volladoption umzuwandeln**.

106 Vorausgesetzt wird dafür neben entsprechenden Vorkehrungen im Recht des Aufnahmestaates (Absatz 1 Buchstabe a), dass die in Artikel 4 Buchstabe c und d genannten, nach dem Recht des Heimatstaates erforderlichen Zustimmungen des Kindes, seiner leiblichen Eltern und sonstiger Personen oder Stellen zu der zunächst durchgeführten schwachen Adoption auch eine Volladoption tragen oder dass diese Zustimmungen nachträglich hierauf erstreckt werden (Absatz 1 Buchstabe b). Lässt sich die Erfüllung dieser Voraussetzung im Nachhinein nicht mehr erreichen, weil etwa die leiblichen Eltern lediglich in eine schwache Adoption eingewilligt hatten, nun aber unbekannten Aufenthalts sind, so darf grundsätzlich nur nach Maßgabe des aus der Sicht des Heimatstaates anwendbaren Rechts hiervon abgesehen werden. Denn dieses Recht entscheidet darüber, welche Zustimmungen im Sinne des Artikels 4 Buchstabe c und d,

auf den Artikel 27 Abs. 1 verweist, notwendig sind (vgl. Erläuternder Bericht, unten C. II. 2., Rdn. 129 und 141).

Auch eine Umwandlung gemäß Artikel 27 Abs. 1 ist nach Artikel 27 Abs. 2 in Verbindung mit Artikel 23 Abs. 1 der Übereinkunft in allen Vertragsstaaten – namentlich auch im Heimatstaat (Erläuternder Bericht, unten C. II. 2., Rdn. 486) – anzuerkennen, sofern der Aufnahmestaat ihr konventionsgemäßes Zustandekommen bescheinigt hat und ihr eine übereinkommensgemäße Annahme im Heimatstaat vorausgegangen war. 107

III. Grenzüberschreitende Adoptionsvermittlung

1. Ausgangslage und Überblick über die Neuregelungen

a) Bestehende Strukturen internationaler Adoptionsvermittlung

Schon vor dem Inkrafttreten des Haager Adoptionsübereinkommens für Deutschland haben sich – auch in Anbetracht der zahlenmäßig zunehmenden Bedeutung der internationalen Adoption – bestimmte Strukturen der praktischen Arbeit herausgebildet. Im Bereich der Adoptionsvermittlung, also der Anbahnung der später – meist durch gerichtlichen Ausspruch – zu vollziehenden Adoption, ist die grenzüberschreitende Arbeit durch eine Aufgabenteilung zwischen örtlichen und überörtlichen sowie zwischen staatlichen und freien Trägern gekennzeichnet: 108

Die Adoptionsbewerber wenden sich an das örtliche Jugendamt, an die örtlich zuständige zentrale Adoptionsstelle beim Landesjugendamt oder an eine auf internationale Arbeit spezialisierte Adoptionsvermittlungsstelle in freier Trägerschaft mit der Bitte um Beratung. Verläuft diese positiv, so entscheiden sich die Adoptionsbewerber für ein Herkunftsland, können Präferenzen etwa in Bezug auf Alter und Geschlecht des Kindes äußern und unterziehen sich einer Eignungsprüfung durch eine örtliche Adoptionsvermittlungsstelle des Jugendamtes oder eines freien Trägers, wie sie auch bei einer Inlandsadoption stattfindet. Der Eignungsbericht und ergänzende Unterlagen werden übersetzt und der jeweiligen ausländischen Vermittlungsstelle zugeleitet; hierbei kann es sich wiederum um eine staatliche oder eine private Einrichtung in dem betreffenden Herkunftsstaat handeln. 109

Die ausländische Einrichtung unterbreitet der deutschen Adoptionsvermittlungsstelle einen „Kindervorschlag“, der von der Adoptionsvermittlungsstelle geprüft und bei positiver Bewertung mit den Adoptionsbewerbern besprochen wird. Stimmen diese zu, so wird im Herkunftsstaat nach dem dort geltenden 110

Recht entweder die Adoption vollzogen oder die Entscheidung getroffen, das Kind den Adoptionsbewerbern zur Pflege anzuvertrauen. Vor der Einreise des Kindes nach Deutschland muss die Zustimmung der Ausländerbehörde eingeholt werden, damit die zuständige deutsche Auslandsvertretung ein Visum erteilen kann; ist das Kind bereits im Herkunftsstaat von Deutschen adoptiert worden, so kommt unter bestimmten Voraussetzungen auch die Ausstellung eines deutschen Kinderausweises in Betracht. Nach der Aufnahme des Kindes in Deutschland werden der Vermittlungsstelle im Herkunftsstaat über einen gewissen Zeitraum von etwa ein bis drei Jahren Berichte über die Entwicklung des Kindes übermittelt. Hat die Adoption noch nicht im Herkunftsstaat stattgefunden, so wird die Annahme des Kindes nach Ablauf einer Probezeit durch ein deutsches Gericht nach dem hier anzuwendenden Recht ausgesprochen. Auch wenn die Adoption bereits im Herkunftsstaat durchgeführt wurde und sie die Voraussetzungen für ihre Anerkennung nach deutschem Recht erfüllt, ist es grundsätzlich möglich, einen die Adoption wiederholenden Ausspruch der Annahme durch ein deutsches Gericht zu erwirken; dazu müssen die Adoptionsvoraussetzungen nach dem hier anzuwendenden Recht erneut geprüft werden.

111 In den Einzelheiten kann der beschriebene Ablauf variieren. So kann die gesamte Betreuung entweder bei einer örtlichen Adoptionsvermittlungsstelle liegen, falls diese über die nötigen Erfahrungen und Auslandskontakte verfügt, oder sie kann von der auf internationale Arbeit spezialisierten Vermittlungsstelle übernommen werden, wenn deren Mitarbeiter den Eignungsbericht über die Adoptionsbewerber selbst erarbeiten. Die Landesjugendämter sind bislang unterschiedlich intensiv an der Einzelfallarbeit im internationalen Bereich beteiligt. Auch die Handhabung in Bezug auf die Frage, ob, wie lange und wie häufig dic zuständigen Stellen im Herkunftsstaat Berichte über die Entwicklung des Kindes nach dessen Aufnahme in Deutschland erhalten, gestaltet sich unterschiedlich, zumal nach deutschem Recht eine weitere Beobachtung des Kindes und seiner Entwicklung bei den Adoptiveltern nach vollzogener Adoption grundsätzlich deren Einverständnis erfordert.

b) Gang des Gesetzgebungsverfahrens zur Neuregelung und In-Kraft-Treten

112 Das Gesetz zu dem Haager Übereinkommen vom 29. Mai 1993 über den Schutz von Kindern und die Zusammenarbeit und auf dem Gebiet der internationalen Adoption vom 23. Oktober 2001 (BGBl. II S. 1034 – im Folgenden: Vertragsgesetz) und das Gesetz zur Regelung von Rechtsfragen auf dem Gebiet der internationalen Adoption und zur Weiterentwicklung des Adoptionsvermittlungsrechts vom 5. November 2001 (BGBl. I S. 2950 – im Folgenden: Begleitgesetz) beruhen auf längeren Vorarbeiten.

An deren Beginn stand die Erstellung deutschsprachiger Übersetzungen des in englischer und französischer Sprache verfassten Übereinkommens sowie des Erläuternden Berichts hierzu. Abgeschlossen wurden diese Arbeiten auf einer Übersetzungskonferenz in Bern vom 10. bis 14. Februar 1997 mit der Verständigung auf eine mit der österreichischen Bundesregierung und dem Schweizer Bundesrat abgestimmte deutsche Fassung des Übereinkommenstexts. **113**

Nachdem die Haager Übereinkunft sowohl innerhalb der Bundesregierung als auch im Rahmen einer Befragung der Bundesländer und der Fachkreise ein positives Echo gefunden hatte, folgte am 07. November 1997 die Zeichnung des Übereinkommens für die Bundesrepublik Deutschland, also die förmliche Bekundung der Absicht, die Übereinkunft nach Durchlaufen des parlamentarischen Gesetzgebungsverfahrens zu ratifizieren, d. h. als völkerrechtlich verbindlich anzunehmen. **114**

In den Jahren 1998 und 1999 wurden im Bundesministerium der Justiz, das für Fragen des Adoptions- sowie des Internationalen Privat- und Verfahrensrechts zuständig ist, Referentenentwürfe eines Vertrags- und eines Begleitgesetzes zum Haager Adoptionsübereinkommen ausgearbeitet, die nach Abstimmung mit dem für das Adoptionsvermittlungsrecht zuständigen Bundesministerium für Familie, Senioren, Frauen und Jugend und den weiteren beteiligten Ressorts im Januar 2000 den Bundesländern und Fachkreisen zur Stellungnahme zugeleitet wurden. Nach Auswertung der im Juni und Juli 2000 eingegangenen schriftlichen Stellungnahmen sowie weiteren Fachgesprächen mit Experten aus der öffentlichen und der freigemeinnützigen Adoptionsvermittlung und mit dem Deutschen Rat für Internationales Privatrecht, in dem führende Wissenschaftler das Bundesministerium der Justiz beraten, konnte die Bundesregierung am 20. Dezember 2000 die Regierungsentwürfe zu den beiden erwähnten Gesetzen beschließen (Bundesrats-Drucksachen 16/01 und 17/01). **115**

Unter Berücksichtigung der am 16. Februar 2001 vom Bundesrat beschlossenen Stellungnahme zum Entwurf des Begleitgesetzes und der Gegenäußerung der Bundesregierung hierzu (beide abgedruckt in der Bundestags-Drucksache 14/6011) hat der Deutsche Bundestag am 05. Juli 2001 den Entwurf des Vertragsgesetzes (Bundestags-Drucksache 14/5437) unverändert, den Entwurf des Begleitgesetzes in der Fassung einer Beschlussempfehlung seines Rechtsausschusses (Bundestags-Drucksache 14/6583) verabschiedet. Der Bundesrat hat in seiner Sitzung am 27. September 2001 zugestimmt. **116**

Auf Grund des Vertragsgesetzes hat die Bundesrepublik Deutschland das Haager Adoptionsübereinkommen am 22. November 2001 durch Hinterlegung einer vom Bundespräsidenten ausgefertigten Urkunde beim niederländischen Außenministerium als dem für die Konvention bestellten Verwahrer ratifiziert. Nach Artikel 46 Abs. 2 des Übereinkommens wird dieses für Deutschland am 1. März 2002 in Kraft treten. Die wesentlichen Regelungen des Begleitgesetzes treten nach dessen Artikel 6 bereits am 1. Januar 2002 in Kraft. **117**

c) Wesentliche Regelungsinhalte

118 Das Begleitgesetz beinhaltet im Überblick folgende wesentliche Regelungen:

119 Das in **Artikel 1** enthaltene **Adoptionsübereinkommens-Ausführungsgesetz** passt den oben unter Rdn. A 108 ff. beschriebenen institutionellen Rahmen einer Auslandsadoption und ihres Verfahrensablaufs vorsichtig den Vorgaben der Haager Übereinkunft an. Es gilt ausschließlich für Adoptionen im Anwendungsbereich des Übereinkommens. Ergänzend zu dem Ausführungsgesetz gelten für Vermittlungsverfahren nach dem Adoptionsübereinkommen auch die Vorschriften des **Adoptionsvermittlungsgesetzes**. Daneben sind die Bestimmungen des **Übereinkommens** durch das Zustimmungsgesetz in das innerstaatliche Recht übernommen worden und damit auf alle in seinen Anwendungsbereich fallenden Vermittlungsverfahren unmittelbar anzuwenden.

120 Artikel 1 gliedert sich in vier Abschnitte:

121 • **Abschnitt 1** bestimmt, welche deutschen Stellen die Aufgaben der zentralen Behörden wahrnehmen, die nach der Übereinkunft bei der Vermittlung einer grenzüberschreitenden Adoption mit den entsprechenden ausländischen Einrichtungen zusammenwirken. In diesem Zusammenhang wird auch die Stellung freier Adoptionsvermittlungsstellen als zugelassene Organisationen im Sinne der Übereinkunft umrissen. Ferner finden sich hier allgemeine Regelungen über die Tätigkeit der zentralen Behörden, der Jugendämter und der zugelassenen Organisationen, die sich ergänzend an den Bestimmungen des Adoptionsvermittlungsgesetzes orientieren soll (§ 3 Abs. 1 Satz 2 AdÜbAG).

122 • **Abschnitt 2** regelt die Verfahrensschritte, die bei einer grenzüberschreitenden Adoptionsvermittlung gemäß den Bestimmungen der Übereinkunft einzuhalten sind. Hier werden Fragen behandelt, wie die Adoptionsbewerbung, die Prüfungsaufgaben der deutschen Behörden, zugelassenen Organisationen und Vormundschaftsgerichte sowie Einreise und Aufenthalt eines vermittelten Kindes.

123 • **Abschnitt 3** umfasst Vorschriften über die Bescheinigung des konventionsgemäßen Zustandekommens einer Annahme oder der Umwandlung einer sogenannten schwachen in eine Volladoption nach den Artikeln 23 und 27 Abs. 2 des Übereinkommens sowie über die Prüfung ausländischer Bescheinigungen dieser Art.

124 • **Abschnitt 4** enthält ergänzende Bestimmungen über den zeitlichen Anwendungsbereich der Abschnitte 2 und 3.

125 **Artikel 2** beinhaltet ein **Gesetz über Wirkungen der Annahme als Kind nach ausländischem Recht (Adoptionswirkungsgesetz – AdWirkG)**. Diese Regelung zielt auf ein gerichtliches Verfahren, in dem insbesondere die Anerkennung und die Wirkungen ausländischer Adoptionsakte allgemeinverbindlich geklärt werden können. In diesem Zusammenhang ist unter bestimmten Voraussetzungen ferner die bereits erwähnte Umwandlung von Annahmeverhältnissen (vgl. oben Rdn. A 105 ff.) vorgesehen. Das Adoptionswirkungsgesetz findet auf Adoptionen innerhalb wie außerhalb des Anwendungsbereichs der Haager Übereinkunft Anwendung.

Artikel 3 umfasst **Änderungen des Adoptionsvermittlungsgesetzes**, die eben- 126
falls für Adoptionen innerhalb wie außerhalb des Übereinkommens Bedeutung haben. Die Änderungen beziehen sich auf die Vorbereitung einer internationalen Adoptionsvermittlung durch einen Eignungsbericht über die Adoptionsbewerber, ferner auf die Aufbewahrung der Vermittlungsakten und auf die Frage, unter welchen Voraussetzungen Einsicht in diese Vorgänge gewährt wird. Auch soll die bereits vielfach geübte Praxis, den Heimatbehörden des Kindes Berichte über dessen Entwicklung nach seiner Aufnahme in Deutschland zukommen zu lassen, auf eine klare gesetzliche Grundlage gestellt werden. Neu geregelt werden ferner insbesondere die Anerkennung und Beaufsichtigung von Adoptionsvermittlungsstellen in freier Trägerschaft sowie die Zusammenarbeit der (staatlichen und freien) Adoptionsvermittlungsstellen mit der zentralen Behörde des Bundes auf dem Gebiet der internationalen Adoption. Um die Wahrnehmung der mit der Adoptionsvermittlung verbundenen Tätigkeiten im Interesse der betroffenen Kinder wie auch von Adoptionsbewerbern sicherzustellen, wird die Adoptionsvermittlung Pflichtaufgabe der Jugendämter, die diese unmittelbar oder durch Bildung gemeinsamer Adoptionsvermittlungsstellen zu erfüllen haben.

Artikel 4 beinhaltet die **Anpassung sonstigen Bundesrechts**, namentlich des 127
§ 43b FGG über die gerichtliche Zuständigkeit in Adoptionssachen und des Artikels 22 EGBGB, der in Adoptionsfällen mit Auslandsberührung Regelungen darüber trifft, welche Rechtsordnung auf das Zustandekommen und die Wirkungen einer Adoption Anwendung findet.

Artikel 5 ermöglicht eine Neubekanntmachung des Adoptionsvermittlungs- 128
gesetzes. **Artikel 6** bestimmt den Zeitpunkt des Inkrafttretens.

Zum Kreis der bei internationalen Adoptionen innerhalb und außerhalb des 129
Anwendungsbereichs des Haager Übereinkommens anwendbaren Vorschriften vergleiche die Übersicht in Abbildung 1.

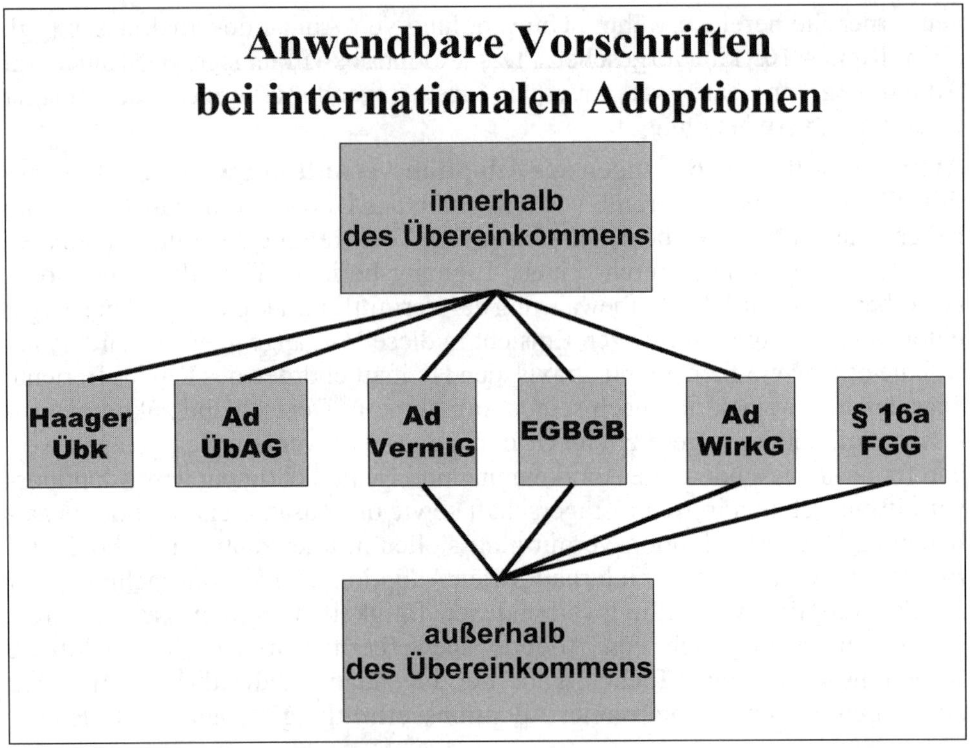

130 **Abbildung 1: Anwendbare Vorschriften bei internationalen Adoptionen**

2. Begriffliche Abgrenzung

a) Internationale Adoption allgemein

131 aa) Eine allgemeingültige begriffliche Abgrenzung dessen, was unter einer internationalen Adoption zu verstehen ist, kennt das deutsche Recht nicht. Auch nach der Neuregelung bleibt es dabei, dass in verschiedenen rechtlichen Zusammenhängen unterschiedliche Maßstäbe dafür heranzuziehen sind, ob eine hinreichend intensive Auslandsberührung gegeben ist, die die Anwendung von Spezialbestimmungen auf den betreffenden Adoptionsfall fordert:

132 • Die Vorschrift des § 16a FGG über die **Anerkennung ausländischer Adoptionsentscheidungen im Inland** findet Anwendung, wenn ein ausländisches Gericht (oder – jedenfalls in bestimmten Fällen – eine ausländische Behörde) die Kindesannahme ausgesprochen hat, selbst wenn das Kind und die Adoptiveltern Deutsche sind. Näher dazu unten Rdn. A 326 ff.

- Um die **internationale Zuständigkeit deutscher Gerichte für einen Adoptionsfall** zu begründen, reicht es nach § 43b Abs. 1 FGG aus, wenn entweder das Kind oder ein Adoptivelternteil die deutsche Staatsangehörigkeit besitzt oder sich gewöhnlich im Inland aufhält. Näher dazu unten Rdn. A 303 ff. 133
- In einem **inländischen Adoptionsverfahren** hat das Vormundschaftsgericht das **Landesjugendamt zu beteiligen**, wenn entweder das Kind oder ein Adoptionsbewerber eine ausländische Staatsangehörigkeit besitzt oder staatenlos ist oder aber seinen Wohnsitz oder gewöhnlichen Aufenthalt im Ausland hat (§ 49 Abs. 2 FGG in Verbindung mit § 11 Abs. 1 Nr. 2 und 3, Abs. 2 AdVermiG). 134
- Haben deutsche Gerichte über eine Adoption zu entscheiden, so richtet sich die Frage einer **Anwendung ausländischen Rechts im Inland** in erster Linie nach der Staatsangehörigkeit der Adoptiveltern (Artikel 22 Abs. 1 Satz 1 und 2 in Verbindung mit Artikel 14 Abs. 1 Nr. 1 EGBGB) und des Kindes (Artikel 23 Satz 1 EGBGB). Näher dazu unten Rdn. A 308 ff.. 135
- Das bisherige **Adoptionsvermittlungsrecht** sieht als einzige Sonderregelung eine Beteiligung der zentralen Adoptionsstelle des Landesjugendamtes durch die mit dem Fall befasste Adoptionsvermittlungsstelle eines Jugendamtes oder freien Trägers vor, falls entweder das Kind oder ein Adoptionsbewerber eine ausländische Staatsangehörigkeit besitzt oder staatenlos ist oder aber seinen Wohnsitz oder gewöhnlichen Aufenthalt im Ausland hat (§ 11 Abs. 1 Nr. 2 und 3, Abs. 2 AdVermiG). 136

bb) Die Neuregelung führt in § 2a AdVermiG eine Begriffsbestimmung des Terminus „internationale Adoptionsvermittlung“ ein und bestimmt so den Anwendungsbereich einiger neuer speziell die grenzüberschreitende Adoptionsvermittlung betreffender Vorschriften: 137

- Die Vorschriften des § 2a Abs. 3 und des § 4 Abs. 2 AdVermiG grenzen den Kreis der zu internationaler Adoptionsvermittlung befugten Stellen ein. 138
- Dem Generalbundesanwalt beim Bundesgerichtshof werden in seiner Funktion als Bundeszentralstelle für Auslandsadoption Koordinierungsaufgaben übertragen. Die auf dem Gebiet der internationalen Adoptionsvermittlung tätigen Stellen werden zur Zusammenarbeit mit der Bundeszentralstelle, insbesondere zur Erstattung bestimmter Meldungen, verpflichtet (§ 2a Abs. 4 und 5 AdVermiG). 139
- § 9c Abs. 2 AdVermiG beinhaltet die Ermächtigung zum Erlass einer Rechtsverordnung über Gebührenerhebung im Bereich der internationalen Adoptionsvermittlung. 140

cc) § 2a Abs. 1 AdVermiG fasst unter den Begriff der internationalen Adoptionsvermittlung alle Fallgestaltungen, in denen das Kind oder die Adop- 141 tionsbewerber ihren gewöhnlichen Aufenthalt im Ausland haben oder in denen das Kind innerhalb von zwei Jahren vor Beginn der Vermittlung in das Inland gebracht worden ist.

142 Diese Definition knüpft ähnlich wie die Abgrenzung des Anwendungsbereichs in Artikel 2 Abs. 1 des Haager Übereinkommens (vgl. oben unter Rdn. A 47 ff.) an den gewöhnlichen Aufenthalt des Kindes und der Adoptionsbewerber an, berücksichtigt dabei jedoch, dass die Vorschriften des Adoptionsvermittlungsgesetzes auch für Vermittlungsfälle im Verhältnis zwischen Deutschland und einem Nichtvertragsstaat gelten. Dabei wird der Begriff der internationalen Adoptionsvermittlung mit Hilfe weitgehend objektiver Merkmale umschrieben, um die praktische Anwendung der auf ihm aufbauenden Vorschriften etwa über Unterrichtungspflichten der Adoptionsvermittlungsstellen (§ 2a Abs. 5 AdVermiG) und über die Zulassung von Adoptionsvermittlungsstellen in freier Trägerschaft als Auslandsvermittlungsstellen (§ 4 Abs. 2 AdVermiG) zu erleichtern.

143 dd) Einige weitere Vorschriften des Adoptionsvermittlungsgesetzes berühren zwar ebenfalls das Gebiet der internationalen Adoptionsvermittlung, doch ist ihr Anwendungsbereich enger gezogen als die Definition des § 2a Abs. 1 AdVermiG:

144 • § 7 Abs. 3 AdVermiG normiert einen Anspruch auf Eignungsprüfung, die die örtliche Adoptionsvermittlungsstelle bei Bewerbern um eine Auslandsadoption durchführt und deren Ergebnis nur an bestimmte Empfangsstellen weitergeleitet werden darf. Die Regelung bezieht sich auf Adoptionsbewerber mit Wohnsitz oder gewöhnlichem Aufenthalt im Inland, die ein Kind annehmen möchten, das im Ausland lebt. Näher dazu unten Rdn. A 226 ff.; B 513 ff.

145 • § 7 Abs. 4 sieht vor, dass deutsche Adoptionsbewerber, die im Ausland ansässig sind, eine Bescheinigung darüber erhalten können, dass sie nach deutschem Recht die rechtlichen Vorbedingungen für die Annahme eines Kindes erfüllen. Näher dazu unten Rdn. B 517.

146 • § 9 Abs. 2 eröffnet die Möglichkeit, zwischen den Adoptionsbewerbern und der Adoptionsvermittlungsstelle bindende Vereinbarungen über die Erstattung von Entwicklungsberichten gegenüber den Heimatbehörden des Kindes zu treffen, soweit eine solche Berichterstattung von dem Heimatstaat für die Adoption zur Voraussetzung gemacht wird. Näher dazu unten Rdn. A 273 ff.; B 551 ff.

b) Adoption nach dem Übereinkommen

147 Innerhalb der Gesamtheit der grenzüberschreitenden Adoptionen nehmen die Adoptionen, die dem Haager Übereinkommen unterliegen, eine herausgehobene

Stellung ein. Nur auf die Vermittlung einer der Übereinkunft unterliegenden Adoption sind deren Bestimmungen unmittelbar sowie das Adoptionsübereinkommens-Ausführungsgesetz (AdÜbAG – Artikel 1 des Begleitgesetzes) anzuwenden.

Der Anwendungsbereich des Übereinkommens ist in dessen Artikeln 2 und 3 geregelt und in seinen Grundzügen oben unter Rdn. A 47 ff. erläutert. Das Ausführungsgesetz verzichtet darauf, die Regelungen der Übereinkunft näher auszugestalten. Im Folgenden werden mögliche Fragestellungen bei der Abgrenzung des Anwendungsbereichs aufgezeigt (Rdn. A 149 ff.); ferner wird erläutert, warum der deutsche Gesetzgeber trotz bestehender Zweifelsfragen von einer die Bestimmungen des Übereinkommens konkretisierenden nationalen Umsetzung abgesehen hat (Rdn. A 158 ff.); schließlich wird dargelegt, inwieweit die Vorschriften des Adoptionsvermittlungsgesetzes über grenzüberschreitende Vermittlungsvorgänge auch auf Adoptionen nach dem Haager Übereinkommen Anwendung finden (Rdn. A 161 ff.). 148

aa) Die Übereinkunft ist nach ihrem Artikel 2 Abs. 1 anzuwenden, wenn ein Kind mit gewöhnlichem Aufenthalt in einem Vertragsstaat (Heimatstaat) in einen anderen Vertragsstaat (Aufnahmestaat) gebracht worden ist, wird oder werden soll, entweder nach seiner Adoption im Heimatstaat durch Ehegatten oder eine Person mit gewöhnlichem Aufenthalt im Aufnahmestaat oder im Hinblick auf eine solche Adoption im Aufnahme- oder Heimatstaat. Weitere Anwendungsvoraussetzungen sind in Artikel 2 Abs. 2 und Artikel 3 geregelt; diese beziehen sich auf die Wirkungen der angestrebten Annahme, die ein dauerhaftes Eltern-Kind-Verhältnis begründen muss, sowie auf das Alter des anzunehmenden Kindes, das noch nicht das achtzehnte Lebensjahr vollendet haben darf. 149

Die in Artikel 2 Abs. 1 genannten Tatbestandsmerkmale für die Anwendung des Übereinkommens sind damit einerseits ein bereits vollzogener oder beabsichtigter Wechsel des gewöhnlichen Aufenthaltsortes des Kindes von einem Vertragsstaat in einen anderen, zum anderen eine bereits vollzogene oder beabsichtigte Adoption, wobei zwischen diesen beiden Tatbestandselementen ein Zusammenhang bestehen muss. Die Übereinkunft ist daher nicht anzuwenden, wenn 150

- im Inland ansässige (deutsche oder ausländische) Bewerber ein im Inland lebendes (deutsches oder ausländsisches) Kind 151
  oder
- im Inland ansässige Bewerber ein Kind mit gewöhnlichem Aufenthalt in einem Staat, der dem Haager Übereinkommen nicht angehört,

adoptieren möchten.

Dem Erläuternden Bericht (unten C. II. 2., Rdn. 76) zufolge müssen der gewöhnliche Aufenthalt der Adoptionsbewerber im Aufnahmestaat und der 152 gewöhnliche Aufenthalt des Kindes im Heimatstaat zu dem Zeitpunkt gegeben sein, in dem die Adoptionsbewerbung nach Artikel 14 des Übereinkommens bei der zuständigen Stelle im Aufnahmestaat angebracht wird. Der gewöhnliche Aufenthalt der Beteiligten im Bewerbungszeitpunkt ist aber nur als Ausgangskriterium brauchbar und bedarf der Einschränkung und Ergänzung durch eine an Sinn und Zweck des Adoptionsübereinkommens orientierte Auslegung. Insbesondere kann der Tatbestand einer internationalen Adoption nicht dadurch vermieden und können die Schutzvorschriften des Übereinkommens nicht dadurch umgangen werden, dass Adoptionsinteressenten das Kind in den Aufnahmestaat bringen, bevor sie eine Adoptionsbewerbung anhängig machen.

153 Im Zweifelsfall wird man, gestützt auf die in Artikel 1 niedergelegten Ziele des Übereinkommens, jeweils dem Staat die Funktion als Heimat- bzw. Aufnahmestaat zuzuschreiben haben, der am besten in der Lage ist, die in den Artikeln 4 und 16 bzw. in den Artikeln 5 und 15 der Konvention festgelegten Aufgaben wahrzunehmen und dadurch einen effektiven Schutz des Kindeswohls im Rahmen des Vermittlungsverfahrens zu gewährleisten (vgl. Bericht über die Tagung der Spezialkommission der Haager Konferenz im Jahre 2000, Rdn. 95, www.hcch.net). Das ist in der Regel der Staat des gewöhnlichen Aufenthalts des Kindes bzw. der Adoptionsbewerber, so dass im Ausland lebende Deutsche eine Adoptionsbewerbung an die zuständigen Stellen im Staat ihres gewöhnlichen Aufenthalts richten müssen (vgl. aber auch unten Rdn. B 517).

154 Ziehen die Adoptionsbewerber im Laufe des Vermittlungsverfahrens in einen anderen Staat um, so bleibt im Hinblick auf die grundsätzliche Maßgeblichkeit des Bewerbungszeitpunkts die Zuständigkeit des ursprünglichen Wohnsitzstaates als Aufnahmestaat zunächst erhalten. Sie kann aber sowohl im Hinblick auf die Prüfung der veränderten Lebensumstände der Bewerber als auch im Hinblick auf das Matching und die Sicherstellung der Einreise und des dauernden Aufenthalts des Kindes bei der Adoptivfamilie nur noch im Einvernehmen mit dem Staat des neuen gewöhnlichen Aufenthalts ausgeübt werden. Im Einverständnis aller drei beteiligten Staaten kann die Zuständigkeit als Aufnahmestaat ganz auf den neuen Wohnsitzstaat übergeleitet werden, sofern dieser ebenfalls dem Übereinkommen angehört (vgl. Tagungsbericht, a.a.O., Rdn. 94). Davon unberührt bleibt die Möglichkeit einer erneuten Adoptionsbewerbung vom neuen Aufenthaltsort aus. Hatten die Bewerber bis zum Vollzug der Adoption ihren gewöhnlichen Aufenthalt im Heimatstaat des Kindes und ziehen sie erst danach in einen anderen Vertragsstaat um, so ändert dies nichts daran, dass es sich hier um eine Inlandsadoption außerhalb des Anwendungsbereichs des Haager Übereinkommens gehandelt hat (vgl. Erläuternder Bericht, unten C. II. 2., Rdn. 75/76). Erfolgt der Umzug noch vor dem Vollzug der Adoption, aber nach dem Zeitpunkt der Adoptionsbewerbung, so dürfte die Anwendung des Übereinkommens gleichfalls ausscheiden, da dem Grundsatz der Maßgeblichkeit des Bewerbungszeitpunkts (Erläuternder Bericht, unten C. II. 2., Rdn. 76) für die Frage, ob der Anwendungsbereich des Übereinkommens überhaupt eröffnet ist, erhöhte Bedeutung zukommt (vgl. Artikel 41). Eine Verständigung mit den zuständigen Stellen im neuen Wohnsitzstaat der Adoptionsbewerber erscheint allerdings auch in diesen Fällen zum Schutz des betroffenen Kindes unabdingbar.

Befindet sich ein Kind auf der Flucht oder ist es auf andere Weise kriegs- oder **155** katastrophenbedingt von seiner Familie getrennt und auf längere Zeit in einen anderen Staat verschlagen worden, so nimmt dieser die Funktion als Heimatstaat wahr; doch darf eine internationale Adoption erst in Betracht gezogen werden, wenn angemessene Anstrengungen zur Rückführung des Kindes in seine Ursprungsfamilie gescheitert sind (Empfehlungen in Anhang A zum Bericht über die Spezialkommission der Haager Konferenz im Jahre 1994, www.hcch.net; vgl. auch die Hinweise zu § 5 AdÜbAG Rdn. B 121).

Die Feststellung der Anwendungsvoraussetzungen des Übereinkommens **156** kann insbesondere in Bezug auf den geforderten Zusammenhang der Verbringung des Kindes mit einer späteren Adoption im Aufnahmestaat Schwierigkeiten bereiten. Schon in rechtlicher Hinsicht kann man hier zweifeln, ob eine spätere Annahme des Kindes die einzige oder doch die wesentliche Motivation für die Aufnahme des Kindes bilden muss oder ob die Bestimmungen des Übereinkommens bereits dann anzuwenden sind, wenn eine mögliche Annahme des Kindes lediglich einer unter mehreren ähnlich bedeutsamen Gründen dafür war, das Kind in den Aufnahmestaat zu holen. Der Erläuternde Bericht gibt darüber keine näheren Aufschlüsse. Die Zielrichtung des Übereinkommens, einer Umgehung geordneter Bahnen grenzüberschreitender Adoptionsvermittlung entgegenzuwirken, spricht indes für eine im Zweifel eher weitergehende Handhabung seines Anwendungsbereichs. Allerdings wird der in Artikel 2 Abs. 1 des Übereinkommens geforderte Zusammenhang zwischen dem Verbringen des Kindes in den Aufnahmestaat und einer späteren Adoption nur dann bejaht werden können, wenn eine zumindest potenzielle Adoptionsabsicht bereits zum Zeitpunkt des Verbringens gegeben war. In dem umgekehrten Fall, dass zunächst eine Adoption stattfindet oder angestrebt wird, bevor das Kind in den Aufnahmestaat übersiedelt, wird dementsprechend zu fordern sein, dass die Adoptiveltern im Zeitpunkt des Vollzugs der Adoption zumindest bereits potenziell beabsichtigen, das Kind in einen anderen Staat zu bringen.

Selbst wenn man von einer weiten Auslegung der Anwendungsvoraussetzun- **157** gen des Übereinkommens ausgeht und es als ausreichend ansieht, wenn eine Adoptionsabsicht ein (mehr als nur unerhebliches) Element im Rahmen eines Motivationsbündels für die Aufnahme des Kindes bildet, so bleibt es doch in tatsächlicher Hinsicht bei der Schwierigkeit, die Motivationslage zu klären, die im Einzelfall dafür maßgebend war, das Kind in den Aufnahmestaat zu holen. Denkbar erscheint es beispielsweise, dass ein Kind zum Zwecke medizinischer Behandlung nach Deutschland gebracht und anschließend seine Adoption beantragt wird. In einem derartigen Fall wird es vielfach kaum möglich sein zu entscheiden, ob die erstmalige Aufnahme in Deutschland bereits im Hinblick auf eine spätere Adoption geschah oder ob diese Motivation erst später hinzutrat. Auch aus dem Schutzzweck des Übereinkommens wird sich für solche Fallgestaltungen keine Beweislastumkehr in dem Sinne herleiten lassen, dass im Zweifel – mangels näherer Aufklärungsmöglichkeiten in tatsächlicher Hinsicht – von der Anwendbarkeit des Übereinkommens auszugehen ist. Vielmehr wird es eines auf konkrete Indizien gegründeten Wahrscheinlichkeitsurteils bedürfen, um eine im Zeitpunkt des Aufenthaltswechsels des Kindes bestehende Adoptionsabsicht oder eine zur Zeit der Adoption bestehende Umsiedlungsabsicht und damit die Anwendbarkeit des Haager Übereinkommens feststellen zu können. Von der Absicht der im Aufnahmestaat ansässigen Adoptionsbewerber, das Kind an ihren Aufenthaltsort zu verbringen, wird man dabei allerdings in der Regel ohne Weiteres ausgehen können.

158 bb) Je größer die Abgrenzungsschwierigkeiten in Bezug auf die Anwendung der Übereinkunft, desto näher liegt die Gefahr der Umgehung ihrer Bestimmungen. Deshalb könnte erwogen werden, mittels des Ausführungsgesetzes die Anwendung der Regeln der Konvention betreffend das Verfahren bei einer internationalen Adoptionsvermittlung auszudehnen und dabei ausschließlich an das objektive Merkmal eines zeitlichen Zusammenhangs zwischen der Verlagerung des Ortes des gewöhnlichen Aufenthalts des Kindes und dessen – angestrebter oder bereits vollzogener – Annahme anzuknüpfen. Eine derartige ergänzende Regelung könnte den Versuch einer Umgehung prozeduraler Hürden, der auf dem Gebiet der grenzüberschreitenden Adoption stets zu gewärtigen ist, deutlich erschweren. Doch wäre eine derartige „Übererfüllung" der Anforderungen der Übereinkunft auch mit unübersehbaren Nachteilen verknüpft:

159
- Zum einen wäre ein solcher Versuch, einer möglichen Umgehung der im Übereinkommen für eine internationale Adoption vorgesehenen Verfahren durch ausdehnende Handhabung seines Anwendungsbereichs im Aufnahmestaat vorzubeugen, auf die Mitwirkung der zuständigen Stellen im Heimatstaat angewiesen. Nur wenn diese im Einzelfall bereit wären, die ihnen durch die Übereinkunft zugewiesenen Aufgaben, wie das Erstellen eines Berichts über das Kind, auch über den zweifelsfreien Anwendungsbereich der Übereinkunft hinaus wahrzunehmen, ließe sich eine ausdehnende Anwendung der Übereinkommensregeln verwirklichen. An einer derartigen Bereitschaft könnte es nicht selten fehlen, wenn sich das Kind beispielsweise schon seit einiger Zeit in Deutschland befindet und es dessen Heimatbehörden daher an zureichenden tatsächlichen Erkennt-

nismöglichkeiten mangelt, um an einer konventionsgemäßen Adoptionsvermittlung verantwortlich mitzuwirken.

- Zum anderen wäre es in einem Adoptionsfall, der nicht mit einiger Klarheit dem Anwendungsbereich des Übereinkommens zugeordnet werden kann, kaum möglich, nach Ausspruch der Annahme die in Artikel 23 vorgesehene Bescheinigung auszustellen, auf Grund deren die Adoption in allen Vertragsstaaten kraft Gesetzes anerkannt wird. Denn von einer gemäß dem Übereinkommen zustande gekommenen Adoption im Sinne des Artikels 23 wird wohl nur dann gesprochen werden können, wenn es sich um eine in den Anwendungsbereich des Übereinkommens fallende Adoption handelt. Eine die Anwendung der Konventionsregeln ausdehnende Bestimmung des autonomen Rechts kann die Verpflichtung der Vertragsstaaten zur Anerkennung von Adoptionsakten nicht erweitern und würde insoweit für die Betroffenen – trotz Anwendung der aufwendigen Verfahrensregelungen der Übereinkunft im Übrigen – eine Schutzlücke entstehen lassen. 160

Aus diesen Gründen hat der Gesetzgeber davon abgesehen, im Rahmen des Ausführungsgesetzes zum Übereinkommen eine Norm zur näheren Konkretisierung des persönlichen Anwendungsbereichs vorzusehen.

cc) Zur Abwehr möglicher Umgehungsversuche trägt jedoch die Anwendung des Adoptionsvermittlungsgesetzes sowohl im Rahmen des Übereinkommens (§ 3 Abs. 1 Satz 2 AdÜbAG) als auch auf außerhalb seines Anwendungsbereichs liegende Adoptionsvermittlungen bei. Zu beachten sind danach insbesondere: 161

- die Beschränkung der Vermittlungsbefugnis auf die in § 2a Abs. 3 AdVermiG genannten Stellen in allen Fällen, in denen das Kind oder die Adoptionsbewerber ihren gewöhnlichen Aufenthalt im Ausland haben oder in denen das Kind während der letzten zwei Jahre vor Beginn der Vermittlung in das Inland gebracht worden ist (§ 2a Abs. 1 AdVermiG); 162
- die unter den gleichen Voraussetzungen bestehenden Pflichten zur Zusammenarbeit mit der und Meldung an die Bundeszentralstelle für Auslandsadoption. 163

Diese Bestimmungen stellen sicher, dass in Zweifelsfällen zumindest eine fachlich kompetente Stelle mit dem Vermittlungsvorgang befasst und dass somit geprüft wird, ob ein Anwendungsfall des Adoptionsübereinkommens vorliegt. 164

c) Verwandten- und Stiefkindadoption insbesondere

Fallgestaltungen, in denen die Adoptionsbewerber mit dem Kind verwandt oder verschwägert sind, insbesondere die Adoption eines Kindes durch den Ehegatten 165 eines leiblichen Elternteils, spielen auch im Bereich der grenzüberschreitenden Vermittlung eine bedeutende Rolle. Unter den von der deutschen Adoptionsstatistik erfassten Fällen mit Beteiligung eines ausländischen Kindes machten die Verwandten- und Stiefkindadoptionen im Jahre 2000 einen Anteil von rund 44 % aus.

166 Sonderregeln im deutschen Recht zu den Stiefkind- und Verwandtenadoptionen betreffen vornehmlich die Wirkungen einer solchen Adoption. Während die Annahme eines minderjährigen Kindes im Regelfall dessen rechtlichen Verwandtschaftsverhältnisse zu seiner biologischen Familie löst (§ 1755 Abs. 1 BGB), tritt diese Rechtsfolge bei der Stiefkindadoption nur im Verhältnis zu dem leiblichen Elternteil, der nicht mit dem Annehmenden verheiratet ist, und zu den Verwandten dieses Elternteils ein (§ 1755 Abs. 2 BGB); in bestimmten Fällen tritt sie gar nicht ein (§ 1756 Abs. 2 BGB). Bei der Verwandtenadoption wird nur das Eltern-Kind-Verhältnis des Adoptivkindes zu seinen leiblichen Eltern beendet (§ 1756 Abs. 1 BGB).

167 Hinsichtlich der Vermittlung und der Voraussetzungen für den Ausspruch einer Verwandten- oder Stiefkindadoption gelten demgegenüber keine besonderen Rechtsvorschriften. Maßgebende Richtschnur ist das Wohl des Kindes (§ 1741 Abs. 1 Satz 1 BGB), insbesondere die Eignung der Adoptionsbewerber für die Annahme des Kindes (§ 7 Abs. 1 Satz 2, § 8 AdVermiG). Die von der Bundesarbeitsgemeinschaft der Landesjugendämter herausgegebenen „Empfehlungen zur Adoptionsvermittlung“ (3. Aufl. 1994) enthalten dazu in Abschnitt 3.43 ergänzende Hinweise.

168 Auch das Haager Adoptionsübereinkommen trifft keine besonderen Regelungen über die Verwandten- oder Stiefkindadoption. Allerdings sind die Abläufe grenzüberschreitender Adoptionsvermittlung, wie sie in der Übereinkunft vorgezeichnet sind, darauf zugeschnitten, ausgehend von einer unbestimmten Anzahl von Adoptionsbewerbern und einer unbestimmten Anzahl zur Adoption vorgemerkter Kinder, für das einzelne Kind die jeweils beste Unterbringungsmöglichkeit zu finden, ein sogenanntes „Matching“ zwischen Kind und Adoptiveltern herzustellen. Das legt die Erwägung nahe, ob sich der Anwendungsbereich der Übereinkunft nicht auf Fremdadoptionen beschränken sollte, bei denen noch keine Beziehung zwischen Adoptionsbewerbern und Kind besteht. In den Fällen der Annahme eines Kindes durch Verwandte oder durch den Ehegatten eines leiblichen Elternteils wird dagegen meist von vornherein nur eine Adoption durch ganz bestimmte Personen in Frage kommen. Auch hier bedarf es zwar der Prüfung, ob die Annahme dem Wohl des Kindes dient; eine Auswahl unter mehreren oder einer Vielzahl von Adoptionsbewerbungen findet aber nicht statt. Die „Matching“-Prozeduren nach der Haager Übereinkunft passen auf diese Fallgruppe nicht in jeder Hinsicht optimal.

169 Gegenüber diesbezüglichen Bedenken überwog bei den Verhandlungen in Den Haag die Befürchtung, eine Herausnahme der Verwandten- und Stiefkindadoptionen aus dem Anwendungsbereich des Übereinkommens könne Missbräuchen oder Umgehungsversuchen Vorschub leisten (Erläuternder Bericht, unten C. II. 2., Rdn. 92). Grundsätzlich ist das Übereinkommen deshalb auch in den genannten Fällen anzuwenden, sofern die tatbestandlichen Voraussetzungen gemäß den Artikeln 2 und 3 erfüllt sind. Für diese Sichtweise spricht, dass der in den Artikeln 15 und 16 der Übereinkunft vorgesehene Austausch von Berichten über die Adoptionsbewerber einerseits, über das zu vermittelnde Kind andererseits grundsätzlich auch bei der Verwandten- oder Stiefkindadoption die Einschätzung erleichtern wird, ob die in Aussicht genommene Adoption dem Kindeswohl dient. Allerdings wird man bei der Abfassung dieser Berichte von vornherein auf die spezielle Konstellation der Verwandten- oder Stiefkindadoption Bedacht nehmen. Immerhin trägt auch Artikel 29 des Übereinkommens der besonderen Sachlage Rechnung, indem von dem Kontaktverbot zwischen Adoptionsbewerbern und den Inhabern der Sorge für das Kind ausdrücklich eine Ausnahme für innerfamiliäre Adoptionen statuiert wird.

Deutsche Fachstellen und in Deutschland lebende Adoptionsbewerber sollten **170** sich im Übrigen mit den speziellen Anforderungen vertraut machen, die von dem jeweiligen Heimatstaat des Kindes gestellt werden. Einige Herkunftsstaaten, die dem Übereinkommen angehören, haben Sonderregelungen für Stiefkind- und Verwandtenadoptionen erlassen. Soweit möglich, sollte aber auf die Einhaltung der Übereinkommensregeln hingewirkt werden, damit die Beteiligten in den Genuss der Bestimmungen der Artikel 23 ff. der Übereinkunft über die Anerkennung von Adoptionen und ihrer Wirkungen gelangen. Erweist sich dies allerdings im Einzelfall als unmöglich, weil der Heimatstaat nicht in der erforderlichen Weise mitwirkt, so werden die in Artikel 4, Artikel 5 und Artikel 17 Buchstabe c des Übereinkommens vorgesehenen Adoptionshindernisse einschränkend auszulegen sein.

3. Zuständige Stellen, ihre Aufgaben und Zusammenarbeit

a) Internationale Adoption allgemein

Bei der internationalen Adoption greifen die Zuständigkeiten von Behörden, **171** Adoptionsvermittlungsstellen in freier Trägerschaft sowie Gerichten in komplexer Weise ineinander. Im Folgenden liegt der Schwerpunkt auf den zuständigen Stellen im Bereich der grenzüberschreitenden Adoptionsvermittlung. Bei den Zuständigkeiten kann zwischen solchen, die den Einzelfall betreffen, und solchen, die darüber hinaus gehen, unterschieden werden. Zur selbständigen Betreuung individueller internationaler Vermittlungsfälle i. S. des § 2a Abs. 1 AdVermiG sind – vorbehaltlich der Übergangsregelung in § 15 Abs. 2 AdVermiG – nur noch die in § 2a Abs. 3 AdVermiG genannten Stellen befugt, nämlich die zentralen Adoptionsstellen der Landesjugendämter, die zur internationalen Adoptionsvermittlung ermächtigten Adoptionsvermittlungsstellen der Jugendämter, die anerkannten Auslandsvermittlungsstellen in freier Trägerschaft sowie ausländische Stellen, die zugelassene Organisationen i. S. des Haager Adoptionsübereinkommens sind (vgl. oben Rdn. A 79 ff.) und von der Bundeszentralstelle für Auslandsadoption eine Einzelfallgestattung zur Arbeit im Inland erhalten haben.

172 aa) Auf der Ebene der Einzelfallbearbeitung spielt die **örtliche Adoptionsvermittlungsstelle,** auch soweit sie nicht zur selbständigen internationalen Adoptionsvermittlung ermächtigt ist, eine bedeutende Rolle:

173 • Zunächst fungiert sie als regelmäßige Anlaufstelle für die Erstberatung der Adoptionsbewerber.

174 • Auf deren Antrag führt sie eine Eignungsprüfung durch, um die grundsätzliche Eignung der Adoptionsbewerber für die Annahme eines Kindes aus dem Ausland zu klären (§ 7 Abs. 3 AdVermiG).

175 • Im weiteren Verlauf des Verfahrens hat sie die Adoptionsbewerber und das Kind, im Bedarfsfall auch dessen leibliche Eltern, fortlaufend zu beraten und zu unterstützen, soweit diese Aufgabe nicht von einer überörtlichen Vermittlungsstelle wahrgenommen wird (§ 9 Abs. 1 AdVermiG).

176 • Soweit der Herkunftsstaat des Kindes dies verlangt und die Adoptionsbewerber sich schriftlich damit einverstanden erklären, übernimmt die örtliche Adoptionsvermittlungsstelle ferner die Aufgabe, die Entwicklung des Kindes – auch wenn die Adoption bereits im Herkunftsstaat vollzogen wurde – während einer Eingewöhnungszeit in der Adoptivfamilie zu beobachten und den zuständigen Stellen im Herkunftsstaat darüber zu berichten (§ 9 Abs. 2 Satz 1 AdVermiG). Die örtliche Vermittlungsstelle kann sich an dieser Berichterstattung auch in der Weise beteiligen, dass sie die unmittelbare Beobachtung und die Abfassung der Berichte wahrnimmt, während die überörtliche Vermittlungsstelle den Kontakt zu den Heimatbehörden des Kindes hält (§ 9 Abs. 2 Satz 2 AdVermiG). Der überörtlichen Vermittlungsstelle bleibt es wiederum unbenommen, diesen Aufgabenbereich allein – ohne Mitwirkung der örtlichen Vermittlungsstelle – abzudecken.

177 Die örtliche Adoptionsvermittlungsstelle ist beim Jugendamt angesiedelt (§ 9a AdVermiG); mehrere Jugendämter können eine gemeinsame örtliche Adoptionsvermittlungsstelle einrichten (§ 2 Abs. 1 Satz 3 AdVermiG). Den örtlichen Adoptionsvermittlungsstellen obliegen die obengenannten Zuständigkeiten als Pflichtaufgaben (§ 9a AdVermiG).

178 Selbständig darf die Adoptionsvermittlungsstelle des Jugendamtes die internationale Adoptionsvermittlung i. S. des § 2a Abs. 1 AdVermiG (vgl.

oben Rdn. A 141 ff.) jedoch grundsätzlich nicht ausüben. Eine Ausnahme gilt nur, soweit die zentrale Adoptionsstelle des Landesjugendamtes ihr diese Tätigkeit im Verhältnis zu einem oder mehreren bestimmten Staaten allgemein oder im Einzelfall gestattet hat (§ 2a Abs. 3 Nr. 2 AdVermiG). Damit wird die nach bisherigem Recht unbeschränkte Befugnis der Adoptionsvermittlungsstellen der Jugendämter auch zu selbständiger grenzüberschreitender Vermittlungsarbeit von einer vorgängigen Überprüfung nach fachlichen Maßstäben abhängig gemacht.

Zur Mitwirkung des örtlichen Jugendamtes bei der Vorbereitung der Einreise des Kindes und der Adoptionsentscheidung des Vormundschaftsgerichts vgl. unten Rdn. A 306; B 156 ff. **179**

bb) Sowohl auf dem Gebiet der Einzelfallbearbeitung als auch fallübergreifend sind die **zentralen Adoptionsstellen der Landesjugendämter** tätig: **180**

- Außerhalb des Anwendungsbereichs des Übereinkommens legt die zentrale Adoptionsstelle beim Landesjugendamt selbst fest, inwieweit sie internationale Vermittlungsarbeit im Einzelfall leistet. Soweit sie Einzelfallbetreuung ausübt, obliegt ihr kraft ihrer Befugnis nach § 2a Abs. 3 Nr. 1 AdVermiG die Zusammenarbeit mit den zuständigen Stellen im Heimatstaat des Kindes. Sie trägt die Verantwortung für die Beurteilung, ob die Adoptionsbewerber die erforderliche Eignung für eine grenzüberschreitende Adoption im Allgemeinen und für die Annahme eines bestimmten Kindes im Besonderen aufweisen. **181**
- Über diesen Kernbereich der internationalen Adoptionsvermittlung hinaus kann die zentrale Adoptionsstelle auch die Funktionen wahrnehmen, die ansonsten der örtlichen Adoptionsvermittlungsstelle obliegen (vorstehend unter Rdn. A 172 ff.). **182**
- In den Fällen, in denen eine örtliche Adoptionsvermittlungsstelle oder eine anerkannte Auslandsvermittlungsstelle (unten Rdn. A 187 ff.) den Vermittlungsfall selbständig betreut, ist die zentrale Adoptionsstelle des Landesjugendamtes zu beteiligen; Berichte der Heimatbehörden des Kindes sowie Nachweise über die Zustimmung des Kindes und seiner leiblichen Eltern zu der beabsichtigten Adoption sind der zentralen Adoptionsstelle zur Prüfung vorzulegen (§ 11 Abs. 2 AdVermiG). Diese hat die Adoptionsvermittlungsstellen ihres Bereichs in Vermittlungsfällen mit Auslandsberührung fachlich zu beraten (§ 11 Abs. 1 Nr. 2 und 3 AdVermiG). **183**
- Die fallübergreifenden Zuständigkeiten der zentralen Adoptionsstelle des Landesjugendamtes auf dem Gebiet der internationalen Adoptionsvermittlung betreffen in erster Linie die Entscheidung über die Gestattung selbständiger Einzelfallbetreuung durch die Adoptionsvermittlungsstelle eines örtlichen Jugendamtes (§ 2a Abs. 3 Nr. 2 AdVermiG) sowie die **184**

Zulassung und Beaufsichtigung anerkannter Auslandsvermittlungsstellen in freier Trägerschaft (§ 2a Abs. 3 Nr. 3, § 4 AdVermiG).

185 Das Landesjugendamt hat eine zentrale Adoptionsstelle einzurichten; doch können mehrere Landesjugendämter eine gemeinsame zentrale Adoptionsstelle bilden (§ 2 Abs. 1 Satz 2 und 4 AdVermiG). Von der letztgenannten Möglichkeit haben die Länder Bremen, Hamburg, Niedersachsen und Schleswig-Holstein Gebrauch gemacht. Die Anschriften der Landesjugendämter sind im Anhang (C. III. 2.) abgedruckt.

186 Zur Mitwirkung der zentralen Adoptionsstelle des Landesjugendamtes bei der Vorbereitung der Einreise des Kindes und der Adoptionsentscheidung des Vormundschaftsgerichts vgl. unten Rdn. A 306; B 114; B 138.

187 cc) Zur selbständigen Betreuung internationaler Vermittlungsfälle sind auch die **anerkannten Auslandsvermittlungsstellen** befugt. Dabei handelt es sich um (nicht-staatliche) Adoptionsvermittlungsstellen in freier Trägerschaft (§ 2 Abs. 2 AdVermiG), die staatlicher Anerkennung bedürfen und staatlich beaufsichtigt werden (§ 4 Abs. 1 und 4 AdVermiG) und die für die Ausübung internationaler Adoptionsvermittlung eine besondere Zulassung erhalten haben (§ 4 Abs. 2 AdVermiG). Näher dazu unten Rdn. A 215 ff.

188 Auch für die anerkannten Auslandsvermittlungsstellen gilt,

189 • dass sie den Umfang ihrer internationalen Vermittlungsarbeit – im Rahmen der ihnen erteilten Zulassung – selbst bestimmen,

190 • dass sie die verantwortliche Beurteilung über die Eignung der Adoptionsbewerber zu treffen haben und

191 • dass sie die oben unter Rdn. A 172 ff. aufgezeigten Funktionen der örtlichen Adoptionsvermittlungsstelle für die von ihnen betreuten Vermittlungsfälle mit übernehmen können.

192 Zur Mitwirkung der anerkannten Auslandsvermittlungsstellen bei der Vorbereitung der Einreise des Kindes und der Adoptionsentscheidung des Vormundschaftsgerichts vgl. unten Rdn. A 306; B 114; B 138.

193 dd) Die bei dem Generalbundesanwalt beim Bundesgerichtshof gebildete **Bundeszentralstelle für Auslandsadoption** ist keine Adoptionsvermittlungsstelle, betreut also nicht selbst umfassend Einzelfälle der internationalen Adoptionsvermittlung. Vielmehr dient sie der Information der Öffentlichkeit und arbeitet mit den Stellen, die auf dem Gebiet der internationalen Adoptionsvermittlung Einzelfallbetreuung leisten, unterstützend und koordinierend zusammen. Die Bundeszentralstelle

194 • unterhält eine Datenbank, an welche die in der internationalen Vermittlung tätigen Stellen, soweit es um Adoptionen außerhalb des Übereinkommens geht, ihre abgeschlossenen Vermittlungsfälle melden (§ 2a Abs. 5 Satz 1 Nr. 1, Satz 2, Abs. 6 AdVermiG),

- wertet jährliche zusammenfassende Tätigkeitsberichte der auf dem Gebiet der internationalen Vermittlung arbeitenden Stellen aus (§ 2a Abs. 5 Satz 1 Nr. 2 AdVermiG), 195
- holt von diesen Stellen bei Bedarf Informationen über einzelne Vermittlungsfälle ein (§ 2a Abs. 5 Satz 1 Nr. 3 AdVermiG) und 196
- wirkt auf dieser Basis als Koordinierungsstelle auf dem Gebiet der internationalen Adoptionsvermittlung (§ 2a Abs. 4 Satz 1 AdVermiG), z. B. gegenüber ausländischen Behörden, aber etwa auch wenn ein Adoptierter auf der Suche nach seiner Herkunftsfamilie ist und herausfinden möchte, welche Adoptionsvermittlungsstelle den betreffenden Vermittlungsfall bearbeitet hat und über weiterführende Informationen verfügen könnte. 197

Ferner fällt es in die Zuständigkeit der Bundeszentralstelle, 198

- im Einzelfall über die Zulassung ausländischer Adoptionsvermittlungsstellen zu Vermittlungsaktivitäten im Inland zu entscheiden (§ 2a Abs. 3 Nr. 4 AdVermiG) und 199
- im Verhältnis zu Staaten, die dem Adoptionsübereinkommen nicht angehören, in Bezug auf die aber durch Rechtsverordnung eine bilaterale Zusammenarbeit vorgesehen ist, weitergehende Aufgaben nach dem Muster der Übereinkunft wahrzunehmen (§ 2a Abs. 4 Satz 2 AdVermiG). 200

Zur Anhörung der Bundeszentralstelle in Verfahren nach dem Adoptionswirkungsgesetz vgl. unten Rdn. B 353. 201

b) Adoption nach dem Übereinkommen

Organisatorischer Rahmen internationaler Adoptionsvermittlung

- Bundeszentralstelle für Auslandsadoption (GBA)
  - Repräsentanz nach außen
  - Koordination nach innen
- Auslandsvermittlungsstellen (= Träger der umfassenden Einzelfallarbeit)
  - Landesjugendamt (zentrale Adoptionsstelle)
  - Jugendamt (AdVermiStelle mit Auslandszulassung)
  - Anerk. Auslandsvermittlungsstelle (freier Träger)
- Örtliche Adoptionsvermittlungsstellen (Jugendämter, § 9a AdVermiG)
  - Eignungsprüfung (§ 7 Abs. 3 AdVermiG)
  - Adoptionsbegleitung (§ 9 AdVermiG)

Abbildung 2: Organisatorischer Rahmen internationaler Adoptionsvermittlung 202

203 Der organisatorische Rahmen und die wesentlichen Verfahrensabläufe einer internationalen Adoptionsvermittlung, wie sie im Adoptionsübereinkommen vorgesehen sind, sind oben unter Rdn. A 66 ff., A 87 ff. dargestellt. Bei der Ausfüllung dieses Rasters galt es, den gewachsenen Strukturen des deutschen Adoptionsvermittlungswesens Rechnung zu tragen und zugleich neue Akzente mit Blick auf einen verbesserten Schutz der betroffenen Kinder zu setzen.

204 aa) Hinsichtlich der **zentralen Behörden** i. S. des Artikels 6 des Übereinkommens sieht § 1 Abs. 1 des Adoptionsübereinkommens-Ausführungsgesetzes (AdÜbAG) eine Kombinationslösung vor mit den zentralen Adoptionsstellen der Landesjugendämter als zentralen Behörden auf Länderebene und dem Generalbundesanwalt beim Bundesgerichtshof als zentraler Behörde des Bundes.

205 Die Entscheidung für die zentralen Adoptionsstellen der Landesjugendämter ergibt sich aus der herausgehobenen Rolle, die diese bereits nach geltendem Recht bei der grenzüberschreitenden Adoptionsvermittlung spielen und auch bei der Adoptionsvermittlung außerhalb des Übereinkommens weiterhin spielen werden (vgl. oben Rdn. A 180 ff.). Die Fachkompetenz, über die die Mitarbeiterinnen und Mitarbeiter der zentralen Adoptionsstellen in diesem Bereich bereits verfügen, fließt auf diese Weise in die Aufgabenerfüllung nach dem Übereinkommen ein. Für die Aufgabenzuweisung zwischen den zentralen Behörden auf Bundes- und auf Länderebene ergibt sich aus der beschriebenen Ausgangslage, dass die meisten Aufgaben, insbesondere im Zusammenhang mit der Einzelfallarbeit, von den zentralen Behörden auf Länderebene wahrgenommen werden.

206 Die Einrichtung einer zentralen Behörde auch auf Bundesebene dient vor allem dazu, eine übergreifende Koordination der Arbeit der übrigen Behörden und Organisationen zu gewährleisten und ausländischen Partnern einen feststehenden Ansprechpartner zu bieten. Die Alternative, eines der Landesjugendämter mit den Koordinierungsaufgaben zu betrauen, wäre demgegenüber weniger zweckmäßig, weil eine Bundesbehörde grundsätzlich in der Lage sein dürfte, gesamtstaatliche Repräsentation wirkungsvoller wahrzunehmen als eine Landesbehörde.

207 Der Generalbundesanwalt beim Bundesgerichtshof, dem diese Aufgabe übertragen wird, erhält in Ausübung der genannten Funktionen die Zusatzbezeichnung „Bundeszentralstelle für Auslandsadoption“. Bereits nach geltendem Recht nimmt der Generalbundesanwalt Aufgaben der internationalen Rechtshilfe im Bereich des Familienrechts wahr; er fungiert als zentrale Behörde bei der grenzüberschreitenden Geltendmachung von Unterhaltsansprüchen nach dem Auslandsunterhaltsgesetz sowie bei Rückführungsanträgen in Fällen internationaler Kindesentziehung nach dem Sorgerechtsübereinkommens-Ausführungsgesetz. Die Fachkompetenz in Bezug auf die internationale Rechtshilfe in familienrechtlichen Angelegen-

heiten, die sich dadurch im Geschäftsbereich des Generalbundesanwalts herausgebildet hat, wird damit auch für den Bereich der grenzüberschreitenden Adoptionen fruchtbar gemacht. Zugleich erscheint es sinnvoll, die Aufgaben der zentralen Behörde nach den dem Schutz von Kindern dienenden Übereinkünften der Haager Konferenz für Internationales Privatrecht, welche der Generalbundesanwalt in Zukunft voraussichtlich auch bei dem – in nächster Zeit umzusetzenden – Haager Übereinkommen vom 19. Oktober 1996 über die Zuständigkeit, das anzuwendende Recht, die Anerkennung, Vollstreckung und Zusammenarbeit auf dem Gebiet der elterlichen Verantwortung und der Maßnahmen zum Schutz von Kindern wahrnehmen wird, bei einer einzigen – bei den anderen Vertragsstaaten schon bekannten und anerkannten – Behörde zu konzentrieren.

bb) Neben den zentralen Behörden kennt das Übereinkommen **andere staatliche Stellen** und (nicht-staatliche) **zugelassene Organisationen** i. S. der Artikel 9 und 22 Abs. 1, auf welche die mit der Einzelfallbetreuung zusammenhängenden wie auch einige der fallübergreifenden Aufgaben delegiert werden können (vgl. oben Rdn. A 76 ff.; A 79 ff.). Von dieser Delegationsmöglichkeit machen § 1 Abs. 2 und 3, § 2 Abs. 1 AdÜbAG Gebrauch und beziehen auf diese Weise die Adoptionsvermittlungsstellen einzelner Jugendämter sowie Adoptionsvermittlungsstellen in freier Trägerschaft (anerkannte Auslandsvermittlungsstellen) ein, jeweils soweit diesen Stellen die internationale Adoptionsvermittlung im Verhältnis zu anderen Vertragsstaaten des Haager Übereinkommens erlaubt ist. **208**

Sowohl die Adoptionsvermittlungsstellen der Jugendämter als auch die anerkannten Auslandsvermittlungsstellen in freier Trägerschaft bedürfen einer Zulassung durch die für sie zuständige zentrale Adoptionsstelle des Landesjugendamtes; diese Zulassung wird jeweils nur für die internationale Adoptionsvermittlung im Verhältnis zu einzelnen Staaten erteilt (§ 2a Abs. 3 Nr. 2 bzw. § 2a Abs. 3 Nr. 3 in Verbindung mit § 4 Abs. 2 Satz 1 AdVermiG). Diese Regelung stellt zum einen sicher, dass die jeweilige Stelle mit den Verhältnissen in dem betreffenden Herkunftsstaat hinreichend vertraut und in der Lage ist, fachliche Arbeitskontakte zu den zuständigen Stellen in diesem Staat aufzubauen. Zum anderen kann so vermieden werden, dass einzelnen Herkunftsstaaten eine – aus deren Sicht oftmals unerwünschte – Vielzahl von Partnerstellen in Deutschland gegenübertritt, die eine koordinierte Zusammenarbeit erschweren kann. **209**

cc) Die zentralen Adoptionsstellen der Landesjugendämter sowie diejenigen anerkannten Auslandsvermittlungsstellen und Adoptionsvermittlungsstellen der Jugendämter, die zur Zusammenarbeit mit Vertragsstaaten des Haager Übereinkommens ermächtigt sind, fasst § 1 Abs. 4 Nr. 1 AdÜbAG unter dem Begriff der **Auslandsvermittlungsstellen** zusammen. Der Begriff bezeichnet damit die inländischen Stellen, die zur selbständigen Einzelfall- **210** betreuung bei der internationalen Adoptionsvermittlung im Anwendungsbereich des Übereinkommens befugt sind.

211 Die Verfahrensabläufe nach dem Übereinkommen sind oben Rdn. A 87 ff. skizziert. Die Auslandsvermittlungsstellen nehmen dabei jeweils die Funktionen der zentralen Behörde des Aufnahmestaates wahr. Die für den Wohnort der Adoptionsbewerber zuständige örtliche Adoptionsvermittlungsstelle kann, wie oben Rdn. A 172 ff. dargestellt, insbesondere bei der Prüfung der Eignung der Adoptionsbewerber und bei der Erstellung von Entwicklungsberichten nach Aufnahme des Kindes in die Bewerberfamilie mitwirken, soweit nicht die Auslandsvermittlungsstelle diese Tätigkeiten mit übernimmt. Übernimmt es die Auslandsvermittlungsstelle, den Eignungsbericht über die Adoptionsbewerber selbst zu erstellen, so hat sie die örtliche Adoptionsvermittlungsstelle zu beteiligen (§ 4 Abs. 4 AdÜbAG). Auch bei der Prüfung des aus dem Heimatstaat eingehenden Vermittlungsvorschlags wird die örtliche Adoptionsvermittlungsstelle beteiligt (§ 5

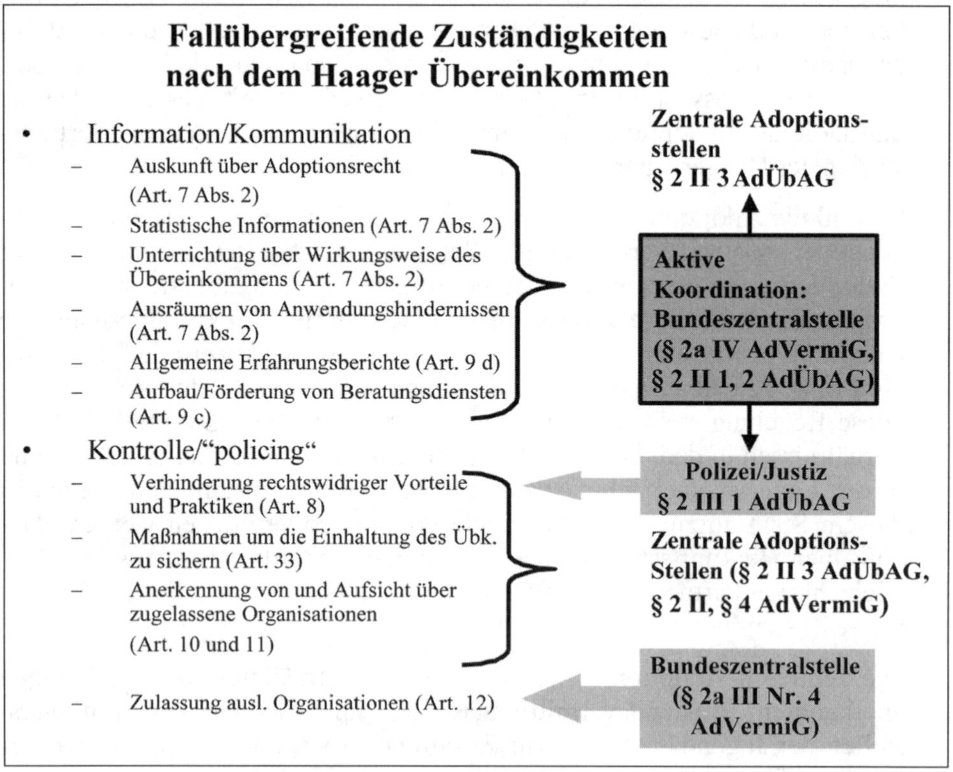

212 **Abbildung 3: Fallübergreifende Zuständigkeiten nach dem Haager Übereinkommen**

Abs. 4 Satz 1 AdÜbAG). Die Bundeszentralstelle kann in die Übermittlung der Adoptionsbewerbung oder anderer Mitteilungen an den Heimatstaat eingeschaltet werden (§ 4 Abs. 6 AdÜbAG). Zum Verfahren bezüglich der Einreise des aus einem anderen Vertragsstaat vermittelten Kindes nach Deutschland vgl. unten Rdn. A 264 ff.; B 131 ff.

Einzelfall-Zuständigkeiten nach dem Haager Übereinkommen

- Einzelfall-Betreuung durch die Auslandsvermittlungsstellen (zentrale Adoptionsstellen der Landesjugendämter, Adoptionsvermittlungsstellen der Jugendämter mit Auslandszulassung, anerkannte Auslandsvermittlungsstellen in freier Trägerschaft - § 2 I, § 1 IV Nr. 1 AdÜbAG)

Im Einzelnen:

• Bewerbung: Entgegennahme,	§ 4 I-V AdÜbAG
Beratung, Prüfung, Eignungsbericht	Art. 14, 15 Übk
Mitwirkung der örtl. AdVermiStelle	§§ 9a, 7 III AdVermiG
Mitwirkung der Bundeszentralstelle	§ 4 VI AdÜbAG
• Austausch von Auskünften	Art. 9a, e Übk,
	§ 2 I AdÜbAG
• Prüfung des Kindervorschlags	Art. 17 c Übk
und Matching-Entscheid	§ 5 AdÜbAG
Mitwirkung der örtlichen AdVermiStelle	§ 5 IV AdÜbAG
• Bemühen um Einreise	Art. 18, 19 II Übk
Hilfe beim Transfer des Kindes	§ 2 I AdÜbAG
Mitwirkung des Jugendamts	§ 7 I AdÜbAG
Mitwirkung der Ausländerbehörde/	
Auslandsvertretung	§ 6 II AdÜbAG
• Begleitung des Adoptionsverf.	Art. 9b, 20 Übk
Wechselseitige Unterrichtung	§ 2 I AdÜbAG
Mitwirkung der Bundeszentralstelle	§ 2a IV,V AdVermiG
Mitwirkung der Jugendämter und Gerichte	§ 7 IV AdÜbAG
• Maßnahmen beim Scheitern	Art 21 Übk
eines Adoptionspflegeverhältnisses	§ 2 III 2 AdÜbAG
Mitwirkung der JÄ u. Gerichte	§§ 2 III 1, 7 IV AdÜbG
• Aufbewahrung der Unterlagen,	Art. 30 Übk
Gewährung von Akteneinsicht	§ 9b AdVermiG
• Bescheinigung über Adoptions-	Art. 23 Übk
vollzug (zentrale Adoptionsstelle)	§ 8 AdÜbAG

Abbildung 4: Einzelfallzuständigkeiten nach dem Haager Übereinkommen 213

214 Ist die Vermittlung erfolgreich verlaufen und wird die Adoption im Inland ausgesprochen, so obliegt es der zentralen Adoptionsstelle des Landesjugendamtes, die in Artikel 23 des Übereinkommens vorgesehene Bescheinigung über das konventionsgemäße Zustandekommen der Adoption auszustellen (§ 8 AdÜbAG). Ist die Adoption bereits im Heimatstaat des Kindes vollzogen worden, so kann die dort erteilte Bescheinigung nach Artikel 23 des Übereinkommens der Bundeszentralstelle für Auslandsadoption zur Überprüfung ihrer formellen Gültigkeit vorgelegt werden (§ 9 AdÜbAG).

c) Anerkennung freier Adoptionsvermittlungsstellen insbesondere

215 Von der in Artikel 9 und 22 Abs. 1 der Übereinkunft vorgesehenen Möglichkeit, die zugelassenen Organisationen für die von ihnen betreuten Einzelfälle mit den Kompetenzen einer zentralen Behörde auszustatten, macht das Ausführungsgesetz weitestgehend Gebrauch; lediglich die Vermittlung eines Kindes mit gewöhnlichem Aufenthalt im Inland an im Ausland lebende Adoptionsbewerber bleibt staatlichen Stellen vorbehalten (§ 2 Abs. 1 AdÜbAG).

216 Die weitreichende Einbindung freier Träger in die internationale Adoptionsvermittlung machte es allerdings nach den Bestimmungen der Konvention erforderlich, die bestehenden Regelungen über Zulassung und Beaufsichtigung nichtstaatlicher Adoptionsvermittlungsstellen zu überarbeiten. Die §§ 3 und 4 AdVermiG verlangten bislang, dass die Adoptionsvermittlung geeigneten Fachkräften vorbehalten bleibt und dass die Adoptionsvermittlungsstelle mit mindestens einer hauptamtlichen Fachkraft besetzt ist. Hier hat der Gesetzgeber Anpassungen an die Vorgaben der Übereinkunft vorgenommen, die weitgehend auch für solche Adoptionsvermittlungsstellen in freier Trägerschaft gelten, deren Tätigkeitsfeld sich auf das Inland beschränkt. Denn an der bisherigen, lückenhaften Regelung der §§ 3 und 4 AdVermiG ist berechtigte Kritik geübt worden, und allgemeine Anforderungen, wie etwa Gemeinnützigkeit des Trägers oder Zuverlässigkeit des Personals, sind an eine Inlandsvermittlungsstelle im Grundsatz ebenso zu stellen wie an eine Auslandsvermittlungsstelle. Insbesondere die §§ 3 und 4 AdVermiG sind deshalb neu gefasst worden. Den Neuregelungen lässt sich keine Stellungnahme des Gesetzgebers zu der schon nach bisherigem Recht umstrittenen Frage entnehmen, ob Adoptionsvermittlungsstellen in freier Trägerschaft auf privatrechtlicher Grundlage (in diesem Sinne MK-BGB-*Lüderitz*, 3. Aufl., § 1752 Anh Rdn. 14) oder als Beliehene hoheitlich tätig werden (so Soergel-*Liermann,* BGB, 13. Aufl., Vor § 1741 Anh Rdn. 24) oder ob diese Einordnung nur differenzierend für die verschiedenen Komponenten der Vermittlungstätigkeit (namentlich vorbereitende Ermittlungen, Beratung der Beteiligten, Eignungsprüfung und Matching, nachgehende Beratung und Betreuung) vorgenommen werden kann.

Für die internationale Adoptionsvermittlung, die nach bisherigem Recht von jeder anerkannten Adoptionsvermittlungsstelle in freier Trägerschaft unbeschränkt ausgeübt werden durfte, ist nunmehr eine spezielle Zulassung erforderlich, die aus den oben Rdn. A 209 dargelegten Gründen stets nur für die Vermittlung von Kindern aus einzeln benannten Staaten erteilt wird (§ 4 Abs. 2 Satz 1 AdVermiG). An die persönliche Eignung und die fachliche Qualifikation des Vermittlungspersonals sowie an die organisatorischen und finanziellen Grundlagen für die internationale Vermittlungsarbeit werden erhöhte Anforderungen gestellt (§ 4 Abs. 2 Satz 3 AdVermiG). Mit der Zulassung zur internationalen Adoptionsvermittlung ist die Verleihung der gesetzlich geschützten Bezeichnung „anerkannte Auslandsvermittlungsstelle" verbunden (§ 4 Abs. 2 Satz 2 AdVermiG). **217**

Parallel zu den neu eingeführten Sonderregelungen betreffend die internationale Adoptionsvermittlung sind auch die Bestimmungen über Anerkennung und Beaufsichtigung von Adoptionsvermittlungsstellen in freier Trägerschaft erweitert und präzisiert worden. Hervorzuheben sind insoweit: **218**

- Anforderungen an die Professionalität der Arbeitsweise und die Solidität der finanziellen Grundlagen (§ 4 Abs. 1 Satz 1 Nr. 2 AdVermiG); **219**
- die ausdrückliche Normierung des Gemeinnützigkeitserfordernisses (§ 4 Abs. 1 Satz 1 Nr. 3, Satz 2 AdVermiG); **220**
- strengere qualitative und quantitative Anforderungen an das Personal der Vermittlungsstelle (§ 3 AdVermiG). **221**

Die Anforderungen des § 3 AdVermiG gelten auch für das Personal der Adoptionsvermittlungsstellen der Jugendämter und Landesjugendämter. **222**

4. Adoptionsbewerbung und Eignungsprüfung

a) Internationale Adoption allgemein

aa) Die **Zuständigkeit für die Betreuung** einer Bewerbung um eine internationale Adoption liegt bei den zentralen Adoptionsvermittlungsstellen der Landesjugendämter, bei den anerkannten Auslandsvermittlungsstellen freier Träger und bei den zur internationalen Vermittlung ermächtigten Adoptionsvermittlungsstellen einzelner Jugendämter. Mitwirkungsaufgaben liegen bei der für den Wohnsitz der Adoptionsbewerber zuständigen örtlichen Adoptionsvermittlungsstelle, auch wenn diese nicht zu selbständiger internationaler Adoptionsvermittlung befugt ist. **223**

Welche Vermittlungsstelle die Bewerbung um eine internationale Adoption im Einzelfall verantwortlich betreut, hängt wesentlich davon ab, aus wel- **224** chem Staat die Bewerber ein Kind adoptieren möchten, da die Vermittlungsstellen sich insoweit durchweg auf bestimmte Herkunftsstaaten spezialisiert haben; bei den anerkannten Auslandsvermittlungsstellen und den zu internationaler Vermittlung befugten Jugendämtern beschränkt sich die Zulassung auf die Vermittlung aus bestimmten Staaten. Die zentralen Adoptionsstellen der Landesjugendämter sind grundsätzlich nicht verpflichtet, eine Bewerbung um die Vermittlung eines Kindes aus einem Staat zu betreuen, der nicht dem Haager Übereinkommen angehört und zu dem das Landesjugendamt auch nicht über sonstige Arbeitskontakte verfügt. Eine Verpflichtung des Landesjugendamtes zum Tätigwerden auch in diesen Fällen kann sich im Einzelfall jedoch aus § 7 Abs. 1 in Verbindung mit § 2a Abs. 3 Nr. 1 AdVermiG ergeben, wenn sich das zu vermittelnde Kind – namentlich im Fall der Stiefkind- oder Verwandtenadoption – bereits im Zuständigkeitsbereich des Landesjugendamtes aufhält.

225 bb) Von herausragender Bedeutung ist die **Beratung der Adoptionsbewerber** über Probleme der Adoption im Allgemeinen und der internationalen Adoption im Besonderen sowie über den Ablauf des Vermittlungsverfahrens, die Rolle der verschiedenen Beteiligten und den Hintergrund der mit den Bewerbern zu klärenden, zum Teil sehr ins Persönliche gehenden Fragen. § 9 Abs. 1 AdVermiG verpflichtet die Adoptionsvermittlungsstellen zu umfassender Beratung (auch) der Adoptionsbewerber im Zusammenhang mit der Vermittlung und der Annahme. Die Erstberatung kann dabei entweder von der örtlichen oder von der Adoptionsvermittlungsstelle durchgeführt werden, die im weiteren Verlauf die eigentliche internationale Vermittlung übernehmen soll.

226 cc) Neben der Beratung der Adoptionsbewerber geht es in der ersten Phase des Vermittlungsverfahrens darum **zu klären, ob die Bewerber generell** – d. h. (abgesehen von den Fällen der Verwandten- oder Stiefkindadoption) noch nicht in Bezug auf ein bestimmtes Kind – **für eine internationale Adoption geeignet sind**. Während es nach bisherigem Recht umstritten war, inwieweit Adoptionsbewerber von der Adoptionsvermittlungsstelle ihres örtlichen Jugendamtes eine Überprüfung ihrer persönlichen Verhältnisse zum Zwecke einer Adoptionsbewerbung im Ausland beanspruchen konnten (dazu *Marx*, ZfJ 1999, 8 ff.), ist ein solcher Anspruch nunmehr in § 7 Abs. 3 AdVermiG ausdrücklich normiert. Für die Durchführung der Eignungsprüfung können nach Maßgabe einer – bislang nicht erlassenen – Rechtsverordnung gemäß § 9c Abs. 2 AdVermiG Gebühren erhoben werden.

227 § 7 Abs. 3 Satz 2 und 3 AdVermiG nennt als Gegenstand der Überprüfung der Bewerber deren rechtliche Befähigung und deren Eignung zur Übernahme der mit einer internationalen Adoption verbundenen Verantwortung sowie als weitere Kriterien die persönlichen und familiären Umstände der Bewerber, ihren Gesundheitsstatus, ihr soziales Umfeld und ihre Beweggründe für

die Bewerbung. Mit diesen Formulierungen lehnt sich der Gesetzgeber an die Vorgaben in Artikel 15 Abs. 1 des Adoptionsübereinkommens hinsichtlich des über die Adoptionsbewerber zu verfassenden Berichts an. Ergänzend können die Empfehlungen der Bundesarbeitsgemeinschaft der Landesjugendämter zur Adoptionsvermittlung (3. Aufl., 1994, Abschnitt 3.3) herangezogen werden.

Über das Ergebnis der Überprüfung sind die Bewerber zu unterrichten (§ 7 228
Abs. 3 Satz 5 in Verbindung mit Abs. 1 Satz 4 AdVermiG). Ein Bericht wird nur bei positivem Ergebnis der Eignungsprüfung verfasst (§ 7 Abs. 3 Satz 2 AdVermiG). Der Bericht wird den Adoptionsbewerbern nicht ausgehändigt, sondern – abgesehen von dem Sonderfall des § 2a Abs. 3 Nr. 4 AdVermiG-E – nur einer Fachstelle im Inland oder im Heimatstaat des Kindes zugeleitet (§ 7 Abs. 3 Satz 6 AdVermiG).

Mit dem Erfordernis, dass es sich bei der Empfangsstelle grundsätzlich um 229
eine inländische oder um eine im Heimatstaat des Kindes ansässige zugelassene oder sonst zuständige Stelle handeln muss, wird zugleich die Übermittlung des Eignungsberichts an eine Stelle mit Sitz in einem Drittstaat ausgeschlossen. Diese Regelung wirkt der sogenannten Drittstaatenvermittlung entgegen, die fachlichen Standards typischerweise nicht genügt, weil die in dem Drittstaat ansässige Stelle weder mit den Verhältnissen im Heimat- noch im Aufnahmestaat hinreichend vertraut sein wird. Die Stelle in dem Drittstaat kann ohne den von der örtlichen Vermittlungsstelle erstellten Eignungsbericht regelmäßig nicht tätig werden, weil die meisten Heimatstaaten einen derartigen Bericht der örtlich zuständigen Stellen im Aufnahmestaat zwingend vorschreiben.

Die verantwortliche Einschätzung der Eignung der Adoptionsbewerber ob- 230
liegt ggf. der für die weitere Betreuung der Bewerbung zuständigen Adoptionsvermittlungsstelle, die einen für die Heimatbehörden des Kindes benötigten Bericht auch selbst erarbeiten kann.

b) Adoption nach dem Übereinkommen

Für eine Adoptionsbewerbung im Anwendungsbereich des Haager Überein- 231
kommens trifft § 4 AdÜbAG keine grundsätzlich anderen, aber stärker detaillierte Regelungen.

aa) § 4 Abs. 1 AdÜbAG regelt die **Zuständigkeit der Auslandsvermittlungs- 232
stellen** für die Betreuung von Bewerbern. Danach können sich Adoptionsbewerber wahlweise an die für ihren gewöhnlichen Aufenthaltsort zuständige

- zentrale Adoptionsstelle des Landesjugendamtes
  oder

- Adoptionsvermittlungsstelle des Jugendamtes
  mit Erlaubnis zur internationalen Adoptionsvermittlung

oder unabhängig von ihrem Wohnort

- an eine anerkannte Auslandsvermittlungsstelle in freier Trägerschaft wenden.

233 Wie bereits oben Rdn. A 224 ausgeführt, wird sich die Auswahl unter mehreren zuständigen Stellen insbesondere daran orientieren, aus welchem Staat die Bewerber ein Kind adoptieren möchten. Die Zuständigkeit der Auslandsvermittlungsstellen für die Bearbeitung der Bewerbung steht einer – vielfach zweckmäßigen – Erstberatung durch die örtliche Adoptionsvermittlungsstelle nicht entgegen.

234 bb) Bestimmungen über den **Inhalt der Adoptionsbewerbung** trifft § 4 Abs. 2 AdÜbAG. Danach haben die Bewerber

235 • anzugeben, aus welchem Heimatstaat sie ein Kind adoptieren möchten.
Diese Angabe ermöglicht es der Auslandsvermittlungsstelle, ihre Zuständigkeit zu prüfen, ihre Aktivitäten in dem betreffenden Vermittlungsfall auf einen bestimmten Staat zu konzentrieren und bei der Prüfung der Eignung der Bewerber Umstände zu berücksichtigen, die sich etwa aus einer typischen kulturellen Prägung bei Kindern aus diesem Staat ergeben können;

236 • an den Voraussetzungen für die Vorlage eines Berichts nach § 7 Abs. 3 AdVermiG mitzuwirken.
Die Prüfung der allgemeinen Eignung der Bewerber liegt im Regelfall schwerpunktmäßig bei der örtlichen Adoptionsvermittlungsstelle. Bei dieser haben die Adoptionsbewerber einen Antrag auf Eignungsprüfung zu stellen und ihr gegenüber müssen sie die dafür benötigten Angaben und Nachweise erbringen;

237 • zu versichern, dass keine weitere Bewerbung um die Vermittlung eines Kindes aus dem Ausland anhängig ist.
Mehrfachvermittlungen an dieselben Bewerber, die fachlichen Bedenken begegnen, wird auf diese Weise entgegengewirkt.

238 cc) § 4 Abs. 3 AdÜbAG schreibt vor, dass sich die **Beratung der Adoptionsbewerber** auf mögliche Probleme bei der Wahrung des Datenschutzes im Herkunftsstaat des Kindes zu erstrecken hat.

239 dd) Hinsichtlich der **Eignungsprüfung** stellt § 4 Abs. 4 AdÜbAG klar, dass die Auslandsvermittlungsstelle diese selbst übernehmen und (bei positivem Ergebnis) auch den Bericht über die Adoptionsbewerber erstellen kann, ohne auf eine Vorlage seitens der örtlichen Adoptionsvermittlungsstelle zurückgreifen zu müssen. Diese ist allerdings von der Auslandsvermittlungsstelle zu beteiligen.

Die verantwortliche Einschätzung der Bewerbereignung liegt in jedem Fall bei der Auslandsvermittlungsstelle, die in diese Beurteilung ihre besonderen Kenntnisse und Erfahrungen auf dem Gebiet der internationalen Adoptionsvermittlung einbringen kann. Hat sich die Auslandsvermittlungsstelle von der allgemeinen Eignung der Bewerber zur Annahme eines Kindes aus dem in Aussicht genommenen Heimatstaat überzeugt, so leitet sie einen Bericht nach Artikel 15 des Übereinkommens über die Bewerber nebst weiteren erforderlichen Unterlagen der zuständigen Stelle im Heimatstaat zu (§ 4 Abs. 5 AdÜbAG).

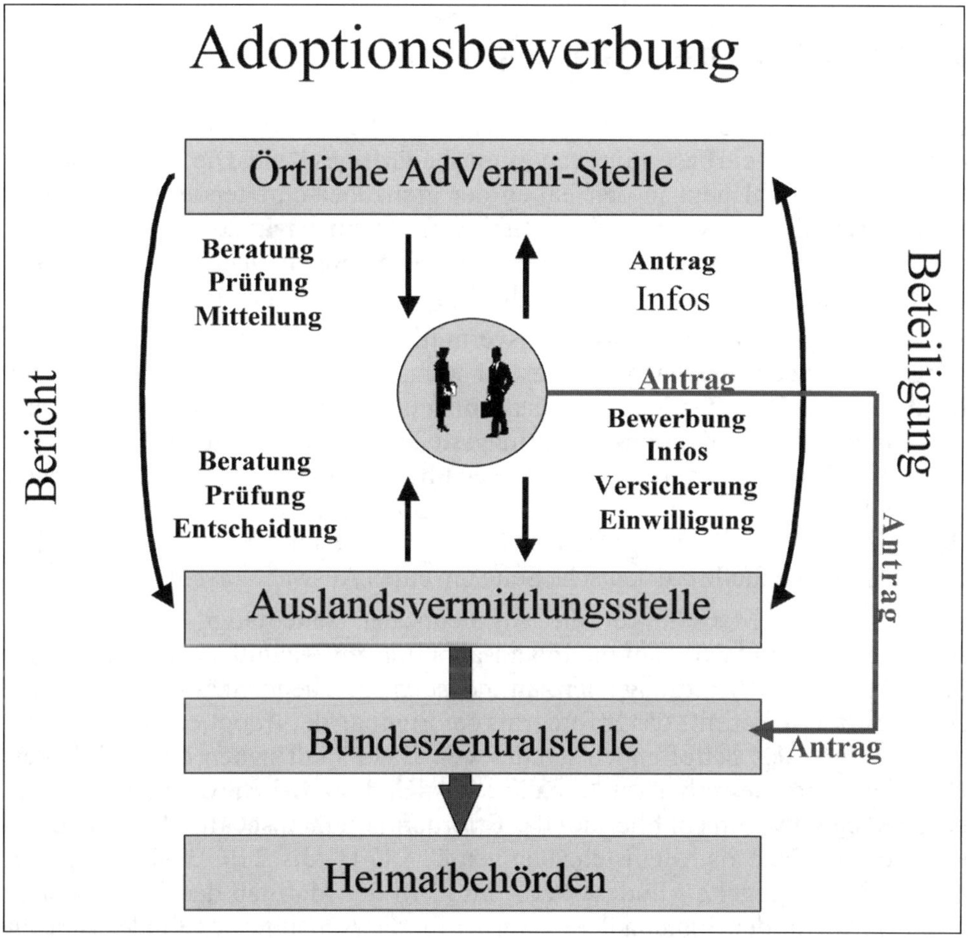

Abbildung 5: Adoptionsbewerbung 240

ee) Auf Antrag der Adoptionsbewerber kann die Bundeszentralstelle für Auslandsadoption in die Übermittlung der Bewerbung an den Heimatstaat eingeschaltet werden. Dies kann sich insbesondere dann empfehlen, wenn die 241 zuständigen Stellen im Heimatstaat die Korrespondenz mit einer zentralen Stelle im Aufnahmestaat bevorzugen. Für die Mitwirkung der Bundeszentralstelle wird eine Gebühr in Höhe von 10 bis 150 Euro erhoben, für deren Bemessung es insbesondere auf Umfang und Schwierigkeit der Mitwirkungshandlungen und auf die wirtschaftlichen Verhältnisse der Adoptionsbewerber ankommt (§ 2 Abs. 2 Satz 2 JVKostO).

5. Matching

a) Internationale Adoption allgemein

242 Unter dem Begriff des Matching versteht man die Auswahl geeigneter Adoptionsbewerber für ein bestimmtes adoptionsbedürftiges Kind. Die Verantwortung für diese Auswahl liegt in den Fällen der grenzüberschreitenden Vermittlung typischerweise bei den zuständigen Stellen im Heimatstaat des Kindes, die auf der Grundlage der ihnen übermittelten Informationen über die Adoptionsbewerber nach den im Heimatstaat geltenden Rechtsvorschriften entscheiden.

243 Inwieweit eine inländische Adoptionsvermittlungsstelle in diesen Auswahlvorgang eingebunden wird, hängt von Vereinbarungen ab, die entweder auf staatlicher Ebene mit dem betreffenden Heimatstaat oder unmittelbar zwischen inländischen und ausländischen Adoptionsvermittlungsstellen getroffen werden, oder es entwickeln sich in der Praxis der Zusammenarbeit inländischer mit ausländischen Stellen Wege fachlichen Austauschs und damit auch Möglichkeiten der Einflussnahme auf das Matchingergebnis. Im Einzelfall kann dies so weit gehen, dass die ausländische Stelle die deutsche Seite um einen Auswahlvorschlag bittet.

244 Als rechtlichen Maßstab für die auf deutscher Seite tätige Adoptionsvermittlungsstelle gibt der – auf die Inlandsadoption zugeschnittene, auf die grenzüberschreitende Vermittlung aber zumindest entsprechend anzuwendende – § 7 Abs. 1 Satz 2 AdVermiG das Erfordernis der Eignung der Adoptionsbewerber für die Annahme des betreffenden Kindes vor. Dazu zählt neben der rechtlichen Befähigung der Bewerber zur Annahme des Kindes – bei Anwendbarkeit deutschen Rechts etwa im Hinblick auf das Erfordernis gemeinschaftlicher Annahme oder der Annahme als Alleinstehender gemäß § 1741 Abs. 2 BGB oder auf das in § 1743 BGB geregelte Mindestalter – im Kern der Maßstab des Kindeswohls. Das Erfordernis der Eignung der Bewerber für die Annahme des Kindes ist nach § 7 Abs. 1 Satz 2 AdVermiG „insbesondere“, also nicht ausschließlich, zu berücksichtigen. Im Rahmen der in § 7 Abs. 1 Satz 1 AdVermiG vorgesehenen sachdienlichen Ermittlungen bleibt daher neben dem – stets vorrangigen – Kindeswohl zusätzlich Raum für weitere Erwägungen, die sich auch an den Erfordernissen einer geordneten Adoptionsvermittlung orientieren und z. B. die Wartezeit bestimmter Adoptionsbewerber einbeziehen können.

b) Adoption nach dem Übereinkommen

aa) Die **Bestimmungen des Übereinkommens** präzisieren den rechtlichen Rahmen für den Matchingvorgang in doppelter Hinsicht: 245

- Zum einen werden auch die zuständigen Stellen im **Heimatstaat an inhaltliche Maßstäbe für die Bewerberauswahl gebunden**. Das ergibt sich aus der Generalverpflichtung auf das Kindeswohl (Artikel 1 Buchstabe a), aus den in den Artikeln 4 und 5 geregelten Mindeststandards (vgl. oben Rdn. A 53 ff.) und insbesondere aus den in Artikel 16 Abs. 1 enthaltenen Kriterien für die Platzierung des Kindes. Danach ist in einem Sozialbericht u. a. auf das soziale Umfeld des Kindes, auf seine persönliche und familiäre Entwicklung sowie auf Krankheiten und besondere Bedürfnisse einzugehen (Buchstabe a); diese Umstände sind bei der Auswahl von Adoptionsbewerbern in Betracht zu ziehen. Ferner ist auf die bisherige Erziehung des Kindes und auf seine ethnische, religiöse und kulturelle Herkunft Rücksicht zu nehmen (Buchstabe b). Insgesamt ist sicherzustellen, dass die in Aussicht genommene Unterbringung dem Wohl des Kindes dient (Buchstabe d). 246
- Zum anderen wird der Matchingentscheid an das **Einvernehmen mit** der zuständigen Stelle im **Aufnahmestaat** geknüpft. Denn nach Artikel 17 Buchstabe c bedarf der Vollzug der Adoption der Zustimmung der zuständigen Stellen sowohl im Heimatstaat des Kindes als auch im Aufnahmestaat. 247

bb) Das **Ausführungsgesetz** trifft in § 5 für das Verfahren der deutschen Auslandsvermittlungsstelle Regelungen, die in ihrer Grundstruktur dem oben Rdn. A 244 aufgezeigten Regelungsgehalt des § 7 Abs. 1 AdVermiG entsprechen, jedoch stärker ins Detail gehen. 248

Nach § 5 Abs. 1 Satz 2 Nr. 1 AdÜbAG bedarf es in jedem Fall der Prüfung der Grundvoraussetzung, ob die beabsichtigte Annahme dem Wohl des Kindes dient. § 5 Abs. 1 Satz 2 Nr. 2 AdÜbAG differenziert im Übrigen zwischen dem Fall einer im Heimatstaat und einer im Inland zu vollziehenden Adoption; denn der Schwerpunkt der Verantwortung für die Einhaltung der rechtlichen Bestimmungen liegt bei den zuständigen Stellen im Vollzugsstaat. Soll die Adoption im Heimatstaat stattfinden, so beschränkt sich die Prüfung der deutschen Stellen deshalb auf das Wohl des Kindes und die Wahrung wesentlicher Grundsätze des deutschen Rechts (ordre public). Bei einer Adoption im Inland sind deren Voraussetzungen nach dem anwendbaren Recht zu prüfen. 249

Auch die in § 5 Abs. 1 Satz 2 AdÜbAG genannten Prüfungspunkte sind nicht abschließend formuliert; weitere fachliche Gesichtspunkte können in die Entscheidung der Auslandsvermittlungsstelle über ihre Zustimmung zu dem 250 vom Heimatstaat vorgeschlagenen Matching Eingang finden. § 5 Abs. 1 Satz 3 AdÜbAG ermöglicht ausdrücklich einen Meinungsaustausch zwischen der inländischen Auslandsvermittlungsstelle und der ausländischen Partnerstelle über die mit dem Matching zusammenhängenden Fragen.

251 § 5 AdÜbAG enthält weitere Vorschriften insbesondere über

- die Beratung der Adoptionsbewerber,
- deren Einverständnis mit dem ihnen unterbreiteten Vermittlungsvorschlag als Voraussetzung für die Zustimmung der Auslandsvermittlungsstelle gemäß Artikel 17 Buchstabe c des Übereinkommens und
- die Beteiligung der für den Wohnort der Bewerber zuständigen örtlichen Adoptionsvermittlungsstelle am Verfahren.

252 Näheres zu dem Fragenkreis ergibt sich aus Abschnitt 5 des Allgemeinen Teils der Begründung zum Entwurf des Begleitgesetzes (unten C. II. 3.) und aus der Einzelbegründung zu § 5 AdÜbAG (unten Rdn. B 91 ff.).

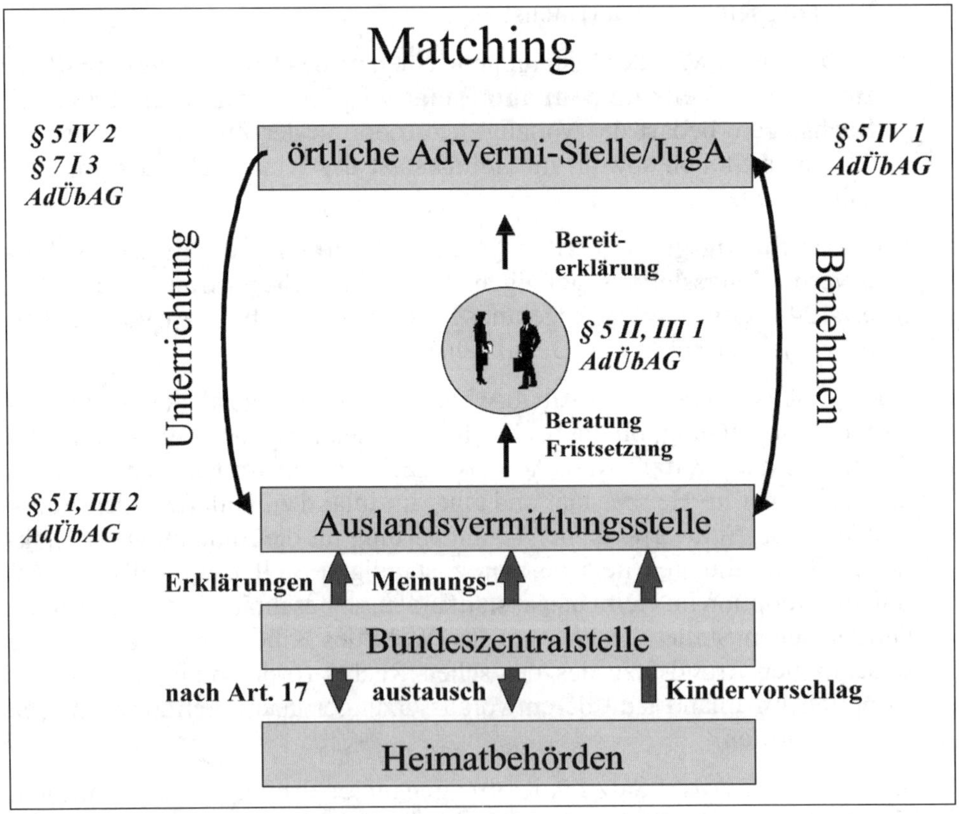

253 **Abbildung 6: Übersicht Matching**

6. Einreise des Kindes

a) Internationale Adoption allgemein

Die Rechtslage in Bezug auf Einreise und Aufenthalt eines minderjährigen Kindes, das von im Inland lebenden Adoptionsbewerbern angenommen worden ist oder adoptiert werden soll, hat das Begleitgesetz zum Haager Übereinkommen nur insoweit geändert, als es um die Adoptionsvermittlung im Rahmen der Übereinkunft geht. Außerhalb des Anwendungsbereichs der Konvention gilt weiterhin Folgendes: 254

aa) Ist der Annehmende oder einer der annehmenden Ehegatten deutscher Staatsangehöriger, so erwirbt das Kind gemäß § 6 des Staatsangehörigkeitsgesetzes (StAG) grundsätzlich mit der (für den deutschen Rechtsbereich wirksamen) Annahme die deutsche Staatsangehörigkeit. Hat das Kind die deutsche Staatsangehörigkeit erworben, so genießt es nach Artikel 11 Abs. 1 GG Freizügigkeit im Bundesgebiet und ist damit auch zur Einreise und zum ständigen Aufenthalt im Inland berechtigt (vgl. BVerfGE 2, 266, 273; 43, 203, 211), ohne eines Sichtvermerks oder einer sonstigen Aufenthaltsgenehmigung zu bedürfen. 255

Ein Erwerb der deutschen Staatsangehörigkeit gemäß § 6 StAG vor der Einreise des Adoptivkindes findet allerdings insbesondere dann nicht statt, 256

- wenn die Annahme erst nach der Einreise durch ein deutsches Gericht ausgesprochen werden soll, 257
- wenn keiner der Annehmenden (wenigstens auch) die deutsche Staatsangehörigkeit hat oder 258
- wenn die Annahme zwar bereits im Ausland vollzogen ist, jedoch in ihren Wirkungen hinter denen der Minderjährigenadoption deutschen Rechts wesentlich zurückbleibt (sog. schwache Adoption – vgl. BayVGH, StAZ 1989, 287, 289/290). 259

Um dem Kind die Einreise zu ermöglichen, muss seine deutsche Staatsangehörigkeit – namentlich durch einen von der zuständigen Auslandsvertretung ausgestellten deutschen Kinderausweis – dokumentiert sein. Hierbei können sich vor allem im Hinblick auf die Anerkennung und den Wirkungsumfang des ausländischen Adoptionsakts schwierige Zweifelsfragen stellen, die der Ausstellung eines deutschen Ausweises zunächst entgegenstehen. 260

bb) In diesen Zweifelsfällen wie auch dann, wenn das Kind erst im Inland adoptiert werden soll oder aus anderen Gründen (noch) nicht die deutsche Staatsangehörigkeit erworben hat, bedarf es zur Einreise eines Sichtvermerks (§ 3 Abs. 3 Satz 1 AuslG). Weil der Aufenthalt nicht auf drei Monate begrenzt, sondern auf Dauer angelegt sein soll, darf die Auslandsvertretung 261 das Visum nur mit vorheriger Zustimmung der Ausländerbehörde erteilen, die für den vorgesehenen Aufenthaltsort oder für den Ort des Sitzes der beteiligten inländischen Adoptionsvermittlungsstelle zuständig ist (§ 11 Abs. 1 Nr. 1, Abs. 3 DVAuslG). In der Praxis wird die für die Erteilung des Visums benötigte Zustimmung der Ausländerbehörde zumeist in Form einer sog. Vorabzustimmung eingeholt, welche die Adoptionsbewerber dann bei der Abholung des Kindes im Heimatstaat der dortigen deutschen Auslandsvertretung vorlegen.

262 Einen Anspruch auf Familienzusammenführung hat nach § 23 Abs. 1 Nr. 2 in Verbindung mit § 17 Abs. 1 AuslG das ausländische minderjährige ledige Kind eines Deutschen. Ein Kindschaftsverhältnis entsteht gemäß § 1754 BGB auch durch Annahme als Kind, jedoch erst mit Vollzug der Adoption. Fehlt es hieran zur Zeit der beabsichtigten Einreise noch (oder bestehen Zweifel an der Wirksamkeit der im Ausland durchgeführten Adoption), so wird ein (zeitnah durchsetzbarer) Anspruch auf Familienzusammenführung im Regelfall ausscheiden.

263 Im Ergebnis wird vielmehr in Bezug auf ein Kind, das die Adoptionsbewerber zur Zeit der beabsichtigten Einreise gerade erst in Pflege genommen und noch nicht adoptiert haben, die Erteilung einer Aufenthaltserlaubnis lediglich nach den allgemeinen Vorschriften der §§ 7 ff., 15 AuslG möglich sein, die die Erteilung einer Aufenthaltserlaubnis in das Ermessen der Ausländerbehörde stellen. Soweit bekannt, werden bei den Ermessensentscheidungen der Ausländerbehörden und Auslandsvertretungen einem Wunsch nach Annahme eines Minderjährigen keine zuwanderungspolitischen Belange entgegengesetzt. Die Adoptionsbewerber haben in der Regel insbesondere eine befürwortende Stellungnahme des Jugendamtes vorzulegen, Nachweise über ihre Wohn- und Einkommensverhältnisse zu erbringen und eine Verpflichtungserklärung gemäß § 84 AuslG abzugeben, durch die sie sich verpflichten, öffentliche Mittel, die für das Kind aufgewendet werden sollten, zu erstatten.

b) Adoption nach dem Übereinkommen

264 Die Bedeutung der ausländerrechtlichen Lage im Zusammenhang mit dem Übereinkommen ergibt sich aus dessen Bestimmungen über die Aufnahme des Kindes. Bevor das Kind im Heimatstaat den Adoptionsbewerbern anvertraut werden darf, verlangt Artikel 17 Buchstabe d des Übereinkommens die vorgängige Entscheidung der zuständigen Behörden des Aufnahmestaates, dass dem Kind die Einreise und der ständige Aufenthalt dort bewilligt werden. Ohne Erfüllung dieser Voraussetzungen darf die Adoption gemäß Artikel 5 Buchstabe c des Übereinkommens nicht durchgeführt werden. Denn die Annahme dient nur dann dem Wohl des Kindes, wenn in dem Staat, in dem sich die Adoptionsbewerber gewöhnlich aufhalten, eine familiäre Lebensgemeinschaft zwischen diesen und dem Kind ermöglicht werden kann. Ergänzend verpflichtet Artikel 18 die zentralen Behörden des Heimat- und des Aufnahmestaates, alle erforderlichen Maßnahmen zu treffen, um die Bewilligung der Ausreise des Kindes aus dem Heimatstaat sowie der Einreise in den Aufnahmestaat und des ständigen Aufenthalts dort zu erwirken.

Eine allgemeine, auf die gesetzliche Lage gestützte Einschätzung, dass dem Aufenthalt des Kindes in Deutschland voraussichtlich keine Bedenken entgegenstehen werden, genügt dem Erfordernis einer „Entscheidung" der zuständigen Behörde des Aufnahmestaates nicht. Vielmehr wären die Anforderungen der Übereinkunft insoweit erst mit Erteilung sowohl der Zustimmung der Ausländerbehörde als auch des Visums durch die Auslandsvertretung erfüllt. Selbst wenn diese vorliegen, stellt sich allerdings die Frage, ob damit im Sinne der Übereinkunft dem Kind der „ständige" Aufenthalt im Bundesgebiet bewilligt ist. **265**

Vor diesem Hintergrund trifft § 6 AdÜbAG ergänzende Regelungen über die ausländerrechtliche Stellung eines Kindes, das im Rahmen des Übereinkommens zum Zwecke einer grenzüberschreitenden Adoption in Deutschland aufgenommen werden soll. Diese Regelungen passen die ausländerrechtlichen Vorschriften an die Anforderungen der Übereinkunft an, ohne dabei jedoch die Systematik des deutschen Ausländerrechts zu beeinträchtigen. Verwirklicht wird diese Zielsetzung durch die rechtliche Einordnung der Einreise des zu adoptierenden Kindes als eine vorweggenommene Familienzusammenführung. **266**

Die Voraussetzungen für die Vorverlagerung des ausländerrechtlichen Schutzes für das zur Adoption vermittelte Kind ergeben sich aus § 6 Abs. 1 AdÜbAG. Danach muss vorliegen: **267**

- ein Vermittlungsvorschlag des Heimatstaates, der die Billigung der deutschen Auslandsvermittlungsstelle (§ 5 Abs. 1 AdÜbAG) gefunden hat; **268**
- die Bereiterklärung der Adoptionsbewerber, das ihnen vorgeschlagene Kind anzunehmen (§ 5 Abs. 3 Satz 1, § 7 Abs. 1 AdÜbAG) mit der daraus folgenden finanziellen Einstandspflicht der Adoptionsbewerber für dieses Kind (§ 7 Abs. 2 und 3 AdÜbAG). **269**

Sind diese Voraussetzungen erfüllt, so entscheiden die Ausländerbehörde und die deutsche Botschaft oder das deutsche Konsulat im Heimatstaat des Kindes auf Ersuchen der Auslandsvermittlungsstelle über die Vorabzustimmung zur Visaerteilung und – wenn auch die Zustimmung der Ausländerbehörde vorliegt – über die Erteilung des Sichtvermerks für die Einreise des Kindes. **270**

Wegen der Einzelheiten darf auf die Einzelbegründung zu den §§ 6 und 7 AdÜbAG (Rdn. B 131 ff.; B 156 ff.) verwiesen werden. **271**

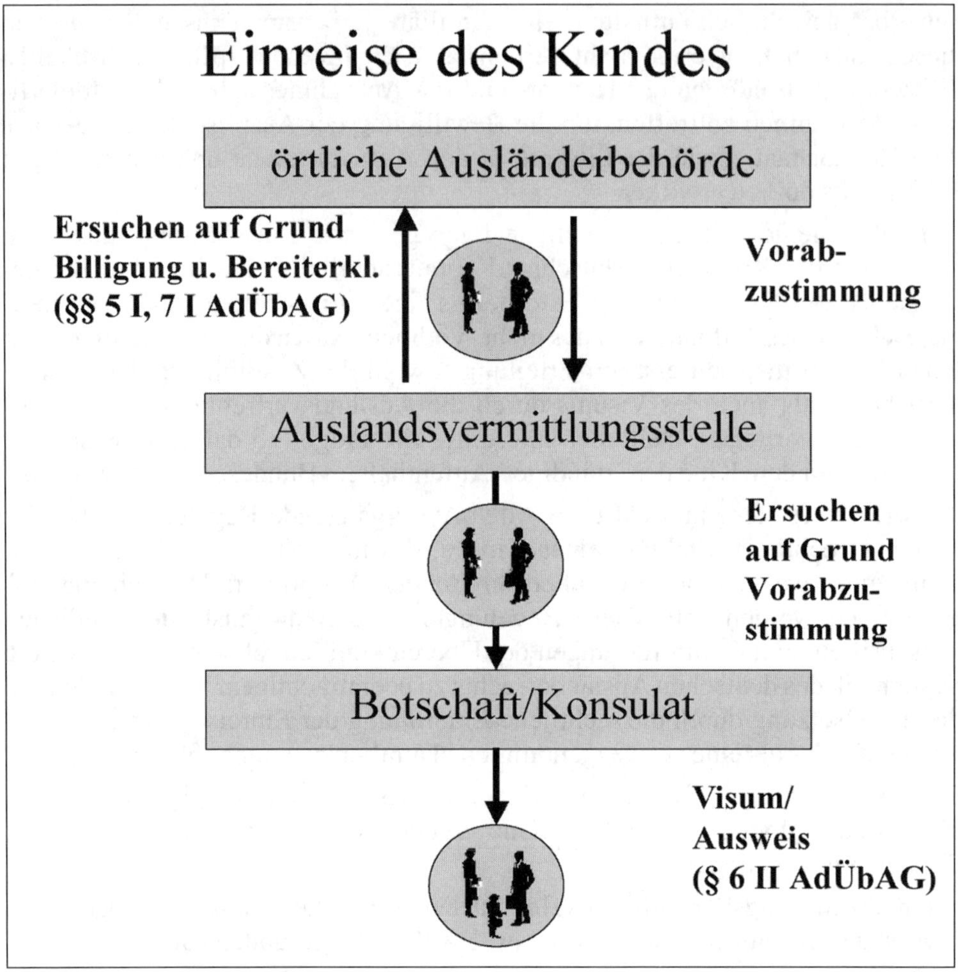

272 **Abbildung 7: Übersicht Einreise des Kindes**

7. Berichterstattung gegenüber den Heimatbehörden

273 Viele Heimatstaaten verlangen, dass deutsche Vermittlungsstellen eine Verpflichtung zur Berichterstattung über die Entwicklung des Kindes nach dessen Übersiedlung eingehen. Die Übernahme einer derartigen Verpflichtung setzt voraus, dass sich die Vermittlungsstelle darauf verlassen kann, über die Entwicklung des Kindes in der Aufnahmefamilie auf dem Laufenden gehalten zu werden. In aller Regel werden die (künftigen) Adoptiveltern dabei bereitwillig mitwirken und der fortlaufenden Weitergabe von Informationen über das Kind an die zuständigen Stellen im Heimatstaat zustimmen.

Rechtliche Möglichkeiten, die Entwicklung des Kindes bei den Adoptiveltern zu beobachten, bestehen allerdings nur in eingeschränktem Maße. Ist die Adoption bereits im Heimatstaat des Kindes vollzogen worden und wird sie in Deutschland anerkannt (näher dazu unten Rdn. A 328 ff.), so sind Eingriffe in die Rechtsstellung der Adoptiveltern grundsätzlich nur bei Gefährdung des Kindeswohls zulässig (§ 1666 BGB). Die deutsche Vermittlungsstelle könnte sich daher mitunter außerstande sehen, Berichtspflichten gegenüber der Partnerstelle im Heimatstaat zu erfüllen. Dies könnte in der Zukunft der Zusammenarbeit mit Heimatstaaten, die Entwicklungsberichte verlangen und die Vereinbarung einer Berichtspflicht fordern, im Wege stehen. 274

Vor diesem Hintergrund erlaubt der neu gefasste § 9 Abs. 2 AdVermiG ausdrücklich den Abschluss eines Vertrages zwischen den Adoptionsbewerbern und der Adoptionsvermittlungsstelle über eine Beobachtung des Kindes auch nach vollzogener Annahme und über die Weitergabe der gewonnenen Erkenntnisse an die zuständigen Stellen im Heimatstaat. 275

Das Haager Übereinkommen enthält keine speziellen Regelungen über die Erstattung von Entwicklungsberichten. Jedoch dürfte es dem Verlangen eines Heimatstaates, allgemein oder für den Einzelfall die Übermittlung von Entwicklungsberichten zu vereinbaren, auch nicht entgegenstehen. Dementsprechend gilt die Vorschrift des § 9 Abs. 2 AdVermiG für Auslandsadoptionen innerhalb wie außerhalb des Anwendungsbereichs des Übereinkommens. 276

8. Datenschutz und Datensicherung

Adoption und Adoptionsvermittlung sind hochsensible Vorgänge, die tief in den persönlichen Lebensbereich der Beteiligten – des Kindes, seiner Ursprungsfamilie und der Adoptiveltern – einschneiden. Der Gesetzgeber steht hier vor der Notwendigkeit, 277

- einerseits Schutz vor unbefugter Offenbarung der Adoption und damit zusammenhängender Umstände zu gewährleisten (Datenschutz), 278
- andererseits möglichst sicherzustellen, dass der Adoptierte Zugang zu Informationen über seine genetische Herkunft erhält (Datensicherung). 279

a) Datenschutz

Das bisherige Recht kennt hierzu bereits eine spezielle zivilrechtliche Norm, die auf den Schutz der Adoptivfamilie abzielt. Nach § 1758 Abs. 1 BGB dürfen Tatsachen, die geeignet sind, die Annahme und ihre Umstände aufzudecken, ohne Zustimmung des Annehmenden und des Kindes nicht offenbart oder aus- 280 geforscht werden, es sei denn, dass besondere Gründe des öffentlichen Interesses dies erfordern.

281 Die öffentlich-rechtlichen Vorschriften zum Datenschutz beziehen außer den Adoptiveltern und dem Adoptierten auch dessen Herkunftsfamilie mit in ihren Schutzbereich ein. Da das Adoptionsvermittlungsgesetz als Besonderer Teil des Sozialgesetzbuchs gilt (§ 68 Nr. 12 SGB I; früher Artikel 2 § 1 Nr. 16 SGB I), finden die Bestimmungen des Zweiten Kapitels des SGB X Anwendung. Eine in Artikel 4 Abs. 5 des Begleitgesetzes eingestellte Änderung des § 35 SGB I stellt dies auch im Verhältnis zu Adoptionsvermittlungsstellen in freier Trägerschaft klar. Darüber hinaus beinhalten die neuen Regelungen der §§ 9d und 2a Abs. 6 AdVermiG weitere Präzisierungen, namentlich im Hinblick auf die im Vergleich zu den Vorschriften des SGB X speziellere Zweckbindung der im Bereich des Adoptionsvermittlungswesens erhobenen Daten sowie im Hinblick auf die von der Bundeszentralstelle für Auslandsadoption geführte zentrale Datei (vgl. oben Rdn. A 194).

282 Aus der in § 3 Abs. 1 Satz 2 und 3 AdÜbAG enthaltenen Verweisung auf das Adoptionsvermittlungsgesetz folgt, dass die genannten Regelungen auch im Anwendungsbereich des Haager Übereinkommens Anwendung finden.

b) Datensicherung

283 Schon nach bisherigem Recht tragen die Bestimmungen des Personenstandsrechts wesentlich dazu bei, dass Informationen über die Herkunft des Adoptierten gesichert und diesem zugänglich gemacht werden. Nach § 61 Abs. 2 PStG erhält das angenommene Kind vom vollendeten sechzehnten Lebensjahr an auf Antrag Einsicht in seine Personenstandseinträge, aus denen die Tatsache der Adoption wie auch seine natürliche Abstammung hervorgehen.

284 Für den Bereich der internationalen Adoption trifft nunmehr Artikel 30 der Haager Übereinkunft Bestimmungen über die Aufbewahrung von Vermittlungsakten und die Gewährung von Einsicht in diese Unterlagen. Danach sorgen die zuständigen Behörden eines Vertragsstaates dafür, dass die ihnen vorliegenden Angaben über die Herkunft des Kindes, insbesondere über die Identität seiner Eltern, sowie über die Krankheitsgeschichte des Kindes und seiner Familie aufbewahrt werden. Ferner gewährleisten sie, dass das Kind oder sein Vertreter unter angemessener Anleitung Zugang zu diesen Angaben hat, soweit das Recht des betreffenden Staates dies zulässt.

285 In Anlehnung an diese Bestimmung regelt der neue § 9b AdVermiG die Aufbewahrung der Vermittlungsakten bis zu dem Zeitpunkt, in dem der Adoptierte das 60. Lebensjahr vollendet, sowie Kriterien und Modalitäten hinsichtlich der Einsichtnahme in diese Unterlagen. Diese Regelungen, mit denen der Gesetzgeber eine Abwägung zwischen den – auch verfassungsrechtlich geschützten – Inter-

essen des Adoptierten an der Aufklärung über seine biologische Abstammung und der übrigen Beteiligten an der Wahrung ihrer Privatsphäre vornimmt, gelten für die Inlands- ebenso wie für die Auslandsadoption. Einzelheiten ergeben sich aus der Begründung zu § 9b AdVermiG (Rdn. B 601 ff.).

9. Durchführungsbestimmungen

Schon das bisherige Recht kannte in § 7 Abs. 2 AdVermiG eine Ermächtigung zum Erlass von Durchführungsbestimmungen für die den Adoptionsvermittlungsstellen obliegenden Aufgabenbereiche der sachdienlichen Ermittlungen im Vorfeld einer Adoption sowie der beratenden Unterstützung der Adoptionsbeteiligten (Adoptionshilfe). Von dieser Ermächtigung ist jedoch kein Gebrauch gemacht worden. Allerdings hat die Bundesarbeitsgemeinschaft der Landesjugendämter „Empfehlungen zur Adoptionsvermittlung" herausgegeben (3. Aufl. 1994), die die Herausbildung einheitlicher fachlicher Standards fördern. **286**

Der neue § 9c AdVermiG präzisiert und erweitert die Verordnungsermächtigung insbesondere auf die mit der Meldepflicht bei internationalen Vermittlungen, der Zulassung und Beaufsichtigung freier Adoptionsvermittlungsstellen, der Eignungsprüfung für die Auslandsadoption und mit Datenschutz und Akteneinsicht zusammenhängenden Fragen. Ferner besteht nunmehr eine Ermächtigung zum Erlass einer Verordnung, die die Erhebung von Gebühren und Auslagen für die Eignungsprüfung nach § 7 Abs. 3 AdVermiG sowie für eine internationale Adoptionsvermittlung regelt; für den einzelnen Vermittlungsfall dürfen die Gebühren 2000 Euro nicht überschreiten. **287**

Im Bundesministerium für Familie, Senioren, Frauen und Jugend wird eine Rechtsverordnung über die von der Bundeszentralstelle für Auslandsadoption zu errichtende Datenbank und die von den mit internationaler Adoptionsvermittlung befassten Stellen zu erstattenden Meldungen vorbereitet. Ob und inwieweit der Verordnungsgeber darüber hinaus von der erweiterten Ermächtigung Gebrauch machen wird, ist noch nicht entschieden. Denkbar wären weitreichende Regelungen bis hin zur Konkretisierung von Eignungsanforderungen an Adoptionsbewerber. Möglich erscheint aber auch, wie bisher allein mit den gesetzlichen Vorschriften – ergänzt um Anwendungshinweise seitens der Bundesarbeitsgemeinschaft der Landesjugendämter – auszukommen. **288**

10. Übergangsvorschriften

a) Internationale Adoption allgemein

289 Das Begleitgesetz zum Haager Adoptionsübereinkommen, das auch eine Reihe von Änderungen des Adoptionsvermittlungsgesetzes enthält, tritt im Wesentlichen am 1. Januar 2002 in Kraft. Nach dem neu gefassten § 16 AdVermiG sind geänderte Vorschriften des Adoptionsvermittlungsrechts grundsätzlich auch auf bereits laufende Vermittlungsverfahren anzuwenden. Das bedeutet z. B., dass beim Abschluss einer vor dem 1. Januar 2002 begonnenen grenzüberschreitenden Vermittlung i. S. des § 2a Abs. 1 AdVermiG die Vermittlungsstelle eine Meldung nach § 2a Abs. 5 AdVermiG an die Bundeszentralstelle für Auslandsadoption zu erstatten hat.

290 Hinsichtlich der erhöhten Anforderungen an das Personal einer – staatlichen oder freien – Adoptionsvermittlungsstelle nach § 3 AdVermiG und der in § 4 AdVermiG geregelten Voraussetzungen für die Anerkennung einer freien Adoptionsvermittlungsstelle im Allgemeinen und ihrer Zulassung zur internationalen Adoptionsvermittlung im Besonderen trifft § 15 AdVermiG spezielle Übergangsregelungen. Grundsätzlich können danach die bestehenden Adoptionsvermittlungsstellen ihre bislang ausgeübte Tätigkeit für eine Karenzzeit von einem Jahr weiterführen. Bis dahin muss der neue Personalstandard erfüllt bzw. ein Verwaltungsverfahren auf Anerkennung der freien Adoptionsvermittlungsstelle oder auf ihre Zulassung zur internationalen Vermittlung eingeleitet sein. Das Nähere ergibt sich aus § 15 AdVermiG und der Einzelbegründung zu dieser Vorschrift (Rdn. B 712 ff.).

b) Adoption nach dem Übereinkommen

291 Artikel 46 des Haager Übereinkommens regelt dessen erstmaliges Inkrafttreten sowie sein Inkrafttreten für einzelne Staaten, die den Vertrag zu einem späteren Zeitpunkt ratifizieren oder ihm beitreten. In Kraft getreten ist die Übereinkunft gemäß Artikel 46 Abs. 1 nach der Ratifikation durch drei Staaten am 1. Mai 1995; inzwischen (Stand: September 2001) ist die Zahl der Vertragsstaaten auf 42 angewachsen. Für die Bundesrepublik Deutschland und für jeden in den Kreis der Vertragsparteien eintretenden Staat wird sie gemäß Artikel 46 Abs. 2 Buchstabe a am ersten Tag des vierten auf die Hinterlegung der Ratifikations- oder Beitrittsurkunde folgenden Kalendermonats wirksam werden, für Deutschland, das am 22. November 2001 die Ratifikation vollzogen hat, also am 1. März 2002.

292 Nach Artikel 41 findet das Übereinkommen grundsätzlich nur auf „neue" Bewerbungen, die nach seinem In-Kraft-Treten bei der zentralen Behörde des Aufnahmestaates eingehen, Anwendung. An diese Bestimmung lehnt sich § 10

Abs. 1 AdÜbAG an, nach dem die Vorschriften der §§ 4 bis 7 AdÜbAG nur für Vermittlungsverfahren gelten, die durch Bewerbung nach dem In-Kraft-Treten des Übereinkommens eingeleitet wurden. Das gilt nicht nur für den Zeitpunkt des erstmaligen In-Kraft-Tretens für Deutschland am 1. März 2002, sondern ebenso wenn zu einem späteren Zeitpunkt andere Staaten die Konvention ratifizieren oder ihr beitreten. Nach § 10 Abs. 2 AdÜbAG kann die Bundeszentralstelle für Auslandsadoption mit der zentralen Behörde eines anderen Vertragsstaates die Anwendung des Übereinkommens auch auf bereits laufende Vermittlungsverfahren vereinbaren.

Weitere Einzelheiten ergeben sich aus den §§ 10 und 11 AdÜbAG und der **293** Einzelbegründung zu diesen Vorschriften (Rdn. B 216/217; B 226 ff.).

11. Vermittlung eines Kindes an Bewerber im Ausland

Für die wohl eher seltene – in erster Linie als Stiefkind- oder Verwandtenadop- **294** tion vorkommende – Konstellation der Vermittlung eines Kindes mit gewöhnlichem Aufenthalt im Inland an Adoptionsbewerber im Ausland trifft das Begleitgesetz kaum ausdrückliche Regelungen. Im Wesentlichen sind die Vorschriften des Adoptionsvermittlungsgesetzes und im Rahmen des Haager Übereinkommens dessen Bestimmungen unmittelbar anzuwenden.

Auf deutscher Seite **zuständig** sind die zentralen Adoptionsstellen der Landes- **295** jugendämter sowie die zur internationalen Vermittlung zugelassenen Adoptionsvermittlungsstellen der Jugendämter, während freie Adoptionsvermittlungsstellen an dieser Aufgabe nicht beteiligt sind (§ 2a Abs. 3 Nr. 3 in Verbindung mit § 4 Abs. 2 Satz 1 AdVermiG, § 2 Abs. 1 AdÜbAG). Dies hängt mit dem **Grundsatz des Nachrangs der internationalen Adoption** zusammen, der bei der Vermittlung eines im Inland lebenden Kindes in das Ausland zu beachten ist (vgl. Artikel 4 Buchstabe b des Übereinkommens). Denn die Jugendämter und die zentralen Adoptionsstellen der Landesjugendämter dürften am besten in der Lage sein, andere Möglichkeiten der Hilfe für ein Kind in Betracht zu ziehen.

Soweit ein **Matching** stattfindet, bildet die Eignung der Adoptionsbewerber für **296** die Annahme des betreffenden Kindes, letztlich also das Kindeswohl, den entscheidenden Maßstab (§ 7 Abs. 1 Satz 2, § 8 AdVermiG, Artikel 16 Abs. 1 Buchstabe d des Übereinkommens). Das gilt auch in den Fällen der Verwandten- und der Stiefkindadoption, auch wenn hier in der Regel keine Auswahlentscheidung zwischen mehreren Bewerbern zu treffen, sondern lediglich die beabsichtigte Annahme daraufhin zu überprüfen ist, ob sie dem Wohl des Kindes dient. In diesem Kontext ist auch zu prüfen, ob mit dem wirksamen Zustandekommen eines Annahmeverhältnisses – sei es durch gerichtlichen Ausspruch im Inland, sei es im Aufnahmestaat – zu rechnen, also eine stabile Situation für das Kind auch in rechtlicher Hinsicht zu erwarten ist.

297 Die **Ausreise** eines Kindes mit gewöhnlichem Aufenthalt in Deutschland zum Zwecke einer grenzüberschreitenden Adoption unterliegt keinen speziellen öffentlich-rechtlichen Beschränkungen; § 6 Abs. 1 Satz 3, Abs. 5 PassG in Verbindung mit § 2 Abs. 1 Nr. 2 DVPassG knüpft die Ausstellung eines Reisepasses oder Kinderausweises lediglich an den Antrag dessen, dem das Aufenthaltsbestimmungsrecht für das Kind zusteht – bei einem Kind, das in Adoptionspflege gegeben wird, in der Regel das Jugendamt nach § 1751 Abs. 1 Satz 2 BGB.

298 Im Übrigen sind im Rahmen des Übereinkommens vor allem dessen Artikel 4 und 5 sowie 16 bis 20 zu beachten. Die meisten der dort niedergelegten Regeln haben Entsprechungen im deutschen innerstaatlichen Recht oder lassen sich auf die Wahrung des Kindeswohls zurückführen, können daher auch bei einer Adoptionsvermittlung außerhalb des Übereinkommens als Richtschnur dienen. Das gilt z. B. für die Bestimmungen des Artikels 17 Buchstabe a und d der Konvention, nach denen sich die zuständige Stelle im Heimatstaat vergewissern muss, dass die Adoptionsbewerber zur Annahme des betreffenden Kindes bereit und dass Einreise und Aufenthalt des Kindes im Aufnahmestaat gesichert sind, bevor das Kind den im Ausland lebenden Bewerbern anvertraut wird.

IV. Gerichtliches Verfahren und Adoptionswirkungen

299 Eine Auslandsadoption, d. h. die Annahme eines Kindes mit (früherem) gewöhnlichem Aufenthalt im Ausland, kann im Inland unter Mitwirkung eines deutschen Vormundschaftsgerichts oder im Herkunftsstaat des Kindes unter Beachtung des dort geltenden Internationalen Privat- und Verfahrensrechts zustande kommen.

1. Adoptionsentscheidungen im Inland

a) Zuständigkeit und Verfahren

300 aa) **Sachlich zuständig** für die Durchführung des Adoptionsverfahrens sind auch bei der Adoption mit Auslandsberührung die Vormundschaftsgerichte (Vormundschaftsabteilungen der Amtsgerichte).

301 bb) Die **örtliche Zuständigkeit** richtet sich grundsätzlich nach dem Wohnsitz, hilfsweise dem Aufenthalt, des Annehmenden oder der annehmenden Ehegatten, und zwar zu dem Zeitpunkt, in dem der erste Antrag oder die erste Erklärung in der Adoptionsangelegenheit bei Gericht eingereicht wird; eine spätere Verlegung des Wohnsitzes oder Aufenthalts lässt die einmal begründete örtliche Zuständigkeit unberührt (§ 43b Abs. 2 Satz 1 FGG). § 43b Abs. 3 und 4 regelt subsidiäre örtliche Zuständigkeiten für den Fall, dass der

Annehmende oder die annehmenden Ehegatten keinen inländischen Wohnsitz oder Aufenthalt haben.

Durch Artikel 4 Abs. 2 des Begleitgesetzes ist § 43b Abs. 2 FGG um einen **302**
Satz 2 ergänzt worden, der § 5 Abs. 1 und 2 des Adoptionswirkungsgesetzes (AdWirkG – Artikel 2 des Begleitgesetzes) für entsprechend anwendbar erklärt, falls ausländische Sachvorschriften zur Anwendung kommen. Diese Vorschriften regeln eine **Zuständigkeitskonzentration**: In Verfahren nach dem Adoptionswirkungsgesetz, das vornehmlich die gerichtliche Feststellung der Anerkennung und der Wirkungen eines ausländischen Adoptionsakts zum Gegenstand hat, entscheidet grundsätzlich das Vormundschaftsgericht am Sitz des übergeordneten Oberlandesgerichts für den gesamten OLG-Bezirk; in Berlin ist das Amtsgericht Schöneberg zuständig. Diese Zuständigkeitskonzentration, die die Fachkompetenz der mit dem schwierigen Sachgebiet des internationalen Adoptionsrechts befassten Richterinnen und Richter stärken soll, überträgt der neue § 43b Abs. 2 Satz 2 FGG folgerichtig auf das inländische Adoptionsverfahren, sofern das deutsche Vormundschaftsgericht über den Ausspruch der Kindesannahme nach ausländischem Adoptionsrecht zu entscheiden hat (näher dazu unter Rdn. A 308 ff.; vgl. im Übrigen die Einzelbegründung und Hinweise zu Artikel 4 Abs. 2 des Begleitgesetzes, Rdn. B 744 ff.).

cc) Die **internationale Zuständigkeit** deutscher Gerichte ist nach § 43b Abs. 1 **303**
FGG gegeben, wenn

- einer der Beteiligten, d. h. **304**
  - der Annehmende,
  - einer der annehmenden Ehegatten

  oder
  - das Kind,

- eines der Zuständigkeitskriterien, nämlich **305**
  - deutsche Staatsangehörigkeit

  oder
  - gewöhnlicher Aufenthalt im Inland,

erfüllt. Dabei genügt es, wenn einer der Beteiligten die deutsche Staatsangehörigkeit neben anderen Nationalitäten besitzt; die deutsche braucht nicht die sog. effektive Staatsangehörigkeit zu sein, d. h. die Lebensumstände des Mehrstaaters brauchen keine besonders enge Beziehung zu Deutschland aufzuweisen.

dd) Das vormundschaftsgerichtliche **Verfahren** richtet sich nach den Vorschrif- **306**
ten des FGG. Hervorzuheben sind insoweit die Anhörungs- und Äußerungsrechte:

- des Kindes (§§ 55c, 50b Abs. 1, 2 Satz 1, Abs. 3 FGG),
- der mit dem Fall befassten Adoptionsvermittlungsstelle (§ 56d Satz 1 FGG),
- des Jugendamtes, falls es nicht bereits eine Äußerung nach § 56d FGG abgegeben hat (§ 49 Abs. 1 Nr. 1 FGG)

und zusätzlich in den Fällen des § 11 Abs. 1 Nr. 2 und 3 AdVermiG – das Kind oder ein Adoptionsbewerber besitzt eine ausländische Staatsangehörigkeit oder ist staatenlos oder hat seinen gewöhnlichen Aufenthalt im Ausland –

- der zentralen Adoptionsstelle des Landesjugendamtes (§ 49 Abs. 2 FGG).

307 Der gerichtliche Ausspruch der Adoption ist unanfechtbar und unabänderlich (§ 56e Satz 3 FGG).

b) Anzuwendendes Recht

308 Weist ein Adoptionsfall eine sog. Auslandsberührung auf, weil etwa einer der Beteiligten – namentlich die Adoptionsbewerber oder das anzunehmende Kind – eine ausländische Staatsangehörigkeit besitzt oder sich gewöhnlich im Ausland aufhält, so stellt sich die Frage nach der anwendbaren Rechtsordnung. Über sie entscheidet das sog. Kollisionsrecht oder Internationale Privatrecht (IPR) des Staates, in dem die Adoption vollzogen oder eine Rechtsfolge daraus gezogen werden soll. Im Folgenden wird nur erörtert, welches Adoptionsrecht ein deutsches Vormundschaftsgericht anzuwenden hat, bei dem ein Adoptionsantrag mit Auslandsberührung gestellt wird.

309 aa) Bei der Adoption mit Auslandsberührung **außerhalb des Haager Übereinkommens** beurteilt sich die Frage des anwendbaren Rechts grundsätzlich nach den Regeln des sog. autonomen, d. h. nicht durch internationale Verträge oder europäisches Recht vorgegebenen, deutschen Internationalen Privatrechts, die im Einführungsgesetz zum BGB (EGBGB) kodifiziert sind.

310 **Nimmt eine alleinstehende Person ein Kind an**, so unterliegt die Adoption nach Artikel 22 Abs. 1 Satz 1 EGBGB ihrem Heimatrecht, d. h. dem Recht des Staates, dessen Staatsangehörigkeit die Person hat. Bei Doppel- oder Mehrstaatern ist die jeweils engste Beziehung des Annehmenden zu einem dieser Staaten maßgebend, die auf dem gewöhnlichen Aufenthalt oder sonstigen Lebensumständen beruhen kann (Artikel 5 Abs. 1 Satz 1 EGBGB – sog. effektive Staatsangehörigkeit). Hat der Annehmende neben weiteren Nationalitäten auch die deutsche Staatsangehörigkeit, so ist stets deutsches Recht maßgebend.

311 Die **Adoption durch ein Ehepaar oder durch einen der Ehegatten (insbesondere Stiefkindadoption)** unterliegt nach Artikel 22 Abs. 1 Satz 2 EGBGB dem Recht, das gemäß Artikel 14 Abs. 1 EGBGB für die sog. allgemeinen Ehewirkungen, wie z. B. die Verpflichtung zur ehelichen Le-

bensgemeinschaft, gilt. Die letztgenannte Vorschrift unterscheidet im Wesentlichen drei Fälle:

- Haben beide Ehegatten dieselbe Staatsangehörigkeit, so ist diese maßgebend (Artikel 14 Abs. 1 Nr. 1 EGBGB). Bei Mehrstaatern ist diese Voraussetzung nur erfüllt, wenn die effektive Staatsangehörigkeit beider übereinstimmt. Ist einer der Ehegatten auch Deutscher, so greift Artikel 14 Abs. 1 Nr. 1 EGBGB dann und nur dann ein, wenn auch der andere Ehegatte die deutsche Staatsangehörigkeit (ggf. neben weiteren Nationalitäten) besitzt. Beispiele: 312
  – Beide Ehegatten haben (nur) die französische Staatsangehörigkeit und leben in Deutschland. Wollen sie ein Kind adoptieren, so gilt französisches Recht.
  – Der Ehemann hat die französische und die spanische Staatsangehörigkeit und lebt aus beruflichen Gründen in Spanien. Die Ehefrau hat die französische und die österreichische Staatsangehörigkeit und lebt ständig in Deutschland. Obwohl beide Franzosen sind, gelangt Artikel 14 Abs. 1 Nr. 1 EGBGB nicht zur Anwendung, weil die effektive Staatsangehörigkeit des Mannes die spanische ist.
  – Beide Ehegatten sind Deutsch-Franzosen und leben in Frankreich. Nach Artikel 14 Abs. 1 Nr. 1 in Verbindung mit Artikel 5 Abs. 1 Satz 2 EGBGB gilt deutsches Recht.
- Haben die Ehegatten keine gemeinsame Staatsangehörigkeit i. S. des Artikels 14 Abs. 1 Nr. 1 und des Artikels 5 Abs. 1 EGBGB, so kommt es auf den gemeinsamen gewöhnlichen Aufenthalt an (Artikel 14 Abs. 1 Nr. 2 EGBGB). Lebt z. B. der italienische Ehemann mit seiner deutschen Ehefrau in Deutschland, so verweist Artikel 14 Abs. 1 Nr. 2 EGBGB auf deutsches Recht. 313
- Feht es auch an einem gemeinsamen gewöhnlichen Aufenthalt, so gibt eine sonstige gemeinsame engste Verbindung zu einem Staat den Ausschlag (Artikel 14 Abs. 1 Nr. 3 EGBGB). Eine solche gemeinsame engste Verbindung könnte etwa in dem obigen zweiten Beispiel zu Artikel 14 Abs. 1 Nr. 1 EGBGB (Rdn. A 312) die gemeinsame, wenn auch nicht gemeinsame effektive, französische Staatsangehörigkeit darstellen. 314

315 **Rück- oder Weiterverweisungen** sind zu beachten: Gelangt nach den Regeln des Artikels 22 Abs. 1 EGBGB ausländisches Recht zur Anwendung, so ist gemäß Artikel 4 Abs. 1 EGBGB nicht ohne Weiteres das ausländische Adoptionsrecht heranzuziehen, sondern es ist zunächst zu prüfen, ob der ausländische Staat nach den Regeln seines eigenen Internationalen Privatrechts (IPR) ebenfalls sein eigenes Adoptionsrecht angewendet sehen will oder ob das ausländische IPR statt dessen auf deutsches Recht zurück verweist oder auf das Recht eines dritten Staates weiter verweist. Hat z. B. ein indisches Ehepaar seinen Lebensmittelpunkt auf Dauer in Deutschland genommen, so verweist zwar Artikel 22 Abs. 1 Satz 2 in Verbindung mit Arti-

kel 14 Abs. 1 Nr. 1 EGBGB auf indisches Recht. Nach indischem IPR kann aber das Recht am dauerhaften Lebensmittelpunkt (sog. „domicile") und damit deutsches Adoptionsrecht berufen sein (vgl. *D. Otto*, IPRax 1992, 309).

316 Für die **Zustimmung des Kindes und seiner leiblichen Eltern zur Adoption** gilt nach Artikel 23 Satz 1 EGBGB zusätzlich zu den Anforderungen, die sich aus dem jeweils anwendbaren Adoptionsrecht ergeben, das Heimatrecht des Kindes i. S. des Artikels 5 Abs. 1 EGBGB. Wenn das Kindeswohl es erfordert, ist statt dessen deutsches Recht anzuwenden (Artikel 23 Satz 2 EGBGB), so u.U. wenn das Heimatrecht des aus dem islamischen Rechtskreis stammenden Kindes die Adoption überhaupt nicht kennt und deshalb auch keine Zustimmung dazu vorsieht.

317 bb) Bei Adoptionen **im Rahmen des Haager Übereinkommens** gelten im Wesentlichen die gleichen Grundsätze, da die Übereinkunft keine Regelung des IPR der internationalen Adoption bezweckt (Erläuternder Bericht, unten C. II. 2., Rdn. 65, 119). Zusätzlich sind allerdings folgende Regeln zu beachten:

318
- Nach Artikel 17 Buchstabe c setzt die Fortsetzung des Adoptionsverfahrens, d. h. im Ergebnis der Vollzug der Adoption, die Zustimmung der zentralen Behörden sowohl des Heimat- als auch des Aufnahmestaates voraus. Auf deutscher Seite ist die Auslandsvermittlungsstelle zuständig, die den Vermittlungsfall betreut (§ 2 Abs. 1 AdÜbAG).

319
- Die Artikel 4 und 5 des Übereinkommens machen es zur Voraussetzung für den Vollzug der Adoption, dass sich
  - die zuständigen Stellen im Heimatstaat insbesondere von der passiven Adoptionsfähigkeit des Kindes, seiner kindeswohlgerechten Platzierung und dem Vorliegen der erforderlichen Zustimmungen des Kindes und seiner leiblichen Eltern,
  - die zuständigen Stellen im Aufnahmestaat insbesondere von der aktiven Adoptionsfähigkeit und der Adoptionseignung der Bewerber und einer gesicherten Einreise- und Aufenthaltsmöglichkeit für das Kind überzeugt haben (vgl. oben Rdn. A 53 ff.).

320 Dabei wird vorausgesetzt, dass sich die Prüfung bestimmter Umstände, die vorrangig in der Verantwortung des Heimat- oder des Aufnahmestaates liegt, an dem Recht dieses Staates – unter Einschluss seines Internationalen Privatrechts – orientiert. So richtet sich die Beurteilung der passiven Adoptionsfähigkeit des Kindes und der Gültigkeit benötigter Zustimmungen nach dem Sachrecht, das durch die Kollisionsnormen des Heimatstaates berufen wird; dessen Behörden sind für diese Fragen gemäß Artikel 4 des Übereinkommens primär verantwortlich (Erläuternder Bericht, unten C. II. 2., Rdn. 119, 141).

321 Da der Anwendungsbereich der Übereinkunft nicht an die Staatsangehörigkeit, sondern an den gewöhnlichen Aufenthalt der Beteiligten anknüpft,

kann es bei der Adoption eines im Staat X lebenden Kindes, das die Staatsangehörigkeit des Staates Y besitzt, durch in Deutschland lebende Bewerber vorkommen, dass die Anforderungen dreier Rechtsordnungen einzuhalten sind: diejenigen des nach Artikel 22 Abs. 1 EGBGB anwendbaren (in den meisten Fällen also des deutschen) Adoptionsrechts, ferner diejenigen der nach Artikel 23 Satz 1 EGBGB für die Adoptionszustimmungen maßgebenden Rechtsordnung Y und schließlich diejenigen des Staates X, der i. S. des Artikels 4 des Übereinkommens als Heimatstaat anzusehen ist.

Im inländischen gerichtlichen Adoptionsverfahren braucht in Bezug auf die Artikel 4 und 5 der Übereinkunft jedoch lediglich geprüft zu werden, ob die zuständigen Adoptionsvermittlungsstellen des Heimat- und des Aufnahmestaates das Vorliegen der in den Artikeln 4 und 5 genannten Voraussetzungen festgestellt haben. Davon unberührt bleibt die dem deutschen Vormundschaftsgericht obliegende Prüfung der Adoptionsvoraussetzungen auf der Grundlage des deutschen IPR. 322

Dieser Ansatz des Begleitgesetzes deckt sich mit dem Konzept des Übereinkommens, nach dem die Prüfung der Adoptionsvoraussetzungen durch die zentralen Behörden den Vollzug der Annahme gemäß dem jeweils anwendbaren Recht nicht vorwegnimmt und der Entscheidung der dafür zuständigen Gerichte nicht vorgreifen soll (Erläuternder Bericht, unten C. II. 2., Rdn. 336/337). Weitere Einzelheiten ergeben sich aus der Einzelbegründung zu § 5 AdÜbAG Rdn. B 91 ff. 323

2. Ausländische Adoptionsakte

Zahlreiche Herkunftsstaaten gestatten die Ausreise eines Kindes zu den Adoptionsbewerbern nur dann, wenn zuvor die Annahme nach den Regeln des Heimatrechts stattgefunden hat. Ist die Adoption im Herkunftsstaat durchgeführt worden, so stellt sich die Frage, ob dieser ausländische Rechtsakt im Inland als gültig zu behandeln ist und, wenn ja, ob der auf diese Weise zustande gekommenen Adoption die gleichen Rechtswirkungen zukommen wie einer Annahme als Kind nach deutschem BGB. 324

In diesem Zusammenhang ist zu berücksichtigen, dass das Sachrecht auf dem Gebiet der Adoption international sehr unterschiedlich ausgestaltet ist. Diese Unterschiede betreffen sowohl das Zustandekommen als auch die Wirkungen der Kindesannahme (vgl. bereits oben Rdn. A 8): 325

- Die Begründung des Annahmeverhältnisses geschieht entweder durch Vertrag zwischen Annehmendem und Kind (Vertragsadoption) oder – heute ganz überwiegend – durch Hoheitsakt eines Gerichts oder einer Behörde (Dekretsystem), so nach deutschem Recht durch Beschluss des Vormundschaftsgerichts (§ 1752 Abs. 1 BGB, § 56e FGG). Weil die Vertragsadoption nur noch 326 selten anzutreffen ist, wird sie im Folgenden nicht näher behandelt. Dies erscheint auch deshalb gerechtfertigt, weil im Anwendungsbereich des Haager Übereinkommens Vertragsadoptionen, sofern sie in diesem Rahmen überhaupt noch vorkommen, den gleichen Regeln unterliegen wie Dekretadoptionen.

327 • Die Wirkungen des Annahmeverhältnisses können darauf gerichtet sein, das minderjährige Adoptivkind vollkommen aus seinem bisherigen Familienverband herauszulösen und mit allen Rechten und Pflichten in die neue Familie aufzunehmen (Volladoption), so im Grundsatz nach den §§ 1754, 1755 Abs. 1 BGB. Sie können sich aber auch darauf beschränken, das Adoptivkind, das nicht gänzlich aus seiner bisherigen Familie ausscheidet, nur in einzelnen Beziehungen (elterliche Sorge, Unterhalt, Namensführung oder Erbrecht) einem leiblichen Kind des Annehmenden gleichzustellen (schwache Adoption). In vielen Staaten bestehen beide Ausgestaltungen der Wirkungen der Kindesannahme alternativ nebeneinander.

a) Anerkennung

328 aa) Die Gültigkeit der ausländischen Adoptionsentscheidung auch im Inland – im Sprachgebrauch des Gesetzes: ihre „Anerkennung“ für den deutschen Rechtsbereich – richtet sich **außerhalb des Anwendungsbereichs des Haager Übereinkommens** nach § 16a FGG. Greift keiner der in dieser Vorschrift genannten Ausschlussgründe ein, so wird die ausländische Entscheidung kraft Gesetzes anerkannt, ohne dass es eines besonderen gerichtlichen oder behördlichen Ausspruchs hierüber bedürfte. Die Anerkennungsversagungsgründe beziehen sich auf:

329 • die Einhaltung der (spiegelbildlich zu den in § 43b Abs. 1 FGG niedergelegten Maßstäben des deutschen Rechts zu verstehenden) internationalen Zuständigkeit durch den ausländischen Staat (§ 16a Nr. 1 FGG).
Die ausländische Adoptionsentscheidung muss sich also hinsichtlich der internationalen Zuständigkeit darauf stützen, dass der Annehmende, einer der annehmenden Ehegatten oder das angenommene Kind entweder die Staatsangehörigkeit des Entscheidungsstaates oder dort seinen gewöhnlichen Aufenthalt hat (vgl. oben Rdn. A 303 ff.);

330 • die Gewährung rechtlichen Gehörs (§ 16a Nr. 2 FGG).
Jeder, der durch die Adoptionsentscheidung unmittelbar in seinen Rechten beeinträchtigt wird, muss Gelegenheit zur Äußerung gegenüber dem entscheidenden Gericht gehabt und dieses muss die ihm unterbreiteten Äußerungen in Betracht gezogen haben. Durch die Adoptionsentscheidung in ihren Rechten betroffen sind grundsätzlich das Kind und dessen leibliche Eltern sowie die Annehmenden und deren Abkömmlinge (zum letztgenannten Fall BVerfG FamRZ 1994, 687). § 16a Nr. 2 FGG greift

allerdings nur ein, wenn der Betroffene sich auf den Mangel rechtlichen Gehörs beruft;

- die Vereinbarkeit mit anderweitigen Entscheidungen und Verfahren (§ 16a Nr. 3 FGG). 331
  Die Anerkennung der Adoptionsentscheidung ist hiernach insbesondere dann ausgeschlossen, wenn der von denselben Adoptionsbewerbern in Bezug auf dasselbe Kind gestellte Adoptionsantrag bereits durch eine inländische oder durch eine vor dem ausländischen Adoptionsakt erlassene, anerkennungsfähige Entscheidung eines Drittstaates abgelehnt worden ist und keine neuen Tatsachen die davon abweichende, positive Entscheidung stützen;
- die Wahrung der wesentlichen Grundsätze des deutschen Rechts, insbesondere der Wertordnung der Grundrechte (sog. ordre public, § 16a Nr. 4 FGG). 332
  Nur offensichtliche schwerwiegende Verstöße gegen inländische Rechtsgrundsätze, die sich in dem durch den ausländischen Adoptionsakt herbeigeführten rechtlichen Ergebnis niederschlagen, führen zur Anerkennungsversagung. Dabei kommt es auch darauf an, wie intensiv der Bezug des Sachverhalts zum Inland ist, etwa hinsichtlich der Staatsangehörigkeit oder des gewöhnlichen Aufenthalts der Beteiligten, und welche Folgen die Anerkennung oder Nichtanerkennung für das Kind nach sich zieht. Besonderes Augenmerk ist darauf zu legen, ob die ausländische Adoptionsentscheidung am Kindeswohl orientiert war und ob grundlegende Mitwirkungsrechte des Kindes und seiner leiblichen Eltern beachtet worden sind. Im Rahmen des § 16a Nr. 4 FGG kann die unterbliebene Beteiligung eines Betroffenen – anders als nach § 16a Nr. 2 FGG – selbst dann zur Versagung der Anerkennung führen, wenn sich der Betroffene zwar nicht darauf beruft, das Entscheidungsergebnis aber nach deutschen Rechtsgrundsätzen nicht hingenommen werden kann. Allerdings kann es für die Anerkennung beispielsweise ausreichen, dass die elterliche Adoptionszustimmung nach Maßgabe des Heimatrechts erteilt ist, auch wenn dieses im Unterschied zum deutschen Recht (vgl. Erman-*Holzhauer*, BGB, 10. Aufl., § 1747 Rdn. 5) die sogenannte Blankoeinwilligung in die Annahme durch erst noch auszuwählende Adoptionsbewerber kennt.

Ungeschriebene Voraussetzung der Anerkennung ist die Wirksamkeit des ausländischen Adoptionsakts nach dem Verfahrensrecht des Entscheidungsstaates. An ihr kann es vor llem dann fehlen, wenn die Entscheidung an einem besonders schwerwiegenden und offenkundigen Mangel leidet, z. B. im Falle einer „Adoptionsverfügung“ der Grenzpolizei. Die Anerkennung hängt dagegen nicht von einer Nachprüfung der Richtigkeit der ausländischen Entscheidung anhand des nach deutschem Internationalem Privatrecht 333 anwendbaren oder des der ausländischen Entscheidung zugrunde zu legenden oder zugrunde gelegten Rechts ab.

334 So sind auch die der ausländischen Entscheidung zugrunde liegenden Erwägungen dazu, ob die Adoption dem Wohl des Kindes dient, nur beschränkt überprüfbar. Eine dem deutschen ordre public genügende Kindeswohlprüfung im Herkunftsstaat setzt allerdings voraus, dass der Adoptionsentscheidung eine fachliche Begutachtung der Adoptionsbewerber vorausgegangen ist, die deren Lebensumstände annähernd vollständig erfassen muss und deshalb in der Regel nur durch eine inländische Fachstelle geleistet werden kann. Hat eine derartige fachlich fundierte Prüfung nicht stattgefunden, so begründet dies Zweifel an der Vereinbarkeit der ausländischen Adoptionsentscheidung mit dem deutschen ordre public, die im Rahmen eines gerichtlichen oder behördlichen Verfahrens der Aufklärung bedürfen. Die im Herkunftsstaat vollzogene Adoption kann in einem solchen Fall nur anerkannt werden, wenn sie nach eingehender Prüfung im Ergebnis nicht gegen wesentliche Grundsätze des deutschen Adoptionsrechts, insbesondere nicht gegen § 1741 Abs. 1 BGB, verstößt (Begründung zum Regierungsentwurf des Begleitgesetzes, unten S. 301 = BT-Drucksache 14/6011 S. 29; ähnlich *Busch/Bienentreu*, StAZ 2001, 12/13; anerkennungsfreundlicher dagegen noch BayObLG StAZ 2000, 300). Lediglich aus rechtssystematischen Erwägungen hat der Gesetzgeber davon abgesehen, diese Grundsätze ausdrücklich zu normieren, da im internationalen Verfahrensrecht, zu dem § 16a FGG gehört, spezielle ordre-public-Klauseln unüblich sind. Gleichwohl bilden diese Regeln einen Eckpfeiler deutscher „public policy“ im Bereich des internationalen Adoptionsrechts, nachdem der Gesetzgeber

- sich mit der Ratifikation des Haager Übereinkommens den in Artikel 5 Buchstabe a der Übereinkunft niedergelegten Grundsatz zueigen gemacht hat, dass unkontrollierte Privatadoptionen ohne fachliche Begutachtung der Bewerber durch eine zuständige Stelle im Aufnahmestaat ausscheiden, und
- zugleich mit dem neuen § 7 Abs. 3 AdVermiG einen Anspruch von Adoptionsbewerbern auf Prüfung ihrer allgemeinen Eignung für eine internationale Adoption eingeführt hat (dazu oben Rdn. A 226 ff.).

Daher werden Gerichte und Behörden im Zusammenhang mit der Anerkennung einer ausländischen Adoptionsentscheidung in Zukunft strikt darauf zu achten haben, ob eine solche Eignungsprüfung stattgefunden hat; fehlt es hieran, so dürfen sie sich nicht mehr auf die im Ausland getroffene Einschätzung der inländischen Bewerber verlassen, sondern müssen dafür Sorge tragen, dass eine eingehende Kindeswohlprüfung nachgeholt wird. Nur durch eine solche zweckentsprechende Auslegung des § 16a Nr. 4 FGG kann im Übrigen einer gefährlichen „race-to-the-bottom“-Entwicklung vorgebeugt werden, im Zuge derer Bewerber auf den Weg einer Privatadoption außerhalb des Übereinkommens ausweichen könnten, um sich der Eignungsprüfung durch eine inländische Fachstelle zu entziehen.

bb) Für Adoptionen, die **nach den Bestimmungen des Haager Übereinkommens** zustande gekommen sind, treffen dessen Artikel 23 und 24 besondere Regelungen, die der Vorschrift des § 16a FGG vorgehen. Sie sind bereits oben Rdn. A 99 ff. erläutert. Hat die zuständige Stelle des Staates, in dem die Adoption vollzogen wurde, eine Bescheinigung über deren konventionsgemäßes Zustandekommen ausgestellt, so sind die übrigen Vertragsstaaten zur Anerkennung dieser Adoption verpflichtet (Artikel 23 Abs. 1), es sei denn, die Adoption widerspricht offensichtlich der öffentlichen Ordnung des Anerkennungsstaats, wobei das Wohl des Kindes zu berücksichtigen ist (Artikel 24). Die Bescheinigung dürfte nach ihrem Sinn und Zweck auch eine (widerlegliche) Vermutung für die Wirksamkeit der Adoption nach dem Recht des Entscheidungsstaates begründen. **335**

Am Vergleichsmaßstab des deutschen Rechts gemessen, ist das Anerkennungshindernis nach Artikel 24 des Übereinkommens gleichbedeutend mit dem Tatbestand des § 16a Nr. 4 FGG, während die Anerkennungsversagungsgründe nach § 16a Nr. 1 bis 3 FGG in der Übereinkunft keine Entsprechung finden. Die vorstehend unter Rdn. A 328 ff. dargestellten Grundsätze des § 16a FGG greifen allerdings dann ein, wenn für eine Adoption keine Bescheinigung nach Artikel 23 des Übereinkommens ausgestellt ist. **336**

b) Wirkungen

Die Wirkungen eines – in Deutschland anerkennungsfähigen – ausländischen Adoptionsakts richten sich im Ausgangspunkt nach dem Recht des Entscheidungsstaates. Danach kann es sich um eine sog. Volladoption, um eine schwache Adoption oder um eine Zwischenform handeln (dazu bereits oben Rdn. A 8). **337**

Die schwerwiegendste praktische Auswirkung dieser Unterscheidung zeigt sich im Staatsangehörigkeitsrecht. Nur wenn eine Volladoption stattgefunden hat, erwirbt das von Deutschen adoptierte minderjährige Kind nach § 6 StAG kraft Gesetzes die deutsche Staatsangehörigkeit. **338**

Zu den Bestimmungen des Haager Übereinkommens über die Wirkungen einer in seinen Anwendungsbereich fallenden Adoption vgl. oben Rdn. A 102 ff. **339**

c) Gerichtliche Feststellung oder Umwandlung

aa) Die Anerkennung einer ausländischen Dekretadoption bildet eine **Vorfrage** in den verschiedensten öffentlichrechtlichen und privatrechtlichen Zusam- **340** menhängen, in denen es auf das Bestehen eines Eltern-Kind-Verhältnisses oder sonstigen Verwandtschaftsverhältnisses ankommt. Dabei stellt sich nicht nur die Frage der Anerkennung dem Grunde nach, sondern auch das Problem, die Rechtswirkungen der Kindesannahme im jeweiligen Einzelfall zu ermitteln. In diesem Zusammenhang wird es für die Anwendung einer deutschen Rechtsvorschrift oftmals der Klärung bedürfen, ob der ausländische Adoptionsakt mit den ihn kennzeichnenden Wirkungen ein Rechtsverhältnis des Kindes zu seinen Adoptiveltern begründet, das einem Kindschaftsverhältnis nach deutschem Recht gleichwertig ist.

341 Alle diese Fragen werden dabei grundsätzlich jeweils erneut und ohne rechtliche Bindung an bisherige Einschätzungen durch die verschiedenen zuständigen Gerichte und Behörden geprüft. Diese prinzipielle Notwendigkeit stets zu wiederholender Prüfung der Gültigkeit und Reichweite im Ausland vollzogener Adoptionen bringt für die betroffenen Familien wie auch für die mit der Frage jeweils befassten Stellen erhebliche Unsicherheiten und Belastungen mit sich.

342 bb) Zur **praktischen Klärung** der erwähnten Fragen dient **nach bisherigem Recht** die personenstandsrechtliche Beurkundung der Annahme durch Nachbeurkundung der Geburt (§ 41 Abs. 2 PStG) und Eintragung eines Randvermerks zum Geburtseintrag (§ 30 Abs. 1 Satz 1 PStG) oder durch Eintragung in das Familienbuch der annehmenden Ehegatten (§ 15 Abs. 1 Nr. 2 PStG), doch kommt einer solchen Beurkundung lediglich deklaratorische Bedeutung zu (BGH, FamRZ 1960, 229, 230). Auch kann die Vermutung der Richtigkeit der eingetragenen Tatsachen gemäß § 60 Abs. 2 Satz 1 PStG widerlegt werden.

343 Um hinsichtlich der Gültigkeit und der Wirkungen der Annahme klare Verhältnisse zu schaffen, wird den Adoptiveltern deshalb häufig zu einer – zeit- und kostenintensiven – Wiederholung der Annahme nach deutschem Recht geraten. Dabei bereitet es nicht selten Schwierigkeiten, die gesetzlichen Adoptionsvoraussetzungen zu erfüllen, wenn etwa die im Herkunftsstaat erteilte Einwilligung der leiblichen Eltern den strengen Anforderungen des deutschen Rechts nicht genügt.

344 cc) In der **rechtspolitischen Diskussion** wird demgegenüber seit langem die Forderung nach einem besonderen Anerkennungsverfahren für ausländische Adoptionsakte erhoben (so bereits *Schurig*, StAZ 1973, 144/145; zuletzt *Marx*, ZfJ 1998, 147 ff., mit weiteren Nachweisen). Verglichen mit der personenstandsrechtlichen Beurkundung eines ausländischen Adoptionsakts, bietet ein spezielles Verfahren deutliche Vorteile: Vor allem können die Wirkungen der Anerkennungsentscheidung stärker ausgestaltet werden als die widerlegliche Vermutung gemäß § 60 PStG. Auch erhalten die Standesbeamten mit dem Ausgang des Verfahrens eine klare Orientierung für die Eintragungen in die Personenstandsbücher. Vereinfachungsvorteile gegenüber einer Adoptionswiederholung bietet ein spezielles Verfahren, weil es keine volle Nachprüfung der Annahmevoraussetzungen verlangt. Diese Prüfung liegt vielmehr bereits der ausländischen Adoptionsentscheidung zugrunde. Die Überprüfung kann sich insoweit auf die in § 16a FGG normierten Anerkennungsversagungsgründe beschränken (vgl. oben Rdn. A 328 ff.).

Wenn der Gesetzgeber bislang gezögert hat, ein Anerkennungsverfahren für ausländische Adoptionsdekrete einzuführen, so lag der Grund hierfür vornehmlich in der Erwägung, eine Anerkennungsentscheidung erfülle nur dann ihren Zweck, wenn sie zugleich die Wirkungen der ausländischen Adoption, die von Fall zu Fall ganz unterschiedlich sein können, feststelle; dafür eigne sich ein vereinfachtes, außerprozessuales Verfahren jedoch nicht (Entwurf eines Gesetzes zur Neuregelung des Internationalen Privatrechts, Bundestags-Drucksache 10/504, S. 93). Hinsichtlich des Wirkungsumfangs des ausländischen Adoptionsakts ist im Zusammenhang mit einem gerichtlichen Feststellungsverfahren zu beachten: **345**

- Einerseits erscheint es wünschenswert, die Wirkungen der ausländischen Kindesannahme soweit als möglich denen eines deutschen Annahmeausspruchs anzugleichen. Das schafft Rechtsklarheit für die Adoptivfamilie, aber auch für den Rechtsverkehr. Durch weitestmögliche Annäherung an die Wirkungen einer Volladoption nach deutschem Recht wird sich zudem am ehesten erreichen lassen, dass die Betroffenen auf eine Wiederholung der Annahme im Inland verzichten. **346**

- Andererseits gilt es bei ausländischen Adoptionsakten darauf Rücksicht zu nehmen, dass die diesen zugrunde liegende Prüfung der Annahmevoraussetzungen auf die mitunter schwächeren Adoptionswirkungen nach dem jeweils angewandten Recht abgestellt ist, so dass es problematisch erscheint, dem ausländischen Adoptionsakt im Inland weitergehende Wirkungen beizulegen, als sie das ihm zugrunde liegende Recht vorsieht. **347**

dd) Vor diesem Hintergrund beschreitet das in Artikel 2 des Begleitgesetzes eingestellte Gesetz über Wirkungen der Annahme als Kind nach ausländischem Recht (Adoptionswirkungsgesetz – AdWirkG) folgenden Lösungsweg, der sich in seiner näheren Ausgestaltung an den Bestimmungen der Haager Übereinkunft und damit an einem international akzeptierten rechtlichen Standard orientiert: **348**

- Ausländische Adoptionsakte können dem deutschen Vormundschaftsgericht zur Prüfung vorgelegt werden, **349**
  - ob die Adoption dem Grunde nach anerkennungsfähig ist und
  - ob es sich um eine starke oder um eine schwache Adoption handelt (§ 2 Abs. 1 AdWirkG).

350 • Ist der ausländische Adoptionsakt anerkennungsfähig und handelt es sich dabei nach dem ihm zugrunde liegenden Recht um eine Volladoption, so bildet dies eine ausreichende Grundlage, um das Annahmeverhältnis einem durch Minderjährigenadoption nach deutschem Adoptionsrecht begründeten Kindschaftsverhältnis gleichzustellen (Artikel 26 Abs. 2 des Übereinkommens, § 2 Abs. 2 Satz 1 Nr. 1 AdWirkG). Das bedeutet: Überall dort, wo eine Rechtsfolge von dem Bestehen eines Eltern-Kind-Verhältnisses abhängt, erfüllt das durch die Adoption begründete Verwandtschaftsverhältnis den geforderten Tatbestand.

351 • Handelt es sich um eine schwache Adoption, so wird eine eingeschränkte Gleichstellung der fremdrechtlichen mit einer inländischen Adoption gewährleistet.
Diese bezieht sich auf die elterliche Sorge und die Unterhaltspflicht der Annehmenden und sichert dem Kind ein Mindestmaß rechtlicher Integration in die neue Lebensumwelt, ohne ihm mögliche nachteilige Rechtsfolgen einer Volladoption und der damit verbundenen Herauslösung aus dem bisherigen Familienverband aufzuerlegen (Artikel 26 Abs. 1 und 3 des Übereinkommens, § 2 Abs. 2 Satz 1 Nr. 2 AdWirkG).

352 • Eine schwache Adoption kann in eine Volladoption nach deutschem Recht umgewandelt werden, wenn dies dem Wohl des Kindes dient und die dafür erforderlichen Zustimmungen vorliegen (Artikel 27 des Übereinkommens, § 3 Abs. 1 AdWirkG).

353 In den **Anwendungsbereich des Adoptionswirkungsgesetzes** fällt nur die Adoption Minderjähriger (§ 1 Satz 2 AdWirkG). Erfasst werden Adoptionen sowohl außerhalb als auch innerhalb des Haager Übereinkommens. Auch wenn die Anerkennung einer im Anwendungsbereich der Übereinkunft vollzogenen Annahme dem Grunde nach in den meisten Fällen außer Streit stehen wird, können vielfach klärungsbedürftige Fragen nach ihrem Wirkungsumfang offen bleiben. Da die Wirkungen, die eine im Heimatstaat vollzogene Annahme im Aufnahmestaat entfaltet, im Übereinkommen nicht für alle Fälle einheitlich geregelt sind, sondern davon abhängen, ob es sich im Heimatstaat um eine schwache (Artikel 26 Abs. 1) oder um eine Volladoption (Artikel 26 Abs. 2) handelt, besteht insoweit auch im Anwendungsbereich der Übereinkunft ein Klarstellungsbedürfnis, dem durch eine allgemeinverbindliche Feststellung abgeholfen werden kann. Das Adoptionswirkungsgesetz erstreckt sich nicht nur auf ausländische Adoptionsakte, sondern bezieht auch die Fälle mit ein, in denen ein deutsches Vormundschaftsgericht auf der Grundlage ausländischer Adoptionsvorschriften die Annahme ausspricht und in denen daher ebenfalls ein Klarstellungsbedarf hinsichtlich der Reichweite der Adoptionswirkungen besteht.

Antragsberechtigt sind für die Umwandlung einer schwachen in eine starke Adoption nur die Annehmenden, hinsichtlich der Anerkennungs- und Wirkungsfeststellung auch das Kind, dessen leibliche Eltern sowie der Standesbeamte oder die personenstandsrechtliche Aufsichtsbehörde, die mit der Beischreibung der Adoption im Familienbuch der Adoptiveltern oder mit der Nachbeurkundung der Geburt des Kindes befasst sind (§ 4 Abs. 1 Satz 1 AdWirkG). 354

d) Verhältnis zur sog. Nachadoption

Im Hinblick auf die nach geltendem Recht bestehenden Unsicherheiten in Bezug auf Anerkennung und Wirkungsumfang ausländischer Adoptionsentscheidungen, die sich mangels eines inländischen Verfahrens zur allgemein verbindlichen Klärung dieser Fragen auch nicht zuverlässig ausräumen ließen, ist bislang die Praxis der Wiederholung der zuvor im Ausland vollzogenen Adoption vor einem deutschen Gericht weit verbreitet (vgl. oben Rdn. A 343). Inwieweit eine solche Wiederholungs-, Zweit- oder Nachadoption unter der Geltung des Adoptionswirkungsgesetzes als Alternative zur gerichtlichen Anerkennungs- und Wirkungsfeststellung zulässig bleibt, ist eine Frage des Rechtsschutzbedürfnisses und kann nur differenziert nach den Umständen des jeweiligen Falles beurteilt werden. Während bei einer nach Artikel 23 des Haager Übereinkommens zertifizierten Adoption deren Wiederholung im Inland im Regelfall ausscheiden wird, sollte eine Verneinung des Rechtsschutzbedürfnisses in den übrigen Fällen – bei Fehlen einer (ordnungsgemäßen) Bescheinigung sowie bei einer von vornherein außerhalb des Übereinkommens vollzogenen Adoption – mit Vorsicht gehandhabt werden. Letzteres gilt in verstärktem Maße für die „Altfälle“, d. h. hinsichtlich der Fortführung eines noch vor In-Kraft-Treten des Adoptionswirkungsgesetzes eingeleiteten Verfahrens auf Nachadoption. 355

Teil B

Erläuterungen

I. Adoptionsübereinkommens-Ausführungsgesetz (Artikel 1 des Gesetzes zur Regelung von Rechtsfragen auf dem Gebiet der internationalen Adoption und zur Weiterentwicklung des Adoptionsvermittlungsrechts)

Gesetz zur Ausführung des Haager Übereinkommens vom 29. Mai 1993 über den Schutz von Kindern und die Zusammenarbeit auf dem Gebiet der internationalen Adoption (Adoptionsübereinkommens – Ausführungsgesetz – AdÜbAG)

vom 5. November 2001 (BGBl. I S. 2950)

Inhaltsübersicht

Abschnitt 1
Begriffsbestimmungen, Zuständigkeiten und Verfahren

Begründung zum Regierungsentwurf (Bundestags-Drucks. 14/6011, S. 34):

1 Abschnitt 1 steckt den institutionellen Rahmen internationaler Adoptionsvermittlung nach dem Haager Übereinkommen ab und enthält allgemeine Regelungen, insbesondere über das Vermittlungsverfahren, die für die weiteren Abschnitte des Artikels 1, also des Adoptionsübereinkommens – Ausführungsgesetzes, gemeinsam gelten.

Ergänzende Hinweise

2 Zum Kreis der bei internationalen Adoptionen innerhalb und außerhalb des Anwendungsbereichs des Haager Übereinkommens anwendbaren Vorschriften vgl. die Übersicht in Abbildung 1 (Rdn. A 130).

§ 1
Begriffsbestimmungen

(1) Zentrale Behörden im Sinne des Artikels 6 des Haager Übereinkommens vom 29. Mai 1993 über den Schutz von Kindern und die Zusammenarbeit auf dem Gebiet der internationalen Adoption (BGBl. 2001 II S. 1034) (Übereinkommen) sind der Generalbundesanwalt beim Bundesgerichtshof als Bundeszentralstelle für Auslandsadoption (Bundeszentralstelle) und die zentralen Adoptionsstellen der Landesjugendämter (zentrale Adoptionsstellen).

(2) Andere staatliche Stellen im Sinne der Artikel 9 und 22 Abs. 1 des Übereinkommens sind die Adoptionsvermittlungsstellen der Jugendämter, soweit ihnen nach § 2a Abs. 3 Nr. 2 des Adoptionsvermittlungsgesetzes die internationale Adoptionsvermittlung im Verhältnis zu Vertragsstaaten des Übereinkommens gestattet ist.

(3) Zugelassene Organisationen im Sinne der Artikel 9 und 22 Abs. 1 des Übereinkommens sind die anerkannten Auslandsvermittlungsstellen, soweit sie zur internationalen Adoptionsvermittlung im Verhältnis zu Vertragsstaaten des Übereinkommens zugelassen sind (§ 2a Abs. 3 Nr. 3, § 4 Abs. 2 des Adoptionsvermittlungsgesetzes).

(4) Im Sinne dieses Gesetzes

1. **sind Auslandsvermittlungsstellen die zentralen Adoptionsstellen und die in den Absätzen 2 und 3 genannten Adoptionsvermittlungsstellen;**
2. **ist zentrale Behörde des Heimatstaates (Artikel 2 Abs. 1 des Übereinkommens) die Stelle, die nach dem Recht dieses Staates die jeweils in Betracht kommende Aufgabe einer zentralen Behörde wahrnimmt.**

Begründung zum Regierungsentwurf (Bundestags-Drucks. 14/6011, S. 34/35):

Die Vorschrift fasst zu Beginn des Entwurfs Begriffsbestimmungen zusammen, die zum einen festlegen, welche innerstaatlichen Stellen bestimmten im Übereinkommen benutzten Bezeichnungen für zuständige Stellen entsprechen, zum anderen zur Vereinfachung des Sprachgebrauchs des Ausführungsgesetzes weitere Legaldefinitionen einführen. In Bezug auf die Terminologie der Übereinkunft strebt § 1 eine „Übersetzung" in die Nomenklatur inländischer Gerichte und Behörden nur für den Bereich der Adoptionsvermittlung an. Insbesondere die für die strafrechtliche Bekämpfung des Kinderhandels und der unerlaubten Adoptionsvermittlung zuständigen sowie die nach den Vorschriften des BGB und des SGB VIII für den Schutz eines in das Inland gebrachten Adoptivpflegekindes verantwortlichen anderen staatlichen Stellen i. S. der Artikel 8 und 21 Abs. 1 des Übereinkommens, mit denen sich der Entwurf des Ausführungsgesetzes nicht näher befasst, bleiben daher in § 1 unerwähnt. 3

Absatz 1 bestimmt, wie in Artikel 6 des Übereinkommens vorgesehen, die zentralen Behörden und beinhaltet den Vorschlag des Entwurfs, zentrale Behörden sowohl auf Bundes- als auch auf Länderebene anzusiedeln mit dem Ziel, einerseits im Verkehr mit anderen Vertragsstaaten einen festen Ansprechpartner zur Verfügung zu stellen, andererseits die Länder in ihrer Verantwortung für Angelegenheiten der Adoptionsvermittlung zu stärken. 4

Zentrale Behörde des Bundes ist nach Absatz 1 der Generalbundesanwalt beim Bundesgerichtshof, der in Ausübung seiner Funktionen im Zusammenhang mit Auslandsadoptionen die Zusatzbezeichnung „Bundeszentralstelle für Auslandsadoption" erhält und im weiteren Gesetzestext kurz als „Bundeszentralstelle" bezeichnet wird. Zentrale Behörden in den Ländern sind die bei den Landesjugendämtern eingerichteten zentralen Adoptionsstellen (§ 2 Abs. 1 AdVermiG). Letztgenannte Vorschrift räumt den Ländern in diesem Zusammenhang die Möglichkeit ein, entweder gemeinsame zentrale Adoptionsstellen für zwei oder mehr Länder oder mehrere zentrale Adoptionsstellen innerhalb eines Landes vorzusehen. Die Regelung des Absatzes 1 folgt damit bestehenden Organisationsstrukturen im Adoptionsvermittlungswesen, wie sie in § 2 Abs. 1 Satz 1 und 4 AdVermiG, § 69 Abs. 1 Satz 3, Abs. 3 SGB VIII angelegt sind. 5

Absatz 2 nimmt auf die Artikel 9 und 22 Abs. 1 des Übereinkommens Bezug. Danach können die in diesen Vorschriften genannten, vornehmlich auf den einzelnen Adoptionsfall bezogenen Aufgaben statt von der zentralen Behörde auch von anderen staatlichen Stellen wahrgenommen werden. Die Vorschrift trägt dem Umstand Rechnung, dass einzelne (größere) Jugendämter unmittelbar internationale Adoptionsvermittlung betreiben. Nach Artikel 3 Nr. 2 des Entwurfs (§ 2a Abs. 3 Nr. 2 AdVermiG-E) werden sie dafür künftig einer besonderen, auf einzelne ausländische Staaten bezogenen Gestattung durch die zentrale Adoptionsstelle des Landesjugendamtes bedürfen. Die Jugendämter, die über diese Gestattung für die grenzüberschreitende Vermittlung im Verhältnis zu einem anderen Vertragsstaat des Haager Übereinkommens verfügen, werden in Absatz 2 als andere staatliche Stellen i. S. der Artikel 9 und 22 Abs. 1 der Übereinkunft benannt. 6

Bestimmte Aufgaben, die nach dem Übereinkommen grundsätzlich den zentralen Behörden zufallen, können nach dessen Artikeln 9 und 22 Abs. 1 auch von zugelassenen Organisationen wahrgenommen werden (näher zu diesen in Abschnitt 3 des Allgemeinen Teils der Begründung). **Absatz 3** bestimmt, welche innerstaatlichen Stellen in diesem Sinne den Status zugelassener Organisationen einnehmen, und nimmt dazu auf die Vorschriften des Adoptionsvermittlungsgesetzes Bezug. Zulassung und Beaufsichtigung von Adoptionsvermittlungsstellen freier Träger, die im Anwendungsbereich der Übereinkunft tätig werden, sind in den gemäß Artikel 3 Nr. 3 des Entwurfs neu zu fassenden §§ 3 und 4 AdVermiG-E in allgemeiner Form, jedoch unter Berücksichtigung der Vorgaben der Artikel 10 und 11 des Übereinkommens geregelt. Eine anerkannte Adoptionsvermittlungsstelle (§ 2 Abs. 2 AdVermiG), die die Voraussetzungen zur 7

Ausübung der Adoptionsvermittlung im Inland (§§ 3 und 4 Abs. 1 AdVermiG-E) erfüllt, bedarf für eine Tätigkeit auf dem Gebiet der internationalen Adoptionsvermittlung einer besonderen Zulassung, auf Grund deren sie berechtigt ist, die Bezeichnung „anerkannte Auslandsvermittlungsstelle" zu führen (§ 4 Abs. 2 AdVermiG-E). Die Zulassung zur internationalen Adoptionsvermittlung wird ebenso wie bei den Jugendämtern nur im Verhältnis zu einzelnen Staaten erteilt. Soweit die Zulassung im Verhältnis zu anderen Vertragsstaaten des Haager Übereinkommens ausgesprochen wurde, fungiert die anerkannte Auslandsvermittlungsstelle gemäß Absatz 3 als zugelassene Organisation im Sinne der Übereinkunft.

8 **Absatz 4** trifft zur Vereinfachung des Sprachgebrauchs im Ausführungsgesetz zwei weitere Begriffsbestimmungen:

9 **Nummer 1** weist der zentralen Adoptionsstelle, der Adoptionsvermittlungsstelle des Jugendamtes und der anerkannten Auslandsvermittlungsstelle die gemeinsame Bezeichnung „Auslandsvermittlungsstelle" zu.

10 Soweit in den Regelungsvorschlägen des Entwurfs die zentrale Behörde des Heimatstaates, d. h. des Staates, in dem das Kind ursprünglich seinen gewöhnlichen Aufenthalt gehabt hat (Artikel 2 Abs. 1 des Übereinkommens), angesprochen ist, ist dies nach **Nummer 2** in funktionellem Sinne zu verstehen; erfasst sind insbesondere auch zugelassene Organisationen, soweit diese in einem anderen Vertragsstaat Aufgaben einer zentralen Behörde wahrnehmen. Welche Stelle des anderen Vertragsstaates gemeint ist, ist jeweils für den Einzelfall und für die einzelne Aufgabe nach dem Recht dieses Staates zu entscheiden. Dabei wird in erster Linie auf den Inhalt der Notifikation des anderen Staates gemäß Artikel 13 des Übereinkommens abzustellen sein.

Ergänzende Hinweise

11 Zur Rolle und zu den gesetzgeberischen Erwägungen hinsichtlich der Bestimmung der zentralen Behörden vgl. Abschnitt 2 des Allgemeinen Teils der Begründung zum Regierungsentwurf (unten C. II. 3.).

12 Die Jugendämter werden in § 1 Abs. 2 AdÜbAG in ihrer Funktion als Auslandsvermittlungsstellen angesprochen. Eine nach § 2a Abs. 3 Nr. 2 AdVermiG zur internationalen Adoptionsvermittlung ermächtigte Adoptionsvermittlungsstelle des Jugendamtes nimmt selbständig die Zusammenarbeit mit ausländischen Partnerstellen wahr und trifft die mit dem Vermittlungsverfahren zusammenhängenden Entscheidungen eigenständig und abschließend (vgl. nachfolgend § 2 Abs. 1 AdÜbAG). Von dieser auf eine begrenzte Zahl von Jugendämtern beschränkten Funktion als Auslandsvermittlungsstelle sind einige andere Funktionsbereiche zu unterscheiden, die auch bei anderen Jugendämtern wahrzunehmen sind:

13 • Die örtliche Adoptionsvermittlungsstelle (§ 9a AdVermiG), die das Jugendamt entweder allein oder gemeinsam mit einem oder mehreren Jugendämtern benachbarter Gemeinden oder Kreise unterhält, erfüllt in ihrem Zuständigkeitsbereich die Pflichtaufgaben nach den §§ 7 und 9 AdVermiG. Im Kontext des AdÜbAG sind darunter die Eignungsprüfung nach § 7 Abs. 3 AdVermiG (vgl. § 4 Abs. 2 Nr. 2 AdÜbAG) sowie die Mitwirkung bei der Beratung und Unterstützung der Beteiligten (§ 9 Abs. 1 AdVermiG) und bei einer Bericht-

erstattung über die Entwicklung des Kindes (§ 9 Abs. 2 AdVermiG) hervorzuheben. Ferner sind hier die in § 4 Abs. 4 und § 5 Abs. 4 AdÜbAG vorgesehene Beteiligung und Unterrichtung der örtlichen Adoptionsvermittlungsstelle durch die mit der jeweiligen Adoptionsbewerbung befasste Auslandsvermittlungsstelle sowie die Unterrichtung der Auslandsvermittlungsstelle seitens einer mit der Adoptionsbegleitung nach § 9 AdVermiG betrauten (örtlichen) Adoptionsvermittlungsstelle (§ 7 Abs. 4 AdÜbAG) zu nennen. Für die örtliche Zuständigkeit kommt es dabei durchweg auf den gewöhnlichen Aufenthalt der Adoptionsbewerber an.

- Um eine Beurkundungstätigkeit i. S. des § 59 SGB VIII, die dementsprechend **14** einer oder einem als Urkundsperson ermächtigten Bediensteten des Jugendamtes, nicht der Adoptionsvermittlungsstelle obliegt, handelt es sich bei der in § 7 Abs. 1 geregelten Entgegennahme der Erklärung der Adoptionsbewerber über ihre Bereitschaft zur Annahme des ihnen vorgeschlagenen Kindes (§ 5 Abs. 3 Satz 1 AdÜbAG). Zuständig ist das Jugendamt, in dessen Bezirk die betreffenden Bewerber mit Hauptwohnsitz gemeldet sind, und zwar auch dann, wenn dieses Jugendamt nicht über eine Adoptionsvermittlungsstelle verfügt.
- In jeglicher Funktion, auch als Vormund des Adoptivpflegekindes oder als **15** Adoptionsvermittlungsstelle, die Adoptionsbegleitung nach § 9 AdVermiG ausübt, ist das Jugendamt Adressat der in § 7 Abs. 3 und 4 AdÜbAG geregelten Unterrichtungs- und Beteiligungspflichten.

einstweilen frei **16–20**

§ 2
Sachliche Zuständigkeiten

(1) Die in § 1 Abs. 2 und 3 genannten Adoptionsvermittlungsstellen nehmen unbeschadet des Absatzes 3 Satz 1 für die von ihnen betreuten Vermittlungsfälle die Aufgaben nach den Artikeln 9 und 14 bis 21 des Übereinkommens wahr, die anerkannten Auslandsvermittlungsstellen jedoch nur hinsichtlich der Vermittlung eines Kindes mit gewöhnlichem Aufenthalt im Ausland an Adoptionsbewerber mit gewöhnlichem Aufenthalt im Inland.

(2) Die Bundeszentralstelle nimmt die Aufgaben gemäß Artikel 6 Abs. 2 Satz 2 des Übereinkommens sowie gemäß § 4 Abs. 6 und § 9 dieses Gesetzes wahr und koordiniert die Erfüllung der Aufgaben nach den Artikeln 7 und 9 des Übereinkommens mit den Auslandsvermittlungsstellen. Die Erfüllung der Aufgaben nach Artikel 8 des Übereinkommens koordiniert sie mit den zentralen Adoptionsstellen. Soweit die Aufgaben nach dem Übereinkommen nicht nach Satz 1 der Bundeszentralstelle zugewiesen sind oder nach Absatz 1 oder Absatz 3 Satz 1 von Jugendämtern, anerkannten Auslandsvermittlungsstellen oder sonstigen zuständigen Stellen wahrgenommen werden, nehmen die zentralen Adoptionsstellen diese Aufgaben wahr.

(3) In Bezug auf die in den Artikeln 8 und 21 des Übereinkommens vorgesehenen Maßnahmen bleiben die allgemeinen gerichtlichen und behördlichen Zuständigkeiten unberührt. In den Fällen des Artikels 21 Abs. 1 des Übereinkommens obliegt jedoch die Verständigung mit der zentralen Behörde des Heimatstaates den nach den Absätzen 1 oder 2 zuständigen Stellen.

Begründung zum Regierungsentwurf (Bundestags-Drucks. 14/6011, S. 35):

21 § 2 regelt die sachlichen Zuständigkeiten der zentralen Behörden und der anderen auf dem Gebiet der internationalen Adoptionsvermittlung tätigen Stellen. Vorangestellt werden dabei in Absatz 1 die – spezielleren – Zuständigkeiten der Jugendämter und der anerkannten Auslandsvermittlungsstellen, bevor in Absatz 2 die überwiegend koordinierende Tätigkeit der Bundeszentralstelle und eine Auffangzuständigkeit der zentralen Adoptionsstellen behandelt und in Absatz 3 eine Sonderregelung hinsichtlich der Aufgaben nach den Artikeln 8 und 21 des Übereinkommens getroffen wird.

22 **Absatz 1** ergänzt die Vorschrift des § 1 Abs. 2 und 3 und bestimmt, dass die dort genannten Jugendämter und anerkannten Auslandsvermittlungsstellen für die von ihnen betreuten Vermittlungsfälle die Aufgaben nach den Artikeln 9 und 14 bis 21 des Übereinkommens wahrnehmen, welche nach Artikel 9 und 22 Abs. 1 nicht unmittelbar von den zentralen Behörden erfüllt zu werden brauchen. Damit wird ein zur internationalen Adoptionsvermittlung befugtes Jugendamt oder eine anerkannte Auslandsvermittlungsstelle eine internationale Adoptionsvermittlung im Regelfall vollständig in eigener Verantwortung betreuen. Hinsichtlich der anerkannten Auslandsvermittlungsstellen gelten diese Regelungen allerdings nur für die Vermittlung eines Kindes mit gewöhnlichem Aufenthalt im Ausland an inländische Adoptionsbewerber. Die Vermittlung eines Kindes aus dem Inland an Adoptionsbewerber im Ausland bleibt dagegen den staatlichen Adoptionsvermittlungsstellen vorbehalten. Denn die Jugendämter und die zentralen Adoptionsstellen der Landesjugendämter dürften am besten in der Lage sein, entsprechend dem Grundsatz des Nachrangs der internationalen Adoption andere Möglichkeiten der Hilfe für ein Kind in Betracht zu ziehen.

23 **Absatz 2** umreißt das Tätigkeitsfeld der zentralen Behörden.

24 **Satz 1** bezeichnet den Kreis der im Übereinkommen und im Ausführungsgesetz vorgesehenen Aufgaben, die die Bundeszentralstelle als zentrale Behörde des Bundes zu erfüllen hat. Die Vorschrift nennt zunächst Aufgaben, die ausschließlich in die Zuständigkeit der Bundeszentralstelle fallen:

- Die Bundeszentralstelle bildet die Empfangsstelle, an die Mitteilungen für jede der deutschen zentralen Behörden gerichtet werden können (Artikel 6 Abs. 2 Satz 2 des Übereinkommens).
- Auf Antrag der Adoptionsbewerber wirkt die Bundeszentralstelle bei der Übermittlung der Adoptionsbewerbung oder sonstiger die Bewerbung betreffender Mitteilungen an die zentrale Behörde des Heimatstaates mit (§ 4 Abs. 6).
- Auf Antrag bestätigt die Bundeszentralstelle die Ordnungsmäßigkeit der in einem anderen Vertragsstaat des Übereinkommens ausgestellten Bescheinigung über eine dort vollzogene Adoption (§ 9).

25 In Bezug auf die Aufgaben nach den Artikeln 7 bis 9 des Übereinkommens kommt der Bundeszentralstelle eine Koordinierungsfunktion zu. Auf Grund dieser Koordinatorenstellung obliegt ihr insbesondere die Korrespondenz mit den zentralen Behörden anderer Vertragsstaa-

ten, mit denen sie allgemeine Informationen, beispielsweise Auskünfte zum geltenden Adoptionsrecht oder statistische Daten sowie – vorbehaltlich des in § 4 Abs. 6 vorgesehenen Antragserfordernisses – Angaben zu einzelnen Vermittlungsfällen austauscht. Um der Bundeszentralstelle den erforderlichen Kenntnisstand zu verschaffen, sieht der Entwurf in Artikel 3 Nr. 2 (§ 2a Abs. 5 AdVermiG-E) Informationspflichten der Adoptionsvermittlungsstellen gegenüber der Bundeszentralstelle vor.

Die Auslandsvermittlungsstellen sind dadurch jedoch nicht von der eigenständigen Erfüllung ihrer jeweiligen Aufgaben nach dem Übereinkommen entbunden. Insbesondere sind sie nicht gehindert, unmittelbar mit zuständigen Stellen in anderen Vertragsstaaten in Kontakt zu treten (§ 3 Abs. 1 Satz 1). Der Bundeszentralstelle wird die Aufgabe zufallen, geeignete Gesprächsforen zu organisieren, um auf eine vertrauensvolle und miteinander abgestimmte Zusammenarbeit der deutschen zentralen Behörden, Jugendämter und zugelassenen Organisationen hinzuwirken. 26

Satz 2 [Anm. des Verf.: In dem Gesetz gewordenen Text nunmehr **Satz 3**] begründet eine Auffangzuständigkeit der zentralen Behörden auf Länderebene für alle Aufgaben, die nicht entweder (gemäß Satz 1) der Bundeszentralstelle oder (nach Absatz 1) Jugendämtern und zugelassenen Organisationen im Rahmen der von diesen ausgeübten Vermittlungstätigkeit oder (nach Absatz 3 hinsichtlich der Aufgaben nach den Artikeln 8 und 21 der Übereinkunft) sonstigen Stellen zugewiesen sind. Aufgabe der zentralen Adoptionsstellen der Landesjugendämter ist danach insbesondere die Einzelfallarbeit im Bereich der staatlichen internationalen Adoptionsvermittlung. Soweit die Bundesrepublik Deutschland Heimatstaat ist, liegt die Vermittlungszuständigkeit ausschließlich bei ihnen oder einzelnen zuständigen Jugendämtern. Diese Aufgabenverteilung sichert den Ländern auf dem Gebiet der internationalen Adoptionsvermittlung weiterhin eine zentrale Rolle. 27

Absatz 3 sieht bezüglich der in Artikel 21 erwähnten Schutzmaßnahmen des Aufnahmestaates für ein Adoptivpflegekind eine Aufgabenteilung vor. Während die eigentlichen Schutzmaßnahmen in der Zuständigkeit der allgemein hierzu berufenen Gerichte und Behörden – insbesondere also des Jugendamts als Amtsvormund, des Vormundschaftsgerichts gemäß § 1837 BGB oder des Familiengerichts gemäß den §§ 1800, 1632 Abs. 4 BGB – verbleiben, obliegt die nach Artikel 21 Abs. 1 Buchstabe b des Übereinkommens erforderliche Absprache mit den Behörden des Heimatstaates den auch im Übrigen für die Kooperation mit dem Heimatstaat zuständigen zentralen Behörden und Vermittlungsstellen. Die im Einzelfall tätige Vermittlungsstelle ist gemäß § 7 Abs. 4 an den das Kind betreffenden gerichtlichen und behördlichen Verfahren zu beteiligen. 28

Soweit Absatz 3 Satz 1 Maßnahmen nach Artikel 8 des Übereinkommens – namentlich solche zur Verhinderung unstatthafter Vermögensvorteile im Zusammenhang mit einer Adoption – anspricht, bleiben insbesondere die Zuständigkeiten der zur Verfolgung von Straftaten und Ordnungswidrigkeiten berufenen Gerichte und Behörden unberührt. 29

Stellungnahme des Bundesrates (Bundestags-Drucks. 14/6011, S. 60):

1. **Zu Artikel 1 (§ 2 Abs. 2, § 3 Abs. 2 Satz 2, § 4 Abs. 6 AdÜbAG)** 30
   Artikel 1 ist wie folgt zu ändern:
   a) § 2 Abs. 2 ist wie folgt zu ändern:
      aa) In Satz 1 sind die Wörter „sowie gemäß § 4 Abs. 6 und § 9 dieses Gesetzes“ zu streichen und die Wörter „Artikeln 7 bis 9“ durch die Wörter „Artikeln 7 und 9“ zu ersetzen.
      bb) Nach Satz 1 ist folgender Satz einzufügen:
      „Die Erfüllung der Aufgaben nach Artikel 8 des Übereinkommens koordiniert sie

mit den zentralen Adoptionsstellen."
Begründung:
...
Der neue Satz 2 in § 2 Abs. 2 AdÜbAG dient der Klarstellung, dass die Aufgaben nach Artikel 8 des Übereinkommens nur von staatlichen Stellen wahrgenommen werden.

Gegenäußerung der Bundesregierung (Bundesrats-Drucks. 14/6011, S. 63):

31 **Zu Nummer 1 (Zu Artikel 1 – § 2 Abs. 2, § 3 Abs. 2 Satz 2, § 4 Abs. 6 AdÜbAG-E)**

Die Bundesregierung stimmt der vorgeschlagenen Änderung des § 2 Abs. 2 AdÜbAG-E zu, soweit die Angabe „Artikeln 7 bis 9" durch die Angabe „Artikeln 7 und 9" ersetzt und nach Satz 1 der Satz „Die Erfüllung der Aufgaben nach Artikel 8 des Übereinkommens koordiniert sie mit den zentralen Adoptionsstellen." eingefügt werden sollen.

Im Übrigen stimmt die Bundesregierung den vorgeschlagenen Änderungen nicht zu.

Zu Buchstabe a und b: Soweit der Bundesrat vorschlägt, in § 2 Abs. 2 Satz 1 AdÜbAG-E die Wörter „sowie gemäß § 4 Abs. 6 und § 9 dieses Gesetzes" und in § 3 Abs. 2 AdÜbAG-E den Satz 2 zu streichen, handelt es sich um Folgeänderungen zu den Vorschlägen, § 4 Abs. 6 AdÜbAG-E zu streichen (Nummer 1 Buchstabe c) und § 9 AdÜbAG-E zu ändern (Nummer 4). Da die Bundesregierung diesen Vorschlägen nicht zustimmt, gilt Gleiches auch für die Folgeänderungen.

...

Bericht des Rechtsausschusses des Dt. Bundestages (Bundestags-Drucks. 14/6583, S. 23):

32 Artikel 8 des Adoptionsübereinkommens verpflichtet die zentralen Behörden, unmittelbar oder mit Hilfe staatlicher Stellen alle geeigneten Maßnahmen zu treffen, um unstatthafte Vermögens- oder sonstige Vorteile im Zusammenhang mit einer Adoption auszuschließen und den Zielen der Übereinkunft zuwiderlaufende Praktiken zu verhindern. Die Koordination dieser Aufgabe soll nur dem Generalbundesanwalt und den zentralen Adoptionsstellen der Landesjugendämter obliegen, nicht den anerkannten Auslandsvermittlungsstellen in freier Trägerschaft und nicht den örtlichen Adoptionsvermittlungsstellen der Jugendämter.

Ergänzende Hinweise

33 Zur Aufgabenverteilung zwischen den verschiedenen an der Ausführung des Übereinkommens beteiligten inländischen Stellen vgl. die Abschnitte 2 und 3 des Allgemeinen Teils der Begründung zum Regierungsentwurf (unten C. II. 3.) sowie die Abbildungen 2 (Rdn. A 202), 3 (Rdn. A 212) und 4 (Rdn. A 213).

34 Wenn § 2 Abs. 2 Satz 1 und 2 AdÜbAG – anders als noch im Regierungsentwurf vorgesehen – die örtlichen Adoptionsvermittlungsstellen der Jugendämter und namentlich die anerkannten Auslandsvermittlungsstellen in freier Trägerschaft hinsichtlich der Aufgaben nach Artikel 8 des Übereinkommens aus dem Koordinierungskreis der Bundeszentralstelle ausklammert, so soll mit dieser – vom

Bundesrat vorgeschlagenen – Änderung dem Umstand Rechnung getragen werden, dass Artikel 8 die Erfüllung der dort genannten Aufgaben der jeweiligen zentralen Behörde sowie anderen staatlichen Stellen – nicht dagegen zugelassenen Organisationen – zuweist.

Richtig verstanden, schließt Artikel 8 aber nur die (verantwortungsverlagernde) **Übertragung** der dort geregelten Aufgaben auf nicht-staatliche Stellen aus, weil die Beaufsichtigung eben dieser nicht-staatlichen Stellen, die sich an der Adoptionsvermittlung nicht bereichern sollen, staatlichen Instanzen vorbehalten bleiben soll (Erläuternder Bericht, unten C. II. 2., Rdn. 214). Bezeichnender Weise hat der Gesetzgeber denn auch hinsichtlich der in Artikel 7 Abs. 2 des Übereinkommens genannten, von den zentralen Behörden ohne jede Delegationsmöglichkeit wahrzunehmenden Aufgaben keine entsprechende Einschränkung des Koordinierungskreises vorgesehen. Ebenso wäre im Rahmen des Artikels 8 eine Einbeziehung auch der freien Adoptionsvermittlungsstellen, die über wichtige Informationen zur Bekämpfung unlauterer Praktiken verfügen und diese innerhalb ihres jeweiligen Arbeitsfelds unterstützen können, in die Koordination der primär staatlichen Aufgabenwahrnehmung durchaus sinnvoll gewesen. Die Praxis wird freilich informelle Wege finden, um Sachverstand und Erfahrungen aller auf dem Gebiet der Auslandsadoption tätigen Vermittlungsstellen in Strategien der Missbrauchsbekämpfung einzubinden. 35

einstweilen frei 36–40

§3
Verfahren

(1) Die Bundeszentralstelle und die Auslandsvermittlungsstellen können unmittelbar mit allen zuständigen Stellen im Inland und im Ausland verkehren. Auf ihre Tätigkeit finden die Vorschriften des Adoptionsvermittlungsgesetzes Anwendung. Die §§ 9b und 9d des Adoptionsvermittlungsgesetzes gelten auch für die von der zentralen Behörde eines anderen Vertragsstaates des Übereinkommens übermittelten personenbezogenen Daten und Unterlagen. Für die zentralen Adoptionsstellen und die Jugendämter gilt ergänzend das Zehnte Buch Sozialgesetzbuch, soweit nicht bereits § 9d des Adoptionsvermittlungsgesetzes auf diese Bestimmungen verweist.

(2) Das Verfahren der Bundeszentralstelle gilt unbeschadet des Absatzes 1 Satz 2 und 3 als Justizverwaltungsverfahren. In Verfahren nach § 4 Abs. 6 oder § 9 kann dem Antragsteller aufgegeben werden, geeignete Nachweise oder beglaubigte Übersetzungen beizubringen. Die Bundeszentralstelle kann erforderliche Übersetzungen selbst in Auftrag geben; die Höhe der Entschädigung für die Übersetzungen richtet sich nach dem Gesetz über die Entschädigung von Zeugen und Sachverständigen.

Begründung zum Regierungsentwurf (Bundestags-Drucks. 14/6011, S. 36):

41 § 3 fasst einige verfahrensrechtliche Regelungen zusammen, die für die nachfolgenden Vorschriften gemeinsam gelten.

42 **Absatz 1** betrifft den Verkehr der zentralen Behörden, Jugendämter und zugelassenen Organisationen mit anderen Stellen, namentlich auch im Ausland, sowie allgemeine Vorschriften für ihre Arbeit.

43 **Satz 1** stellt sicher, dass sich die Bundeszentralstelle wie auch die zentralen Adoptionsstellen ohne Einhaltung von Dienstwegen an alle bei der Ausführung der Übereinkunft einzuschaltenden Stellen wenden können. Gleiches gilt für die Jugendämter und die anerkannten Auslandsvermittlungsstellen.

44 **Satz 2** stellt klar, dass auch die grenzüberschreitende Adoptionsvermittlung – unbeschadet der Sondervorschriften des Entwurfs – den Bestimmungen des Adoptionsvermittlungsgesetzes unterliegt. Zu nennen sind hier zunächst die – nach dem Vorschlag des Entwurfs neu zu fassenden – Vorschriften der §§ 3 und 4 AdVermiG-E über die Zulassung und Beaufsichtigung freier Adoptionsvermittlungsstellen sowie des neu einzufügenden § 2a Abs. 4 und 5 AdVermiG-E über die Zusammenarbeit staatlicher und freier Adoptionsvermittlungsstellen mit der zentralen Behörde des Bundes. Zu erwähnen sind ferner die §§ 7 und 9 AdVermiG über sachdienliche Ermittlungen zur Vorbereitung und über Hilfeangebote nach der Vermittlung eines Kindes; zu diesen Vorschriften schlägt der Entwurf in Artikel 3 Ergänzungen vor, die der Erleichterung und Absicherung internationaler Adoptionsvermittlung – auch außerhalb des Anwendungsbereichs der Konvention – dienen (§ 7 Abs. 3 und 4, § 9 Abs. 2 AdVermiG-E).

45 **Satz 3** verweist besonders auf die §§ 9b und 9d AdVermiG-E, die mit dem Entwurf neu eingefügt werden und die Aufbewahrung von und den Zugang zu Akten über die Vermittlung einer Adoption sowie Fragen des Datenschutzes regeln sollen. Diese Bestimmungen sollen auch für Mitteilungen anderer Vertragsstaaten zu einzelnen Vermittlungsfällen gelten; damit wird Artikel 30 der Übereinkunft umgesetzt.

46 Während die Sätze 1 bis 3 für anerkannte ebenso wie für staatliche Auslandsvermittlungsstellen gelten, richtet sich **Satz 4** nur an Letztere und unterwirft deren Tätigkeit ergänzend den Vorschriften des SGB X, soweit diese nicht im Bereich des Datenschutzes über die Verweisung in Absatz 1 Satz 2 und 3 in Verbindung mit § 9d AdVermiG-E ohnehin auf alle Auslandsvermittlungsstellen Anwendung finden.

47 **Absatz 2** trifft besondere Bestimmungen über das Verfahren der Bundeszentralstelle. **Satz 1** ordnet das Handeln der Bundeszentralstelle unbeschadet der Geltung des Adoptionsvermittlungsgesetzes dem Bereich des Justizverwaltungsverfahrens zu und stellt damit klar, dass die Vorschriften der §§ 23 ff. EGGVG über Rechtsbehelfe und der JVKostO über Kostenerhebung zur Anwendung gelangen. **Satz 2** bestimmt, dass die Bundeszentralstelle die Vorlage benötigter Nachweise, gegebenenfalls der Legalisation durch die zuständige deutsche Auslandsvertretung, und beglaubigter Übersetzungen verlangen kann. Die Kosten hierfür muss der Antragsteller aufbringen (vgl. Artikel 34 Satz 2 des Übereinkommens). Nach **Satz 3** kann die Bundeszentralstelle selbst die Übersetzungen in Auftrag geben. Wegen der Höhe der an die Übersetzer zu zahlenden Entschädigung wird insoweit auf das Gesetz über die Entschädigung von Zeugen und Sachverständigen verwiesen.

Stellungnahme des Bundesrates (Bundestags-Drucks. 14/6011, S. 60):

1. **Zu Artikel 1 (§ 2 Abs. 2, § 3 Abs. 2 Satz 2, § 4 Abs. 6 AdÜbAG)** 48
   Artikel 1 ist wie folgt zu ändern:
   ...
   b) § 3 Abs. 2 Satz 2 ist zu streichen.
   ...

Gegenäußerung der Bundesregierung (Bundesrats-Drucks. 14/6011, S. 63):

Zu Nummer 1 (Zu Artikel 1 – § 2 Abs. 2, § 3 Abs. 2 Satz 2, § 4 Abs. 6 AdÜbAG-E)

...

Im Übrigen stimmt die Bundesregierung den vorgeschlagenen Änderungen nicht zu. 49

Zu Buchstabe a und b: Soweit der Bundesrat vorschlägt, in § 2 Abs. 2 Satz 1 AdÜbAG-E die Wörter „sowie gemäß § 4 Abs. 6 und § 9 dieses Gesetzes" und in § 3 Abs. 2 AdÜbAG-E den Satz 2 zu streichen, handelt es sich um Folgeänderungen zu den Vorschlägen, § 4 Abs. 6 AdÜbAG-E zu streichen (Nummer 1 Buchstabe c) und § 9 AdÜbAG-E zu ändern (Nummer 4). Da die Bundesregierung diesen Vorschlägen nicht zustimmt, gilt Gleiches auch für die Folgeänderungen.

Ergänzende Hinweise

50 Zum Kreis der bei internationalen Adoptionen innerhalb und außerhalb des Anwendungsbereichs des Haager Übereinkommens anwendbaren Vorschriften vgl. die Übersicht in Abbildung 1 (Rdn. A 130).

einstweilen frei 51–55

Abschnitt 2
Internationale Adoptionsvermittlung im Verhältnis zu anderen Vertragsstaaten

Begründung zum Regierungsentwurf (Bundestags-Drucks. 14/6011, S. 36):

Abschnitt 2 umfasst Bestimmungen, die den Ablauf einer grenzüberschreitenden Adoptions- 56
vermittlung nach der Haager Übereinkunft regeln. Sie betreffen insbesondere die Adoptionsbewerbung (§ 4), die Prüfungsaufgaben der deutschen Auslandsvermittlungsstellen (§ 5), Einreise und Aufenthalt des Kindes im Bundesgebiet (§ 6) sowie Verantwortlichkeiten für ein im Inland aufgenommenes Adoptivpflegekind (§ 7).

Keine ausdrückliche Regelung trifft der Entwurf für die wohl eher seltene – in erster Linie als 57
Stiefkind- oder Verwandtenadoption vorkommende – Konstellation der Vermittlung eines Kindes mit gewöhnlichem Aufenthalt im Inland an Adoptionsbewerber im Ausland. Insoweit sind die Bestimmungen der Übereinkunft unmittelbar anzuwenden. Die Aufgaben der zentralen Behörde obliegen in diesen Fällen gemäß § 2 Abs. 1 dem – zur internationalen Vermittlung

befugten – Jugendamt oder gemäß § 2 Abs. 2 Satz 2 [*Anm. d. Verf.: Im Gesetz gewordenen Text nunmehr Satz 3*] der zentralen Adoptionsstelle des jeweils zuständigen Landesjugendamtes.

58–60 *einstweilen frei*

§ 4
Adoptionsbewerbung

(1) Adoptionsbewerber mit gewöhnlichem Aufenthalt im Inland richten ihre Bewerbung entweder an die zentrale Adoptionsstelle oder das nach § 2 Abs. 1 in Verbindung mit § 1 Abs. 2 zuständige Jugendamt, in deren Bereich sie sich gewöhnlich aufhalten, oder an eine der anerkannten Auslandsvermittlungsstellen im Sinne des § 1 Abs. 3.

(2) Den Adoptionsbewerbern obliegt es,

1. anzugeben, aus welchem Heimatstaat sie ein Kind annehmen möchten,

2. an den Voraussetzungen für die Vorlage eines Berichts nach § 7 Abs. 3 des Adoptionsvermittlungsgesetzes mitzuwirken und

3. zu versichern, dass eine weitere Bewerbung um die Vermittlung eines Kindes aus dem Ausland nicht anhängig ist.

(3) Die Auslandsvermittlungsstelle berät die Adoptionsbewerber. Sie teilt den Adoptionsbewerbern rechtzeitig vor der ersten Übermittlung personenbezogener Daten an den Heimatstaat mit, inwieweit nach ihrem Kenntnisstand in dem Heimatstaat der Schutz des Adoptionsgeheimnisses und anderer personenbezogener Daten sowie die Haftung für eine unzulässige oder unrichtige Verarbeitung personenbezogener Daten gewährleistet sind, und weist die Adoptionsbewerber auf insoweit bestehende Gefahren hin.

(4) Die Auslandsvermittlungsstelle kann eigene Ermittlungen anstellen und nach Beteiligung der für den gewöhnlichen Aufenthaltsort der Adoptionsbewerber zuständigen örtlichen Adoptionsvermittlungsstelle (§ 9a des Adoptionsvermittlungsgesetzes) den in Absatz 2 Nr. 2 genannten Bericht selbst erstellen.

(5) Hat sich die Auslandsvermittlungsstelle von der Eignung der Adoptionsbewerber überzeugt, so leitet sie die erforderlichen Bewerbungsunterlagen einschließlich eines Berichts nach Artikel 15 des Übereinkommens der zentralen Behörde des Heimatstaates zu. Die Übermittlung bedarf der Einwilligung der Adoptionsbewerber.

(6) Auf Antrag der Adoptionsbewerber wirkt die Bundeszentralstelle bei der Übermittlung nach Absatz 5 und bei der Übermittlung sonstiger die Bewerbung betreffender Mitteilungen an die zentrale Behörde des Heimatstaates mit. Sie soll ihre Mitwirkung versagen, wenn die beantragte Übermittlung nach Form oder Inhalt den Bestimmungen des Übereinkommens oder des Heimatstaates erkennbar nicht genügt.

Begründung zum Regierungsentwurf (Bundestags-Drucks. 14/6011, S. 36–38):

Auch wenn das Kind und dessen Wohlergehen Ziel und Zweck jeder Adoptionsvermittlung bilden, sind es in der Praxis wohl nicht primär die zuständigen Stellen im Heimatstaat, die sich im Ausland auf die Suche nach einer geeigneten Unterbringungsmöglichkeit für ein hilfsbedürftiges Kind begeben, sondern oft sind es in erster Linie adoptionsbereite Ehepaare, die sich unter fachlicher Begleitung um die Annahme eines Kindes aus dem Ausland bemühen. Diese Rollenverteilung sichert dem Heimatstaat, dem eine Adoptionsbewerbung unterbreitet wird, das Vorschlagsrecht in Bezug auf das Matching zwischen Bewerbern und adoptionsbedürftigem Kind. Wenn der Entwurf dementsprechend an den Beginn des Abschnitts über die internationale Adoptionsvermittlung im Verhältnis zu anderen Vertragsstaaten Regelungen über den Inhalt einer Adoptionsbewerbung sowie über damit zusammenhängende Zuständigkeits- und Verfahrensfragen stellt, folgt er damit zugleich den Vorgaben der Artikel 14 und 15 der Haager Übereinkunft: 61

- Nach der Vorschrift des Artikels 14, die den Abschnitt der Übereinkunft über „Verfahrensrechtliche Voraussetzungen der internationalen Adoption" eröffnet, haben sich „Personen mit gewöhnlichem Aufenthalt in einem Vertragsstaat, die ein Kind mit gewöhnlichem Aufenthalt in einem anderen Vertragsstaat adoptieren möchten," an die zentrale Behörde im Staat ihres gewöhnlichen Aufenthalts zu wenden. Bei den hier angesprochenen Personen kann es sich gemäß Artikel 2 Abs. 1 um Ehegatten oder um Einzelpersonen handeln. Als beide Alternativen umfassender Oberbegriff verwendet das Übereinkommen neben der Formulierung des Artikels 14 je nach Zusammenhang die Ausdrücke „Antragsteller" (in Artikel 15 Abs. 1), „künftige Adoptiveltern" (z.B. in Artikel 16 Abs. 1, Artikel 17, 19 Abs. 2) oder „Aufnahmefamilie" (in Artikel 21 Abs. 1). Der Entwurf spricht durchweg von „den Adoptionsbewerbern" und meint damit neben dem Regelfall der Annahme durch Ehegatten ebenso den Fall der Bewerbung eines Alleinstehenden; dies entspricht dem Sprachgebrauch des Adoptionsvermittlungsgesetzes. 62
- Artikel 15 beschreibt die Aufgaben, die der zentralen Behörde des Aufnahmestaates in Bezug auf die Adoptionsbewerbung zufallen: Sie hat sich davon zu überzeugen, dass die Antragsteller für eine Adoption (rechtlich) in Betracht kommen und (tatsächlich) dazu geeignet sind, ihre Erkenntnisse und Schlussfolgerungen in einem eingehenden Bericht niederzulegen und diesen Bericht der zentralen Behörde des Heimatstaates zu übermitteln. Den zentralen Behörden gleichgestellt sind sonstige staatliche Stellen sowie zugelassene Organisationen, die gemäß Artikel 22 Abs. 1 die genannten Aufgaben der zentralen Behörden wahrnehmen können. 63

Zur Umsetzung dieser Bestimmungen regelt der Entwurf in **Absatz 1** des §4 zunächst die sachliche und örtliche Zuständigkeit für Entgegennahme und Bearbeitung der Bewerbung um eine Auslandsadoption nach der Haager Übereinkunft. Sachlich zuständig sind die zentralen Adoptionsstellen, die zur internationalen Vermittlung befugten Jugendämter sowie jede zugelassene Organisation im Sinne des § 1 Abs. 3; dies lässt sich bereits aus § 2 Abs. 1 und 2 Satz 2 [*Anm. d. Verf.: Im Gesetz gewordenen Text nunmehr Satz 3*] herleiten, wird an dieser Stelle jedoch der Übersichtlichkeit halber und wegen des Zusammenhangs mit der örtlichen Zuständigkeit nochmals ausdrücklich gesagt. Letztere ist lediglich in Bezug auf die staatlichen Vermittlungsstellen normiert; die zugelassenen Organisationen, deren Anerkennung (§2 Abs. 2, §4 Abs. 2 AdVermiG-E) für das gesamte Bundesgebiet gilt, entscheiden frei darüber, welche Bewerbungen sie bearbeiten wollen. 64

Die örtliche Zuständigkeit der Jugendämter und der zentralen Adoptionsstellen knüpft an den gewöhnlichen Aufenthalt der Adoptionsbewerber an. Sollten adoptionswillige Ehegatten ausnahmsweise ihren jeweiligen gewöhnlichen Aufenthalt in den Bezirken zweier verschiedener zuständiger Behörden haben, so haben sie unter diesen die Wahl. 65

66 **Absatz 2** legt inhaltliche Anforderungen an eine Adoptionsbewerbung fest.

67 Nach **Nummer 1** müssen sich die Adoptionsbewerber für einen von ihnen bevorzugten Heimatstaat entscheiden. Dies entspricht verbreiteter bisheriger Handhabung durch die deutschen Adoptionsvermittlungsstellen und hat nicht allein den praktischen Grund, ein Nebeneinander parallel geführter aufwendiger Vermittlungsverfahren zu vermeiden. Eine Angabe der Adoptionsbewerber über die von ihnen gewünschte Herkunft des Kindes wird vor allem benötigt, um die Eignung der Bewerber zur Annahme gerade eines Kindes aus dem betreffenden Kulturkreis und mit sonstiger spezieller Prägung beurteilen zu können.

68 Hieran anknüpfend, benennt **Nummer 2** als wichtigsten Bestandteil der Adoptionsbewerbung den in Artikel 15 der Konvention vorgesehenen Eignungsbericht über die Bewerber. Einzelheiten ergeben sich aus der Verweisung auf den – nach dem Entwurf neu zu fassenden – § 7 Abs. 3 AdVermiG-E. Diese Vorschrift ermöglicht es ausdrücklich, die Eignung von Bewerbern für eine Auslandsadoption losgelöst von dem Bezug auf die Annahme eines bestimmten Kindes zu prüfen; sie umschreibt darüber hinaus, welche Gesichtspunkte dabei zu beachten und in dem von einer staatlichen oder anerkannten freien Adoptionsvermittlungsstelle zu erstattenden Adoptionseignungsbericht zu berücksichtigen sind. Insoweit folgt der neu formulierte § 7 Abs. 3 AdVermiG-E den Vorgaben des Artikels 15 des Haager Übereinkommens. Die Vorschrift soll allerdings auch solche Auslandsadoptionen erleichtern, die nicht in den Anwendungsbereich der Übereinkunft fallen, und ist deshalb nicht in den Ausführungsregelungen zum Übereinkommen (Artikel 1 des Entwurfs) angesiedelt, sondern wird als Ergänzung des Adoptionsvermittlungsgesetzes vorgeschlagen.

69 **Nummer 3** verlangt von den Adoptionsbewerbern die Versicherung, dass eine weitere Bewerbung um die Vermittlung eines Kindes aus dem Ausland nicht anhängig ist. Diese Bestimmung beugt einer – dem Wohl der betroffenen Kinder nicht dienlichen – unkoordinierten Mehrfachvermittlung an dieselben Adoptionsbewerber vor.

70 **Absatz 3** trifft Regelungen über die Aufgaben der Auslandsvermittlungsstelle bei Entgegennahme und Prüfung einer Adoptionsbewerbung.

71 **Satz 1** verpflichtet die Auslandsvermittlungsstelle zur Beratung der Adoptionsbewerber; in Verbindung mit der Parallelregelung in § 5 Abs. 2 über die Beratung der Bewerber nach Eingang des Vermittlungsvorschlags aus dem Heimatstaat bildet er die Umsetzung des Artikels 5 Buchstabe b des Übereinkommens. Die Beratung sollte sich auf Besonderheiten bei der Annahme eines Kindes aus dem Ausland und auf die Auswahl eines Herkunftsstaates, aber etwa auch auf voraussichtlich entstehende Auslagen erstrecken. **Satz 2** verpflichtet die Auslandsvermittlungsstelle zu einem Hinweis auf das Niveau des Datenschutzes in dem von den Adoptionsbewerbern ausgewählten Heimatstaat und auf die dortige Praxis hinsichtlich der Wahrung des Adoptionsinkognitos. Verfügt die Auslandsvermittlungsstelle diesbezüglich nicht über gesicherte Erkenntnisse, so ist sie nicht zu Nachforschungen verpflichtet. In jedem Fall hat sie die Adoptionsbewerber aber auf die Risiken hinzuweisen, die insoweit zu gewärtigen sind.

72 **Absatz 4** räumt der Auslandsvermittlungsstelle ausdrücklich die Möglichkeit ein, die persönlichen Verhältnisse der Adoptionsbewerber in eigener Zuständigkeit zu prüfen. Der bisher überwiegenden Praxis entsprechend, geht der neue § 7 Abs. 3 AdVermiG-E (Artikel 3 Nr. 4) davon aus, dass die Adoptionseignung der Bewerber von einer örtlichen Adoptionsvermittlungsstelle untersucht wird. Absatz 4 lässt es jedoch auch zu, dass die Auslandsvermittlungsstelle die Prüfung der Adoptionseignung der Bewerber ganz in ihre eigene Regie nimmt; in diesem Fall ist die örtliche Vermittlungsstelle jedoch gesondert – d. h. außerhalb einer Prüfung nach § 7 Abs. 3 AdVermiG-E – zu beteiligen.

73 Nach **Absatz 5 Satz 1** ist die Auslandsvermittlungsstelle letztverantwortlich für die Prüfung der Eignung der Adoptionsbewerber in diesem Stadium des Vermittlungsverfahrens. Die Vorschrift

stellt zugleich klar, dass die Auslandsvermittlungsstelle berechtigt ist, die von der örtlichen Adoptionsvermittlungsstelle getroffene Einschätzung im Lichte ihrer besonderen Fachkompetenz auf dem Gebiet der grenzüberschreitenden Adoptionsvermittlung sowie unter Berücksichtigung des von den Adoptionsbewerbern ausgewählten Heimatstaates zu überprüfen und den Bericht über die Bewerber zu überarbeiten.

Im weiteren Fortgang des Verfahrens bleibt zu entscheiden, ob die Eignung der Bewerber auch für die Annahme des von der zuständigen Stelle im Heimatstaat vorgeschlagenen Kindes bejaht werden kann; wird nach abgeschlossener Vermittlung die Annahme durch ein deutsches Vormundschaftsgericht ausgesprochen, so hat dieses nochmals eigenständig zu prüfen, ob die Adoption dem Wohl des Kindes dient. Der in den Artikeln 14 und 15 des Übereinkommens sowie in Artikel 1 § 4 des Entwurfs geregelte Verfahrensabschnitt einer internationalen Adoptionsvermittlung endet mit der Übermittlung des (positiven) Adoptionseignungsberichts und sonstiger erforderlicher Bewerbungsunterlagen an die zuständige Stelle im Heimatstaat. 74

Satz 2 bestimmt ausdrücklich das Erfordernis der Einwilligung der Adoptionsbewerber in die Weiterleitung der mit dem Eignungsbericht erhobenen und in den sonstigen Unterlagen enthaltenen, oftmals weit in die persönliche Sphäre hineinreichenden Daten an die zuständigen Stellen im Heimatstaat. Artikel 31 der Übereinkunft gewährleistet die ausschließlich bestimmungsgemäße Verwendung der nach Artikel 15 übermittelten Angaben auch im Heimatstaat. Abweichend von § 1758 BGB wird allerdings die Wahrung des Inkognitos der Adoptiveltern gegenüber der Ursprungsfamilie des Kindes nicht überall sichergestellt werden können. Verlangt etwa das Recht des Heimatstaates für die Einwilligung der leiblichen Eltern, dass diese die Identität der Annehmenden kennen, so wird sich die Offenlegung dieser Information durch die Heimatbehörden im Rahmen einer bestimmungsgemäßen Verwendung im Sinne des Artikels 31 bewegen. 75

Absatz 6 macht die Mitwirkung der Bundeszentralstelle an der Bearbeitung der einzelnen Adoptionsbewerbung von einem Antrag der Adoptionsbewerber sowie von einer Plausibilitätsprüfung durch die Bundeszentralstelle abhängig. Aus dem Heimatstaat eingehende Mitteilungen sind von dieser Regelung nicht betroffen. Artikel 4 Abs. 3 des Entwurfs sieht für Leistungen der Bundeszentralstelle bezüglich einzelner Bewerbungen einen Gebührentatbestand in der Justizverwaltungskostenordnung vor. 76

Stellungnahme des Bundesrates (Bundestags-Drucks. 14/6011, S. 60):

1. **Zu Artikel 1 (§ 2 Abs. 2, § 3 Abs. 2 Satz 2, § 4 Abs. 6 AdÜbAG)** 77

   Artikel 1 ist wie folgt zu ändern:

   ...

   c) § 4 Abs. 6 ist zu streichen.

   Begründung:

   § 2 Abs. 2 Satz 1 i.V.m. § 4 Abs. 6 AdÜbAG sieht vor, dass auf Antrag von Adoptionsbewerbern die Bundeszentralstelle für Auslandsadoption bei der Übermittlung von Unterlagen mitwirken kann. Der Sinn dieser Regelung ist nicht nachvollziehbar, da Mehrfachprüfungen zu erheblichen zeitlichen Verzögerungen und Verwaltungsbelastung führen.

2. **Zu Artikel 1 (§ 4 Abs. 5 Satz 1 AdÜbAG)** 78

   In Artikel 1 § 4 Abs. 5 Satz 1 sind nach den Wörtern „der zentralen Behörde des Heimatstaates" die Wörter „und der für den gewöhnlichen Aufenthaltsort der Adoptionsbewerber zuständigen örtlichen Adoptionsvermittlungsstelle" einzufügen.

   Begründung:

Adoptionsbewerber wenden sich zunächst an die für sie zuständige zentrale Adoptionsstelle oder eine zugelassene Organisation. Bei positiver Eignungsprüfung wird der Eignungsbericht der zentralen Behörde des Heimatstaates zugeleitet (§ 4 Abs. 4 AdÜbAG). Das für den gewöhnlichen Aufenthalt des Adoptionsbewerbers zuständige Jugendamt wird erst nach Einleitung des Verfahrens bei der Heimatbehörde des Kindes unterrichtet (§ 5 Abs. 4 AdÜbAG), obwohl es nach § 9 bzw. § 9a AdVermiG-E im weiteren Verlauf wichtige Aufgaben bei der Adoptionshilfe bzw. bei der Adoptionsbegleitung zu erfüllen hat.

79 Aus Gründen der Wahrung des Kindeswohls und im Sinne partnerschaftlicher Zusammenarbeit wird es für notwendig gehalten, dass das Jugendamt als Fachbehörde bereits bei Weiterleitung des Eignungsberichts an die Heimatbehörde des Kindes von dem Adoptionsverfahren unterrichtet wird. Hierdurch erhält es die Möglichkeit, im Zweifelsfall eigenen Erkenntnissen rechtzeitig und ausreichend Geltung im Verfahren zu verschaffen. Dies erscheint insbesondere mit Blick auf Adoptionsentscheidungen in einem ausländischen Vertragsstaat wichtig. Die nach § 9a AdVermiG-E vorgesehene Adoptionsbegleitung ist als späteres Korrektiv nur sehr bedingt geeignet, da zu diesem Zeitpunkt die Adoption ihre familienrechtliche Wirkung bereits voll entfaltet hat, so dass für jegliches Eingreifen die Schwelle des § 1666 BGB gilt. Das örtliche Jugendamt soll wichtige Aufgaben bei der Adoptionshilfe übernehmen und muss daher frühzeitig in die Lage versetzt werden, eigenen Erkenntnissen rechtzeitig im Verfahren Geltung zu verschaffen.

Gegenäußerung der Bundesregierung (Bundestags-Drucks. 14/6011, S. 63):

80 **Zu Nummer 1 (Zu Artikel 1 – § 2 Abs. 2, § 3 Abs. 2 Satz 2, § 4 Abs. 6 AdÜbAG-E)**

...

81 Im Übrigen stimmt die Bundesregierung den vorgeschlagenen Änderungen nicht zu.

...

82 Zu Buchstabe c: § 4 Abs. 6 AdÜbAG-E weist dem Generalbundesanwalt als Bundeszentralstelle für Auslandsadoption die Aufgabe zu, auf Antrag der Adoptionsbewerber bei der Übermittlung ihrer Bewerbungsunterlagen an die zentrale Behörde des Heimatstaates des Kindes mitzuwirken. Die Adoptionsbewerber können frei entscheiden, ob sie ein Bedürfnis für die Mitwirkung der Bundeszentralstelle sehen und gegebenenfalls damit verbundene, in der Regel nicht ins Gewicht fallende Verzögerungen in Kauf nehmen wollen. In geeigneten Fällen kann die Einschaltung des GBA die internationale Zusammenarbeit wesentlich erleichtern, insbesondere wenn die Behörden im Heimatstaat des Kindes eine Mitwirkung der deutschen zentralen Behörde auf Bundesebene wünschen.

83 **Zu Nummer 2 (Zu Artikel 1 – § 4 Abs. 5 Satz 1 AdÜbAG-E)**

84 Die Bundesregierung stimmt der vorgeschlagenen Änderung nicht zu.

85 Richten die Adoptionsbewerber ihre Bewerbung an die zentrale Adoptionsstelle des Landesjugendamtes oder an eine anerkannte Auslandsvermittlungsstelle, so wird diese in der Regel auf der Vorlage eines Eignungsberichts des örtlichen Jugendamtes bestehen (§ 4 Abs. 2 Nr. 2 AdÜbAG-E in Verbindung mit § 7 Abs. 3 AdVermiG-E). Nach der Konzeption des Entwurfs ist daher die örtliche Adoptionsvermittlungsstelle im Regelfall von Anfang an und maßgeblich an der Begutachtung beteiligt. Erstellt die Auslandsvermittlungsstelle den Bericht (ausnahmsweise) selbst, dann hat sie die örtliche Vermittlungsstelle zu beteiligen (§ 4 Abs. 4 AdÜbAG-E). Auch in diesem Fall hat mithin die örtliche Vermittlungsstelle Gelegenheit, ihre eigenen Erkenntnisse über die Adoptionsbewerber in das Verfahren einzubringen. Diese Beteiligung erfolgt bereits, bevor der Bericht fertig gestellt und die Bewerbung an die Behörden des Heimatstaates des Kindes weitergeleitet wird. Der Entwurf geht damit über die Intention des

Änderungsantrags sogar hinaus, indem die örtliche Adoptionsvermittlungsstelle bereits vor der Bewerbung im Ausland umfassend beteiligt wird.

Ergänzende Hinweise

Zum Verfahren bei einer Adoptionsbewerbung im Rahmen des Haager Übereinkommens vgl. die Übersicht in Abbildung 5 (Rdn. A 241). **86**

Eine Reihe von Aspekten, die bei der Beurteilung der Bewerbereignung und bei der Abfassung eines Eignungsberichts beachtet werden sollten, sind in dem Bericht (Rdn. 62) über die Tagung der Spezialkommission der Haager Konferenz im Jahre 2000 (www.hcch.net) und in den vom Internationalen Sozialdienst formulierten Richtlinien (Rdn. 11–16) für die Praxis der internationalen Adoptionsvermittlung (www.iss-ssi.org) genannt. Der Internationale Sozialdienst (International Social Service) mit Zentralsitz in Genf und deutscher Zweigstelle in Frankfurt/Main (vgl. unten C. III. 3.) ist eine weltweit auf dem Gebiet der grenzüberschreitenden Sozialarbeit operierende Nicht-Regierungs-Organisation, die im Bereich der internationalen Adoption über herausragende Fachkompetenz und Reputation verfügt. **87**

einstweilen frei **88–90**

§5
Aufnahme eines Kindes

(1) Der Vermittlungsvorschlag der zentralen Behörde des Heimatstaates bedarf der Billigung durch die Auslandsvermittlungsstelle. Diese hat insbesondere zu prüfen, ob

1. die Annahme dem Wohl des Kindes dient und

2. a) mit der Begründung eines Annahmeverhältnisses im Inland zu rechnen ist oder,

b) sofern die Annahme im Ausland vollzogen werden soll, diese nicht zu einem Ergebnis führt, das unter Berücksichtigung des Kindeswohls mit wesentlichen Grundsätzen des deutschen Rechts offensichtlich unvereinbar, insbesondere mit den Grundrechten unvereinbar ist.

Die Auslandsvermittlungsstelle kann vor oder nach Eingang eines Vermittlungsvorschlags einen Meinungsaustausch mit der zentralen Behörde des Heimatstaates aufnehmen. Ein Meinungsaustausch sowie die Billigung oder Ablehnung eines Vermittlungsvorschlags sind mit den jeweils dafür maßgeblichen fachlichen Erwägungen aktenkundig zu machen.

(2) Hat die Auslandsvermittlungsstelle den Vermittlungsvorschlag nach Absatz 1 gebilligt, so setzt sie die Adoptionsbewerber über den Inhalt der ihr aus dem Heimatstaat übermittelten personenbezogenen Daten und Unterlagen über das vorgeschlagene Kind in Kenntnis und berät sie über dessen

Annahme. Identität und Aufenthaltsort des Kindes, seiner Eltern und sonstiger Sorgeinhaber soll sie vor Erteilung der Zustimmungen nach Artikel 17 Buchstabe c des Übereinkommens nur offenbaren, soweit die zentrale Behörde des Heimatstaates zustimmt.

(3) Hat die Beratung nach Absatz 2 stattgefunden, so fordert die Auslandsvermittlungsstelle die Adoptionsbewerber auf, innerhalb einer von ihr zu bestimmenden Frist eine Erklärung nach § 7 Abs. 1 abzugeben. Ist die Abgabe dieser Erklärung nachgewiesen, so kann die Auslandsvermittlungsstelle Erklärungen nach Artikel 17 Buchstabe b und c des Übereinkommens abgeben.

(4) Die Auslandsvermittlungsstelle soll sich über die Prüfung und Beratung nach Absatz 1 und 2 Satz 1 mit der für den gewöhnlichen Aufenthaltsort der Adoptionsbewerber zuständigen örtlichen Adoptionsvermittlungsstelle ins Benehmen setzen. Sie unterrichtet diese über die Abgabe der Erklärungen gemäß Absatz 3 Satz 2.

Begründung zum Regierungsentwurf (Bundestags-Drucks. 14/6011, S. 38–41):

91 § 5 regelt weitere Mitwirkungsaufgaben der zuständigen deutschen Stellen im Rahmen einer internationalen Adoptionsvermittlung für den Fall der Vermittlung eines Kindes zur Aufnahme in Deutschland, und zwar in dem Stadium des Verfahrens nach Eingang eines Vermittlungsvorschlags der ausländischen Partnerstelle. In Verbindung mit § 4 setzt die Vorschrift die Bestimmungen der Artikel 4, 5 Buchstabe a und b sowie des Artikels 17 Buchstabe a bis c der Haager Übereinkunft um.

92 Die Artikel 4 und 5 der Übereinkunft legen materielle Anforderungen an das Zustandekommen einer internationalen Adoptionsvermittlung fest, ohne deren Einhaltung die Annahme weder im Heimat- noch im Aufnahmestaat vollzogen werden darf; diese Anforderungen beziehen sich auf die Adoptierbarkeit des Kindes, auf die Beachtung des Grundsatzes der Subsidiarität einer internationalen Adoption und auf Modalitäten benötigter Zustimmungen namentlich des Kindes und seiner Eltern einerseits sowie auf die Eignung der Adoptionsbewerber und auf die Gewährleistung der Einreise und des Aufenthalts des Kindes im Aufnahmestaat andererseits. Artikel 17 verlangt unter anderem die Zustimmung der zentralen Behörden im Heimat- und im Aufnahmestaat, bevor das Kind den Adoptionsbewerbern anvertraut und das Adoptionsverfahren fortgesetzt werden kann (Buchstabe c).

93 Zu weiteren Einzelheiten dieser Bestimmungen und zu dem Grundkonzept, das der Entwurf bei deren Umsetzung verfolgt, darf auf Abschnitt 5 des Allgemeinen Teils der Begründung verwiesen werden. Artikel 1 § 5 des Entwurfs sieht dazu folgendes vor:

94 **Absatz 1** umreißt den Kernbereich der Prüfungsaufgaben der auf deutscher Seite eingeschalteten Auslandsvermittlungsstelle. Grundlage dieser Prüfung bilden der Vermittlungsvorschlag der zentralen Behörde des Heimatstaates mit den von dieser zur Verfügung gestellten Berichten und Unterlagen sowie die vorausgegangene Adoptionsbewerbung gemäß § 4, also die Angaben der Adoptionsbewerber und die von diesen vorgelegten Nachweise. Über diese Erkenntnisquellen hinaus ist die Auslandsvermittlungsstelle, falls weiterer Klärungsbedarf besteht, lediglich zur Rückfrage, nicht dagegen zu sonstiger Ermittlung von Amts wegen verpflichtet. Die Prüfung mündet in die Billigung oder Ablehnung des Vermittlungsvorschlags aus dem Heimatstaat.

95 **Satz 1** bringt zunächst zum Ausdruck, dass der aus dem Heimatstaat eingegangene Vorschlag der Billigung durch die inländische Auslandsvermittlungsstelle bedarf.

Satz 2 hebt die wichtigsten Elemente der dazu von der Auslandsvermittlungsstelle anzustellenden Prüfung hervor. 96

An der Spitze der Prüfung nach **Satz 2 Nr. 1** steht die Frage, ob die Annahme dem Wohl des Kindes dient, ob insoweit also dem Vorschlag der zentralen Behörde des Heimatstaates für das sogenannte Matching, d. h. für die Zuordnung eines bestimmten Kindes zu bestimmten Adoptionsbewerbern, zugestimmt werden kann. Im Weiteren unterscheidet der Entwurf hinsichtlich der Prüfungsaufgaben der deutschen Auslandsvermittlungsstelle danach, ob die Annahme des Kindes im Inland oder im Heimatstaat vollzogen werden soll. 97

Nummer 2 Buchstabe a betrifft den Fall einer im Inland durchzuführenden Adoption. Die Prüfung konzentriert sich hier auf die Frage, ob mit dem Ausspruch der Annahme durch ein deutsches Vormundschaftsgericht oder mit dem wirksamen Zustandekommen einer Vertragsadoption im Inland nach einem ausländischen Adoptionsstatut zu rechnen ist. Dieser Prüfungsmaßstab bringt zugleich die Voraussetzung seiner Anwendbarkeit – Durchführung der Adoption in Deutschland – zum Ausdruck. Im Übrigen beruht die Formulierung des Prüfkriteriums auf der Erwägung, dass das Vermittlungsverfahren sein Ziel nur dann erreicht, wenn die vermittelte Aufnahme des Kindes bei den Adoptionsbewerbern mit dem Vollzug der Kindesannahme ihre rechtliche Bestätigung erfährt und so dem Interesse des Kindes an einer – rechtlich wie tatsächlich – dauerhaft beständigen Integration in die neue Familie Genüge geschieht. 98

In der Regel wird sich die Annahme durch im Inland lebende Adoptionsbewerber nach deren deutschem Ehewirkungsstatut richten, das auf gemeinsamer deutscher Staatsangehörigkeit oder – bei unterschiedlicher Staatsangehörigkeit der Ehegatten – auf gemeinsamem gewöhnlichem Aufenthalt im Inland beruhen kann (Artikel 22 Satz 2 in Verbindung mit Artikel 14 Abs. 1 EGBGB). Ausnahmen bilden solche Fälle, in denen ausländische Ehepartner gleicher (effektiver) Staatsangehörigkeit mit gewöhnlichem Aufenthalt in Deutschland ein Kind annehmen möchten; hier ist gemäß Artikel 22 Satz 2 in Verbindung mit Artikel 14 Abs. 1 Nr. 1 EGBGB das gemeinsame Heimatrecht der Ehegatten in Betracht zu ziehen. 99

Soweit die Begründung eines Annahmeverhältnisses im Inland durch Ausspruch des Vormundschaftsgerichts geschieht (vgl. § 1752 Abs. 1 BGB) oder – im Falle der Vertragsadoption nach einem ausländischen Adoptionsstatut – zumindest eine bestätigende Mitwirkung des Vormundschaftsgerichts erfordert (Staudinger-Henrich, 13. Bearb., Art. 22 EGBGB Rdnr. 78 mit weiteren Nachweisen), deckt sich das Prüfungsprogramm der Auslandsvermittlungsstelle mit dem des Vormundschaftsgerichts (Näheres hierzu in Abschnitt 5 Buchstabe b des Allgemeinen Teils). 100

Die Prüfung der Auslandsvermittlungsstelle erstreckt sich in den Fällen des Buchstaben a namentlich darauf, 101

- ob die in den Artikeln 4 und 5 des Übereinkommens bestimmten materiellen Adoptionsvoraussetzungen erfüllt und
- ob die Annahmevoraussetzungen nach dem kollisionsrechtlich berufenen Adoptionsstatut gegeben sind.

Für die in **Artikel 5** geforderten Feststellungen trägt die zuständige deutsche Stelle die volle Verantwortung. Die Ausführungsregelungen des Entwurfs sind so gefasst, dass die Auslandsvermittlungsstelle die Zustimmung zum Fortgang des Verfahrens gemäß Artikel 17 Buchstabe c der Übereinkunft nur erteilen darf, wenn die Anforderungen gemäß Artikel 5 Buchstabe a und b der Übereinkunft erfüllt sind: Soweit diese Bestimmung die Beratung der Adoptionsbewerber und die Untersuchung ihrer Adoptionseignung vorschreibt, sind diese Punkte bereits in Artikel 1 § 4 Abs. 3 und 4 des Entwurfs geregelt; sie müssen weitgehend geklärt sein, bevor die deutsche Auslandsvermittlungsstelle die Adoptionsbewerbung an die Behörden des Heimatstaates weiterleitet. Nach Eingang der Rückantwort kann allerdings eine ergänzende Beratung und Begutachtung im Hinblick auf das zur Vermittlung vorgeschlagene Kind erforderlich 102 werden. Die Prüfung dieser Voraussetzungen wird durch die ohnedies erforderliche Kindeswohlprüfung und die weiteren in § 5 des Entwurfs benannten Verfahrensschritte mit abgedeckt. Die deutsche Auslandsvermittlungsstelle kann dem Matching-Vorschlag der Heimatbehörden des Kindes nicht zustimmen, ohne zuvor die Eignung der Adoptionsbewerber zur Annahme gerade des vorgeschlagenen Kindes nochmals geprüft zu haben. Eine ergänzende Beratung der Adoptionsbewerber sieht der Entwurf in § 5 Abs. 2 Satz 1 ausdrücklich vor. Die in Artikel 5 Buchstabe c des Übereinkommens vorgeschriebene Klärung, dass das Kind in den Aufnahmestaat einreisen und sich dort ständig aufhalten kann, ist demgegenüber in § 6 des Entwurfs näher geregelt; sie erfolgt parallel zur Abgabe der Erklärungen nach Artikel 17 des Übereinkommens.

103 Die Prüfung der in **Artikel 4** der Übereinkunft genannten Voraussetzungen obliegt in erster Linie den Heimatbehörden des Kindes. Dies steht einer – nach pflichtgemäßem Ermessen auszuübenden – Überprüfung durch die deutsche Auslandsvermittlungsstelle jedoch nicht entgegen, wie die in Artikel 16 Abs. 2 des Übereinkommens vorgesehene Mitteilung von Gründen und Übermittlung von Nachweisen seitens des Heimatstaates zeigt. Hinsichtlich der Erforderlichkeit und Erteilung der Zustimmungen des Kindes und seiner Eltern beziehen sich diese Grundsätze allerdings nur auf die in Artikel 4 geforderte Prüfung nach dem am bisherigen gewöhnlichen Aufenthalt des Kindes geltenden Recht. Daneben sind die Zustimmungen auf der Grundlage des deutschen Internationalen Privatrechts zu prüfen (näher Abschnitt 5 Buchstabe c des Allgemeinen Teils der Begründung).

104 Ob der Grundsatz der Subsidiarität der grenzüberschreitenden Adoption hinreichende Beachtung gefunden hat, ist als ein Erfordernis des Kindeswohls der Überprüfung zugänglich. Eine von der Einschätzung der Heimatbehörden abweichende Beurteilung auf deutscher Seite wird hier aber schon deshalb nur in Ausnahmefällen in Frage kommen, weil der internationalen Adoption eine anderweitige Unterbringungsmöglichkeit unter dem Gesichtspunkt des Kindeswohls nur dann wird vorgezogen werden können, wenn mit deren tatsächlicher Verwirklichung durch die Heimatbehörden zu rechnen ist.

105 Bei der Prüfung der **Annahmevoraussetzungen nach dem kollisionsrechtlich berufenen Sachrecht** hat die deutsche Vermittlungsstelle namentlich in eine genauere Prüfung der Adoptionszustimmungen des Kindes und seiner leiblichen Eltern einzutreten. Gewisse Kriterien sind in dem Stadium des Vermittlungsverfahrens, das der Entwurf in § 5 regelt, noch nicht von der Vermittlungsstelle, sondern erst bei der abschließenden Adoptionsentscheidung durch das Vormundschaftsgericht zu prüfen. So bleibt bei der Anwendung deutschen Sachrechts das Erfordernis einer Adoptionspflegezeit (vgl. § 1744 BGB), das im Zeitpunkt der erstmaligen Aufnahme des Kindes im Inland kaum jemals erfüllt sein wird, ausgeklammert. Gleiches gilt für die formelle Adoptionsvoraussetzung der Zustimmung der beiderseitigen zentralen Behörden gemäß Artikel 17 Buchstabe c des Übereinkommens, da die in § 5 des Entwurfs vorgesehene Prüfung erst auf die Erteilung dieser Zustimmungen hinzielt (Absatz 3 Satz 2).

106 **Nummer 2 Buchstabe b** bezieht sich auf den Fall, dass die Adoption im Heimatstaat des Kindes (oder – ausnahmsweise – in einem dritten Staat) stattfindet. Um auch in dieser Konstellation die rechtliche Integration des Kindes in die Adoptivfamilie sicherzustellen, hat die deutsche Auslandsvermittlungsstelle zu prüfen, ob die im Heimatstaat vorzunehmende Adoption im Inland anerkannt werden wird. Da es um eine Adoption nach der Haager Übereinkunft geht, beschränkt sich diese Prüfung auf die Frage, ob die in Aussicht genommene Adoption im Heimatstaat im Ergebnis zu einem (schwerwiegenden) Verstoß gegen die deutsche öffentliche Ordnung führen würde. Denn ein solcher Verstoß gegen den ordre public ist grundsätzlich das einzige Anerkennungshindernis, auf das sich die Vertragsstaaten gemäß Artikel 24 des Übereinkommens berufen können. Die Formulierung dieses Vorbehalts in Buchstabe b lehnt sich an Parallelbestimmungen im deutschen Recht, wie in § 16a Nr. 4 FGG und in Artikel 6 EGBGB, an. Besonders zu berücksichtigen ist bei der Prüfung, ob ein Verstoß gegen die deutsche öffentliche Ordnung vorliegt, das Kindeswohl. Diese Ergänzung findet sich im Wortlaut des

Artikels 24 des Übereinkommens und wird in § 5 Abs. 1 Satz 1 Nr. 2 Buchstabe b des Entwurfs wieder aufgenommen.

Anerkennung der im Heimatstaat vorzunehmenden Adoption bedeutet in diesem Zusammen- **106a**
hang entweder – in Übereinstimmung mit der Systematik des deutschen Rechts – die Anerkennung der Adoptionsentscheidung eines Gerichts oder einer Behörde des Heimatstaates oder – dem Sprachgebrauch der Übereinkunft folgend – auch die „Anerkennung“ der Gültigkeit einer dort vereinbarten Vertragsadoption (dazu näher Abschnitt 7 des Allgemeinen Teils der Begründung).

Die in den Artikeln 4 und 5 des Übereinkommens aufgestellten Anforderungen sind als solche **107**
nicht Gegenstand der Prüfung, die Absatz 1 Satz 2 Nr. 2 Buchstabe b von der deutschen Auslandsvermittlungsstelle verlangt. Denn die Verantwortung für das der Übereinkunft entsprechende Zustandekommen der Annahme trägt hier der ausländische Vollzugsstaat. In jedem Falle hat die inländische Auslandsvermittlungsstelle aber zu prüfen, ob grundlegende, vom deutschen ordre public umfasste Mitwirkungs- bzw. Zustimmungsrechte des Kindes und seiner Eltern gewahrt sind. Die Voraussetzungen des Artikels 5 der Konvention ergeben sich, wie dargelegt, ohnehin aus der Prüfung der Ausführungsbestimmungen in den §§ 4 und 5 des Entwurfs.

Um auch für den Fall einer in Aussicht genommenen Adoption im Ausland die rechtliche **108**
Eingliederung des Kindes in die neue Familie prognostizieren zu können, bedürfte es, streng genommen, nicht nur der Prüfung, ob diese Adoption im Inland anerkannt werden wird, sondern, dem vorgelagert, der Klärung, ob mit dem Vollzug der Annahme im Ausland zu rechnen ist. Indes sieht der Entwurf davon ab, die Prüfungsaufgaben der deutschen Auslandsvermittlungsstelle auf diese Frage auszudehnen. Eine gravierende Schutzlücke für das Kind erwächst daraus nicht, weil die deutsche Vermittlungsstelle stets eigenverantwortlich zu prüfen hat, ob die beabsichtigte Annahme dem Wohl des Kindes dient. Sollte der geplante Vollzug der Annahme im Heimatstaat scheitern, so könnte damit allerdings die angestrebte rechtliche Eingliederung des Kindes in die Aufnahmefamilie im Inland in Frage gestellt sein. Zumeist wird es jedoch in derartigen Fällen gar nicht erst zur Aufnahme des Kindes bei den Adoptionsbewerbern kommen, weil Heimatstaaten, die eine Durchführung der Adoption durch ihre eigenen Gerichte oder Behörden bevorzugen, in der Regel die Verbringung des Kindes in den Aufnahmestaat erst nach Vollzug der Annahme gestatten. Sollte in der genannten Fallgruppe das Kind doch bereits im Inland aufgenommen worden sein und stellt sich erst dann heraus, dass eine Adoption im Heimatstaat – trotz positiven Votums der zentralen Behörde dieses Staates, das der Übersiedlung ins Inland notwendig vorausgegangen sein muss – fehlschlägt, so kommt immer noch der Ausspruch der Annahme durch ein deutsches Gericht in Betracht.

In der Zusammenarbeit mit manchen Heimatstaaten mag es vorkommen, dass diese der deut- **109**
schen Auslandsvermittlungsstelle mehrere adoptionsbedürftige Kinder benennen, ohne das einzelne Kind bestimmten Adoptionsbewerbern zuzuordnen. In einer solchen Benennung, die die Matching-Auswahl im praktischen Ergebnis dem Aufnahmestaat überlässt, liegt noch kein Vermittlungsvorschlag i. S. des § 5 Abs. 1. Die Vorschrift folgt insoweit der Systematik des Übereinkommens, das in seinem Artikel 16 Abs. 1 Buchstabe d und Abs. 2 das Vorschlagsrecht dem Heimatstaat zuweist. Ein Vermittlungsvorschlag kommt in der beschriebenen Konstellation erst dann zustande, wenn sich die zentrale Behörde des Heimatstaates auf Anraten der deutschen Auslandsvermittlungsstelle mit einem bestimmten Matching einverstanden erklärt.

Satz 3 des Absatzes 1 gestattet es der deutschen Auslandsvermittlungsstelle ausdrücklich, **110**
schon vor dem Eingang eines Vermittlungsvorschlags in einen Meinungsaustausch mit der zentralen Behörde des Heimatstaates einzutreten. Hierbei hat sich die Auslandsvermittlungsstelle antizipativ an den Kriterien des § 5 Abs. 1 Satz 2, in erster Linie also daran zu orientieren, welches Matching dem Wohl der betroffenen Kinder am besten entspricht. Hierbei ist auf die in Artikel 16 Abs. 1 des Übereinkommens genannten Maßstäbe, namentlich auf besondere Bedürfnisse einzelner Kinder sowie auf die Dringlichkeit ihrer Unterbringung, Rücksicht zu

nehmen. Sind danach mehrere Matching-Kombinationen gleichwertig, so können ergänzend Umstände Berücksichtigung finden, die die jeweiligen Adoptionsbewerber betreffen. Der deutschen Vermittlungsstelle bleibt es auch unbenommen, auf die Änderung eines ihr unterbreiteten Vorschlags hinzuwirken.

111 Die in **Satz 4** geregelte Dokumentationspflicht dient dazu, den Vermittlungsvorgang insbesondere für den Fall einer Rückfrage aus dem Heimatstaat sowie im Hinblick auf eine effektive Beaufsichtigung der Vermittlungsstellen transparent zu gestalten.

112 Nach Billigung des Vermittlungsvorschlags aus dem Heimatstaat hat die deutsche Auslandsvermittlungsstelle gemäß **Absatz 2 Satz 1** die Adoptionsbewerber hierüber umfassend zu informieren und zu beraten. Eine Verpflichtung zur Gewährung von Einsicht in die übermittelten Unterlagen besteht jedoch nicht.

113 Dadurch bleibt es der Vermittlungsstelle möglich, die ihr durch **Satz 2** auferlegte Vertraulichkeit der Identität und des Aufenthaltsortes des Kindes und seiner Eltern sowie sonstige schutzwürdige Belange der Beteiligten zu wahren. Diese vertrauliche Behandlung trägt zur Umsetzung des Artikels 29 des Übereinkommens bei. Um dem Kinderhandel vorzubeugen, darf nach dieser Bestimmung zwischen den künftigen Adoptiveltern und den leiblichen Eltern des Kindes oder anderen Personen, denen die Sorge für das Kind obliegt, grundsätzlich kein Kontakt stattfinden, bevor die Adoptionsbewerber für geeignet befunden worden und die erforderlichen Zustimmungen im Sinne des Artikels 4 der Übereinkunft zu der beabsichtigten Annahme erteilt sind. Der Entwurf erstreckt die Pflicht zur vertraulichen Behandlung auch auf Identität und Aufenthaltsort des Kindes selbst. Denn im Einzelfall kann zwar – je nach Alter des Kindes – eine vorbereitende Begegnung zwischen den Adoptionsbewerbern und dem Kind geradezu unerlässlich sein, bevor dieses jenen anvertraut werden kann. Generell wird aber sorgsam erwogen werden müssen, ob, zu welchem Zeitpunkt und unter welchen Umständen eine derartige Begegnung dem Wohl des Kindes dient. Solcher Abwägung lässt der Entwurf genügend Spielraum. In erster Linie werden die Behörden vor Ort berufen sein zu entscheiden, wann ein Zusammentreffen des Kindes mit den Adoptionsbewerbern angezeigt ist. Soweit die zentrale Behörde des Heimatstaates zustimmt, ist die deutsche Auslandsvermittlungsstelle deshalb frei, den Adoptionsbewerbern Identität und Aufenthaltsort des Kindes mitzuteilen. Gleiches gilt in Bezug auf die leiblichen Eltern oder sonstige Sorgeinhaber, zumal auch Artikel 29 der Übereinkunft einen Kontakt zwischen diesen und den Adoptionsbewerbern gestattet, sofern dies im Einvernehmen mit den Heimatbehörden geschieht. Ohne Zustimmung der Heimatbehörden dürfen Angaben zur Identität und zum Aufenthaltsort der Beteiligten nur offenbart werden, wenn besondere Umstände dies rechtfertigen; auf Artikel 29 des Übereinkommens ist dabei Bedacht zu nehmen. Mit Abschluss des Vermittlungsverfahrens, d. h. mit Erteilung der beiderseitigen Zustimmungen gemäß Artikel 17 Buchstabe c des Übereinkommens, entfällt der Schutzzweck des Artikels 29, und auch die Rücksichtnahme auf die Verantwortung der Heimatbehörden für die Betreuung des Kindes tritt in ihrer Bedeutung zurück, so dass die Geheimhaltungspflicht enden kann. Nach vollzogener Annahme können die Annehmenden gemäß Artikel 1 § 3 Abs. 1 Satz 2 und 3 des Entwurfs in Verbindung mit § 9b Abs. 2 AdVermiG-E (Artikel 3 Nr. 6 des Entwurfs) Einsicht in die Vermittlungsakten erhalten.

114 Hat die Prüfung der Adoptionsbewerbung und des Vermittlungsvorschlags aus dem Heimatstaat zu einem „Matching" geführt, dem die deutsche Auslandsvermittlungsstelle zustimmen kann, so bedarf es gemäß Artikel 17 Buchstabe a des Übereinkommens noch des Einverständnisses der Adoptionsbewerber mit dem ihnen unterbreiteten Vorschlag, bevor das Kind im Heimatstaat den künftigen Adoptiveltern anvertraut werden kann. Nach **Absatz 3 Satz 1** obliegt es den Adoptionsbewerbern, nach Aufforderung durch die Vermittlungsstelle eine entsprechende Erklärung abzugeben. Näheres regelt § 7 Abs. 1 bis 3.

115 Die Vermittlungsstelle soll für die Abgabe der Erklärung eine Frist bestimmen. Oftmals werden die Behörden des Heimatstaates ihrerseits kurze Fristen zur Reaktion auf ihren Vermittlungsvorschlag setzen. Grundsätzlich dient dies dem Wohl des Kindes, dem rasch geholfen und das nötigenfalls an andere Bewerber vermittelt werden soll. Im Einzelfall kann dadurch allerdings eine wünschenswerte Begegnung zwischen dem Kind und den Adoptionsbewerbern vor der Entscheidung über die Übersiedlung des Kindes erschwert werden. Hier den Mittelweg zu finden, der den Belangen des Kindes am ehesten gerecht wird, bleibt Aufgabe vertrauensvoller Zusammenarbeit zwischen den deutschen und ausländischen Vermittlungsstellen.

Sind alle in den Absätzen 1 bis 3 Satz 1 genannten Erfordernisse für die Verwirklichung einer grenzüberschreitenden Adoptionsvermittlung erfüllt, so erteilt nach **Absatz 3 Satz 2** die deutsche Auslandsvermittlungsstelle ihre Zustimmung zur tatsächlichen Betrauung der Adoptionsbewerber mit der Sorge für das Kind im Sinne des Artikels 17 Buchstabe b sowie zur Fortsetzung des Adoptionsverfahrens im Sinne des Artikels 17 Buchstabe c des Übereinkommens. **116**

Nach **Absatz 4 Satz 1** soll die Auslandsvermittlungsstelle mit dem Jugendamt, das nach § 87c Abs. 4 SGB VIII für eine im Verfahren zur Annahme als Kind eintretende Amtsvormundschaft zuständig ist oder nach den §§ 9 und 9a AdVermiG-E (Artikel 3 Nr. 6 des Entwurfs) die nachgehende Betreuung und Beratung des Kindes und der Annehmenden im Inland übernimmt, einen frühzeitigen Informations- und Meinungsaustausch pflegen. Spätestens mit Abgabe der die Übersiedlung des Kindes vorbereitenden Erklärungen gegenüber der zentralen Behörde des Heimatstaates hat die Auslandsvermittlungsstelle gemäß **Satz 2** das zuständige Jugendamt zu unterrichten. **117**

Ergänzende Hinweise

Zu den Prüfungsaufgaben der inländischen Vermittlungsstellen im Rahmen des Haager Übereinkommens vgl. ergänzend Abschnitt 5 des Allgemeinen Teils der Begründung zum Regierungsentwurf (unten C. II. 3.) **118**

Zu den Teilschritten des Matchingvorgangs vgl. ferner die Übersicht in Abbildung 6 (Rdn. A 253). **119**

Über eine Reihe von Aspekten, auf die bei der Prüfung des von den zuständigen Stellen im Heimatstaat erstatteten Sozialberichts über das Kind geachtet werden sollte, geben das dem Bericht über die Tagung der Spezialkommission der Haager Konferenz im Jahre 2000 (www.hcch.net) beigefügte Formular eines ärztlichen Zeugnisses sowie die Richtlinien für die Praxis der internationalen Adoptionsvermittlung (Rdn. 1–9) des Internationalen Sozialdienstes (www.iss-ssi.org; vgl. auch die Hinweise zu § 4) Aufschluss. **120**

Hervorzuheben ist, dass bei der Vermittlung von Kindern, die sich, bedingt durch Krieg, Katastrophen oder ähnliche Ereignisse, auf der Flucht befinden oder in sonstiger Weise von ihrer Familie getrennt worden sind, besondere Vorsicht walten sollte. Es muss sicher gestellt sein, dass angemessene Anstrengungen unternommen worden sind, um das Kind wieder seiner Ursprungsfamilie zuzuführen. In den vom Internationalen Sozialdienst auf der angegebenen web-site veröffentlichten „Ethischen Grundlagen“ der internationalen Adoptionsvermittlung (dort Abschnitt XV.) wird für den Regelfall eine Karenzfrist von zwei Jahren seit der Trennung des Kindes von seiner Familie empfohlen, bevor eine internationale Adoption in Betracht gezogen werden sollte. **121**

einstweilen frei **122–130**

§ 6
Einreise und Aufenthalt

(1) Zum Zwecke der Herstellung und Wahrung einer familiären Lebensgemeinschaft zwischen den Adoptionsbewerbern und dem aufzunehmenden Kind finden auf dessen Einreise und Aufenthalt die Vorschriften des Ausländergesetzes über den Kindernachzug vor dem Vollzug der Annahme entsprechende Anwendung, sobald

1. **die Auslandsvermittlungsstelle den Vermittlungsvorschlag der zentralen Behörde des Heimatstaates nach § 5 Abs. 1 Satz 1 gebilligt hat und**
2. **die Adoptionsbewerber sich gemäß § 7 Abs. 1 mit dem Vermittlungsvorschlag einverstanden erklärt haben.**

(2) Auf Ersuchen der Auslandsvermittlungsstelle stimmt die Ausländerbehörde der Erteilung eines erforderlichen Sichtvermerks vorab zu, sofern die Voraussetzungen des Absatzes 1 erfüllt sind und ausländerrechtliche Vorschriften nicht entgegenstehen. Der Sichtvermerk wird dem Kind von Amts wegen erteilt, wenn die Auslandsvermittlungsstelle darum ersucht und ausländerrechtliche Vorschriften nicht entgegenstehen.

(3) Entfällt der in Absatz 1 genannte Aufenthaltszweck, so wird die dem Kind erteilte Aufenthaltserlaubnis als eigenständiges Aufenthaltsrecht befristet verlängert, solange nicht die Voraussetzungen für die unbefristete Verlängerung vorliegen oder die zuständige Stelle nach Artikel 21 Abs. 1 Buchstabe c des Übereinkommens die Rückkehr des Kindes in seinen Heimatstaat veranlasst. War dem Kind nach § 29 Abs. 2 oder § 31 Abs. 1 des Ausländergesetzes eine Aufenthaltsbewilligung oder Aufenthaltsbefugnis erteilt, so wird ihm nach Maßgabe des Satzes 1 eine Aufenthaltserlaubnis erteilt und verlängert.

Begründung zum Regierungsentwurf (Bundestags-Drucks. 14/6011, S. 41/42):

131 Bevor die zuständigen Behörden des Aufnahmestaates entschieden haben, dass dem Kind die Einreise und der ständige Aufenthalt dort bewilligt werden, darf das Kind den Adoptionsbewerbern im Heimatstaat nicht anvertraut und darf die Adoption weder im Heimat- noch im Aufnahmestaat durchgeführt werden (Artikel 17 Buchstabe d in Verbindung mit Artikel 5 Buchstabe c des Übereinkommens). Artikel 18 verpflichtet die zentralen Behörden beider Seiten, dafür Sorge zu tragen, dass das Kind in den Aufnahmestaat umsiedeln kann. § 6 stellt das rechtliche Instrumentarium bereit, um diese Anforderungen der Übereinkunft zu erfüllen und dabei die Systematik des deutschen Ausländerrechts zu wahren.

132 Die Ausgangslage, deren Lösung die Vorschrift dient, ist demnach dadurch gekennzeichnet, dass dem Kind eine aufenthaltsrechtliche Rechtsstellung eingeräumt werden muss, noch bevor durch die Adoption ein familienrechtliches Band zwischen dem Kind und den (künftigen) Adoptiveltern geknüpft wurde. Zu diesem Zweck erklärt **Absatz 1** die Vorschriften des Ausländergesetzes über den Kindernachzug vor dem Vollzug der Annahme für entsprechend anwendbar.

Rechtsfolge ist die ausländerrechtliche Gleichstellung mit einem leiblichen Kind der Adoptionsbewerber. Nachzugsberechtigt ist das zur Adoption vermittelte Kind nur dann und insoweit, als dies auch für ein leibliches Kind der Adoptionsbewerber zuträfe. Altersbeschränkungen hinsichtlich des Kindernachzugs sind ebenso zu beachten wie wirtschaftliche Voraussetzungen oder Hindernisse, die nach allgemeinen ausländerrechtlichen Vorschriften der Erteilung einer Aufenthaltsgenehmigung entgegenstehen, wie etwa im Fall einer unrechtmäßigen Einreise. Das Kind erlangt je nach dem Status der Adoptionsbewerber eine akzessorische aufenthaltsrechtliche Stellung, erhält also, wenn die Adoptionsbewerber Ausländer sind, eine Aufenthaltsgenehmigung in der gleichen Form wie diese. 133

Die Voraussetzungen für die Vorverlagerung des ausländerrechtlichen Schutzes für das zur Adoption vermittelte Kind ergeben sich aus Absatz 1 Nr. 1 und 2. **Nummer 1** verlangt, dass die Auslandsvermittlungsstelle den Vermittlungsvorschlag aus dem Heimatstaat gebilligt hat. Dies bedeutet, dass die im Heimatstaat sowie im Inland zuständigen Behörden oder zugelassenen Organisationen nach eingehender Prüfung die Überzeugung gewonnen haben, dass die ausgewählten Adoptionsbewerber für die Annahme des betreffenden Kindes geeignet sind. **Nummer 2** fordert weiter, dass sich die Adoptionsbewerber mit dem Vermittlungsvorschlag einverstanden erklärt und die damit verbundene gesetzliche Verpflichtung (§ 7 Abs. 2) übernommen haben. In ihrer Kombination begründen beide Voraussetzungen eine hohe Wahrscheinlichkeit, dass die in Aussicht genommene Adoption auch rechtlich vollzogen werden wird. In diesem Stadium des Vermittlungsverfahrens ist einerseits die Kindesannahme schon so weit angebahnt, dass die in Absatz 1 vorgesehene ausländerrechtliche Privilegierung gerechtfertigt erscheint, andererseits bedarf an diesem Punkt der aufenthaltsrechtliche Status des Kindes auch einer klaren Regelung, die die Erfordernisse der Artikel 5 Buchstabe c und 17 Buchstabe d erfüllt und die es damit auch den Behörden des Heimatstaates ermöglicht, der Fortsetzung des Adoptionsverfahrens zuzustimmen und das Kind der Obhut der Adoptionsbewerber anzuvertrauen. 134

Mit der Voraussetzung der Nummer 2 wird auch für den Fall Vorsorge getroffen, dass die Annahme wider Erwarten scheitern sollte, etwa weil sich das Kind in der Familie der Adoptionsbewerber nicht einlebt. In einem solchen Fall verhindert die gesetzliche Einstandspflicht der Adoptionsbewerber gemäß § 7 Abs. 2 und 3, dass die öffentlichen Haushalte über Gebühr belastet werden, falls das auf Veranlassung der Adoptionsbewerber ins Inland verbrachte Kind nicht in ihre Familie eingegliedert werden kann. Die Erklärung der Adoptionsbewerber nach § 7 Abs. 1, die für die ausländerrechtliche Rechtsfolge nach § 6 Abs. 1 vorausgesetzt wird, bildet damit gleichsam einen Seriositätstest für ihr Adoptionsvorhaben. 135

Absatz 2 trifft nähere Bestimmungen über das Verfahren bei der Einreise des Kindes. Damit der abgesicherte Einreise- und Aufenthaltsstatus gegenüber den zuständigen Stellen des Heimatstaates dokumentiert werden kann, sieht **Satz 1** eine Vorabzustimmung der Ausländerbehörde zur Erteilung eines erforderlichen Visums vor. Die Vorabzustimmung wird auf Ersuchen der Auslandsvermittlungsstelle ausgesprochen, wenn die in Absatz 1 Nr. 1 und 2 bezeichneten Voraussetzungen erfüllt sind und ausländerrechtliche Vorschriften nicht entgegenstehen. Wie Absatz 2 Satz 1 nochmals verdeutlicht, sollen Einreise und Aufenthalt dem Kind (nur) dann unter erleichterten Bedingungen ermöglicht werden, wenn dessen Aufnahme in Deutschland zum Zwecke der Adoption nach fachlicher Prüfung rechtlich zulässig und als Maßnahme der Kinder- und Jugendhilfe (im weiteren Sinne) angezeigt ist. Gründe, die nach § 6 Abs. 1 Satz 2 AuslG ausnahmsweise eine Versagung der Aufenthaltserlaubnis rechtfertigen, bleiben beachtlich. Für ein über diese Versagungsgründe hinausgehendes Ermessen der Ausländerbehörde bleibt dagegen, wenn die fachliche Prüfung durch die Vermittlungsstelle zu einem günstigen Ergebnis geführt hat, kein Raum. 136

Satz 2 verpflichtet die zuständige deutsche Auslandsvertretung, auf Grund eines weiteren Ersuchens der Auslandsvermittlungsstelle dem Kind ein benötigtes Visum zu erteilen, wenn 137 ausländerrechtliche Vorschriften nicht entgegenstehen. Damit bedarf es gemäß § 11 Abs. 1 Nr. 1 DVAuslG insbesondere der Zustimmung der Ausländerbehörde nach Satz 1. Die Regelung des Satzes 2 stellt sicher, dass die Zustimmung der Ausländerbehörde als bindende Entscheidung im Sinne des Artikels 5 Buchstabe c und des Artikels 17 Buchstabe d der Übereinkunft angesehen werden kann, auf Grund deren dem Kind die Einreise nach Deutschland (zwar nicht bewilligt ist, aber) bewilligt wird.

138 Sowohl die Ausländerbehörde als auch die Auslandsvertretung werden auf der Grundlage des Ersuchens der Vermittlungsstelle tätig, ohne dass es zwingend eines Antrags des Kindes bedarf. Diese Modalität der Erteilung einer Aufenthaltsgenehmigung, die das Ausländergesetz nur bei im Bundesgebiet geborenen Kindern vorsieht, vermeidet rechtliche Schwierigkeiten, die daraus resultieren können, dass die Adoptionsbewerber vor Vollzug der Annahme noch nicht ohne Weiteres zur Vertretung des Kindes berechtigt sind. Sie fügt sich zugleich in die Systematik des Übereinkommens ein, nach dessen Artikel 18 die zentralen Behörden alle notwendigen Maßnahmen ergreifen, um die Genehmigung zur Einreise des Kindes in den Aufnahmestaat und zu seinem ständigen Aufenthalt dort zu erwirken.

139 **Absatz 3** zieht die Konsequenz aus der in Artikel 21 Abs. 1 Buchstabe c des Übereinkommens normierten völkerrechtlichen Verpflichtung, dem Kind den Verbleib im Aufnahmestaat grundsätzlich auch dann zu gestatten, wenn der Aufenthaltszweck, eine familiäre Lebensgemeinschaft zwischen dem Kind und den Adoptionsbewerbern herzustellen und zu wahren, nicht mehr verwirklicht werden kann. Die Konventionsbestimmung geht davon aus, dass das Kind, nachdem es in den Aufnahmestaat gebracht worden ist, dort auch auf Dauer in eine neue Lebensumwelt integriert werden soll. Eine Rückführung des Kindes in den Heimatstaat, die die Adoptionszusammenarbeit mit diesem Staat beeinträchtigen kann, sieht die Übereinkunft nur als ultima ratio vor, falls das Kindeswohl dessen Rückkehr in den Heimatstaat erfordern sollte.

140 **Satz 1** regelt deshalb in Anlehung an die Vorschriften des § 19 AuslG ein eigenständiges Aufenthaltsrecht des Kindes. Dieses betrifft nur den Fall des Scheiterns der Adoptionspflege. Befindet sich das Kind demgegenüber noch in der Obhut der (ausländischen) Adoptionsbewerber und verlieren diese ihren Aufenthaltsstatus, so hat es bei der akzessorischen aufenthaltsrechtlichen Stellung des Kindes sein Bewenden. Der Aufenthalt des Kindes kann deshalb – auch nach vollzogener Adoption und ebenso wie bei einem leiblichen Kind – grundsätzlich zusammen mit dem Aufenthalt der Adoptiveltern beendet werden, ohne dass das Übereinkommen dem entgegenstünde.

141 **Satz 2** trifft eine Sonderregelung für Fälle, in denen dem Kind akzessorisch zur aufenthaltsrechtlichen Stellung der Adoptionsbewerber lediglich eine Aufenthaltsbewilligung oder Aufenthaltsbefugnis erteilt worden ist. Scheitert in einem solchen Fall die Adoptionspflege, so dass dem Kind nach dem Übereinkommen ein eigenständiges Aufenthaltsrecht einzuräumen ist, so erhält das Kind für die Zukunft folgerichtig eine nicht auf einen bestimmten Zweck beschränkte Aufenthaltserlaubnis. Missbrauch ist von den Regelungen des Absatzes 3 nicht in nennenswertem Umfang zu befürchten, da die Adoptionsvermittlung erst nach strenger fachlicher Prüfung zustande kommt und speziell bei einem eingeschränkten Aufenthaltsstatus der Bewerber eine ganz seltene Ausnahme bleiben wird.

Ergänzende Hinweise

142 Zum rechtlichen Rahmen der mit Einreise und Aufenthalt des Kindes im Inland zusammenhängenden Fragen vgl. näher Abschnitt 6 des Allgemeinen Teils der Begründung zum Regierungsentwurf (unten C. II. 3.).

Zum Verfahrensgang bei der Vorbereitung der Einreise vgl. ferner die Übersicht in Abbildung 7 (Rdn. A 272). 143

In der überwiegenden Zahl der Fälle internationaler Adoptionsvermittlung wird der familienrechtliche Adoptionsakt noch vor der Übersiedlung des Kindes in dessen Heimatstaat vollzogen. Handelt es sich hierbei um eine anerkennungsfähige Volladoption durch Deutsche, so erwirbt das Kind nach § 6 StAG grundsätzlich sofort die deutsche Staatsangehörigkeit, so dass es im Zeitpunkt der Einreise keines Visums mehr bedarf. 144

Dennoch macht es Sinn, das Verfahren nach § 6 AdÜbAG auch in diesen Fällen jedenfalls bis zur Erteilung der Vorabzustimmung durch die Ausländerbehörde zu durchlaufen. Denn bevor die Adoption im Heimatstaat vollzogen werden und das Kind damit die deutsche Staatsangehörigkeit erwerben kann, benötigen die zuständigen Stellen im Heimatstaat nach Artikel 5 Buchstabe c und Artikel 17 Buchstabe d des Übereinkommens einen Nachweis darüber, dass Einreise und Aufenthalt des Kindes nach deutschem Recht gesichert sind. Diesem Nachweis dient die Vorabzustimmung der Ausländerbehörde, die vor dem Vollzug der Adoption auch ohne rechtssystematischen Widerspruch erteilt werden kann. 145

Alternativ kommt auch eine Bescheinigung darüber in Betracht, dass das Kind mit dem Vollzug der Adoption die deutsche Staatsangehörigkeit erwerben wird. Manche Heimatstaaten verlangen eine derartige Bescheinigung sogar unabhängig von den Erfordernissen der Artikel 5 und 17 des Übereinkommens, weil sie die zukünftige Staatsangehörigkeit des Kindes geklärt sehen wollen. Eine ausdrückliche gesetzliche Grundlage für die Erteilung einer solchen Bescheinigung fehlt. Sie wird aber im Rahmen der Aufgabe nach Artikel 9 Buchstabe b des Übereinkommens (Erleichterung, Überwachung und Beschleunigung des Adoptionsverfahrens) von der mit dem Vermittlungsfall befassten Auslandsvermittlungsstelle erteilt und bei Bedarf von der Bundeszentralstelle für Auslandsadoption im Rahmen ihrer Koordinationsaufgaben (§ 2 Abs. 2 Satz 1 AdÜbAG) mit einer Bestätigung versehen werden können. Innerstaatlich kommt der Bescheinigung freilich keine Bindungswirkung zu. 146

einstweilen frei 147–155

§ 7
Bereiterklärung zur Adoption; Verantwortlichkeiten für ein Adoptivpflegekind

(1) Die Erklärung der Adoptionsbewerber, dass diese bereit sind, das ihnen vorgeschlagene Kind anzunehmen, ist gegenüber dem Jugendamt abzugeben, in dessen Bereich ein Adoptionsbewerber zur Zeit der Aufforderung nach § 5 Abs. 3 Satz 1 mit Hauptwohnsitz gemeldet ist. Die Erklärung bedarf der öffentlichen Beurkundung. Das Jugendamt übersendet der Auslandsvermittlungsstelle eine beglaubigte Abschrift.

(2) Auf Grund der Erklärung nach Absatz 1 sind die Adoptionsbewerber gesamtschuldnerisch verpflichtet, öffentliche Mittel zu erstatten, die vom Zeitpunkt der Einreise des Kindes an für die Dauer von sechs Jahren für den Lebensunterhalt des Kindes aufgewandt werden. Die zu erstattenden Kosten umfassen sämtliche öffentlichen Mittel für den Lebensunterhalt einschließlich der Unterbringung, der Ausbildung, der Versorgung im Krankheits- und Pflegefall, auch soweit die Aufwendungen auf einem gesetzlichen Anspruch des Kindes beruhen. Sie umfassen jedoch nicht solche Mittel, die

1. **aufgewandt wurden, während sich das Kind rechtmäßig in der Obhut der Adoptionsbewerber befand, und**
2. **auch dann aufzuwenden gewesen wären, wenn zu diesem Zeitpunkt ein Annahmeverhältnis zwischen den Adoptionsbewerbern und dem Kind bestanden hätte.**

Die Verpflichtung endet, wenn das Kind angenommen wird.

(3) Der Erstattungsanspruch steht der öffentlichen Stelle zu, die die Mittel aufgewandt hat. Erlangt das Jugendamt von der Aufwendung öffentlicher Mittel nach Absatz 2 Kenntnis, so unterrichtet es die in Satz 1 genannte Stelle über den Erstattungsanspruch und erteilt ihr alle für dessen Geltendmachung und Durchsetzung erforderlichen Auskünfte.

(4) Das Jugendamt, auch soweit es als Vormund oder Pfleger des Kindes handelt, ein anderer für das Kind bestellter Vormund oder Pfleger sowie die Adoptionsvermittlungsstelle, die Aufgaben der Adoptionsbegleitung nach § 9 des Adoptionsvermittlungsgesetzes wahrnimmt, unterrichten die Auslandsvermittlungsstelle über die Entwicklung des aufgenommenen Kindes, soweit die Auslandsvermittlungsstelle diese Angaben zur Erfüllung ihrer Aufgaben nach den Artikeln 9, 20 und 21 des Übereinkommens benötigt. Bis eine Annahme als Kind ausgesprochen ist, haben das Jugendamt, die Ausländerbehörde, das Vormundschafts- und das Familiengericht die Auslandsvermittlungsstelle außer bei Gefahr im Verzug an allen das aufgenommene Kind betreffenden Verfahren zu beteiligen; eine wegen Gefahr im Verzug unterbliebene Beteiligung ist unverzüglich nachzuholen.

Begründung zum Regierungsentwurf (Bundestags-Drucks. 14/6011, S. 42–44):

156 § 7 trifft nähere Regelungen über die in § 5 Abs. 3 Satz 1 vorgesehene Erklärung der Adoptionsbewerber über deren Bereitschaft, das ihnen vorgeschlagene Kind anzunehmen, über eine aus dieser Erklärung folgende Verpflichtung zur Erstattung öffentlicher Mittel, die für das Kind aufgewandt werden, und über die Beteiligung der Auslandsvermittlungsstelle an gerichtlichen und behördlichen Verfahren, die das im Inland aufgenommene Kind betreffen.

157 Nach **Absatz 1 Satz 1** ist die Bereiterklärung zur Adoption gegenüber dem für den Hauptwohnsitz der Adoptionsbewerber zuständigen Jugendamt abzugeben. Abgestellt wird dabei auf den Zeitpunkt der Aufforderung an die Adoptionsbewerber durch die Auslandsvermittlungsstelle gemäß § 5 Abs. 3 Satz 1. Diese Anknüpfung bringt zugleich zum Ausdruck, dass eine vor dieser Aufforderung abgegebene Erklärung die Tatbestandsmerkmale des Absatzes 1 Satz 1 nicht erfüllt. Zum erforderlichen Inhalt der Erklärung ist anzumerken, dass das den Adoptionsbewerbern vorgeschlagene Kind, das den Adoptionsbewerbern zu diesem Zeitpunkt noch nicht namentlich bekannt sein wird (§ 5 Abs. 2 Satz 2), darin durch ein von der Auslandsvermittlungsstelle zu vergebendes Identifikationsmerkmal bezeichnet werden muss, ähnlich wie dies bei der Inlandsadoption in der Einwilligungserklärung der Eltern geschieht, die sich auf die Annahme des Kindes durch bestimmte, den Eltern jedoch nicht namentlich bekannte Annehmende beziehen muss.

Satz 2 verlangt für die Erklärung die Form der öffentlichen Beurkundung. Artikel 4 Abs. 6 des Entwurfs ergänzt die Vorschrift des § 59 SGB VIII um eine Beurkundungszuständigkeit der Jugendämter für die Erklärung nach Satz 1. Die Urkundsperson des Jugendamtes hat die Adoptionsbewerber gemäß § 1 Abs. 2, § 17 Abs. 1 BeurkG über die rechtliche Tragweite ihrer Erklärung, namentlich also über die aus der Erklärung folgende Verpflichtung der Adoptionsbewerber zur Erstattung öffentlicher Aufwendungen für das Kind und über die Pflicht des Jugendamtes zu entsprechender Unterrichtung öffentlicher Stellen (Absätze 2 und 3 des § 7), zu belehren. Gemäß **Satz 3** setzt das Jugendamt die Auslandsvermittlungsstelle von der Abgabe der Bereiterklärung der Adoptionsbewerber durch Übersendung einer beglaubigten Abschrift in Kenntnis. **158**

Absatz 2 Satz 1 knüpft an die Bereitschaftserklärung der Adoptionsbewerber die gesetzliche Folge einer Pflicht zur Erstattung öffentlicher Leistungen für den Lebensunterhalt des Kindes. Die Adoptionsbereitschaftserklärung erfüllt insoweit eine ähnliche Funktion wie eine Verpflichtungserklärung i. S. des § 84 AuslG. Die Verpflichtung der Adoptionsbewerber, für den Lebensunterhalt des Kindes aufzukommen, erstreckt sich vom Zeitpunkt der Einreise des Kindes an auf einen Zeitraum von sechs Jahren. Die Regelung dient dazu, das wirtschaftliche Risiko eines Scheiterns der geplanten Adoption zwischen den Adoptionsbewerbern einerseits und den öffentlichen Haushalten andererseits angemessen zu verteilen und berücksichtigt, dass das Adoptionsvorhaben nach dem Übereinkommen von den zuständigen Stellen im Heimat- und im Aufnahmestaat nach eingehender fachlicher Prüfung befürwortet worden ist. **159**

Satz 2 stellt in Anlehnung an § 84 Abs. 1 Satz 1 AuslG die im Ausgangspunkt umfassende Reichweite der Erstattungspflicht der Adoptionsbewerber klar. **Satz 3** nimmt hiervon solche öffentlichen Aufwendungen aus, die getätigt wurden, während die Adoptionsbewerber das Kind rechtmäßig in ihrer Obhut hatten, und die auch bei Bestehen des beabsichtigten Annahmeverhältnisses angefallen wären, wie etwa Kindergeld oder Leistungen der Familienkrankenversicherung. Die Vorschrift verdeutlicht, dass den Adoptionsbewerbern lediglich eine Ausfallhaftung für solche öffentlichen Aufwendungen auferlegt wird, die aus dem Scheitern der Adoptionspflege resultieren, namentlich für die Kosten der Unterbringung des Kindes in einer anderen Pflegefamilie oder in einem Heim. Dementsprechend lässt **Satz 4** die Haftung der Adoptionsbewerber mit der Adoption des Kindes (durch diese oder nach endgültigem Scheitern der Adoptionspflege durch andere Adoptionsbewerber) enden. **160**

Absatz 3 regelt in Anlehnung an § 84 Abs. 2 Satz 3 und Abs. 4 AuslG Einzelheiten des öffentlich-rechtlichen Erstattungsanspruchs gegenüber den Adoptionsbewerbern sowie Mitteilungspflichten des Jugendamtes, die die praktische Realisierung der Verpflichtung der Adoptionsbewerber erleichtern. **161**

Nach **Absatz 4 Satz 1** unterrichtet das zuständige Jugendamt, das gemäß § 1751 Abs. 1 Satz 2 erster Halbsatz BGB Amtsvormund geworden ist oder das die (künftige) Adoptivfamilie gemäß § 9 AdVermiG nachsorgend betreut, die Auslandsvermittlungsstelle über die Entwicklung des Kindes, damit die Auslandsvermittlungsstelle ihre Auskunftspflichten gegenüber den Heimatbehörden des Kindes erfüllen kann. Die gleiche Verpflichtung trifft einen (anderen) Vormund oder Pfleger des Kindes sowie eine (andere) Adoptionsvermittlungsstelle, die im Einzelfall Aufgaben der Adoptionsbegleitung wahrnimmt. **Satz 2** verpflichtet das Jugendamt, die Aus- **162** länderbehörde sowie das Vormundschafts- und das Familiengericht, die Auslandsvermittlungsstelle an Verfahren, die das aufgenommene Kind betreffen, so lange zu beteiligen, bis eine Annahme als Kind ausgesprochen ist. Absatz 4 stellt damit insgesamt einerseits zum Wohle des einzelnen Kindes sicher, dass die Sachkunde der speziell im Bereich der internationalen Adoptionsvermittlung tätigen Vermittlungsstelle bei der auf die Aufnahme im Inland folgenden Betreuung des Kindes genutzt wird. Andererseits ermöglichen die Regelungen des Absatzes 4 es der Auslandsvermittlungsstelle und deren Mitarbeitern, ihre Erfahrungsbasis hinsichtlich des Erfolges der Vermittlung zu verbreitern, auch nach der Übersiedlung des Kindes den (fallbezogenen) Austausch mit der jeweiligen ausländischen Partnerstelle zu pflegen und bei der Erfüllung allgemeiner Aufgaben der (fallübergreifenden) Information mitzuwirken (vgl. Artikel 7 Abs. 2 Buchstabe b, Artikel 9 Buchstabe a, c, d und e sowie Artikel 21 Abs. 1 des Übereinkommens).

163 Der Entwurf verzichtet auf Regelungsvorschläge zur (zivilrechtlichen) Rechtsstellung des Kindes, das zum Zwecke einer im Inland auszusprechenden Annahme eingereist ist. Ein praktisches Bedürfnis für besondere Regelungen zu dieser Frage ist auf der Grundlage des geltenden Rechts nicht hervorgetreten. Im Hinblick auf Tatbestände des staatsvertraglichen und des autonomen Rechts, die die internationale Zuständigkeit oder das anwendbare Recht vor allem auf den Gebieten der Sorge und des Unterhalts vom gewöhnlichen Aufenthalt des Kindes abhängig machen, erscheint lediglich der Hinweis angebracht, dass ein Kind, das im Hinblick auf eine den Bestimmungen der Haager Übereinkunft unterliegende Adoption nach Deutschland gelangt, in aller Regel schon mit seiner Einreise einen gewöhnlichen Aufenthalt im Inland begründen wird:

164 Mit Rücksicht auf die Bedeutung des gewöhnlichen Aufenthalts als Anknüpfungstatbestand im Internationalen Privat- und Verfahrensrecht wird zwar für die Begründung eines gewöhnlichen Aufenthalts im Regelfall ein Aufenthalt von nicht nur geringer Dauer verlangt, der bereits zu einer gewissen sozialen Integration geführt hat. Dies bedeutet aber nicht, dass im Falle eines Aufenthaltswechsels ein neuer gewöhnlicher Aufenthalt immer erst nach Ablauf einer entsprechenden Zeitspanne begründet werden könnte oder bis dahin der frühere gewöhnliche Aufenthalt fortbestehen würde. Der gewöhnliche Aufenthalt an einem Ort wird vielmehr grundsätzlich schon dann begründet, wenn sich aus den Umständen ergibt, dass der Aufenthalt an diesem Ort auf längere Zeit angelegt ist und dass der neue Aufenthaltsort künftig anstelle des bisherigen Daseinsmittelpunkt sein soll (BGH, NJW 1993, 2047, 2049 im Anschluss an BGH, NJW 1981, 520). Diese Voraussetzung ist gegeben, sobald ein Kind unter den strengen Kautelen des Haager Übereinkommens (Artikel 19 Abs. 1 in Verbindung mit Artikel 17) in den Aufnahmestaat gebracht worden ist. Dies gilt um so mehr, als selbst im Falle des Scheiterns der Vermittlung nach Übersiedlung des Kindes dessen Rückkehr in seinen Heimatstaat nur ausnahmsweise in Betracht kommt (Artikel 21 Abs. 1 Buchstabe c).

Stellungnahme des Bundesrates (Bundestags-Drucks. 14/6011, S. 60):

165 3. **Zu Artikel 1 (§ 7 Abs. 1 Satz 3 AdÜbAG)**

In Artikel 1 § 7 Abs. 1 Satz 3 sind die Wörter „eine beglaubigte Abschrift" durch die Wörter „das Original" zu ersetzen.

Begründung:

Die Regelung erscheint insofern nicht hinreichend, als eine beglaubigte Abschrift der Erklärung der Adoptionsbewerber zum positiven Abschluss des Verfahrens im Heimatstaat (z. B. in Rumänien) womöglich nicht ausreicht. Vielmehr wird für ein Gerichtsverfahren im Herkunftsland des Kindes die Vorlage der erforderlichen Dokumente im Original gefordert.

Gegenäußerung der Bundesregierung (Bundestags-Drucks. 14/6011, S. 63):

Zu Nummer 3 (Zu Artikel 1 – § 7 Abs. 1 Satz 3 AdÜbAG-E) 166

Die Bundesregierung stimmt der vorgeschlagenen Änderung nicht zu.

Hat die Adoptionsbewerbung Erfolg und wird den Bewerbern ein bestimmtes Kind vorgeschlagen, so obliegt es den Bewerbern, eine Erklärung über ihr Einverständnis mit diesem Vorschlag abzugeben. Die Erklärung ist gegenüber dem Jugendamt abzugeben und bedarf der öffentlichen Beurkundung (§ 7 Abs. 1 Satz 1 und 2 AdÜbAG-E). Die mit dem Fall befasste Vermittlungsstelle ist durch Übersendung einer beglaubigten Abschrift zu unterrichten (§ 7 Abs. 1 Satz 3 AdÜbAG-E).

Nach dem Änderungsantrag soll die Vermittlungsstelle dagegen die Urschrift der Erklärung erhalten, da diese mitunter zur Vorlage bei den Heimatbehörden des Kindes benötigt werde. Eine derartige Regelung ist nicht erforderlich. In den Fällen, in denen eine Heimatbehörde das Original der Erklärung verlangt, sind folgende zwei Lösungen möglich: Entweder die Adoptionsbewerber geben nochmals eine Erklärung mit dem vom Heimatstaat verlangten Inhalt ab, oder sie beantragen die Aushändigung der Urschrift zur Verwendung im Ausland gemäß § 45 Abs. 2 (bei Beurkundung durch das Jugendamt in Verbindung mit § 1 Abs. 2) BeurkG. Die Einhaltung des Verfahrens nach § 45 Abs. 2 Satz 2 BeurkG stellt zugleich sicher, dass die beurkundende Stelle eine Ausfertigung zurückbehält, die an die Stelle der Urschrift tritt (§ 45 Abs. 2 Satz 2 und 3 BeurkG). Auf diese Regelung kann im Interesse der Sicherheit des Rechtsverkehrs nicht verzichtet werden.

Ergänzende Hinweise

Zur Funktion des Jugendamtes im Rahmen des § 7 vgl. bereits die Hinweise zu § 1. 167

Die Obhut der Adoptionsbewerber für das Kind i. S. des Absatzes 2 Satz 3 Nr. 1 168
wird durch Ereignisse wie einen Krankenhaus- oder Kuraufenthalt oder durch eine Internatserziehung oder auswärtige Berufsausbildung des minderjährigen Kindes grundsätzlich nicht unterbrochen. Das Erfordernis des Absatzes 2 Satz 3 Nr. 1 ist nicht mehr anzuwenden für Zeiträume, in denen die Sechs-Jahres-Frist des Absatzes 2 Satz 1 zwar noch läuft, das Kind aber bereits volljährig ist.

Im Übrigen werden Fragen, die sich bei der Anwendung der Absätze 2 und 3 169
stellen, in vorsichtiger Analogie zu § 84 AuslG zu beantworten sein.

einstweilen frei 170–175

Abschnitt 3
Bescheinigungen über das Zustandekommen oder die Umwandlung eines Annahmeverhältnisses

Begründung zum Regierungsentwurf (Bundestags-Drucks. 14/6011, S. 44):

Abschnitt 3 enthält Ausführungsbestimmungen zu den Artikeln 23 und 27 Abs. 2 der Haager 176
Übereinkunft.

177 Artikel 23 verpflichtet die Vertragsstaaten im Grundsatz – abgesehen insbesondere vom Vorbehalt des ordre public (Artikel 24) –, eine Kindesannahme, die in einem anderen Vertragsstaat unter Beachtung der Konventionsregeln zustande gekommen ist, kraft Gesetzes anzuerkennen, also ohne dass es im Anerkennungsstaat einer auf die Anerkennung gerichteten Entscheidung oder Förmlichkeit bedürfte. Voraussetzung ist, dass die zuständige Stelle des Staates, in dem die Adoption vollzogen worden ist, eine Bescheinigung ausstellt, aus der hervorgehen müssen:

- das (wirksame) Zustandekommen des Annahmeverhältnisses
- unter Beachtung der Regeln der Übereinkunft sowie
- Angaben über die Erteilung der Zustimmungen gemäß Artikel 17 Buchstabe c des Übereinkommens von Seiten des Heimat- und des Aufnahmestaates.

178 Bei der zuständigen Stelle muss es sich nicht um die zentrale Behörde, möglicherweise aber um eine staatliche Stelle handeln (Erläuternder Bericht, Rdnrn. 404, 406). Um die Einhaltung der Übereinkunft und die internationale Akzeptanz einer in Deutschland ausgestellten Bescheinigung zu gewährleisten, erscheint es daher als der sicherere Weg, die zugelassenen Organisationen in die Wahrnehmung der Aufgaben nach den Artikeln 23 und 27 Abs. 2 der Übereinkunft nicht einzubeziehen.

179 Artikel 27 Abs. 1 der Übereinkunft erlaubt es unter bestimmten Voraussetzungen, eine im Heimatstaat vorgenommene „schwache" Adoption, die Rechtsbeziehungen zwischen dem Kind und seiner Ursprungsfamilie bestehen lässt oder nicht zu einer uneingeschränkten Rechtsstellung des Kindes in der Adoptivfamilie führt, im Aufnahmestaat in eine Volladoption umzuwandeln. Auch eine derartige Umwandlung ist nach Artikel 27 Abs. 2 in Verbindung mit Artikel 23 Abs. 1 des Übereinkommens in allen Vertragsstaaten anzuerkennen, sofern der Aufnahmestaat ihr konventionsgemäßes Zustandekommen bescheinigt.

180 Wegen weiterer Einzelheiten zu den Artikeln 23 und 27 des Übereinkommens darf auf Abschnitt 7 des Allgemeinen Teils der Entwurfsbegründung verwiesen werden.

181–185 *einstweilen frei*

§ 8
Bescheinigungen über eine im Inland vollzogene Annahme oder Umwandlung eines Annahmeverhältnisses

Hat eine zentrale Adoptionsstelle die Zustimmung gemäß Artikel 17 Buchstabe c des Übereinkommens erteilt, so stellt diese auf Antrag desjenigen, der ein rechtliches Interesse hat, die Bescheinigung gemäß Artikel 23 oder Artikel 27 Abs. 2 des Übereinkommens aus. Hat ein Jugendamt oder eine anerkannte Auslandsvermittlungsstelle die Zustimmung erteilt, so ist die zentrale Adoptionsstelle zuständig, zu deren Bereich das Jugendamt gehört oder in deren Bereich die anerkannte Auslandsvermittlungsstelle ihren Sitz hat.

Begründung zum Regierungsentwurf (Bundestags-Drucks. 14/6011, S. 44):

186 Die Vorschrift beinhaltet Regelungen über Antragsberechtigung und Zuständigkeiten für das Ausstellen von Bescheinigungen über das wirksame und konventionsgemäße Zustandekommen einer Annahme oder die Umwandlung einer schwachen in eine Volladoption.

Schon im Hinblick auf das Adoptionsgeheimnis beschränkt **Satz 1** die Antragsbefugnis auf den Personenkreis derer, die ein rechtliches Interesse haben, insbesondere also den Annehmenden (oder einen der annehmenden Ehegatten) sowie das angenommene Kind. 187

Ferner regelt § 8 die Zuständigkeiten und strebt hierfür eine möglichst verwaltungsökonomische Lösung an. **Satz 1** normiert deshalb zunächst die Zuständigkeit der zentralen Adoptionsstelle, die die Zustimmung zur Fortsetzung des Adoptionsverfahrens gemäß Artikel 17 Buchstabe c des Übereinkommens erteilt und in diesem Zusammenhang bereits die Einhaltung der Konventionsbestimmungen geprüft hat (§ 5 Abs. 3 Satz 2). **Satz 2** betrifft den Fall, dass die das Vermittlungsverfahren abschließende Zustimmung durch ein Jugendamt oder eine anerkannte Auslandsvermittlungsstelle erteilt wird. Die Bescheinigung nach Artikel 23 oder 27 Abs. 2 der Übereinkunft soll in diesem Fall durch die am Sitz des Jugendamtes oder des freien Trägers örtlich zuständige zentrale Adoptionsstelle ausgestellt werden. 188

Bei der Anwendung der Zuständigkeitsregeln im Rahmen des Artikels 27 Abs. 2 des Übereinkommens ist auf die zu der vorausgegangenen „schwachen" Adoption erteilte Zustimmung gemäß Artikel 17 Buchstabe c der Übereinkunft abzustellen. Für die Umwandlungsentscheidung bedarf es keiner erneuten solchen Zustimmung; die Bescheinigung ist deshalb ohne Angaben gemäß Artikel 23 Abs. 1 Satz 2 auszustellen (Erläuternder Bericht, Rdnr. 484, [*Anm. d. Verf.: unten C. II. 2.*]). Die Bescheinigung wird auf Grund eines vormundschaftsgerichtlichen Beschlusses nach Artikel 2 § 3 Abs. 1 des Entwurfs erteilt; die Prüfung der Voraussetzungen für die Umwandlungsentscheidung liegt allein beim Vormundschaftsgericht. 189

§ 8 trifft **keine Regelung** der Voraussetzungen für die Ausstellung der Bescheinigung. Einer ausdrücklichen Regelung hierüber bedarf es nicht. Diese Voraussetzungen ergeben sich vielmehr aus Artikel 23 Abs. 1 und Artikel 27 Abs. 2 in Verbindung mit den Artikeln 4, 5 und 17 Buchstabe c der Übereinkunft, die durch das Vertragsgesetz in Bundesrecht transformiert werden. Zum Nachweis, dass das aus Artikel 23 Abs. 1 folgende Erfordernis des Zustandekommens der Annahme erfüllt ist, wird dabei in der Regel die Vorlage des vormundschaftsgerichtlichen Beschlusses erforderlich, aber auch ausreichend sein. 190

einstweilen frei 191–195

§ 9
Überprüfung ausländischer Bescheinigungen über den Vollzug einer Annahme oder die Umwandlung eines Annahmeverhältnisses

Auf Antrag desjenigen, der ein rechtliches Interesse hat, prüft und bestätigt die Bundeszentralstelle die Echtheit einer Bescheinigung über die in einem anderen Vertragsstaat vollzogene Annahme oder Umwandlung eines Annahmeverhältnisses, die Übereinstimmung ihres Inhalts mit Artikel 23 oder Artikel 27 Abs. 2 des Übereinkommens sowie die Zuständigkeit der erteilenden Stelle. Die Bestätigung erbringt Beweis für die in Satz 1 genannten Umstände; der Nachweis ihrer Unrichtigkeit ist zulässig.

Begründung zum Regierungsentwurf (Bundestags-Drucks. 14/6011, S. 45):

Die Vorschrift hat zum Ziel, die Verwendung von Bescheinigungen, die in anderen Vertragsstaaten über dort gemäß der Haager Übereinkunft zustande gekommene Adoptionen ausgestellt sind, im Inland zu erleichtern. Nach den Artikeln 23 Abs. 1 und 27 Abs. 2 des Übereinkommens 196 wird die in einem Vertragsstaat durchgeführte Adoption oder Umwandlung einer schwachen in eine Volladoption auf Grund einer solchen Bescheinigung in allen Vertragsstaaten kraft Gesetzes anerkannt.

197 **Satz 1** ermöglicht es, der Bundeszentralstelle Bescheinigungen aus anderen Vertragsstaaten zur Prüfung auf ihre formelle Ordnungsmäßigkeit hin vorzulegen. Eine auf Grund dieser Prüfung von der Bundeszentralstelle bestätigte Bescheinigung wird den Adoptiveltern im Rechtsverkehr Rückfragen und zeitaufwendige Prüfungen durch dezentrale Behörden, wie etwa Standesämter oder Staatsangehörigkeitsbehörden, ersparen; zugleich erfahren auch diese Behörden eine Vereinfachung ihres Arbeitsablaufs. Von der Bestätigung nicht erfasst werden allerdings die Vereinbarkeit der Annahme mit dem inländischen ordre public (Artikel 24 des Übereinkommens) sowie die Adoptionswirkungen.

198 **Satz 2** normiert ausdrücklich die Beweiskraft der von der Bundeszentralstelle erteilten Bestätigung, auf Grund deren die Ordnungsmäßigkeit der ausländischen Bescheinigung widerleglich vermutet wird. Der Entwurf sieht allerdings davon ab, die Geltung der Bescheinigung von der vorgängigen Bestätigung durch die Bundeszentralstelle abhängig zu machen. Denn dies könnte Zweifel an der vollen Verwirklichung der durch Artikel 23 Abs. 1 und 27 Abs. 2 der Übereinkunft vorgeschriebenen Anerkennung kraft Gesetzes wecken; auch könnte eine derartige Regelung als Schlechterstellung von Konventions- im Verhältnis zu anderen Auslandsadoptionen gewertet werden, für welche aus § 16a FGG die Anerkennung kraft Gesetzes ohne zwingend geforderte Förmlichkeiten folgt. Indes dürfte die Annahme nicht fehlgehen, dass in den meisten Fällen die Adoptiveltern von der ihnen mit der Bestätigung angebotenen Erleichterung im Rechtsverkehr Gebrauch machen werden.

199 § 9 regelt nicht die Kostenerhebung für die Tätigkeit der Bundeszentralstelle nach dieser Vorschrift. Hierzu enthält Artikel 4 Abs. 3 des Entwurfs eine Ergänzung des Gebührenverzeichnisses zur Justizverwaltungskostenordnung.

Stellungnahme des Bundesrates (Bundestags-Drucks. 14/6011, S. 60):

200 4. **Zu Artikel 1 (§ 9 Satz 1 AdÜbAG)**

In Artikel 1 § 9 Satz 1 sind die Wörter „die Bundeszentralstelle“ durch die Wörter „die zuständige zentrale Adoptionsstelle“ zu ersetzen.

Begründung:

§ 2 Abs. 2 i.V.m. § 9 AdÜbAG sieht vor, dass auf Antrag von Adoptionsbewerbern die Bundeszentralstelle für Auslandsadoption ausländische Bescheinigungen überprüfen und bestätigen kann. Diese Entscheidung kann gleichermaßen von der sachnäheren zentralen Adoptionsstelle des Landesjugendamtes getroffen werden, die auf Grund des dort vorhandenen Fachpersonals auch über die erforderlichen juristischen Kenntnisse und Kompetenzen in Verfahren, die Adoptionen mit Auslandsberührung betreffen, verfügt und ohnehin gemäß § 11 Abs. 2 AdVermiG am Verfahren beteiligt wird.

Gegenäußerung der Bundesregierung (Bundestags-Drucks. 14/6011, S. 63):

201 **Zu Nummer 4 (Zu Artikel 1 – § 9 Satz 1 AdÜbAG-E)**

Die Bundesregierung stimmt der vorgeschlagenen Änderung nicht zu.

Der Entwurf bezweckt eine effiziente Aufgabenteilung zwischen den zentralen Adoptionsstellen und dem Generalbundesanwalt. Für die Zuweisung an den GBA spricht, dass dort die Informationen über Institutionen und Personen, die in den anderen Vertragsstaaten zur Erteilung der Zertifikate befugt sind, zusammenlaufen. Hinzu kommt, dass gerade bei der Entscheidung über die Bestätigung oder Verwerfung eines ausländischen Zertifikats nach Artikel 23 des Übereinkommens eine bundeseinheitliche Handhabung unabweisbar erscheint, wenn ernstliche Friktionen in der internationalen Zusammenarbeit vermieden werden sollen.

einstweilen frei **202–210**

Abschnitt 4
Zeitlicher Anwendungsbereich

Begründung zum Regierungsentwurf (Bundestags-Drucks. 14/6011, S. 45):

Artikel 46 des Haager Übereinkommens regelt dessen erstmaliges Inkrafttreten sowie sein **211** Inkrafttreten für einzelne Staaten, die den Vertrag zu einem späteren Zeitpunkt ratifizieren oder ihm beitreten. In Kraft getreten ist die Übereinkunft gemäß Artikel 46 Abs. 1 nach der Ratifikation durch drei Staaten am 1. Mai 1995; inzwischen (Stand: November 2000) ist die Zahl der Vertragsstaaten auf 41 angewachsen. Für die Bundesrepublik Deutschland und für jeden in den Kreis der Vertragsparteien eintretenden Staat wird sie gemäß Artikel 46 Abs. 2 Buchstabe a am ersten Tag des vierten auf die Hinterlegung der Ratifikations- oder Beitrittsurkunde folgenden Kalendermonats wirksam werden.

einstweilen frei **212–215**

§ 10
Anwendung des Abschnitts 2

(1) Die Bestimmungen des Abschnitts 2 sind im Verhältnis zu einem anderen Vertragsstaat des Übereinkommens anzuwenden, wenn das Übereinkommen im Verhältnis zwischen der Bundesrepublik Deutschland und diesem Vertragsstaat in Kraft ist und wenn die Bewerbung nach § 4 Abs. 1 der Auslandsvermittlungsstelle nach dem Zeitpunkt des Inkrafttretens zugegangen ist.

(2) Die Bundeszentralstelle kann mit der zentralen Behörde des Heimatstaates die Anwendung der Bestimmungen des Übereinkommens auch auf solche Bewerbungen vereinbaren, die der Auslandsvermittlungsstelle vor dem in Absatz 1 genannten Zeitpunkt zugegangen sind. Die Vereinbarung kann zeitlich oder sachlich beschränkt werden. Auf einen Vermittlungsfall, der einer Vereinbarung nach den Sätzen 1 und 2 unterfällt, sind die Bestimmungen des Abschnitts 2 anzuwenden.

Begründung zum Regierungsentwurf (Bundestags-Drucks. 14/6011, S. 45):

Artikel 2 des Übereinkommens beschränkt dessen Anwendungsbereich auf Vermittlungsfälle, **216** im Zuge deren der gewöhnliche Aufenthalt eines Kindes von einem „Vertragsstaat" in einen anderen verlegt wird. **Absatz 1** bringt dementsprechend zum Ausdruck, dass die in Abschnitt 2 enthaltenen Regelungen über die Verfahrensschritte bei einer der Haager Übereinkunft unterliegenden internationalen Adoption erst von dem Zeitpunkt an Anwendung finden, in dem die Übereinkunft im Verhältnis zwischen der Bundesrepublik Deutschland und dem beteiligten ausländischen Staat wirksam geworden ist. Die Vorschrift behält ihre Bedeutung über den Zeitpunkt des erstmaligen Wirksamwerdens der Übereinkunft für Deutschland hinaus. Auch bei späteren Ratifikationen oder beim späteren Beitritt weiterer Staaten bleibt sie zu beachten. Der letzte Satzteil des Absatzes 1 ergänzt die Übergangsregelung und passt sie an Artikel 41 des Übereinkommens an.

217 Auch wenn das Übereinkommen nach seinem Artikel 41 grundsätzlich nur auf „neue" Bewerbungen, die nach seinem In-Kraft-Treten eingehen, Anwendung findet, mag in der Praxis ein Bedürfnis bestehen, auch bereits „angelaufene" Bewerbungen dem Regime der Übereinkunft zu unterstellen. **Absatz 2** ermächtigt die Bundeszentralstelle, mit der zentralen Behörde eines anderen Vertragsstaates entsprechende Vereinbarungen zu treffen, und erstreckt die Geltung der Bestimmungen des Abschnitts 2 auf die von einer solchen Vereinbarung erfassten Vermittlungsfälle. Bei der Anwendung der §§ 4 bis 7 ist nach Sinn und Zweck des § 10 Abs. 2 zu berücksichtigen, welchen Stand das jeweilige Bewerbungsverfahren bereits erreicht hat.

218–225 *einstweilen frei*

§ 11
Anwendung des Abschnitts 3

(1) Eine Bescheinigung nach § 8 wird ausgestellt, sofern die Annahme nach dem in § 10 Abs. 1 genannten Zeitpunkt und auf Grund der in Artikel 17 Buchstabe c des Übereinkommens vorgesehenen Zustimmungen vollzogen worden ist.

(2) Eine Bestätigung nach § 9 wird erteilt, sofern das Übereinkommen im Verhältnis zwischen der Bundesrepublik Deutschland und dem Staat, dessen zuständige Stelle die zur Bestätigung vorgelegte Bescheinigung ausgestellt hat, in Kraft ist.

Begründung zum Regierungsentwurf (Bundestags-Drucks. 14/6011, S. 45/46):

226 Die Vorschrift regelt den zeitlichen Anwendungsbereich der Bestimmungen über die zu erteilenden Bescheinigungen.

227 **Absatz 1** betrifft die Ausstellung einer Bescheinigung über eine im Inland vollzogene Annahme oder Umwandlung eines Annahmeverhältnisses.

228 Soll nach Artikel 23 Abs. 1 des Übereinkommens bescheinigt werden, dass eine Annahme „gemäß dem Übereinkommen" zustande gekommen ist, so dürfte dies die Anwendbarkeit der Übereinkunft auf diesen Adoptionsfall und damit die Wirksamkeit der Übereinkunft im Verhältnis zwischen Heimat- und Aufnahmestaat voraussetzen. Die Übereinstimmung des Vermittlungsvorgangs mit den Anforderungen des Übereinkommens unabhängig von dessen Anwendbarkeit im Einzelfall dürfte demgegenüber dem Tatbestand des Artikels 23 nicht genügen. Denn auf Grund der Bescheinigung soll die in dieser bezeugte Adoption in allen Vertragsstaaten anerkannt werden, und diese Verpflichtung wird wohl nur angenommen werden können, wenn Heimat- und Aufnahmestaat im Zeitpunkt des Vollzugs der Annahme dem Übereinkommen bereits angehörten. Deshalb nimmt § 11 Abs. 1 auf den in § 10 Abs. 1 genannten Zeitpunkt des Wirksamwerdens der Übereinkunft im Verhältnis zwischen Deutschland und dem anderen beteiligten (Heimat- oder Aufnahme-)Staat Bezug.

229 Ferner muss die Bescheinigung Angaben über die Zustimmungen im Sinne des Artikels 17 Buchstabe c des Übereinkommens enthalten. Sie kann folglich nicht erteilt werden, wenn die

Annahme zwar nach dem Inkrafttreten der Übereinkunft im bilateralen Verhältnis, jedoch – auf Grund eines vor diesem Zeitpunkt eingeleiteten Vermittlungsverfahrens – unabhängig von den in Artikel 17 Buchstabe c der Übereinkunft geforderten Zustimmungen vollzogen wurde.

Absatz 2 betrifft die Bestätigung der formellen Gültigkeit der von einem anderen Vertragsstaat 230 ausgestellten Bescheinigung nach Artikel 23 des Übereinkommens. Hier genügt es, wenn die Übereinkunft zur Zeit der Bestätigung im bilateralen Verhältnis gilt. Denn die Ratifikation begründet die Verpflichtung, auch die bereits zuvor in anderen Vertragsstaaten konventionsgemäß vollzogenen und nach Artikel 23 bescheinigten Adoptionen anzuerkennen. Die Bestätigung wird allerdings zu versagen sein, falls sich die Bescheinigung auf eine Adoption bezieht, bei deren Vollzug das Übereinkommen im Verhältnis zwischen Heimat- und Aufnahmestaat noch nicht in Kraft war. In einem solchen Fall rührt die Bescheinigung wohl nicht von einer im Sinne des Artikels 23 der Übereinkunft und des § 11 Abs. 2 des Entwurfs „zuständigen" Stelle her.

einstweilen frei 231–240

II. Adoptionswirkungsgesetz (Artikel 2 des Gesetzes zur Regelung von Rechtsfragen auf dem Gebiet der internationalen Adoption und zur Weiterentwicklung des Adoptionsvermittlungsrechts)

Gesetz über Wirkungen der Annahme als Kind nach ausländischem Recht (Adoptionswirkungsgesetz – AdWirkG)
vom 5. November 2001 (BGBl. I S. 2950, 2953)

Begründung zum Regierungsentwurf (Bundestags-Drucks. 14/6011, S. 46):

241 Der in Artikel 2 eingestellte Entwurf eines Adoptionswirkungsgesetzes regelt ein gerichtliches Verfahren, um die Anerkennung und die Wirkungen einer auf ausländischem Recht beruhenden Annahme eines minderjährigen Kindes im Inland zu klären und dadurch dem Kind die Integration in seine Lebensumwelt zu erleichtern.

242 Artikel 2 betrifft gleichermaßen Adoptionen innerhalb und außerhalb des Anwendungsbereichs der Konvention. Die Bestimmungen des Übereinkommens über die Anerkennung der in einem Vertragsstaat durchgeführten Annahme kraft Gesetzes sowie über die Wirkungen, die mit dieser Anerkennung kraft Gesetzes verbunden sind (Artikel 23 und 26), werden durch das Zustimmungsgesetz zum Übereinkommen unmittelbar geltendes Bundesrecht und bleiben von Artikel 2 unberührt.

243 Das Konzept, das dem Regelungsvorschlag des Artikels 2 zugrunde liegt, ist in Abschnitt 7 Buchstabe c des Allgemeinen Teils der Entwurfsbegründung erläutert. Hervorhebung verdient, dass die in Artikel 2 § 2 geregelte gerichtliche Anerkennungs- und Wirkungsfeststellung auch im Anwendungsbereich des Haager Übereinkommens trotz der in Artikel 23 und 26 der Übereinkunft bereits formulierten Bestimmungen einen deutlichen Zuwachs an Rechtssicherheit ermöglicht. Denn selbst wenn der Heimatstaat des Kindes gemäß Artikel 23 das ordnungsgemäße Zustandekommen der Adoption bescheinigt hat, kann weiterhin das Anerkennungshindernis des ordre public (Artikel 24) eingreifen. Ferner kann Unklarheit darüber bestehen, ob es sich bei der im Heimatstaat vollzogenen Annahme um eine schwache oder um eine starke Adoption handelt, für die Artikel 26 Abs. 1 und 2 unterschiedliche Regelungen trifft.

Ergänzende Hinweise

244 Das Verfahren nach dem AdWirkG ist auch für Adoptionen eröffnet, die vor In-Kraft-Treten des Gesetzes vollzogen wurden.

245–250 *einstweilen frei*

§ 1
Anwendungsbereich

Die Vorschriften dieses Gesetzes gelten für eine Annahme als Kind, die auf einer ausländischen Entscheidung oder auf ausländischen Sachvorschriften

beruht. Sie gelten nicht, wenn der Angenommene zur Zeit der Annahme das achtzehnte Lebensjahr vollendet hatte.

Begründung zum Regierungsentwurf (Bundestags-Drucks. 14/6011, S. 46):

§ 1 regelt die Voraussetzungen, unter denen es – auf Antrag – zu einer gerichtlichen Feststellung über die Anerkennung und die Wirkungen eines ausländischen Adoptionsakts oder – von Amts wegen – zu einer Feststellung über die Wirkungen des auf ausländischem Sachrecht beruhenden Adoptionsausspruchs eines deutschen Vormundschaftsgerichts kommt. **251**

Ein Rechtsakt, dessen Wirkungen nach dem Adoptionswirkungsgesetz geklärt werden sollen, muss nach **Satz 1** auf eine Annahme als Kind gerichtet sein. Die Rechtswirkungen, die der Rechtsakt nach dem ihm zugrunde liegenden Recht nach sich zieht, müssen es bei allen Unterschieden, die hinsichtlich ihrer Ausgestaltung im Einzelnen denkbar sind, doch erlauben, im Sinne deutscher Rechtsvorstellungen von einer Adoption zu sprechen. Anhaltspunkte für das Gemeinte gibt Artikel 2 Abs. 2 des Haager Übereinkommens, der die Entstehung eines dauerhaften Eltern-Kind-Verhältnisses verlangt und damit beispielsweise die Pflegekindschaft nach islamischem Recht aus dem Anwendungsbereich der Übereinkunft ausnimmt (Erläuternder Bericht, Rdnr. 90, [*Anm. d. Verf.: unten C. II. 2.*]). Dagegen fordert das Tatbestandsmerkmal der Annahme als Kind nicht, dass das auf ausländischem Recht beruhende Annahmeverhältnis dem Typus der Volladoption entspricht. Auch insoweit folgen die vorgeschlagenen Regelungen dem Anwendungsbereich der Übereinkunft, deren Artikel 2 Abs. 2 nach dem Erläuternden Bericht (Rdnr. 91) als „allumfassende Definition anstelle einer auf die Volladoption beschränkten" konzipiert ist. **252**

Bei dem Adoptionsakt kann es sich um eine ausländische gerichtliche oder behördliche Entscheidung (Dekretadoption) oder um eine inländische Dekretadoption handeln, wenn das deutsche Vormundschaftsgericht seine Entscheidung – insbesondere bei gemeinsamer ausländischer Staatsangehörigkeit der adoptierenden Ehegatten, Artikel 22 Satz 2 in Verbindung mit Artikel 14 Abs. 1 Nr. 1 EGBGB geltender Fassung – auf fremdes Recht gestützt hat. Es kann sich auch um ein nach ausländischen Sachnormen zu beurteilendes Rechtsgeschäft zwischen den Annehmenden und dem Kind oder dem Inhaber der Sorge (Vertragsadoption) handeln. **253**

Satz 2 des § 1 bestimmt für das gerichtliche Verfahren eine Altersgrenze: Hatte die als Kind angenommene Person im Zeitpunkt des Adoptionsakts bereits das achtzehnte Lebensjahr vollendet, so finden die Vorschriften des Adoptionswirkungsgesetzes keine Anwendung. **254**

einstweilen frei **255–260**

§ 2
Anerkennungs- und Wirkungsfeststellung

(1) Auf Antrag stellt das Vormundschaftsgericht fest, ob eine Annahme als Kind im Sinne des § 1 anzuerkennen oder wirksam und ob das Eltern-Kind-Verhältnis des Kindes zu seinen bisherigen Eltern durch die Annahme erloschen ist.

(2) Im Falle einer anzuerkennenden oder wirksamen Annahme ist zusätzlich festzustellen,

1. **wenn das in Absatz 1 genannte Eltern-Kind-Verhältnis erloschen ist, dass das Annahmeverhältnis einem nach den deutschen Sachvorschriften begründeten Annahmeverhältnis gleichsteht,**

2. andernfalls, dass das Annahmeverhältnis in Ansehung der elterlichen Sorge und der Unterhaltspflicht des Annehmenden einem nach den deutschen Sachvorschriften begründeten Annahmeverhältnis gleichsteht.

Von der Feststellung nach Satz 1 kann abgesehen werden, wenn gleichzeitig ein Umwandlungsausspruch nach § 3 ergeht.

(3) Spricht ein deutsches Vormundschaftsgericht auf der Grundlage ausländischer Sachvorschriften die Annahme aus, so hat es die in den Absätzen 1 und 2 vorgesehenen Feststellungen von Amts wegen zu treffen. Eine Feststellung über Anerkennung oder Wirksamkeit der Annahme ergeht nicht.

Begründung zum Regierungsentwurf (Bundestags-Drucks. 14/6011, S. 46/47):

261 Nach **Absatz 1** stellt das Vormundschaftsgericht auf Antrag die Anerkennung einer ausländischen Dekretadoption oder die Wirksamkeit einer auf ausländischem Recht beruhenden Vertragsadoption fest. Eine ausländische Entscheidung über die Annahme als Kind ist auf ihre Anerkennung nach staatsvertraglichen Bestimmungen (insbesondere nach den Artikeln 23 und 24 der Haager Übereinkunft) oder nach autonomem Recht (§ 16a FGG) zu prüfen. Bei einer Vertragsadoption im Anwendungsbereich des Haager Übereinkommens sind wiederum dessen Artikel 23 und 24 zu beachten; im autonomen Recht ist das durch die Artikel 22 und 23 EGBGB berufene Recht maßgebend. Zum Inhalt der für die Anerkennungs- und Wirksamkeitsfrage wesentlichen Prüfung nach dem Maßstab des deutschen ordre public darf auf die Erläuterungen in Abschnitt 7 Buchstabe c des Allgemeinen Teils der Begründung verwiesen werden.

262 Die Feststellung ergeht nur auf Antrag. Es handelt sich somit um ein fakultatives Anerkennungverfahren, das den Grundsatz der Anerkennung ausländischer Entscheidungen kraft Gesetzes, wie er in § 16a FGG zum Ausdruck kommt, unberührt lässt. Sind die gesetzlichen Voraussetzungen für die Anerkennung oder Wirksamkeit des ausländischen Adoptionsakts erfüllt, so entfaltet dieser seine Rechtswirkungen von Anfang an auch im Inland, ohne dass dies von einer gerichtlichen Feststellung nach Absatz 1 abhängig gemacht werden könnte.

263 Um die Rechtsstellung des angenommenen Kindes zu klären, bedarf es einer gerichtlichen Feststellung nicht nur über die Anerkennung, sondern auch über den Wirkungsumfang des ausländischen Adoptionsakts, namentlich darüber, ob dieser zum Erlöschen des Verwandtschaftsverhältnisses des Kindes zu seinen leiblichen Eltern geführt hat. Ist das ursprüngliche Eltern-Kind-Verhältnis gelöst, so gehen die Wirkungen der (starken) Adoption weiter als im Falle einer schwachen Adoption, die das durch Geburt begründete Verwandtschaftsverhältnis bestehen bleiben lässt. Das gerichtliche Feststellungsverfahren erstreckt sich deshalb nach Absatz 1 stets einheitlich sowohl auf die Anerkennungsfrage als auch auf den Wirkungsumfang der Annahme als Kind. Die international-verfahrensrechtliche Anerkennung oder international-privatrechtliche Wirksamkeit des ausländischen Adoptionsakts bildet einerseits selbst den Gegenstand der gerichtlichen Feststellung, andererseits eine Vorfrage für die weitere gerichtliche Feststellung über den Wirkungsumfang der ausländischen Adoption.

264 Sind die Anerkennungs- oder Wirksamkeitsvoraussetzungen der Kindesannahme nicht erfüllt oder ist das Verwandtschaftsverhältnis des Kindes zu seinen bisherigen Eltern durch die Annahme nicht beendet worden, so ist auch dies gerichtlich festzustellen, wenn ein Antrag nach Absatz 1 gestellt ist.

In zahlreichen Regelungszusammenhängen des Privat- und des öffentlichen Rechts stellt sich die Vorfrage, ob eine Person „Kind" einer anderen Person ist. Ist – namentlich durch eine Adoptionsentscheidung des Heimatstaates – ein „Kindschaftsverhältnis" nach ausländischem Recht begründet worden, so ist (bei Anwendbarkeit deutschen Rechts) weiter zu prüfen, ob dieses einem Kindschaftsverhältnis nach deutschem Recht gleichwertig ist (sogenannte Substitutionsfrage). Diese Schwierigkeiten will **Absatz 2** beseitigen und sieht unter diesem Blickwinkel ausdrückliche Feststellungen über die Wirkungen eines nach ausländischem Recht begründeten Annahmeverhältnisses vor. **265**

Die Vorschrift setzt voraus, dass nach Absatz 1 die Anerkennung oder Wirksamkeit der Adoption festgestellt wird, und knüpft in **Satz 1** an die ebenfalls durch die Entscheidung nach Absatz 1 vorgegebene Unterscheidung zwischen starker und schwacher Adoption an. **266**

Nummer 1 stellt im Falle einer Volladoption das nach ausländischem Recht zustande gekommene Annahmeverhältnis einem nach den deutschen Sachvorschriften (über die Minderjährigenadoption; vgl. § 1 Abs. 2) begründeten Annahmeverhältnis gleich und ordnet damit eine für alle Rechtsbereiche geltende Substitution an; einen Wechsel des Adoptionsstatuts bedeutet dies nicht. Diese Regelung entspricht Artikel 26 Abs. 2 der Haager Übereinkunft; sie gilt aber auch für Adoptionen außerhalb des Anwendungsbereichs dieser Übereinkunft. **267**

Bei einer schwachen Adoption sieht **Nummer 2** eine gerichtliche Substitutionsfeststellung für die Rechtsbereiche der elterlichen Sorge und der Unterhaltspflicht des Annehmenden gegenüber dem Kind vor; durch eine solche Feststellung wird ein für die Integration des Kindes in die Adoptivfamilie wesentliches Kernstück der – im Übrigen weiter von dem jeweils zugrunde liegenden fremden Adoptionsrecht beeinflussten – Annahmewirkungen außer Zweifel gestellt. **268**

Nach **Satz 2** kann von der Substitutionsfeststellung gemäß Satz 1 abgesehen werden, wenn gleichzeitig ein – weitergehender – Umwandlungsausspruch nach § 3 Abs. 1 oder 2 ergeht. Neben der – für die Zukunft wirkenden – Umwandlung der fremdrechtlichen Adoption in ein dem deutschen Recht unterliegendes Annahmeverhältnis nach § 3 Abs. 1 oder 2 wird nur in Ausnahmefällen ein Bedürfnis für die bloße – allerdings auf den Zeitpunkt des ausländischen Adoptionsakts zurückwirkende – Substitutionsfeststellung gemäß § 2 Abs. 2 Satz 1 bestehen. **269**

Absatz 3 trifft Sonderregelungen für den Fall der Anwendung ausländischer Sachvorschriften im Rahmen einer inländischen Dekretadoption. Während sich die Frage der Anerkennung oder Wirksamkeit beim Ausspruch der Annahme durch ein deutsches Gericht grundsätzlich nicht stellt (Satz 2), können sich bezüglich des Wirkungsumfangs der Adoption bei Anwendung ausländischen Sachrechts durch das deutsche Gericht gleichgelagerte Probleme ergeben wie bei ausländischen Adoptionsakten. Es dient daher der Verfahrensökonomie wie der Rechtssicherheit, wenn das ohnehin mit dem Adoptionsfall befasste Gericht die in den Absätzen 1 und 2 vorgesehenen Feststellungen über die Adoptionswirkungen von Amts wegen trifft (Satz 1). **270**

einstweilen frei **271–290**

§ 3
Umwandlungsausspruch

(1) In den Fällen des § 2 Abs. 2 Satz 1 Nr. 2 kann das Vormundschaftsgericht auf Antrag aussprechen, dass das Kind die Rechtsstellung eines nach den deutschen Sachvorschriften angenommenen Kindes erhält, wenn

1. dies dem Wohl des Kindes dient,

2. die erforderlichen Zustimmungen zu einer Annahme mit einer das Eltern-Kind-Verhältnis beendenden Wirkung erteilt sind und

3. überwiegende Interessen des Ehegatten oder der Kinder des Annehmenden oder des Angenommenen nicht entgegenstehen.

Auf die Erforderlichkeit und die Erteilung der in Satz 1 Nr. 2 genannten Zustimmungen finden die für die Zustimmungen zu der Annahme maßgebenden Vorschriften sowie Artikel 6 des Einführungsgesetzes zum Bürgerlichen Gesetzbuche entsprechende Anwendung. Auf die Zustimmung des Kindes ist zusätzlich § 1746 Abs. 1 Satz 1 bis 3, Abs. 2 und 3 des Bürgerlichen Gesetzbuchs anzuwenden. Hat der Angenommene zur Zeit des Beschlusses nach Satz 1 das achtzehnte Lebensjahr vollendet, so entfällt die Voraussetzung nach Satz 1 Nr. 1.

(2) Absatz 1 gilt in den Fällen des § 2 Abs. 2 Satz 1 Nr. 1 entsprechend, wenn die Wirkungen der Annahme von den nach den deutschen Sachvorschriften vorgesehenen Wirkungen abweichen.

Begründung zum Regierungsentwurf (Bundestags-Drucks. 14/6011, S. 47/48):

291 **Absatz 1 Satz 1** ermöglicht die Umwandlung einer schwachen Adoption ausländischen Rechts in eine deutsche Volladoption. In Bezug auf Adoptionen, die dem Haager Übereinkommen unterfallen, bildet diese Regelung die Ausführungsvorschrift zu Artikel 27, der es in seinem Absatz 1 Buchstabe a dem autonomen Recht der Vertragsstaaten überlässt, eine derartige Umwandlung zu gestatten oder nicht. Der Ausspruch nach Absatz 1 verleiht dem Kind die Rechtsstellung eines nach den deutschen Sachvorschriften angenommenen Kindes und bewirkt das Erlöschen des Eltern-Kind-Verhältnisses zu den biologischen Eltern. **Nummer 1** bindet die Entscheidung des Vormundschaftsgerichts an die Beachtung des Kindeswohls. Die weitreichenden Rechtsfolgen einer Umwandlung nach Absatz 1, die diese in die Nähe einer Wiederholungsadoption rücken, verlangen zudem entsprechende Kautelen in Bezug auf Zustimmungserfordernisse, **Nummer 2**: Das Gericht hat zu prüfen, ob erforderliche Zustimmungen insbesondere des Kindes und seiner leiblichen Eltern, die für die bislang allein durchgeführte schwache Adoption erteilt waren, inhaltlich auch eine Volladoption tragen oder ob die Zustimmungen nachträglich entsprechend erweitert worden sind. Nach **Nummer 3** unterbleibt die Umwandlung, wenn ihr überwiegende Belange naher Angehöriger entgegenstehen.

292 Welche Zustimmungen i. S. des Satzes 1 Nr. 2 erforderlich sind, beurteilt sich gemäß **Satz 2** nach der auf die schwache Adoption angewandten Rechtsordnung, d. h. im Geltungsbereich des Übereinkommens grundsätzlich nach dem Recht am Ort des früheren gewöhnlichen Aufenthalts des Kindes (Artikel 27 Abs. 1 in Verbindung mit Artikel 4 der Übereinkunft); dabei handelt es sich um eine Gesamtverweisung auch auf das dortige Internationale Privatrecht. Die Zustimmungserfordernisse nach der so berufenen Rechtsordnung sind im Rahmen des § 3 Abs. 1 auch dann entsprechend anzuwenden, wenn diese Rechtsordnung keine starke Adoption und damit auch keine unmittelbar anwendbaren Regelungen für die Zustimmung zu einer das bisherige Eltern-Kind-Verhältnis beendenden Adoption kennt. Der Vorbehalt des deutschen ordre public (Artikel 6 EGBGB) stellt sicher, dass Mindeststandards hinsichtlich der Zustimmungserfordernisse gewahrt bleiben. Mit der Verweisung auf § 1746 Abs. 1 Satz 1 bis 3, Abs. 2 und 3 BGB in **Satz 3** wird die Entscheidung in jedem Fall von der Einwilligung des Kindes abhängig gemacht.

293 Während das Kind im Zeitpunkt der ursprünglichen schwachen Adoption das achtzehnte Lebensjahr noch nicht vollendet haben darf (§ 1 Satz 2), steht die Überschreitung dieser Altersgrenze zur Zeit der Entscheidung nach § 3 der Umwandlung des Annahmeverhältnisses

nicht entgegen; in diesem Fall entfällt nach **Satz 4** die Bindung der Entscheidung an das Kindeswohl. Der Angenommene muss jedoch nach Satz 3 in die Umwandlung einwilligen; die Bestimmungen des § 1746 BGB über die Mitwirkung des gesetzlichen Vertreters des Kindes bleiben bei dem unbeschränkt geschäftsfähigen Angenommenen außer Betracht.

Absatz 2 betrifft die Fälle einer auf ausländischen Sachvorschriften beruhenden starken Adoption. Hier sorgt die Feststellung nach § 2 Abs. 2 Satz 1 Nr. 1 bereits für die Klarstellung, dass es sich um ein der Adoption nach deutschem Recht gleichstehendes Rechtsinstitut handelt, dass also das Adoptivkind in allen rechtlichen Zusammenhängen, für die deutsches Recht maßgeblich ist, als Kind der Adoptiveltern anzusehen ist. **294**

Diese Feststellung bewirkt jedoch noch keine völlige Gleichstellung des Adoptivkindes mit einem nach den deutschen Sachvorschriften angenommenen Kind. § 3 Abs. 2 ermöglicht es deshalb, durch besonderen Ausspruch des Vormundschaftsgerichts einen Wechsel des für die Verwandtschaftsverhältnisse des Kindes maßgebenden Adoptionsstatuts (vgl. Artikel 22 Abs. 2 EGBGB in der Fassung des Artikels 4 Abs. 4 des Entwurfs) herbeizuführen. Dies hat praktische Relevanz etwa in Fallgestaltungen, in denen das ausländische Adoptionsrecht zwar die Verwandtschaftsverhältnisse des Kindes zu seiner Ursprungsfamilie gelöst, jedoch neue verwandtschaftliche Beziehungen nur zu den Adoptiveltern, nicht aber zu deren Verwandten begründet hat (so für das israelische Recht Maimon/Goldwater, in Internal and Intercountry Adoption Laws, Den Haag 1997, S. ISR-II-36). **295**

Der Ausspruch nach Absatz 1 oder Absatz 2, der dem Kind die Rechtsstellung eines nach den deutschen Sachvorschriften angenommenen Kindes verleiht, entspricht dem Ausspruch der Annahme durch das Vormundschaftsgericht nach § 1752 Abs. 1 BGB. Damit ist im Verfahren nach § 3 AdWirkG zugleich eine Anwendung der namensrechtlichen Gestaltungsmöglichkeiten nach § 1757 Abs. 2 bis Abs. 4 BGB eröffnet. Ein Verfahren nach Absatz 2 kann auch mit dem alleinigen Ziel eingeleitet werden, von diesen Gestaltungsmöglichkeiten Gebrauch zu machen. Dazu bedarf es im Falle einer vorausgegangenen Adoption im Ausland nach geltendem Recht der Adoptionswiederholung im Inland. Voraussetzung für die Anwendung des § 1757 BGB ist allerdings grundsätzlich, dass das Kind die deutsche Staatsangehörigkeit besitzt oder mit dem Beschluss des Vormundschaftsgerichts erwirbt und damit deutschem Personal- und Namensstatut unterliegt (Artikel 5 Abs. 1 und Artikel 10 Abs. 1 EGBGB). **296**

einstweilen frei **297–320**

§4
Antragstellung; Reichweite der Entscheidungswirkungen

(1) Antragsbefugt sind

1. für eine Feststellung nach § 2 Abs. 1

a) der Annehmende, im Fall der Annahme durch Ehegatten jeder von ihnen,

b) das Kind,

c) ein bisheriger Elternteil,

d) der Standesbeamte, dem nach § 15 Abs. 1 Satz 1 Nr. 2 oder 3 des Personenstandsgesetzes die Eintragung des Kindes in das Familienbuch oder nach § 30 Abs. 1 Satz 1 des Personenstandsgesetzes die

Eintragung eines Randvermerks zum Geburtseintrag des Kindes obliegt, oder

e) die Verwaltungsbehörde, die nach § 41 Abs. 2 des Personenstandsgesetzes über die Beurkundung der Geburt des Kindes zu entscheiden hat;

2. für einen Ausspruch nach § 3 Abs. 1 oder Abs. 2 der Annehmende, annehmende Ehegatten nur gemeinschaftlich.

Von der Antragsbefugnis nach Satz 1 Nr. 1 Buchstabe d und e ist nur in Zweifelsfällen Gebrauch zu machen. Für den Antrag nach Satz 1 Nr. 2 gelten § 1752 Abs. 2 und § 1753 des Bürgerlichen Gesetzbuchs.

(2) Eine Feststellung nach § 2 sowie ein Ausspruch nach § 3 wirken für und gegen alle. Die Feststellung nach § 2 wirkt jedoch nicht gegenüber den bisherigen Eltern. In dem Beschluss nach § 2 ist dessen Wirkung auch gegenüber einem bisherigen Elternteil auszusprechen, sofern dieser das Verfahren eingeleitet hat oder auf Antrag eines nach Absatz 1 Satz 1 Nr. 1 Buchstabe a bis c Antragsbefugten beteiligt wurde. Die Beteiligung eines bisherigen Elternteils und der erweiterte Wirkungsausspruch nach Satz 3 können in einem gesonderten Verfahren beantragt werden.

Begründung zum Regierungsentwurf (Bundestags-Drucks. 14/6011, S. 48/49):

321 **Absatz 1** trifft nähere Regelungen über die Antragstellung in Verfahren nach den §§ 2 und 3.

322 **Satz 1** grenzt den Kreis der Antragsberechtigten ab. Nach **Nummer 1 Buchstabe a bis c** sind im Verfahren nach § 2 der Annehmende, das angenommene Kind und dessen leibliche Eltern antragsbefugt. Sonstige Personen, selbst wenn sie ein rechtliches Interesse an der Feststellung haben mögen, bleiben dagegen – anders als im Verfahren zur Anerkennung ausländischer Entscheidungen in Ehesachen (Artikel 7 § 1 Abs. 3 Satz 2 FamRÄndG) – von der Antragsberechtigung ausgeschlossen. Der Adoptivfamilie soll ein gerichtliches Verfahren, von dem insbesondere durch eine (nach § 5 Abs. 3 Satz 2 in Verbindung mit § 50b FGG vorgesehene) Anhörung des Kindes emotionale Belastungen, unter Umständen auch Beeinträchtigungen des Adoptionsgeheimnisses ausgehen können, grundsätzlich nicht von außen aufgezwungen werden. Die **Buchstaben d und e** machen hiervon eine Ausnahme und räumen das Antragsrecht auch den für personenstandsrechtliche Beurkundungen verantwortlichen Behörden ein. **Nummer 2** begrenzt die Antragsbefugnis für den Ausspruch nach § 3 Abs. 1 oder 2 auf den Annehmenden, ohne dessen Mitwirkung eine das familienrechtliche Verhältnis umgestaltende Entscheidung nicht ergehen kann; das Kind und im Rahmen des § 3 Abs. 1 auch dessen leibliche Eltern wirken durch die gemäß § 3 erforderlichen Zustimmungen mit.

323 **Satz 2** stellt sicher, dass die behördliche Antragsbefugnis gemäß Satz 1 Nr. 1 Buchstabe d und e den Grundsatz der Anerkennung ausländischer Adoptionsentscheidungen kraft Gesetzes, insbesondere auch nach Artikel 23 Abs. 1 des Haager Übereinkommens, nicht aushöhlt. **Satz 3** erklärt hinsichtlich des Umwandlungsantrags die Vorschriften des BGB über den Adoptionsantrag für anwendbar und stellt damit insbesondere das Formerfordernis notarieller Beurkundung des Antrags auf.

324 **Absatz 2 Satz 1** legt Entscheidungen des Vormundschaftsgerichts nach den §§ 2 und 3 Wirkung für und gegen alle bei. Nach **Satz 2** bleibt abweichend von diesem Grundsatz in Verfahren nach

§ 2 die Rechtsstellung der leiblichen Eltern des Kindes unberührt. Diese Einschränkung beeinträchtigt den Gewinn an Rechtssicherheit, den eine solche Entscheidung für die Adoptivfamilie bedeutet, nur unwesentlich, ist jedoch Voraussetzung für die Handhabbarkeit des Verfahrens in der Praxis: Ohne diese Eingrenzung der Entscheidungswirkungen wäre es grundsätzlich erforderlich, die biologischen Eltern des Kindes am Verfahren zu beteiligen. Die Notwendigkeit, zwecks Beteiligung der Eltern, die im Herkunftsstaat verbleiben und dort vielfach nur schwer erreichbar sein werden, internationale Rechtshilfe in Anspruch zu nehmen, könnte das Feststellungsverfahren schwerfällig und langwierig gestalten und es in der Praxis weitgehend entwerten. In Verfahren nach § 3, die auf eine Umgestaltung des Annahmeverhältnisses oder einzelner Adoptionswirkungen zielen, muss diese Erschwernis dagegen in Kauf genommen werden.

Um in geeigneten Konstellationen auch der Fallgruppe des § 2 ein Optimum an Rechtssicherheit zu erreichen, eröffnet **Satz 3** die Möglichkeit, auf Antrag hin einen leiblichen Elternteil oder beide biologischen Eltern am Verfahren zu beteiligen und auf Grund dieser Beteiligung dann auch den Wirkungsumfang der gerichtlichen Entscheidung entsprechend auszudehnen. Nach **Satz 4** kann ein entsprechender Antrag auch noch nach Abschluss des Verfahrens nach § 2 in einem gesonderten Verfahren gestellt werden. **325**

einstweilen frei **326–350**

§ 5
Zuständigkeit und Verfahren

(1) Über Anträge nach den §§ 2 und 3 entscheidet das Vormundschaftsgericht, in dessen Bezirk ein Oberlandesgericht seinen Sitz hat, für den Bezirk dieses Oberlandesgerichts; für den Bezirk des Kammergerichts entscheidet das Amtsgericht Schöneberg. Für die internationale und die örtliche Zuständigkeit gilt § 43b des Gesetzes über die Angelegenheiten der freiwilligen Gerichtsbarkeit entsprechend.

(2) Die Landesregierungen werden ermächtigt, die Zuständigkeit nach Absatz 1 Satz 1 durch Rechtsverordnung einem anderen Vormundschaftsgericht des Oberlandesgerichtsbezirks oder, wenn in einem Land mehrere Oberlandesgerichte errichtet sind, einem Vormundschaftsgericht für die Bezirke aller oder mehrerer Oberlandesgerichte zuzuweisen. Sie können die Ermächtigung auf die Landesjustizverwaltungen übertragen.

(3) Das Vormundschaftsgericht entscheidet im Verfahren der freiwilligen Gerichtsbarkeit. § 50a Abs. 1 Satz 1, Abs. 2 und 3 sowie § 50b des Gesetzes über die Angelegenheiten der freiwilligen Gerichtsbarkeit finden entsprechende Anwendung. Im Verfahren nach § 2 wird ein bisheriger Elternteil nur nach Maßgabe des § 4 Abs. 2 Satz 3 und 4 angehört. Im Verfahren nach § 2 ist der Generalbundesanwalt beim Bundesgerichtshof als Bundeszentralstelle für Auslandsadoption, im Verfahren nach § 3 sind das Jugendamt und die zentrale Adoptionsstelle des Landesjugendamtes zu beteiligen.

(4) Auf die Feststellung der Anerkennung oder Wirksamkeit einer Annahme als Kind oder des durch diese bewirkten Erlöschens des Eltern-Kind-Verhältnisses des Kindes zu seinen bisherigen Eltern, auf eine Feststellung

nach § 2 Abs. 2 Satz 1 sowie auf einen Ausspruch nach § 3 Abs. 1 oder 2 oder nach § 4 Abs. 2 Satz 3 findet § 56e Satz 2 und 3 des Gesetzes über die Angelegenheiten der freiwilligen Gerichtsbarkeit entsprechende Anwendung. Im Übrigen unterliegen Beschlüsse nach diesem Gesetz der sofortigen Beschwerde; sie werden mit ihrer Rechtskraft wirksam. § 4 Abs. 2 Satz 2 bleibt unberührt.

Begründung zum Regierungsentwurf (Bundestags-Drucks. 14/6011, S. 49):

351 Die Zuständigkeit für Verfahren nach dem Adoptionswirkungsgesetz wird nach **Absatz 1 Satz 1** bei einem Amtsgericht (Vormundschaftsgericht) für jeden Bezirk eines Oberlandesgerichts konzentriert. Dies erleichtert es den mit der Materie befassten Richterinnen und Richtern, Erfahrungen zu sammeln, und hat sich bei anderen Verfahrensarten aus dem Bereich des internationalen Kindschaftsrechts (§ 5 Abs. 1 SorgeRÜbkAG) bereits bewährt. **Satz 2** verweist hinsichtlich der internationalen und der örtlichen Zuständigkeit auf die entsprechende Anwendung des unmittelbar nur für Adoptionssachen geltenden § 43b FGG.

352 Nach **Absatz 2** können die Länder das zuständige Vormundschaftsgericht durch Rechtsverordnung bestimmen; wird keine abweichende Zuweisung vorgenommen, so ist die Zuständigkeit des Vormundschaftsgerichts gegeben, in dessen Bezirk das Oberlandesgericht seinen Sitz hat. Die Länder werden außerdem ermächtigt, die genannten Zuständigkeiten für zwei oder drei Oberlandesgerichtsbezirke bei einem Vormundschaftsgericht zu konzentrieren.

353 **Absatz 3** fasst allgemeine Verfahrensbestimmungen zusammen. **Satz 1** unterstellt das Verfahren insgesamt dem Recht der freiwilligen Gerichtsbarkeit. Nach **Satz 2** finden die Vorschriften der §§ 50a und 50b FGG über die Anhörung der Eltern und des Kindes, die unmittelbar wohl nur für sorgerechtliche Verfahren gelten, weitgehend entsprechende Anwendung. Durch die bloße Teilverweisung auf § 50a Abs. 1 FGG wird jedoch eine persönliche Anhörung der Herkunftseltern in das pflichtgemäße Ermessen des Gerichts gestellt. Auch bei § 50b Abs. 1 FGG kann sich in Anbetracht der tatbestandlichen Voraussetzungen der Bestimmung – vor allem in Verfahren nach den §§ 2, 3 Abs. 2 – eine eher zurückhaltende Anwendung empfehlen. **Satz 3** zieht die Konsequenz aus der Regelung des § 4 Abs. 2 Satz 2 und 3 und bestimmt ausdrücklich, dass es im Verfahren nach § 2 AdWirkG-E einer Anhörung der leiblichen Eltern nur insoweit bedarf, als diese gemäß § 4 Abs. 2 Satz 3 eigens beteiligt werden. **Satz 4** sichert dem Generalbundesanwalt beim Bundesgerichtshof in seiner Funktion als Bundeszentralstelle für Auslandsadoption, bei der aktuelle Informationen über Fragen der Auslandsadoption zusammenlaufen, die formelle Beteiligtenstellung in Verfahren nach § 2 und bindet damit deren Sachverstand unterstützend und kontrollierend ein. Die Beteiligung der Bundeszentralstelle kann wesentlich zur Einheitlichkeit der Rechtspraxis der Anerkennungs- und Wirkungsfeststellung nach § 2 beitragen. In Verfahren nach § 3, in denen eine Kindeswohlprüfung vorgesehen ist (§ 3 Abs. 1 Satz 1 Nr. 1), werden (in Anlehnung an § 49 FGG) das Jugendamt und die zentrale Adoptionsstelle des Landesjugendamtes beteiligt.

354 **Absatz 4 Satz 1** unterstellt Entscheidungen nach den §§ 2 und 3, soweit diese den ausländischen Adoptionsakt bestätigen, ihm einen bestimmten Wirkungsumfang zusprechen oder die Umwandlung einer schwachen in eine Volladoption vollziehen, dem gleichen weitreichenden Bestandsschutz, den § 56e FGG für das Adoptionsdekret vorsieht. Nur auf diese Weise erwächst dem nach ausländischem Recht adoptierten Kind eine nachhaltig gesicherte Rechtsstellung, wie sie nach geltendem Recht allein durch eine Wiederholung der Annahme im Inland gewährleistet werden kann.

Soweit ein Beschluss nach dem Adoptionswirkungsgesetz die Anerkennung oder Wirksamkeit eines ausländischen Adoptionsakts verneint, ihm einen bestimmten (weitergehenden) Wirkungsumfang abspricht oder die Umwandlung einer schwachen in eine starke Adoption ablehnt, unterliegt dieser Beschluss nach **Satz 2** der sofortigen Beschwerde und wird erst mit seiner Rechtskraft wirksam. **Satz 3** stellt klar, dass die Rechtskraft vormundschaftsgerichtlicher Beschlüsse nach den Sätzen 1 und 2 durch die in § 4 Abs. 2 Satz 2 normierte Einschränkung der Entscheidungswirkungen begrenzt wird; diese Begrenzung greift allerdings in den Fällen des erweiterten Wirkungsausspruchs nach § 4 Abs. 2 Satz 3 nicht ein. 355

einstweilen frei 356–380

III. Änderungen des Adoptionsvermittlungsgesetzes (Artikel 3 des Gesetzes zur Regelung von Rechtsfragen auf dem Gebiet der internationalen Adoption und zur Weiterentwicklung des Adoptionsvermittlungsrechts)

Hinweis
Eine synoptische Textfassung des Adoptionsvermittlungsgesetzes in der bisherigen und der ab 1. 1. 2002 geltenden Fassung befindet sich im Teil C I. 3., S. 196 ff.

Artikel 3
Änderung des Adoptionsvermittlungsgesetzes

Das Adoptionsvermittlungsgesetz in der Fassung der Bekanntmachung vom 27. November 1989 (BGBl. I S. 2016), zuletzt geändert durch Artikel 4 Abs. 3 des Gesetzes vom 26. Januar 1998 (BGBl. I S. 164), wird wie folgt geändert:

Begründung zum Regierungsentwurf (Bundestags-Drucks. 14/6011, S. 49/50):

381 Artikel 3 enthält Änderungen und Ergänzungen des Adoptionsvermittlungsgesetzes, die nicht nur für Adoptionen im Anwendungsbereich der Haager Übereinkunft, sondern auch für andere Auslandsadoptionen sowie hinsichtlich der §§ 2, 3, 4, 7 Abs. 1 und 2, §§ 9a, 9b, 9c, 9d, 10 und 15 darüber hinaus für Inlandsadoptionen Bedeutung haben. Diese Neuregelungen betreffen insbesondere

- die Begutachtung von Adoptionsbewerbern im Vorfeld einer Auslandsadoption,
- die Erstattung von Entwicklungsberichten nach Übersiedlung des Kindes ins Inland im Zuge einer internationalen Adoption,
- die Zusammenarbeit der Adoptionsvermittlungsstellen mit der zentralen Behörde des Bundes bei grenzüberschreitender Adoption,
- die Aufbewahrung von und den Zugang zu Vermittlungsakten sowie den Datenschutz,
- die Anerkennung und Beaufsichtigung von Adoptionsvermittlungsstellen in freier Trägerschaft und
- die Ermächtigung zur näheren Regelung von Modalitäten der Vermittlung und Nachsorge, von Mitteilungspflichten sowie der Kostenerhebung durch Rechtsverordnung.

382 Hinsichtlich der Voraussetzungen für die Anerkennung einer freien Adoptionsvermittlungsstelle übernimmt der Entwurf die Vorgaben, welche die Haager Übereinkunft an zugelassene Organisationen stellt (dazu oben in Abschnitt 3 des Allgemeinen Teils der Begründung), im Grundsatz auch für solche Vermittlungsstellen, die ausschließlich im Inland arbeiten. Denn diese Vorgaben bezeichnen Anforderungen an die Zuverlässigkeit, die Fachlichkeit und die Finanzierung der Adoptionsvermittlungsstelle oder ihrer Mitarbeiter, die im Ansatz an jede Adoptionsvermittlung, in Bezug auf die Auslandsvermittlung allerdings in erhöhtem Maße, zu stellen sind.

Stellungnahme des Bundesrates (Bundestags-Drucks. 14/6011, S. 62):

15. **Zu Artikel 3 (Änderung des Adoptionsvermittlungsgesetzes)** 383

Der Bundesrat bittet, im Laufe des weiteren Gesetzgebungsverfahrens das Adoptionsvermittlungsgesetz als Zehntes Kapitel in das Achte Buch Sozialgesetzbuch einzustellen.

Begründung:

Im Kinder- und Jugendhilfegesetz sollten rechtssystematisch sämtliche Wechselfälle des Lebens mit Kindern in den verschiedenen Formen von Familie erkennbar und abschließend behandelt werden.

Gegenäußerung der Bundesregierung (Bundestags-Drucks. 14/6011, S. 65):

Zu Nummer 15 (Zu Artikel 3 – Änderung des Adoptionsvermittlungsgesetzes) 384

Die Bundesregierung stimmt der vorgeschlagenen Änderung nicht zu.

Eine Einstellung des Adoptionsvermittlungsgesetzes in das Achte Buch Sozialgesetzbuch wird auch von der Bundesregierung für sinnvoll erachtet. Ein solcher Schritt ist jedoch mit erheblichen systematischen Änderungen im SGB VIII selbst sowie den Regelungen zur Adoptionsvermittlung verbunden und würde den Abschluss des Gesetzgebungsverfahrens, das vor allem der – allseits als dringlich angesehenen – Umsetzung des Haager Adoptionsübereinkommens dient, unangemessen verzögern. Die Bundesregierung wird deshalb die Frage einer systemkonformen und terminologisch stimmigen Eingliederung des Adoptionsvermittlungsgesetzes in das Achte Buch Sozialgesetzbuch unabhängig vom laufenden Gesetzgebungsverfahren prüfen.

Ergänzende Hinweise

Der Gesetzgeber hat die in § 14 Abs. 3 AdVermiG enthaltenen Bußgeldhöchstbeträge vor dem 1. Januar 2002 nicht mehr durch runde Euro-Beträge ersetzt. Damit tritt nach Artikel 14 der Verordnung (EG) Nr. 974/98 des Rates vom 3. Mai 1998 über die Einführung des Euro (ABl. EG Nr. L 139 vom 11. Mai 1998, S. 1) in Verbindung mit Artikel 1 der Verordnung (EG) Nr. 2866/98 des Rates vom 31. Dezember 1998 über die Umrechnungskurse zwischen dem Euro und den Währungen der Mitgliedstaaten, die den Euro einführen, (ABl. EG Nr. L 359 vom 31. Dezember 1998, S. 1) und den Artikeln 4 und 5 der Verordnung (EG) Nr. 1103/97 des Rates vom 17. Juni 1997 über bestimmte Vorschriften im Zusammenhang mit der Einführung des Euro (ABl. EG Nr. L 162 vom 19. Juni 1997, S. 1) mit Wirkung vom 1. Januar 2002 an die Stelle des in § 14 Abs. 3 AdVermiG genannten Betrags von 10.000 DM ein Betrag von 5.112,92 Euro und an die Stelle des Betrags von 50.000 DM ein Betrag von 25.564,59 Euro. 385

einstweilen frei 386–390

1. § 2 wird wie folgt geändert:

a) Absatz 1 wird wie folgt geändert:

aa) Die Sätze 2 und 3 werden wie folgt gefasst:

„Das Jugendamt darf die Adoptionsvermittlung nur durchführen, wenn es eine Adoptionsvermittlungsstelle eingerichtet hat; das Landesjugendamt hat eine zentrale Adoptionsstelle einzurichten. Jugendämter benachbarter Gemeinden oder Kreise können mit Zustimmung der zentralen Adoptionsstelle des Landesjugendamtes eine gemeinsame Adoptionsvermittlungsstelle errichten."

bb) In Satz 5 werden die Wörter „und Hamburg" durch die Wörter „‚Hamburg und Saarland" ersetzt.'

b) In Absatz 2 werden nach dem Wort „Organisationen" die Wörter „mit Sitz im Inland" eingefügt und die Wörter „nach Landesrecht zuständigen Behörde" durch die Wörter „zentralen Adoptionsstelle des Landesjugendamtes" ersetzt.

Begründung zum Regierungsentwurf (Bundestags-Drucks. 14/6011, S. 50):

391 Die Änderungen in § 2 AdVermiG greifen Anregungen aus der Praxis auf. In **Absatz 1** wird präzisiert, dass jedes Landesjugendamt – allein oder gemeinsam mit einem oder mehreren weiteren Landesjugendämtern – eine zentrale Adoptionsstelle einzurichten hat, der wichtige Aufgaben nach dem Adoptionsvermittlungsgesetz und dem Adoptionsübereinkommens-Ausführungsgesetz zukommen. Außerdem erleichtert der Entwurf, korrespondierend mit den strengeren Anforderungen an die personelle Ausstattung einer Adoptionsvermittlungsstelle gemäß § 3 AdVermiG-E, die Bildung gemeinsamer Adoptionsvermittlungsstellen der Jugendämter.

392 In **Absatz 2** wird hinsichtlich der Adoptionsvermittlungsstellen in freier Trägerschaft klargestellt, dass der jeweilige Träger im Inland ansässig sein muss. Überdies wird die Zuständigkeit für die Anerkennung freier Adoptionsvermittlungsstellen einheitlich bei den zentralen Adoptionsstellen der Landesjugendämter angesiedelt. Denn die wesentlich gesteigerten Anforderungen, die eine freie Adoptionsvermittlungsstelle nach den §§ 3 und 4 Abs. 1 AdVermiG-E zu erfüllen hat, bedürfen sachkundiger Einschätzung durch eine Fachbehörde mit praktischer Erfahrung auf dem Gebiet der Adoptionsvermittlung. Im Interesse effektiven Kinderschutzes muss insoweit eine Abweichung von dem mit dem 2. Zuständigkeitslockerungsgesetz vom 3. Mai 2000 (BGBl. I S. 632) verfolgten Ziel möglichst autonomer Festlegung behördlicher Zuständigkeiten durch das Landesrecht in Kauf genommen werden.

Stellungnahme des Bundesrates (Bundestags-Drucks. 14/6011, S. 60/61):

393 5. **Zu Artikel 3 Nr. 1 Buchstabe a (§ 2 Abs. 1 Satz 5 AdVermiG)**

In Artikel 3 Nr. 1 ist Buchstabe a wie folgt zu fassen:

‚a) Absatz 1 wird wie folgt geändert:

aa) Die Sätze 2 und 3 werden wie folgt gefasst:
„<Text wie Gesetzentwurf>"

bb) In Satz 5 werden die Wörter „und Hamburg" durch die Wörter „‚Hamburg und Saarland" ersetzt.'

Begründung:

Mit dieser Änderung kann die im Saarland bewährte Praxis beibehalten werden, dass das Landesjugendamt als Adoptionsvermittlungsstelle für sämtliche Auslandsadoptionen fungiert. Die Änderung des § 7 Abs. 3 AdVermiG, wie es der Referentenentwurf vorsah, wurde nicht in den Gesetzentwurf übernommen. Ohne diese Änderung müssten Aufgaben der zentralen Adoptionsvermittlungsstelle des Landesjugendamtes zu örtlichen Stellen zurückverlagert werden.

Darüber hinaus ist die Änderung notwendig für die Option, im Saarland in Zukunft eine gemeinsame Adoptionsvermittlungsstelle des Landesjugendamtes und der örtlichen Jugendämter einrichten zu können.

Gegenäußerung der Bundesregierung (Bundestags-Drucks. 14/6011, S. 64):

Zu Nummer 5 (Zu Artikel 3 Nr. 1 Buchstabe a – § 2 Abs. 1 Satz 5 AdVermiG) 394

Die Bundesregierung stimmt der vorgeschlagenen Änderung zu, gibt aber Folgendes zu bedenken:

Die Auslandsadoptionsvermittlung ist nach den Vorschlägen des Entwurfs ohnehin grundsätzlich Aufgabe des Landesjugendamtes (§ 2a Abs. 3 Nr. 1 und 2 AdVermiG-E). Die Adoptionsvermittlungsstelle des Jugendamtes ist zur Vermittlung von Auslandsadoptionen nur befugt, wenn ihr dies von dem zuständigen Landesjugendamt gestattet wurde. Insofern kann die Praxis im Saarland, die Vermittlung von Auslandsadoptionen bei dem Landesjugendamt zu konzentrieren, ohne Änderung des Entwurfs beibehalten werden.

Bericht des Rechtsausschusses des Dt. Bundestages (Bundestags-Drucks. 14/6583, S. 23):

Die Änderung erfolgt auf Anregung des Saarlands, das die Aufgaben der örtlichen Adoptions- 395
vermittlungsstelle dem Landesjugendamt übertragen möchte (vgl. Nummer 5 der Stellungnahme des Bundesrates).

einstweilen frei 396–400

2. Nach § 2 wird folgender § 2a eingefügt:

„§ 2a
Internationale Adoptionsvermittlung

(1) Die Vorschriften dieses Gesetzes über internationale Adoptionsvermittlung sind in allen Fällen anzuwenden, in denen das Kind oder die Adoptionsbewerber ihren gewöhnlichen Aufenthalt im Ausland haben oder in denen das Kind innerhalb von zwei Jahren vor Beginn der Vermittlung in das Inland gebracht worden ist.

(2) Im Anwendungsbereich des Haager Übereinkommens vom 29. Mai 1993 über den Schutz von Kindern und die Zusammenarbeit auf dem Gebiet der internationalen Adoption (BGBl. 2001 II S. 1034) (Adoptionsübereinkom-

men) gelten ergänzend die Bestimmungen des Adoptionsübereinkommens-Ausführungsgesetzes vom 5. November 2001 (BGBl. I S. 2950).

(3) Zur internationalen Adoptionsvermittlung sind befugt:

1. die zentrale Adoptionsstelle des Landesjugendamtes;

2. die Adoptionsvermittlungsstelle des Jugendamtes, soweit die zentrale Adoptionsstelle des Landesjugendamtes ihr diese Tätigkeit im Verhältnis zu einem oder mehreren bestimmten Staaten allgemein oder im Einzelfall gestattet hat;

3. eine anerkannte Auslandsvermittlungsstelle (§ 4 Abs. 2) im Rahmen der ihr erteilten Zulassung;

4. eine ausländische zugelassene Organisation im Sinne des Adoptionsübereinkommens, soweit die Bundeszentralstelle (Absatz 4 Satz 1) ihr diese Tätigkeit im Einzelfall gestattet hat.

(4) Zur Koordination der internationalen Adoptionsvermittlung arbeiten die in Absatz 3 und in § 15 Abs. 2 genannten Stellen mit dem Generalbundesanwalt beim Bundesgerichtshof als Bundeszentralstelle für Auslandsadoption (Bundeszentralstelle) zusammen. Das Bundesministerium für Familie, Senioren, Frauen und Jugend kann im Einvernehmen mit dem Bundesministerium der Justiz durch Rechtsverordnung mit Zustimmung des Bundesrates bestimmen, dass die Bundeszentralstelle im Verhältnis zu einzelnen Staaten, die dem Adoptionsübereinkommen nicht angehören, ganz oder zum Teil entsprechende Aufgaben wie gegenüber Vertragsstaaten wahrnimmt; dabei können diese Aufgaben im Einzelnen geregelt werden.

(5) Die in Absatz 3 und in § 15 Abs. 2 genannten Stellen haben der Bundeszentralstelle

1. zu jedem Vermittlungsfall im Sinne des Absatzes 1 von der ersten Beteiligung einer ausländischen Stelle an die jeweils verfügbaren Angaben zur Person (Name, Geschlecht, Geburtsdatum, Geburtsort, Staatsangehörigkeit, Familienstand und Wohnsitz oder gewöhnlicher Aufenthalt) des Kindes, seiner Eltern und der Adoptionsbewerber sowie zum Stand des Vermittlungsverfahrens zu melden,

2. jährlich zusammenfassend über Umfang, Verlauf und Ergebnisse ihrer Arbeit auf dem Gebiet der internationalen Adoptionsvermittlung zu berichten und

3. auf deren Ersuchen über einzelne Vermittlungsfälle im Sinne des Absatzes 1 Auskunft zu geben, soweit dies zur Erfüllung der Aufgaben nach Absatz 4 und nach § 2 Abs. 2 Satz 1 des Adoptionsübereinkommens-Ausführungsgesetzes vom 5. November 2001 (BGBl. I S. 2950) erforderlich ist.

Die Meldepflicht nach Satz 1 Nr. 1 beschränkt sich auf eine Meldung über den Abschluss des Vermittlungsverfahrens, sofern dieses weder das Verhältnis zu anderen Vertragsstaaten des Adoptionsübereinkommens noch zu solchen Staaten betrifft, die durch Rechtsverordnung nach Absatz 4 Satz 2 bestimmt worden sind.

(6) Die Bundeszentralstelle speichert die nach Absatz 5 Satz 1 Nr. 1 übermittelten Angaben in einer zentralen Datei. Die Übermittlung der Daten ist zu protokollieren. Die Daten zu einem einzelnen Vermittlungsfall sind dreißig Jahre nach Eingang der letzten Meldung zu dem betreffenden Vermittlungsfall zu löschen.“

Begründung zum Regierungsentwurf (Bundestags-Drucks. 14/6011, S. 50/51):

Die Vorschrift fasst Regelungen über internationale Adoptionsvermittlung – innerhalb und außerhalb des Anwendungsbereichs des Haager Übereinkommens – zusammen. 401

Absatz 1 definiert für die Regelungszusammenhänge des Adoptionsvermittlungsgesetzes den Begriff der internationalen Adoptionsvermittlung. Die vorgeschlagene Formulierung knüpft ähnlich wie die Abgrenzung des Anwendungsbereichs in Artikel 2 Abs. 1 des Haager Übereinkommens an den gewöhnlichen Aufenthalt des Kindes und der Adoptionsbewerber an, berücksichtigt dabei jedoch, dass die Vorschriften des Adoptionsvermittlungsgesetzes auch für Vermittlungsfälle im Verhältnis zwischen Deutschland und einem Nichtvertragsstaat gelten. Dabei wird der Begriff der internationalen Adoptionsvermittlung mit Hilfe weitgehend objektiver Merkmale umschrieben, um die praktische Anwendung der auf ihm aufbauenden Vorschriften etwa über Unterrichtungspflichten der Adoptionsvermittlungsstellen (Absatz 5) und über die Zulassung von Adoptionsvermittlungsstellen in freier Trägerschaft als Auslandsvermittlungsstellen (§ 4 Abs. 2) zu erleichtern. 402

Absatz 2 lenkt als Hinweisnorm die Aufmerksamkeit des Rechtsanwenders auf die Spezialregelungen, die das Adoptionsübereinkommens-Ausführungsgesetz (Artikel 1 des Entwurfs) für Vermittlungsfälle im Rahmen des Haager Übereinkommens trifft. 403

Während das geltende Recht allen Adoptionsvermittlungsstellen i. S. des § 2 AdVermiG auch die grenzüberschreitende Vermittlung erlaubt, beinhaltet **Absatz 3** eine abschließende Aufzählung der zur internationalen Adoptionsvermittlung zugelassenen Stellen. Nach **Nummer 1** sind zunächst die zentralen Adoptionsvermittlungsstellen der Landesjugendämter zur internationalen Adoptionsvermittlung berechtigt. **Nummer 2** beinhaltet eine Neuregelung, indem sie die Befugnis der Jugendämter zu grenzüberschreitender Vermittlung an eine Gestattung durch die zentrale Adoptionsstelle des Landesjugendamtes bindet. Diese wird jeweils für die Vermittlung im Verhältnis zu einzelnen ausländischen Staaten erteilt. Die zentrale Adoptionsstelle erhält so die Möglichkeit zu differenzierter Prüfung unter Einbeziehung der in dem jeweiligen Jugendamt verfügbaren personellen Ressourcen sowie der für die Vermittlung in Aussicht genommenen ausländischen Partnerstellen. **Nummer 3** weist auf eine entsprechende Beschränkung der internationalen Vermittlungstätigkeit freier Adoptionsvermittlungsstellen hin, die gemäß § 4 Abs. 2 AdVermiG-E für die grenzüberschreitende Vermittlung einer besonderen, ebenfalls auf einzelne Staaten beschränkten Zulassung bedürfen. **Nummer 4** ermächtigt den Generalbundesanwalt beim Bundesgerichtshof in seiner Funktion als Bundeszentralstelle für Auslandsadoption, im Einzelfall, d. h. für die Vermittlung eines bestimmten adoptionsbedürftigen Kindes, einer ausländischen zugelassenen (gemäß Artikel 11 Buchstabe a des Haager Übereinkommens notwendigerweise gemeinnützigen) Organisation nach der Übereinkunft die grenzüberschreitende Vermittlung zu erlauben. Eine Übergangsregelung, nach der die 404 bis zum Inkrafttreten dieses Gesetzes ausgeübte Berechtigung zur internationalen Adoptionsvermittlung unter bestimmten Voraussetzungen in begrenztem Umfang fortgilt, enthält § 15 Abs. 2 AdVermiG-E.

405 **Absatz 4 Satz 1** weist dem Generalbundesanwalt beim Bundesgerichtshof als Bundeszentralstelle für Auslandsadoption (Bundeszentralstelle) Koordinierungsaufgaben zu und verpflichtet die (staatlichen und freien) Adoptionsvermittlungsstellen zur Zusammenarbeit mit der Bundeszentralstelle.

406 Im Verkehr mit anderen Vertragsstaaten des Haager Übereinkommens sollte einerseits die zentrale Behörde des Bundes als umfassend informierter Ansprechpartner zur Verfügung stehen, der zugleich in besonderem Maße berufen ist, für die Einhaltung der Verpflichtungen der Bundesrepublik Deutschland aus der Haager Übereinkunft Sorge zu tragen. Andererseits dürfen sich die Vermittlungskontakte nicht zu kompliziert gestalten. Zudem werden diese nicht selten auf einem persönlichen Vertrauensverhältnis beruhen, das zwischen Mitarbeitern staatlicher oder freier Adoptionsvermittlungsstellen und Gesprächspartnern in den Herkunftsstaaten gewachsen ist und eine erfolgreiche Vermittlungsarbeit erst ermöglicht oder wesentlich erleichtert. Zwischen diesen Anforderungen beschreitet die Vorschrift im Zusammenwirken mit Artikel 1 § 3 Abs. 1 Satz 1 über den unmittelbaren Verkehr der Auslandsvermittlungsstellen mit ausländischen Stellen einen Mittelweg.

407 Außerhalb der Funktion der Bundeszentralstelle als zentrale Behörde des Bundes nach dem Haager Übereinkommen beschränkt sich dies grundsätzlich auf eine beobachtende Rolle. **Satz 2** ermächtigt darüber hinaus zum Erlass einer Rechtsverordnung, durch die der Bundeszentralstelle für die Zusammenarbeit mit Staaten, die der Konvention nicht angehören, entsprechende Aufgaben übertragen werden können, wie sie sie im Rahmen des Übereinkommens wahrnimmt.

408 **Absatz 5** konkretisiert die in Absatz 4 geregelte allgemeine Verpflichtung zur Zusammenarbeit und normiert Melde-, Berichts- und Auskunftspflichten der mit internationaler Adoptionsvermittlung befassten Stellen gegenüber der Bundeszentralstelle.

409 **Satz 1 Nr. 1** sieht für jeden Fall internationaler Adoptionsvermittlung die Übermittlung tabellarischer Angaben zur Person des Kindes, seiner Eltern und der Adoptionsbewerber sowie zum Stand des Vermittlungsverfahrens – insbesondere zur Beteiligung ausländischer Stellen – vor. Durch diese Angaben wird die Bundeszentralstelle in die Lage versetzt, ihre Aufgabe als Empfangsstelle gemäß Artikel 6 Abs. 2 Satz 2 des Haager Übereinkommens zu erfüllen und Mitteilungen ausländischer Stellen zu einem einzelnen Vermittlungsfall an die zuständige inländische Adoptionsvermittlungsstelle, die diesen Fall gemeldet hat, weiterzuleiten. Die zentrale Behörde des Bundes benötigt diese Angaben ferner, um ihre Koordinierungsfunktion hinsichtlich einzelfallbezogener Aufgaben nach Artikel 9 Buchstabe a, b und e des Übereinkommens wahrnehmen, insbesondere um Anfragen ausländischer Stellen unmittelbar oder mit Einschaltung der zuständigen inländischen Vermittlungsstelle beantworten zu können. Eine weitere bedeutsame Funktion der Datensammlung besteht darin, dem Adoptierten Aufschlüsse darüber zu ermöglichen, welche Adoptionsvermittlungsstelle „seinen" Fall bearbeitet hat, um auf diese Weise Zugang zu den Vermittlungsakten (§ 9b AdVermiG-E) zu erhalten. Schließlich wird es der Bundeszentralstelle durch die ihr zur Verfügung zu stellenden Daten erleichtert, (zeitnahe) statistische Daten betreffend die Anwendung der Haager Übereinkunft bereit zu halten, wie es deren Artikel 7 Abs. 2 Buchstabe a vorsieht.

410 Nach **Nummer 2** haben die mit internationaler Adoptionsvermittlung befassten Stellen der Bundeszentralstelle jährlich zusammenfassend über ihre Tätigkeit zu berichten.

411 Diese Berichte ermöglichen es der Bundeszentralstelle, in Bezug auf den allgemeinen Informations- und Erfahrungsaustausch nach Artikel 7 Abs. 2 Buchstabe b und Artikel 9 Buchstabe d des Haager Übereinkommens koordinierend tätig zu werden, auf eine abgestimmte Position der deutschen zentralen Behörden, Jugendämter und zugelassenen Organisationen

hinzuwirken und die Bundesrepublik Deutschland gegenüber anderen Vertragsstaaten der Übereinkunft zu vertreten. Berichte über internationale Adoptionsvermittlung außerhalb des Anwendungsbereichs der Konvention können hierfür ergänzende Informationen, etwa hinsichtlich der Zusammenarbeit bei der Bekämpfung des Kinderhandels, liefern und dienen der Kooperation mit Staaten, die dem Haager Übereinkommen nicht angehören.

Nach **Nummer 3** kann die Bundeszentralstelle zu einzelnen Vermittlungsfällen Auskünfte einholen, die über die ihr nach Nummer 1 übermittelten Angaben hinausgehen. Sie wird dadurch in die Lage versetzt, die ihr obliegende Koordination bei den einzelfallbezogenen Aufgaben nach Artikel 9 Buchstabe a, b und e des Haager Übereinkommens wahrzunehmen, insbesondere an sie gerichtete Anfragen von zentralen Behörden anderer Vertragsstaaten zu einzelnen Vermittlungsfällen zu beantworten. **412**

Satz 2 begrenzt die laufende Meldepflicht gemäß Satz 1 Nr. 1 auf die Vermittlung im Rahmen des Haager Übereinkommens sowie im Verhältnis zu den durch Rechtsverordnung nach Absatz 4 Satz 2 bestimmten Nichtvertragsstaaten. Im Übrigen ist lediglich eine einmalige Meldung mit Abschluss des Vermittlungsverfahrens vorgesehen. Diese Meldung dient vor allem dazu, dem Adoptierten selbst den Zugang zu den Vermittlungsakten zu erleichtern, indem er von der Bundeszentralstelle Auskunft darüber erhalten kann, welche Adoptionsvermittlungsstelle seinerzeit tätig geworden ist. **413**

Absatz 6 Satz 1 erlaubt es der Bundeszentralstelle, die ihr übermittelten Daten in dem erforderlichen Umfang in einer zentralen Datei zu speichern. Vorschriften über die Zweckbindung und über Auskünfte aus dieser zentralen Datei trifft der in Artikel 3 Nr. 6 neu vorgeschlagene § 9d AdVermiG-E. **Satz 2** schreibt die Protokollierung der Weitergabe von Daten aus der zentralen Datei vor, um die Überwachung der datenschutzrechtlichen Bestimmungen zu erleichtern. **Satz 3** regelt eine Löschungsfrist für die von der Bundeszentralstelle nach Absatz 5 Satz 1 Nr. 1 gesammelten Daten, die so bemessen ist, dass die Daten sowohl für die Beantwortung von Anfragen aus dem Ausland als auch für Recherchen seitens des Angenommenen hinreichend lange zur Verfügung stehen. **414**

Stellungnahme des Bundesrates (Bundestags-Drucks. 14/6011, S. 61):

6. **Zu Artikel 3 Nr. 2 (§ 2a Abs. 2 Satz 2 – neu – AdVermiG)** **415**

   In Artikel 3 Nr. 2 § 2a ist dem Absatz 2 folgender Satz anzufügen:

   „Die §§ 4 bis 7 des Adoptionsübereinkommens-Ausführungsgesetzes gelten jedoch unabhängig von dem Anwendungsbereich des Haager Übereinkommens vom 29. Mai 1993."

   Begründung:

   Die Rückbindung an die fachliche Verantwortung des Jugendamts darf sich nicht nur auf Vertragsadoptionen beschränken, sondern soll für alle internationalen Adoptionen gelten.

7. **Zu Artikel 3 Nr. 2 (§ 2a Abs. 3 Nr. 2 AdVermiG)** **416**

   In Artikel 3 Nr. 2 § 2a Abs. 3 Nr. 2 sind die Wörter „oder im Einzelfall" zu streichen.

   Begründung:

   Die Gestattung eines Tätigwerdens auch im Einzelfall trägt nicht zur Transparenz bei. Heimatstaaten wird es erschwert, klare Zuständigkeiten im Land zu erkennen, was insbesondere in diesem komplexen Arbeitsfeld erforderlich ist.

8. **Zu Artikel 3 Nr. 2 (§ 2a Abs. 3 Nr. 4 AdVermiG)** **417**

   In Artikel 3 Nr. 2 § 2a Abs. 3 Nr. 4 sind nach dem Wort „Tätigkeit" die Wörter „im Einvernehmen mit der zuständigen zentralen Adoptionsstelle am Sitz der Bewerber" einzufügen.

   Begründung:

Mit dieser Ergänzung soll gewährleistet werden, dass die zentrale Adoptionsstelle ihre Erfahrungen in der Zusammenarbeit mit der jeweiligen ausländischen Stelle einbringen kann.

Gegenäußerung der Bundesregierung (Bundestags-Drucks. 14/6011, S. 64):

418 **Zu Nummer 6 (Zu Artikel 3 Nr. 2 – § 2a Abs. 2 Satz 2 – neu – AdVermiG-E)**

Die Bundesregierung stimmt der vorgeschlagenen Änderung nicht zu.

Die §§ 4 bis 7 AdÜbAG-E dienen der Ausführung des vom Übereinkommen vorgezeichneten Ablaufs des Vermittlungsverfahrens. Sie setzen insbesondere die Existenz entsprechender Behörden und eines dem Übereinkommen entsprechenden Vermittlungsverfahrens im Heimatstaat des Kindes voraus. Das Übereinkommen sieht besondere Verfahrensschritte vor, um den Erfolg der Adoption möglichst abzusichern, wie zum Beispiel die beiderseitige Zustimmung zur Fortführung des Adoptionsverfahrens nach Artikel 17 Buchstabe c des Übereinkommens. Dies erfordert und rechtfertigt Sonderregelungen für Adoptionen aus anderen Vertragsstaaten des Übereinkommens gegenüber sonstigen Fällen von Auslandsadoption. Darüber hinaus betrifft nur ein kleiner Teil der Vorschriften der §§ 4 bis 7 AdÜbAG-E tatsächlich die „Rückbindung an die fachliche Verantwortung des Jugendamtes". Allenfalls wäre daher die entsprechende Anwendung ausgewählter Vorschriften des AdÜbAG-E auf Fälle außerhalb des Anwendungsbereichs des Übereinkommens zu erwägen (etwa § 4 Abs. 4 AdÜbAG-E).

Aus gesetzessystematischer Sicht wäre es vorzuziehen, die fachliche Beteiligung des Jugendamtes bei Auslandsadoptionen außerhalb des Anwendungsbereichs des Übereinkommens abschließend im Adoptionsvermittlungsgesetz zu regeln. Insofern wäre es denkbar, in § 7 Abs. 3 AdVermiG-E nach Satz 1 der Vorschrift den Satz einzufügen: „Führt die zentrale Adoptionsstelle oder eine anerkannte Auslandsvermittlungsstelle die Eignungsprüfung durch, so hat sie die örtliche Adoptionsvermittlungsstelle rechtzeitig zu beteiligen." Diese Ergänzung würde in Parallele zu § 4 Abs. 4 AdÜbAG-E klarstellen, dass die zentralen Adoptionsstellen und anerkannten Auslandsvermittlungsstellen berechtigt, aber nicht verpflichtet sind, die Eignungsprüfung selbst durchzuführen und dass auch in diesem Fall die fachliche Sicht der örtlichen Adoptionsvermittlungsstelle in das Verfahren Eingang findet. Die Letztverantwortung für die Auswahl der Bewerber trägt allerdings – wie bei Adoptionen nach dem Übereinkommen – die mit dem Fall betraute Auslandsvermittlungsstelle.

419 **Zu Nummer 7 (Zu Artikel 3 Nr. 2 – § 2a Abs. 3 Nr. 2 AdVermiG-E)**

Die Bundesregierung stimmt der vorgeschlagenen Änderung nicht zu.

Die im Entwurf vorgesehene Einzelfallgestattung ermöglicht es insbesondere, in Fällen flexibel zu reagieren, in denen sich erst nach Einreise des Kindes herausstellt, dass eine Adoption in Betracht kommt. § 2a Abs. 1 AdVermiG-E bezieht Vermittlungsfälle, in denen das Kind innerhalb von zwei Jahren vor Beginn der Vermittlung nach Deutschland gekommen ist, in den Tatbestand der internationalen Adoptionsvermittlung ein. Dies gilt beispielsweise auch dann, wenn eine ausländische Mutter einen Deutschen geheiratet und ihr Kind mit ins Inland gebracht hat und wenn nach 18 Monaten der Ehemann eine Stiefkindadoption erreichen möchte. Belange der Zusammenarbeit mit dem Heimatstaat des Kindes werden dann vielfach nicht mehr berührt sein. Die Einzelfallgestattung erlaubt in solchen Fällen eine pragmatische Lösung. Der in der Begründung des Antrags angesprochenen Problematik kann durch eine restriktive Gestattungspraxis der Landesjugendämter wirksam begegnet werden.

420 **Zu Nummer 8 (Zu Artikel 3 Nr. 2 – § 2a Abs. 3 Nr. 4 AdVermiG-E)**

Die Bundesregierung stimmt der vorgeschlagenen Änderung nicht zu.

Soll einer ausländischen zugelassenen Organisation eine Vermittlungstätigkeit im Inland gestattet werden, so bedarf es grundsätzlich eines engen Zusammenwirkens mit den zuständigen

Stellen des Vertragsstaats, in dem die Organisation ihren Sitz hat (Artikel 12 des Übereinkommens). Diese Zusammenarbeit wird erleichtert, wenn die Erteilung einer Einzelfallgenehmigung für eine ausländische zugelassene Organisation Aufgabe der Bundeszentralstelle ist. Dabei gewährleistet die nach dem Entwurf vorgesehene Zusammenarbeit der zentralen Adoptionsstellen und des Generalbundesanwalts (§ 2a Abs. 4 Satz 1 AdVermiG-E), dass Informationen der zentralen Adoptionsstellen in die Entscheidung des GBA einfließen. Es ist nicht erforderlich, darüber hinaus ein Einvernehmen mit einer bestimmten zentralen Adoptionsstelle zu fordern. Umgekehrt entscheiden auch die Landesjugendämter über die Zulassung der inländischen Auslandsvermittlungsstellen allein, ohne dass ein Einvernehmen des GBA erforderlich wäre.

Ergänzende Hinweise

Zum Kreis der bei internationalen Adoptionen innerhalb und außerhalb des Anwendungsbereichs des Haager Übereinkommens anwendbaren Vorschriften vgl. die Übersicht in Abbildung 1 (Rdn. A 130). **421**

§ 2a Abs. 1 AdVermiG trifft eine Begriffsbestimmung ausschließlich im Anwendungsbereich des AdVermiG, lässt aber im Verhältnis zu Vertragsstaaten des Haager Übereinkommens dessen Anwendungsbereich unberührt. Zum Letzteren und zu den Gründen, aus denen der Gesetzgeber von einer Konkretisierung der Übereinkommensregeln im autonomen Recht abgesehen hat, vgl. oben Rdn. A 47 ff., A 147 ff. **422**

Hat z. B. ein Deutscher eine Frau aus einem Vertragsstaat des Adoptionsübereinkommens geheiratet, hat diese ein Kind aus erster Ehe mit nach Deutschland gebracht und wird ein Jahr später die Adoption des Kindes durch den Ehemann beantragt, so stellen sich mehrere Fragen: **423**

- Ist das Adoptionsübereinkommen anwendbar? **424**
  Dies beurteilt sich ausschließlich nach den Artikeln 2 und 3 des Übereinkommens. Es wird dabei entscheidend auf den Zusammenhang zwischen dem Übersiedeln des Kindes nach Deutschland und der beabsichtigten Adoption ankommen. Stellen sich die Beteiligten auf den Standpunkt, die Adoptionsabsicht sei erst im Nachhinein gefasst worden, so wird es in der Regel damit sein Bewenden haben, es sei denn, es wären etwa im Visaverfahren Äußerungen der Beteiligten über eine beabsichtigte Adoption aktenkundig geworden oder es gäbe andere überzeugende Indizien für eine schon im Zeitpunkt der Übersiedlung bestehende Adoptionsabsicht.
  Da das Übereinkommen zusätzliche Anforderungen für den Vollzug einer Adoption aufstellt, kann dem Annehmenden mangels deutlicher Anhaltspunkte für eine gegenteilige Regelung im Übereinkommen nicht etwa die (materielle) Beweislast dafür aufgebürdet werden, dass es an den Voraussetzungen für eine Anwendung des Übereinkommens fehlt.
- Ist die zentrale Behörde des Heimatstaates zu beteiligen? **425**
  Liegen auf deutscher Seite keine hinreichenden Anhaltspunkte dafür vor, dass

der Anwendungsbereich des Übereinkommens eröffnet ist, so kommt allenfalls eine Anfrage an die ausländische zentrale Behörde in Betracht, ob dort entsprechende Anhaltspunkte bekannt sind. Ist – wie meist in den Fällen der Stiefkindadoption – auf deutscher Seite keine Vermittlung i. S. des § 1 AdVermiG vorausgegangen, so kann eine solche Anfrage entweder vom Vormundschaftsgericht durch Rückfrage bei der zentralen Adoptionsstelle des Landesjugendamtes initiiert oder unmittelbar von dort aus, ggf. auch auf Anregung des Jugendamtes, veranlasst werden. Die Zuständigkeit des Landesjugendamtes folgt aus § 2 Abs. 2 Satz 3 AdÜbAG in Verbindung mit Artikel 7 Abs. 1 des Übereinkommens.

426 • Ist eine Meldung nach § 2a Abs. 5 AdVermiG zu erstatten?
Voraussetzung dafür wäre, dass überhaupt eine Vermittlung i. S. des § 1 AdVermiG – und nicht nur eine Begutachtung nach § 56d Satz 2 oder eine Äußerung im gerichtlichen Verfahren nach § 49 Abs. 1 Nr. 1 FGG – stattfindet. Im Regelfall der Stiefkindadoption wird dies zu verneinen sein.
Angenommen, im Beispielsfall verstirbt die Mutter kurz nach ihrer Ankunft in Deutschland, und das Kind soll nunmehr zur Adoption entweder durch den Ehemann oder durch hier lebende Verwandte der Mutter vermittelt werden. Ist damit der Anwendungsbereich des AdVermiG eröffnet, so greift § 2a Abs. 1 AdVermiG ein, weil sich das Kind noch nicht zwei Jahre im Inland aufgehalten hat. Damit besteht grundsätzlich auch eine Meldepflicht nach § 2a Abs. 5 Satz 1 Nr. 1 AdVermiG, da das Kind aus einem Vertragsstaat des Adoptionsübereinkommens stammt. Diese Meldepflicht besteht unabhängig davon, ob der Anwendungsbereich des Adoptionsübereinkommens gegeben ist oder nicht. Sie setzt aber erst mit der ersten Beteiligung einer ausländischen Stelle oder aber mit dem Abschluss des Vermittlungsverfahrens ein. Unterbleibt eine Anfrage bei der ausländischen zentralen Behörde, weil die zuständigen inländischen Stellen einen Anwendungsfall des Adoptionsübereinkommens klar verneinen, so kommt es zunächst auch zu keiner Meldung an die Bundeszentralstelle. Allerdings stellt die Beteiligung einer ausländischen Stelle nach Sinn und Zweck des § 2a Abs. 5 AdVermiG keine Voraussetzung für die Meldepflicht überhaupt, sondern lediglich das Unterscheidungsmerkmal dafür dar, ob die Meldung frühzeitig oder erst mit Abschluss des Vermittlungsverfahrens zu erfolgen hat, wie Satz 2 der Vorschrift es im Verhältnis zu Nicht-Vertragsstaaten vorsieht. Auch der Umfang der Meldung kann in den Einzelheiten differieren, je nach dem, ob die Bundeszentralstelle wegen Beteiligung einer ausländischen Stelle detailliertere Angaben benötigt, um etwaige Anfragen aus dem Ausland schneller und zielsicherer beantworten zu können, oder ob eine Abschlussmeldung dem Zweck dient, dem Angenommenen zu gegebener Zeit Nachforschungen über seine Herkunft zu erleichtern.

427 Einzelheiten der Meldepflicht werden voraussichtlich durch Rechtsverordnung nach § 9c Abs. 1 AdVermiG geregelt werden.

§ 2a Abs. 3 Nr. 2 AdVermiG macht die Befugnis des Jugendamtes zu internationaler Adoptionsvermittlung (i. S. des § 2a Abs. 1 AdVermiG) von einer Gestattung des Landesjugendamtes abhängig, die allgemein für bestimmte Heimatstaaten oder für den Einzelfall erteilt werden kann. Das Instrument der Einzelfallgestattung ermöglicht es u. a., Vermittlungsfälle i. S. des § 2a Abs. 1 AdVermiG, die nur (noch) geringe Auslandsberührung aufweisen, in die Zuständigkeit der Jugendämter zurückzuverlagern. Davon dürfte vor Allem in der Übergangszeit, in der § 16 AdÜbAG die Zuständigkeit der Jugendämter auch für bereits vor dem 1. Januar 2002 eingeleitete Vermittlungsverfahren beenden würde, verstärkt Gebrauch gemacht werden. 428

einstweilen frei 429–450

3. Die §§ 3 und 4 werden wie folgt gefasst:

„§ 3
Persönliche und fachliche Eignung der Mitarbeiter

(1) Mit der Adoptionsvermittlung dürfen nur Fachkräfte betraut werden, die dazu auf Grund ihrer Persönlichkeit, ihrer Ausbildung und ihrer beruflichen Erfahrung geeignet sind. Die gleichen Anforderungen gelten für Personen, die den mit der Adoptionsvermittlung betrauten Beschäftigten fachliche Weisungen erteilen können. Beschäftigte, die nicht unmittelbar mit Vermittlungsaufgaben betraut sind, müssen die Anforderungen erfüllen, die der ihnen übertragenen Verantwortung entsprechen.

(2) Die Adoptionsvermittlungsstellen (§ 2 Abs. 1 und 2) sind mit mindestens zwei Vollzeitfachkräften oder einer entsprechenden Zahl von Teilzeitfachkräften zu besetzen; diese Fachkräfte dürfen nicht überwiegend mit vermittlungsfremden Aufgaben befasst sein. Die zentrale Adoptionsstelle des Landesjugendamtes kann Ausnahmen zulassen.

Begründung zum Regierungsentwurf (Bundestags-Drucks. 14/6011, S. 51/52):

§ 3 AdVermiG regelt schon in seiner geltenden Fassung Anforderungen an die mit Adoptionsvermittlung befassten Personen sowie an die personelle Ausstattung einer Adoptionsvermittlungsstelle. Diese Regelungen werden in Anlehnung an Artikel 11 Buchstabe b des Haager Übereinkommens – jedoch unter systemgerechter Einbeziehung aller Bereiche der Adoptionsvermittlung – ausgebaut und präzisiert. Sie gelten für staatliche Adoptionsvermittlungsstellen (2 Abs. 1 AdVermiG-E) und anerkannte Adoptionsvermittlungsstellen in freier Trägerschaft (§ 2 Abs. 2 AdVermiG-E) gleichermaßen. 451

Der neue **Absatz 1 Satz 1** (bisher Satz 1) bestimmt, welche Qualifikation eine Vermittlerin oder ein Vermittler mitbringen muss. Hinzugefügt ist das Merkmal der „Persönlichkeit“ des Vermittlers. Es bezieht sich in erster Linie auf die in der Bestimmung des Artikels 11 Buchstabe b der Haager Übereinkunft aufgestellte Voraussetzung hinsichtlich der „ethischen Grundsätze“ des Vermittlungspersonals. Insoweit deckt sich seine Bedeutung im Wesentlichen mit dem aus 452 berufs- und ordnungsrechtlichen Zusammenhängen vertrauten Kriterium der Zuverlässigkeit und beschränkt sich daher nicht auf das Gebiet der internationalen Adoption. Das Merkmal der „Persönlichkeit" greift jedoch über das Kriterium der Zuverlässigkeit hinaus und bezieht Anforderungen etwa an die Empathie und Kommunikationsfähigkeit der Vermittlerin oder des Vermittlers ein.

453 Die fachlichen und persönlichen Anforderungen, die Satz 1 an die mit Vermittlungsaufgaben betrauten Mitarbeiterinnen und Mitarbeiter stellt, sind im Einzelnen unter Berücksichtigung der jeweils wahrgenommenen Art der Vermittlungsaufgaben zu bestimmen; insbesondere die mit internationaler Vermittlung befassten Mitarbeiter bedürfen daher einer – zumindest in der Praxis erworbenen – speziellen Qualifikation.

454 Nach **Satz 2** muss über die Vermittlerqualifikation auch verfügen, wer berechtigt ist, den mit Vermittlungsaufgaben befassten Mitarbeiterinnen und Mitarbeitern fachliche Weisungen zu erteilen. Verfügt die Leiterin oder der Leiter eines Jugendamts oder ein Vorstandsmitglied eines freien Trägers nicht über die Vermittlerqualifikation, so muss die fachliche Unabhängigkeit der Vermittlerinnen und Vermittler gewährleistet sein. **Satz 3** stellt auch an die übrigen nicht unmittelbar mit Vermittlungsaufgaben betrauten Mitarbeiterinnen und Mitarbeiter der Adoptionsvermittlungsstelle Qualifikationsanforderungen, die sich im Einzelnen nach dem Maß der ihnen übertragenen Verantwortung bestimmen. Von Mitarbeiterinnen und Mitarbeitern, die nicht zu dem in den Sätzen 1 und 2 genannten Personenkreis zählen, wird danach vor allem persönliche Zuverlässigkeit – etwa hinsichtlich der Wahrung des Adoptionsgeheimnisses – erwartet. Absatz 1 setzt damit die Vorgaben um, die sich aus Artikel 11 Buchstabe b der Haager Übereinkunft ergeben (dazu ergänzend Erläuternder Bericht, Rdnr. 259, [*Anm. d. Verf.: unten C. II. 2.*]).

455 **Absatz 2 Satz 1** neuer Fassung benennt die personelle Mindestausstattung jeder (staatlichen oder freien) Adoptionsvermittlungsstelle und entspricht damit im Ausgangspunkt dem bisherigen Satz 2. Die Mindestbesetzung wird jedoch erweitert und präzisiert. Zum einen wird für den zeitlichen Gesamtumfang der Beschäftigung von Fachkräften eine Untergrenze festgelegt; zum anderen soll sichergestellt werden, dass wenigstens zwei Mitarbeiterinnen oder Mitarbeiter der Adoptionsvermittlungsstelle ständig Vermittlungsaufgaben in maßgeblichem Umfang wahrnehmen und dadurch mit der Materie auch praktisch vertraut bleiben. Darüber hinaus wird gewährleistet, dass in jeder Adoptionsvermittlungsstelle mindestens zwei Vermittlerinnen oder Vermittler tätig sind, die sich untereinander austauschen und auf diese Weise die Qualität ihrer Vermittlungsarbeit sichern und verbessern können. **Satz 2** ermächtigt die zentralen Adoptionsstellen, Ausnahmen von den Anforderungen des Satzes 1 (nicht des Absatzes 1) zuzulassen, so etwa wenn der nötige fachliche Austausch auf andere Weise ebenso gut gewährleistet ist wie durch die Mindestbesetzung nach Absatz 2 Satz 1.

Bericht des Rechtsausschusses des Dt. Bundestages (Bundestags-Drucks. 14/6583, S. 23):

456 Weiterhin hat der Rechtsausschuss zu diesem Gesetzentwurf beschlossen zu empfehlen, die Begründung zu § 3 Abs. 2 Satz 2 AdVermiG (Drucksache 14/6011, S. 52) um den Halbsatz „..., wie dies beispielsweise bei integrierten Adoptions- und Pflegekinderdiensten der Fall ist." zu ergänzen. Auf diese Weise soll die in der Praxis entstandene Unsicherheit, ob die Vermittlung von Kindern in Pflegefamilien im Verhältnis zur Adoptionsvermittlung als eine verwandte Tätigkeit zu bewerten sei, positiv beantwortet werden.

Ergänzende Hinweise

Die im neuen § 3 Abs. 2 AdVermiG geforderte Mindestausstattung der einzelnen Adoptionsvermittlungsstelle mit zwei Vollzeitfachkräften oder einer entsprechenden Zahl von Teilzeitfachkräften, die nicht überwiegend mit vermittlungsfremden Aufgaben befasst sein dürfen, kann kleineren Vermittlungsstellen in kommunaler oder freier Trägerschaft Schwierigkeiten bereiten. Um die fachlichen Standards dauerhaft zu heben und zu wahren, hat der Gesetzgeber dies grundsätzlich in Kauf genommen. Die Neuregelung wird daher vielfach eine Zusammenlegung von Vermittlungsstellen zur Folge haben. Vor diesem Hintergrund erleichtert der neu gefasste § 2 Abs. 1 Satz 3 AdVermiG die Errichtung gemeinsamer Adoptionsvermittlungsstellen durch die Jugendämter benachbarter Gemeinden oder Kreise. 457

Soweit eine Zusammenlegung von Vermittlungsstellen auf Hindernisse stößt, eröffnet § 3 Abs. 2 Satz 2 AdVermiG die Möglichkeit eines Dispenses durch die zentrale Adoptionsstelle des Landesjugendamtes, damit im Einzelfall die ersatzlose Schließung einer Vermittlungsstelle vermieden werden kann. Voraussetzung ist die anderweitige Sicherstellung des vom Gesetzgeber intendierten fachlichen Austauschs. Dies wird in der Praxis vornehmlich unter zwei Gesichtspunkten in Frage kommen: 458

Bei den im Bericht des Rechtsausschusses erwähnten integrierten Adoptions- und Pflegekinderdiensten sind die Fachkräfte oftmals zwar nur zum kleineren Teil mit Adoptions-, aber doch überwiegend mit Adoptions- und Pflegekindervermittlung befasst. In diesen Fällen kann schon erwogen werden, ob die Tätigkeit im Pflegekindbereich je nach ihrer konkreten Ausprägung der Adoptionsvermittlung so nahe steht, dass es sich im Sinne des § 3 Abs. 2 Satz 1 AdVermiG um ein nicht überwiegend (adoptions-)vermittlungsfremdes Aufgabenspektrum handelt. Allerdings kann der Bericht des Rechtsausschusses, der ausdrücklich auf § 3 Abs. 2 Satz 2 AdVermiG Bezug nimmt, für eine großzügige Handhabung des Satzes 1 nicht in Anspruch genommen werden. Die Bemerkungen im Ausschussbericht lassen jedoch den Standpunkt des Gesetzgebers erkennen, dass der fachliche Austausch unter den Fachkräften eines integrierten Adoptions- und Pflegekinderdienstes im Zweifel eine ausreichende Grundlage für einen Dispens nach § 3 Abs. 2 Satz 2 AdVermiG darstellt. Sorgfältige Einzelfallprüfung bleibt aber erforderlich, wenn der Anteil an Adoptionsvermittlungen im Arbeitspensum der Mitarbeiterinnen und Mitarbeiter der jeweiligen Vermittlungsstelle von untergeordneter Bedeutung ist, also nicht wenigstens 20 % erreicht. 459

Die Basis für die Gewährung einer Ausnahme nach § 3 Abs. 2 Satz 2 AdVermiG kann auch durch die Einrichtung regionaler Arbeitskreise z. B. von Adoptionsvermittlungsstellen in kommunaler oder in kirchlich gebundener freier Trägerschaft geschaffen werden. Um als ein hinreichend effektives Austauschforum gelten zu können, das die Dispenserteilung rechtfertigt, werden für jede Fach- 460 kraft im Jahresverlauf etwa drei Wochen zur Teilnahme an Supervisions-/Balintveranstaltungen zu reservieren sein.

461–470 *einstweilen frei*

§4
Anerkennung als Adoptionsvermittlungsstelle

(1) Die Anerkennung als Adoptionsvermittlungsstelle im Sinne des §2 Abs. 2 kann erteilt werden, wenn der Nachweis erbracht wird, dass die Stelle

1. die Voraussetzungen des §3 erfüllt,

2. insbesondere nach ihrer Arbeitsweise und der Finanzlage ihres Rechtsträgers die ordnungsgemäße Erfüllung ihrer Aufgaben erwarten lässt und

3. von einer juristischen Person oder Personenvereinigung unterhalten wird, die steuerbegünstigte Zwecke im Sinne der §§51 bis 68 der Abgabenordnung verfolgt.

Die Adoptionsvermittlung darf nicht Gegenstand eines steuerpflichtigen wirtschaftlichen Geschäftsbetriebs sein.

(2) Zur Ausübung internationaler Adoptionsvermittlung durch eine Adoptionsvermittlungsstelle im Sinne des §2 Abs. 2 bedarf es der besonderen Zulassung, die für die Vermittlung von Kindern aus einem oder mehreren bestimmten Staaten (Heimatstaaten) erteilt wird. Die Zulassung berechtigt dazu, die Bezeichnung „anerkannte Auslandsvermittlungsstelle" zu führen; ohne die Zulassung darf diese Bezeichnung nicht geführt werden. Die Zulassung kann erteilt werden, wenn der Nachweis erbracht wird, dass die Stelle die Anerkennungsvoraussetzungen nach Absatz 1 in dem für die Arbeit auf dem Gebiet der internationalen Adoption erforderlichen besonderen Maße erfüllt; sie ist zu versagen, wenn ihr überwiegende Belange der Zusammenarbeit mit dem betreffenden Heimatstaat entgegenstehen. Die zentrale Adoptionsstelle des Landesjugendamtes und die Bundeszentralstelle unterrichten einander über Erkenntnisse, die die in Absatz 1 genannten Verhältnisse der anerkannten Auslandsvermittlungsstelle betreffen.

(3) Die Anerkennung nach Absatz 1 oder die Zulassung nach Absatz 2 sind zurückzunehmen, wenn die Voraussetzungen für ihre Erteilung nicht vorgelegen haben. Sie sind zu widerrufen, wenn die Voraussetzungen nachträglich weggefallen sind. Nebenbestimmungen zu einer Anerkennung oder Zulassung sowie die Folgen des Verstoßes gegen eine Auflage unterliegen den allgemeinen Vorschriften.

(4) Zur Prüfung, ob die Voraussetzungen nach Absatz 1 oder Absatz 2 Satz 3 weiterhin vorliegen, ist die zentrale Adoptionsstelle des Landesjugendamtes berechtigt, sich über die Arbeit der Adoptionsvermittlungsstelle im Allgemeinen und im Einzelfall, über die persönliche und fachliche Eignung ihrer

Leiter und Mitarbeiter sowie über die rechtlichen und organisatorischen Verhältnisse und die Finanzlage ihres Rechtsträgers zu unterrichten. Soweit es zu diesem Zweck erforderlich ist,

1. **kann die zentrale Adoptionsstelle Auskünfte, Einsicht in Unterlagen sowie die Vorlage von Nachweisen verlangen;**
2. **dürfen die mit der Prüfung beauftragten Bediensteten Grundstücke und Geschäftsräume innerhalb der üblichen Geschäftszeiten betreten; das Grundrecht der Unverletzlichkeit der Wohnung (Artikel 13 des Grundgesetzes) wird insoweit eingeschränkt.**

(5) Widerspruch und Anfechtungsklage gegen Verfügungen der zentralen Adoptionsstelle haben keine aufschiebende Wirkung.“

Begründung zum Regierungsentwurf (Bundestags-Drucks. 14/6011, S. 52/53):

Der neu gefasste § 4 erweitert die schon bisher in dieser Vorschrift enthaltenen Regelungen über die Anerkennung freier Adoptionsvermittlungsstellen, stellt besondere Regeln für im Ausland tätige Vermittlungsstellen auf und trifft Bestimmungen über die staatliche Aufsicht. **471**

Absatz 1 formuliert die Voraussetzungen, unter denen eine Adoptionsvermittlungsstelle in freier Trägerschaft die Anerkennung gemäß § 2 Abs. 2 erhält, sofern nicht entgegenstehende öffentliche Belange eine Ablehnung der in das pflichtgemäße Ermessen der zentralen Adoptionsstelle gestellten Anerkennung rechtfertigen. **472**

Satz 1 Nummer 1 verweist auf die in § 3 umrissenen Anforderungen an das Personal der Vermittlungsstelle, die zugleich die durch Artikel 11 Buchstabe b des Haager Übereinkommens festgelegten Mindestkriterien für eine zugelassene Organisation mit einschließen. **473**

Nummer 2 nimmt die in Artikel 10 der Übereinkunft allgemein formulierte Zulassungsvoraussetzung der Fähigkeit zu ordnungsgemäßer Aufgabenerfüllung auf und konkretisiert sie mit Hilfe der in Artikel 11 Buchstabe c genannten Merkmale der Arbeitsweise und Finanzlage, auf die sich die staatliche Aufsicht erstrecken muss. Auch das Kriterium der Finanzlage dient hierbei der Sicherung einer fachgerechten, nämlich nachhaltigen und unabhängigen Aufgabenwahrnehmung. **474**

Nummer 3 formuliert das in Artikel 11 Buchstabe a der Übereinkunft genannte Zulassungserfordernis der Gemeinnützigkeit und nimmt dazu auf die maßgeblichen Vorschriften der Abgabenordnung Bezug. **Satz 2** schließt es aus, die Adoptionsvermittlung als steuerpflichtigen wirtschaftlichen Geschäftsbetrieb auszuüben; damit ist jedoch nicht jedwede (insbesondere kostendeckende) Erzielung von Einnahmen – in der Form eines Zweckbetriebes – ausgeschlossen. **475**

Absatz 2 beinhaltet Sondervorschriften für die grenzüberschreitende Adoption, und zwar innerhalb wie außerhalb des Anwendungsbereichs der Haager Übereinkunft. **476**

Satz 1 bestimmt zunächst, dass eine nach Absatz 1 anerkannte Adoptionsvermittlungsstelle für die Tätigkeit auf dem Gebiet der internationalen Adoptionsvermittlung einer besonderen Zulassung bedarf. Der Begriff der internationalen Adoptionsvermittlung ist in § 2a Abs. 1 definiert; auf die Begründung zu dieser Vorschrift wird verwiesen. Die Zulassung wird stets nur für die Vermittlungstätigkeit im Verhältnis zu bestimmten Staaten erteilt. **Satz 2** führt für die derart zur grenzüberschreitenden Vermittlung zugelassenen Vermittlungsstellen in freier Trägerschaft die geschützte Bezeichnung „anerkannte Auslandsvermittlungsstelle“ ein. **477**

478 **Satz 3** verweist hinsichtlich der Voraussetzungen der Zulassung auf die allgemeinen Anerkennungsvoraussetzungen (§§ 3, 4 Abs. 1) und verlangt zusätzlich die Erfüllung dieser Anforderungen in dem für die Tätigkeit auf dem Gebiet der internationalen Adoption erforderlichen, quantitativ und qualitativ erhöhten Maße. Dies betrifft namentlich die fachliche Qualifikation des Vermittlungspersonals, die durch spezielle Ausbildung oder Erfahrung auf dem Gebiet der internationalen Adoption gekennzeichnet sein muss. Aber auch die persönliche Zuverlässigkeit der Mitarbeiter und die finanziellen Arbeitsgrundlagen der Adoptionsvermittlungsstelle werden im Hinblick auf die Anfälligkeit gerade der grenzüberschreitenden Vermittlung für sachfremde Einflüsse besonders sorgfältig zu prüfen sein. Gegenstand der Prüfung ist ferner, ob die Vermittlungskontakte zu Partnerstellen in dem oder den Heimatstaaten, auf die sich die Zulassung erstreckt, fachlichen Standards gerecht werden. Darüber hinaus dürfen der Zulassung keine überwiegenden Belange der Zusammenarbeit mit einzelnen Heimatstaaten entgegenstehen; hier ist insbesondere daran zu denken, dass mit einer zunehmenden Zahl von Vermittlungsstellen, die Kinder aus dem jeweiligen Staat vermitteln wollen, eine effiziente Kooperation beeinträchtigt werden und dass ein Wettbewerb zwischen verschiedenen Organisationen entstehen und die Qualität einer am Kindeswohl auszurichtenden Vermittlungsarbeit mindern kann. Sonstige entgegenstehende öffentliche Belange können im Rahmen des der zentralen Adoptionsstelle eingeräumten Ermessens Berücksichtigung finden.

479 **Satz 4** sieht eine wechselseitige Unterrichtung der zentralen Adoptionsstellen der Landesjugendämter und der Bundeszentralstelle für Auslandsadoption vor, um dem Landesjugendamt die Erfüllung seiner Aufsichtsfunktionen und der Bundeszentralstelle die Wahrnehmung ihrer Gesamtverantwortung auf dem Gebiet der internationalen Adoption, insbesondere nach dem Haager Übereinkommen (Artikel 1 § 1 Abs. 1 und § 2 Abs. 2 Satz 1 dieses Entwurfs) zu ermöglichen.

480 **Absatz 3** trifft allgemeine Regelungen, die sowohl für die Anerkennung als Adoptionsvermittlungsstelle nach Absatz 1 als auch für die Zulassung zur internationalen Vermittlung nach Absatz 2 gelten. Die **Sätze 1 und 2** regeln Rücknahme und Widerruf der Anerkennung oder Zulassung; sie entsprechen dem geltenden § 4 Abs. 2 und tragen der Bestimmung in Artikel 10 der Haager Übereinkunft Rechnung, nach der eine zugelassene Organisation ihre Zulassung nur bei Fortbestand der Zulassungsvoraussetzungen behalten darf. Die Möglichkeit, die Anerkennung oder Zulassung (auch noch nach ihrer Erteilung) mit Nebenbestimmungen zu versehen, sowie die Folgen des Verstoßes gegen eine Auflage richten sich gemäß **Satz 3** nach den allgemeinen Vorschriften (§§ 32, 47 Abs. 1 Nr. 2 SGB X).

481 **Absatz 4** regelt die Beaufsichtigung der Adoptionsvermittlungsstellen.

482 **Satz 1** legt die Aufsichtszuständigkeit in die Hände der zentralen Adoptionsstellen und umreißt, was Gegenstand der Beaufsichtigung ist. Artikel 11 Buchstabe c des Haager Übereinkommens schreibt für den Bereich der internationalen Adoptionsvermittlung eine weitreichende Aufsicht über zugelassene Organisationen zwingend vor. Diese bezieht sich jedoch, auch soweit das Tätigwerden der Adoptionsvermittlungsstelle im Einzelfall einer Nachprüfung unterliegt, lediglich auf die Fachlichkeit der Vermittlungsarbeit und auf die dafür vorauszusetzenden personellen und institutionellen Rahmenbedingungen; sie schmälert nicht die Eigenverantwortung der Adoptionsvermittlungsstelle hinsichtlich der Beurteilung des einzelnen Vermittlungsfalles. Auf die Möglichkeit einzelfallbezogener aufsichtlicher Prüfung kann im Bereich der internationalen Adoptionsvermittlung schon deshalb nicht verzichtet werden, weil die staatliche Verantwortung für die Einhaltung völkerrechtlicher Verpflichtungen gewahrt bleiben muss. Es erscheint angezeigt, diese Regelungen über den Bereich der grenzüberschreitenden Adoptionsvermittlung hinaus zu verallgemeinern.

483 **Satz 2** legt einzelne Befugnisse der Aufsichtsbehörde fest, die sich zur Wahrnehmung ihrer Aufsichtskompetenz umfassend über die Tätigkeit und die organisatorischen Verhältnisse der einzelnen Adoptionsvermittlungsstelle unterrichten muss. Soweit Mitarbeitern der Aufsichts-

behörde bei ihrer Tätigkeit Daten aus dem persönlichen Lebensbereich betroffener Kinder oder Adoptionsbewerber bekannt werden, unterfallen diese nicht nur der dienstrechtlichen Schweigepflicht sowie datenschutzrechtlichen Bestimmungen (vgl. § 9d AdVermiG-E), sondern sie genießen darüber hinaus strafrechtlichen Schutz nach § 203 Abs. 2 Nr. 1 und 2 StGB.

Nach **Absatz 5** sind Verfügungen der zentralen Adoptionsstellen nach § 4 sofort vollziehbar. 484

Stellungnahme des Bundesrates (Bundestags-Drucks. 14/6011, S. 61):

9. **Zu Artikel 3 Nr. 3 (§ 4 Abs. 1 Satz 3 – neu – AdVermiG)** 485

In Artikel 3 Nr. 3 § 4 ist dem Absatz 1 folgender Satz anzufügen:

„Die Zulassung sonstiger Organisationen (§ 2 Abs. 2) berechtigt nicht zur Vermittlung von Kindern aus dem Inland an Bewerber im Inland."

Begründung:

Dieser Vorschlag orientiert sich an § 2 Abs. 1 AdÜbAG und präzisiert das Leistungsprofil und den Aufgabenbereich dieser Organisationen in sinnvoller Weise.

10. **Zu Artikel 3 Nr. 3 (§ 4 Abs. 4 Satz 1 AdVermiG)** 486

In Artikel 3 Nr. 3 § 4 Abs. 4 Satz 1 sind die Wörter „ist die zentrale Adoptionsstelle des Landesjugendamtes berechtigt, sich" durch die Wörter „hat sich die zentrale Adoptionsstelle des Landesjugendamtes" zu ersetzen.

Begründung:

Die Aufgabe der Aufsicht des Landesjugendamtes über die Adoptionsvermittlungsstellen soll als Pflichtaufgabe und nicht nur als Recht der Anerkennungsbehörde ausgestaltet werden. Artikel 1 Buchstabe c des Haager Übereinkommens schreibt für den Bereich der internationalen Adoptionsvermittlung eine weitreichende Aufsicht über zugelassene Organisationen zwingend vor.
Dieser Pflicht aus dem Haager Übereinkommen wird mit der im Entwurf vorgesehenen Regelung, die Aufsichtsbehörde sei lediglich berechtigt, sich zu unterrichten, nicht Genüge getan.

Gegenäußerung der Bundesregierung (Bundestags-Drucks. 14/6011, S. 64/65):

Zu Nummer 9 (Zu Artikel 3 Nr. 3 – § 4 Abs. 1 Satz 3 – neu – AdVermiG) 487

Die Bundesregierung stimmt der vorgeschlagenen Änderung nicht zu.

Der Antrag dürfte einen Schreibfehler enthalten. Er stimmt nur dann mit der angegebenen Begründung zusammen, wenn das letzte Wort „Inland" durch „Ausland" ersetzt wird. Anderenfalls würde er systemwidrig und im Widerspruch zu § 2 Abs. 2 AdVermiG die Adoptionsvermittlung durch freie Träger insgesamt ausschließen.

Auch bei entsprechender Korrektur ist die vorgeschlagene Regelung entbehrlich, denn dieselbe Rechtsfolge ergibt sich bereits aus § 2a Abs. 1 und 3 Nr. 3 in Verbindung mit § 4 Abs. 2 Satz 1 AdVermiG-E. Dort heißt es nämlich, die Zulassung internationaler Adoption durch eine Vermittlungsstelle in freier Trägerschaft wird für die Vermittlung von Kindern **aus** einem oder mehreren Heimatstaaten erteilt.

Zu Nummer 10 (Zu Artikel 3 Nr. 3 – § 4 Abs. 4 Satz 1 AdVermiG-E) 488

Die Bundesregierung stimmt der vorgeschlagenen Änderung nicht zu.

Der Entwurf verschärft die Voraussetzungen für die Anerkennung freier Adoptionsvermittlungsstellen erheblich (§§ 3 und 4 Abs. 1 und 2 AdVermiG-E). Zuständig für die Anerkennung sind die Landesjugendämter (§ 2 Abs. 2 AdVermiG-E). Stellt sich heraus, dass die Voraussetzungen für die Anerkennung nicht vorgelegen haben, oder fallen diese später weg, so ist die Anerkennung zurückzunehmen oder zu widerrufen (§ 4 Abs. 3 AdVermiG-E). Zur Prüfung, ob die Voraussetzungen weiterhin erfüllt sind, räumt § 4 Abs. 4 AdVermiG-E dem Landesjugendamt Unterrichtungs- und Kontrollrechte ein.

Die vom Bundesrat vorgeschlagene Änderung hat zum Ziel klarzustellen, dass die Landesjugendämter nicht nur berechtigt, sondern auch verpflichtet sind, sich über die Verhältnisse der anerkannten Adoptionsvermittlungsstelle zu unterrichten. Aus der Sicht des Entwurfs ergibt sich diese Verpflichtung aus der Zusammenschau der Vorschriften des § 2 Abs. 2 AdVermiG-E (Zuständigkeit für die Anerkennung) und des § 4 Abs. 3 AdVermiG-E (Rücknahme- oder Widerrufspflicht bei Fehlen oder Wegfall der Voraussetzungen). Nach Ansicht der Bundesregierung gibt es keine Veranlassung, an dem Verantwortungsbewusstsein der Landesjugendämter zu zweifeln und deshalb auf eine explizite Normierung der Aufsichtspflicht zu dringen. § 4 AdVermiG-E wäre hierfür jedenfalls nicht der geeignete Standort, da sich die Norm mit dem Rechtsverhältnis zwischen freier Vermittlungsstelle und Aufsichtsbehörde befasst und der Letztgenannten Befugnisse und nicht Aufgaben zuweist.

Ergänzende Hinweise

489 Im Abstand von zwei bis vier Jahren wird die zentrale Adoptionsstelle die anerkannten Adoptionsvermittlungsstellen ihres Bereichs einer umfassenden, der Verfahrensweise bei erstmaliger Anerkennung vergleichbaren Überprüfung zu unterziehen haben, um ihrer aus § 2 Abs. 2 in Verbindung mit § 4 Abs. 3 AdVermiG folgenden Amtspflicht zur Sicherstellung des Fortbestehens der Anerkennungsvoraussetzungen zu genügen. An den oberen Rand dieser Zeitspanne wird die zentrale Adoptionsstelle nur dann herangehen können, wenn sie permanent eine hohe Dichte von Stichprobenkontrollen der Arbeitsweise der anerkannten Vermittlungsstellen gewährleistet.

490–510 *einstweilen frei*

4. § 7 wird wie folgt geändert:

a) Dem Absatz 1 wird folgender Satz angefügt:

„Das Ergebnis der Ermittlungen bei den Adoptionsbewerbern und bei der Familie des Kindes ist den jeweils Betroffenen mitzuteilen."

b) Absatz 2 wird durch die folgenden Absätze 2 bis 4 ersetzt:

„(2) Die örtliche Adoptionsvermittlungsstelle (§ 9a), in deren Bereich sich die Adoptionsbewerber gewöhnlich aufhalten, übernimmt auf Ersuchen einer anderen Adoptionsvermittlungsstelle (§ 2 Abs. 1 und 2) die sachdienlichen Ermittlungen bei den Adoptionsbewerbern.

(3) Auf Antrag prüft die örtliche Adoptionsvermittlungsstelle die allgemeine Eignung der Adoptionsbewerber mit gewöhnlichem Auf-

enthalt in ihrem Bereich zur Annahme eines Kindes mit gewöhnlichem Aufenthalt im Ausland. Hält die Adoptionsvermittlungsstelle die allgemeine Eignung der Adoptionsbewerber für gegeben, so verfasst sie über das Ergebnis ihrer Prüfung einen Bericht, in dem sie sich über die rechtliche Befähigung und die Eignung der Adoptionsbewerber zur Übernahme der mit einer internationalen Adoption verbundenen Verantwortung sowie über die Eigenschaften der Kinder äußert, für die zu sorgen diese geeignet wären. Der Bericht enthält die zu der Beurteilung nach Satz 2 erforderlichen Angaben über die Person der Adoptionsbewerber, ihre persönlichen und familiären Umstände, ihren Gesundheitsstatus, ihr soziales Umfeld und ihre Beweggründe für die Adoption. Den Adoptionsbewerbern obliegt es, die für die Prüfung und den Bericht benötigten Angaben zu machen und geeignete Nachweise zu erbringen. Absatz 1 Satz 4 gilt entsprechend. Der Bericht wird einer von den Adoptionsbewerbern benannten Empfangsstelle zugeleitet; Empfangsstelle kann nur sein:

1. eine der in § 2a Abs. 3 und § 15 Abs. 2 genannten Stellen oder

2. eine zuständige Stelle mit Sitz im Heimatstaat.

(4) Auf Antrag bescheinigt die Bundeszentralstelle deutschen Adoptionsbewerbern mit gewöhnlichem Aufenthalt im Ausland, ob diese nach den deutschen Sachvorschriften die rechtliche Befähigung zur Annahme eines Kindes besitzen. Die Bescheinigung erstreckt sich weder auf die Gesundheit der Adoptionsbewerber noch auf deren sonstige Eignung zur Annahme eines Kindes; hierauf ist im Wortlaut der Bescheinigung hinzuweisen. Verweisen die Bestimmungen des Internationalen Privatrechts auf ausländische Sachvorschriften, so ist auch die maßgebende ausländische Rechtsordnung zu bezeichnen.“

Begründung zum Regierungsentwurf (Bundestags-Drucks. 14/6011, S. 53/54):

Der neue **Absatz 1 Satz 4** des § 7 AdVermiG-E stellt sicher, dass die Adoptionsbewerber und **511**
die Herkunftsfamilie des Kindes jeweils über das Ergebnis der bei ihnen durchgeführten sachdienlichen Ermittlungen unterrichtet werden.

Der neu gefasste **Absatz 2** des § 7 AdVermiG-E verpflichtet die örtliche Adoptionsver- **512**
mittlungsstelle, für eine andere inländische Vermittlungsstelle die sachdienlichen Ermittlungen bei den Adoptionsbewerbern durchzuführen, wenn diese Vermittlungsstelle Adoptionsbewerber in Betracht zieht, die ihren gewöhnlichen Aufenthalt im Bereich der örtlichen Vermittlungsstelle haben.

Der neue **Absatz 3** regelt die Möglichkeit, Adoptionsbewerber (Ehepaare oder auch Alleinste- **513**
hende) im Hinblick auf die beabsichtigte Bewerbung um eine Auslandsadoption auf ihre generelle Eignung hin zu überprüfen.

514 **Satz 1** stellt klar, dass es sich um eine Leistung der (staatlichen oder freien) Adoptionsvermittlungsstellen handelt, die nur auf Antrag gewährt wird. Die Prüfung richtet sich auf die allgemeine Eignung der Bewerber zur Adoption eines Kindes aus dem Ausland, während spezielle Fragen ihrer Eignung im Hinblick auf einen bestimmten Heimatstaat von der im Einzelfall tätigen Vermittlungsstelle mit grenzüberschreitender Aufgabenstellung (§ 2a Abs. 3 AdVermiG-E) zu klären sind.

515 Nach den **Sätzen 2 und 3** hat die Adoptionsvermittlungsstelle, die eine Eignungsprüfung im Sinne des Satzes 1 übernommen hat, im Falle eines insgesamt positiven Eignungsbefunds das Ergebnis ihrer Prüfung in einem Bericht festzuhalten, dessen Inhalt in Anlehnung an Artikel 15 Abs. 1 des Haager Übereinkommens umschrieben wird.

516 **Satz 4** bringt zum Ausdruck, dass die Adoptionsbewerber im Rahmen der Eignungsprüfung die Darlegungs- und Feststellungslast tragen. Die **Sätze 5 und 6** stellen sicher, dass einerseits die Adoptionsbewerber über das Ergebnis der Eignungsprüfung unterrichtet werden, andererseits der Eignungsbericht als solcher nur in den Verfügungsbereich einer Fachstelle gelangt, die für das weitere Vermittlungsverfahren Verantwortung übernimmt. Mit dem Erfordernis, dass es sich bei der Empfangsstelle – abgesehen von dem Sonderfall des § 2a Abs. 3 Nr. 4 AdVermiG-E – um eine inländische oder um eine im Heimatstaat des Kindes ansässige zugelassene oder sonst zuständige Stelle handeln muss, wird zugleich die Übermittlung des Eignungsberichts an eine Stelle mit Sitz in einem Drittstaat ausgeschlossen. Auf diese Weise begegnet der Entwurf wirkungsvoll der sogenannten Drittstaatenvermittlung, die fachlichen Standards typischerweise nicht genügt, weil die in dem Drittstaat ansässige Stelle weder mit den Verhältnissen im Heimat- noch im Aufnahmestaat hinreichend vertraut sein wird. Die Stelle in dem Drittstaat kann ohne den von der örtlichen Vermittlungsstelle erstellten Eignungsbericht regelmäßig nicht tätig werden, weil die meisten Heimatstaaten einen derartigen Bericht der örtlich zuständigen Stellen im Aufnahmestaat zwingend vorschreiben.

517 **Absatz 4** trägt der Situation im Ausland lebender Deutscher Rechnung, für die eine Fachstelle im Aufenthaltsstaat die Eignungsbegutachtung übernimmt. Nicht selten verlangt die ausländische Stelle in solchen Fällen von den deutschen Bewerbern eine Bescheinigung darüber, dass diese nach deutschem Recht zur Annahme eines Kindes befähigt sind. Absatz 4 **Satz 1** weist die Zuständigkeit für die Erteilung einer solchen Bescheinigung der Bundeszentralstelle zu. Nach **Satz 2** erstreckt sich die Bescheinigung nicht auf Fragen der Adoptionseignung, insbesondere nicht auf die Gesundheit und damit auch nicht auf die Geschäftsfähigkeit der Adoptionsbewerber. Auf die beschränkte Aussagekraft der Bescheinigung ist in deren Wortlaut hinzuweisen. **Satz 3** sieht zusätzlich die Angabe des nach Artikel 22 Abs. 1 EGBGB-E (vgl. Artikel 4 Abs. 4 des Entwurfs) unter Beachtung etwaiger Rück- oder Weiterverweisungen maßgebenden Adoptionsstatuts vor, falls dieses nicht das deutsche Recht ist.

Stellungnahme des Bundesrates (Bundestags-Drucks. 14/6011, S. 61):

518 11. **Zu Artikel 3 Nr. 4 Buchstabe b (§ 7 Abs. 3 Satz 3 AdVermiG)**

In Artikel 3 Nr. 4 Buchstabe b § 7 Abs. 3 Satz 3 sind die Wörter „ihre Krankheitsgeschichte" durch die Wörter „ihren Gesundheitsstatus" zu ersetzen.

Begründung:

Diese neutrale Formulierung unterstellt nicht regelhafte Krankheit bei den Bewerbern.

519 12. **Zu Artikel 3 Nr. 4 Buchstabe b (§ 7 Abs. 4 Satz 1 AdVermiG)**

In Artikel 3 Nr. 4 Buchstabe b § 7 Abs. 4 Satz 1 ist das Wort „Bundeszentralstelle" durch die Wörter „zuständige zentrale Adoptionsstelle am Sitz der Bewerber" zu ersetzen.

Begründung:

Es erscheint nicht notwendig, die Aufgabe einer Rechtsauskunft auf Bundesebene anzusiedeln.

Gegenäußerung der Bundesregierung (Bundestags-Drucks. 14/6011, S. 65):

Zu Nummer 11 (Zu Artikel 3 Nr. 4 Buchstabe b – § 7 Abs. 3 Satz 3 AdVermiG-E) 520

Die Bundesregierung stimmt der vorgeschlagenen Änderung zu.

Zu Nummer 12 (Zu Artikel 3 Nr. 4 Buchstabe b – § 7 Abs. 4 Satz 1 AdVermiG-E) 521

Die Bundesregierung stimmt der vorgeschlagenen Änderung nicht zu.

Die vorgeschlagene Änderung ist schon deswegen nicht sinnvoll, weil § 7 Abs. 4 AdVermiG-E voraussetzt, dass die Adoptionsbewerber ihren gewöhnlichen Aufenthalt im Ausland haben, so dass es keine „zuständige zentrale Adoptionsstelle am Sitz der Bewerber“ gibt. Es ist daher zweckmäßig, in diesen Fällen die Aufgabenerfüllung dem Generalbundesanwalt zu übertragen.

Bericht des Rechtsausschusses des Dt. Bundestages (Bundestags-Drucks. 14/6583, S. 23):

522 Die Änderung trägt dem Bedenken des Bundesrates Rechnung, Adoptionsbewerber könnten Anstoß an dem Begriff „Krankheitsgeschichte“ nehmen, der aus der Übersetzung des Artikels 15 des Adoptionsübereinkommens übernommen wurde. Eine inhaltliche Änderung ist damit nicht verbunden.

Ergänzende Hinweise

523 Auch bei der Adoptionsvermittlung im Verhältnis zu Nicht-Vertragsstaaten des Adoptionsübereinkommens (vgl. dort § 4 Abs. 4 AdÜbAG) gilt, dass die mit dem Fall befasste Vermittlungsstelle mit Auslandszulassung (§ 2a Abs. 3 AdVermiG) einen Adoptionseignungsbericht selbst erstellen kann und die letztverantwortliche Entscheidung über die Eignung der Bewerber trifft.

524 Der Bundesrat hatte sich dafür eingesetzt, auch im Vermittlungsverfahren außerhalb des Übereinkommens die fachliche Rückbindung der Vermittlungsstelle mit Auslandszulassung an die örtliche Adoptionsvermittlungsstelle gesetzlich ausdrücklich zu verankern (oben Rdn. B 415). Erwägungen der Bundesregierung in ihrer Gegenäußerung zu einer entsprechenden Ergänzung des § 7 Abs. 3 AdVermiG (oben Rdn. B 418) haben letztlich keinen Eingang in den Gesetzestext gefunden. Entsprechende Regelungen könnten in einer Rechtsverordnung nach § 9c Abs. 1 AdVermiG getroffen werden, sofern sich in der Praxis ein entsprechendes Bedürfnis bestätigen sollte.

einstweilen frei 525–550

5. § 9 wird wie folgt geändert:

a) In der Überschrift wird das Wort „Adoptionshilfe“ durch das Wort „Adoptionsbegleitung“ ersetzt.

b) Absatz 2 wird wie folgt gefasst:

„(2) Soweit es zur Erfüllung der von einem ausländischen Staat aufgestellten Annahmevoraussetzungen erforderlich ist, können Adoptionsbewerber und Adoptionsvermittlungsstelle schriftlich vereinbaren, dass diese während eines in der Vereinbarung festzulegenden Zeitraums nach der Annahme die Entwicklung des Kindes beobachtet und der zuständigen Stelle in dem betreffenden Staat hierüber berichtet. Mit Zustimmung einer anderen Adoptionsvermittlungsstelle kann vereinbart werden, dass diese Stelle Ermittlungen nach Satz 1 durchführt und die Ergebnisse an die Adoptionsvermittlungsstelle im Sinne des Satzes 1 weiterleitet.“

Begründung zum Regierungsentwurf (Bundestags-Drucks. 14/6011, S. 54):

551 Auch der neu gefasste § 9 Abs. 2 AdVermiG-E, an den die Überschrift des § 9 angepasst wird, bezweckt eine Verbesserung der Rechtslage bei grenzüberschreitender Adoption. Viele Heimatstaaten verlangen, dass deutsche Vermittlungsstellen eine Verpflichtung zur Berichterstattung über die Entwicklung des Kindes nach dessen Übersiedlung eingehen. Die Übernahme einer derartigen Verpflichtung setzt voraus, dass sich die Vermittlungsstelle darauf verlassen kann, über die Entwicklung des Kindes in der Aufnahmefamilie auf dem Laufenden gehalten zu werden. In aller Regel werden die (künftigen) Adoptiveltern dabei bereitwillig mitwirken und der fortlaufenden Weitergabe von Informationen über das Kind an die zuständigen Stellen im Heimatstaat zustimmen.

552 Rechtliche Möglichkeiten, die Entwicklung des Kindes bei den Adoptiveltern zu beobachten, bestehen allerdings nur in eingeschränktem Maße. Überdies fehlt es an einer gesetzlichen Grundlage für die Weiterleitung der Beobachtungsergebnisse an die Heimatbehörden des Kindes. Die deutsche Vermittlungsstelle könnte sich daher mitunter außerstande sehen, Berichtspflichten gegenüber der Partnerstelle im Heimatstaat zu erfüllen. Dies könnte in der Zukunft der Zusammenarbeit mit Heimatstaaten, die Entwicklungsberichte verlangen und die Vereinbarung einer Berichtspflicht fordern, im Wege stehen.

553 Vor diesem Hintergrund erlaubt **Satz 1** ausdrücklich den Abschluss eines Vertrages zwischen den Adoptionsbewerbern und der (staatlichen oder freien) Adoptionsvermittlungsstelle über eine Beobachtung des Kindes auch nach vollzogener Annahme und über die Weitergabe der gewonnenen Erkenntnisse an die zuständigen Stellen im Heimatstaat. Mit diesen wird eine Vereinbarung zu treffen sein, auf Grund deren die übermittelten Daten nur zu dem Zweck verwendet werden dürfen, für den sie erhoben wurden, wie dies für den Bereich der Haager Übereinkunft in deren Artikel 31 niedergelegt ist.

554 Spezielle Regelungen über die Erstattung von Entwicklungsberichten enthält die Übereinkunft nicht. Jedoch dürfte sie dem Verlangen eines Heimatstaates, allgemein oder für den Einzelfall die Übermittlung von Entwicklungsberichten zu vereinbaren, auch nicht entgegenstehen. Dementsprechend soll die Vorschrift des § 9 Abs. 2 AdVermiG-E für Auslandsadoptionen innerhalb wie außerhalb des Anwendungsbereichs des Übereinkommens gelten.

Absatz 2 soll nur insoweit zur Anwendung gelangen, als dies erforderlich ist, um die von einem ausländischen Staat aufgestellten Annahmevoraussetzungen zu erfüllen. Letztere können in Rechtsvorschriften niedergelegt oder etwa auch im Rahmen einer Ermessensentscheidung für den Einzelfall formuliert sein. Um Annahmevoraussetzungen in diesem Sinne handelt es sich nur dann, wenn ohne deren Erfüllung die Adoption voraussichtlich nicht verwirklicht werden könnte. **555**

Eine Verletzung des durch Artikel 6 Abs. 2 Satz 1 GG gewährleisteten Elternrechts oder des durch Artikel 8 EMRK geschützten Anspruchs auf Achtung des Familienlebens liegt in der Beobachtung und Berichterstattung nicht. Denn die damit verbundene Beeinträchtigung der Stellung der (Adoptiv-)Eltern geschieht mit deren Einverständnis. Ein faktischer Zwang, dieses Einverständnis zu geben, geht nicht von deutscher öffentlicher Gewalt aus. Auch würde das geschützte Eltern-Kind-Verhältnis ohne dieses Einverständnis erst gar nicht begründet werden können. Härten werden zudem durch die Ausgestaltung der Beobachtung, die den Umständen des Einzelfalles angepasst und mit zunehmendem zeitlichem Abstand von der Aufnahme des Kindes in der betreffenden Familie lockerer werden kann, vermieden werden können. **556**

Satz 2 ermöglicht es, die Beobachtungs- und Berichtsaufgaben im allseitigen Einverständnis einer anderen (ortsnäheren) als der mit der eigentlichen Vermittlung betrauten Stelle zu übertragen. **557**

Ergänzende Hinweise

Die präziser gefassten Bestimmungen des § 4 Abs. 3 und des § 5 Abs. 2 AdÜbAG können als Leitlinie auch zum Umfang der Beratung von Adoptionsbewerbern außerhalb des Übereinkommens nach § 9 Abs. 1 AdVermiG dienen. **558**

einstweilen frei **559–580**

6. Nach § 9 werden die folgenden §§ 9a bis 9d eingefügt:

„§ 9a
Örtliche Adoptionsvermittlungsstelle

Die Jugendämter haben die Wahrnehmung der Aufgaben nach den §§ 7 und 9 für ihren jeweiligen Bereich sicherzustellen.

Begründung zum Regierungsentwurf (Bundestags-Drucks. 14/6011, S. 54):

Aus dem neuen § 9a ergibt sich, dass die Adoptionsvermittlungsstellen der Jugendämter die Leistungen nach den §§ 7 und 9 als Pflichtaufgabe zu erbringen haben, während gegenüber einer Adoptionsvermittlungsstelle in freier Trägerschaft kein Rechtsanspruch besteht. Eine kommunale Gebietskörperschaft, deren Jugendamt nicht über eine Adoptionsvermittlungsstelle verfügt, hat die Erfüllung der Pflichtaufgaben im Zusammenwirken mit benachbarten Kommunen durch Errichtung einer gemeinsamen Adoptionsvermittlungsstelle nach § 2 Abs. 1 Satz 3 AdVermiG-E zu gewährleisten. **581**

Stellungnahme des Bundesrates (Bundestags-Drucks. 14/6011, S. 61/62):

582 13. **Zu Artikel 3 Nr. 6 (§ 9a AdVermiG)**

In Artikel 3 Nr. 6 § 9a ist das Wort „Jugendämter" durch die Wörter „Adoptionsvermittlungsstellen der Jugendämter" zu ersetzen.

Begründung:

Klarstellung, dass die Jugendämter hier in ihrer Funktion als Adoptionsvermittlungsstellen tätig werden.

Gegenäußerung der Bundesregierung (Bundestags-Drucks. 14/6011, S. 65):

583 **Zu Nummer 13 (Zu Artikel 3 Nr. 6 – § 9a AdVermiG-E)**

Die Bundesregierung stimmt der vorgeschlagenen Änderung nicht zu.

Es handelt sich bei der Änderung entgegen der Begründung des Bundesrates nicht um eine bloße Klarstellung. Durch § 9a AdVermiG-E soll sichergestellt werden, dass in jedem Jugendamtsbezirk die Aufgaben der Adoptionsvermittlung wahrgenommen werden. Die Jugendämter sind demnach verpflichtet, entweder selbst eine Adoptionsvermittlungsstelle einzurichten oder zusammen mit anderen Jugendämtern eine gemeinsame Adoptionsvermittlungsstelle zu bilden (§ 2 Abs. 1 Satz 2 [*Anm. d. Verf.: richtig Satz 3*] AdVermiG-E). Insbesondere das Adoptionsübereinkommens-Ausführungsgesetz setzt bei mehreren Regelungen voraus, dass es in jedem Jugendamtsbezirk eine zuständige örtliche Adoptionsvermittlungsstelle gibt (vgl. § 4 Abs. 4 und § 5 Abs. 4 AdÜbAG-E). Die vorgeschlagene Fassung des § 9a AdVermiG-E würde demgegenüber nur zum Ausdruck bringen, dass dort, wo ein Jugendamt (freiwillig) eine Adoptionsvermittlungsstelle eingerichtet hat, auch die Aufgaben der Adoptionsvermittlung von dieser örtlichen Vermittlungsstelle wahrzunehmen sind. Dass es sich um eine Pflichtaufgabe handelt, die das Jugendamt selbst oder gemeinsam mit benachbarten Jugendämtern zu erfüllen hat, wäre aus der vorgeschlagenen Fassung nicht abzuleiten.

Ergänzende Hinweise

584 Die Möglichkeit einer vollständigen Übertragung der Aufgaben der örtlichen Adoptionsvermittlungsstelle vom Jugendamt auf eine Adoptionsvermittlungsstelle in freier Trägerschaft sieht § 9a AdVermiG nicht vor. Ohne besondere gesetzliche Vorgabe wird sich eine derartige Übertragungsmöglichkeit auch nicht aus allgemeinen Rechtsgrundsätzen der Kinder- und Jugendhilfe ableiten lassen. Denn rechnet man die Adoptionsvermittlung im weiteren Sinne den Leistungen der Kinder- und Jugendhilfe zu, so gilt der Grundsatz der Autonomie und damit Verpflichtungsfreiheit des freien Trägers in diesem Bereich bei fortbestehender Verpflichtung des öffentlichen Trägers (§ 3 Abs. 2 Satz 2 SGB VIII). Ordnet man die Adoptionsvermittlung als andere Aufgabe der Kinder- und Jugendhilfe ein, so bedarf die Delegation einer gesetzlichen Grundlage (§ 3 Abs. 3 Satz 2 SGB VIII). Eine solche gesetzliche Grundlage ist zwar in § 2 Abs. 2 AdVermiG für die **Befugnis** anerkannter freier Träger zum Tätigwerden auf dem Gebiet der Adoptionsvermittlung allgemein zu erblicken (*Wiesner,* SGB VIII, 2. Aufl., § 3 Rdn. 17). Die ausdrückliche Zuweisung bestimmter Pflichtaufgaben an

die Jugendämter durch § 9a AdVermiG hebt demgegenüber die Funktionen der örtlichen Adoptionsvermittlungsstelle aus dem gesamten Tätigkeitsfeld der Adoptionsvermittlung heraus; die Beauftragung eines freien Trägers mit der Wahrnehmung dieser Pflichtaufgaben bedürfte daher einer speziellen Delegationsermächtigung. Davon unberührt bleiben Möglichkeiten der Kooperation zwischen öffentlichem und freiem Träger dergestalt, dass der freie Träger durch ein nicht auf gesetzlicher Verpflichtung beruhendes, faktisch aber umfassendes Angebot den öffentlichen Träger nachhaltig entlastet.

einstweilen frei 585–600

§ 9b
Vermittlungsakten

(1) Aufzeichnungen und Unterlagen über jeden einzelnen Vermittlungsfall (Vermittlungsakten) sind, gerechnet vom Geburtsdatum des Kindes an, sechzig Jahre lang aufzubewahren. Wird die Adoptionsvermittlungsstelle aufgelöst, so sind die Vermittlungsakten der Stelle, die nach § 2 Abs. 1 Satz 3 oder Satz 4 ihre Aufgaben übernimmt, oder der zentralen Adoptionsstelle des Landesjugendamtes, in dessen Bereich die Adoptionsvermittlungsstelle ihren Sitz hatte, zur Aufbewahrung zu übergeben. Nach Ablauf des in Satz 1 genannten Zeitraums sind die Vermittlungsakten zu vernichten.

(2) Soweit die Vermittlungsakten die Herkunft und die Lebensgeschichte des Kindes betreffen oder ein sonstiges berechtigtes Interesse besteht, ist dem gesetzlichen Vertreter des Kindes und, wenn das Kind das sechzehnte Lebensjahr vollendet hat, auch diesem selbst auf Antrag unter Anleitung durch eine Fachkraft Einsicht zu gewähren. Die Einsichtnahme ist zu versagen, soweit überwiegende Belange eines Betroffenen entgegenstehen.

Begründung zum Regierungsentwurf (Bundestags-Drucks. 14/6011, S. 54–56):

Die mit dem neuen § 9b AdVermiG-E vorgeschlagene Regelung über die Aufbewahrung von Vermittlungsakten und die Gewährung von Einsicht in diese Unterlagen lehnt sich an Artikel 30 der Haager Übereinkunft an. Danach sorgen die zuständigen Behörden eines Vertragsstaates dafür, dass die ihnen vorliegenden Angaben über die Herkunft des Kindes, insbesondere über die Identität seiner Eltern, sowie über die Krankheitsgeschichte des Kindes und seiner Familie aufbewahrt werden. Ferner gewährleisten sie, dass das Kind oder sein Vertreter unter angemessener Anleitung Zugang zu diesen Angaben hat, soweit das Recht des betreffenden Staates dies zulässt. 601

Die damit angesprochenen Fragen stellen sich nicht nur bei einer grenzüberschreitenden, sondern ähnlich bei einer Inlandsadoption, auch wenn hier die Einträge in den Personenstandsbüchern grundlegende Angaben über die Herkunft des Kindes festhalten. Die Vermittlungsakten können demgegenüber weiteren Aufschluss über Krankheitsgeschichte und sonstige frühere Lebensumstände des Kindes und seiner leiblichen Eltern und über die Gründe geben, die zu seiner Adoption geführt haben. Über die Umsetzung der Übereinkunft hinaus, die zwingend lediglich die Aufbewahrung von im Zusammenhang mit einer internationalen 602

Adoption erhaltenen Unterlagen verlangt, wird deshalb eine allgemeinere Regelung im Adoptionsvermittlungsgesetz vorgeschlagen. Diese ist gemäß Artikel 1 § 3 Abs. 1 Satz 2 und 3 des Entwurfs auch im Anwendungsbereich des Übereinkommens heranzuziehen.

603 **Absatz 1** schreibt in **Satz 1** die Aufbewahrung der Vermittlungsakten, d. h. der Aufzeichnungen über sachdienliche Ermittlungen nach § 7 AdVermiG sowie sonstiger auf den einzelnen Vermittlungsfall bezogener Unterlagen, auch nach Abschluss der Vermittlung vor. Aufzeichnungen über eine Eignungsprüfung gemäß § 7 Abs. 3 AdVermiG-E fallen hierunter, sofern sie der Vermittlung eines bestimmten Kindes zugrunde gelegt worden sind. Die gesetzliche Aufbewahrungsdauer beträgt 60 Jahre, von der Geburt des betreffenden Kindes an gerechnet; ihre Bemessung orientiert sich an den Empfehlungen der Bundesarbeitsgemeinschaft der Landesjugendämter (3. Aufl. 1994, Rdnr. 15). Damit kann sich der Angenommene über einen langen Zeitraum hinweg an Hand der Akten über die näheren Umstände seiner Adoption informieren. **Satz 2** stellt die Aufbewahrung auch für den Fall sicher, dass die Vermittlungsstelle, um deren Akten es sich handelt, aufgelöst wird. **Satz 3** ordnet im Hinblick auf die schutzwürdigen Interessen der Adoptionsbeteiligten an der Geheimhaltung personenbezogener Daten die Vernichtung der Vermittlungsakten nach Ablauf des in Satz 1 genannten Zeitraums an.

604 **Absatz 2** regelt den Zugang zu Vermittlungsakten im Sinne des Absatzes 1. Ziel der Vorschrift ist es, unter Rücksichtnahme sowohl auf das Persönlichkeitsrecht der leiblichen Eltern als auch auf die Erziehungsverantwortung der Adoptiveltern das Recht des Kindes auf Kenntnis seiner Abstammung zu verwirklichen.

605 Nach der Rechtsprechung des Bundesverfassungsgerichts (BVerfGE 79, 256, 268/269; 90, 263, 270/271) gewährleistet Artikel 2 Abs. 1 in Verbindung mit Artikel 1 Abs. 1 GG ein allgemeines Persönlichkeitsrecht und sichert dem Einzelnen einen autonomen Bereich privater Lebensgestaltung, in dem er seine Individualität entwickeln und wahren kann. Da Verständnis und Entfaltung der Individualität mit der Kenntnis der für sie konstitutiven Faktoren eng verbunden sind, umfasst das Persönlichkeitsrecht auch die Kenntnis der eigenen Abstammung. Diese legt nicht nur die genetische Ausstattung des Einzelnen fest und prägt so seine Persönlichkeit mit, sondern kann auch im Bewusstsein des Einzelnen eine Schlüsselstellung für Individualitätsfindung und Selbstverständnis einnehmen. Die Unmöglichkeit, die eigene Herkunft zu klären, kann den Einzelnen erheblich belasten und verunsichern. Artikel 2 Abs. 1 in Verbindung mit Artikel 1 Abs. 1 GG verleiht indes kein Recht auf Verschaffung solcher Kenntnisse, sondern kann nur vor der Vorenthaltung erlangbarer Informationen durch staatliche Organe schützen.

606 Das allgemeine Persönlichkeitsrecht ist allerdings auch im Hinblick auf die Ursprungsfamilie des Adoptivkindes zu beachten. Es umfasst das Recht auf Achtung der Privat- und Intimsphäre (vgl. BVerfGE 89, 69, 82/83) und schützt die Befugnis des Einzelnen, grundsätzlich selbst darüber zu entscheiden, inwieweit und gegenüber wem er persönliche Lebenssachverhalte offenbart (BVerfGE 65, 1, 43/44). Jedoch hat der Einzelne, soweit nicht in den unantastbaren Bereich privater Lebensgestaltung eingegriffen wird, Einschränkungen hinzunehmen, die im überwiegenden Allgemeininteresse oder zugunsten grundrechtlich geschützter Interessen Dritter unter strikter Wahrung der Verhältnismäßigkeit vorgenommen werden (BVerfGE 65, 1, 44). Ein Eingriff in den unantastbaren Bereich privater Lebensgestaltung kann bei der Abstammungsfrage, die grundrechtlich geschützte Belange des Kindes berührt, grundsätzlich nicht angenommen werden (BVerfGE 96, 56, 61).

607 Für die Fallkonstellation eines von einem Kind gegen seine unverheiratete Mutter geltend gemachten Anspruchs auf Benennung der für die Vaterschaft in Betracht kommenden Männer hat das Bundesverfassungsgericht einen weitgespannten Gestaltungs- bzw. Rechtsfindungsspielraum des Gesetzgebers und der Gerichte angenommen (BVerfGE 96, 56, 63 ff.). In dieser Fallgruppe ist bei der verfassungsrechtlichen Interessenabwägung zwischen Mutter und Kind zugunsten des Kindes lediglich eine inhaltlich unbestimmte Schutzpflicht des Staates zur Gewährleistung der für die Persönlichkeitsentfaltung konstitutiven Bedingungen zu berücksichtigen, weil staatliche Stellen selbst nicht über die begehrte Information verfügen, sondern allenfalls dem Kind zur Durchsetzung eines Auskunftsanspruchs gegen die Mutter verhelfen können.

Bei der Sachverhaltsgestaltung, die § 9b AdVermiG-E im Blick hat, richtet sich der Anspruch auf Gewährung von Akteneinsicht dagegen gegen staatliche oder freie Adoptionsvermittlungsstellen, die selbst über Informationen über die Herkunft des Kindes verfügen. Hier steht folglich ein aus dem allgemeinen Persönlichkeitsrecht folgender Anspruch des Kindes in Frage, der sich darauf richtet, dem Kind die über dessen Herkunft vorliegenden Angaben nicht vorzuenthalten. Diese grundrechtlich geschützte Stellung des Kindes dürfte daher insoweit stärker zu gewichten sein als in dem Vergleichsfall. Hinzu kommt, dass in der hier in Rede stehenden Konstellation die Lebensumstände der Ursprungsfamilie ohnedies schon im Zuge der die Adoption vorbereitenden Ermittlungen offengelegt worden sind und damit den rein privaten Bereich der Ursprungsfamilie bereits verlassen haben. **608**

Auf einfach-rechtlicher Ebene wird das Konzept der Inkognito-Adoption (§§ 1758, 1747 Abs. 2 Satz 2 BGB) traditionell als dem Schutz der Aufnahme-, nicht der Ursprungsfamilie dienend angesehen (Staudinger-Frank, 12. Bearb., § 1758 BGB Rdnr. 4). Ohne die im grundrechtlichen Spannungsverhältnis zwischen dem Kind und seiner Ursprungsfamilie dem Gesetzgeber aufgegebene Abwägungs- und Gestaltungsverantwortung zu verkennen, erscheint es deshalb gerechtfertigt, wenn § 9b Abs. 2 **Satz 1** AdVermiG-E den Anspruch des Kindes auf Einsicht in die Vermittlungsakten als Grundsatz voranstellt. **609**

Ausgeübt wird dieses Recht durch den gesetzlichen Vertreter des Kindes oder durch das wenigstens sechzehn Jahre alte Kind selbst. Dass der gesetzliche Vertreter – in der Regel also die Adoptiveltern – an dem Informationsanspruch partizipiert, rechtfertigt sich aus der durch Artikel 6 Abs. 2 Satz 2 [*Anm. d. Verf.: richtig Satz 1*] GG geschützten Erziehungsverantwortung. Denn diese wird sich bei einem Adoptivkind – vor allem wenn die Unterbringung in der Adoptivfamilie in früher Kindheit erfolgte – auch darauf zu erstrecken haben, das Kind zu einem passenden Zeitpunkt und in geeigneter Weise mit den Besonderheiten seiner Abstammung vertraut zu machen. Die Altersgrenze, mit deren Erreichen das Kind seinen Anspruch auf Einsichtnahme in die Vermittlungsakten selbständig geltend machen kann, ist in Übereinstimmung mit der Parallelvorschrift des § 61 Abs. 2 PStG gewählt; diese regelt die Einsichtnahme in Personenstandseinträge, aus denen die Tatsache der Annahme hervorgeht. **610**

Zum Schutze des Persönlichkeitsrechts von Angehörigen der Ursprungsfamilie, insbesondere der leiblichen Eltern, bedarf der Anspruch des Kindes auf Gewährung von Einsicht in die Vermittlungsakten der Eingrenzung. Dies geschieht zunächst durch die in § 9b Abs. 2 Satz 1 erster Halbsatz AdVermiG-E normierte Beschränkung auf Umstände, die die Herkunft oder die Lebensgeschichte des Kindes betreffen oder an deren Kenntnis ein sonstiges berechtigtes Interesse besteht. Diese Einschränkung trägt im Rahmen des vom Gesetzgeber zu wahrenden Verhältnismäßigkeitsprinzips dem Eignungskriterium Rechnung. **611**

Weiter eingeschränkt wird der Anspruch durch die Bestimmung, dass die Einsichtnahme unter Anleitung durch eine Fachkraft stattfindet. Fachliche Anleitung kann dazu beitragen, frühere Lebensumstände der Ursprungsfamilie in Zusammenhänge einzuordnen und verständig zu bewerten. Hierdurch kann die Schwere des für die leiblichen Eltern des Kindes in der Offenlegung der Vermittlungsakten liegenden Eingriffs abgemildert und zur Wahrung des Erforderlichkeitsgrundsatzes beigetragen werden. **612**

Für die Einhaltung des Zumutbarkeitskriteriums im Rahmen des Verhältnismäßigkeitsgrundsatzes sorgt **Satz 2**. Danach ist die Einsichtnahme zu versagen, soweit überwiegende Belange der Betroffenen, namentlich also der leiblichen Eltern, entgegenstehen. Diese Vorschrift eröffnet den Adoptionsvermittlungsstellen und im Streitfall den Gerichten hinreichenden Abwägungsspielraum, um schutzwürdigen Interessen der Ursprungsfamilie Rechnung tragen zu können. Sie ist zugleich flexibel genug gefasst, um auf den Einzelfall abgestellte Lösungen zu **613** ermöglichen, indem beispielsweise an die Stelle der Gewährung von Einsicht in die Vermittlungsakten die Mitteilung ihres wesentlichen Inhalts (mit Ausnahme geheimhaltungsbedürftiger Passagen) treten kann.

Ergänzende Hinweise

614 Unter fachlicher Anleitung findet die Einsichtnahme nicht nur dann statt, wenn sich das noch minderjährige Adoptivkind über seine Herkunft unterrichten will, sondern auch, wenn der volljährige Angenommene oder die Adoptiveltern in die Vermittlungsakten Einblick nehmen wollen. Sie werden darauf hinzuweisen sein, dass sich eine Kontaktaufnahme mit der Ursprungsfamilie „auf eigene Faust" nicht empfiehlt, sondern dass dazu professionelle Hilfe in Anspruch genommen werden sollte. Dies gilt namentlich im Hinblick auf schwere Belastungen und sogar Gefahren, die der leiblichen Mutter des Kindes im fremden Kulturkreis drohen können, falls etwa die Existenz eines vorehelichen Kindes bekannt wird.

615–640 *einstweilen frei*

§ 9c
Durchführungsbestimmungen

(1) Das Bundesministerium für Familie, Senioren, Frauen und Jugend wird ermächtigt, im Einvernehmen mit dem Bundesministerium der Justiz durch Rechtsverordnung mit Zustimmung des Bundesrates das Nähere über die Anerkennung und Beaufsichtigung von Adoptionsvermittlungsstellen nach § 2 Abs. 2 und den §§ 3 und 4, die Zusammenarbeit auf dem Gebiet der internationalen Adoptionsvermittlung nach § 2a Abs. 4 und 5, die sachdienlichen Ermittlungen nach § 7 Abs. 1, die Eignungsprüfung nach § 7 Abs. 3, die Bescheinigung nach § 7 Abs. 4, die Adoptionsbegleitung nach § 9 und die Gewährung von Akteneinsicht nach § 9b sowie über die von den Adoptionsvermittlungsstellen dabei zu beachtenden Grundsätze zu regeln. Durch Rechtsverordnung nach Satz 1 können insbesondere geregelt werden:

1. **Zeitpunkt, Gliederung und Form der Meldungen nach § 2a Abs. 5 Satz 1 Nr. 1 und 2 sowie Satz 2;**
2. **Anforderungen an die persönliche und fachliche Eignung des Personals einer Adoptionsvermittlungsstelle (§§ 3, 4 Abs. 1 Satz 1 Nr. 1);**
3. **Anforderungen an die Arbeitsweise und die Finanzlage des Rechtsträgers einer Adoptionsvermittlungsstelle (§ 4 Abs. 1 Satz 1 Nr. 2);**
4. **besondere Anforderungen für die Zulassung zur internationalen Adoptionsvermittlung (§ 4 Abs. 2);**
5. **Antragstellung und vorzulegende Nachweise im Verfahren nach § 7 Abs. 4;**

6. Zeitpunkt und Form der Unterrichtung der Annehmenden über das Leistungsangebot der Adoptionsbegleitung nach § 9 Abs. 1.

(2) Durch Rechtsverordnung nach Absatz 1 Satz 1 kann ferner vorgesehen werden, dass die Träger der staatlichen Adoptionsvermittlungsstellen von den Adoptionsbewerbern für eine Eignungsprüfung nach § 7 Abs. 3 oder für eine internationale Adoptionsvermittlung Gebühren sowie Auslagen für die Beschaffung von Urkunden, für Übersetzungen und für die Vergütung von Sachverständigen erheben. Die Gebührentatbestände und die Gebührenhöhe sind dabei zu bestimmen; für den einzelnen Vermittlungsfall darf die Gebührensumme 2000 Euro nicht überschreiten. Solange das Bundesministerium für Familie, Senioren, Frauen und Jugend von der Ermächtigung nach Absatz 1 Satz 1 in Verbindung mit Satz 1 keinen Gebrauch gemacht hat, kann diese durch die Landesregierungen ausgeübt werden; die Landesregierungen können diese Ermächtigung durch Rechtsverordnung auf oberste Landesbehörden übertragen.

Begründung zum Regierungsentwurf (Bundestags-Drucks. 14/6011, S. 56):

Die Änderungsvorschrift erweitert die bisher in § 7 Abs. 2 AdVermiG enthaltene Ermächtigung 641
zum Erlass einer Durchführungsverordnung und ordnet sie als neuen § 9c ein. Die Ermächtigung richtet sich an das für das Adoptionsvermittlungsrecht zuständige Bundesministerium für Familie, Senioren, Frauen und Jugend und wird im Einvernehmen mit dem für das Adoptionsrecht zuständigen Bundesministerium der Justiz sowie mit Zustimmung des Bundesrates ausgeübt.

Absatz 1 Satz 1 erstreckt die Ermächtigung über die bisher bereits abgedeckten Sachbereiche 642
hinaus auf die nach dem Vorschlag des Entwurfs in § 2a und in den §§ 4, 7 Abs. 3 und 4, § 9b AdVermiG-E neu zu regelnden Gegenstände. **Satz 2** konkretisiert die wichtigsten möglichen Regelungsgegenstände einer Verordnung nach Satz 1.

Absatz 2 Satz 1 beinhaltet die Ermächtigung, Vorschriften über die Erhebung bestimmter 643
Kosten im Zusammenhang mit einer Auslandsadoption durch die Träger der staatlichen Adoptionsvermittlungsstellen von den Adoptionsbewerbern zu erlassen. **Satz 2** bestimmt in seinem ersten Halbsatz, welche Regelungsgegenstände dabei zu berücksichtigen sind; der zweite Halbsatz der Vorschrift legt eine Gebührenobergrenze fest und trägt damit zusätzlich zur Erfüllung des Bestimmtheitsgebots gemäß Artikel 80 Abs. 1 Satz 2 GG bei. **Satz 3** ermöglicht es, die Kostenerhebung landesrechtlich zu regeln, solange bundesrechtliche Vorschriften nicht erlassen sind.

Von der im bisherigen § 7 Abs. 2 AdVermiG enthaltenen Verordnungsermächtigung ist bislang 644
kein Gebrauch gemacht worden. Für eine gewisse Vereinheitlichung der Vermittlungspraxis sorgen vielmehr die zuletzt im Jahre 1994 überarbeiteten „Empfehlungen zur Adoptionsvermittlung" der Bundesarbeitsgemeinschaft der Landesjugendämter. Der Entwurf geht davon aus, dass auch in Zukunft die Ermächtigung erst nach sorgfältiger Prüfung eines entsprechenden Bedürfnisses in Anspruch genommen werden sollte. Dies gilt auch und gerade für die Ermächtigung zur Kostenerhebung. Sollte allerdings eine Verordnung nach § 9c AdVermiG-E erlassen werden, so wären deren Bestimmungen gemäß Artikel 1 § 3 Abs. 1 Satz 2 des Entwurfs auch bei der Adoptionsvermittlung im Anwendungsbereich des Haager Übereinkommens ergänzend anzuwenden.

Ergänzende Hinweise

645 Die Aufzählung möglicher Regelungsgegenstände einer Durchführungsverordnung in Absatz 1 Satz 2 ist nicht abschließend. Als Element der von den Adoptionsvermittlungsstellen bei den sachdienlichen Ermittlungen nach § 7 Abs. 1 und der Eignungsprüfung nach § 7 Abs. 3 AdVermiG zu beachtenden Grundsätze können auf Grund des Absatzes 1 Satz 1 etwa auch Vorschriften über die Teilnahme der Adoptionsbewerber an Vorbereitungskursen erlassen werden.

646–670 *einstweilen frei*

§ 9d
Datenschutz

(1) Für die Erhebung, Verarbeitung und Nutzung personenbezogener Daten gilt das Zweite Kapitel des Zehnten Buches Sozialgesetzbuch mit der Maßgabe, dass Daten, die für Zwecke dieses Gesetzes erhoben worden sind, nur für Zwecke der Adoptionsvermittlung oder Adoptionsbegleitung, der Anerkennung, Zulassung oder Beaufsichtigung von Adoptionsvermittlungsstellen, der Überwachung von Vermittlungsverboten, der Verfolgung von Verbrechen oder anderen Straftaten von erheblicher Bedeutung oder der internationalen Zusammenarbeit auf diesen Gebieten verarbeitet oder genutzt werden dürfen. Die Vorschriften über die internationale Rechtshilfe bleiben unberührt.

(2) Die Bundeszentralstelle übermittelt den zuständigen Stellen auf deren Ersuchen die zu den in Absatz 1 genannten Zwecken erforderlichen personenbezogenen Daten. In dem Ersuchen ist anzugeben, zu welchem Zweck die Daten benötigt werden.

(3) Die ersuchende Stelle trägt die Verantwortung für die Zulässigkeit der Übermittlung. Die Bundeszentralstelle prüft nur, ob das Übermittlungsersuchen im Rahmen der Aufgaben der ersuchenden Stelle liegt, es sei denn, dass ein besonderer Anlass zur Prüfung der Zulässigkeit der Übermittlung besteht.

(4) Bei der Übermittlung an eine ausländische Stelle oder an eine inländische nicht öffentliche Stelle weist die Bundeszentralstelle darauf hin, dass die Daten nur für den Zweck verarbeitet und genutzt werden dürfen, zu dem sie übermittelt werden.

(5) Fügt eine verantwortliche Stelle dem Betroffenen durch eine nach diesem Gesetz oder nach anderen Vorschriften über den Datenschutz unzulässige oder unrichtige Erhebung, Verarbeitung oder Nutzung seiner personenbezogenen Daten einen Schaden zu, so finden die §§ 7 und 8 des Bundesdatenschutzgesetzes Anwendung.“

Begründung zum Regierungsentwurf (Bundestags-Drucks. 14/6011, S. 56):

Die Vorschrift trifft Regelungen über den Schutz der nach dem Adoptionsvermittlungsgesetz zu erhebenden personenbezogenen Daten. **671**

Absatz 1 verweist hierzu auf die Vorschriften des Zweiten Kapitels des SGB X, die einen strengen Schutz von Sozialdaten vorsehen, und regelt die – im Vergleich zu den Vorschriften des SGB speziellere – Zweckbindung der im Bereich des Adoptionsvermittlungswesens erhobenen Daten. **672**

Die **Absätze 2 bis 4** treffen nähere Bestimmungen hinsichtlich der Übermittlung personenbezogener Daten, die der Bundeszentralstelle nach § 2a Abs. 5 Satz 1 gemeldet und bei dieser gemäß § 2a Abs. 6 Satz 1 zu einer Datei zusammengefasst werden. **673**

Absatz 5 normiert für den Bereich des Adoptionsvermittlungswesens in Anlehnung an die §§ 7 und 8 BDSG eine Schadensersatzpflicht für den Fall unzulässiger oder unrichtiger Erhebung, Verarbeitung oder Nutzung personenbezogener Daten. **674**

einstweilen frei **675–690**

7. § 10 wird wie folgt geändert:

a) Absatz 2 wird wie folgt gefasst:

„(2) Absatz 1 gilt entsprechend, wenn Adoptionsbewerber, bei denen Ermittlungen durchgeführt wurden, bereit und geeignet sind, ein schwer vermittelbares Kind aufzunehmen, sofern die Adoptionsbewerber der Unterrichtung der zentralen Adoptionsstelle zustimmen."

b) Absatz 3 Satz 3 wird wie folgt gefasst:

„Im Einzelfall kann die zentrale Adoptionsstelle die Vermittlung eines Kindes selbst übernehmen."

Begründung zum Regierungsentwurf (Bundestags-Drucks. 14/6011, S. 57):

Die Bestimmungen des § 10 Abs. 2 und 3 Satz 3 AdVermiG, die sich in der Praxis nicht bewährt haben, werden aufgehoben. Statt dessen wird in einem neuen § 10 Abs. 2 Satz 3 AdVermiG-E festgehalten, dass die zentrale Adoptionsstelle des Landesjugendamtes unmittelbar die Adoptionsvermittlung ausüben kann, auch wenn dies im Bereich der Inlandsadoption eher die Ausnahme bleiben wird. **691**

Stellungnahme des Bundesrates (Bundestags-Drucks. 14/6011, S. 62):

14. **Zu Artikel 3 Nr. 7 (§ 10 Abs. 2 und 3 Satz 3 AdVermiG)** **692**

In Artikel 3 ist Nummer 7 wie folgt zu fassen:

‚7. § 10 wird wie folgt geändert:

a) Absatz 2 wird wie folgt gefasst:

„(2) Absatz 1 gilt entsprechend, wenn Adoptionsbewerber, bei denen Ermittlungen durchgeführt wurden, bereit und geeignet sind, ein schwer vermittelbares Kind aufzunehmen, sofern die Adoptionsbewerber der Unterrichtung der zentralen Adoptionsstelle zustimmen."

b) Absatz 3 Satz 3 wird wie folgt gefasst:
<Text wie Gesetzentwurf>"

Begründung:

Damit die überörtlich tätige zentrale Adoptionsstelle ihrer in § 11 Abs. 1 Nr. 1 AdVermiG begründeten Unterstützungspflicht nachkommen kann, müssen in Frage kommende Bewerber tatsächlich gemeldet werden (ohne Fristsetzung).

Gegenäußerung der Bundesregierung (Bundestags-Drucks. 14/6011, S. 65):

693 **Zu Nummer 14 (Zu Artikel 3 Nr. 7 – § 10 Abs. 2 und 3 Satz 3 AdVermiG-E)**

Die Bundesregierung stimmt der vorgeschlagenen Änderung zu.

Bericht des Rechtsausschusses des Dt. Bundestages (Bundestags-Drucks. 14/6583, S. 23):

694 Gemäß § 11 Abs. 1 Nr. 1 AdVermiG sind die zentralen Adoptionsstellen verpflichtet, die Adoptionsvermittlungsstellen bei ihrer Arbeit zu unterstützen, wenn ein Kind schwer zu vermitteln ist. Der neu gefasste § 10 Abs. 2 AdVermiG-E stellt sicher, dass den zentralen Adoptionsstellen gemeldet wird, wenn Adoptionsbewerber bereit sind, ein schwer vermittelbares Kind aufzunehmen und mit der Meldung an das Landesjugendamt einverstanden sind.

695 Durch diese Neufassung des Absatzes 2 der Vorschrift behält diese wie in ihrer derzeit geltenden Fassung drei Absätze. Absatz 3 Satz 3 wird wie vom Regierungsentwurf vorgeschlagen neu gefasst.

696–700 *einstweilen frei*

8. Dem § 11 Abs. 2 wird folgender Satz angefügt:

„Unterlagen der in Artikel 16 des Adoptionsübereinkommens genannten Art sind der zentralen Adoptionsstelle zur Prüfung vorzulegen."

Begründung zum Regierungsentwurf (Bundestags-Drucks. 14/6011, S. 57):

701 Nach § 11 Abs. 2 AdVermiG haben alle (staatlichen und freien) Adoptionsvermittlungsstellen die zentrale Adoptionsstelle des Landesjugendamtes, zu dessen Bereich sie gehören, in Adoptionsvermittlungsfällen mit Auslandsberührung vom Beginn der sachdienlichen Ermittlungen i. S. des § 7 Abs. 1 an zu beteiligen. Der neue Satz 2 der Vorschrift präzisiert dieses Beteiligungserfordernis. Die Regelung bezieht sich auf Unterlagen der in Artikel 16 des Adoptionsübereinkommens genannten Art unabhängig davon, ob die jeweilige Vermittlung in den Anwendungsbereich des Übereinkommens fällt. Somit sind in allen Fällen der Vermittlung eines Kindes, das seinen gewöhnlichen Aufenthalt im Ausland hat, der Sozialbericht über das Kind sowie insbesondere die Nachweise über das Vorliegen der zur Adoption erforderlichen Einwilligungen der zentralen Adoptionsstelle zur Prüfung vorzulegen.

702–710 *einstweilen frei*

9. Die Überschrift des Vierten Abschnitts wird wie folgt gefasst:
„Vierter Abschnitt. Übergangsvorschriften"

Begründung zum Regierungsentwurf (Bundestags-Drucks. 14/6011, S. 57):

Die Fassung der Überschrift wird an den durch Artikel 3 Nr. 10 gestrafften Inhalt des Abschnitts angepasst. **711**

10. Die §§ 15 und 16 werden wie folgt gefasst:

„§ 15
Weitergeltung der Berechtigung zur Adoptionsvermittlung

(1) Eine vor dem 1. Januar 2002 erteilte Anerkennung als Adoptionsvermittlungsstelle gilt vorläufig fort. Sie erlischt, wenn nicht bis zum 31. Dezember 2002 erneut die Anerkennung beantragt wird oder, im Falle rechtzeitiger Antragstellung, mit Eintritt der Unanfechtbarkeit der Entscheidung über den Antrag.

(2) Hat eine vor dem 1. Januar 2002 anerkannte Adoptionsvermittlungsstelle internationale Adoptionsvermittlung im Verhältnis zu einem bestimmten Staat ausgeübt und hat sie ihre Absicht, diese Vermittlungstätigkeit fortzusetzen, der zentralen Adoptionsstelle des Landesjugendamtes angezeigt, so gelten Absatz 1 sowie § 4 Abs. 2 Satz 4 entsprechend. § 4 Abs. 2 Satz 2 dieses Gesetzes sowie § 1 Abs. 3 des Adoptionsübereinkommens-Ausführungsgesetzes bleiben unberührt.

(3) Die staatlichen Adoptionsvermittlungsstellen (§ 2 Abs. 1) haben sicherzustellen, dass die Anforderungen des § 3 vom 1. Januar 2003 an erfüllt werden.

Begründung zum Regierungsentwurf (Bundestags-Drucks. 14/6011, S. 57):

Der neu gefasste § 15 enthält Übergangsvorschriften zu den neu vorgeschlagenen Bestimmungen über die Anerkennung als Adoptionsvermittlungsstelle und als Auslandsvermittlungsstelle. **712**

Absatz 1 betrifft die inländische Adoptionsvermittlung. Insoweit behält die bei Inkrafttreten des neuen Rechts bereits erteilte Anerkennung nach **Satz 1** zunächst ihre Gültigkeit. Nach **Satz 2** erlischt sie jedoch, wenn nicht innerhalb eines Jahres nach dem Inkrafttreten des Gesetzes ein neuer Anerkennungsantrag gestellt wird. Bei rechtzeitiger Antragstellung gilt die Anerkennung über die Jahresfrist hinaus fort und erlischt erst, wenn über den neuen Anerkennungsantrag unanfechtbar entschieden ist. Wird diesem Antrag stattgegeben, so tritt die auf Grund der neuen Rechtslage erteilte Anerkennung an die Stelle der früheren. **713**

Absatz 2 Satz 1 erstreckt diese Übergangsregelungen auf eine Adoptionsvermittlungsstelle, die bei Inkrafttreten des neuen Rechts internationale Adoptionsvermittlung tatsächlich ausgeübt und ihre Absicht, diese Tätigkeit fortzusetzen, der zentralen Adoptionsstelle des Landesju- **714**

gendamtes angezeigt hat. Absatz 1 ist hier auf die der Adoptionsvermittlungsstelle erteilte Anerkennung insoweit anzuwenden, als sich daraus die (bislang an keine weiteren Voraussetzungen geknüpfte) Berechtigung zu internationaler Adoptionsvermittlung ergibt. Die erstmalige Aufnahme internationaler Adoptionsvermittlung oder deren Ausdehnung auf Staaten, mit denen bislang keine derartigen Kontakte bestanden, ist unter der Geltung der neuen Vorschriften ohne Zulassung gemäß § 4 Abs. 2 nicht mehr möglich. Die nach Absatz 2 weitergeltende Berechtigung zu grenzüberschreitender Adoptionsvermittlung umfasst gemäß **Satz 2** auch nicht die Befugnis, als zugelassene Organisation im Sinne der Haager Übereinkunft tätig zu werden oder die Bezeichnung „anerkannte Auslandsvermittlungsstelle" zu führen.

715 Adoptionsvermittlungsstellen, die ihre Tätigkeit nach Absatz 1 oder Absatz 2 fortführen, unterliegen uneingeschränkt der Aufsicht gemäß § 4 Abs. 4. Dementsprechend enthält der Entwurf keine Übergangsvorschrift zu § 4 Abs. 4 AdVermiG-E. Auch hat die zentrale Adoptionsstelle gemäß Absatz 2 Satz 1 in Verbindung mit § 4 Abs. 2 Satz 4 die Bundeszentralstelle über die Verhältnisse der vorläufig weiterhin zur internationalen Adoptionsvermittlung zugelassenen Stellen zu unterrichten.

716 **Absatz 3** begrenzt auch für die staatlichen Adoptionsvermittlungsstellen die Übergangszeit, innerhalb deren sie die in § 3 neu formulierten personellen Anforderungen zu erfüllen haben.

717–730 *einstweilen frei*

§ 16
Anzuwendendes Recht

Vom Zeitpunkt des Inkrafttretens einer Änderung dieses Gesetzes an richtet sich die weitere Durchführung einer vor dem Inkrafttreten der Änderung begonnenen Vermittlung, soweit nicht anders bestimmt, nach den geänderten Vorschriften."

Begründung zum Regierungsentwurf (Bundestags-Drucks. 14/6011, S. 57):

731 § 16 AdVermiG, der sich auf die Situation bei Inkrafttreten des Adoptionsvermittlungsgesetzes vor rund 25 Jahren bezieht, wird den veränderten Gegebenheiten angepasst.

Ergänzende Hinweise

732 Zur Beendigung der internationalen Vermittlungsbefugnis der Jugendämter vgl. bereits die Hinweise zu § 2a AdVermiG (Rdn B 428).

733–740 *einstweilen frei*

11. Die §§ 17 bis 22 werden aufgehoben.

Begründung zum Regierungsentwurf (Bundestags-Drucks. 14/6011, S. 57):

741 Die Vorschriften sind durch Zeitablauf überholt.

IV. Änderung sonstigen Bundesrechts (Artikel 4 des Gesetzes zur Regelung von Rechtsfragen auf dem Gebiet der internationalen Adoption und zur Weiterentwicklung des Adoptionsvermittlungsrechts)

Artikel 4
Änderung sonstigen Bundesrechts

1. Änderung des Rechtspflegergesetzes

(1) § 14 Abs. 1 Nr. 3 Buchstabe f des Rechtspflegergesetzes vom 5. November 1969 (BGBl. I S. 2065), das zuletzt durch Artikel 2 Abs. 4 des Gesetzes vom 25. Juni 2001 (BGBl. I S. 1206) geändert worden ist, wird nach dem Wort „sowie" wie folgt gefasst:

„die Entscheidungen nach § 1751 Abs. 3, § 1764 Abs. 4, § 1765 Abs. 2 des Bürgerlichen Gesetzbuchs, nach § 56f Abs. 2 des Gesetzes über die Angelegenheiten der freiwilligen Gerichtsbarkeit und nach dem Adoptionswirkungsgesetz vom 5. November 2001 (BGBl. I S. 2950, 2953)"

Begründung zum Regierungsentwurf (Bundestags-Drucks. 14/6011, S. 57):

Artikel 4 Abs. 1 beinhaltet eine Änderung in § 14 RPflG, der die dem Richter vorbehaltenen **742**
Geschäfte in Vormundschaftssachen festlegt. Entscheidungen nach den mit dem Entwurf neu vorgeschlagenen Bestimmungen des Artikels 2 (Ausspruch über die Anerkennung und die Wirkungen einer nach ausländischem Recht vollzogenen Annahme als Kind oder über die Umwandlung eines Annahmeverhältnisses) bleiben danach dem Richter vorbehalten.

2. Änderung des Gesetzes über die Angelegenheiten der freiwilligen Gerichtsbarkeit

(2) Dem § 43b Abs. 2 des Gesetzes über die Angelegenheiten der freiwilligen Gerichtsbarkeit in der im Bundesgesetzblatt Teil III, Gliederungsnummer 315-1, veröffentlichten bereinigten Fassung, das zuletzt durch Artikel 13 des Gesetzes vom 27. Juli 2001 (BGBl. I S. 1887) geändert worden ist, wird folgender Satz angefügt:

„Kommen ausländische Sachvorschriften zur Anwendung, so gilt ergänzend § 5 Abs. 1 Satz 1 und Abs. 2 des Adoptionswirkungsgesetzes vom 5. November 2001 (BGBl. I S. 2950, 2953)."

Begründung zum Regierungsentwurf (Bundestags-Drucks. 14/6011, S. 57):

743 **Artikel 4 Abs. 2** beinhaltet eine Änderung des § 43b FGG. Der neue Satz 2 des § 43b Abs. 2 FGG normiert für Fälle, in denen das Vormundschaftsgericht bei seiner Entscheidung ausländisches Adoptionsrecht anzuwenden hat, eine Zuständigkeitskonzentration. Da in diesen Fällen zugleich die Vorschriften des Adoptionswirkungsgesetzes zu beachten sind, wird die Zuständigkeit für das gesamte Verfahren dem nach § 5 Abs. 1 Satz 1 AdWirkG zuständigen Vormundschaftsgericht am Sitz des jeweiligen Oberlandesgerichts oder dem durch Rechtsverordnung nach § 5 Abs. 2 AdWirkG bestimmten Vormundschaftsgericht übertragen.

Ergänzende Hinweise

744 Regelungsanlass für die Ergänzung des § 43b Abs. 1 FGG war die Erstreckung des Anwendungsbereichs des AdWirkG auf Fallgestaltungen, in denen die Adoption im Inland ausgesprochen wird, jedoch gemäß Artikel 22 Abs. 1 EGBGB ausländischem Sachrecht unterliegt (vgl. § 1 Satz 1, § 2 Abs. 3 AdWirkG). Mit Blick auf diese Fallgruppe war es erforderlich, die Vorschriften über die Zuständigkeitskonzentration in Verfahren nach dem AdWirkG auf einen Teil der inländischen Adoptionsverfahren auszudehnen.

745–750 *einstweilen frei*

3. Änderung der Verordnung über Kosten im Bereich der Justizverwaltung

(3) Nach Nummer 7 der Anlage zur Verordnung über Kosten im Bereich der Justizverwaltung in der im Bundesgesetzblatt Teil III, Gliederungsnummer 363-1, veröffentlichten bereinigten Fassung, die zuletzt durch Artikel 35 des Gestzes vom 27. Juli 2001 (BGBl. I S. 1887) geändert worden ist, wird folgende Nummer 8 angefügt:

Nr.	Gegenstand	Gebühren
„8	**Tätigkeiten der Bundeszentralstelle für Auslandsadoption (§ 1 Abs. 1 des Adoptionsübereinkommens-Ausführungsgesetzes, § 2a Abs. 4 Satz 1 des Adoptionsvermittlungsgesetzes)** Die Gebühren werden auch erhoben, wenn die Bundeszentralstelle entsprechende Tätigkeiten auf Grund einer Rechtsverordnung nach § 2a Abs. 4 Satz 2 des Adoptionsvermittlungsgesetzes wahrnimmt.	
	a) Mitwirkung bei Übermittlungen an die zentrale Behörde des Heimatstaates (§ 4 Abs. 6 des Adoptionsübereinkommens-Ausführungsgesetzes, § 2a Abs. 4 Satz 2 des Adoptionsvermittlungsgesetzes)	10 bis 150 EUR
	Die Gebühr wird in einem Adoptionsvermittlungsverfahren nur einmal erhoben.	
	b) Bestätigungen nach § 9 des Adoptionsübereinkommens-Ausführungsgesetzes ..	40 bis 100 EUR
	c) Bescheinigungen nach § 7 Abs. 4 des Adoptionsvermittlungsgesetzes	40 bis 100 EUR“

Begründung zum Regierungsentwurf (Bundestags-Drucks. 14/6011, S. 57/58):

Artikel 4 Abs. 3 fügt in das Gebührenverzeichnis zur Verordnung über Kosten im Bereich der Justizverwaltung (JVKostO) neue Gebührentatbestände ein, die die Tätigkeit der Bundeszentralstelle nach § 4 Abs. 6 und § 9 AdÜbAG-E sowie nach § 2a Abs. 4 Satz 2 AdVermiG-E in Verbindung mit § 4 Abs. 6 AdÜbAG-E und nach § 7 Abs. 4 AdVermiG-E betreffen. Die Gebühren werden auch erhoben, wenn die Bundeszentralstelle auf Grund einer Rechtsverordnung nach § 2a Abs. 4 Satz 2 AdVermiG-E entsprechende Tätigkeiten wie bei der Adoptionsvermittlung im Verhältnis zu Vertragsstaaten des Haager Übereinkommens auch bei der Vermittlung im Verhältnis zu Nichtvertragsstaaten wahrnimmt. Ergänzend darf auf die Begründung zu den vorgenannten Bestimmungen verwiesen werden. **751**

Die Gebühren sind als Rahmengebühren ausgestaltet. Die Festsetzung im Einzelfall richtet sich gemäß § 2 Abs. 2 Satz 2 JVKostO insbesondere nach der Bedeutung der Angelegenheit für die Beteiligten, der mit der Vornahme der Amtshandlung verbundenen Mühewaltung und den wirtschaftlichen Verhältnissen des Kostenschuldners. Die Gebühr nach Nummer 8 Buchstabe a (Mitwirkung bei Übermittlungen an die zentrale Behörde des Heimatstaates) wird im jeweiligen Vermittlungsverfahren nur einmal erhoben. Als Richtwert kann dabei für die Prüfung und Mitwirkung bei der Übermittlung der Bewerbungsunterlagen und des Eignungsberichts nach Artikel 1 § 5 Abs. 5 [*Anm. d. Verf.: richtig § 4 Abs. 6*] eine Gebühr von 100 Euro und für jede Mitwirkung bei sonstigen Übermittlungen eine Gebühr von 15 Euro gelten, so dass in einem Standardfall, in dem neben der Prüfung und Weiterleitung der Adoptionsbewerbung zwei **752** weitere Übermittlungen stattfinden, mit einer Gebührensumme von 130 Euro zu rechnen sein wird. Bei der Gebühr nach Nummer 8 Buchstabe b (Bestätigung der Ordnungsmäßigkeit ausländischer Bescheinigungen über den Vollzug einer Adoption) wird im Allgemeinen vom Mittelwert (70 Euro) auszugehen sein. Der Gebührenansatz nach Nummer 8 Buchstabe c (Bescheinigung der rechtlichen Adoptionsbefähigung für Auslandsdeutsche) wird in erheblichem Maße davon abhängen, inwieweit Ermittlungen zur Staatsangehörigkeit oder zum gewöhnlichen Aufenthalt der Antragsteller oder zu Rück- oder Weiterverweisungen nach ausländischem Internationalem Privatrecht erforderlich werden; in einfach gelagerten Fällen erscheint die Mindestgebühr angemessen.

753 Nach § 12 JVKostO kann ausnahmsweise von der Erhebung der Kosten abgesehen werden, wenn dies mit Rücksicht auf die wirtschaftlichen Verhältnisse des Zahlungspflichtigen aus Billigkeitsgründen geboten ist.

754–760 *einstweilen frei*

4. Änderung des Einführungsgesetzes zum Bürgerlichen Gesetzbuch

(4) Artikel 22 des Einführungsgesetzbuches zum Bürgerlichen Gesetzbuche in der Fassung der Bekanntmachung vom 21. September 1994 (BGBl. I S. 2494, 1997 I S. 1061), das zuletzt durch Artikel 2 des Gesetzes vom 26. Oktober 2001 (BGBl. I S. 2716) geändert worden ist, wird wie folgt geändert:

a) Der bisherige Wortlaut wird Absatz 1.

b) Folgende Absätze werden angefügt:

„(2) Die Folgen der Annahme in Bezug auf das Verwandtschaftsverhältnis zwischen dem Kind und dem Annehmenden sowie den Personen, zu denen das Kind in einem familienrechtlichen Verhältnis steht, unterliegen dem nach Absatz 1 anzuwendenden Recht.

(3) In Ansehung der Rechtsnachfolge von Todes wegen nach dem Annehmenden, dessen Ehegatten oder Verwandten steht der Angenommene ungeachtet des nach den Absätzen 1 und 2 anzuwendenden Rechts einem nach den deutschen Sachvorschriften angenommenen Kind gleich, wenn der Erblasser dies in der Form einer Verfügung von Todes wegen angeordnet hat und die Rechtsnachfolge deutschem Recht unterliegt. Satz 1 gilt entsprechend, wenn die Annahme auf einer ausländischen Entscheidung beruht. Die Sätze 1 und 2 finden keine Anwendung, wenn der Angenommene im Zeitpunkt der Annahme das achtzehnte Lebensjahr vollendet hatte.“

Begründung zum Regierungsentwurf (Bundestags-Drucks. 14/6011, S. 58):

761 **Artikel 4 Abs. 4** hat eine Ergänzung des Artikels 22 EGBGB zum Gegenstand.

Der neue **Absatz 2** der Vorschrift stellt klar, dass das nach Absatz 1 bestimmte Adoptionsstatut nicht nur für die Voraussetzungen, sondern auch für die ein Verwandtschaftsverhältnis des Kindes zu dem Annehmenden begründenden und für die das Verwandtschaftsverhältnis des Kindes zu den Angehörigen seiner Ursprungsfamilie lockernden oder lösenden Wirkungen der Annahme als Kind maßgebend ist. **762**

Mittelbare Rechtswirkungen der Kindesannahme, etwa im Hinblick auf die elterliche Sorge oder die Unterhaltspflicht des Annehmenden, sind im Ausgangspunkt nach der Rechtsordnung zu beurteilen, die durch die für das jeweilige Rechtsgebiet maßgebliche Kollisionsnorm (also z. B. durch Artikel 21 oder Artikel 18 EGBGB oder durch vorrangige staatsvertragliche Bestimmungen) berufen wird. Allerdings können bei solchen mittelbaren Adoptionsfolgen, namentlich im Bereich des Erbrechts, die Wertungen des Adoptionsstatuts auf die Rechtslage einwirken (näher zu den erbrechtlichen Beziehungen zwischen den Adoptionsbeteiligten Soergel-*Lüderitz,* BGB, 12. Aufl., Rdn. 28 ff. zu Art. 22 EGBGB). Nach der Rechtsprechung des Bundesgerichtshofs (IPRax 1990, 55) kann dem Adoptionsstatut insbesondere entnommen werden, ob zwischen dem Erblasser und dem Adoptivkind eine so starke rechtliche Beziehung (Verwandtschaft) besteht, wie sie das für die Erbfolge maßgebende Recht für eine Beteiligung an der gesetzlichen Erbfolge voraussetzt. **763**

Handelt es sich um eine schwache Adoption, deren Wirkungen sich regelmäßig nicht auf die Verwandten des Annehmenden erstrecken, so ist das Adoptivkind an der gesetzlichen Erbfolge nach den Eltern des Annehmenden, selbst wenn dieser vorverstorben ist, nicht beteiligt, und hat den „Großeltern" gegenüber kein Pflichtteilsrecht, was sich auch im Falle einer letztwilligen Zuwendung an das Adoptivkind auf die Verteilung des Nachlasses auswirken kann. Der neue **Absatz 3 Satz 1** ermöglicht es dem jeweiligen Erblasser, solche Einschränkungen der erbrechtlichen Stellung des Adoptivkindes auszuräumen und den Angenommenen damit im Rahmen der eigenen Nachfolge so zu stellen, als habe eine Volladoption stattgefunden. Da einem fremden Adoptionsstatut [*Anm. d. Verf.: richtig Erbstatut*] eine derartige Aufwertung der schwachen Adoption nicht aufgezwungen werden soll, setzt die Anwendung der Vorschrift die Maßgeblichkeit deutschen Erbrechts, im Regelfall (Artikel 25 Abs. 1 EGBGB) also deutsche Staatsangehörigkeit des Erblassers voraus. **764**

Satz 2 lässt die Regelungen des Satzes 1 entsprechend auch für Fälle gelten, in denen die Kindesannahme auf einer ausländischen Entscheidung beruht und in denen daher das Adoptionsstatut nicht nach deutschem Internationalem Privatrecht bestimmt werden kann. Nach **Satz 3** findet die Vorschrift des Absatzes 3 keine Anwendung, wenn es sich nach den Maßstäben des deutschen Sachrechts um eine Volljährigenadoption gehandelt hat, die auch nach deutschem Recht grundsätzlich nur schwache Wirkungen entfaltet (§ 1770 BGB). **765**

einstweilen frei **766–790**

5. Änderung des Sozialgesetzbuchs – Allgemeiner Teil –

(5) In § 35 Abs. 1 Satz 4 des Sozialgesetzbuchs – Allgemeiner Teil – vom 11. Dezember 1975 (BGBl. I S. 3015), das zuletzt durch Artikel 3 des Gesetzes vom 2. September 2001 (BGBl. I S. 2272) geändert worden ist, werden nach dem Wort „Gemeindebehörden" die Wörter „sowie die anerkannten Adoptionsvermittlungsstellen (§ 2 Abs. 2 des Adoptionsvermittlungsgesetzes)" eingefügt.

Begründung zum Regierungsentwurf (Bundestags-Drucks. 14/6011, S. 58):

791 Die in **Artikel 4 Abs. 5** vorgeschlagene Ergänzung des § 35 SGB I flankiert die in Artikel 3 vorgesehene Neuregelung des Datenschutzes im Adoptionsvermittlungswesen. Nach § 9d AdVermiG-E unterstehen die Adoptionsvermittlungsstellen den strengen datenschutzrechtlichen Bestimmungen des SGB X. In § 35 SGB I wird deshalb klargestellt, dass das Sozialgeheimnis auch gegenüber anerkannten Adoptionsvermittlungsstellen im Sinne des § 2 Abs. 2 AdVermiG geschützt wird. Die Klarstellung empfiehlt sich im Hinblick auf den Umstand, dass den anerkannten Adoptionsvermittlungsstellen in freier Trägerschaft nach vorherrschender Einschätzung keine Behördeneigenschaft zukommt, so dass auch ihre Einordnung als „Leistungsträger" im Sinne des § 35 Abs. 1 Satz 1 SGB I fraglich erscheinen könnte. Für die Adoptionsvermittlungsstellen derJugendämter und Landesjugendämter ergibt sich demgegenüber die Anwendbarkeit der Bestimmungen des SGB X bereits aus der Einordnung des Adoptionsvermittlungsgesetzes als Besonderer Teil des Sozialgesetzbuches (§ 68 Nr. 12 SGB I).

792–795 *einstweilen frei*

6. Änderung des Achten Buches Sozialgesetzbuch – Kinder- und Jugendhilfe –

(6) In § 59 des Achten Buches Sozialgesetzbuch – Kinder- und Jugendhilfe – (Artikel 1 des Gesetzes vom 26. Juni 1990, BGBl. I S. 1163, 1166) in der Fassung der Bekanntmachung vom 8. Dezember 1998 (BGBl. I S. 3546), das zuletzt durch Artikel 2 Abs. 31 des Gesetzes vom 25. Juni 2001 (BGBl. I S. 1206) geändert worden ist, wird nach Nummer 4 folgende Nummer 5 eingefügt:

„5. die Bereiterklärung der Adoptionsbewerber zur Annahme eines ihnen zur internationalen Adoption vorgeschlagenen Kindes (§ 7 Abs. 1 des Adoptionsübereinkommens-Ausführungsgesetzes) zu beurkunden,"

Begründung zum Regierungsentwurf (Bundestags-Drucks. 14/6011, S. 58):

796 **Artikel 4 Abs. 6** ergänzt den Katalog der Beurkundungszuständigkeiten der Jugendämter um die Beurkundung der in Artikel 1 § 7 Abs. 1 vorgesehenen Erklärung der Adoptionsbewerber über ihre Bereitschaft, das von den Behörden des Heimatstaates vorgeschlagene Kind anzunehmen.

Teil C

Anhang

I. Texte

1. Haager Adoptionsübereinkommen

Übereinkommen vom 29. Mai 1993 über den Schutz von Kindern und die Zusammenarbeit auf dem Gebiet der internationalen Adoption (BGBl. 2001 II S. 1034)

(Übersetzung)

Die Unterzeichnerstaaten dieses Übereinkommens –

in der Erkenntnis, dass das Kind zur vollen und harmonischen Entfaltung seiner Persönlichkeit in einer Familie und umgeben von Glück, Liebe und Verständnis aufwachsen sollte,

unter Hinweis darauf, dass jeder Staat vorrangig angemessene Maßnahmen treffen sollte, um es dem Kind zu ermöglichen, in seiner Herkunftsfamilie zu bleiben,

in der Erkenntnis, dass die internationale Adoption den Vorteil bieten kann, einem Kind, für das in seinem Heimatstaat keine geeignete Familie gefunden werden kann, eine dauerhafte Familie zu geben,

überzeugt von der Notwendigkeit, Maßnahmen zu treffen, um sicherzustellen, dass internationale Adoptionen zum Wohl des Kindes und unter Wahrung seiner Grundrechte stattfinden, und die Entführung und den Verkauf von Kindern sowie den Handel mit Kindern zu verhindern,

in dem Wunsch, zu diesem Zweck gemeinsame Bestimmungen festzulegen, die von den Grundsätzen ausgehen, die in internationalen Übereinkünften anerkannt sind, insbesondere dem Übereinkommen der Vereinten Nationen vom 20. November 1989 über die Rechte des Kindes und der Erklärung der Vereinten Nationen über die sozialen und rechtlichen Grundsätze für den Schutz und das Wohl von Kindern unter besonderer Berücksichtigung der Aufnahme in eine Pflegefamilie und der Adoption auf nationaler und internationaler Ebene (Resolution 41/85 der Generalversammlung vom 3. Dezember 1986) –

haben die folgenden Bestimmungen vereinbart:

Kapitel I

Anwendungsbereich des Übereinkommens

Artikel 1

Ziel des Übereinkommens ist es,

a) Schutzvorschriften einzuführen, damit internationale Adoptionen zum Wohl des Kindes und unter Wahrung seiner völkerrechtlich anerkannten Grundrechte stattfinden;

b) ein System der Zusammenarbeit unter den Vertragsstaaten einzurichten, um die Einhaltung dieser Schutzvorschriften sicherzustellen und dadurch die Entführung und den Verkauf von Kindern sowie den Handel mit Kindern zu verhindern;

c) in den Vertragsstaaten die Anerkennung der gemäß dem Übereinkommen zustande gekommenen Adoptionen zu sichern.

Artikel 2

(1) Das Übereinkommen ist anzuwenden, wenn ein Kind mit gewöhnlichem Aufenthalt in einem Vertragsstaat („Heimatstaat") in einen anderen Vertragsstaat („Aufnahmestaat") gebracht worden ist, wird oder werden soll, entweder nach seiner Adoption im Heimatstaat durch Ehegatten oder eine Person mit gewöhnlichem Aufenthalt im Aufnahmestaat oder im Hinblick auf eine solche Adoption im Aufnahme- oder Heimatstaat.

(2) Das Übereinkommen betrifft nur Adoptionen, die ein dauerhaftes Eltern-Kind-Verhältnis begründen.

Artikel 3

Das Übereinkommen ist nicht mehr anzuwenden, wenn die in Artikel 17 Buchstabe c vorgesehenen Zustimmungen nicht erteilt wurden, bevor das Kind das achtzehnte Lebensjahr vollendet hat.

Kapitel II

Voraussetzungen internationaler Adoptionen

Artikel 4

Eine Adoption nach dem Übereinkommen kann nur durchgeführt werden, wenn die zuständigen Behörden des Heimatstaats

a) festgestellt haben, dass das Kind adoptiert werden kann;

b) nach gebührender Prüfung der Unterbringungsmöglichkeiten für das Kind im Heimatstaat entschieden haben, dass eine internationale Adoption dem Wohl des Kindes dient;

c) sich vergewissert haben,

1. dass die Personen, Institutionen und Behörden, deren Zustimmung zur Adoption notwendig ist, soweit erforderlich beraten und gebührend über die Wirkungen ihrer Zustimmung unterrichtet worden sind, insbesondere darüber, ob die Adoption dazu führen wird, dass das Rechtsverhältnis zwischen dem Kind und seiner Herkunftsfamilie erlischt oder weiterbesteht;
2. dass diese Personen, Institutionen und Behörden ihre Zustimmung unbeeinflusst in der gesetzlich vorgeschriebenen Form erteilt haben und diese Zustimmung schriftlich gegeben oder bestätigt worden ist;
3. dass die Zustimmungen nicht durch irgendeine Zahlung oder andere Gegenleistung herbeigeführt worden sind und nicht widerrufen worden und
4. dass die Zustimmung der Mutter, sofern erforderlich, erst nach der Geburt des Kindes erteilt worden ist, und

d) sich unter Berücksichtigung des Alters und der Reife des Kindes vergewissert haben,

1. dass das Kind beraten und gebührend über die Wirkungen der Adoption und seiner Zustimmung zur Adoption, soweit diese Zustimmung notwendig ist, unterrichtet worden ist;
2. dass die Wünsche und Meinungen des Kindes berücksichtigt worden sind;
3. dass das Kind seine Zustimmung zur Adoption, soweit diese Zustimmung notwendig ist, unbeeinflusst in der gesetzlich vorgeschriebenen Form erteilt hat und diese Zustimmung schriftlich gegeben oder bestätigt worden ist und
4. dass diese Zustimmung nicht durch irgendeine Zahlung oder andere Gegenleistung herbeigeführt worden ist.

Artikel 5

Eine Adoption nach dem Übereinkommen kann nur durchgeführt werden, wenn die zuständigen Behörden des Aufnahmestaats

a) entschieden haben, dass die künftigen Adoptiveltern für eine Adoption in Betracht kommen und dazu geeignet sind,

b) sich vergewissert haben, dass die künftigen Adoptiveltern soweit erforderlich beraten worden sind, und

c) entschieden haben, dass dem Kind die Einreise in diesen Staat und der ständige Aufenthalt dort bewilligt worden sind oder werden.

Kapitel III

Zentrale Behörden und zugelassene Organisationen

Artikel 6

(1) Jeder Vertragsstaat bestimmt eine Zentrale Behörde, welche die ihr durch dieses Übereinkommen übertragenen Aufgaben wahrnimmt.

(2) Einem Bundesstaat, einem Staat mit mehreren Rechtssystemen oder einem Staat, der aus autonomen Gebietseinheiten besteht, steht es frei, mehrere Zentrale Behörden zu bestimmen und deren räumliche und persönliche Zuständigkeit festzulegen. Macht ein Staat von dieser Möglichkeit Gebrauch, so bestimmt er die Zentrale Behörde, an welche Mitteilungen und Übermittlungen an die zuständige Zentrale Behörde in diesem Staat gerichtet werden können.

Artikel 7

(1) Die Zentralen Behörden arbeiten zusammen und fördern die Zusammenarbeit der zuständigen Behörden ihrer Staaten, um Kinder zu schützen und die anderen Ziele des Übereinkommens zu verwirklichen.

(2) Sie treffen unmittelbar alle geeigneten Maßnahmen, um

a) Auskünfte über das Recht ihrer Staaten auf dem Gebiet der Adoption zu erteilen und andere allgemeine Informationen, wie beispielsweise statistische Daten und Musterformblätter, zu übermitteln;

b) einander über die Wirkungsweise des Übereinkommens zu unterrichten und Hindernisse, die seiner Anwendung entgegenstehen, so weit wie möglich auszuräumen.

Artikel 8

Die Zentralen Behörden treffen unmittelbar oder mit Hilfe staatlicher Stellen alle geeigneten Maßnahmen, um unstatthafte Vermögens- oder sonstige Vorteile im Zusammenhang mit einer Adoption auszuschließen und alle den Zielen des Übereinkommens zuwiderlaufenden Praktiken zu verhindern.

Artikel 9

Die Zentralen Behörden treffen unmittelbar oder mit Hilfe staatlicher Stellen oder anderer in ihrem Staat ordnungsgemäß zugelassener Organisationen alle geeigneten Maßnahmen, um insbesondere

a) Auskünfte über die Lage des Kindes und der künftigen Adoptiveltern einzuholen, aufzubewahren und auszutauschen, soweit dies für das Zustandekommen der Adoption erforderlich ist;

b) das Adoptionsverfahren zu erleichtern, zu überwachen und zu beschleunigen;

c) den Aufbau von Diensten zur Beratung während und nach der Adoption in ihrem Staat zu fördern;

d) Berichte über allgemeine Erfahrungen auf dem Gebiet der internationalen Adoption auszutauschen;

e) begründete Auskunftsersuchen anderer Zentraler Behörden oder staatlicher Stellen zu einem bestimmten Adoptionsfall zu beantworten, soweit das Recht ihres Staates dies zulässt.

Artikel 10

Die Zulassung erhalten und behalten nur Organisationen, die darlegen, dass sie fähig sind, die ihnen übertragenen Aufgaben ordnungsgemäß auszuführen.

Artikel 11

Eine zugelassene Organisation muss

a) unter Einhaltung der von den zuständigen Behörden des Zulassungsstaats festgelegten Voraussetzungen und Beschränkungen ausschließlich gemeinnützige Zwecke verfolgen;

b) von Personen geleitet und verwaltet werden, die nach ihren ethischen Grundsätzen und durch Ausbildung oder Erfahrung für die Arbeit auf dem Gebiet der internationalen Adoption qualifiziert sind, und

c) in Bezug auf ihre Zusammensetzung, Arbeitsweise und Finanzlage der Aufsicht durch die zuständigen Behörden des Zulassungsstaats unterliegen.

Artikel 12

Eine in einem Vertragsstaat zugelassene Organisation kann in einem anderen Vertragsstaat nur tätig werden, wenn die zuständigen Behörden beider Staaten dies genehmigt haben.

Artikel 13

Jeder Vertragsstaat teilt die Bestimmung der Zentralen Behörden und gegebenenfalls den Umfang ihrer Aufgaben sowie die Namen und Anschriften der zugelassenen Organisationen dem Ständigen Büro der Haager Konferenz für Internationales Privatrecht mit.

Kapitel IV

Verfahrensrechtliche Voraussetzungen der internationalen Adoption

Artikel 14

Personen mit gewöhnlichem Aufenthalt in einem Vertragsstaat, die ein Kind mit gewöhnlichem Aufenthalt in einem anderen Vertragsstaat adoptieren möchten, haben sich an die Zentrale Behörde im Staat ihres gewöhnlichen Aufenthalts zu wenden.

Artikel 15

(1) Hat sich die Zentrale Behörde des Aufnahmestaats davon überzeugt, dass die Antragsteller für eine Adoption in Betracht kommen und dazu geeignet sind, so verfasst sie einen Bericht, der Angaben zur Person der Antragsteller und über ihre rechtliche Fähigkeit und ihre Eignung zur Adoption, ihre persönlichen und familiären Umstände, ihre Krankheitsgeschichte, ihr soziales Umfeld, die Beweggründe für die Adoption, ihre Fähigkeit zur Übernahme der mit einer internationalen Adoption verbundenen Aufgaben sowie die Eigenschaften der Kinder enthält, für die zu sorgen sie geeignet wären.

(2) Sie übermittelt den Bericht der Zentralen Behörde des Heimatstaats.

Artikel 16

(1) Hat sich die Zentrale Behörde des Heimatstaats davon überzeugt, dass das Kind adoptiert werden kann, so

a) verfasst sie einen Bericht, der Angaben zur Person des Kindes und darüber, dass es adoptiert werden kann, über sein soziales Umfeld, seine persönliche und familiäre Entwicklung, seine Krankheitsgeschichte einschließlich derjenigen seiner Familie sowie besondere Bedürfnisse des Kindes enthält;

b) trägt sie der Erziehung des Kindes sowie seiner ethnischen, religiösen und kulturellen Herkunft gebührend Rechnung;

c) vergewissert sie sich, dass die Zustimmungen nach Artikel 4 vorliegen, und

d) entscheidet sie, insbesondere aufgrund der Berichte über das Kind und die künftigen Adoptiveltern, ob die in Aussicht genommene Unterbringung dem Wohl des Kindes dient.

(2) Sie übermittelt der Zentralen Behörde des Aufnahmestaats ihren Bericht über das Kind, den Nachweis über das Vorliegen der notwendigen Zustimmungen sowie die Gründe für ihre Entscheidung über die Unterbringung, wobei sie dafür sorgt, dass die Identität der Mutter und des Vaters nicht preisgegeben wird, wenn diese im Heimatstaat nicht offen gelegt werden darf.

Artikel 17

Eine Entscheidung, ein Kind künftigen Adoptiveltern anzuvertrauen, kann im Heimatstaat nur getroffen werden, wenn

a) die Zentrale Behörde dieses Staates sich vergewissert hat, dass die künftigen Adoptiveltern einverstanden sind;

b) die Zentrale Behörde des Aufnahmestaats diese Entscheidung gebilligt hat, sofern das Recht dieses Staates oder die Zentrale Behörde des Heimatstaats dies verlangt;

c) die Zentralen Behörden beider Staaten der Fortsetzung des Adoptionsverfahrens zugestimmt haben und

d) nach Artikel 5 entschieden wurde, dass die künftigen Adoptiveltern für eine Adoption in Betracht kommen und dazu geeignet sind und dem Kind die Einreise in den Aufnahmestaat und der ständige Aufenthalt dort bewilligt worden sind oder werden.

Artikel 18

Die Zentralen Behörden beider Staaten treffen alle erforderlichen Maßnahmen, um die Bewilligung der Ausreise des Kindes aus dem Heimatstaat sowie der Einreise in den Aufnahmestaat und des ständigen Aufenthalts dort zu erwirken.

Artikel 19

(1) Das Kind kann nur in den Aufnahmestaat gebracht werden, wenn die Voraussetzungen des Artikels 17 erfüllt sind.

(2) Die Zentralen Behörden beider Staaten sorgen dafür, dass das Kind sicher und unter angemessenen Umständen in den Aufnahmestaat gebracht wird und dass die Adoptiveltern oder die künftigen Adoptiveltern das Kind wenn möglich begleiten.

(3) Wird das Kind nicht in den Aufnahmestaat gebracht, so werden die in den Artikeln 15 und 16 vorgesehenen Berichte an die absendenden Behörden zurückgesandt.

Artikel 20

Die Zentralen Behörden halten einander über das Adoptionsverfahren und die zu seiner Beendigung getroffenen Maßnahmen sowie über den Verlauf der Probezeit, falls eine solche verlangt wird, auf dem Laufenden.

Artikel 21

(1) Soll die Adoption erst durchgeführt werden, nachdem das Kind in den Aufnahmestaat gebracht worden ist, und dient es nach Auffassung der Zentralen Behörde dieses Staates nicht mehr dem Wohl des Kindes, wenn es in der Aufnahmefamilie bleibt, so trifft diese Zentrale Behörde die zum Schutz des Kindes erforderlichen Maßnahmen, indem sie insbesondere

a) veranlasst, dass das Kind aus der Aufnahmefamilie entfernt und vorläufig betreut wird;

b) in Absprache mit der Zentralen Behörde des Heimatstaats unverzüglich die Unterbringung des Kindes in einer neuen Familie mit dem Ziel der Adoption veranlasst oder, falls dies nicht angebracht ist, für eine andere dauerhafte Betreuung sorgt; eine Adoption kann erst durchgeführt werden, wenn die Zentrale Behörde des Heimatstaats gebührend über die neuen Adoptiveltern unterrichtet worden ist;

c) als letzte Möglichkeit die Rückkehr des Kindes veranlasst, wenn sein Wohl dies erfordert.

(2) Unter Berücksichtigung insbesondere des Alters und der Reife des Kindes ist es zu den nach diesem Artikel zu treffenden Maßnahmen zu befragen und gegebenenfalls seine Zustimmung dazu einzuholen.

Artikel 22

(1) Die Aufgaben einer Zentralen Behörde nach diesem Kapitel können von staatlichen Stellen oder nach Kapitel III zugelassenen Organisationen wahrgenommen werden, soweit das Recht des Staates der Zentralen Behörde dies zulässt.

(2) Ein Vertragsstaat kann gegenüber dem Verwahrer des Übereinkommens erklären, dass die Aufgaben der Zentralen Behörde nach den Artikeln 15 bis 21 in diesem Staat in dem nach seinem Recht zulässigen Umfang und unter Aufsicht seiner zuständigen Behörden auch von Organisationen oder Personen wahrgenommen werden können, welche

a) die von diesem Staat verlangten Voraussetzungen der Integrität, fachlichen Kompetenz, Erfahrung und Verantwortlichkeit erfüllen und

b) nach ihren ethischen Grundsätzen und durch Ausbildung oder Erfahrung für die Arbeit auf dem Gebiet der internationalen Adoption qualifiziert sind.

(3) Ein Vertragsstaat, der die in Absatz 2 vorgesehene Erklärung abgibt, teilt dem Ständigen Büro der Haager Konferenz für Internationales Privatrecht regelmäßig die Namen und Anschriften dieser Organisationen und Personen mit.

(4) Ein Vertragsstaat kann gegenüber dem Verwahrer des Übereinkommens erklären, dass Adoptionen von Kindern, die ihren gewöhnlichen Aufenthalt in seinem Hoheitsgebiet haben, nur durchgeführt werden können, wenn die Aufgaben der Zentralen Behörden in Übereinstimmung mit Absatz 1 wahrgenommen werden.

(5) Ungeachtet jeder nach Absatz 2 abgegebenen Erklärung werden die in den Artikeln 15 und 16 vorgesehenen Berichte in jedem Fall unter der Verantwortung der Zentralen Behörde oder anderer Behörden oder Organisationen in Übereinstimmung mit Absatz 1 verfasst.

Kapitel V

Anerkennung und Wirkungen der Adoption

Artikel 23

(1) Eine Adoption wird in den anderen Vertragsstaaten kraft Gesetzes anerkannt, wenn die zuständige Behörde des Staates, in dem sie durchgeführt worden ist, bescheinigt, dass sie gemäß dem Übereinkommen zustande gekommen ist. Die Bescheinigung gibt an, wann und von wem die Zustimmungen nach Artikel 17 Buchstabe c erteilt worden sind.

(2) Jeder Vertragsstaat notifiziert dem Verwahrer des Übereinkommens bei der Unterzeichnung, der Ratifikation, der Annahme, der Genehmigung oder dem Beitritt Identität und Aufgaben der Behörde oder Behörden, die in diesem Staat für die Ausstellung der Bescheinigung zuständig sind. Er notifiziert ihm ferner jede Änderung in der Bezeichnung dieser Behörden.

Artikel 24

Die Anerkennung einer Adoption kann in einem Vertragsstaat nur versagt werden, wenn die Adoption seiner öffentlichen Ordnung offensichtlich widerspricht, wobei das Wohl des Kindes zu berücksichtigen ist.

Artikel 25

Jeder Vertragsstaat kann gegenüber dem Verwahrer des Übereinkommens erklären, dass er nicht verpflichtet ist, aufgrund des Übereinkommens Adoptionen anzuerkennen, die in Übereinstimmung mit einer nach Artikel 39 Absatz 2 geschlossenen Vereinbarung zustande gekommen sind.

Artikel 26

(1) Die Anerkennung einer Adoption umfasst die Anerkennung

a) des Eltern-Kind-Verhältnisses zwischen dem Kind und seinen Adoptiveltern;

b) der elterlichen Verantwortlichkeit der Adoptiveltern für das Kind;

c) der Beendigung des früheren Rechtsverhältnisses zwischen dem Kind und seiner Mutter und seinem Vater, wenn die Adoption dies in dem Vertragsstaat bewirkt, in dem sie durchgeführt worden ist.

(2) Bewirkt die Adoption die Beendigung des früheren Eltern-Kind-Verhältnisses, so genießt das Kind im Aufnahmestaat und in jedem anderen Vertragsstaat, in dem die Adoption anerkannt wird, Rechte entsprechend denen, die sich aus Adoptionen mit dieser Wirkung in jedem dieser Staaten ergeben.

(3) Die Absätze 1 und 2 lassen die Anwendung für das Kind günstigerer Bestimmungen unberührt, die in einem Vertragsstaat gelten, der die Adoption anerkennt.

Artikel 27

(1) Bewirkt eine im Heimatstaat durchgeführte Adoption nicht die Beendigung des früheren Eltern-Kind-Verhältnisses, so kann sie im Aufnahmestaat, der die Adoption nach dem Übereinkommen anerkennt, in eine Adoption mit einer derartigen Wirkung umgewandelt werden, wenn

a) das Recht des Aufnahmestaats dies gestattet und

b) die in Artikel 4 Buchstaben c und d vorgesehenen Zustimmungen zum Zweck einer solchen Adoption erteilt worden sind oder werden.

(2) Artikel 23 ist auf die Umwandlungsentscheidung anzuwenden.

Kapitel VI

Allgemeine Bestimmungen

Artikel 28

Das Übereinkommen steht Rechtsvorschriften des Heimatstaats nicht entgegen, nach denen die Adoption eines Kindes mit gewöhnlichem Aufenthalt in diesem Staat auch dort durchgeführt werden muss oder nach denen es untersagt ist, vor einer Adoption das Kind in einer Familie im Aufnahmestaat unterzubringen oder es in diesen Staat zu bringen.

Artikel 29

Zwischen den künftigen Adoptiveltern und den Eltern des Kindes oder jeder anderen Person, welche die Sorge für das Kind hat, darf kein Kontakt stattfinden, solange die Erfordernisse des Artikels 4 Buchstaben a bis c und des Artikels 5 Buchstabe a nicht erfüllt sind, es sei denn, die Adoption finde innerhalb einer Familie statt oder der Kontakt entspreche den von der zuständigen Behörde des Heimatstaats aufgestellten Bedingungen.

Artikel 30

(1) Die zuständigen Behörden eines Vertragsstaats sorgen dafür, dass die ihnen vorliegenden Angaben über die Herkunft des Kindes, inbesondere über die Identität seiner Eltern, sowie über die Krankheitsgeschichte des Kindes und seiner Familie aufbewahrt werden.

(2) Sie gewährleisten, dass das Kind oder sein Vertreter unter angemessener Anleitung Zugang zu diesen Angaben hat, soweit das Recht des betreffenden Staates dies zulässt.

Artikel 31

Unbeschadet des Artikels 30 werden die aufgrund des Übereinkommens gesammelten oder übermittelten personenbezogenen Daten, insbesondere die in den Artikeln 15 und 16 bezeichneten, nur für die Zwecke verwendet, für die sie gesammelt oder übermittelt worden sind.

Artikel 32

(1) Niemand darf aus einer Tätigkeit im Zusammenhang mit einer internationalen Adoption unstatthafte Vermögens- oder sonstige Vorteile erlangen.

(2) Nur Kosten und Auslagen, einschließlich angemessener Honorare an der Adoption beteiligter Personen, dürfen in Rechnung gestellt und gezahlt werden.

(3) Die Leiter, Verwaltungsmitglieder und Angestellten von Organisationen, die an einer Adoption beteiligt sind, dürfen keine im Verhältnis zu den geleisteten Diensten unangemessen hohe Vergütung erhalten.

Artikel 33

Eine zuständige Behörde, die feststellt, dass eine der Bestimmungen des Übereinkommens nicht beachtet worden ist oder missachtet zu werden droht, unterrichtet sofort die Zentrale Behörde ihres Staates. Diese Zentrale Behörde ist dafür verantwortlich, dass geeignete Maßnahmen getroffen werden.

Artikel 34

Wenn die zuständige Behörde des Bestimmungsstaats eines Schriftstücks darum ersucht, ist eine beglaubigte Übersetzung beizubringen. Sofern nichts anderes bestimmt ist, werden die Kosten der Übersetzung von den künftigen Adoptiveltern getragen.

Artikel 35

Die zuständigen Behörden der Vertragsstaaten handeln in Adoptionsverfahren mit der gebotenen Eile.

Artikel 36

Bestehen in einem Staat auf dem Gebiet der Adoption zwei oder mehr Rechtssysteme, die in verschiedenen Gebietseinheiten gelten, so ist

a) eine Verweisung auf den gewöhnlichen Aufenthalt in diesem Staat als Verweisung auf den gewöhnlichen Aufenthalt in einer Gebietseinheit dieses Staates zu verstehen;

b) eine Verweisung auf das Recht dieses Staates als Verweisung auf das in der betreffenden Gebietseinheit geltende Recht zu verstehen;

c) eine Verweisung auf die zuständigen Behörden oder die staatlichen Stellen dieses Staates als Verweisung auf solche zu verstehen, die befugt sind, in der betreffenden Gebietseinheit zu handeln;

d) eine Verweisung auf die zugelassenen Organisationen dieses Staates als Verweisung auf die in der betreffenden Gebietseinheit zugelassenen Organisationen zu verstehen.

Artikel 37

Bestehen in einem Staat auf dem Gebiet der Adoption zwei oder mehr Rechtssysteme, die für verschiedene Personengruppen gelten, so ist eine Verweisung auf das Recht dieses Staates als Verweisung auf das Rechtssystem zu verstehen, das sich aus dem Recht dieses Staates ergibt.

Artikel 38

Ein Staat, in dem verschiedene Gebietseinheiten ihre eigenen Rechtsvorschriften auf dem Gebiet der Adoption haben, ist nicht verpflichtet, das Übereinkommen anzuwenden, wenn ein Staat mit einheitlichem Rechtssystem dazu nicht verpflichtet wäre.

Artikel 39

(1) Das Übereinkommen lässt internationale Übereinkünfte unberührt, denen Vertragsstaaten als Vertragsparteien angehören und die Bestimmungen über die in dem Übereinkommen geregelten Angelegenheiten enthalten, sofern die durch eine solche Übereinkunft gebundenen Staaten keine gegenteilige Erklärung abgeben.

(2) Jeder Vertragsstaat kann mit einem oder mehreren anderen Vertragsstaaten Vereinbarungen zur erleichterten Anwendung des Übereinkommens in ihren gegenseitigen Beziehungen schließen. Diese Vereinbarungen können nur von den Bestimmungen der Artikel 14 bis 16 und 18 bis 21 abweichen. Die Staaten, die eine solche Vereinbarung geschlossen haben, übermitteln dem Verwahrer des Übereinkommens eine Abschrift.

Artikel 40

Vorbehalte zu dem Übereinkommen sind nicht zulässig.

Artikel 41

Das Übereinkommen ist in jedem Fall anzuwenden, in dem ein Antrag nach Artikel 14 eingegangen ist, nachdem das Übereinkommen im Aufnahmestaat und im Heimatstaat in Kraft getreten ist.

Artikel 42

Der Generalsekretär der Haager Konferenz für Internationales Privatrecht beruft in regelmäßigen Abständen eine Spezialkommission zur Prüfung der praktischen Durchführung des Übereinkommens ein.

Kapitel VII

Schlussbestimmungen

Artikel 43

(1) Das Übereinkommen liegt für die Staaten, die zurzeit der Siebzehnten Tagung der Haager Konferenz für Internationales Privatrecht Mitglied der Konferenz waren, sowie für die anderen Staaten, die an dieser Tagung teilgenommen haben, zur Unterzeichnung auf.

(2) Es bedarf der Ratifikation, Annahme oder Genehmigung; die Ratifikations-, Annahme- oder Genehmigungsurkunden werden beim Ministerium für Auswärtige Angelegenheiten des Königreichs der Niederlande, dem Verwahrer des Übereinkommens, hinterlegt.

Artikel 44

(1) Jeder andere Staat kann dem Übereinkommen beitreten, nachdem es gemäß Artikel 46 Absatz 1 in Kraft getreten ist.

(2) Die Beitrittsurkunde wird beim Verwahrer hinterlegt.

(3) Der Beitritt wirkt nur in den Beziehungen zwischen dem beitretenden Staat und den Vertragsstaaten, die innerhalb von sechs Monaten nach Eingang der in Artikel 48 Buchstabe b vorgesehenen Notifikation keinen Einspruch gegen den Beitritt erhoben haben. Nach dem Beitritt kann ein solcher Einspruch auch von jedem Staat in dem Zeitpunkt erhoben werden, in dem er das Übereinkommen ratifiziert, annimmt oder genehmigt. Die Einsprüche werden dem Verwahrer notifiziert.

Artikel 45

(1) Ein Staat, der aus zwei oder mehr Gebietseinheiten besteht, in denen für die in dem Übereinkommen behandelten Angelegenheiten unterschiedliche Rechtssysteme gelten, kann bei der Unterzeichnung, der Ratifikation, der Annahme, der Genehmigung oder dem Beitritt erklären, dass das Übereinkommen auf alle seine Gebietseinheiten oder nur auf eine oder mehrere davon erstreckt wird; er kann diese Erklärung durch Abgabe einer neuen Erklärung jederzeit ändern.

(2) Jede derartige Erklärung wird dem Verwahrer unter ausdrücklicher Bezeichnung der Gebietseinheiten notifiziert, auf die das Übereinkommen angewendet wird.

(3) Gibt ein Staat keine Erklärung nach diesem Artikel ab, so ist das Übereinkommen auf sein gesamtes Hoheitsgebiet anzuwenden.

Artikel 46

(1) Das Übereinkommen tritt am ersten Tag des Monats in Kraft, der auf einen Zeitabschnitt von drei Monaten nach der in Artikel 43 vorgesehenen Hinterlegung der dritten Ratifikations-, Annahme- oder Genehmigungsurkunde folgt.

(2) Danach tritt das Übereinkommen in Kraft

a) für jeden Staat, der es später ratifiziert, annimmt oder genehmigt oder der ihm beitritt, am ersten Tag des Monats, der auf einen Zeitabschnitt von drei Monaten nach Hinterlegung seiner Ratifikations-, Annahme-, Genehmigungs- oder Beitrittsurkunde folgt;

b) für jede Gebietseinheit, auf die es nach Artikel 45 erstreckt worden ist, am ersten Tag des Monats, der auf einen Zeitabschnitt von drei Monaten nach der in jenem Artikel vorgesehenen Notifikation folgt.

Artikel 47

(1) Jeder Vertragsstaat kann das Übereinkommen durch eine an den Verwahrer gerichtete schriftliche Notifikation kündigen.

(2) Die Kündigung wird am ersten Tag des Monats wirksam, der auf einen Zeitabschnitt von zwölf Monaten nach Eingang der Notifikation beim Verwahrer folgt. Ist in der Notifikation für das Wirksamwerden der Kündigung ein längerer Zeitabschnitt angegeben, so wird die Kündigung nach Ablauf des entsprechenden Zeitabschnitts nach Eingang der Notifikation wirksam.

Artikel 48

Der Verwahrer notifiziert den Mitgliedstaaten der Haager Konferenz für Internationales Privatrecht, den anderen Staaten, die an der Siebzehnten Tagung teilgenommen haben, sowie den Staaten, die nach Artikel 44 beigetreten sind,

a) jede Unterzeichnung, Ratifikation, Annahme und Genehmigung nach Artikel 43;

b) jeden Beitritt und jeden Einspruch gegen einen Beitritt nach Artikel 44;

c) den Tag, an dem das Übereinkommen nach Artikel 46 in Kraft tritt;

d) jede Erklärung und jede Bezeichnung nach den Artikeln 22, 23, 25 und 45;

e) jede Vereinbarung nach Artikel 39;

f) jede Kündigung nach Artikel 47.

Zu Urkund dessen haben die hierzu gehörig befugten Unterzeichneten dieses Übereinkommen unterschrieben.

Geschehen in Den Haag am 29. Mai 1993 in englischer und französischer Sprache, wobei jeder Wortlaut gleichermaßen verbindlich ist, in einer Urschrift, die im Archiv der Regierung des Königreichs der Niederlande hinterlegt und von der jedem Staat, der zurzeit der Siebzehnten Tagung der Haager Konferenz für Internationales Privatrecht Mitglied der Konferenz war, sowie jedem anderen Staat, der an dieser Tagung teilgenommen hat, auf diplomatischem Weg eine beglaubigte Abschrift übermittelt wird.

2. Adoptionsübereinkommens-Ausführungsgesetz (AdÜbAG)

Gesetz zur Ausführung des Haager Übereinkommens vom 29. Mai 1993 über den Schutz von Kindern und die Zusammenarbeit auf dem Gebiet der internationalen Adoption (Adoptionsübereinkommens-Ausführungsgesetz – AdÜbAG)

vom 5. November 2001 (BGBl. I S. 2950)

Inhaltsübersicht

Abschnitt 1
Begriffsbestimmungen, Zuständigkeiten und Verfahren

§ 1
Begriffsbestimmungen

(1) Zentrale Behörden im Sinne des Artikels 6 des Haager Übereinkommens vom 29. Mai 1993 über den Schutz von Kindern und die Zusammenarbeit auf dem Gebiet der internationalen Adoption (BGBl. 2001 II S. 1034) (Übereinkommen) sind der Generalbundesanwalt beim Bundesgerichtshof als Bundeszentralstelle für Auslandsadoption (Bundeszentralstelle) und die zentralen Adoptionsstellen der Landesjugendämter (zentrale Adoptionsstellen).

(2) Andere staatliche Stellen im Sinne der Artikel 9 und 22 Abs. 1 des Übereinkommens sind die Adoptionsvermittlungsstellen der Jugendämter, soweit ihnen nach § 2a Abs. 3 Nr. 2 des Adoptionsvermittlungsgesetzes die internationale Adoptionsvermittlung im Verhältnis zu Vertragsstaaten des Übereinkommens gestattet ist.

(3) Zugelassene Organisationen im Sinne der Artikel 9 und 22 Abs. 1 des Übereinkommens sind die anerkannten Auslandsvermittlungsstellen, soweit sie zur internationalen Adoptionsvermittlung im Verhältnis zu Vertragsstaaten des Übereinkommens zugelassen sind (§ 2a Abs. 3 Nr. 3, § 4 Abs. 2 des Adoptionsvermittlungsgesetzes).

(4) Im Sinne dieses Gesetzes

1. sind Auslandsvermittlungsstellen die zentralen Adoptionsstellen und die in den Absätzen 2 und 3 genannten Adoptionsvermittlungsstellen;
2. ist zentrale Behörde des Heimatstaates (Artikel 2 Abs. 1 des Übereinkommens) die Stelle, die nach dem Recht dieses Staates die jeweils in Betracht kommende Aufgabe einer zentralen Behörde wahrnimmt.

§ 2
Sachliche Zuständigkeiten

(1) Die in § 1 Abs. 2 und 3 genannten Adoptionsvermittlungsstellen nehmen unbeschadet des Absatzes 3 Satz 1 für die von ihnen betreuten Vermittlungsfälle die Aufgaben nach den Artikeln 9 und 14 bis 21 des Übereinkommens wahr, die anerkannten Auslandsvermittlungsstellen jedoch nur hinsichtlich der Vermittlung eines Kindes mit gewöhnlichem Aufenthalt im Ausland an Adoptionsbewerber mit gewöhnlichem Aufenthalt im Inland.

(2) Die Bundeszentralstelle nimmt die Aufgaben gemäß Artikel 6 Abs. 2 Satz 2 des Übereinkommens sowie gemäß § 4 Abs. 6 und § 9 dieses Gesetzes wahr und koordiniert die Erfüllung der Aufgaben nach den Artikeln 7 und 9 des Übereinkommens mit den Auslandsvermittlungsstellen. Die Erfüllung der Aufgaben

nach Artikel 8 des Übereinkommens koordiniert sie mit den zentralen Adoptionsstellen. Soweit die Aufgaben nach dem Übereinkommen nicht nach Satz 1 der Bundeszentralstelle zugewiesen sind oder nach Absatz 1 oder Absatz 3 Satz 1 von Jugendämtern, anerkannten Auslandsvermittlungsstellen oder sonstigen zuständigen Stellen wahrgenommen werden, nehmen die zentralen Adoptionsstellen diese Aufgaben wahr.

(3) In Bezug auf die in den Artikeln 8 und 21 des Übereinkommens vorgesehenen Maßnahmen bleiben die allgemeinen gerichtlichen und behördlichen Zuständigkeiten unberührt. In den Fällen des Artikels 21 Abs. 1 des Übereinkommens obliegt jedoch die Verständigung mit der zentralen Behörde des Heimatstaates den nach den Absätzen 1 oder 2 zuständigen Stellen.

§ 3
Verfahren

(1) Die Bundeszentralstelle und die Auslandsvermittlungsstellen können unmittelbar mit allen zuständigen Stellen im Inland und im Ausland verkehren. Auf ihre Tätigkeit finden die Vorschriften des Adoptionsvermittlungsgesetzes Anwendung. Die §§ 9b und 9d des Adoptionsvermittlungsgesetzes gelten auch für die von der zentralen Behörde eines anderen Vertragsstaates des Übereinkommens übermittelten personenbezogenen Daten und Unterlagen. Für die zentralen Adoptionsstellen und die Jugendämter gilt ergänzend das Zehnte Buch Sozialgesetzbuch, soweit nicht bereits § 9d des Adoptionsvermittlungsgesetzes auf diese Bestimmungen verweist.

(2) Das Verfahren der Bundeszentralstelle gilt unbeschadet des Absatzes 1 Satz 2 und 3 als Justizverwaltungsverfahren. In Verfahren nach § 4 Abs. 6 oder § 9 kann dem Antragsteller aufgegeben werden, geeignete Nachweise oder beglaubigte Übersetzungen beizubringen. Die Bundeszentralstelle kann erforderliche Übersetzungen selbst in Auftrag geben; die Höhe der Entschädigung für die Übersetzungen richtet sich nach dem Gesetz über die Entschädigung von Zeugen und Sachverständigen.

Abschnitt 2
Internationale Adoptionsvermittlung im Verhältnis zu anderen Vertragsstaaten

§ 4
Adoptionsbewerbung

(1) Adoptionsbewerber mit gewöhnlichem Aufenthalt im Inland richten ihre Bewerbung entweder an die zentrale Adoptionsstelle oder das nach § 2 Abs. 1 in Verbindung mit § 1 Abs. 2 zuständige Jugendamt, in deren Bereich sie sich

gewöhnlich aufhalten, oder an eine der anerkannten Auslandsvermittlungsstellen im Sinne des § 1 Abs. 3.

(2) Den Adoptionsbewerbern obliegt es,

1. anzugeben, aus welchem Heimatstaat sie ein Kind annehmen möchten,
2. an den Voraussetzungen für die Vorlage eines Berichts nach § 7 Abs. 3 des Adoptionsvermittlungsgesetzes mitzuwirken und
3. zu versichern, dass eine weitere Bewerbung um die Vermittlung eines Kindes aus dem Ausland nicht anhängig ist.

(3) Die Auslandsvermittlungsstelle berät die Adoptionsbewerber. Sie teilt den Adoptionsbewerbern rechtzeitig vor der ersten Übermittlung personenbezogener Daten an den Heimatstaat mit, inwieweit nach ihrem Kenntnisstand in dem Heimatstaat der Schutz des Adoptionsgeheimnisses und anderer personenbezogener Daten sowie die Haftung für eine unzulässige oder unrichtige Verarbeitung personenbezogener Daten gewährleistet sind, und weist die Adoptionsbewerber auf insoweit bestehende Gefahren hin.

(4) Die Auslandsvermittlungsstelle kann eigene Ermittlungen anstellen und nach Beteiligung der für den gewöhnlichen Aufenthaltsort der Adoptionsbewerber zuständigen örtlichen Adoptionsvermittlungsstelle (§ 9a des Adoptionsvermittlungsgesetzes) den in Absatz 2 Nr. 2 genannten Bericht selbst erstellen.

(5) Hat sich die Auslandsvermittlungsstelle von der Eignung der Adoptionsbewerber überzeugt, so leitet sie die erforderlichen Bewerbungsunterlagen einschließlich eines Berichts nach Artikel 15 des Übereinkommens der zentralen Behörde des Heimatstaates zu. Die Übermittlung bedarf der Einwilligung der Adoptionsbewerber.

(6) Auf Antrag der Adoptionsbewerber wirkt die Bundeszentralstelle bei der Übermittlung nach Absatz 5 und bei der Übermittlung sonstiger die Bewerbung betreffender Mitteilungen an die zentrale Behörde des Heimatstaates mit. Sie soll ihre Mitwirkung versagen, wenn die beantragte Übermittlung nach Form oder Inhalt den Bestimmungen des Übereinkommens oder des Heimatstaates erkennbar nicht genügt.

§ 5
Aufnahme eines Kindes

(1) Der Vermittlungsvorschlag der zentralen Behörde des Heimatstaates bedarf der Billigung durch die Auslandsvermittlungsstelle. Diese hat insbesondere zu prüfen, ob

1. die Annahme dem Wohl des Kindes dient und
2. a) mit der Begründung eines Annahmeverhältnisses im Inland zu rechnen ist oder,

b) sofern die Annahme im Ausland vollzogen werden soll, diese nicht zu einem Ergebnis führt, das unter Berücksichtigung des Kindeswohls mit wesentlichen Grundsätzen des deutschen Rechts offensichtlich unvereinbar, insbesondere mit den Grundrechten unvereinbar ist.

Die Auslandsvermittlungsstelle kann vor oder nach Eingang eines Vermittlungsvorschlags einen Meinungsaustausch mit der zentralen Behörde des Heimatstaates aufnehmen. Ein Meinungsaustausch sowie die Billigung oder Ablehnung eines Vermittlungsvorschlags sind mit den jeweils dafür maßgeblichen fachlichen Erwägungen aktenkundig zu machen.

(2) Hat die Auslandsvermittlungsstelle den Vermittlungsvorschlag nach Absatz 1 gebilligt, so setzt sie die Adoptionsbewerber über den Inhalt der ihr aus dem Heimatstaat übermittelten personenbezogenen Daten und Unterlagen über das vorgeschlagene Kind in Kenntnis und berät sie über dessen Annahme. Identität und Aufenthaltsort des Kindes, seiner Eltern und sonstiger Sorgeinhaber soll sie vor Erteilung der Zustimmungen nach Artikel 17 Buchstabe c des Übereinkommens nur offenbaren, soweit die zentrale Behörde des Heimatstaates zustimmt.

(3) Hat die Beratung nach Absatz 2 stattgefunden, so fordert die Auslandsvermittlungsstelle die Adoptionsbewerber auf, innerhalb einer von ihr zu bestimmenden Frist eine Erklärung nach § 7 Abs. 1 abzugeben. Ist die Abgabe dieser Erklärung nachgewiesen, so kann die Auslandsvermittlungsstelle Erklärungen nach Artikel 17 Buchstabe b und c des Übereinkommens abgeben.

(4) Die Auslandsvermittlungsstelle soll sich über die Prüfung und Beratung nach Absatz 1 und 2 Satz 1 mit der für den gewöhnlichen Aufenthaltsort der Adoptionsbewerber zuständigen örtlichen Adoptionsvermittlungsstelle ins Benehmen setzen. Sie unterrichtet diese über die Abgabe der Erklärungen gemäß Absatz 3 Satz 2.

§ 6
Einreise und Aufenthalt

(1) Zum Zwecke der Herstellung und Wahrung einer familiären Lebensgemeinschaft zwischen den Adoptionsbewerbern und dem aufzunehmenden Kind finden auf dessen Einreise und Aufenthalt die Vorschriften des Ausländergesetzes über den Kindernachzug vor dem Vollzug der Annahme entsprechende Anwendung, sobald

1. die Auslandsvermittlungsstelle den Vermittlungsvorschlag der zentralen Behörde des Heimatstaates nach § 5 Abs. 1 Satz 1 gebilligt hat und
2. die Adoptionsbewerber sich gemäß § 7 Abs. 1 mit dem Vermittlungsvorschlag einverstanden erklärt haben.

(2) Auf Ersuchen der Auslandsvermittlungsstelle stimmt die Ausländerbehörde der Erteilung eines erforderlichen Sichtvermerks vorab zu, sofern die Voraussetzungen des Absatzes 1 erfüllt sind und ausländerrechtliche Vorschriften nicht

entgegenstehen. Der Sichtvermerk wird dem Kind von Amts wegen erteilt, wenn die Auslandsvermittlungsstelle darum ersucht und ausländerrechtliche Vorschriften nicht entgegenstehen.

(3) Entfällt der in Absatz 1 genannte Aufenthaltszweck, so wird die dem Kind erteilte Aufenthaltserlaubnis als eigenständiges Aufenthaltsrecht befristet verlängert, solange nicht die Voraussetzungen für die unbefristete Verlängerung vorliegen oder die zuständige Stelle nach Artikel 21 Abs. 1 Buchstabe c des Übereinkommens die Rückkehr des Kindes in seinen Heimatstaat veranlasst. War dem Kind nach § 29 Abs. 2 oder § 31 Abs. 1 des Ausländergesetzes eine Aufenthaltsbewilligung oder Aufenthaltsbefugnis erteilt, so wird ihm nach Maßgabe des Satzes 1 eine Aufenthaltserlaubnis erteilt und verlängert.

§ 7
Bereiterklärung zur Adoption; Verantwortlichkeiten für ein Adoptivpflegekind

(1) Die Erklärung der Adoptionsbewerber, dass diese bereit sind, das ihnen vorgeschlagene Kind anzunehmen, ist gegenüber dem Jugendamt abzugeben, in dessen Bereich ein Adoptionsbewerber zur Zeit der Aufforderung nach § 5 Abs. 3 Satz 1 mit Hauptwohnsitz gemeldet ist. Die Erklärung bedarf der öffentlichen Beurkundung. Das Jugendamt übersendet der Auslandsvermittlungsstelle eine beglaubigte Abschrift.

(2) Auf Grund der Erklärung nach Absatz 1 sind die Adoptionsbewerber gesamtschuldnerisch verpflichtet, öffentliche Mittel zu erstatten, die vom Zeitpunkt der Einreise des Kindes an für die Dauer von sechs Jahren für den Lebensunterhalt des Kindes aufgewandt werden. Die zu erstattenden Kosten umfassen sämtliche öffentlichen Mittel für den Lebensunterhalt einschließlich der Unterbringung, der Ausbildung, der Versorgung im Krankheits- und Pflegefall, auch soweit die Aufwendungen auf einem gesetzlichen Anspruch des Kindes beruhen. Sie umfassen jedoch nicht solche Mittel, die

1. aufgewandt wurden, während sich das Kind rechtmäßig in der Obhut der Adoptionsbewerber befand, und
2. auch dann aufzuwenden gewesen wären, wenn zu diesem Zeitpunkt ein Annahmeverhältnis zwischen den Adoptionsbewerbern und dem Kind bestanden hätte.

Die Verpflichtung endet, wenn das Kind angenommen wird.

(3) Der Erstattungsanspruch steht der öffentlichen Stelle zu, die die Mittel aufgewandt hat. Erlangt das Jugendamt von der Aufwendung öffentlicher Mittel nach Absatz 2 Kenntnis, so unterrichtet es die in Satz 1 genannte Stelle über den Erstattungsanspruch und erteilt ihr alle für dessen Geltendmachung und Durchsetzung erforderlichen Auskünfte.

(4) Das Jugendamt, auch soweit es als Vormund oder Pfleger des Kindes handelt, ein anderer für das Kind bestellter Vormund oder Pfleger sowie die Adoptionsvermittlungsstelle, die Aufgaben der Adoptionsbegleitung nach § 9 des Adoptionsvermittlungsgesetzes wahrnimmt, unterrichten die Auslandsvermittlungsstelle über die Entwicklung des aufgenommenen Kindes, soweit die Auslandsvermittlungsstelle diese Angaben zur Erfüllung ihrer Aufgaben nach den Artikeln 9, 20 und 21 des Übereinkommens benötigt. Bis eine Annahme als Kind ausgesprochen ist, haben das Jugendamt, die Ausländerbehörde, das Vormundschafts- und das Familiengericht die Auslandsvermittlungsstelle außer bei Gefahr im Verzug an allen das aufgenommene Kind betreffenden Verfahren zu beteiligen; eine wegen Gefahr im Verzug unterbliebene Beteiligung ist unverzüglich nachzuholen.

Abschnitt 3
Bescheinigungen über das Zustandekommen oder die Umwandlung eines Annahmeverhältnisses

§ 8
Bescheinigungen über eine im Inland vollzogene Annahme oder Umwandlung eines Annahmeverhältnisses

Hat eine zentrale Adoptionsstelle die Zustimmung gemäß Artikel 17 Buchstabe c des Übereinkommens erteilt, so stellt diese auf Antrag desjenigen, der ein rechtliches Interesse hat, die Bescheinigung gemäß Artikel 23 oder Artikel 27 Abs. 2 des Übereinkommens aus. Hat ein Jugendamt oder eine anerkannte Auslandsvermittlungsstelle die Zustimmung erteilt, so ist die zentrale Adoptionsstelle zuständig, zu deren Bereich das Jugendamt gehört oder in deren Bereich die anerkannte Auslandsvermittlungsstelle ihren Sitz hat.

§ 9
Überprüfung ausländischer Bescheinigungen über den Vollzug einer Annahme oder die Umwandlung eines Annahmeverhältnisses

Auf Antrag desjenigen, der ein rechtliches Interesse hat, prüft und bestätigt die Bundeszentralstelle die Echtheit einer Bescheinigung über die in einem anderen Vertragsstaat vollzogene Annahme oder Umwandlung eines Annahmeverhältnisses, die Übereinstimmung ihres Inhalts mit Artikel 23 oder Artikel 27 Abs. 2 des Übereinkommens sowie die Zuständigkeit der erteilenden Stelle. Die Bestätigung erbringt Beweis für die in Satz 1 genannten Umstände; der Nachweis ihrer Unrichtigkeit ist zulässig.

Abschnitt 4
Zeitlicher Anwendungsbereich

§ 10
Anwendung des Abschnitts 2

(1) Die Bestimmungen des Abschnitts 2 sind im Verhältnis zu einem anderen Vertragsstaat des Übereinkommens anzuwenden, wenn das Übereinkommen im Verhältnis zwischen der Bundesrepublik Deutschland und diesem Vertragsstaat in Kraft ist und wenn die Bewerbung nach § 4 Abs. 1 der Auslandsvermittlungsstelle nach dem Zeitpunkt des Inkrafttretens zugegangen ist.

(2) Die Bundeszentralstelle kann mit der zentralen Behörde des Heimatstaates die Anwendung der Bestimmungen des Übereinkommens auch auf solche Bewerbungen vereinbaren, die der Auslandsvermittlungsstelle vor dem in Absatz 1 genannten Zeitpunkt zugegangen sind. Die Vereinbarung kann zeitlich oder sachlich beschränkt werden. Auf einen Vermittlungsfall, der einer Vereinbarung nach den Sätzen 1 und 2 unterfällt, sind die Bestimmungen des Abschnitts 2 anzuwenden.

§ 11
Anwendung des Abschnitts 3

(1) Eine Bescheinigung nach § 8 wird ausgestellt, sofern die Annahme nach dem in § 10 Abs. 1 genannten Zeitpunkt und auf Grund der in Artikel 17 Buchstabe c des Übereinkommens vorgesehenen Zustimmungen vollzogen worden ist.

(2) Eine Bestätigung nach § 9 wird erteilt, sofern das Übereinkommen im Verhältnis zwischen der Bundesrepublik Deutschland und dem Staat, dessen zuständige Stelle die zur Bestätigung vorgelegte Bescheinigung ausgestellt hat, in Kraft ist.

3. Adoptionsvermittlungsgesetz (AdVermiG)

– Synoptische Textfassung (Stand: 1. 1. 2002) –

Gesetz
über die Vermittlung der Annahme als Kind und über das Verbot der Vermittlung von Ersatzmüttern
(Adoptionsvermittlungsgesetz – AdVermiG)
vom 2. Juli 1976 (BGBl. I S. 1762)
in der Fassung der Bekanntmachung vom 27. November 1989
(BGBl. I S. 2017)

Fassung bis 31. 12. 2001	**Fassung ab 1. 1. 2002**
zuletzt geändert durch Artikel 4 Abs. 3 des Sechsten Gesetzes zur Reform des Strafrechts vom 26. Januar 1998 (BGBl. I S. 164, 187)	**zuletzt geändert durch Artikel 3 des Gesetzes zur Regelung von Rechtsfragen auf dem Gebiet der internationalen Adoption und zur Weiterentwicklung des Adoptionsvermittlungsrechts vom 5. November 2001 (BGBl. I S. 2950)**
Erster Abschnitt. Adoptionsvermittlung	Erster Abschnitt. Adoptionsvermittlung
§ 1 Adoptionsvermittlung	§ 1 Adoptionsvermittlung
Adoptionsvermittlung ist das Zusammenführen von Kindern unter achtzehn Jahren und Personen,. die ein Kind annehmen wollen (Adoptionsbewerber), mit dem Ziel der Annahme als Kind. Adoptionsvermittlung ist auch der Nachweis der Gelegenheit, ein Kind anzunehmen oder annehmen zu lassen, und zwar auch dann, wenn das Kind noch nicht geboren oder noch nicht gezeugt ist. Die Ersatzmuttervermittlung gilt nicht als Adoptionsvermittlung.	(unverändert)

§ 2
Adoptionsvermittlungsstellen

(1) Die Adoptionsvermittlung ist Aufgabe des Jugendamtes und des Landesjugendamtes. Das Jugendamt darf die Adoptionsvermittlung nur durchführen, wenn es eine Adoptionsvermittlungsstelle eingerichtet hat, *das Landesjugendamt nur, wenn es über eine zentrale Adoptionstelle verfügt.* Jugendämter benachbarter Gemeinden oder Kreise können, *soweit die ihnen bei der Adoptionsvermittlung obliegenden Aufgaben hierdurch nicht beeinträchtigt werden,* eine gemeinsame Adoptionsvermittlungsstelle errichten; *die Errichtung bedarf der Zulassung durch die oberste Landesjugendbehörde.* Landesjugendämter können eine gemeinsame zentrale Adoptionsstelle bilden. In den Ländern *Berlin und Hamburg* können dem Landesjugendamt die Aufgaben der Adoptionsvermittlungsstelle des Jugendamtes übertragen werden.

(2) Zur Adoptionsvermittlung sind auch die örtlichen und zentralen Stellen des Diakonischen Werks, des Deutschen Caritasverbandes, der Arbeiterwohlfahrt und der diesen Verbänden angeschlossenen Fachverbände sowie sonstiger Organisationen berechtigt, wenn die Stellen von der *nach Landesrecht zuständigen Behörde* als Adoptionsvermittlungsstellen anerkannt worden sind.

(3) Die Adoptionsvermittlungsstellen der Jugendämter und die zentralen Adoptionsstellen der Landesjugendämter arbeiten mit den in Absatz 2 genannten Adoptionsvermittlungsstellen partnerschaftlich zusammen.

§ 2
Adoptionsvermittlungsstellen

(1) Die Adoptionsvermittlung ist Aufgabe des Jugendamtes und des Landesjugendamtes. Das Jugendamt darf die Adoptionsvermittlung nur durchführen, wenn es eine Adoptionsvermittlungsstelle eingerichtet hat; **das Landesjugendamt hat eine zentrale Adoptionsstelle einzurichten. Jugendämter benachbarter Gemeinden oder Kreise können mit Zustimmung der zentralen Adoptionsstelle des Landesjugendamtes eine gemeinsame Adoptionsvermittlungsstelle errichten.** Landesjugendämter können eine gemeinsame zentrale Adoptionsstelle bilden. In den Ländern Berlin, Hamburg **und Saarland** können dem Landesjugendamt die Aufgaben der Adoptionsvermittlungsstelle des Jugendamtes übertragen werden.

(2) Zur Adoptionsvermittlung sind auch die örtlichen und zentralen Stellen des Diakonischen Werks, des Deutschen Caritasverbandes, der Arbeiterwohlfahrt und der diesen Verbänden angeschlossenen Fachverbände sowie sonstiger Organisationen **mit Sitz im Inland** berechtigt, wenn die Stellen von der **zentralen Adoptionsstelle des Landesjugendamtes** als Adoptionsvermittlungsstellen anerkannt worden sind.

(3) (unverändert)

§ 2a

Internationale Adoptionsvermittlung

(1) Die Vorschriften dieses Gesetzes über internationale Adoptionsvermittlung sind in allen Fällen anzuwenden, in denen das Kind oder die Adoptionsbewerber ihren gewöhnlichen Aufenthalt im Ausland haben oder in denen das Kind innerhalb von zwei Jahren vor Beginn der Vermittlung in das Inland gebracht worden ist.

(2) Im Anwendungsbereich des Haager Übereinkommens vom 29. Mai 1993 über den Schutz von Kindern und die Zusammenarbeit auf dem Gebiet der internationalen Adoption (BGBl. 2001 II S. 1034) (Adoptionsübereinkommen) gelten ergänzend die Bestimmungen des Adoptionsübereinkommens-Ausführungsgesetzes vom 5. November 2001 (BGBl. I S. 2950).

(3) Zur internationalen Adoptionsvermittlung sind befugt:

1. die zentrale Adoptionsstelle des Landesjugendamtes;

2. die Adoptionsvermittlungsstelle des Jugendamtes, soweit die zentrale Adoptionsstelle des Landesjugendamtes ihr diese Tätigkeit im Verhältnis zu einem oder mehreren bestimmten Staaten allgemein oder im Einzelfall gestattet hat;

3. eine anerkannte Auslandsvermittlungsstelle (§ 4 Abs. 2) im Rahmen der ihr erteilten Zulassung;

4. eine ausländische zugelassene Organisation im Sinne des Adop-

tionsübereinkommens, soweit die Bundeszentralstelle (Absatz 4 Satz 1) ihr diese Tätigkeit im Einzelfall gestattet hat.

(4) Zur Koordination der internationalen Adoptionsvermittlung arbeiten die in Absatz 3 und in § 15 Abs. 2 genannten Stellen mit dem Generalbundesanwalt beim Bundesgerichtshof als Bundeszentralstelle für Auslandsadoption (Bundeszentralstelle) zusammen. Das Bundesministerium für Familie, Senioren, Frauen und Jugend kann im Einvernehmen mit dem Bundesministerium der Justiz durch Rechtsverordnung mit Zustimmung des Bundesrates bestimmen, dass die Bundeszentralstelle im Verhältnis zu einzelnen Staaten, die dem Adoptionsübereinkommen nicht angehören, ganz oder zum Teil entsprechende Aufgaben wie gegenüber Vertragsstaaten wahrnimmt; dabei können diese Aufgaben im Einzelnen geregelt werden.

(5) Die in Absatz 3 und in § 15 Abs. 2 genannten Stellen haben der Bundeszentralstelle

1. zu jedem Vermittlungsfall im Sinne des Absatzes 1 von der ersten Beteiligung einer ausländischen Stelle an die jeweils verfügbaren Angaben zur Person (Name, Geschlecht, Geburtsdatum, Geburtsort, Staatsangehörigkeit, Familienstand und Wohnsitz oder gewöhnlicher Aufenthalt) des Kindes, seiner Eltern und der Adoptionsbewerber sowie zum Stand des Vermittlungsverfahrens zu melden,

2. jährlich zusammenfassend über Umfang, Verlauf und Ergebnisse ihrer Arbeit auf dem Gebiet der internationalen Adoptionsvermittlung zu berichten und

3. auf deren Ersuchen über einzelne Vermittlungsfälle im Sinne des Absatzes 1 Auskunft zu geben, soweit dies zur Erfüllung der Aufgaben nach Absatz 4 und nach § 2 Abs. 2 Satz 1 des Adoptionsübereinkommens-Ausführungsgesetzes vom 5. November 2001 (BGBl. I S. 2950) erforderlich ist.

Die Meldepflicht nach Satz 1 Nr. 1 beschränkt sich auf eine Meldung über den Abschluss des Vermittlungsverfahrens, sofern dieses weder das Verhältnis zu anderen Vertragsstaaten des Adoptionsübereinkommens noch zu solchen Staaten betrifft, die durch Rechtsverordnung nach Absatz 4 Satz 2 bestimmt worden sind.

(6) Die Bundeszentralstelle speichert die nach Absatz 5 Satz 1 Nr. 1 übermittelten Angaben in einer zentralen Datei. Die Übermittlung der Daten ist zu protokollieren. Die Daten zu einem einzelnen Vermittlungsfall sind dreißig Jahre nach Eingang der letzten Meldung zu dem betreffenden Vermittlungsfall zu löschen.

§ 3
Vermittlung durch Fachkräfte

Mit der Adoptionsvermittlung dürfen nur Fachkräfte betraut werden, die dazu auf Grund ihrer Ausbildung und ihrer beruflichen Erfahrung geeignet

§ 3
Persönliche und fachliche Eignung der Mitarbeitet

(1) Mit der Adoptionsvermittlung dürfen nur Fachkräfte betraut werden, die dazu auf Grund **ihrer Persönlichkeit**, ihrer Ausbildung und ihrer beruflichen

sind. Die Adoptionsvermittlungsstellen (§ 2 Abs. 1 und 2) sind mit mindestens *einer hauptamtlichen Fachkraft* zu besetzen.

Erfahrung geeignet sind. **Die gleichen Anforderungen gelten für Personen, die den mit der Adoptionsvermittlung betrauten Beschäftigten fachliche Weisungen erteilen können. Beschäftigte, die nicht unmittelbar mit Vermittlungsaufgaben betraut sind, müssen die Anforderungen erfüllen, die der ihnen übertragenen Verantwortung entsprechen.**

(2) Die Adoptionsvermittlungsstellen (§ 2 Abs. 1 und 2) sind mit mindestens **zwei Vollzeitfachkräften oder einer entsprechenden Zahl von Teilzeitfachkräften zu besetzen; diese Fachkräfte dürfen nicht überwiegend mit vermittlungsfremden Aufgaben befasst sein. Die zentrale Adoptionsstelle des Landesjugendamtes kann Ausnahmen zulassen.**

§ 4
Anerkennung als Adoptionsvermittlungsstelle

(1) Die Anerkennung als Adoptionsvermittlungsstelle *(§ 2 Abs. 2) ist zu erteilen*, wenn der Nachweis erbracht wird, dass die Stelle die Voraussetzungen des § 3 erfüllt.

§ 4
Anerkennung als Adoptionsvermittlungsstelle

(1) Die Anerkennung als Adoptionsvermittlungsstelle **im Sinne des § 2 Abs. 2 kann erteilt werden**, wenn der Nachweis erbracht wird, dass die Stelle

1. die Voraussetzungen des § 3 erfüllt,

2. insbesondere nach ihrer Arbeitsweise und der Finanzlage ihres Rechtsträgers die ordnungsgemäße Erfüllung ihrer Aufgaben erwarten lässt und

3. von einer juristischen Person oder Personenvereinigung unterhalten wird, die steuerbegünstigte Zwecke im Sinne der §§ 51 bis 68 der Abgabenordnung verfolgt.

Die Adoptionsvermittlung darf nicht Gegenstand eines steuer-

pflichtigen wirtschaftlichen Geschäftsbetriebs sein.

(2) Die Anerkennung *ist* zurückzunehmen, wenn die Voraussetzungen für ihre Erteilung nicht vorgelegen haben. Sie *ist* zu widerufen, wenn die Voraussetzungen nachträglich weggefallen sind.

(2) Zur Ausübung internationaler Adoptionsvermittlung durch eine Adoptionsvermittlungsstelle im Sinne des § 2 Abs. 2 bedarf es der besonderen Zulassung, die für die Vermittlung von Kindern aus einem oder mehreren bestimmten Staaten (Heimatstaaten) erteilt wird. Die Zulassung berechtigt dazu, die Bezeichnung „anerkannte Auslandsvermittlungsstelle“ zu führen; ohne die Zulassung darf diese Bezeichnung nicht geführt werden. Die Zulassung kann erteilt werden, wenn der Nachweis erbracht wird, dass die Stelle die Anerkennungsvoraussetzungen nach Absatz 1 in dem für die Arbeit auf dem Gebiet der internationalen Adoption erforderlichen besonderen Maße erfüllt; sie ist zu versagen, wenn ihr überwiegende Belange der Zusammenarbeit mit dem betreffenden Heimatstaat entgegenstehen. Die zentrale Adoptionsstelle des Landesjugendamtes und die Bundeszentralstelle unterrichten einander über Erkenntnisse, die die in Absatz 1 genannten Verhältnisse der anerkannten Auslandsvermittlungsstelle betreffen.

(3) Die Anerkennung **nach Absatz 1 oder die Zulassung nach Absatz 2 sind** zurückzunehmen, wenn die Voraussetzungen für ihre Erteilung nicht vorgelegen haben. Sie **sind** zu widerrufen, wenn die Voraussetzungen nachträglich weggefallen sind. **Nebenbestimmungen zu einer Anerkennung oder Zulassung sowie die Folgen des Verstoßes gegen eine**

Auflage unterliegen den allgemeinen Vorschriften.

(4) Zur Prüfung, ob die Voraussetzungen nach Absatz 1 oder Absatz 2 Satz 3 weiterhin vorliegen, ist die zentrale Adoptionsstelle des Landesjugendamtes berechtigt, sich über die Arbeit der Adoptionsvermittlungsstelle im Allgemeinen und im Einzelfall, über die persönliche und fachliche Eignung ihrer Leiter und Mitarbeiter sowie über die rechtlichen und organisatorischen Verhältnisse und die Finanzlage ihres Rechtsträgers zu unterrichten. Soweit es zu diesem Zweck erforderlich ist,

1. **kann die zentrale Adoptionsstelle Auskünfte, Einsicht in Unterlagen sowie die Vorlage von Nachweisen verlangen;**
2. **dürfen die mit der Prüfung beauftragten Bediensteten Grundstücke und Geschäftsräume innerhalb der üblichen Geschäftszeiten betreten; das Grundrecht der Unverletzlichkeit der Wohnung (Artikel 13 des Grundgesetzes) wird insoweit eingeschränkt.**

(5) Widerspruch und Anfechtungsklage gegen Verfügungen der zentralen Adoptionsstelle haben keine aufschiebende Wirkung.

§ 5
Vermittlungsverbote

(1) Die Adoptionsvermittlung ist nur den nach § 2 Abs. 1 befugten Jugendämtern und Landesjugendämtern und den nach § 2 Abs. 2 berechtigten Stel-

§ 5
Vermittlungsverbote

(unverändert)

len gestattet; anderen ist die Adoptionsvermittlung untersagt.

(2) Das Vermittlungsverbot gilt nicht

1. für Personen, die mit dem Adoptionsbewerber oder dem Kind bis zum dritten Grad verwandt oder verschwägert sind;
2. für andere Personen, die in einem Einzelfall und unentgeltlich die Gelegenheit nachweisen, ein Kind anzunehmen oder annehmen zu lassen, sofern sie eine Adoptionsvermittlungsstelle oder ein Jugendamt hiervon unverzüglich benachrichtigen.

(3) Es ist untersagt, Schwangere, die ihren Wohnsitz oder gewöhnlichen Aufenthalt im Geltungsbereich dieses Gesetzes haben, gewerbs- oder geschäftsmäßig durch Gewähren oder Verschaffen von Gelegenheit zur Entbindung außerhalb des Geltungsbereichs dieses Gesetzes

1. zu bestimmen, dort ihr Kind zur Annahme als Kind wegzugeben,
2. ihnen zu einer solchen Weggabe Hilfe zu leisten.

(4) Es ist untersagt, Vermittlungstätigkeiten auszuüben, die zum Ziel haben, dass ein Dritter ein Kind auf Dauer bei sich aufnimmt, insbesondere dadurch, dass ein Mann die Vaterschaft für ein Kind, das er nicht gezeugt hat, anerkennt. Vermittlungsbefugnisse, die sich aus anderen Rechtsvorschriften ergeben, bleiben unberührt.

§ 6
Adoptionsanzeigen

(1) Es ist untersagt, Kinder zur Annahme als Kind oder Adoptionsbewerber durch öffentliche Erklärungen, insbesondere durch Zeitungsanzeigen oder Zeitungsberichte, zu suchen oder anzubieten. Dies gilt nicht, wenn

1. die Erklärung den Hinweis enthält, dass Angebote oder Anfragen an eine durch Angabe der Anschrift bezeichnete Adoptionsvermittlungsstelle oder zentrale Adoptionsstelle (§ 2 Abs. 1 und 2) zu richten sind und
2. in der Erklärung eine Privatanschrift nicht angegeben wird.

§ 5 bleibt unberührt.

(2) Die Veröffentlichung der in Absatz 1 bezeichneten Erklärung unter Angabe eines Kennzeichens ist untersagt.

(3) Absatz 1 Satz 1 gilt entsprechend für öffentliche Erklärungen, die sich auf Vermittlungstätigkeiten nach § 5 Abs. 4 Satz 1 beziehen.

(4) Die Absätze 1 bis 3 gelten auch, wenn das Kind noch nicht geboren oder noch nicht gezeugt ist, es sei denn, dass sich die Erklärung auf eine Ersatzmutterschaft bezieht.

§ 6
Adoptionsanzeigen

(unverändert)

§ 7
Vorbereitung der Vermittlung

(1) Wird der Adoptionsvermittlungsstelle bekannt, dass für ein Kind die Adoptionsvermittlung in Betracht kommt, so führt sie zur Vorbereitung der Vermittlung unverzüglich die sachdienlichen Ermittlungen bei den

§ 7
Vorbereitung der Vermittlung

(1) Wird der Adoptionsvermittlungsstelle bekannt, dass für ein Kind die Adoptionsvermittlung in Betracht kommt, so führt sie zur Vorbereitung der Vermittlung unverzüglich die sachdienlichen Ermittlungen bei den

Adoptionsbewerbern, bei dem Kind und seiner Familie durch. Dabei ist insbesondere zu prüfen, ob die Adoptionsbewerber unter Berücksichtigung der Persönlichkeit des Kindes geeignet sind. Mit den Ermittlungen bei den Adoptionsbewerbern soll schon vor der Geburt des Kindes begonnen werden, wenn zu erwarten ist, dass die Einwilligung zur Annahme als Kind erteilt wird.

(2) Das Bundesministerium für Familie, Senioren, Frauen und Jugend regelt durch Rechtsverordnung mit Zustimmung des Bundesrates das Nähere über die Durchführung der sachdienlichen Ermittlungen und der Adoptionshilfe (§ 9) sowie die von den Adoptionsvermittlungsstellen dabei zu beachtenden Grundsätze.

Adoptionsbewerbern, bei dem Kind und seiner Familie durch. Dabei ist insbesondere zu prüfen. ob die Adoptionsbewerber unter Berücksichtigung der Persönlichkeit des Kindes geeignet sind. Mit den Ermittlungen bei den Adoptionsbewerbern soll schon vor der Geburt des Kindes begonnen werden, wenn zu erwarten ist, dass die Einwilligung zur Annahme als Kind erteilt wird. **Das Ergebnis der Ermittlungen bei den Adoptionsbewerbern und bei der Familie des Kindes ist den jeweils Betroffenen mitzuteilen.**

(2) Die örtliche Adoptionsvermittlungsstelle (§ 9a), in deren Bereich sich die Adoptionsbewerber gewöhnlich aufhalten, übernimmt auf Ersuchen einer anderen Adoptionsvermittlungsstelle (§ 2 Abs. 1 und 2) die sachdienlichen Ermittlungen bei den Adoptionsbewerbern.

(3) Auf Antrag prüft die örtliche Adoptionsvermittlungsstelle die allgemeine Eignung der Adoptionsbewerber mit gewöhnlichem Aufenthalt in ihrem Bereich zur Annahme eines Kindes mit gewöhnlichem Aufenthalt im Ausland. Hält die Adoptionsvermittlungsstelle die allgemeine Eignung der Adoptionsbewerber für gegeben, so verfasst sie über das Ergebnis ihrer Prüfung einen Bericht, in dem sie sich über die rechtliche Befähigung und die Eignung der Adoptionsbewerber zur Übernahme der mit einer internationalen Adoption verbundenen Verantwortung sowie über die Eigenschaften der Kinder äußert, für

die zu sorgen diese geeignet wären. Der Bericht enthält die zu der Beurteilung nach Satz 2 erforderlichen Angaben über die Person der Adoptionsbewerber, ihre persönlichen und familiären Umstände, ihren Gesundheitsstatus, ihr soziales Umfeld und ihre Beweggründe für die Adoption. Den Adoptionsbewerbern obliegt es, die für die Prüfung und den Bericht benötigten Angaben zu machen und geeignete Nachweise zu erbringen. Absatz 1 Satz 4 gilt entsprechend. Der Bericht wird einer von den Adoptionsbewerbern benannten Empfangsstelle zugeleitet; Empfangsstelle kann nur sein:

1. eine der in § 2a Abs. 3 und § 15 Abs. 2 genannten Stellen oder
2. eine zuständige Stelle mit Sitz im Heimatstaat.

(4) Auf Antrag bescheinigt die Bundeszentralstelle deutschen Adoptionsbewerbern mit gewöhnlichem Aufenthalt im Ausland, ob diese nach den deutschen Sachvorschriften die rechtliche Befähigung zur Annahme eines Kindes besitzen. Die Bescheinigung erstreckt sich weder auf die Gesundheit der Adoptionsbewerber noch auf deren sonstige Eignung zur Annahme eines Kindes; hierauf ist im Wortlaut der Bescheinigung hinzuweisen. Verweisen die Bestimmungen des Internationalen Privatrechts auf ausländische Sachvorschriften, so ist auch die maßgebende ausländische Rechtsordnung zu bezeichnen.

§ 8
Beginn der Adoptionspflege

Das Kind darf erst dann zur Eingewöhnung bei den Adoptionsbewerbern in Pflege gegeben werden (Adoptionspflege), wenn feststeht, dass die Adoptionsbewerber für die Annahme des Kindes geeignet sind.

§ 8
Beginn der Adoptionspflege

(unverändert)

§ 9
Adoptionshilfe

(1) Im Zusammenhang mit der Vermittlung und der Annahme hat die Adoptionsvermittlungsstelle jeweils mit Einverständnis die Annehmenden, das Kind und seine Eltern eingehend zu beraten und zu unterstützen, insbesondere bevor das Kind in Pflege genommen wird und während der Eingewöhnungszeit.

(2) Die Jugendämter haben sicherzustellen, dass die gebotene vor- und nachgehende Beratung und Unterstützung geleistet wird.

§ 9
Adoptionsbegleitung

(1)
(unverändert)

(2) Soweit es zur Erfüllung der von einem ausländischen Staat aufgestellten Annahmevoraussetzungen erforderlich ist, können Adoptionsbewerber und Adoptionsvermittlungsstelle schriftlich vereinbaren, dass diese während eines in der Vereinbarung festzulegenden Zeitraums nach der Annahme die Entwicklung des Kindes beobachtet und der zuständigen Stelle in dem betreffenden Staat hierüber berichtet. Mit Zustimmung einer anderen Adoptionsvermittlungsstelle kann vereinbart werden, dass diese Stelle Ermittlungen nach Satz 1 durchführt und die Ergebnisse an die Adoptionsvermittlungsstelle im Sinne des Satzes 1 weiterleitet.

§ 9a
Örtliche Adoptionsvermittlungsstelle

Die Jugendämter haben die Wahrnehmung der Aufgaben nach den §§ 7 und 9 für ihren jeweiligen Bereich sicherzustellen.

§ 9b
Vermittlungsakten

(1) Aufzeichnungen und Unterlagen über jeden einzelnen Vermittlungsfall (Vermittlungsakten) sind, gerechnet vom Geburtsdatum des Kindes an, sechzig Jahre lang aufzubewahren. Wird die Adoptionsvermittlungsstelle aufgelöst, so sind die Vermittlungsakten der Stelle, die nach § 2 Abs. 1 Satz 3 oder Satz 4 ihre Aufgaben übernimmt, oder der zentralen Adoptionsstelle des Landesjugendamtes, in dessen Bereich die Adoptionsvermittlungsstelle ihren Sitz hatte, zur Aufbewahrung zu übergeben. Nach Ablauf des in Satz 1 genannten Zeitraums sind die Vermittlungsakten zu vernichten.

(2) Soweit die Vermittlungsakten die Herkunft und die Lebensgeschichte des Kindes betreffen oder ein sonstiges berechtigtes Interesse besteht, ist dem gesetzlichen Vertreter des Kindes und, wenn das Kind das sechzehnte Lebensjahr vollendet hat, auch diesem selbst auf Antrag unter Anleitung durch eine Fachkraft Einsicht zu gewähren. Die Einsichtnahme ist zu versagen, soweit überwiegende Belange eines Betroffenen entgegenstehen.

§ 9c
Durchführungsbestimmungen

(1) Das Bundesministerium für Familie, Senioren, Frauen und Jugend wird ermächtigt, im Einvernehmen mit dem Bundesministerium der Justiz durch Rechtsverordnung mit Zustimmung des Bundesrates das Nähere über die Anerkennung und Beaufsichtigung von Adoptionsvermittlungsstellen nach § 2 Abs. 2 und den §§ 3 und 4, die Zusammenarbeit auf dem Gebiet der internationalen Adoptionsvermittlung nach § 2a Abs. 4 und 5, die sachdienlichen Ermittlungen nach § 7 Abs. 1, die Eignungsprüfung nach § 7 Abs. 3, die Bescheinigung nach § 7 Abs. 4, die Adoptionsbegleitung nach § 9 und die Gewährung von Akteneinsicht nach § 9b sowie über die von den Adoptionsvermittlungsstellen dabei zu beachtenden Grundsätze zu regeln. Durch Rechtsverordnung nach Satz 1 können insbesondere geregelt werden:

1. **Zeitpunkt, Gliederung und Form der Meldungen nach § 2a Abs. 5 Satz 1 Nr. 1 und 2 sowie Satz 2;**
2. **Anforderungen an die persönliche und fachliche Eignung des Personals einer Adoptionsvermittlungsstelle (§§ 3, 4 Abs. 1 Satz 1 Nr. 1);**
3. **Anforderungen an die Arbeitsweise und die Finanzlage des Rechtsträgers einer Adoptionsvermittlungsstelle (§ 4 Abs. 1 Satz 1 Nr. 2);**
4. **besondere Anforderungen für die Zulassung zur internationalen Adoptionsvermittlung (§ 4 Abs. 2);**

5. **Antragstellung und vorzulegende Nachweise im Verfahren nach § 7 Abs. 4;**
6. **Zeitpunkt und Form der Unterrichtung der Annehmenden über das Leistungsangebot der Adoptionsbegleitung nach § 9 Abs. 1.**

(2) Durch Rechtsverordnung nach Absatz 1 Satz 1 kann ferner vorgesehen werden, dass die Träger der staatlichen Adoptionsvermittlungsstellen von den Adoptionsbewerbern für eine Eignungsprüfung nach § 7 Abs. 3 oder für eine internationale Adoptionsvermittlung Gebühren sowie Auslagen für die Beschaffung von Urkunden, für Übersetzungen und für die Vergütung von Sachverständigen erheben. Die Gebührentatbestände und die Gebührenhöhe sind dabei zu bestimmen; für den einzelnen Vermittlungsfall darf die Gebührensumme 2000 Euro nicht überschreiten. Solange das Bundesministerium für Familie, Senioren, Frauen und Jugend von der Ermächtigung nach Absatz 1 Satz 1 in Verbindung mit Satz 1 keinen Gebrauch gemacht hat, kann diese durch die Landesregierungen ausgeübt werden; die Landesregierungen können diese Ermächtigung durch Rechtsverordnung auf oberste Landesbehörden übertragen.

§ 9d
Datenschutz

(1) Für die Erhebung, Verarbeitung und Nutzung personenbezogener Daten gilt das Zweite Kapitel des Zehnten Buches Sozialgesetzbuch mit der Maßgabe, dass Daten, die

für Zwecke dieses Gesetzes erhoben worden sind, nur für Zwecke der Adoptionsvermittlung oder Adoptionsbegleitung, der Anerkennung, Zulassung oder Beaufsichtigung von Adoptionsvermittlungsstellen, der Überwachung von Vermittlungsverboten, der Verfolgung von Verbrechen oder anderen Straftaten von erheblicher Bedeutung oder der internationalen Zusammenarbeit auf diesen Gebieten verarbeitet oder genutzt werden dürfen. Die Vorschriften über die internationale Rechtshilfe bleiben unberührt.

(2) Die Bundeszentralstelle übermittelt den zuständigen Stellen auf deren Ersuchen die zu den in Absatz 1 genannten Zwecken erforderlichen personenbezogenen Daten. In dem Ersuchen ist anzugeben, zu welchem Zweck die Daten benötigt werden.

(3) Die ersuchende Stelle trägt die Verantwortung für die Zulässigkeit der Übermittlung. Die Bundeszentralstelle prüft nur, ob das Übermittlungsersuchen im Rahmen der Aufgaben der ersuchenden Stelle liegt, es sei denn, dass ein besonderer Anlass zur Prüfung der Zulässigkeit der Übermittlung besteht.

(4) Bei der Übermittlung an eine ausländische Stelle oder an eine inländische nicht öffentliche Stelle weist die Bundeszentralstelle darauf hin, dass die Daten nur für den Zweck verarbeitet und genutzt werden dürfen, zu dem sie übermittelt werden.

(5) Fügt eine verantwortliche Stelle dem Betroffenen durch eine nach diesem Gesetz oder nach anderen

Vorschriften über den Datenschutz unzulässige oder unrichtige Erhebung, Verarbeitung oder Nutzung seiner personenbezogenen Daten einen Schaden zu, so finden die §§ 7 und 8 des Bundesdatenschutzgesetzes Anwendung.

§ 10
Unterrichtung der zentralen Adoptionsstelle des Landesjugendamtes

(1) Die Adoptionsvermittlungsstelle hat die zentrale Adoptionsstelle des Landesjugendamtes zu unterrichten, wenn ein Kind nicht innerhalb von drei Monaten nach Abschluss der bei ihm durchgeführten Ermittlungen Adoptionsbewerbern mit dem Ziel der Annahme als Kind in Pflege gegeben werden kann. Die Unterrichtung ist nicht erforderlich, wenn bei Fristablauf sichergestellt ist, dass das Kind in Adoptionspflege gegeben wird.

(2) Absatz 1 gilt entsprechend, wenn *Adoptionsbewerbem nicht innerhalb von sechs Monaten nach Abschluss der bei ihnen durchgeführten Ermittlungen ein Kind vermittelt werden kann,* sofern die Adoptionsbewerber der Unterrichtung der zentralen Adoptionsstelle zustimmen *und ihren Wohnsitz oder gewöhnlichen Aufenthalt im Bereich der Adoptionsvermittlungsstelle haben.*

(3) In den Fällen des Absatzes 1 Satz 1 sucht die Adoptionsvermittlungsstelle und die zentrale Adoptionsstelle nach geeigneten Adoptionsbewerbern. Sie unterrichten sich gegenseitig vom jeweiligen Stand ihrer Bemühungen. *In den Fällen des Absatzes 2 ist entsprechend zu verfahren.*

§ 10
Unterrichtung der zentralen Adoptionsstelle des Landesjugendamtes

(1)
(unverändert)

(2) Absatz 1 gilt entsprechend, wenn **Adoptionsbewerber, bei denen Ermittlungen durchgeführt wurden, bereit und geeignet sind, ein schwer vermittelbares Kind aufzunehmen,** sofern die Adoptionsbewerber der Unterrichtung der zentralen Adoptionsstelle zustimmen.

(3) In den Fällen des Absatzes 1 Satz 1 sucht die Adoptionsvermittlungsstelle und die zentrale Adoptionsstelle nach geeigneten Adoptionsbewerbern. Sie unterrichten sich gegenseitig vom jeweiligen Stand ihrer Bemühungen. **Im Einzelfall kann die zentrale Adoptionsstelle die Vermittlung eines Kindes selbst übernehmen.**

§ 11 Aufgaben der zentralen Adoptionsstelle des Landesjugendamtes	§ 11 Aufgaben der zentralen Adoptionsstelle des Landesjugendamtes
(1) Die zentrale Adoptionsstelle des Landesjugendamtes unterstützt die Adoptionsvermittlungsstelle bei ihrer Arbeit, insbesondere durch fachliche Beratung, 1. wenn ein Kind schwer zu vermitteln ist, 2. wenn ein Adoptionsbewerber oder das Kind eine ausländische Staatsangehörigkeit besitzt oder staatenlos ist, 3. wenn ein Adoptionsbewerber oder das Kind seinen Wohnsitz oder gewöhnlichen Aufenthalt außerhalb des Geltungsbereichs dieses Gesetzes hat, 4. in sonstigen schwierigen Einzelfällen.	(1) (unverändert)
(2) In den Fällen des Absatzes 1 Nr. 2 und 3 ist die zentrale Adoptionsstelle des Landesjugendamtes vom Beginn der Ermittlungen (§ 7 Abs. 1) an durch die Adoptionsvermittlungsstellen ihres Bereiches zu beteiligen.	(2) In den Fällen des Absatzes 1 Nr. 2 und 3 ist die zentrale Adoptionsstelle des Landesjugendamtes vom Beginn der Ermittlungen (§ 7 Abs. 1) an durch die Adoptionsvermittlungsstellen ihres Bereiches zu beteiligen. **Unterlagen der in Artikel 16 des Adoptionsübereinkommens genannten Art sind der zentralen Adoptionsstelle zur Prüfung vorzulegen.**
§ 12 Ermittlungen bei Kindern in Heimen	§ 12 Ermittlungen bei Kindern in Heimen
Unbeschadet der Verantwortlichkeit des Jugendamtes prüft die zentrale Adoptionsstelle des Landesjugendamtes in Zusammenarbeit mit der für die Heimaufsicht zuständigen Stelle, für welche Kinder in den Helmen ihres Bereiches die Annahme als Kind in	(unverändert)

Betracht kommt. Zu diesem Zweck kann sie die sachdienlichen Ermittlungen und Untersuchungen bei den Heimkindern veranlassen oder durchführen. Das Grundrecht der Unverletzlichkeit der Wohnung (Artikel 13 Abs. 1 des Grundgesetzes) wird insoweit eingeschränkt. Bei Kindern aus dem Bereich der zentralen Adoptionsstelle eines anderen Landesjugendamtes ist diese zu unterrichten. § 46 Abs. 1 Satz 2 des Achten Buches Sozialgesetzbuch gilt entsprechend.

§ 13
Ausstattung der zentralen Adoptionsstelle des Landesjugendamtes

Zur Erfüllung ihrer Aufgaben sollen der zentralen Adoptionsstelle mindestens ein Kinderarzt oder Kinderpsychiater, ein Psychologe mit Erfahrungen auf dem Gebiet der Kinderpsychologie und ein Jurist sowie Sozialpädagogen oder Sozialarbeiter mit mehrjähriger Berufserfahrung zur Verfügung stehen.

§ 13
Ausstattung der zentralen Adoptionsstelle des Landesjugendamtes

(unverändert)

Zweiter Abschnitt. Ersatzmutterschaft

Zweiter Abschnitt. Ersatzmutterschaft

(unverändert)

§ 13a
Ersatzmutter

Ersatzmutter ist eine Frau, die auf Grund einer Vereinbarung bereit ist,

1. sich einer künstlichen oder natürlichen Befruchtung zu unterziehen oder
2. einen nicht von ihr stammenden Embryo auf sich übertragen zu lassen oder sonst auszutragen

und das Kind nach der Geburt Dritten zur Annahme als Kind oder zur sonstigen Aufnahme auf Dauer zu überlassen.

§ 13b
Ersatzmuttervermittlung

Ersatzmuttlervermittlung ist das Zusammenführen von Personen, die das aus einer Ersatzmutterschaft entstandene Kind annehmen oder in sonstiger Weise auf Dauer bei sich aufnehmen wollen (Bestelleltern), mit einer Frau, die zur Übernahme einer Ersatzmutterschaft bereit ist. Ersatzmuttervermittlung ist auch der Nachweis der Gelegenheit zu einer in § 13a bezeichneten Vereinbarung.

§ 13c
Verbot der Ersatzmuttervermittlung

Die Ersatzmuttervermittlung ist untersagt.

§ 13d
Anzeigenverbot

Es ist untersagt, Ersatzmütter oder Bestelleltern durch öffentliche Erklärungen, insbesondere durch Zeitungsanzeigen oder Zeitungsberichte, zu suchen oder anzubieten.

Dritter Abschnitt. Straf- und Bußgeldvorschriften

Dritter Abschnitt. Straf- und Bußgeldvorschriften

(unverändert)

§ 14
Bußgeldvorschriften

(1) Ordnungswidrig handelt, wer

1. entgegen § 5 Abs 1 oder 4 Satz 1 eine Vermittlungstätigkeit ausübt oder
2. entgegen § 6 Abs. 1 Satz 1, auch in Verbindung mit Abs. 2 oder 3, oder § 13d durch öffentliche Erklärungen
   a) Kinder zur Annahme als Kind oder Adoptionsbewerber,
   b) Kinder oder Dritte zu den in § 5 Abs. 4 Satz 1 genannten Zwecken oder
   c) Ersatzmütter oder Bestelleltern

   sucht oder anbietet.

(2) Ordnungswidrig handelt auch, wer

1. entgegen § 5 Abs. 1 oder 4 Satz 1 eine Vermittlungstätigkeit ausübt und dadurch bewirkt, dass das Kind in den Geltungsbereich dieses Gesetzes oder aus dem Geltungsbereich dieses Gesetzes verbracht wird, oder
2. gewerbs- oder geschäftsmäßig
   a) entgegen § 5 Abs. 3 Nr. 1 eine Schwangere zu der Weggabe ihres Kindes bestimmt oder
   b) entgegen § 5 Abs. 3 Nr. 2 einer Schwangeren zu der Weggabe ihres Kindes Hilfe leistet.

(3) Die Ordnungswidrigkeit kann in den Fällen des Absatzes 1 mit einer Geldbuße bis zu zehntausend Deutsche Mark, in den Fällen des Absatzes 2 mit einer Geldbuße bis zu fünfzigtausend Deutsche Mark geahndet werden.

§ 14a
Kinderhandel

(aufgehoben 1998)

§ 14b
Strafvorschriften gegen Ersatzmuttervermittlung

(1) Wer entgegen § 13c Ersatzmuttervermittlung betreibt, wird mit Freiheitsstrafe bis zu einem Jahr oder mit Geldstrafe bestraft.

(2) Wer für eine Ersatzmuttervermittlung einen Vermögensvorteil erhält oder sich versprechen lässt, wird mit Freiheitsstrafe bis zu zwei Jahren oder Geldstrafe bestraft. Handelt der Täter gewerbs- oder geschäftsmäßig, so ist die Strafe Freiheitsstrafe bis zu drei Jahren oder Geldstrafe.

(3) In den Fällen der Absätze 1 und 2 werden die Ersatzmutter und die Bestelleltern nicht bestraft.

Vierter Abschnitt. Übergangs- *und Schluss*vorschriften

§ 15
Weitergeltung der Berechtigung zur Adoptionsvermittlung

(bisherige Fassung war durch Zeitablauf überholt)

Vierter Abschnitt. **Übergangsvorschriften**

§ 15
Weitergeltung der Berechtigung zur Adoptionsvermittlung

(1) Eine vor dem 1. Januar 2002 erteilte Anerkennung als Adoptionsvermittlungsstelle gilt vorläufig fort. Sie erlischt, wenn nicht bis zum 31. Dezember 2002 erneut die Anerkennung beantragt wird oder, im Falle rechtzeitiger Antragstellung, mit Eintritt der Unanfechtbarkeit der Entscheidung über den Antrag.

(2) Hat eine vor dem 1. Januar 2002 anerkannte Adoptionsvermittlungsstelle internationale Adoptionsver-

mittlung im Verhältnis zu einem bestimmten Staat ausgeübt und hat sie ihre Absicht, diese Vermittlungstätigkeit fortzusetzen, der zentralen Adoptionsstelle des Landesjugendamtes angezeigt, so gelten Absatz 1 sowie § 4 Abs. 2 Satz 4 entsprechend. § 4 Abs. 2 Satz 2 dieses Gesetzes sowie § 1 Abs. 3 des Adoptionsübereinkommens-Ausführungsgesetzes bleiben unberührt.

(3) Die staatlichen Adoptionsvermittlungsstellen (§ 2 Abs. 1) haben sicherzustellen, dass die Anforderungen des § 3 vom 1. Januar 2003 an erfüllt werden.

§ 16
Anzuwendendes Recht

Die weitere Durchführung einer vor dem Inkrafttreten dieses Gesetzes begonnenen Vermittlung richtet sich vom Zeitpunkt des Inkrafttretens an nach den Vorschriften dieses Gesetzes.

§ 16
Anzuwendendes Recht

Vom Zeitpunkt des Inkrafttretens einer Änderung dieses Gesetzes an richtet sich die weitere Durchführung einer vor dem Inkrafttreten der Änderung begonnenen Vermittlung, soweit nicht anders bestimmt, nach den geänderten Vorschriften.

§ 17
Übergangsregelung für Nichtfachkräfte

Personen, die auf Grund ihrer Ausbildung nicht die Voraussetzungen einer Fachkraft (§ 3 Satz 1) erfüllen, aber mindestens drei Jahre in der Adoptionsvermittlung tätig waren und dadurch besondere Kenntnisse und Erfahrungen auf diesem Gebiet erworben haben, können mit der Adoptionsvermittlung weiter betraut werden. Sie bedürfen hierzu der Zulassung durch die nach Landesrecht zuständige Behörde, die verlangen

§ 17
Übergangsregelung für Nichtfachkräfte

(aufgehoben)

kann, dass ein Fortbildungskurs mit abschließendem Fachgespräch besucht wird. Das Jugendamt ist vor der Zulassung zu hören.

§ 18
(Außerkrafttreten von Bundesrecht)

§ 18
(Außerkrafttreten von Bundesrecht)

(aufgehoben)

§ 19
(Änderungen von Bundesrecht)

§ 19
(Änderungen von Bundesrecht)

(aufgehoben)

§ 20
(Ermächtigung zur Neubekanntmachung des Jugendwohlfahrtsgesetzes)

§ 20
(Ermächtigung zur Neubekanntmachung des Jugendwohlfahrtsgesetzes)

(aufgehoben)

§ 21
Berlin-Klausel

Dieses Gesetz gilt nach Maßgabe des § 13 Abs. 1 des Dritten Überleitungsgesetzes auch im Land Berlin. Rechtsverordnungen, die auf Grund dieses Gesetzes erlassen werden, gelten im Land Berlin nach § 14 des Dritten Überleitungsgesetzes.

§ 21
Berlin-Klausel

(aufgehoben)

§ 22
(Inkrafttreten)

§ 22
(Inkrafttreten)

(aufgehoben)

4. Adoptionswirkungsgesetz (AdWirkG)

Gesetz über Wirkungen der Annahme als Kind nach ausländischem Recht (Adoptionswirkungsgesetz – AdWirkG)

vom 5. November 2001 (BGBl. I S. 2950, 2953)

§ 1
Anwendungsbereich

Die Vorschriften dieses Gesetzes gelten für eine Annahme als Kind, die auf einer ausländischen Entscheidung oder auf ausländischen Sachvorschriften beruht. Sie gelten nicht, wenn der Angenommene zur Zeit der Annahme das achtzehnte Lebensjahr vollendet hatte.

§ 2
Anerkennungs- und Wirkungsfeststellung

(1) Auf Antrag stellt das Vormundschaftsgericht fest, ob eine Annahme als Kind im Sinne des § 1 anzuerkennen oder wirksam und ob das Eltern-Kind-Verhältnis des Kindes zu seinen bisherigen Eltern durch die Annahme erloschen ist.

(2) Im Falle einer anzuerkennenden oder wirksamen Annahme ist zusätzlich festzustellen,

1. wenn das in Absatz 1 genannte Eltern-Kind-Verhältnis erloschen ist, dass das Annahmeverhältnis einem nach den deutschen Sachvorschriften begründeten Annahmeverhältnis gleichsteht,
2. andernfalls, dass das Annahmeverhältnis in Ansehung der elterlichen Sorge und der Unterhaltspflicht des Annehmenden einem nach den deutschen Sachvorschriften begründeten Annahmeverhältnis gleichsteht.

Von der Feststellung nach Satz 1 kann abgesehen werden, wenn gleichzeitig ein Umwandlungsausspruch nach § 3 ergeht.

(3) Spricht ein deutsches Vormundschaftsgericht auf der Grundlage ausländischer Sachvorschriften die Annahme aus, so hat es die in den Absätzen 1 und 2 vorgesehenen Feststellungen von Amts wegen zu treffen. Eine Feststellung über Anerkennung oder Wirksamkeit der Annahme ergeht nicht.

§ 3
Umwandlungsausspruch

(1) In den Fällen des § 2 Abs. 2 Satz 1 Nr. 2 kann das Vormundschaftsgericht auf Antrag aussprechen, dass das Kind die Rechtsstellung eines nach den deutschen Sachvorschriften angenommenen Kindes erhält, wenn

1. dies dem Wohl des Kindes dient,
2. die erforderlichen Zustimmungen zu einer Annahme mit einer das Eltern-Kind-Verhältnis beendenden Wirkung erteilt sind und
3. überwiegende Interessen des Ehegatten oder der Kinder des Annehmenden oder des Angenommenen nicht entgegenstehen.

Auf die Erforderlichkeit und die Erteilung der in Satz 1 Nr. 2 genannten Zustimmungen finden die für die Zustimmungen zu der Annahme maßgebenden Vorschriften sowie Artikel 6 des Einführungsgesetzes zum Bürgerlichen Gesetzbuche entsprechende Anwendung. Auf die Zustimmung des Kindes ist zusätzlich § 1746 Abs. 1 Satz 1 bis 3, Abs. 2 und 3 des Bürgerlichen Gesetzbuchs anzuwenden. Hat der Angenommene zur Zeit des Beschlusses nach Satz 1 das achtzehnte Lebensjahr vollendet, so entfällt die Voraussetzung nach Satz 1 Nr. 1.

(2) Absatz 1 gilt in den Fällen des § 2 Abs. 2 Satz 1 Nr. 1 entsprechend, wenn die Wirkungen der Annahme von den nach den deutschen Sachvorschriften vorgesehenen Wirkungen abweichen.

§ 4
Antragstellung; Reichweite der Entscheidungswirkungen

(1) Antragsbefugt sind

1. für eine Feststellung nach § 2 Abs. 1
   a) der Annehmende, im Fall der Annahme durch Ehegatten jeder von ihnen,
   b) das Kind,
   c) ein bisheriger Elternteil,
   d) der Standesbeamte, dem nach § 15 Abs. 1 Satz 1 Nr. 2 oder 3 des Personenstandsgesetzes die Eintragung des Kindes in das Familienbuch oder nach § 30 Abs. 1 Satz 1 des Personenstandsgesetzes die Eintragung eines Randvermerks zum Geburtseintrag des Kindes obliegt, oder
   e) die Verwaltungsbehörde, die nach § 41 Abs. 2 des Personenstandsgesetzes über die Beurkundung der Geburt des Kindes zu entscheiden hat;
2. für einen Ausspruch nach § 3 Abs. 1 oder Abs. 2 der Annehmende, annehmende Ehegatten nur gemeinschaftlich.

Von der Antragsbefugnis nach Satz 1 Nr. 1 Buchstabe d und e ist nur in Zweifelsfällen Gebrauch zu machen. Für den Antrag nach Satz 1 Nr. 2 gelten § 1752 Abs. 2 und § 1753 des Bürgerlichen Gesetzbuchs.

(2) Eine Feststellung nach § 2 sowie ein Ausspruch nach § 3 wirken für und gegen alle. Die Feststellung nach § 2 wirkt jedoch nicht gegenüber den bisherigen Eltern. In dem Beschluss nach § 2 ist dessen Wirkung auch gegenüber einem bisherigen Elternteil auszusprechen, sofern dieser das Verfahren eingeleitet hat oder auf Antrag eines nach Absatz 1 Satz 1 Nr. 1 Buchstabe a bis c Antragsbefugten beteiligt wurde. Die Beteiligung eines bisherigen Elternteils und der erweiterte Wirkungsausspruch nach Satz 3 können in einem gesonderten Verfahren beantragt werden.

§ 5
Zuständigkeit und Verfahren

(1) Über Anträge nach den §§ 2 und 3 entscheidet das Vormundschaftsgericht, in dessen Bezirk ein Oberlandesgericht seinen Sitz hat, für den Bezirk dieses Oberlandesgerichts; für den Bezirk des Kammergerichts entscheidet das Amtsgericht Schöneberg. Für die internationale und die örtliche Zuständigkeit gilt § 43b des Gesetzes über die Angelegenheiten der freiwilligen Gerichtsbarkeit entsprechend.

(2) Die Landesregierungen werden ermächtigt, die Zuständigkeit nach Absatz 1 Satz 1 durch Rechtsverordnung einem anderen Vormundschaftsgericht des Oberlandesgerichtsbezirks oder, wenn in einem Land mehrere Oberlandesgerichte errichtet sind, einem Vormundschaftsgericht für die Bezirke aller oder mehrerer Oberlandesgerichte zuzuweisen. Sie können die Ermächtigung auf die Landesjustizverwaltungen übertragen.

(3) Das Vormundschaftsgericht entscheidet im Verfahren der freiwilligen Gerichtsbarkeit. § 50a Abs. 1 Satz 1, Abs. 2 und 3 sowie § 50b des Gesetzes über die Angelegenheiten der freiwilligen Gerichtsbarkeit finden entsprechende Anwendung. Im Verfahren nach § 2 wird ein bisheriger Elternteil nur nach Maßgabe des § 4 Abs. 2 Satz 3 und 4 angehört. Im Verfahren nach § 2 ist der Generalbundesanwalt beim Bundesgerichtshof als Bundeszentralstelle für Auslandsadoption, im Verfahren nach § 3 sind das Jugendamt und die zentrale Adoptionsstelle des Landesjugendamtes zu beteiligen.

(4) Auf die Feststellung der Anerkennung oder Wirksamkeit einer Annahme als Kind oder des durch diese bewirkten Erlöschens des Eltern-Kind-Verhältnisses des Kindes zu seinen bisherigen Eltern, auf eine Feststellung nach § 2 Abs. 2 Satz 1 sowie auf einen Ausspruch nach § 3 Abs. 1 oder 2 oder nach § 4 Abs. 2 Satz 3 findet § 56e Satz 2 und 3 des Gesetzes über die Angelegenheiten der freiwilligen Gerichtsbarkeit entsprechende Anwendung. Im Übrigen unterliegen Beschlüsse nach diesem Gesetz der sofortigen Beschwerde; sie werden mit ihrer Rechtskraft wirksam. § 4 Abs. 2 Satz 2 bleibt unberührt.

5. Auszüge aus weiteren Vorschriften

a) Gesetz über die Angelegenheiten der freiwilligen Gerichtsbarkeit (FGG)

(BGBl. III 315-1), zuletzt geändert
durch Artikel 4 Abs. 2 des Gesetzes zur Regelung von Rechtsfragen auf dem Gebiet der internationalen
Adoption und zur Weiterentwicklung
des Adoptionsvermittlungsrechts
vom 5.November 2001 (BGBl. I S. 2950)
– Auszug –

§ 16a

Die Anerkennung einer ausländischen Entscheidung ist ausgeschlossen:

1. wenn die Gerichte des anderen Staates nach deutschem Recht nicht zuständig sind;
2. wenn einem Beteiligten, der sich zur Hauptsache nicht geäußert hat und sich hierauf beruft, das verfahrenseinleitende Schriftstück nicht ordnungsmäßig oder nicht so rechtzeitig mitgeteilt worden ist, daß er seine Rechte wahrnehmen konnte;
3. wenn die Entscheidung mit einer hier erlassenen oder anzuerkennenden früheren ausländischen Entscheidung oder wenn das ihr zugrunde liegende Verfahren mit einem früher hier rechtshängig gewordenen Verfahren unvereinbar ist;
4. wenn die Anerkennung der Entscheidung zu einem Ergebnis führt, das mit wesentlichen Grundsätzen des deutschen Rechts offensichtlich unvereinbar ist, insbesondere wenn die Anerkennung mit den Grundrechten unvereinbar ist.

§ 43b

(1) Für Angelegenheiten, welche die Annahme eines Kindes betreffen, sind die deutschen Gerichte zuständig, wenn der Annehmende, einer der annehmenden Ehegatten oder das Kind

1. Deutscher ist oder
2. seinen gewöhnlichen Aufenthalt im Inland hat.

Diese Zuständigkeit ist nicht ausschließlich.

(2) Zuständig ist das Gericht, in dessen Bezirk der Annehmende oder einer der annehmenden Ehegatten seinen Wohnsitz oder, falls ein solcher im Inland fehlt, seinen Aufenthalt hat; maßgebend ist der Wohnsitz oder Aufenthalt in dem Zeitpunkt, in dem der Antrag oder eine Erklärung eingereicht oder im Falle des § 1753 Abs. 2 des Bürgerlichen Gesetzbuchs der Notar mit der Einreichung betraut wird. Kommen ausländische Sachvorschriften zur Anwendung, so gilt ergänzend § 5 Abs. 1 Satz 1 und Abs. 2 des Adoptionswirkungsgesetzes vom 5. November 2001 (BGBl. I S. 2950, 2953).

(3) Ist der Annehmende oder einer der annehmenden Ehegatten Deutscher und hat er im Inland weder Wohnsitz noch Aufenthalt, so ist das Amtsgericht Schöneberg in Berlin-Schöneberg zuständig. Es kann die Sache aus wichtigen Gründen an ein anderes Gericht abgeben; die Abgabeverfügung ist für dieses Gericht bindend.

(4) Hat der Annehmende oder einer der annehmenden Ehegatten im Inland weder Wohnsitz noch Aufenthalt, so ist das Gericht zuständig, in dessen Bezirk das Kind seinen Wohnsitz oder, falls ein solcher im Inland fehlt, seinen Aufenthalt hat. Ist das Kind Deutscher und hat es im Inland weder Wohnsitz noch Aufenthalt, so ist das Amtsgericht Schöneberg in Berlin-Schöneberg zuständig. Es kann die Sache aus wichtigen Gründen an ein anderes Gericht abgeben; die Abgabeverfügung ist für dieses Gericht bindend.

b) Einführungsgesetz zum Bürgerlichen Gesetzbuche

in der Fassung der Bekanntmachung
vom 21. September 1994 (BGBl. I S. 2494, 1997 I S. 1061),
zuletzt geändert durch Artikel 4 Abs. 4
des Gesetzes zur Regelung von Rechtsfragen
auf dem Gebiet der internationalen Adoption
und zur Weiterentwicklung des
Adoptionsvermittlungsrechts
vom 5. November 2001 (BGBl. I S. 2950)
– Auszug –

Artikel 22
Annahme als Kind

(1) Die Annahme als Kind unterliegt dem Recht des Staates, dem der Annehmende bei der Annahme angehört. Die Annahme durch einen oder beide Ehegatten unterliegt dem Recht, das nach Artikel 14 Abs. 1 für die allgemeinen Wirkungen der Ehe maßgebend ist.

(2) Die Folgen der Annahme in Bezug auf das Verwandtschaftsverhältnis zwischen dem Kind und dem Annehmenden sowie den Personen, zu denen das Kind in einem familienrechtlichen Verhältnis steht, unterliegen dem nach Absatz 1 anzuwendenden Recht.

(3) In Ansehung der Rechtsnachfolge von Todes wegen nach dem Annehmenden, dessen Ehegatten oder Verwandten steht der Angenommene ungeachtet des nach den Absätzen 1 und 2 anzuwendenden Rechts einem nach den deutschen Sachvorschriften angenommenen Kind gleich, wenn der Erblasser dies in der Form einer Verfügung von Todes wegen angeordnet hat und die Rechtsnachfolge deutschem Recht unterliegt. Satz 1 gilt entsprechend, wenn die Annahme auf einer ausländischen Entscheidung beruht. Die Sätze 1 und 2 finden keine Anwendung, wenn der Angenommene im Zeitpunkt der Annahme das achtzehnte Lebensjahr vollendet hatte.

Artikel 23
Zustimmung

Die Erforderlichkeit und die Erteilung der Zustimmung des Kindes und einer Person, zu der das Kind in einem familienrechtlichen Verhältnis steht, zu einer Abstammungserklärung, Namenserteilung oder Annahme als Kind unterliegen zusätzlich dem Recht des Staates, dem das Kind angehört. Soweit es zum Wohl des Kindes erforderlich ist, ist statt dessen das deutsche Recht anzuwenden.

c) Übereinkommen über die Rechte des Kindes

vom 20. 11. 1989 (BGBl. II 1992, 121)

– Auszug –

Artikel 20

(1) Ein Kind, das vorübergehend oder dauernd aus seiner familiären Umgebung herausgelöst wird oder dem der Verbleib in dieser Umgebung im eigenen Interesse nicht gestattet werden kann, hat Anspruch auf den besonderen Schutz und Beistand des Staates.

(2) Die Vertragsstaaten stellen nach Maßgabe ihres innerstaatlichen Rechts andere Formen der Betreuung eines solchen Kindes sicher.

(3) Als andere Form der Betreuung kommt unter anderem die Aufnahme in eine Pflegefamilie, die Kafala nach islamischem Recht, die Adoption oder, falls erforderlich, die Unterbringung in einer geeigneten Kinderbetreuungseinrichtung in Betracht. Bei der Wahl zwischen diesen Lösungen sind die er-

wünschte Kontinuität in der Erziehung des Kindes sowie die ethnische, religiöse, kulturelle und sprachliche Herkunft des Kindes gebührend zu berücksichtigen.

Artikel 21

Die Vertragsstaaten, die das System der Adoption anerkennen oder zulassen, gewährleisten, dass dem Wohl des Kindes bei der Adoption die höchste Bedeutung zugemessen wird; die Vertragsstaaten

a) stellen sicher, dass die Adoption eines Kindes nur durch die zuständigen Behörden bewilligt wird, die nach den anzuwendenden Rechtsvorschriften und Verfahren und auf der Grundlage aller verlässlichen einschlägigen Informationen entscheiden, dass die Adoption angesichts des Status des Kindes in Bezug auf Eltern, Verwandte und einen Vormund zulässig ist und dass, soweit dies erforderlich ist, die betroffenen Personen in Kenntnis der Sachlage und auf der Grundlage einer gegebenenfalls erforderlichen Beratung der Adoption zugestimmt haben;

b) erkennen an, dass die internationale Adoption als andere Form der Betreuung angesehen werden kann, wenn das Kind nicht in seinem Heimatland in einer Pflege- oder Adoptionsfamilie untergebracht oder wenn es dort nicht in geeigneter Weise betreut werden kann;

c) stellen sicher, dass das Kind im Fall einer internationalen Adoption in den Genuss der für nationale Adoptionen geltenden Schutzvorschriften und Normen kommt;

d) treffen alle geeigneten Maßnahmen, um sicherzustellen, dass bei internationaler Adoption für die Beteiligten keine unstatthaften Vermögensvorteile entstehen;

e) fördern die Ziele dieses Artikels gegebenenfalls durch den Abschluss zwei- oder mehrseitiger Übereinkünfte und bemühen sich in diesem Rahmen sicherzustellen, dass die Unterbringung des Kindes in einem anderen Land durch die zuständigen Behörden oder Stellen durchgeführt wird.

II. Materialien

1. Denkschrift zum Übereinkommen (Bundestags-Drucks. 14/5437, S. 22–25)

Denkschrift zu dem Übereinkommen

A. Allgemeines

I. Zur Problematik internationaler Adoptionen

1. Jährlich werden in der Bundesrepublik Deutschland etwa 7 000 bis 8 000 Kinder adoptiert. Ein großer Teil dieser Adoptionen hat Bezüge zum Recht eines ausländischen Staates. So hatten im Jahre 1998 1 889 von insgesamt 7 119 adoptierten Kindern, d.h. 26,5 Prozent, eine ausländische Staatsangehörigkeit, ohne zugleich Deutsche zu sein. Bedeutende Heimatstaaten waren Russland (217), Polen (118), Rumänien (145) und Indien (125). Beschränkt man die Betrachtung auf so genannte Fremdadoptionen (im Unterschied zu den Fällen der Verwandten- und der Stiefkindadoption), so bildeten Indien (117), Brasilien (76), Rumänien (63) und Russland (62) die wichtigsten Herkunftsstaaten. In insgesamt 756 Fällen (10,6 Prozent) hatte zumindest ein Adoptivelternteil eine ausländische Staatsangehörigkeit.

   777 Kinder übersiedelten im Jahre 1998 zum Zweck der Adoption ins Inland. Tatsächlich dürfte die Anzahl grenzüberschreitender Adoptionsvermittlungen höher liegen, da allein im Herkunftsstaat des Kindes vollzogene (im Inland nicht wiederholte) Adoptionen durch die statistische Erhebung bei den deutschen Gerichten und Adoptionsvermittlungsstellen kaum vollständig erfasst werden können. Sämtliche Zahlenangaben für 1998 sind einer im Mai 2000 erschienenen Arbeitsunterlage des Statistischen Bundesamtes (Statistik der Jugendhilfe, Teil I/5 – Adoptionen 1998) entnommen.

   Weitaus größer als die Anzahl der Adoptionen ist die Gruppe der adoptionswilligen Ehepaare und Einzelpersonen, die sich Ende 1998 auf 15 930 belief. Ihnen standen nur 1 123 Kinder und Jugendliche gegenüber, die im Inland zur Adoption vorgemerkt waren. Dieses Missverhältnis führt häufig dazu, dass sich adoptionswillige Eltern ausländische Kinder vermitteln lassen oder selbst versuchen, ein Kind im Ausland zu adoptieren. Bisweilen kommt es hierbei zur Einschaltung illegaler kommerzieller Agenturen, die Adoptivkinder aus Entwicklungs- und Schwellenländern für teilweise fünfstellige „Vermittlungsgebühren" in die Bundesrepublik Deutschland bringen.

2. Diese Probleme waren in Deutschland bereits 1989 Anlass für eine Verschärfung der Vorschriften gegen den internationalen Kinderhandel, insbesondere durch die §§ 5, 14a des Adoptionsvermittlungsgesetzes (i.d.F. des Änderungsgesetzes vom 27. November 1989, BGBl. I S. 2014). Allerdings ist das autonome, d.h. nicht auf internationalen Vereinbarungen beruhende Recht nur bedingt dazu geeignet, „die Entführung und den Verkauf von Kindern sowie den Handel mit Kindern zu irgendeinem Zweck und in irgendeiner Form zu verhindern", wie dies Artikel 35 des Übereinkommens der Vereinten Nationen vom 20. November 1989 über die Rechte des Kindes (BGBl. 1992 II S. 121) als Ziel vorgibt. Inländische Behörden können nämlich nur begrenzt die Umstände kontrollieren, unter denen ein ausländisches Kind in seinem Heimatstaat deutschen Adoptionsbewerbern anvertraut wird. Wirksame Schutzmaßnahmen zugunsten der Kinder setzen vielmehr eine effektive Zusammenarbeit der Behörden von Heimatstaat und Aufnahmestaat voraus.

3. Das Adoptionsrecht ist bereits verschiedentlich Gegenstand internationaler Übereinkünfte gewesen:

   - Das Haager Übereinkommen vom 15. November 1965 über die behördliche Zuständigkeit, das anzuwendende Recht und die Anerkennung von Entscheidungen auf dem Gebiet der Annahme an Kindes statt hat sich international nicht durchsetzen können. Vertragsstaaten sind Österreich, die Schweiz und das Vereinigte Königreich.
   - Das Europäische Übereinkommen vom 24. April 1967 über die Adoption von Kindern (BGBl. 1980 II S. 1093) dient der Vereinheitlichung des Sachrechts im Kreis der Mitgliedstaaten des Europarats, betrifft aber nicht speziell Fragen der grenzüberschreitenden Adoption.
   - Ausdrücklich angesprochen wird die internationale Adoption im VN-Übereinkommen vom 20. November 1989 über die Rechte des Kindes (BGBl. 1992 II S. 121). Neben der bereits erwähnten Verpflichtung der Vertragsstaaten, gegen Kindesentführungen und Kinderhandel vorzugehen (Artikel 35), stellt die Konvention in Artikel 21 für die Adoption die Grundsätze der Kindeswohlprüfung, der Einwilligung der leiblichen Eltern und der staatlichen Überwachung auf. Für die grenzüberschreitende Kindesannahme verlangt sie gleiches Schutzniveau wie für innerstaatliche Adoptionen, die Verhinderung unstatthafter Vermögensvorteile und die Beachtung ihrer Subsidiarität gegenüber anderen geeigneten Formen der Betreuung des Kindes im Heimatstaat. Durch den Abschluss zwei- oder mehrseitiger Übereinkommen sollen diese Ziele weiter gefördert werden.

     Die VN-Konvention setzt damit wichtige Standards für den Bereich der internationalen Adoption, ohne allerdings – über die Beobachtung der Entwicklung in den einzelnen Vertragsstaaten hinaus – eine zwischenstaatliche Zusammenarbeit auf diesem Gebiet einzurichten. Regelungen für eine solche Kooperation zu treffen, bildet den entscheidenden Fortschritt, der mit der Haager Übereinkunft von 1993 erzielt wurde. Diese nimmt im letzten Absatz ihrer Präambel auf die VN-Kinderrechte-Konvention Bezug und wiederholt wichtige darin enthaltene Grundsätze, wie die Ächtung des Kinderhandels (4. Absatz der Präambel, Artikel 1 Buchstabe b) und die Subsidiarität der grenzüberschreitenden Adoption (2. und 3. Absatz der Präambel, Artikel 4 Buchstabe b).

II. Internationale Adoptionen im deutschen Recht

1. Nach § 43b des Gesetzes über die Angelegenheiten der freiwilligen Gerichtsbarkeit (FGG) sind die deutschen Gerichte für Adoptionsangelegenheiten international zuständig, wenn der Annehmende, einer der annehmenden Ehegatten oder das Kind Deutscher ist

oder seinen gewöhnlichen Aufenthalt im Inland hat. Nach deutschem Internationalen Privatrecht wendet das Gericht auf die Annahme als Kind das Recht desjenigen Staates an, dem der Annehmende bei der Annahme angehört (Artikel 22 des Einführungsgesetzes zum Bürgerlichen Gesetzbuche – EGBGB); nehmen Ehegatten ein Kind an, so gelangt das Recht zur Anwendung, das für die allgemeinen Wirkungen der Ehe maßgebend ist. Zusätzlich unterliegen etwaige Zustimmungserfordernisse grundsätzlich dem Heimatrecht des Kindes (Artikel 23 EGBGB).

2. Die in der Bundesrepublik Deutschland bezüglich internationaler Adoptionen geltende Rechtslage entspricht den in Artikel 21 der VN-Kinderrechte-Konvention festgelegten Anforderungen:

   a) Wollen deutsche Adoptionsbewerber ein ausländisches Kind annehmen und wird die Adoption in Deutschland vollzogen, so unterliegt die Annahme gemäß Artikel 22 EGBGB deutschem Recht. Damit kommen die gleichen strengen Bestimmungen des materiellen Rechts zur Anwendung, wie sie für die Annahme eines deutschen Kindes im Inland gelten. Soweit im Einzelfall – namentlich bei ausländischer Staatsangehörigkeit der Adoptionsbewerber – ausländisches Sachrecht anzuwenden ist, bleibt der in Artikel 6 EGBGB normierte Vorbehalt der deutschen öffentlichen Ordnung zu beachten, der wichtigen Schutzgarantien des deutschen Adoptionsrechts – etwa in Bezug auf die Prüfung des Kindeswohls und auf eine Mitwirkung der leiblichen Eltern und des Kindes selbst – Geltung verschafft. Ferner gilt das dem Schutz des anzunehmenden Kindes besonders förderliche Verfahren mit Prüfung der Adoptionsvoraussetzungen durch das Vormundschaftsgericht von Amts wegen (§ 12 FGG) einheitlich auch für internationale Adoptionen in der Bundesrepublik Deutschland.

   b) Die Kindesannahme setzt nach § 1741 Abs. 1 Satz 1 BGB voraus, dass sie dem Wohl des Kindes dient. Bei der Einschätzung, ob diese Voraussetzung gegeben ist, wird auch auf den in Artikel 21 Buchstabe b der VN-Kinderrechte-Konvention niedergelegten Grundsatz der Subsidiarität der internationalen Adoption Bedacht zu nehmen sein. Das Leitprinzip des Kindeswohls bildet allerdings zugleich Grund und Grenze der Beachtung des Subsidiaritätsgedankens. Dies ist auch das Subsidiaritätsverständnis, das der Bestimmung in Artikel 4 Buchstabe b der Haager Übereinkunft zugrunde liegt.

   c) Der Bekämpfung des Kinderhandels und anderer dem Kindeswohl zuwiderlaufender Vermittlungspraktiken dienen gesetzgeberische Schritte sowohl auf zivilrechtlichem als auch auf strafrechtlichem Gebiet.

   Ist im Falle einer auf unlautere Weise zustande gekommenen Adoptionsvermittlung das Kind erst einmal bei den Adoptionsbewerbern untergebracht, so führte dies bislang häufig zum Ausspruch der Annahme ohne Rücksicht auf die Umstände der dieser zugrunde liegenden Vermittlung. Adoptionsbewerber, die sich unlauterer Mittel bedienten, um ihren Kinderwunsch zu verwirklichen, konnten auf diese Weise damit rechnen, ihr Ziel zu erreichen und dafür sogar die rechtliche Absicherung in Form des Vollzugs der Kindesannahme zu erhalten. Um dies zu erschweren, bestimmt nunmehr § 1741 Abs. 1 Satz 2 BGB (in der Fassung des Artikels 1 Nr. 27 Buchstabe a des am 1. Juli 1998 in Kraft getretenen Kindschaftsrechtsreformgesetzes vom 16. Dezember 1997, BGBl. 1997 I S. 2942; 1998 I S. 946): „Wer an einer gesetzes- oder sittenwidrigen Vermittlung oder Verbringung eines Kindes zum Zwecke der Annahme mitgewirkt oder einen Dritten damit beauftragt oder hierfür belohnt hat, soll ein Kind nur dann annehmen, wenn dies zum Wohl des Kindes erforderlich ist." Damit ist eine sorgfältig abgewogene Regelung gefunden, die unlauteren Vermittlungspraktiken generalpräventiv entgegenwirkt, dabei jedoch auf das Wohl des einzelnen betroffenen Kindes, das vielleicht schon eine Eltern-Kind-Beziehung zu den Adoptionsbewerbern aufgebaut hat, die gebotene Rücksicht nimmt.

   Durch Artikel 1 Nr. 40 und 41 des am 1. April 1998 in Kraft getretenen Sechsten Gesetzes zur Reform des Strafrechts vom 26. Januar 1998 (BGBl. I S. 164, 704) sind die Strafvorschriften gegen Kindesentziehung (§ 235 StGB) und Kinderhandel (früher § 14a des Adoptionsvermittlungsgesetzes, jetzt § 236 StGB) erheblich erweitert und verbessert worden. Sie bieten nunmehr einen weit reichenden strafrechtlichen Schutz gegen Kindesentführungen sowie sämtliche Erscheinungsformen eines illegalen Kinderhandels.

3. a) Probleme bei grenzüberschreitenden Adoptionen ergeben sich häufig daraus, dass das materielle Adoptionsrecht international sehr unterschiedlich ausgestaltet ist.

   Während etwa dem islamischen Recht die Annahme als Kind fremd ist, folgen die meisten anderen Rechtsordnungen entweder dem „Vertrags-" oder dem „Dekretsystem". In der Bundesrepublik Deutschland wurde bis 1977 durch Vertrag zwischen Annehmendem und Kind adoptiert; seither wird die Adoption durch Entscheidung des Vormundschaftsgerichts, d.h. nach dem Dekretsystem, vollzogen (§ 1752 Abs. 1 BGB).

   Unterschiedlich sind auch die Rechtswirkungen einer Adoption. Das minderjährige Adoptivkind wird z.B. nach deutschem, italienischem und schweizerischem Recht vollkommen aus seinem bisherigen Familienverband herausgelöst und mit allen Rechten und Pflichten in die neue Familie aufgenommen (Volladoption). In anderen Ländern, wie etwa in Äthiopien, Ecuador oder der Republik Korea, behält das Adoptivkind hingegen starke rechtliche Bindungen zu seiner bisherigen Familie (schwache Adoption); zugleich wird es entweder vollständig oder nur in einzelnen Beziehungen, wie etwa elterliche Sorge oder Unterhalt, einem leiblichen Kind des Annehmenden gleichgestellt. Ähnlich ist in Deutschland die Volljährigenadoption ausgestaltet (vgl. §§ 1770, 1772 BGB). In vielen Staaten bestehen beide Ausgestaltungen der Wirkungen der Kindesannahme, die zudem in unterschiedlichen Abstufungen vorkommen, alternativ nebeneinander.

   b) Häufig führen diese Unterschiede dazu, dass die Feststellung von Wirksamkeit und Rechtsfolgen einer ausländischen Adoption im Inland Schwierigkeiten bereitet. Zwar werden ausländische Dekretadoptionen in Deutschland unter den Voraussetzungen des § 16a FGG anerkannt. Allerdings hat jedes Gericht und jede Behörde, soweit es im jeweiligen rechtlichen Zusammenhang auf die Wirksamkeit einer Adoption ankommt, die Anerkennungsvoraussetzungen von Neuem selbständig zu prüfen. Für die betroffenen Familien kann dies fortwährende Rechtsunsicherheit bedeuten.

c) Ausländische Vertragsadoptionen – jedenfalls solche, bei denen keine hoheitliche Prüfung der Adoptionsvoraussetzungen stattgefunden hat – beurteilen sich nach den Regeln des deutschen Kollisionsrechts. Im Inland kann die Gültigkeit einer solchen Adoption nicht ohne Ermittlung der Adoptionsvoraussetzungen nach dem anwendbaren Sachrecht festgestellt werden. Diese Prüfung birgt für die betroffenen Familien, aber auch für die mit der Jugendhilfe betrauten Stellen und für den Rechtsverkehr im Allgemeinen eine im Vergleich zur Dekretadoption noch größere Gefahr der Rechtsunsicherheit über die Wirksamkeit der Adoption.

d) Vielfach werden zudem die Rechtswirkungen der ausländischen Adoption schwieriger Klärung bedürfen; oftmals werden sie von denjenigen einer deutschen Volladoption abweichen. Auch dies wird dem Postulat stabiler Integration des angenommenen Kindes in die neue Familie kaum gerecht.

e) Die genannten Unwägbarkeiten lassen häufig eine zeit- und kostenintensive Wiederholung der Adoption nach deutschem Recht ratsam erscheinen. Dabei bereitet es nicht selten Schwierigkeiten, die gesetzlichen Adoptionsvoraussetzungen zu erfüllen, wenn etwa die im Herkunftsstaat erteilte Einwilligung der leiblichen Eltern den strengen Anforderungen des deutschen Rechts nicht genügt.

III. Wesentlicher Inhalt des Übereinkommens

Das Haager Übereinkommen über den Schutz von Kindern und die Zusammenarbeit auf dem Gebiet der internationalen Adoption vereinheitlicht und verbessert die Verfahrensabläufe bei der internationalen Adoptionsvermittlung und führt zu mehr Rechtssicherheit in Bezug auf die Wirksamkeit und die Anerkennung ausländischer Adoptionsakte. Die Übereinkunft soll die Rechte der Kinder bei grenzüberschreitenden Adoptionen sichern und die Zusammenarbeit zwischen den Vertragsstaaten ordnen, um das Kindeswohl zu wahren. Sie will dem Kinderhandel entgegenwirken und regelt die Anerkennung von Adoptionen, die nach ihren Vorschriften zustande gekommen sind (Kapitel I Artikel 1).

Das Übereinkommen bestimmt grundsätzliche Anforderungen an internationale Adoptionen, insbesondere im Zusammenhang mit den erforderlichen Zustimmungen vor allem der Eltern des Kindes, das adoptiert werden soll; die Zustimmungserfordernisse im Einzelnen auszugestalten, bleibt dabei dem autonomen Recht der Vertragsstaaten überlassen (Kapitel II). Ein Kernstück des Regelwerks der Konvention bildet die Verpflichtung der Vertragsstaaten, Zentrale Behörden zu bestimmen, die zum Schutz der Kinder und zur Verwirklichung der Ziele des Übereinkommens zusammenarbeiten und die Zusammenarbeit zwischen den (sonstigen) zuständigen Stellen in ihren Staaten fördern sollen (Kapitel III).

Kapitel IV betrifft das Verfahren bei internationalen Adoptionen vom Adoptionsantrag der zukünftigen Adoptiveltern über die Erstattung der Berichte der zuständigen Stellen beider Staaten bis zum Aufenthaltswechsel des Kindes von einem Vertragsstaat in den anderen. Es enthält auch Regelungen für den Fall, dass ein Kind nicht auf Dauer bei den in Aussicht genommenen Adoptiveltern bleiben kann. Bestimmungen darüber, inwieweit private Vermittlungsstellen bei internationalen Adoptionen eingeschaltet werden dürfen, beinhalten einen Kompromiss zwischen denjenigen Staaten, die solche Vermittlungsstellen völlig ausschließen wollten, und anderen Staaten – wie den USA –, die auf diese Art der Vermittlung nicht verzichten können.

Kapitel V über die Anerkennung und Wirkungen der Adoption regelt erstmals in einer internationalen Übereinkunft auch die Anerkennung der Adoptionswirkungen (Artikel 26) sowie die Umwandlung des Annahmeverhältnisses, um die Wirkungen einer Volladoption zu erreichen (Artikel 27). Damit sind auf diesem schwierigen Gebiet Fortschritte erzielt worden, die auch wichtigen deutschen Anliegen entsprechen.

Kapitel VI fasst verschiedene allgemeine Regelungen zusammen, etwa zu Besonderheiten der Verwandtenadoption (Artikel 29), zum Datenschutz (Artikel 30, 31) und zum Verhältnis zu anderen Übereinkünften (Artikel 39). Kapitel VII enthält die üblichen Schlussklauseln. Vorbehalte zu dem Übereinkommen sind nach seinem Artikel 40 nicht zulässig.

IV. Internationale Akzeptanz der Konvention

Bei der Schlussabstimmung auf der Haager Konferenz für Internationales Privatrecht haben alle 66 anwesenden Delegationen dem Übereinkommensentwurf zugestimmt. Diese positive Einstellung hat sich in einer schnellen Zeichnung und Ratifikation durch eine verhältnismäßig große Zahl von Staaten seit 1993 fortgesetzt. Das Übereinkommen ist am 1. Mai 1995 in Kraft getreten; inzwischen gehören ihm 41 Staaten an, darunter wichtige Herkunftsländer, wie etwa Rumänien und mehrere lateinamerikanische Staaten. Weitere 14 Staaten (Stand: November 2000), einschließlich Deutschlands, haben die Übereinkunft gezeichnet. Auch diese erfolgreiche Entwicklung spricht für die Bewertung, dass die Regelungen der Konvention eine erhebliche Verbesserung gegenüber dem früheren Rechtszustand darstellen.

Der bisherige Erfolg der Haager Übereinkunft bestätigt zugleich die Einschätzung, dass die Beteiligung Deutschlands an einer multilateralen internationalen Übereinkunft über Fragen der grenzüberschreitenden Adoptionsvermittlung dem Abschluss zweiseitiger Vereinbarungen mit einzelnen Herkunftsstaaten vorzuziehen ist. Diese Haltung der Bundesregierung, die auch für andere Bereiche internationaler rechtlicher Zusammenarbeit gilt, wirkt einer Rechtszersplitterung, wie sie von einer Vielzahl bilateraler Staatsverträge zu befürchten wäre, entgegen und trägt dazu bei, dass sich in zunehmendem Maße anerkannte Standards zwischenstaatlicher justizieller Kooperation herausbilden.

B. Besonderes

1. Einzelheiten zur Entstehung des Übereinkommens sowie zum Inhalt der einzelnen Vorschriften enthält der Erläuternde Bericht des Leiters der venezolani-

schen Konferenzdelegation, Professor Gonzalo Parra-Aranguren; dieser Bericht ist der vorliegenden Denkschrift in deutscher Übersetzung angeschlossen.

2. An dieser Stelle ist deshalb nur auf die Frage einzugehen, inwieweit die Bundesrepublik Deutschland von der im Übereinkommen geregelten Möglichkeit, zusätzliche Erklärungen abzugeben, Gebrauch machen sollte. Es ist beabsichtigt, bei der Ratifikation des Übereinkommens die in Artikel 22 Abs. 4, nicht dagegen die in Artikel 25 vorgesehene zusätzliche Erklärung abzugeben.

   a) Nach Artikel 22 Abs. 4 kann ein Vertragsstaat erklären, dass er als Heimatstaat die Adoptionsvermittlung nicht gestattet, wenn auf Seiten des Aufnahmestaates eine Person oder private Organisation tätig wird, die nicht als zugelassene Organisation im Sinne der Konvention gilt, insbesondere weil sie nicht gemeinnützig arbeitet. Da der gleichzeitig vorgelegte Entwurf eines Adoptionsübereinkommens-Ausführungsgesetzes die Vermittlung im Inland beheimateter Kinder ins Ausland auf deutscher Seite staatlichen Adoptionsvermittlungsstellen vorbehält (§ 1 Abs. 2 Satz 2 in Verbindung mit § 2), erscheint es angemessen, als Vermittlungsstellen auf Seiten des ausländischen Aufnahmestaates auch nur staatliche Zentrale Behörden oder allenfalls - gemeinnützige - zugelassene Organisationen im Sinne des Haager Übereinkommens zu akzeptieren.

   b) Artikel 25 erlaubt es den Vertragsstaaten, ihre Verpflichtung zur Anerkennung der in einem anderen Vertragsstaat durchgeführten Adoption auszuschließen, falls die Vermittlung auf einer - durch Artikel 39 Abs. 2 zugelassenen - Sondervereinbarung zur Vereinfachung des Vermittlungsverfahrens beruht. Da derartige Sondervereinbarungen unterschiedlich ausgestaltet sein können, sollte im Einzelfall geprüft werden, ob die gemäß einem solchen Zusatzabkommen durchgeführte Kindesannahme der deutschen öffentlichen Ordnung, d.h. wesentlichen Grundsätzen des deutschen Rechts, zuwiderläuft (Artikel 24 der Konvention). Insoweit Anerkennungshürden aufzurichten, die über eine ordre-public-Prüfung hinausgehen, wie die Übereinkunft sie den Vertragsstaaten ohnehin vorbehält, erscheint kaum geboten. Für diese Einschätzung spricht auch der Umstand, dass das (autonome) deutsche Recht (§ 16a FGG) bereits unabhängig vom Haager Übereinkommen anerkennungsfreundlich ausgestaltet ist.

Anlage 1 zur Denkschrift

Die in Aussicht genommene

Erklärung gemäß Artikel 22 Abs. 4 des Übereinkommens

hat folgenden Wortlaut:

„Die Bundesrepublik Deutschland erklärt, dass Adoptionen von Kindern, die ihren gewöhnlichen Aufenthalt im Hoheitsgebiet der Bundesrepublik Deutschland haben, nur durchgeführt werden können, wenn die Aufgaben der Zentralen Behörden in Übereinstimmung mit Artikel 22 Abs. 1 des Übereinkommens wahrgenommen werden."

2. Erläuternder Bericht zum Übereinkommen
(Anlage 2 zur Denkschrift, Bundestags-Drucks. 14/5437, S. 26 ff.)

Erläuternder Bericht zum Übereinkommen über den Schutz von Kindern und die Zusammenarbeit auf dem Gebiet der internationalen Adoption

von G. Parra-Aranguren *Übersetzung*

Inhaltsübersicht

Einführung[1*])

A. Vorbereitende Arbeiten

1 Am 19. Januar 1988 hat das Ständige Büro der Haager Konferenz für Internationales Privatrecht der Spezialkommission für allgemeine Angelegenheiten und Grundsätze der Konferenz das Thema der internationalen Zusammenarbeit auf dem Gebiet grenzüberschreitender Adoption unterbreitet. Bei dieser Gelegenheit hat der Generalsekretär unter Bezugnahme auf den formellen Vorschlag Italiens[1]) das Vorläufige Dokument Nr. 9 des Ständigen Büros vorgelegt, in dem u. a. hervorgehoben wird, dass sich der Konferenz zwei mögliche Wege eröffnen: nämlich ein beschränktes Übereinkommen, das innerhalb der Konferenz zu erarbeiten wäre, oder aber ein Instrument, zu dessen Vorbereitung auch die unmittelbar interessierten Nicht-Mitgliedstaaten einzuladen wären.[2])

2 Alle Teilnehmer erkannten an, dass die internationale Adoption gegenwärtig mit sehr schwierigen Problemen verbunden ist, die sich von denjenigen nach Art und Maß unterscheiden, die bei der Ausarbeitung des „Haager Übereinkommens vom 15. November 1965 über die Zuständigkeit der Behörden, das anzuwendende Recht und die Anerkennung von Entscheidungen in Adoptionssachen" (im Folgenden als Haager Übereinkommen von 1965 bezeichnet) bestanden; im Anschluss an eine ausgedehnte Erörterung ergab sich schließlich breite Übereinstimmung darüber, diesen Tagesordnungspunkt beizubehalten. Gleichwohl „haben die Sachverständigen erkennen müssen, dass jeder Versuch der Konferenz, die derzeitige internationale Lage zu verbessern, wegen des heiklen Charakters des Themas auf Schwierigkeiten stoßen würde. Einige Sachverständige bezweifelten sogar, ob die Haager Konferenz die richtige Stelle sei, dieses Thema zu behandeln; man fragte sich auch, wie am besten vorzugehen und wie die Arbeit zu finanzieren und zu organisieren sei, weil man sich bewusst war, dass jede neue Tätigkeit der Konferenz zum Thema Adoption ohne die Mitwirkung der Heimatstaaten, die gegenwärtig nicht Mitglied der Konferenz seien, von geringem Nutzen wäre. Es erschien deshalb notwendig, einen Weg zu finden, um diese Länder zur Zusammenarbeit mit der Konferenz zu bewegen".[3])

3 Obwohl das Thema mit Vorrang beibehalten wurde, unterbreitete die Spezialkommission für allgemeine Angelegenheiten und Grundsätze der Konferenz der XVI. Tagung die folgenden Empfehlungen:

„a) Die Tagesordnung der XVII. Tagung solle drei Themen umfassen, eines auf dem Gebiet des Familienrechts und das andere auf dem des Wirtschaftsrechts;

b) die XVI. Tagung könne aus den drei folgenden Themen zwei auswählen:

- die grenzüberschreitende Adoption, und zwar unter der Voraussetzung, dass die betroffenen Nicht-Mitgliedstaaten gegenüber dem Ständigen Büro ihre Bereitschaft bekunden, an diesen Arbeiten mitzuwirken;
- das auf Technologie-Lizenzverträge und den Transfer von Know-how anzuwendende Recht, wobei das Ständige Büro sich wegen einer möglichen Zusammenarbeit mit der Weltorganisation für geistiges Eigentum (WIPO) in Verbindung setzen sollte;
- das auf gewisse Aspekte des unlauteren Wettbewerbs anzuwendende Recht, welche das Ständige Büro in einer der XVI. Tagung vorzulegenden Ausarbeitung näher darlegen sollte;".[4])

4 Der Generalsekretär hat die XVI. Tagung der Konferenz über die positiven Ergebnisse und Kontakte unterrichtet, die er hergestellt hatte, und zwar:

a) mit anderen internationalen Organisationen zwischenstaatlicher oder nichtstaatlicher Art mit dem Zweck, die internationale Arbeit im Bereich der grenzüberschreitenden Adoption zu koordinieren;

b) mit hochgestellten Amtsträgern aus Nicht-Mitgliedstaaten, um festzustellen, inwieweit deren Regierungen an einer Zusammenarbeit mit der Konferenz interessiert wären; und

c) mit Privatorganisationen und Einzelpersonen, die sich mit dem internationalen Schutz des Kindes und der grenzüberschreitenden Adoption befassen, sowie mit thematisch interessierten Wissenschaftlern mit dem Ziel, ein informelles Netz von Koordination, Information und Unterstützung für spätere Arbeiten der Konferenz auf dem Gebiet der grenzüberschreitenden Adoption zu schaffen. Diese vorläufigen Reaktionen haben den Generalsekretär davon überzeugt, dass eine beträchtliche Zahl von Heimatstaaten eine formelle Einladung seitens der Haager Konferenz für eine Beteiligung an der Ausgestaltung eines neuen Übereinkommens zur grenzüberschreitenden Adoption annehmen würde.[5])

5 Die Erste Kommission der XVI. Tagung erörterte die Materie am 10. Oktober 1988, und alle Teilnehmer sprachen sich für das Vorhaben aus.[6]) Unmittelbar darauf beschloss die Vollversammlung am Vormittag des nächsten Tages und ohne weitere Erörterung, „die Ausarbeitung eines Übereinkommens über die Adoption von Kindern aus dem Ausland auf die Tagesordnung der XVII. Tagung zu setzen," und beauftragte den Generalsekretär damit, „die vorbereitenden Arbeiten in Angriff zu nehmen und eine entsprechende Spezialkommission zu diesem Zweck einzuberufen". Die Vollversammlung erachtete ebenfalls „die Teilnahme von Nicht-Mitgliedstaaten, aus denen viele dieser Kinder stammen, an dieser Spezialkommission für unerlässlich" und bat darum, der „Generalsekretär möge alles in seinen Kräften Stehende tun, um ihre Beteiligung an den Arbeiten in Form von Ad-hoc-Mitgliedern herbeizuführen".[7])

6 Das Ständige Büro fasste die Gründe für die vordringliche Aufnahme des Themas der grenzüberschreitenden Adoption in die Tagesordnung der Siebzehnten Tagung der Konferenz wie folgt zusammen:

„i) ein dramatischer Anstieg internationaler Adoptionen seit Ende der 60er Jahre in vielen Ländern in einem Ausmaß, dass grenzüberschreitende Adoptionen zu einem weltweiten Phänomen verbunden mit Ortswechseln von Kindern über weite geographische Entfernungen hin und aus einem gesellschaftlichen und kulturellen Umfeld in ein sehr unterschiedliches anderes geworden sind;

[1*]) In diesem Bericht verwandte Abkürzungen:
- Entwurf: von der Spezialkommission verabschiedeter vorläufiger Übereinkommensentwurf;
- Bericht der Spezialkommission: Bericht von G. Parra-Aranguren über den vorläufigen Übereinkommensentwurf;
- RKÜ: VN-Übereinkommen vom 20. November 1989 über die Rechte des Kindes.

[1]) „Zukünftige Arbeiten – Vorschlag der italienischen Regierung", Vorläufiges Dokument Nr. 13 vom Januar 1988 (für die Spezialkommission vom Januar 1988) in Conférence de La Haye de droit international privé, Actes et documents de la Seizième session (1988), tome I, Matières diverses, La Haye, 1991, S. 189.

[2]) Hans van Loon, „Note über die Zweckmäßigkeit der Vorbereitung eines neuen Übereinkommens über die internationale Zusammenarbeit auf dem Gebiet grenzüberschreitender Adoption", Vorläufiges Dokument Nr. 9 vom Dezember 1987 (für die Spezialkommission vom Januar 1988), a.a.O. S. 165 bis 185.

[3]) „Schlussfolgerungen der Spezialkommission vom Januar 1988", verfasst vom Ständigen Büro, Vorläufiges Dokument Nr. 14 vom April 1988 (für die XVI. Tagung), a.a.O, S. 195 bis 202 (199).

[4]) A.a.O. S. 302.

[5]) „Bericht des Generalsekretärs zur grenzüberschreitenden Adoption von Kindern", Vorläufiges Dokument Nr. 17 vom September 1988 (für die XVI. Tagung), a.a.O. S. 219 bis 221.

[6]) „Erste Kommission – XVI. Tagung – Allgemeine Angelegenheiten", Protokoll Nr. 1, a.a.O. S. 238 bis 245.

[7]) „Sechzehnte Tagung, Vollversammlung", Protokoll Nr. 5, a.a.O., S. 271 bis 272 und 234 und „Schlussakte", 20. Oktober 1988, unter B 1, a.a.O. S. 34 bis 35.

ii) ernsthafte und komplexe Probleme im menschlichen Bereich, die teils zwar schon bekannt sind, jedoch aufgrund dieser neuen Entwicklungen verschärft werden, teils aber auch neu entstehen, einschließlich vielfältiger schwieriger Aspekte rechtlicher Art und

iii) die Unzulänglichkeit der vorhandenen innerstaatlichen und internationalen Rechtsgrundlagen sowie die Notwendigkeit eines multilateralen Vorgehens".[8])

7 Die Unzulänglichkeit der internationalen Rechtsgrundlagen zur Lösung der Probleme, mit denen grenzüberschreitende Adoptionen gegenwärtig verbunden sind, hat ein „Memorandum" des Ständigen Büros im November 1989 anerkannt und die folgenden Erfordernisse unterstrichen:

„a) die Notwendigkeit, rechtlich bindende Vorschriften aufzustellen, die in Zusammenhang mit grenzüberschreitenden Adoptionen beachtet werden sollten (unter welchen Umständen ist eine solche Adoption angemessen; welchem Recht unterliegen die Zustimmungen und Anhörungen, soweit sie andere Personen als die Adoptierenden betreffen?);

b) die Notwendigkeit, ein Überwachungssystem zu schaffen, um sicherzustellen, dass diese Vorschriften beachtet werden (was kann getan werden, um auszuschließen, dass grenzüberschreitende Adoptionen zustande kommen, die nicht im Interesse des Kindes liegen; wie kann man Kinder vor Adoptionen aufgrund von Betrug, durch Zwang oder mit Gewinnabsicht schützen; sollten den Organisationen, die mit grenzüberschreitenden Adoptionen befasst sind, sowohl in den Geburtsländern der Kinder wie in den Bestimmungsländern Kontrollmaßnahmen auferlegt werden?);

c) die Notwendigkeit, Kommunikationsnetze zwischen den Behörden der Heimatländer und derjenigen Länder zu errichten, in denen diese Kinder nach der Adoption leben werden (vorstellbar wäre zum Beispiel, durch ein mehrseitiges Übereinkommen ein System von Zentralen Behörden zu schaffen, die untereinander alle Angaben in Bezug auf den Schutz von Kindern bei grenzüberschreitenden Adoptionen austauschen könnten); und schließlich

d) die Notwendigkeit zur Zusammenarbeit zwischen den Heimat- und Bestimmungsländern (wirkungsvolle Arbeitsbeziehungen auf der Grundlage gegenseitigen Vertrauens unter Beachtung strenger Anforderungen fachlicher und ethischer Art könnten dazu beitragen, Vertrauensbeziehungen zwischen solchen Staaten herbeizuführen, wobei derartige Formen der Zusammenarbeit zwischen einigen Staaten bereits vorhanden sind und zufrieden stellende Ergebnisse erbracht haben)".[9])

8 Die XIV. Tagung (1980) hatte den Grundsatz angenommen, dass Nicht-Mitgliedstaaten an den Arbeiten der Konferenz beteiligt werden können;[10]) man meinte, dass diesem Grundsatz auch bei der Behandlung grenzüberschreitender Adoptionen zu folgen sei, und zwar wegen der eindeutigen praktischen Notwendigkeit einer multilateralen Rechtsgrundlage, die nicht oder nicht nur ein Übereinkommen zur Vereinheitlichung von Regeln des Internationalen Privatrechts sein sollte. In der Tat spürte man, dass der wirksame Schutz von Kindern danach verlangte, gewisse materielle Grundsätze festzulegen und einen rechtlichen Rahmen für die Zusammenarbeit zwischen Behörden der Heimatländer und der Aufnahmestaaten zu schaffen.

B. Drei Tagungen der Spezialkommission

9 Die erste Tagung der Spezialkommission für grenzüberschreitende Adoption fand vom 11. bis 21. Juni 1990 unter dem Vorsitz von Herrn T.B. Smith QC (Kanada) sowie mit den Herren J. Pirrung (Deutschland) und Mengesha Haile (Äthiopien) als erstem bzw. zweitem Stellvertretenden Vorsitzenden statt. Herr G. Parra-Aranguren (Venezuela) wurde zum Berichterstatter, Frau L. Balanon (Philippinen) zur Beratenden Berichterstatterin bestellt. Vertreten waren 31 Mitgliedstaaten, 18 Nicht-Mitgliedstaaten und 10 internationale Organisationen, darunter 3 zwischenstaatliche und 7 nichtstaatliche, die sich speziell mit Kinderfragen befassen.[11]) Die Teilnehmer zogen den „Bericht über grenzüberschreitende Adoption", hervorragend erarbeitet vom Ersten Sekretär im Ständigen Büro, Herrn J. H. A. van Loon,[12]) sowie 19 andere Dokumente in Betracht, die im Nachhinein im Vorläufigen Dokument Nr. 2 mit Stellungnahmen zu einzelnen Fragen und Tatsachen sowie rechtlichen Angaben zum Thema zusammengefasst wurden. Das Ständige Büro formulierte die Schlussfolgerungen und verteilte sie als Vorläufiges Dokument Nr. 3 im August 1990.[13])

10 Auf der ersten Sitzung beschloss die Spezialkommission für grenzüberschreitende Adoption auch, dass ein informeller Ad-hoc-Beratungsausschuss das Ständige Büro der Haager Konferenz für Internationales Privatrecht dabei unterstützen sollte, eventuell erzielte Schlussfolgerungen zu Vorschriften auszuformulieren, und bestimmte zu Mitgliedern: den Berichterstatter Herrn G. Parra-Aranguren (Venezuela) und die Beratende Berichterstatterin Frau L. Balanon (Philippinen) als Mitglieder von Amtes wegen, ferner Frau C.F.G. Sunaryati Hartono (Indonesien) und die Herren W.R. Duncan (Irland), M.J.P. Verwilghen (Belgien), J.C. Schultsz (Niederlande) und D. Opertti (Uruguay). Mit Ausnahme von Frau C.F.G. Sunaryati Hartono (Indonesien) traten diese vom 5. bis 10. November 1990 unter dem Vorsitz von Herrn J.C. Schultsz (Niederlande) zusammen und erstellten das Vorläufige Dokument Nr. 4.[14])

11 Elf spanischsprachige Länder nahmen an der ersten Sitzung der Spezialkommission für grenzüberschreitende Adoption teil[15]), und alle ihre Vertreter konnten die Stellungnahmen in Englisch oder Französisch (passiv) verstehen und die in den beiden offiziellen Sprachen der Konferenz vorgelegten Texte erfassen. Der Generalsekretär stellte jedoch fest, dass eine erhebliche Zahl von ihnen sehr große Schwierigkeiten hatte, sich aktiv in Französisch oder Englisch auszudrücken, was

8) J. H. A. van Loon, „Bericht über grenzüberschreitende Adoption", Vorläufiges Dokument Nr. 1 vom April 1990, S. 6 bis 7, vgl. Actes et documents de la Seizième session (1988, tome I (N. 2), S. 181 bis 185.

9) „Memorandum zur Vorbereitung eines neuen Übereinkommens über die internationale Zusammenarbeit und den Schutz von Kindern auf dem Gebiet der grenzüberschreitenden Adoption", verfasst vom Ständigen Büro, November 1989, S. 1 bis 2.

10) Conférence de La Haye de droit international privé, Actes et documents de la Quatorzième session (1980), Acte final, D 1, tome I, S. 1 bis 63.

11) Folgende Mitgliedstaaten waren vertreten: Ägypten, Argentinien, Australien, Belgien, China, Dänemark, Bundesrepublik Deutschland, Finnland, Frankreich, Griechenland, Irland, Israel, Italien, Japan, Jugoslawien, Kanada, Luxemburg, Mexiko, Niederlande, Norwegen, Österreich, Polen, Portugal, Schweden, Schweiz, Spanien, Türkei, Uruguay, Venezuela, Vereinigtes Königreich Großbritannien und Nordirland und die Vereinigten Staaten von Amerika. Als Nicht-Mitgliedstaaten nahmen teil: Äthiopien, Brasilien, Costa Rica, Ecuador, El Salvador, Honduras, Indien, Indonesien, Kolumbien, Madagaskar, Mauritius, Peru, Philippinen, Rumänien, Senegal, Sri Lanka, Thailand und Vietnam. Als Beobachter verfolgten die Arbeiten der Sonderkommission:

a) Vertreter zwischenstaatlicher Organisationen: Internationales Institut für die Vereinheitlichung des Privatrechts (UNIDROIT), Inter American Children's Institute (IIN) und der Europarat;

b) Vertreter nichtstaatlicher Organisationen: International Bar Association (IBA), Internationaler Sozialdienst (ISS), Inter-American Bar Association (IABA), Fédération Internationale Terre des Hommes (FITDH), Defense for Children International (DCI), International Academy of Matrimonial Lawyers (IAML) und Committee for Cooperation within the Nordic Adoption and Parent Organizations (NCA).

12) J. H. A. van Loon „Bericht über grenzüberschreitende Adoption", Vorläufiges Dokument Nr. 1 vom April 1990.

13) „Schlussfolgerungen der Spezialkommission vom Juni 1990 über die grenzüberschreitende Adoption", erstellt vom Ständigen Büro, Adoption, Vorläufiges Dokument Nr. 3 vom August 1990.

14) „Vorentwurf von Bestimmungen für ein Übereinkommen über den Schutz von Kindern und über die internationale Zusammenarbeit auf dem Gebiet grenzüberschreitender Adoption, erstellt vom Ständigen Büro mit Unterstützung eines Ad-hoc-Ausschusses, und allgemeine Stellungnahmen", Adoption, Vorläufiges Dokument Nr. 4 vom Dezember 1990.

15) Folgende spanischsprachige Mitgliedstaaten haben an der Sitzung teilgenommen: Argentinien, Mexiko, Spanien, Uruguay und Venezuela; als Nicht-Mitgliedstaaten waren vertreten: Costa Rica, Ecuador, El Salvador, Honduras, Kolumbien und Peru.

dazu führte, dass „bei einigen Delegationen ein Unbehagen und ein Gefühl der Frustration" entstand; deshalb fragte der Generalsekretär in seinem Schreiben vom 25. Juli 1990 die nationalen Organe der Mitgliedstaaten, ob den spanischsprachigen Ländern gestattet werden könne, sich in ihrer eigenen Sprache mit Simultanübersetzung ins Französische und Englische zu äußern.

12 Das Ergebnis der Rundfrage war positiv, und die Entscheidung, die Beteiligung der spanischsprachigen Länder zu erleichtern, war sehr weise, da die Staaten Lateinamerikas außerordentliches Interesse für das Thema bekundeten. So fand während der vorbereitenden Arbeiten vom 2. bis 6. April 1991 in Quito (Ecuador) ein Seminar statt, an dem Bolivien, Brasilien, Chile, Costa Rica, die Dominikanische Republik, Ecuador, El Salvador, Kolumbien, Peru, Uruguay und Venezuela sowie ein Vertreter des Ständigen Büros teilnahmen, um die Probleme in Bezug auf die grenzüberschreitende Adoption im Hinblick auf das Übereinkommen zu prüfen, das die Haager Konferenz erarbeiten wollte. Das Interamerikanische Institut des Kindes übermittelte die Schlussfolgerungen an das Ständige Büro.

13 Die zweite Tagung der Spezialkommission für grenzüberschreitende Adoption fand vom 22. April bis 3. Mai 1991 unter Beteiligung von 33 Mitgliedstaaten und 20 Nicht-Mitgliedstaaten statt sowie mit einer beträchtlichen Anzahl von Beobachtern als Vertretern staatlicher und nichtstaatlicher Organisationen, die sich speziell mit Kinderfragen befassen.[16]) Die Teilnehmer arbeiteten auf der Grundlage des Vorläufigen Dokuments Nr. 4 in Verbindung mit dem Vorläufigen Dokument Nr. 3. 123 Arbeitsdokumente wurden verteilt und außerdem zwei sehr hilfreiche Berichte berücksichtigt, die Defence for Children International, der internationale Verband Terre des Hommes und der Internationale Sozialdienst vorgelegt hatten.[17]) Schließlich nahm die zweite Sitzung den „Entwurf von Artikeln für ein Übereinkommen über den Schutz von Kindern und die internationale Zusammenarbeit auf dem Gebiet der grenzüberschreitenden Adoption" an, und zwar in der Fassung des Abschlussarbeitspapiers, das während der letzten Arbeitssitzung verteilt worden war, aber von einem Redaktionsausschuss überprüft werden sollte, der die Stellungnahmen und Bemerkungen der zur Teilnahme eingeladenen Staaten berücksichtigen sollte. Die folgenden Sachverständigen wurden zu Mitgliedern des Redaktionsausschusses bestimmt: Herr J. Pirrung (Bundesrepublik Deutschland) als Erster Stellvertretender Vorsitzender der Spezialkommission und Vorsitzender von Amtes wegen, Herr G. Parra-Aranguren (Venezuela) als Berichterstatter und Mitglied von Amtes wegen, Frau L. Balanon (Philippinen) als Beratende Berichterstatterin und Mitglied von Amtes wegen, Herr P. Pfund (Vereinigte Staaten), Frau K. Buure-Hägglund (Finnland) und die Herren Zhang Kening (China), I. Fadlallah (Libanon), D. Opertti (Uruguay), W. Duncan (Irland) und M. Verwilghen (Belgien).

14 Mit Ausnahme von Frau Balanon (Philippinen) und Herrn I. Fadlallah (Libanon) kamen alle Mitglieder des Redaktionsausschusses in der ersten Septemberwoche 1991 zusammen und verfassten einen durch eine „Präambel" eingeleiteten „Vorentwurf eines Übereinkommens", der als „Vorläufiges Dokument Nr. 6" verteilt wurde und dem einige „Erläuternde Anmerkungen" zur Verdeutlichung der in den Bestimmungen angenommenen Lösungen und gewisse weitere Stellungnahmen des Ständigen Büros beigefügt waren.[18])

15 Die dritte Sitzung der Spezialkommission für grenzüberschreitende Adoption fand vom 3. bis 14. Februar 1992 statt. 33 Mitgliedstaaten, 24 Nicht-Mitgliedstaaten und 15 internationale zwischenstaatliche und nichtstaatliche Organisationen, die sich speziell mit Kinderfragen befassen, waren vertreten.[19]) Die Spezialkommission prüfte das Vorläufige Dokument Nr. 6 sowie eine bedeutende Zahl von Arbeitsdokumenten (bis Nr. 265); es fehlte jedoch die Zeit, den Wortlaut des Vorentwurfs eines Übereinkommens vollständig und abschließend zu formulieren. Der Redaktionsausschuss wurde daher um die Ausarbeitung der Schlussfassung dieses Vorentwurfs zu einem Übereinkommen gebeten.

16 Eine beschränkte Anzahl von Mitgliedern des Redaktionsausschusses (Herr J. Pirrung, Frau K. Buure-Hägglund und die Herren W. Duncan und M. Verwilghen) traf sich am 9. und 10. März 1992, um den auf der 3. Sitzung der Spezialkommission gebilligten Text zu überprüfen, sprachliche Abweichungen zwischen der französischen und englischen Fassung zu beseitigen und bestimmte Beschlüsse zur weiteren Erwägung umzusetzen. Der Redaktionsausschuss schloss seine Beratungen mit der Fertigstellung des „Vorentwurfs eines Übereinkommens über die internationale Zusammenarbeit und den Schutz von Kindern auf dem Gebiet der grenzüberschreitenden Adoption, vorgelegt von der Spezialkommission im Februar 1992" mit einer vorangestellten „Erläuterung" ab.

17 Unmittelbar nach der 3. Sitzung der Spezialkommission erstellte der Verfasser dieses Berichts seinen Bericht zum Vorentwurf des Übereinkommens, der mit dem Text des Vorentwurfs zum Übereinkommen als Vorläufiges Dokument Nr. 7 im September 1992 zur Stellungnahme versandt wurde, und zwar an die Mitgliedstaaten, die zur Mitwirkung eingeladenen Nicht-Mitgliedstaaten und die interessierten

---

[16]) die folgenden Mitgliedstaaten haben teilgenommen: Ägypten, Argentinien, Australien, Belgien, Chile, China, Dänemark, Bundesrepublik Deutschland, Finnland, Frankreich, Griechenland, Irland, Israel, Italien, Japan, Kanada, Luxemburg, Mexiko, Niederlande, Norwegen, Österreich, Polen, Portugal, Rumänien, Schweden, Schweiz, Spanien, Türkei, Ungarn, Uruguay, Venezuela, Vereinigtes Königreich Großbritannien und Nordirland und Vereinigte Staaten von Amerika. Als Nicht-Mitgliedstaaten waren vertreten: Äthiopien, Brasilien, Costa Rica, Ecuador, El Salvador, der Heilige Stuhl, Honduras, Indien, Indonesien, Kolumbien, Republik Korea, Libanon, Madagaskar, Malaysia, Mauritius, Nepal, Peru, Philippinen, Sri Lanka und Thailand. Als Beobachter waren anwesend:

a) Vertreter von zwischenstaatlichen Organisationen: der Hohe Kommissar der Vereinten Nationen für Flüchtlinge (UNHCR), das Internationale Institut für die Vereinheitlichung des Privatrechts (UNIDROIT), das Commonwealth-Sekretariat, das Inter-American Children's Institute (IIN), der Europarat und die Internationale Zivilstandskommission (CIEC);

b) Vertreter nichtstaatlicher Organisationen: International Bar Association (IBA), Internationaler Sozialdienst (ISS), International Association of Juvenile and Family Court Magistrates (AIMJF), Inter-American Bar Association (IABA), Fédération Internationale Terre des Hommes (FITDH), Defence for Children International (DCI), International Academy of Matrimonial Lawyers (IAML), International Association of Voluntary Adoption Agencies and NGOs (IAVAAN) und Committee for Cooperation within the Nordic Adoption and Parent Organizations (NCA).

[17]) „Vorläufige Feststellungen einer gemeinsamen Untersuchung zur 'Wartezeit' bei grenzüberschreitenden Adoptionen" und „Vorläufige Feststellungen einer gemeinsamen Untersuchung zur unabhängigen grenzüberschreitenden Adoption", März 1991.

[18]) „Vorentwurf eines Übereinkommens über die internationale Zusammenarbeit und den Schutz von Kindern auf dem Gebiet grenzüberschreitender Adoption (vom Redaktionsausschuss im September 1991 verfasste Artikel) und Erläuternde Bemerkungen", Adoption, Vorbereitendes Dokument Nr. 6 vom September 1991.

[19]) Folgende Mitgliedstaaten haben teilgenommen: Ägypten, Argentinien, Australien, Belgien, Chile, China, Dänemark, Bundesrepublik Deutschland, Finnland, Frankreich, Irland, Israel, Italien, Japan, Kanada, Luxemburg, Mexiko, Niederlande, Norwegen, Österreich, Portugal, Rumänien, Schweden, Schweiz, Spanien, die Tschechische und Slowakische Föderative Republik, Türkei, Ungarn, Uruguay, Venezuela, Vereinigtes Königreich Großbritannien und Nordirland und Vereinigte Staaten von Amerika. Folgende Nicht-Mitgliedstaaten waren vertreten: Albanien, Bolivien, Brasilien, Kolumbien, Republik Korea, Costa Rica, El Salvador, Haiti, Honduras, Indonesien, Libanon, Madagaskar, Malaysia, Mauritius, Nepal, Panama, Paraguay, Philippinen, Russische Föderation, Senegal, Sri Lanka, Thailand, Vietnam und der Heilige Stuhl.

Als Beobachter waren vertreten:

a) Vertreter von zwischenstaatlichen Organisationen: Der Hohe Kommissar der Vereinten Nationen für Flüchtlinge (UNHCR), das Internationale Institut für die Vereinheitlichung des Privatrechts (UNIDROIT), Inter-American Children's Institute (IIN) und die Internationale Zivilstandskommission (CIEC);

b) Vertreter nichtstaatlicher Organisationen: International Bar Association (IBA), Internationaler Sozialdienst (ISS), International Society of Family Law (ISFL), International Association of Juvenile and Family Court Magistrates (AIMJF), Inter-American Bar Association (IABA), Fédération Internationale Terre des Hommes (FITDH), Defence for Children International (DCI), International Academy of Matrimonial Lawyers (IAML), International Association of Voluntary Adoption Agencies and NGOs (IAVAAN), Committee for Cooperation within the Nordic Adoption and Parent Organizations (NCA) und Euradopt.

internationalen Organisationen, die sich speziell mit Kinderfragen befassen[20]). Der Bericht zum Vorentwurf des Übereinkommens wird im Folgenden als der „Bericht der Spezialkommission", der Vorentwurf des Übereinkommens auch als „der Entwurf" bezeichnet.

18 Bolivien, Zypern, Kolumbien, Costa Rica, Dänemark, El Salvador, Spanien, die Vereinigten Staaten von Amerika, Finnland, Frankreich, Griechenland, Honduras, Luxemburg, Polen, Rumänien, Uruguay, der Heilige Stuhl, Schweden, das Committee for Cooperation within the Nordic Adoption and Parent Organizations (NCA), Defence for Children International (DCI), der Internationale Sozialdienst (ISS) und der Hohe Kommissar der Vereinten Nationen für Flüchtlinge (UNHCR) übersandten ihre Stellungnahmen vor dem 1. März 1993; sie wurden unverzüglich als Vorläufiges Dokument Nr. 8 verteilt; anschließend gingen die Stellungnahmen von Australien, Österreich, Madagaskar, Norwegen, den Niederlanden, dem Vereinigten Königreich (Vorläufiges Dokument Nr. 8) Anhang I), Deutschland (Vorläufiges Dokument Nr. 8 Anhang II), Sri Lanka und der Union internationale du Notariat latin (Vorläufiges Dokument Nr. 8 Anhang III) sowie von Albanien, der Türkei und dem Inter-American Children's Institute ein (Vorläufiges Dokument Nr. 8 Anhang IV).

C. XVII. Tagung

19 Die XVII. Tagung fand in Den Haag vom 10. bis 29. Mai 1993 statt. Herr J. C. Schultsz (Niederlande) wurde zum Präsidenten, Frau I. M. de Magalhães Collaço (Portugal) und die Herren T. Bán (Ungarn), Tang Chengyuan (China), J. L. Siqueiros (Mexiko) und P. H. Pfund (Vereinigte Staaten) wurden zu Vizepräsidenten gewählt. Ehrenpräsidenten waren die niederländischen Minister für Auswärtige Angelegenheiten und Justiz, I.E. die Herren Kooijmans und E. M. H. Hirsch Ballin.

20 Zwei Kommissionen wurden eingesetzt, von denen die erste unter dem Vorsitz von Frau R. K. Buure-Hägglund (Finnland) auf vier Treffen allgemeine Angelegenheiten zu behandeln hatte. Die Zweite Kommission hatte den Auftrag, das „Übereinkommen über den Schutz von Kindern und über die Zusammenarbeit auf dem Gebiet der grenzüberschreitenden Adoption" auszuarbeiten; zum Vorsitzenden wurde Herr T. B. Smith QC (Kanada), zum Stellvertretenden Vorsitzenden Herr K. J. Pirrung (Deutschland) sowie zum Berichterstatter bzw. zur Beratenden Berichterstatterin wurden Herr G. Parra-Aranguren (Venezuela) bzw. Frau L. Balanon (Philippinen) bestellt.

21 Die folgenden Mitgliedstaaten waren vertreten: Ägypten, Argentinien, Australien, Belgien, Chile, China, Dänemark, Deutschland, Finnland, Frankreich, Griechenland, Irland, Israel, Italien, Japan, Kanada, Luxemburg, Mexiko, Niederlande, Norwegen, Österreich, Polen, Portugal, Rumänien, Schweden, Schweiz, Slowenien, Spanien, Tschechische Republik, Türkei, Ungarn, Uruguay, Venezuela, Vereinigtes Königreich von Großbritannien und Nordirland, Vereinigte Staaten von Amerika und Zypern.

22 Als Nicht-Mitgliedstaaten nahmen teil: Albanien, Belarus, Benin, Bolivien, Brasilien, Bulgarien, Burkina Faso, Costa Rica, Ecuador, El Salvador, Haiti, der Heilige Stuhl, Honduras, Indien, Indonesien, Kenia, Kolumbien, Republik Korea, Libanon, Madagaskar, Mauritius, Nepal, Panama, Peru, Philippinen, Russische Föderation, Senegal, Sri Lanka, Thailand und Vietnam.

[20]) „Von der Spezialkommission angenommener Entwurf eines Übereinkommens und Bericht von G. Parra-Aranguren", Vorläufiges Dokument Nr. 7 vom September 1992 für die XVII. Tagung mit ausführlicheren Angaben zu den vorbereitenden Arbeiten (Nrn. 1 bis 19).

23 Die folgenden zwischenstaatlichen Organisationen waren vertreten: Die Vereinten Nationen (VN), der Hohe Kommissar der Vereinten Nationen für Flüchtlinge (UNHCR), die Internationale Kriminalpolizeiorganisation (Interpol), das Inter-American Children's Institute (IIN) und die Internationale Zivilstandskommission (CIEC). Folgende internationale nichtstaatliche Organisationen nahmen weiterhin teil: International Bar Association (IBA), Internationaler Sozialdienst (ISS), International Society on Family Law (ISFL), International Association of Juvenile and Family Court Magistrates (AIMJF), Inter-American Bar Association (IABA), Fédération Internationale Terre des Hommes (FITDH), Defence for Children International (DCI), Union internationale du Notariat latin (UNIL), International Academy of Matrimonial Lawyers (IAML), International Association of Voluntary Adoption Agencies and NGO's (IAVAAN), Euradopt, Committee for Cooperation within the Nordic Adoption and Parent Organizations (NCA) und North-American Council on Adoptable Children (NACAC).

24 Dem Redaktionsausschuss gehörten die folgenden Personen an: Herr K. J. Pirrung (Deutschland) als Vorsitzender, Frau C. Jacob (Frankreich), Frau R. K. Buure-Hägglund (Finnland), die Herren W. R. Duncan (Irland), P. H. Pfund (Vereinigte Staaten), Tang Chengyuan (China), M. P. J. Verwilghen (Belgien) sowie der Berichterstatter Herr G. Parra-Aranguren (Venezuela) und die Beratende Berichterstatterin Frau L. Balanon (Philippinen).

25 Ein Ausschuss zur Anerkennung wurde eingesetzt mit Herrn A. Bucher (Schweiz) als Vorsitzendem sowie Frau M. Ripoll de Urrutia (Kolumbien), Frau I. M. de Magalhães Collaço (Portugal), Frau G. F. DeHart (Vereinigte Staaten) und den Herren P. Picone (Italien), J. L. Siqueiros (Mexiko) und R. G. S. Aitken (Vereinigtes Königreich) als weiteren Mitgliedern.

26 Weiterhin wurde ein Ausschuss für Bundesstaatsklauseln eingesetzt mit Frau A. Borrás (Spanien) als Vorsitzender sowie Herrn R. F. Wagner (Deutschland), Herrn H. Povoas und Herrn J. R. Figueiredo Santoro (Brasilien), Frau L. Lussier (Kanada), Herrn G. Nehmé (Libanon), Frau A. Dzougaeva und Herrn I. Berestnew (Russische Föderation).

27 Die Zweite Kommission traf sich 21mal, und 201 Arbeitsdokumente wurden verteilt; der Redaktionsausschuss, der Ausschuss zur Anerkennung und der Ausschuss für Bundesstaatsklauseln traten häufig während der gesamten XVII. Tagung zusammen; das Gleiche gilt für die Sondergruppe, welche die Artikel 6, 7 und 17 des Übereinkommensentwurfs prüfen sollte.

28 Das Ständige Büro unterstützte die Arbeiten in nicht zu unterschätzender Weise, vor allem Herr J. H. A. van Loon; außerordentlich waren auch die Beiträge der Herren G. A. L. Droz, M. L. Pelichet und C. A. Dyer. Die Delegierten profitierten ferner von der hervorragenden Arbeit nicht nur der Protokollsekretäre Herr G. Carducci, Frau N. Meyer-Fabre, Frau C. van den Muijsenbergh-Cissé, Herr T. G. Portwood, Frau S. E. Roberts, Frau A. Vallez, Herr W. P. Vogt und Frau K. S. Williams, sondern auch der stellvertretenden Sekretäre Frau C. González Beilfuss, Frau C. Lima Marques und Herr M. Pestman sowie der Dolmetschergruppe mit Frau M. Misrahi, Frau M. Rühl, Herrn P. Spitz, Frau C. Hare und Herrn C. Lord.

29 Das Übereinkommen wurde in zwei Tagungen der Vollversammlung geprüft und schließlich am 28. Mai 1993 einstimmig verabschiedet. Die Unterzeichnung der Schlussakte mit dem Wortlaut des Übereinkommens fand am folgenden Tag, dem 29. Mai 1993, im Anschluss an einige sprachliche Änderungen auf der Schlusssitzung der Diplomatischen Konferenz im Großen Saal des Friedenspalastes statt.

Titel des Übereinkommens

30 Der Titel soll gewöhnlich in einer prägnanten Formel die im Übereinkommen geregelten Gebiete zusammenfassen, wobei nur die bedeutendsten Fragen erwähnt werden, in diesem Fall der Schutz von Kindern und die Zusammenarbeit zwischen den Vertragsstaaten auf dem Gebiet der internationalen Adoption.

31 Der Titel des Entwurfs wurde geändert, weil die Diplomatische Konferenz beschloss, den Schutz von Kindern an die erste Stelle zu setzen, um seine Bedeutung als Gegenstand des Übereinkommens hervorzuheben.

32 Die englische Bezeichnung „intercountry adoption" wurde ohne Schwierigkeiten angenommen, weil sie die im Übereinkommen geregelten Fragen klar angibt und sich mit Artikel 21 des Übereinkommens der Vereinten Nationen vom 20. November 1989 über die Rechte des Kindes (im Folgenden als RKÜ bezeichnet) deckt.

33 Dagegen stieß der französische Ausdruck „adoption transnationale" gleich von Beginn der Arbeiten der Spezialkommission an auf Kritik. Es wurde darauf hingewiesen, dass das Wort „transnational" hauptsächlich im Recht der internationalen Verträge anerkannt ist und dass es noch nie in einer multilateralen Übereinkunft über Familienbeziehungen gebraucht worden ist.

34 Das von Belgien vorgelegte Arbeitsdokument Nr. 6 erinnerte an dieselbe Schwierigkeit bei der Erörterung des Haager Adoptionsübereinkommens von 1965, wo der Begriff „intercountry adoption" mit „adoption sur le plan international (Adoption auf internationaler Ebene)" übersetzt wurde.

Diese Bezeichnung wurde jedoch für das vorliegende Übereinkommen als ungeeignet angesehen, das nicht alle internationalen Adoptionsfälle regelt, sondern nur eine Klasse von ihnen, nämlich die in Artikel 2 ausdrücklich angesprochene, d.h. die Adoption eines Kindes mit gewöhnlichem Aufenthalt in einem Staat (dem „Heimatstaat") durch Ehegatten oder eine Einzelperson mit gewöhnlichem Aufenthalt in einem anderen Staat (dem „Aufnahmestaat").

35 Deshalb kam es zu folgenden Vorschlägen: „adoption transfrontière" wegen der Erstreckung des Adoptionsvorgangs über die geographischen Grenzen betroffener Staaten hinweg, „adoption interétatique" wegen des Aufenthalts der an der Adoption beteiligten Personen in unterschiedlichen Staaten sowie „adoption internationale" als allgemein anerkannte Formulierung. Dieser letzte Vorschlag wurde schließlich gebilligt, obwohl er nicht ganz zufriedenstellte, und zwar einfach um der Tradition Genüge zu tun und weil kein besserer Begriff zu finden war.

Präambel

Einleitung

36 Die Präambel des Übereinkommens ist im Vergleich mit anderen von der Haager Konferenz verabschiedeten Übereinkommen sehr lang; die an den Sitzungen der Spezialkommission teilnehmenden Sachverständigen hoben jedoch von Beginn an die Bedeutung der Präambel als Leitlinie für die Auslegung hervor, sobald das Übereinkommen auf Einzelfälle anzuwenden sei, und dies erklärt, warum die Diplomatische Konferenz dem Entwurf zwei weitere Absätze anfügte.

Erster Absatz

37 Der erste Absatz ist neu und wurde einstimmig angenommen, weil er darauf zielt, die Aufgabe der Familie bei der Pflege und Entwicklung des Kindes zu unterstreichen. Damit wird das Recht des Kindes auf eine Familie anerkannt, in der seine Persönlichkeit geformt und entwickelt wird. Der Gedanke ging ursprünglich von der schwedischen Delegation und vom Committee for Cooperation within the Nordic Adoption and Parent Organizations in ihren Stellungnahmen zum Entwurf aus (Vorläufiges Dokument Nr. 8); Indonesien nahm den Gedanken im Arbeitsdokument Nr. 46 mit folgendem Zusatz auf: „Unter Berücksichtigung, dass das Kind zur vollen und harmonischen Entwicklung seiner Persönlichkeit in einer Familie und umgeben von Glück, Liebe und Verständnis aufwachsen sollte". Dieser Vorschlag stellte eine Ergänzung des von Kolumbien vorgelegten Arbeitsdokuments Nr. 15 mit folgendem Absatz dar: „Unter Berücksichtigung, dass ein Kind zur vollen und harmonischen Entwicklung seiner Persönlichkeit in einer Familienumgebung aufwachsen sollte"; dieser Gedanke findet sich auch in dem von Österreich vorgelegten Dokument Nr. 24.

Zweiter Absatz

38 Defence for Children International und der Internationale Sozialdienst unterbreiteten mit dem Arbeitsdokument Nr. 21 den Wortlaut des zweiten Absatzes, weil sie aus psychosozialen und rechtlichen Gründen fest davon überzeugt sind, die biologische Familie des Kindes solle im Vordergrund stehen, womit sie indirekt die Subsidiarität der Adoption herausstellen. Indonesien nahm den Vorschlag im Arbeitsdokument Nr. 46 auf. Italien regte den Zusatz an, „alle Staaten sollten geeignete Schritte ergreifen, damit Kinder in der Fürsorge ihrer biologischen Familie bleiben können," um schon in der Präambel des Übereinkommens die Verpflichtung der Vertragsstaaten zu betonen, nach besten Kräften dafür zu sorgen, dass das Kind in seiner biologischen Familie bleiben kann. Dieser Zusatz wurde jedoch nicht angenommen.

39 Der indonesische Vorschlag wurde mit großer Mehrheit gebilligt, wenngleich einige Teilnehmer ihn für unnötig hielten, weil der Grundsatz der Subsidiarität bei internationalen Adoptionen schon in Artikel 4 Buchstabe b verankert sei und die Präambel außerdem zu lang und kompliziert würde, wenn sie alle Grundsätze aus dem VN-Übereinkommen wiederholen würde.

Dritter Absatz

40 Der dritte Absatz der Präambel wiederholt den Wortlaut des Entwurfs (erster Absatz der Präambel) und bekräftigt den in Artikel 21 Buchstabe b RKÜ ausgedrückten Gedanken, demzufolge alle Vertragsstaaten, die das System der Adoption anerkennen oder zulassen, „anerkennen, dass die internationale Adoption als andere Form der Betreuung angesehen werden kann, wenn das Kind nicht in seinem Heimatstaat in einer Pflege- oder Adoptivfamilie untergebracht oder wenn es dort nicht in geeigneter Weise betreut werden kann".

41 Die Formulierung des dritten Absatzes der Präambel stimmt hiermit jedoch nicht wörtlich überein, da sie lediglich eine der alternativen Möglichkeiten zur Betreuung des Kindes im Sinn von Artikel 20 Abs. 3 RKÜ erwähnt: „unter anderem die Aufnahme in eine Pflegefamilie, die Kafala nach islamischem Recht, die Adoption oder, falls erforderlich, die Unterbringung in einer geeigneten Kinderbetreuungseinrichtung".

42 In diesem Zusammenhang ist daran zu erinnern, dass Ägypten in der zweiten Lesung mit dem Arbeitsdokument Nr. 124 die Anführung des folgenden neuen Präambelabsatzes vorschlug: „Unter Berücksichtigung der weiteren Alternativen und Formen der Kinderbetreuung, z.B. der Unterbringung in einer Pflegefamilie – der im islamischen Recht vorgesehenen Kafala, und des Erfordernisses, die internationale Zusammenarbeit auf diesem Gebiet voranzutreiben". Zur Unterstützung seines Vorschlags hob der ägyptische Delegierte das Erfordernis internationaler Zusammenarbeit bei verschiedenen anderen Formen der Kinderbetreuung als der

Adoption hervor, z.B. beim Sorgerecht, bei der Unterbringung in einer Pflegefamilie und bei der Kafala, die in der Erklärung der VN vom 3. Dezember 1986 über die sozialen und rechtlichen Grundsätze für den Schutz und das Wohl von Kindern unter besonderer Berücksichtigung der Aufnahme in eine Pflegefamilie und der Adoption auf nationaler und internationaler Ebene sowie im RKÜ angeführt sind. Weiterhin unterstrich er die Tatsache, dass solche Alternativen weltweit anerkannt werden und dass sie zwar hinter der vollen rechtlichen Adoption zurückbleiben, aber oft dem Kind dieselbe gesundheitliche, soziale und erziehungsbezogene Betreuung bieten, wie sie sich aus einer Adoption ergibt. Außerdem würde die Berücksichtigung dieser Alternativen im Übereinkommen es gestatten, Kinderhandel und Missbrauch von Kindern auszuschalten und in geeigneter Weise für Kinder in Ländern zu sorgen, in denen die Adoption nicht anerkannt wird. Wegen mangelnder Unterstützung wurde der ägyptische Vorschlag jedoch nicht in Betracht gezogen.

43 Indem der dritte Absatz der Präambel auf die dauerhafte oder angemessene Familienbetreuung Bezug nimmt, leugnet oder verkennt er nicht andere Möglichkeiten der Kinderbetreuung, betont jedoch besonders die Bedeutung dauerhafter Sorge im Rahmen einer Familie als bevorzugter Alternative im Vergleich zur Betreuung durch die Herkunftsfamilie des Kindes.

44 Der dritte Absatz der Präambel stellt ausdrücklich klar, dass die internationale Adoption eine mögliche Alternative der Sorge für ein Kind ist, und in diesem Zusammenhang ist daran zu erinnern, dass nach Artikel 3 der Erklärung der VN vom 3. Dezember 1986 „die Sorge für ein Kind durch seine eigenen Eltern ersten Vorrang haben muss". Deshalb wiederholt Absatz 3 den Gedanken aus dem zweiten Absatz der Präambel, der die Subsidiarität der internationalen Adoption herausstellt, die auch Artikel 4 Buchstabe b des Übereinkommens hervorhebt.

45 Der dritte Absatz weicht vom Wortlaut des Entwurfs ab, indem er „einem Kind, für das in seinem Heimatstaat keine geeignete Familie gefunden werden kann" lautet anstelle der Formulierung „einem Kind, für das in seinem Heimatland nicht angemessen gesorgt werden kann". Diese Änderung hatte ursprünglich Kolumbien erfolglos mit Arbeitsdokument Nr. 2 beantragt, um für die grundsätzliche Unterbringung eines Kindes in einer Familie statt in einer Einrichtung oder irgendeiner anderen Umgebung als einer Familie zu sorgen.

46 Das von Bolivien und Kolumbien vorgelegte Arbeitsdokument Nr. 186 nahm in der zweiten Lesung die Frage wieder auf und betonte dabei zugleich, der dritte Absatz dürfe nicht den Eindruck vermitteln, die Heimatstaaten seien nicht zur Betreuung ihrer Kinder in der Lage, wobei daran erinnert wurde, dass das Recht auf eine Familie ein Grundrecht des Kindes ist, dem im Weg internationaler Adoption, aber in Form einer alternativen und subsidiären Lösung entsprochen werden muss. Diesmal wurde der Vorschlag mit klarer Mehrheit ohne Aussprache zur Sache gebilligt. Hinter der Änderung steht der Gedanke, dass die Unterbringung eines Kindes in einer Familie einschließlich der internationalen Adoption die beste Möglichkeit unter allen Formen der alternativen Betreuung darstellt und insbesondere der Betreuung in einer Einrichtung vorzuziehen ist. Die neue Formulierung verstärkt die Aussage der Präambel, die in Entwurf und endgültigem Wortlaut übereinstimmt: „In der Erkenntnis, dass die internationale Adoption den Vorteil bieten kann, einem Kind eine dauerhafte Familie zu geben". Sie hebt so die Vorteile hervor, die dem Kind daraus erwachsen können, dass es eine Adoptivfamilie erwirbt.

47 Die Änderung am dritten Absatz der Präambel und die Einfügung der ersten beiden Absätze sind sehr wichtig für die richtige Auslegung des Übereinkommens, insbesondere seines Artikels 4. Wie in der „Erklärung" des Heiligen Stuhls gegenüber der Haager Konferenz zum Ausdruck gebracht, bekräftigen sie unzweifelhaft ein grundlegendes Prinzip, nämlich dass „Kinder nicht isolierte Einzelpersonen sind, sondern in ein bestimmtes Umfeld geboren werden und dazu gehören. Nur wenn dieses Geburtsumfeld aus unterschiedlichen Gründen nicht das Minimum an Betreuung und Erziehung bieten kann, sollte eine Adoption in Erwägung gezogen werden. Die Möglichkeit, eine bessere materielle Zukunft zu bieten, liefert für sich genommen auf keinen Fall eine ausreichende Begründung für eine Adoption."

Vierter Absatz

48 Der vierte Absatz der Präambel nimmt den Wortlaut des Entwurfs (zweiter Absatz der Präambel) auf und wiederholt die Gedanken im Einleitungsteil von Artikel 21 und in Artikel 35 RKÜ, welche die Vertragsstaaten verpflichten, zu „gewährleisten, dass dem Wohl des Kindes die höchste Bedeutung zugemessen wird" und „alle geeigneten innerstaatlichen, zweiseitigen und mehrseitigen Maßnahmen zu treffen, um die Entführung und den Verkauf von Kindern oder den Handel mit Kindern zu irgendeinem Zweck und in irgendeiner Form zu verhindern".

49 Der Satz „dem Wohl des Kindes ist höchste Bedeutung zuzumessen" stellt klar, dass auch die Interessen anderer Personen zu berücksichtigen sind, z.B. der biologischen Eltern oder der vorgesehenen Adoptiveltern. Unzweifelhaft verdienen ihre Rechte ebenfalls Schutz, und daher ist zwischen den Interessen aller beteiligten Personen ein Gleichgewicht zu suchen, wie dies Artikel 3 Abs. 2 RKÜ vorsieht: „Die Vertragsstaaten verpflichten sich, dem Kind unter Berücksichtigung der Rechte und Pflichten seiner Eltern, seines Vormunds oder anderer für das Kind gesetzlich verantwortlicher Personen den Schutz und die Fürsorge zu gewährleisten, die zu seinem Wohlergehen notwendig sind; zu diesem Zweck treffen sie alle geeigneten Gesetzgebungs- und Verwaltungsmaßnahmen".

50 In diesem Zusammenhang ist an die Bemerkung Griechenlands zu erinnern, derzufolge alle Adoptionen nach dem Übereinkommen „zum Wohl des Kindes" vorgenommen werden müssen, auch wenn die Übereinkommensregeln gelegentlich auf das „[beste] Wohl des Kindes (best interests of the child)", an anderen Stellen dagegen lediglich auf das „Wohl des Kindes (interests of the child)" Bezug nehmen und damit den Eindruck vermitteln, es gebe zwei unterschiedliche Begriffe und der erste sei stärker als der zweite. Außerdem wurde bemerkt, die strenge Auslegung des Wortes „beste" könne einige gute Adoptionen unmöglich machen, und zur Umgehung dieses ungewünschten Ergebnisses sei die Formulierung als das „wirkliche" oder „wahre" Wohl des Kindes zu verstehen.[21])

51 Die Verweisung im vierten Absatz der Präambel auf die Wahrung „seiner Grundrechte" folgt dem von den lateinamerikanischen Ländern anlässlich der Sitzung in Quito (April 1991, oben Nr. 12) gebilligten Vorschlag, der sich in Artikel 1 Buchstabe a wiederfindet, wo die Ziele des Übereinkommensentwurfs festgelegt sind. Artikel 1 Buchstabe a wurde durch die Aufnahme der Formulierung „völkerrechtlich anerkannten" ergänzt, aber der vierte Absatz der Präambel blieb unverändert. In beiden Bestimmungen ist die Bedeutung jedoch ungeachtet der unterschiedlichen Formulierung gleich.

21) Anm. d. Übers.: In der deutschen Übersetzung des Übereinkommens wird das Wort „best" nicht besonders zum Ausdruck gebracht.

52 Trotz des letzten Teils von Absatz 4 der Präambel ist immer zu berücksichtigen, dass es Hauptanliegen des Übereinkommens ist, bestimmte Schutzmaßnahmen zu treffen, um das Kind bei internationaler Adoption zu schützen und ein System der Zusammenarbeit zwischen den Vertragsstaaten zu errichten, das die Beachtung dieser Schutzmaßnahmen garantiert. Dieses Übereinkommen zielt daher nicht unmittelbar, sondern nur mittelbar darauf, „die Entführung und den Verkauf von Kindern sowie den Handel mit Kindern" zu verhindern, wie dies Artikel 1 Buchstabe b wiederholt; denn es wird erwartet, dass die Einhaltung der Übereinkommensregeln solche Missbräuche ausschließen wird.

53 Aus diesem Grund hat die Spezialkommission den Vorschlag nicht angenommen, das Übereinkommen ausdrücklich als „Instrument gegen rechtswidrige und unzulässige Tätigkeiten auf diesem Gebiet" zu bezeichnen, weil es weder die strafrechtlichen Fragen des Missbrauchs von Kindern regelt noch zahlreiche rechtswidrige oder unzulässige Tätigkeiten auf diesem Gebiet wie die Verheimlichung des Personenstandes oder die Leihmutterschaft behandelt, Tätigkeiten, die schon zu Beginn der Arbeiten im Vorläufigen Dokument Nr. 1 (Nr. 80 und oben Fn. 12) sowie im Vorläufigen Dokument Nr. 3 (Nr. 3, oben Fn. 13) zusammengefasst wurden. Dieselbe Begründung erklärt auch, warum das von Belarus und der Russischen Föderation unterbreitete Arbeitsdokument Nr. 73 abgelehnt wurde, mit dem in diesem Absatz der Präambel und in Artikel 1 Buchstabe b als weiteres Ziel des Übereinkommens die Aufnahme des Ausschlusses „der Ausbeutung von Kinderarbeit und der Nutzung von Kindern für wissenschaftliche Untersuchungen ohne Zustimmung der zuständigen Behörden des Staates, in dem das Kind seinen gewöhnlichen Aufenthalt hat," vorgeschlagen wurde.

54 Außerdem ist daran zu erinnern, dass in der Vorbereitungsphase dieses Übereinkommens Verbindung zur Internationalen Kriminalpolizeiorganisation (Interpol) aufgenommen wurde und dass ihr Generalsekretär seine tatkräftige Unterstützung für ein Übereinkommen dieser besonderen Art ausdrückte, weil „die Einführung von strikten internationalen Zivil- und Verwaltungsverfahren es sehr viel schwieriger machen würde, internationale Adoptionsverfahren für Handel mit Kindern oder als Deckmantel für das Verbringen von Kindern von einem Staat in einen anderen zu nutzen". Bei derselben Gelegenheit wurde auch geltend gemacht, insbesondere das System der Zentralen Behörden würde die Möglichkeit eröffnen, Straftaten „bei der zuständigen Behörde" anzuzeigen, „damit, falls erforderlich, die internationale Zusammenarbeit zwischen Polizei- oder Justizbehörden eingeleitet werden kann" (Vorläufiges Dokument Nr. 5 vom April 1991). Nach Verabschiedung des Übereinkommens sprach sich die 62. Tagung der Generalversammlung der Internationalen Kriminalpolizeiorganisation (Interpol) eindeutig für das Übereinkommen aus (s. Nachtrag unten Nr. 615).

Fünfter Absatz

55 Der fünfte Absatz der Präambel gibt den Wortlaut des Entwurfs (dritter Absatz der Präambel) wieder, und obwohl eine ausdrückliche Bestimmung darüber fehlt, herrschte Einvernehmen, dass das Übereinkommen als eine völkerrechtliche Übereinkunft anzusehen ist, die in Anlehnung an den Vorschlag in Artikel 21 Buchstabe e RKÜ erarbeitet wurde, der die Vertragsstaaten dazu anhält, „die Ziele dieses Artikels gegebenenfalls durch den Abschluss zwei- oder mehrseitiger Übereinkünfte zu fördern".

56 Absatz 5 der Präambel erwähnt ausdrücklich nur das VN-Übereinkommen und die Erklärung der VN wegen ihres weltweiten Charakters und „berücksichtigt" die in ihnen festgeschriebenen Grundsätze. Dies stellt klar, dass das vorliegende Übereinkommen nicht ihre gesamten Bestimmungen wiederholen soll, so bedeutend sie auch sein mögen, sondern sie lediglich als Ausgangspunkt für die beste Regelung internationaler Adoptionen wählt.

57 Ferner nimmt Absatz 5 der Präambel allgemein darauf Bezug, „von den Grundsätzen auszugehen, die in internationalen Übereinkünften anerkannt sind". Obwohl diese Grundsätze nicht ausdrücklich bezeichnet werden, ergibt sich eindeutig aus den vorbereitenden Arbeiten, dass im Wesentlichen das Haager Adoptionsübereinkommen von 1965, das Europäische Übereinkommen vom 24. April 1967 über die Adoption von Kindern und das Interamerikanische Übereinkommen vom 24. Mai 1984 über das Internationale Privatrecht auf dem Gebiet der Adoption von Minderjährigen gemeint sind.

58 Trotz einiger Widerstände zu Beginn der vorbereitenden Arbeiten wurde Einvernehmen darüber erzielt, die genannten völkerrechtlichen Übereinkünfte nur zu „berücksichtigen", womit auch die allgemeine Einschätzung ausgedrückt wurde, es sei wünschenswert, Konflikte zwischen dem vorliegenden Übereinkommen und anderen zwischen den Vertragsstaaten geltenden Übereinkommen zu vermeiden.

Kapitel I

Anwendungsbereich des Übereinkommens

59 Die Ziele des Übereinkommens wurden in Artikel 1 einvernehmlich festgelegt, wobei man von Beginn der Arbeiten an davon ausging, dass das Übereinkommen nicht alle Probleme in Bezug auf Kinder lösen konnte, so bedeutsam sie auch sein mögen. Deshalb beschränken sich die angestrebten Ziele darauf, bestimmte Vorkehrungen zu treffen, um sicherzustellen, dass internationale Adoptionen zum Wohl des Kindes stattfinden, ein System internationaler Zusammenarbeit zwischen den Staaten einzurichten und die Anerkennung nach dem Übereinkommen vorgenommener Adoptionen in den Vertragsstaaten zu gewährleisten.

60 Kapitel I regelt auch den Anwendungsbereich des Übereinkommens, wozu Artikel 2 bestimmt, wann eine Adoption als international anzusehen ist, und Artikel 3, zu welchem Zeitpunkt des Verfahrens das Übereinkommen nicht mehr angewandt wird, wenn das Kind im Lauf des Verfahrens das 18. Lebensjahr vollendet.

Artikel 1

Buchstabe a

61 Buchstabe a wiederholt den Wortlaut des Entwurfs (Artikel 1 Buchstabe a) und fügt die Wörter „völkerrechtlich anerkannten" ein, die auf das Arbeitsdokument Nr. 4 der Schweiz zurückgehen.

62 Der Änderung lag die Absicht zugrunde, die Grundrechte des Kindes ohne Beschränkung auf diejenigen genauer zu umschreiben, die das RKÜ als solche bezeichnet, und sie auf die internationale Ebene zu heben. Dies bezweckt, unterschiedliche Auslegungen in den verschiedenen Vertragsstaaten auszuschließen und diese daran zu hindern, die Tragweite der Grundrechte des Kindes auf die Rechte zu beschränken, die ihre eigenen Verfassungen anerkennen. Obwohl in der Sache Einigkeit bestand, erschien der Vorschlag etwas unbestimmt, und zur Klarstellung wurde folgende weitere Formulierung vorgeschlagen: „in den in der Präambel genannten Übereinkünften völkerrechtlich anerkannten", aber eine große Mehrheit nahm den Schweizer Vorschlag an, obwohl er nicht alle Unklarheiten beseitigt, es sei denn, man nimmt an, dass alle für das Kind völkerrechtlich anerkannten Rechte Grundrechte sind.

63 Deshalb führt Artikel 1 Buchstabe a eines der Hauptziele des Übereinkommens an, nämlich die Einführung von Schutzvorschriften für die Gewährleistung des Kindeswohls und zur Wahrung seiner völkerrechtlich anerkannten Grundrechte. Den gleichen Gedanken enthält auch der vierte Absatz der Präambel, so dass die Bemerkungen dazu hier ebenfalls gelten, insbesondere dass dem „Wohl des Kindes" höchste Bedeutung zuzumessen ist, wobei jedoch die Rechte weiterer an der Adoption beteiligter Personen zu berücksichtigen sind.

64 Die Einführung bestimmter Schutzvorschriften verwirklicht ohne jeden Zweifel den Schutz des Wohls des Kindes als höchstrangigen Grundsatz und gleichzeitig die Wahrung seiner völkerrechtlich anerkannten Grundrechte. Alle Adoptionen, auf die das Übereinkommen anzuwenden ist, müssen diesen Anforderungen entsprechen. Es reicht daher nicht aus, wenn die Vertragsstaaten den Grundsatz der Gleichbehandlung zwischen nationalen und internationalen Adoptionen beachten, der als Mindestanforderung in Artikel 21 Buchstabe c RKÜ angeführt ist und den Vertragsstaaten vorschreibt, „sicherzustellen, dass das Kind im Fall einer internationalen Adoption in den Genuss der für nationale Adoptionen geltenden Schutzvorschriften und Normen kommt".

Buchstabe b

65 Buchstabe b gibt den Wortlaut des Entwurfs (Artikel 1 Buchstabe b) wieder und bezweckt, „ein System der Zusammenarbeit unter den Vertragsstaaten einzurichten"; dies zeigt, dass das Übereinkommen nicht beansprucht, alle Probleme in Zusammenhang mit der internationalen Adoption von Kindern zu lösen, insbesondere das anwendbare Recht zu bestimmen, dem die Adoptionsentscheidung oder ihre Wirkungen unterliegen. Immerhin werden jedoch einige Zuständigkeitsfragen indirekt behandelt, z.B. durch Aufteilung der Aufgaben zwischen dem Heimat- und dem Aufnahmestaat.

66 Nach Buchstabe b soll das eingerichtete System der Zusammenarbeit die Einhaltung der vom Übereinkommen eingeführten Schutzvorschriften sicherstellen, wobei davon ausgegangen wird, dass hierdurch die Entführung und der Verkauf von Kindern sowie der Handel mit Kindern verhindert werden. Da auch der vierte Absatz der Präambel diesen Gedanken erwähnt, sind die Bemerkungen dazu auch hier einschlägig, insbesondere dass das Übereinkommen derartige Missbräuche und sonstige rechtswidrige oder unzulässige Tätigkeiten zum Nachteil von Kindern nicht unmittelbar, sondern mittelbar bekämpft, wobei die Lösung dieser Probleme anderen internationalen Übereinkünften oder dem innerstaatlichen Recht überlassen bleibt.

67 Aus diesem Grund unternahm es z.B. die Organisation Amerikanischer Staaten, einen im Oktober 1993 in Oaxtepec, Mexiko, verabschiedeten Übereinkommensentwurf über den internationalen Handel mit Minderjährigen auszuarbeiten, den die Fünfte Interamerikanische Sonderkonferenz zum Internationalen Privatrecht prüfen soll, die für März 1994 nach Mexiko einberufen wurde.

Buchstabe c

68 Nach Artikel 1 Buchstabe c ist es Ziel des Übereinkommens, „in den Vertragsstaaten die Anerkennung der gemäß dem Übereinkommen zustande gekommenen Adoptionen zu sichern". Dies ist zweifellos eine für das tägliche Leben sehr bedeutende Frage; denn wenn die Adoptionsentscheidung im Ausland nicht anerkannt wird, hat es kaum Sinn, bestimmte Schutzvorschriften für das Kind einzuführen und ein System der Zusammenarbeit zwischen den Vertragsstaaten zu vereinbaren.

69 Buchstabe c ist in Verbindung mit Artikel 23 zu lesen, der grundsätzlich die Anerkennung der nach den Vorschriften des Übereinkommens vorgenommenen Adoptionen kraft Gesetzes vorschreibt. Daher ist klar, dass das Übereinkommen nicht lediglich darauf abzielt, ihre Anerkennung „zu fördern", sondern „sicherzustellen".

Artikel 2

Absatz 1

70 Der erste Absatz gibt den Text des Entwurfs (Artikel 2) wieder und nimmt in den englischen Wortlaut die Wörter „shall apply" auf, um den zwingenden Charakter des Übereinkommens zu unterstreichen und klarzustellen, dass alle von den Vertragsstaaten vorgenommenen internationalen Adoptionen den Übereinkommensregeln zu entsprechen haben. Es herrschte Einigkeit, dieser zwingende Charakter sei die einzige Art und Weise, einige der Hauptziele des Übereinkommens zu verwirklichen, d.h. den Schutz des Wohls des Kindes sowie die Wahrung seiner Grundrechte (Artikel 1 Buchstabe a), die Verhinderung von Missbräuchen wie Entführung und Verkauf von Kindern, den Handel mit Kindern und andere rechtswidrige oder unzulässige gegen das Kind gerichtete Tätigkeiten (Artikel 1 Buchstabe b) sowie die Sicherstellung der Anerkennung von nach dem Übereinkommen vorgenommenen Adoptionen in den Vertragsstaaten (Artikel 1 Buchstabe c).

71 Artikel 2 zieht zur Festlegung des Anwendungsbereichs des Übereinkommens nicht die Staatsangehörigkeit der Parteien in Betracht, u. a. weil der Staat der Staatsangehörigkeit nicht in der Lage wäre, vielen im Übereinkommen vorgeschriebenen Verpflichtungen nachzukommen, z.B. die in den Artikeln 15 und 16 geforderten Berichte zu erstellen. Wenn auch die Staatsangehörigkeit der Parteien internationale Adoptionen nicht ausschließt, darf deshalb aber nicht außer Acht gelassen werden, dass der Heimat- und der Aufnahmestaat die Staatsangehörigkeit ebenso wie weitere persönliche Merkmale berücksichtigen können, ehe sie sich nach Artikel 17 Buchstabe c damit einverstanden erklären, das Adoptionsverfahren fortzuführen.

72 Ungeachtet dessen schlug Ägypten im Arbeitsdokument Nr. 124 in der zweiten Lesung vor, den folgenden neuen Artikel in Kapitel I einzufügen: „Dieses Übereinkommen ist nicht auf Staatsangehörige der Staaten anzuwenden, in denen die Adoption als Verstoß gegen das innerstaatliche Recht angesehen wird"; bei seiner Einbringung wurde die Fassung wie folgt geändert: „Dieses Übereinkommen ist nicht auf Bürger der Staaten anzuwenden, in denen die Adoption als Verstoß gegen den ordre public gilt, soweit die internationale Adoption nicht zum Wohl des Kindes geboten ist". Es wurde erläutert, der Vorschlag wolle den Fall erfassen, der auftreten könne, wenn das adoptierte Kind Angehöriger eines Staates ist, der die Adoption als Verstoß gegen seinen ordre public ansieht, aber seinen gewöhnlichen Aufenthalt in einem Vertragsstaat hat, der die Adoption zulässt. Die Vornahme der Adoption eines Kindes „kann dem oder der Einzelnen durchaus schweren Schaden zufügen und ihn oder sie in eine unerträgliche Lage bringen", weil der Staat der Staatsangehörigkeit das Kind weiterhin als seinen Angehörigen betrachten und keine Auskünfte über es erteilen wird, „wenn er sich wegen fehlender Konsultation in Bezug auf die Adoption erniedrigt fühlt". Außerdem wird der Staat der Staatsangehörigkeit das Kind wegen Verstoßes gegen seine Vorschriften zur Rechenschaft ziehen und es bei der Rückkehr z.B. steuerlich benachteiligen. Deshalb wolle die vorgeschlagene Formulierung in Übereinstimmung mit der anerkannten Ausnahme des ordre public bei der Anerkennung ausländischer Adoptionen einen vernünftigen Kompromiss herbeiführen; denn sie würde die Adoption von

Kindern ermöglichen, die Bürger von Staaten sind, welche die Adoption nicht anerkennen, sie aber nicht für einen Verstoß gegen ihren ordre public halten, oder von Staaten, welche die Adoption als Verstoß gegen ihren ordre public ansehen, aber in Fällen zwingender Notwendigkeit zur Anerkennung von Adoptionen bereit sind. Nach der Verfahrensordnung konnte der Vorschlag jedoch wegen mangelnder Unterstützung nicht in Betracht gezogen werden.

73 Obwohl das Übereinkommen nicht ausdrücklich die Staatsangehörigkeit der an der Adoption beteiligten Parteien in Betracht zieht, verweist Artikel 2 auf die Länder, in denen sich das Kind und die vorgesehenen Adoptiveltern aufhalten, als „Heimat-" bzw. „Aufnahmestaat". Der Ausdruck „Heimatstaat" ist beanstandet worden, weil er Missverständnisse hervorrufen könne, wenn er als „Staat der Staatsangehörigkeit" verstanden würde. Er wurde jedoch beibehalten, weil seine konkrete Bedeutung im Übereinkommen als sehr klar angesehen wurde und es vernünftigerweise zu keiner Verwechslung kommen sollte.

74 El Salvador legte Arbeitsdokument Nr. 28 vor, das ausdrücklich dazu führen sollte, dass das Adoptionsverfahren zwingend im Heimatstaat durchzuführen ist, und schlug die folgende Änderung von Artikel 2 vor: „Das Übereinkommen ist anzuwenden, wenn ein Kind mit gewöhnlichem Aufenthalt in einem Vertragsstaat (Heimatstaat) nach Abschluss seines gesetzlichen Adoptionsverfahrens im Heimatstaat von Ehegatten oder Personen mit gewöhnlichem Aufenthalt im Aufnahmestaat in einen anderen Vertragsstaat gebracht werden soll". Es bestand jedoch keine Übereinstimmung in Bezug auf die Vorstellung, dem Wohl des Kindes sei mit der ausschließlichen Vornahme der Adoption im Heimatstaat zwingend besser gedient, da viele Staaten, z.B. in Asien, damit einverstanden sind, dass die Adoption im Aufnahmestaat vorgenommen wird. Andererseits lässt das Übereinkommen Vorschriften eines Heimatstaats unberührt, nach denen die Adoption in diesem Staat vorzunehmen ist (Artikel 28). Deshalb ist das Übereinkommen ohne Rücksicht darauf anzuwenden, ob die Adoption im Heimat- oder im Aufnahmestaat stattfindet. Infolgedessen erfasst Artikel 2 folgende Fälle: a) wenn die Adoption entweder im Heimatstaat oder im Aufnahmestaat stattfindet, bevor das Kind in den Aufnahmestaat gebracht wird; b) wenn das Kind in den Aufnahmestaat gebracht wird und die Adoption entweder im Heimatstaat oder im Aufnahmestaat nach seiner Ankunft im zuletzt genannten Staat stattfindet und c) wenn das Kind zum Zweck der Adoption in den Aufnahmestaat gebracht wird, obwohl weder im Heimatstaat noch im Aufnahmestaat eine Adoption stattfindet.

75 Das Übereinkommen regelt nicht den Sonderfall, den das interamerikanische Übereinkommen von 1984 erfasst, dessen Artikel 20 bestimmt: „Jeder Vertragsstaat kann jederzeit erklären, dass dieses Übereinkommen auf die Adoption Minderjähriger, die sich in diesem Staat gewöhnlich aufhalten, durch Personen, die sich ebenfalls dort gewöhnlich aufhalten, anzuwenden ist, wenn sich nach Meinung der betroffenen Behörde aus den Umständen des Falles ergibt, dass der Annehmende (oder die Annehmenden) die Absicht hat (oder haben), seinen (oder ihren) Wohnsitz in einen anderen Vertragsstaat zu verlegen, nachdem die Adoption stattgefunden hat." Obgleich alle hierfür erheblichen Merkmale im Zeitpunkt der Adoption nur mit einem einzigen Recht verbunden sind, ist diese Bestimmung für zweckmäßig erachtet worden, weil die Vorschriften des Übereinkommens dazu dienen können, das Wohl des Kindes für den Fall sachgerecht zu schützen, dass die Adoption nachträglich eine internationale wird, z.B. um die Anpassung des Kindes an seine neue Familie zu überwachen.

76 Nach Artikel 2 müssen die künftigen Adoptiveltern in dem Zeitpunkt, in dem sie ihren Adoptionsantrag stellen, wie dies auch Artikel 14 vorschreibt, ihren gewöhnlichen Aufenthalt im Aufnahmestaat haben, und die Voraussetzung des Aufenthalts des Kindes im Heimatstaat muss erfüllt sein, wenn die Zentralen Behörden den von Artikel 16 auferlegten Verpflichtungen nachkommen sollen. Infolgedessen sind die Vorschriften des Übereinkommens selbst in dem Fall zu befolgen, dass entweder die künftigen Adoptiveltern oder das Kind später ihren gewöhnlichen Aufenthalt in einen anderen Vertragsstaat verlegen.

77 Weiterhin verlangt Artikel 2 als Voraussetzung für die Anwendung des Übereinkommens auch, dass das Kind und die künftigen Adoptiveltern ihren gewöhnlichen Aufenthalt in verschiedenen Vertragsstaaten haben. Das Übereinkommen regelt also nicht Fälle, in denen das Kind seinen gewöhnlichen Aufenthalt in einem Vertragsstaat hat und die künftigen Adoptiveltern ihren gewöhnlichen Aufenthalt in einem Nichtvertragsstaat haben oder umgekehrt, wobei es keine Rolle spielt, ob der Nichtvertragsstaat nach Vornahme der Adoption Vertragsstaat wird.

78 Das Übereinkommen enthält keine Bestimmung darüber, wann von gewöhnlichem Aufenthalt des Kindes oder der künftigen Adoptiveltern in einem Vertragsstaat auszugehen ist. Dieses Problem dürfte sich jedoch wegen des tatsächlichen Charakters des gewöhnlichen Aufenthalts nicht oft stellen, und wenn es sich stellt, wird die Frage nicht zu praktischen Schwierigkeiten führen, weil Artikel 17 Buchstabe c zur Fortführung des Adoptionsverfahrens das Einverständnis beider Staaten verlangt.

79 Die Spezialkommission hat lange die Frage erörtert, welche Personen künftige Adoptiveltern sein könnten, und insbesondere, ob das Übereinkommen Adoptionsanträge von unverheirateten Paaren verschiedenen Geschlechts, die in einer festen Verbindung leben, oder von Homosexuellen oder Lesbierinnen, die allein oder als Paar leben, erfassen sollte. Obgleich diese Fälle ausgiebig erörtert wurden, können die durch sie aufgeworfenen Probleme als „unechte Probleme" eingestuft werden, da der Heimatstaat und der Aufnahmestaat von Anfang an zusammenarbeiten und ggf. ihr Einverständnis mit der Fortführung des Adoptionsverfahrens versagen können, wenn sie es z.B. aufgrund der persönlichen Verhältnisse der künftigen Adoptiveltern für angezeigt halten. Außerdem hätten die übrigen Vertragsstaaten, falls einzelne Vertragsstaaten diesen besonderen Arten von Adoptionen zustimmen, nach Artikel 24 das Recht, ihre Anerkennung aus Gründen des ordre public zu versagen.

80 Da es sich jedoch um eine heikle Frage handelt, beschränkte sich Artikel 2 des Entwurfs darauf, die weniger problematische Vorgehensweise zu übernehmen, d.h. ausschließlich Adoptionen durch „Ehegatten (Mann und Frau) sowie durch eine verheiratete oder nicht verheiratete Person" zu regeln. Außerdem stellte der Bericht der Spezialkommission klar, dass Artikel 2 „Ehegatten" an erster Stelle nennt, weil es sich hierbei im Vergleich zur Adoption durch eine „Person", Mann oder Frau, um den gängigsten Fall handelt, und nicht weil Adoptionen durch allein stehende Personen „anomal" wären.

81 Trotz ausführlicher Erörterung der Frage in der Spezialkommission kam sie in der Diplomatischen Konferenz wieder zur Sprache. Das von Korea vorgelegte Arbeitsdokument Nr. 54 schlug vor, die Wörter „Ehegatten oder eine Person" zu streichen und an ihrer Stelle die Wörter „eines Ehemanns und einer Ehefrau oder einer nicht verheirateten Einzelperson" einzufügen, da „diese Änderung zur Klarstellung erforderlich sei, weil bestimmte Staaten mittlerweile gesetzlich zulassen, dass Ehegatten von gleichem Geschlecht sein können"; außerdem sei der Begriff „eine Person" zu ändern, „um das Problem zu vermeiden, dass eine verheiratete Person ohne Zustimmung ihrer Ehefrau oder ihres Ehemannes adoptiert". Zudem würde es der Wortlaut des

Entwurfs „erlauben, das Übereinkommen als Deckmantel für die Legalisierung sog. „Leihmutterschafts-"Verträge heranzuziehen, bei denen eine Frau das Kind ihres Ehemanns adoptiert und das Kind von einer Frau geboren worden ist, die für die Insemination durch den Ehemann bezahlt wurde".

82 Die Streichung des Wortes „Person" wurde auch befürwortet, um klarzustellen, dass die Adoption grundsätzlich nur in einer Familie erfolgen sollte; aber es wurde darauf hingewiesen, die Streichung löse nicht alle Probleme, denn in diesem Fall wären Adoptionen durch Homosexuelle aus dem Anwendungsbereich des Übereinkommens ausgenommen, und den in dieser Weise adoptierten Kindern kämen die Bestimmungen des Übereinkommens nicht zugute. Außerdem kann es auch geschehen, dass ein heterosexuelles Paar ein Kind adoptiert und nach einer evtl. Scheidung ein früherer Ehegatte eine Verbindung mit einer gleichgeschlechtlichen Person eingeht. Die einzige Lösung bestünde eigentlich darin, Adoptionen durch homosexuelle Einzelpersonen oder Paare zu verbieten und die Adoption aufzuheben, wenn solch ein Fall nach einer „normalen" Adoption eintritt. All diese Probleme fallen jedoch nicht in den Anwendungsbereich des Übereinkommens und sollten nach dem nationalen Recht jedes Vertragsstaats gelöst werden.

83 Mit dem Arbeitsdokument Nr. 15 brachte Kolumbien den weiteren Vorschlag einer Bestimmung ein, nach welcher der Begriff „Ehegatten" ein Paar von Mann und Frau meint und nicht als Homosexuellenpaar verstanden werden könne. In diesem Zusammenhang wurde daran erinnert, dass das französische Wort „époux (Ehegatte)" nur für heterosexuelle Paare gilt, weil die homosexuellen Paare als „partenariat (Partnerschaft)" bezeichnet werden, und dass aufeinander folgende Adoptionen durch Einzelpersonen sich schließlich als Adoption durch homosexuelle Paare herausstellen können.

84 Der kolumbianische Vorschlag hatte zwar keinen Erfolg, der zugrundeliegende Gedanke wurde aber einstimmig übernommen, und es wurde entschieden, in den Bericht eine eindeutige Aussage in diesem Sinn aufzunehmen; der Delegierte des Heiligen Stuhls beantragte bei der zweiten Lesung, im Bericht niederzulegen, dass die Zweite Kommission nachhaltig die Bedeutung von Adoptionen durch Ehegatten als gängigste Form der internationalen Adoption unterstrichen habe. Diese Bemerkung wird ohne Zweifel durch die Absätze 1 und 2 (der Präambel) belegt, die in den Entwurf aufgenommen wurden, um die Unterbringung in einer Familie als vorrangig hervorzuheben, ein Gedanke, der sich bereits im ersten Absatz des Entwurfs findet, der dritter Absatz der Präambel des Übereinkommens wurde, wobei zu berücksichtigen ist, dass er geändert wurde, um den Umstand herauszustellen, dass im Heimatstaat keine „geeignete Familie" für die Betreuung des Kindes gefunden werden kann.

85 Die Änderungen der Präambel stellen weiterhin, wie in der Erklärung des Heiligen Stuhls gegenüber der Haager Konferenz bemerkt, klar, „dass die feste Verbindung des Paares lebenswichtig und entscheidend für die Erziehung der gemeinsamen Kinder ist. Das offenkundige Elend der Kinder, die Opfer zerrütteter Ehen sind, und die vergleichbaren Schwierigkeiten bemerkenswerter Zahlen von Kindern, die von einzelnen Elternteilen oder unverheirateten Paaren aufgezogen werden, sprechen eine deutliche Sprache. Die zusätzlichen Risiken, denen nicht in einer normalen Familienumgebung aufgezogene Kinder ausgesetzt sind, lassen sich keinesfalls mit dem Wohl des Kindes rechtfertigen. Oder, um es mit den Formulierungen des hier behandelten Übereinkommens auszudrücken, die Unterbringung in festen Familien dient von der Natur der Sache her dem Wohl des Kindes".

86 Artikel 2 Abs. 1 ist in Verbindung mit Artikel 26 Abs. 2 und 3 zu lesen, weil das Übereinkommen nicht nur auf die Vornahme der Adoption anzuwenden ist, wenn das Kind aus dem Aufnahmestaat in einen anderen Vertragsstaat verbracht wird, sondern auch zur Bestimmung seiner Rechte als Adoptivkind. Gleiches gilt für die Verbindung mit Artikel 27, weil unter den Anwendungsbereich des Übereinkommens auch die mögliche Umwandlung der Adoption fällt.

Absatz 2

87 Artikel C in dem zur Prüfung durch die Spezialkommission vorgelegten Vorläufigen Dokument Nr. 4 umschrieb die „Adoption" im Sinn des Übereinkommens als jedes Rechtsinstitut, das ein dauerhaftes soziales und rechtliches Eltern-Kind-Verhältnis begründet. Ungeachtet der Bedeutung der Frage konnte keine Einigkeit hierzu erzielt werden, weil bestimmte Teilnehmer daran festhielten, der Begriff brauche wegen seiner hinreichend klaren Bedeutung nicht definiert zu werden, während andere darauf hinwiesen, dass die Adoption die Rechtsbeziehung zwischen dem Kind und seinen biologischen Eltern beenden kann oder nicht, je nach dem in den verschiedenen Staaten geltenden Recht, und auch wenn die Beziehung beendet wird, besteht kein Einvernehmen, welche weiteren Folgen die Adoption mit sich bringt. Diese fehlende Übereinstimmung erklärt, warum der Übereinkommensentwurf eine Definition unterlässt.

88 Die Frage wurde erneut auf der Diplomatischen Konferenz geprüft, der mehrere Vorschläge unterbreitet wurden: (a) das Arbeitsdokument Nr. 7 der USA schlug vor, einen zweiten Absatz mit folgendem Wortlaut anzufügen: „Im Sinn dieses Übereinkommens bedeutet Adoption jedes rechtliche Verfahren, das unwiderruflich das Eltern-Kind-Verhältnis zu den biologischen Eltern beendet und das Eltern-Kind-Verhältnis zu den (dem) Adoptiveltern(teil) begründet"; (b) Spanien schlug im Arbeitsdokument Nr. 16 vor, ausdrücklich zu bestimmen, „dass im Sinn des Übereinkommens der Begriff 'Adoption' die Begründung eines Eltern-Kind-Verhältnisses zwischen dem Kind und den Adoptiveltern sowie ggf. die Beendigung des Rechtsverhältnisses zwischen dem Kind und seiner Herkunftsfamilie bezeichnet"; und (c) das Arbeitsdokument Nr. 54 Koreas regte folgenden Wortlaut an: „Im Sinn dieses Übereinkommens bezeichnet 'Adoption' das rechtliche Verfahren, mit dem alle Rechte und Pflichten der biologischen Eltern gegenüber einem Kind beendet und alle Rechte und Pflichten auf die Adoptiveltern übertragen werden".

89 Den letzten Vorschlag erläuterte der koreanische Delegierte wie folgt: „Grenzüberschreitende Adoptionen von Kindern erfordern, dass ihr Wohl geschützt wird. Kinder werden am besten geschützt, wenn ihre neuen Adoptiveltern die vollen Rechte und Pflichten haben, die sie brauchen, um ihre Elternrolle richtig ausführen zu können. Psychologisch und physisch erfordert die Entfernung bei grenzüberschreitenden Adoptionen, dass ein Kind ein Gefühl der Dauerhaftigkeit in der Adoptivfamilie empfindet. Damit ist nicht gesagt, dass das allgemeine nationale Recht keine Abstufungen machen darf. Solche aktuellen Varianten einschließlich Beschränkungen beim Gebrauch von Familiennamen und beim Erbrecht nach der Adoptivfamilie sollten im Übereinkommen beachtet werden. Eine solche Beachtung darf jedoch bei Kindern aus Heimatstaaten, deren Rechtsordnungen umfassende Adoptionen ohne Beschränkungen vorsehen, nicht zu Lasten der Ziele des Übereinkommens gehen".

90 Außerdem ist daran zu erinnern, dass die ägyptische Delegation seit Beginn der Diplomatischen Konferenz auf einer Lösung der Probleme bestand, die der Übereinkommensentwurf für Staaten wie Ägypten mit sich brachte, weil sie zwar kein Adoptionssystem anerkennen, aber auf andere Weise die Betreuung von Kindern vorsehen, etwa in Form der „kafala", der Pflegeelternschaft und der Vormundschaft.

Deshalb sollte nach ihrer Ansicht, die allerdings nicht von den übrigen Delegationen geteilt wurde, der Adoptionsbegriff weit genug gefasst sein, um alle diese Möglichkeiten einzubeziehen.

91 Ungeachtet der Ablehnung einer Definition der „Adoption" durch einige Teilnehmer trat die große Mehrheit „für eine allumfassende Definition anstelle einer auf die Volladoption beschränkten ein". Deshalb wurde eine weitere Definition der „Adoption" vorgezogen, welche ungeregelt lässt, ob das vorher bestehende Eltern-Kind-Verhältnis zwischen dem Kind und seinen (biologischen) Eltern beendet wird, und aufgrund dieses weiteren Konzepts regelt Artikel 27 des Übereinkommens auch die Umwandlung der Adoption.

92 Deutschland schlug in Arbeitsdokument Nr. 13 vor, aus dem Anwendungsbereich des Übereinkommens die Fälle auszunehmen, in denen die künftigen Adoptiveltern und das Kind a) unmittelbar oder in der Seitenlinie bis zum (4.) Grad miteinander verwandt sind oder b) dieselbe Staatsangehörigkeit besitzen. Die Ausnahme der Adoptionen zwischen Verwandten oder innerhalb einer Familie sollte es erlauben, flexiblere Vorschriften anzuwenden; aber die Geltung des Übereinkommens für Adoptionen aller Art wurde beibehalten, weil keine Gewähr dafür besteht, dass bei Adoptionen innerhalb derselben Familie kein Missbrauch von Kindern auftritt. Das Übereinkommen behandelt sie jedoch in mancher Hinsicht besonders: a) Artikel 26 Absatz 1 Buchstabe c ermöglicht, das vorher bestehende Rechtsverhältnis zwischen dem Kind und seiner Mutter und seinem Vater, nicht aber zu anderen Familienmitgliedern zu beenden, und b) Artikel 29 nimmt innerhalb einer Familie stattfindende Adoptionen vom Kontaktverbot zwischen den künftigen Adoptiveltern und den Eltern des Kindes oder jeder anderen Person aus, welche die Sorge für das Kind hatten.

93 Der Wortlaut, den der Redaktionsausschuss für die zweite Lesung vorlegte (Arbeitsdokument Nr. 179), wurde kritisiert, weil die englische Fassung („permanent parent-child relationship", dauerhaftes Eltern-Kind-Verhältnis) das Wort „dauerhaft" verwandte und damit weiter ging als die französische Fassung. Es wurden jedoch keine Änderungen wegen der Schwierigkeiten vorgenommen, den französischen Ausdruck „lien de filiation" ins Englische zu übertragen.

94 Artikel 2 Abs. 2 stellt klar, dass das Übereinkommen Adoptionen aller Art regelt, die ein dauerhaftes Eltern-Kind-Verhältnis begründen, unabhängig davon, ob das vorher bestehende Rechtsverhältnis zwischen dem Kind und seiner Mutter sowie seinem Vater völlig (Volladoption) oder nur zum Teil beendet wird (einfache oder begrenzte Adoption). Das Übereinkommen regelt jedoch keine „Adoptionen", die nur dem Namen nach Adoptionen sind, aber kein dauerhaftes Eltern-Kind-Verhältnis begründen.

Artikel 3

95 Artikel 3 regelt die Frage, auf welche Kinder das Übereinkommen anzuwenden ist, die bei der Erörterung durch die Spezialkommission zu unterschiedlichen Auffassungen führte. Einige Teilnehmer meinten, es sollte keine besondere Vorschrift hierüber geben und dem Heimatstaat die Entscheidung wie in dem interamerikanischen Übereinkommen überlassen bleiben, das es jedem Vertragsstaat überlässt zu definieren, was unter „Minderjährigkeit" zu verstehen ist; es wurde jedoch allgemeine Übereinstimmung erzielt, ein Höchstalter für die Anwendung des Übereinkommens festzulegen, um Unklarheiten und verschiedene Auslegungen über einen so wichtigen Punkt zu vermeiden. Da entschieden worden war, den im RKÜ enthaltenen Grundsätzen so weit wie möglich zu folgen, wurde schließlich das Alter von 18 Jahren angenommen, um zu bestimmen, wann eine Person aufhört, minderjährig zu sein. Dieser Punkt wurde bei der Diplomatischen Konferenz nicht mehr angesprochen; daher gibt Artikel 3 des Übereinkommens den Wortlaut des Entwurfs (Artikel 3) wieder, der ein Alter von 18 Jahren festlegte, um zu bestimmen, wann eine Person aufhört, minderjährig zu sein.

96 Artikel 3 zielt nur darauf ab, den Anwendungsbereich des Übereinkommens zu bestimmen, d.h. die Kinder, auf welche die Übereinkommensregeln anzuwenden sind, und beansprucht nicht, das Höchstalter festzulegen, bis zu welchem ein Kind adoptiert werden kann. Diese Frage bezieht sich auf die Fähigkeit eines Kindes, adoptiert zu werden, und wird wie alle anderen materiellrechtlichen Voraussetzungen für die Adoption weiterhin dem anzuwendenden Recht unterliegen, das die Kollisionsnormen jedes Staates festlegen. Ist nach dem anwendbaren Recht nur die Adoption von Kindern mit niedrigerem Alter zulässig, etwa von 12 Jahren oder jünger, so ist folglich diese Voraussetzung zu beachten, und die Adoption kann ungeachtet des Artikels 3 des Übereinkommens nicht stattfinden.

97 Ferner ist zwischen der in Artikel 3 geregelten Frage und der Anerkennung der Adoption klar zu trennen. Diese Unterscheidung ist sehr wichtig und sollte stets bedacht werden, um Missverständnisse zu vermeiden. Sobald die Zustimmungen nach Artikel 17 Buchstabe c erteilt worden sind, bevor das Kind das 18. Lebensjahr erreicht hat, folgt, wenn die Vorschriften des Übereinkommens eingehalten worden sind, die Anerkennung automatisch und sollte nicht dadurch beeinträchtigt werden, dass das Kind das Alter von 18 Jahren erreicht oder die Adoption erst nach diesem Alter vorgenommen wird.

98 Artikel 3 des Entwurfs sah vor, das Übereinkommen nicht mehr anzuwenden, wenn das Kind das 18. Lebensjahr vollendet hat, ohne dass im Heimatstaat oder im Aufnahmestaat eine Adoption stattgefunden hat. Nicht nur die Spezialkommission (siehe Bericht der Spezialkommission Nr. 58), sondern auch einige Teilnehmer an der Diplomatischen Konferenz hielten es jedoch für ratsam, die Vorteile des Übereinkommens auch auf gewisse Fälle zu erstrecken, in denen das Kind vor der Adoption das 18. Lebensjahr schon erreicht hat.

99 Uruguay schlug in Arbeitsdokument Nr. 60 in der Tat folgenden neuen Wortlaut für Artikel 3 vor: „Wenn das Kind, nachdem es in den Aufnahmestaat gebracht worden ist, und vor seiner Adoption im Heimat- oder im Aufnahmestaat das 18. Lebensjahr erreicht, ist das Übereinkommen anzuwenden." Das Arbeitsdokument Nr. 166 Italiens schlug vor, das Übereinkommen sollte anwendbar sein, „wenn das Kind zu dem Zeitpunkt, zu dem die Zentralen Behörden der betroffenen Staaten nach Artikel 17 des Übereinkommens ihre Zustimmung zur Fortführung des Adoptionsverfahrens erklären, noch nicht das 18. Lebensjahr erreicht hat." Hinter beiden Vorschlägen stand der Gedanke, die Möglichkeiten der internationalen Adoption auszudehnen, weil es für unerträglich gehalten wurde, einem Kind, nachdem es in den Aufnahmestaat gebracht worden ist, die Vorteile des Übereinkommens vorzuenthalten, nur weil es vor Abschluss des Adoptionsverfahrens das 18. Lebensjahr erreicht hat. Eine große Mehrheit trat für den italienischen Vorschlag ein, der dann Artikel 3 wurde, obwohl er es, wie gesagt, zulässt, dass ein Kind im Zeitpunkt seiner Adoption weitaus älter als 18 Jahre, also erwachsen ist.

100 Kolumbien schlug in Arbeitsdokument Nr. 15 erfolglos vor, folgenden neuen Absatz anzufügen: „Das Übereinkommen ist jedoch auch anzuwenden, wenn die (der) Adoptiveltern(teil) die persönliche Sorge für den Minderjährigen hatte, ehe das Kind das 18. Lebensjahr erreichte." Damit sollte der Schutz des Übereinkommens auf Fälle ausgedehnt werden, in denen ein Kind vor Erreichen des 18. Lebensjahrs bei einem Elternteil gelebt hatte.

Kapitel II

Voraussetzungen internationaler Adoptionen

101 Der Entwurf überschrieb Kapitel II mit „Grundlegende Bestimmungen"; die Spezialkommission erörterte die Möglichkeit, die Überschrift zu ändern, lehnte dies aber ab (Bericht der Spezialkommission Nr. 61 bis 65).

102 Belgien brachte jedoch die Frage bei der Diplomatischen Konferenz erneut mit Arbeitsdokument Nr. 36 zur Sprache, das die Überschrift „Bedingungen für die Adoption" vorschlug. Diesen Wortlaut ersetzte Belgien selbst im Arbeitsdokument Nr. 133 durch die Formulierung: „Grundlegende Bedingungen für internationale Adoptionen". Der belgische Delegierte hielt es für ratsam, Missverständnisse zu vermeiden, die sich aus der Überschrift des Entwurfs ergeben könnten, erstens, weil sie den Eindruck erwecken könne, alle grundlegenden Bestimmungen seien in Kapitel II enthalten, ein Fehlschluss, da weitere „grundlegende" Bestimmungen in anderen Kapiteln zu finden sind, und zweitens, weil sie den falschen Eindruck vermittle, Kapitel II sei wichtiger als die übrigen.

103 Die Frage der Überschrift blieb jedoch offen, bis der Inhalt der verschiedenen Kapitel bekannt war. Anschließend unterbreitete Arbeitsdokument Nr. 179 des Redaktionsausschusses die folgende Fassung: „Voraussetzungen internationaler Adoptionen", und dieser Vorschlag wurde ohne Aussprache angenommen.

104 Nach Artikel 1 Buchstabe b gehört es zu den Zielen des Übereinkommens, „ein System der Zusammenarbeit unter den Vertragsstaaten einzurichten, um die Einhaltung dieser Schutzvorschriften sicherzustellen und dadurch die Entführung und den Verkauf von Kindern sowie den Handel mit Kindern zu verhindern". Das Übereinkommen ist daher als eine Übereinkunft der Zusammenarbeit angelegt und verteilt zu diesem Zweck die Aufgaben zwischen den von internationalen Adoptionen am meisten betroffenen Staaten, dem Heimat- und dem Aufnahmestaat.

105 Artikel 4 bestimmt die Verpflichtungen des Heimatstaats in Bezug auf die materiellrechtlichen Voraussetzungen, die seine zuständigen Behörden vor der Vornahme einer Adoption nach dem Übereinkommen zu prüfen haben, nämlich a) dass das Kind für eine Adoption in Betracht kommt, b) der Grundsatz der Subsidiarität gewahrt ist, c) die erforderlichen Zustimmungen anderer Personen als des Kindes selbst vorliegen und d) die Wünsche und Meinungen des Kindes berücksichtigt sind oder seine Zustimmung vorliegt.

106 Die Aufgaben des Aufnahmestaats in dieser Hinsicht sind in Artikel 5 niedergelegt. Bevor eine Adoption nach dem Übereinkommen ausgesprochen wird, müssen die zuständigen Behörden dieses Staates feststellen, dass a) die künftigen Adoptiveltern für eine Adoption in Betracht kommen und dazu geeignet sind, b) die künftigen Adoptiveltern, soweit erforderlich, beraten worden sind und c) dem Kind die Einreise und der ständige Aufenthalt dort bewilligt worden sind oder werden.

107 Spanien schlug in Arbeitsdokument Nr. 18 den folgenden neuen Artikel für Kapitel II vor: „Die Zentralen Behörden des Heimat- und des Aufnamestaats wirken an allen in diesem Kapitel vorgesehenen Maßnahmen mit, um den Schutz des Kindes und die übrigen Ziele des Übereinkommens sicherzustellen". Der Vorschlag wurde jedoch vor seiner Erörterung zurückgezogen.

Artikel 4

Einleitung

108 Die Einleitung wiederholt ohne Änderung den Wortlaut des Entwurfs (Einleitung von Artikel 5); und Artikel 4 ist in Kapitel II enthalten, weil er die in allen Fällen einzuhaltenden Voraussetzungen unabhängig von den Vorschriften des anzuwendenden Rechts festschreibt. Entsprechend dem Aufbau des Übereinkommens bestimmt er die vom Heimatstaat wahrzunehmenden Aufgaben, so dass innerhalb des Anwendungsbereichs des Übereinkommens weder im Heimatnoch im Aufnahmestaat eine Adoption ausgesprochen werden darf, bis die zuständigen Behörden des Heimatstaats festgestellt haben, dass die folgenden besonderen Voraussetzungen erfüllt sind, nämlich a) dass das Kind für eine Adoption in Betracht kommt, b) der Grundsatz der Subsidiarität gewahrt ist, c) die erforderlichen Zustimmungen anderer Personen als des Kindes selbst eingeholt sind und d) soweit erforderlich, die Wünsche und Meinungen des Kindes berücksichtigt sind oder seine Zustimmung vorliegt. Diese Voraussetzungen stellen somit das Mindestmaß an Schutzvorschriften dar, die nicht außer acht gelassen werden dürfen, wobei davon auszugehen ist, dass der Vertragsstaat, in dem die Adoption stattfindet, hierfür weitere Erfordernisse anordnen darf.

109 Die nach Artikel 4 zu erfüllenden Voraussetzungen zielen darauf ab, einen der Hauptzwecke des Übereinkommens zu erreichen, der in Artikel 1 Buchstabe a genannt ist, und stellen das Mindestmaß an Schutzvorschriften dar, die als notwendig angesehen werden, „um sicherzustellen, dass internationale Adoptionen zum Wohl des Kindes und unter Wahrung seiner Grundrechte stattfinden".

110 Die Regelung in Artikel 4 enthält genauere Bestimmungen zu den Leitlinien zu Artikel 21 Buchstabe a RKÜ, der die Vertragsstaaten verpflichtet „sicherzustellen, dass die Adoption eines Kindes nur durch die zuständigen Behörden bewilligt wird, die nach den anzuwendenden Rechtsvorschriften und Verfahren und auf der Grundlage aller verlässlichen einschlägigen Informationen entscheiden, dass die Adoption angesichts des Status des Kindes in Bezug auf Eltern, Verwandte und einen Vormund zulässig ist und dass, soweit dies erforderlich ist, die betroffenen Personen in Kenntnis der Sachlage und auf der Grundlage einer gegebenenfalls erforderlichen Beratung der Adoption zugestimmt haben".

111 Die Schutzvorschriften in Artikel 5 haben nicht notwendigerweise die in Kapitel III vorgesehenen Zentralen Behörden, sondern die „zuständigen Behörden" des Heimatstaats zu prüfen. Dem Heimatstaat steht es frei zu bestimmen, welches die zuständigen Behörden sein sollen, entweder Verwaltungs- oder Justizbehörden oder sogar die Zentrale Behörde selbst.

112 Die Einleitung des ersten Absatzes ist zusammen mit Artikel 36 Buchstabe c zu lesen, um die zuständigen Behörden in dem Fall festzustellen, dass in einem Vertragsstaat auf dem Gebiet der Adoption zwei oder mehr Rechtssysteme bestehen, die in verschiedenen Gebietseinheiten gelten.

113 Artikel 4 stellt nur Mindestvorschriften auf. Wie erwähnt, kann daher der Heimatstaat oder der Aufnahmestaat die Erfüllung weiterer Voraussetzungen verlangen, wie sich ergibt, wenn man Artikel 4 Abs. 1 in Verbindung mit Artikel 17 Buchstabe a liest.

114 Die Frage, ob die zuständigen Behörden des Aufnahmestaats, nachdem die zuständigen Behörden des Heimatstaats bereits geprüft haben, ob die Voraussetzungen nach Artikel 4 erfüllt sind, eine erneute Prüfung vornehmen dürfen, wird unten bei Nummern 324 bis 342 (Artikel 17) erörtert. Nach Artikel 17 Buchstabe c steht es dem Aufnahmestaat frei, seine Zustimmung zur Fortführung des Adoptions-

verfahrens zu erteilen oder zu versagen; so hat er zwar nicht die Möglichkeit, dem Heimatstaat Adoptionen aufzuzwingen, die für diesen nicht hinnehmbar sind; er kann aber seine Zusammenarbeit bei Adoptionen versagen, die nicht mit seinen eigenen Vorschriften (einschließlich seiner Bestimmungen zum Internationalen Privatrecht) vereinbar sind, oder seine Zusammenarbeit von der Einhaltung seiner eigenen Vorschriften durch den Heimatstaat abhängig machen.

115 Bei der Lektüre dieses Artikels ist auch Artikel 29 zu beachten, der grundsätzlich persönliche Kontakte zwischen den künftigen Adoptiveltern und den Eltern des Kindes oder jeder anderen Person, welche die Sorge für das Kind hat, untersagt, solange die Erfordernisse des Artikels 4 Buchstabe a bis c und des Artikels 5 Buchstabe a nicht erfüllt sind.

Buchstabe a

116 Buchstabe a wiederholt den Wortlaut von Artikel 5 Buchstabe a des Entwurfs und macht das Zustandekommen der Adoption von der vorherigen Entscheidung darüber abhängig, ob das Kind für eine Adoption in Betracht kommt, eine Voraussetzung, die auch Artikel 21 Buchstabe a RKÜ vorschreibt. Er ist in Verbindung mit Artikel 16 Buchstabe a zu lesen, der verlangt, dass in den anzufertigenden Bericht Angaben darüber aufzunehmen sind, ob das Kind adoptiert werden kann.

117 Viele Teilnehmer an den Sitzungen der Spezialkommission haben den Ausdruck „adoptable (im Sinn von adoptionsfähig)" als unangemessen kritisiert, wobei sie darauf hinwiesen, der Ausdruck suggeriere die Vorstellung von „Verfügbarkeit", als ob das Kind eine Ware sei, die von den künftigen Adoptiveltern erworben werden könne, und er könne auch so verstanden werden, als beziehe er sich nur auf die für die Adoption erforderlichen rechtlichen Voraussetzungen. Der Begriff wurde dennoch aus dem einfachen Grund beibehalten, weil kein besserer Ausdruck gefunden werden konnte. Der Ausdruck „in need of adoption (adoptionsbedürftig)" ist weniger geeignet, weil ein Kind einer Adoption bedürfen kann, ohne die notwendigen rechtlichen Voraussetzungen zu erfüllen; und der Ausdruck „free for adoption (frei zur Adoption)" berücksichtigt nicht die verschiedenen Aspekte, die bei der Entscheidung über die Adoption zu prüfen sind und die nicht nur die rechtlichen Voraussetzungen, sondern auch die psychosozialen Verhältnisse des Kindes betreffen.

118 Trotz der ausführlichen Erörterungen in der Spezialkommission kam die Frage bei der Siebzehnten Tagung erneut zur Sprache. Das von Defence for Children International und vom Internationalen Sozialdienst vorgelegte Arbeitsdokument Nr. 21 erinnerte daran, dass das Regionalseminar über den „Schutz der Kinderrechte bei internationalen Adoptionen und Verhinderung des Handels mit Kindern und des Verkaufs von Kindern", das im April 1992 in Manila stattgefunden hat, die sorgfältige Prüfung verlangte, ob dieser Begriff angemessen sei; denn das Wort „adoptionsfähig" werde mit „verfügbar" oder „frei" assoziiert, was bedeute, dass das betroffene Kind eher als Objekt und nicht vielmehr als Subjekt der Adoption angesehen werden könne. Bei der zweiten Lesung gab Griechenland eine ähnliche Stellungnahme mit der Bemerkung ab, das Wort „adoptionsfähig" sei im Rechtssinn zu verstehen, d.h. in erster Linie nach Maßgabe des anzuwendenden Rechts und nicht im tatsächlichen Wortsinn, denn ein Kind könne ohne Adoptionsfähigkeit adoptionsbedürftig sein, weil die erforderlichen rechtlichen Voraussetzungen nicht gegeben sind. Der von der Spezialkommission angenommene Wortlaut wurde jedoch ohne weitere Prüfung der Angelegenheit aus dem besagten Grund beibehalten, weil kein besserer Ausdruck gefunden werden konnte, nachdem Deutschland seinen Vorschlag (Arbeitsdokument Nr. 14) mit dem Wortlaut „can be adopted (adoptiert werden kann)" zurückgezogen hatte, weil diese Formulierung zu unterschiedlichen Auslegungen führen kann.

119 Über die Fähigkeit des Kindes, adoptiert zu werden, entscheiden die zuständigen Behörden des Heimatstaats nach den Erfordernissen des anzuwendenden Rechts sowie anhand psychosozialer und kultureller Faktoren. Diese Schlussfolgerung wurde bei Erörterung des von Peru vorgelegten Arbeitsdokuments Nr. 49 ausdrücklich anerkannt, das vorschlug, die folgenden Wörter „gemäß seinem oder ihrem nationalen Recht" einzufügen, weil nach peruanischem Recht ein Kind erst dann als „adoptionsfähig" angesehen wird, wenn eine Aufgabeerklärung (abandonment) vorliegt. Der Vorschlag wurde jedoch nicht gebilligt, da der Heimatstaat über die Adoptionsfähigkeit nach seinen Kollisionsnormen entscheidet, welche die Anwendung eines anderen Rechts vorsehen können; dabei wurde auch darauf hingewiesen, dass die Vereinheitlichung der Kollisionsnormen nicht zu den Zielen des Übereinkommens gehört und dass Artikel 2 den Anwendungsbereich des Übereinkommens nicht anhand der Staatsangehörigkeit, sondern des gewöhnlichen Aufenthalts bestimmt.

Buchstabe b

120 Buchstabe b gibt ohne Änderung den Wortlaut von Artikel 5 Buchstabe b des Entwurfs wieder und bekräftigt den Grundsatz der Subsidiarität internationaler Adoptionen, der bereits in Absatz 3 der Präambel enthalten ist, so dass die Bemerkungen dazu auch hier zutreffen (oben Nrn. 40 bis 47).

121 Die Frage, wie festzustellen ist, wann eine „interne" oder „innerstaatliche" Adoption ausscheidet, wurde während der Siebzehnten Tagung nicht wieder angesprochen; der Heimatstaat ist also für die Beachtung des im Übereinkommen verankerten Subsidiaritätsgrundsatzes verantwortlich. Das von Polen vorgelegte Arbeitsdokument Nr. 51 schlug vor, die Wörter „und zulässig ist" in Buchstabe b einzufügen; dem lag der Gedanke zugrunde, dass die Voraussetzungen für internationale Adoptionen von den Voraussetzungen für interne Adoptionen abweichen können; aber der Vorschlag wurde bei der zweiten Lesung gemäß der Verfahrensordnung mangels Unterstützung nicht erörtert.

122 Die Grundlage dafür, diese Verantwortung dem Heimatstaat aufzuerlegen, war, dass er regelmäßig am besten in der Lage sein wird festzustellen, dass es eine „innerstaatliche" oder „interne" Lösung für das konkret zu adoptierende Kind nicht gibt. Der Aufnahmestaat darf jedoch diese Feststellung nachprüfen, weil es seiner Zentralen Behörde nach Artikel 17 Buchstabe c freisteht, ihre Zustimmung zur Fortführung des Adoptionsverfahrens zu erklären (s.o. Nr. 114).

123 Obwohl der Grundsatz der Subsidiarität ausdrücklich anerkannt wurde, herrschte Einvernehmen, dass das Wohl des Kindes unter bestimmten Umständen erfordern kann, es, obwohl im Heimatstaat eine Familie zur Verfügung steht, zur Adoption im Ausland unterzubringen, z.B. bei Adoptionen unter Verwandten oder von Kindern mit einer besonderen Behinderung, wenn sie nicht angemessen betreut werden können.

124 Nach Artikel 4 Buchstabe b muss der Grundsatz der Subsidiarität internationaler Adoptionen das Kindeswohl berücksichtigen, ein Grundsatz, der bereits in Absatz 4 der Präambel und in Artikel 1 Buchstabe a ausgedrückt ist. Hierbei ist, wie schon bemerkt, davon auszugehen, dass dem Wohl des Kindes die höchste Bedeutung zuzumessen ist, und zwar nach den Leitlinien in Artikel 21 1. Satzteil RKÜ, nach dem „die Vertragsstaaten, die das System der Adoption anerkennen oder zulassen, gewährleisten, dass dem Wohl des Kindes die höchste Bedeutung zugemessen wird".

Buchstabe c

125 Artikel 4 Buchstabe c entwickelt die in Artikel 21 Buchstabe a RKÜ niedergelegten Grundsätze fort, indem er den Vertragsstaaten die Pflicht auferlegt sicherzustellen, dass die Eltern, Verwandten und gesetzlichen Vertreter, sofern erforderlich, „in Kenntnis der Sachlage und auf der Grundlage einer gegebenenfalls erforderlichen Beratung der Adoption zugestimmt haben".

126 Das Übereinkommen folgt dem Entwurf, indem es die Zustimmung des Kindes getrennt von der Zustimmung der anderen an der Adoption beteiligten Personen regelt. Daher stellt Artikel 4 Buchstabe c die Mindestschutzvorschriften in Bezug auf die Zustimmung dieser anderen Personen auf, und Buchstabe d behandelt nur die Wünsche, Meinungen und/oder die Zustimmung des Kindes. Aus diesem Grund gibt es einige unvermeidliche Wiederholungen, die aber unschädlich sind und mögliche Missverständnisse ausräumen.

127 Das Übereinkommen unterscheidet weiterhin deutlich zwischen den für die Adoption vorgeschriebenen Zustimmungen, die namens des Kindes bei den Personen, Institutionen und Behörden nach Artikel 4 einzuholen sind, und dem Einverständnis der künftigen Adoptiveltern nach Artikel 17, das sich nicht als Zustimmung im streng rechtlichen Sinn einstufen lässt.

128 Artikel 4 Buchstabe c ist in Verbindung mit der Entscheidung zu lesen, welche die Siebzehnte Tagung der Haager Konferenz verabschiedet und mit der sie den Wunsch ausgedrückt hat, dass die Sachverständigen, die am ersten Treffen der nach Artikel 42 einzuberufenden Spezialkommission teilnehmen, Musterformblätter für die in Artikel 4 Buchstabe c vorgeschriebenen Zustimmungen (sowie für die Bescheinigung im Sinn des Artikels 23 Abs. 1) entwickeln, um die richtige und einheitliche Anwendung dieser Bestimmungen zu fördern.

Buchstabe c Nr. 1

129 Wer die Personen sind, deren Zustimmung namens des Kindes erforderlich ist, bestimmt das anwendbare Recht: Gewöhnlich werden dazu nicht nur die biologischen Eltern des Kindes gehören, sondern auch seine Verwandten oder gesetzlichen Vertreter unter Beteiligung der zuständigen Behörden, soweit erforderlich.

130 Nach Buchstabe c Nr. 1 sollen die Zustimmungen nach angemessener Beratung gegeben werden; und Artikel 9 Buchstabe c bestimmt, um die Einhaltung dieses Erfordernisses zu erleichtern, dass die Zentralen Behörden der Vertragsstaaten unmittelbar oder mit Hilfe staatlicher Stellen oder anderer in ihrem Staat ordnungsgemäß zugelassener Einrichtungen alle geeigneten Maßnahmen treffen müssen, um insbesondere „den Aufbau von Diensten zur Beratung während und nach der Adoption in ihrem Staat zu fördern".

131 Buchstabe c Nr. 1 enthält die Wörter „soweit erforderlich", weil die vorherige Beratung nicht immer notwendig ist, z.B. wenn Institutionen oder Behörden beteiligt werden sollen, welche die Beratung nicht benötigen dürften.

132 Die von den Personen (abgesehen von den Institutionen und Behörden) im Sinn des Buchstaben c Nr. 1 verlangten Zustimmungen werden grundsätzlich in allgemeiner Form erteilt, da diese Personen außer bei Adoptionen innerhalb der Familie die künftigen Adoptiveltern nicht kennen (s. Artikel 29 mit dem Verbot persönlicher Kontakte zwischen den künftigen Adoptiveltern und den Eltern des Kindes oder jeder anderen Person, welche die Sorge für das Kind hat).

133 Der letzte Satzteil von Buchstabe c Nr. 1 enthält eine einschneidende Änderung gegenüber Artikel 5 Buchstabe c Unterabsatz i des Entwurfs, demzufolge nicht nur über „die Wirkungen ihrer Zustimmung", sondern auch über die Adoption zu beraten und zu unterrichten war; dementsprechend schrieb Buchstabe c Unterabsatz v vor sicherzustellen, dass „die Zustimmungen in voller Kenntnis der Wirkungen der Adoption im Aufnahmestaat gegeben worden sind". Wie im Bericht der Spezialkommission erläutert, stellte diese Voraussetzung aus mehreren Gründen nicht zufrieden: a) in der Phase, in der die Zustimmung erteilt wird, ist der Aufnahmestaat noch unbekannt; b) die Frage, welches Recht auf die Wirkungen der Adoption anzuwenden ist, hatte der Entwurf offen gelassen; c) die vollständige und umfassende Beratung und Unterrichtung über die Wirkungen der Adoption würde eine für Durchschnittsmenschen kaum verständliche juristische Vorlesung über die Adoption erfordern; und d) die Unmöglichkeit der Beratung und Unterrichtung über mögliche Änderungen des Rechts des Aufnahmestaats, soweit er bekannt wäre.

134 Das von Belgien, Irland und der Schweiz vorgelegte Arbeitsdokument Nr. 12 wies nachdrücklich darauf hin, wie ungeeignet die Lösung des Entwurfs ist, und schlug vor, nicht die Beratung und Unterrichtung über die Wirkungen der Adoption vorzuschreiben, sondern nur „insbesondere darüber, ob die Zustimmung dazu führt, dass das Rechtsverhältnis zwischen dem Kind und seiner Herkunftsfamilie erlischt oder weiterbesteht". Diese Staaten hielten dies für die wichtigste Frage, über die vor Erteilung der Zustimmung zu beraten und zu unterrichten sei, da es rechtsvergleichend drei Möglichkeiten gebe: a) bestimmte Staaten wie Ruanda behalten dieses Rechtsverhältnis unbeschadet der Adoption bei; b) in anderen Staaten wie Nicaragua bewirkt die Adoption zwingend den endgültigen Bruch des Rechtsverhältnisses zwischen dem Kind und seiner Herkunftsfamilie; und c) die große Mehrheit der Staaten wie Belgien, Rumänien und Chile lässt mehrere Arten von Adoptionen zu, wobei sich die Aufrechterhaltung dieses Rechtsverhältnisses nach der Art der vorgenommenen Adoption richtet. Arbeitsdokument Nr. 11 kam daher zu dem Ergebnis, bei der Beratung und Unterrichtung könne das Recht des Heimatstaats berücksichtigt werden, und nur die allgemeinen Wirkungen, nicht aber die konkreten Folgen der Adoption könnten angesprochen werden, d.h. der mögliche Übergang des Sorgerechts, die erbrechtlichen Rechte des adoptierten Kindes auf das Vermögen seiner Adoptiveltern, die mögliche Änderung seines Namens, seine denkbaren Rechte im Rahmen der Sozialversicherung des Aufnahmestaats usw.

135 Es herrschte Einvernehmen, in das Übereinkommen keine Kollisionsnormen über die Wirkungen der Adoption aufzunehmen; aus diesem Grund wurde Artikel 5 Buchstabe c Unterabsatz v des Entwurfs gestrichen, weil er diese Wirkungen dem Recht des Aufnahmestaats unterstellte.

136 Außerdem wurde beschlossen, die Beratung und Unterrichtung solle nicht alle Wirkungen der erteilten Zustimmungen bis ins Letzte erfassen, weil eine solche Vorschrift „illusorisch und unpraktisch" sei, wie die Schweizer Delegation bemerkte, sondern die als wichtigste anzusehenden Wirkungen erfassen.

137 Daher erwähnt Buchstabe c Nr. 1 entsprechend dem Vorschlag in Arbeitsdokument Nr. 11 ausdrücklich, dass die Beratung und Unterrichtung den Punkt betreffen soll, ob die Adoption „dazu führen wird, dass das Rechtsverhältnis zwischen dem Kind und seiner Herkunftsfamilie erlischt" oder weiterbesteht. Bei Adoptionen zwischen Verwandten wäre zu erläutern, dass das Rechtsverhältnis zu Mutter und Vater des Kindes, nicht aber zu anderen Verwandten erlischt. Wenn die Person, deren Zustimmung erforderlich ist, an eine Adoption denkt, die ein solches dauerhaftes Rechtsverhältnis aufrechterhält, kann die vorgenommene Adoption

sein Erlöschen nicht bewirken, weil das gegen eine der grundlegenden Voraussetzungen für die Vornahme der Adoption verstoßen würde.

138 Demnach sind die Beratung und Unterrichtung zumindest darauf auszurichten, den Personen, deren Zustimmung erforderlich ist, die Wirkungen der Adoption nach Artikel 26 des Übereinkommens sowie die Möglichkeit ihrer Umwandlung nach Artikel 27 zu erläutern. Es kann auch ratsam sein, auf die mögliche Aufhebung oder Nichtigkeit der Adoption hinzuweisen.

139 Buchstabe c Nr. 1 ist zusammen mit Artikel 16 Buchstabe c zu lesen, wonach die Zentrale Behörde des Heimatstaats, sobald sie überzeugt ist, dass das Kind adoptiert werden kann, sicherstellt, dass die Zustimmungen nach Artikel 4 eingeholt worden sind. Außerdem ist er in Verbindung mit Artikel 29 zu lesen, weil diese Zustimmungen notwendigerweise eingeholt werden müssen, ehe Kontakte zwischen den künftigen Adoptiveltern und den Eltern des Kindes oder jeder anderen Person zulässig werden, welche die Sorge für das Kind hat.

Buchstabe c Nr. 2

140 Buchstabe c Nr. 2 gibt im Wesentlichen den Wortlaut des Entwurfs (Artikel 5 Buchstabe c Unterabsatz ii) wieder und stellt bestimmte Voraussetzungen auf, die unabhängig von den Vorschriften des anwendbaren Rechts zwingend erfüllt sein müssen, damit die Zustimmung zur Adoption gültig ist. Zur Klarstellung seines Sinns wurden jedoch einige Änderungen vorgenommen, zunächst eine sprachliche, indem das Wort „sie" am Anfang bei der Schlusstagung der Diplomatischen Konferenz durch die Formulierung „diese Personen, Institutionen und Behörden" ersetzt wurde.

141 Der Entwurf verlangte, dass „sie ihre freie und unbedingte Zustimmung gegeben haben". Deshalb müsse die Einwilligung „frei" und unbeeinflusst durch irgendwelche Mängel sein, wie z.B. Betrug, falsche Angaben, Nötigung, missbräuchliche Einflussnahme oder Irrtum. Buchstabe c Nr. 3 (richtig: 2) ist eine materielle Vorschrift des Übereinkommens, die alle Vertragsstaaten anzuwenden haben. Alle übrigen Fragen in Bezug auf die Gültigkeit der erteilten Zustimmungen sind nach den Kollisionsnormen des Heimatstaats zu beurteilen, da es nicht ratsam erschien, viele materiellrechtliche Vorschriften in das Übereinkommen aufzunehmen.

142 Belarus regte in Arbeitsdokument Nr. 71 erfolglos die ausdrückliche Vorschrift an, die Zustimmungen dürften nicht durch Drohung oder Gewalt erlangt worden sein, um Fehler der erteilten Zustimmungen auszuschließen; aber obwohl jedermann hiermit in der Sache einverstanden war, wurde die Anregung wegen des allgemeinen Rechtsgrundsatzes für überflüssig gehalten, dass eine mit Mängeln behaftete Zustimmung nicht bindend ist.

143 Buchstabe c Unterabsatz ii des Entwurfs verlangte auch, dass die Zustimmung unbedingt sei, d.h. keinen Bedingungen irgendwelcher Art unterliege und daher nicht vom Eintreten eines ungewissen zukünftigen Ereignisses abhängig sei. Das von den Vereinigten Staaten von Amerika vorgelegte Arbeitsdokument Nr. 8 bemerkte jedoch, dass bestimmte Umstände vorliegen können, unter denen der Heimatstaat die Vorgabe bestimmter Voraussetzungen durch die biologischen Eltern für zweckdienlich und zulässig hält, etwa die Adoption durch eine Familie gleicher Glaubenszugehörigkeit, wie dies auch das von Irland vorgelegte Arbeitsdokument Nr. 40 als Beispiel anführt. Deshalb schlugen die Vereinigten Staaten vor, das Wort „unbedingt" zu streichen und an die Stelle des Wortes „frei" das Wort „freiwillig" zu setzen, um die Zustimmung zu qualifizieren. Der Vorschlag wurde einstimmig angenommen, aber der Begriff „freiwillig" erschien nicht ratsam, weil er nicht dieselbe Bedeutung wie das Wort „libre" in der französischen Fassung hat; daher wurde schließlich der Begriff „freely (unbeeinflusst)" gebilligt.

144 Der Entwurf forderte, dass die Zustimmung „schriftlich" gegeben wird. Diese Voraussetzung wurde auf der Siebzehnten Tagung kritisiert, weil sie im Fall von Personen, die nicht schreiben können, in vielen Heimatstaaten eine sehr verbreitete Situation, zu einer falschen Auslegung führen könne, wie Delegierte aus unterschiedlichen geographischen Gegenden mehrfach bemerkten. Das von Peru vorgelegte Arbeitsdokument Nr. 49 wies auf den „hohen Prozentsatz von Personen, die nicht schreiben und daher ihre Zustimmung nur mündlich erteilen können," hin, und während der zweiten Lesung machte der nepalesische Delegierte die Kommission darauf aufmerksam, „dass die Alphabetisierungsquoten in einigen Staaten sehr niedrig liegen".

145 Viele Teilnehmer hielten den Einwand für ein Scheinproblem, weil er zwei verschiedene Fragen durcheinanderwerfe: die Kundgabe der Zustimmung, die schriftlich oder mündlich vor der zuständigen Behörde geschehen kann, und den Beweis der Zustimmung, der schriftlich vorliegen muss, auch wenn die Zustimmung mündlich gegeben wurde. Aus Gründen der Klarheit und um Missverständnisse auszuräumen, wurde der Begriff „schriftlich" jedoch durch die Formulierung „schriftlich gegeben oder bestätigt" ersetzt.

146 Das Vereinigte Königreich schlug in der zweiten Lesung mit Arbeitsdokument Nr. 190 vor, die Wörter „in der gesetzlich vorgeschriebenen Form" durch „in der gegebenenfalls vorgeschriebenen Form" zu ersetzen, um größere Flexibilität herzustellen, indem die Zustimmung keiner Form unterworfen würde. Ungeachtet der deutschen Bemerkung, dass auch das Fehlen einer vorgeschriebenen Form eine Form darstellt, erinnerte die Schweizer Delegation daran, dass die Schriftform nach Artikel 4 Buchstabe c Nr. 2 (zumindest für den Beweis der Zustimmung) zwingend vorgeschrieben ist. Der Vorschlag des Vereinigten Königreichs wurde wegen mangelnder Unterstützung nicht in Betracht gezogen.

Buchstabe c Nr. 3

147 Buchstabe c Nr. 3 übernimmt den Wortlaut des Entwurfs (Artikel 5 Buchstabe c Unterabsatz iii), der verlangt, dass „die Zustimmungen nicht durch irgendeine Zahlung oder andere Gegenleistung herbeigeführt worden sind".

148 Artikel 5 Buchstabe c Unterabsatz iii des Entwurfs forderte auch, dass die Zustimmungen „unwiderruflich geworden sind", eine Bedingung, die einige Teilnehmer nicht zufrieden stellte. Vielmehr schlugen die vom Vereinigten Königreich bzw. Australien vorgelegten Arbeitsdokumente Nrn. 22 und 25 vor, die Wörter „nach dem Recht des Heimatstaats" anzufügen, aber dieser Vorschlag blieb erfolglos, weil er dahin missverstanden werden konnte, er regle das anzuwendende Recht, das jedoch nicht in den Anwendungsbereich des Übereinkommens fällt. Schweden legte Arbeitsdokument Nr. 26 vor, in dem die Auffassung vertreten wird, es verstoße gegen die Grundrechte der biologischen Eltern, den Widerruf ihrer Zustimmung nicht zuzulassen, solange die Adoption nicht stattgefunden hat, auch wenn anerkannt wird, dass die Möglichkeit des Widerrufs nicht im Übereinkommen geklärt werden, sondern dem anzuwendenden Recht überlassen bleiben sollte.

149 Irland schlug in Arbeitsdokument Nr. 40 die Einführung der Wörter „nicht widerrufen wurden" anstelle der Formulierung „unwiderruflich geworden sind" vor, weil in einigen Staaten die Zustimmung zur Adoption erst mit Erlass des Adoptionsbeschlusses unwiderruflich wird. Dieser Vorschlag wurde angenommen und Buchstabe c Nr. 3 entsprechend geändert.

150 Die Änderung an Buchstabe c Nr. 3 lässt offen, welches Recht auf den möglichen Widerruf der Zustimmung anzuwenden ist. Diese Frage wird grundsätzlich nach den Kollisionsnormen des Heimatstaats zu entscheiden sein.

151 Die Bedingung, die Buchstabe c Nr. 3 aufstellt, ist auch in Buchstabe d Nr. 3 in Bezug auf die Zustimmung des Kindes vorgesehen und zusammen mit Artikel 32 Abs. 1 zu lesen, der jedermann allgemein verbietet, aus einer Tätigkeit in Zusammenhang mit einer internationalen Adoption unstatthafte Vermögens- oder sonstige Vorteile zu erlangen. Die Zustimmungen dürfen daher auch nicht durch „sonstige Vorteile" herbeigeführt werden, die keiner Zahlung oder Gegenleistung irgendeiner Art entsprechen.

152 Buchstabe c Nr. 3 ist aus den oben unter Nr. 139 angegebenen Gründen in Verbindung mit den Artikeln 16 Buchstabe c und 29 zu lesen, nach denen die Zentrale Behörde des Heimatstaats, sobald sie überzeugt ist, dass das Kind adoptiert werden kann, sicherzustellen hat, dass die Zustimmungen nach Artikel 4 eingeholt worden sind, und auch mit Artikel 29, weil es dabei um eine der Bedingungen geht, die zu erfüllen sind, ehe die Kontakte zwischen den künftigen Adoptiveltern und den Eltern des Kindes oder jeder anderen Person, welche die Sorge für das Kind hat, zulässig werden.

Buchstabe c Nr. 4

153 Buchstabe c Nr. 4 gibt den Wortlaut des Entwurfs wieder (Artikel 5 Buchstabe c Unterabsatz iv) und stellt den in der Spezialkommission erzielten Kompromiss nach ausführlicher Erörterung der Frage dar, wann die für die Adoption vorgeschriebenen Zustimmungen zu geben sind, insbesondere im Fall der Mutter. Einige Auffassungen gingen dahin, das anwendbare Recht solle über die Gültigkeit ihrer Einwilligung vor der Geburt des Kindes und deren möglichen Widerruf entscheiden; die überwältigende Mehrheit wollte jedoch Missbrauch unverheirateter Mütter vorbeugen und die Ernsthaftigkeit ihrer Zustimmung gewährleisten, um sicherzustellen, dass Maßnahmen getroffen werden, die Mütter vor übereilten Entscheidungen aufgrund Überlastung, Angst oder Druck zur Erteilung ihrer Zustimmung bewahren, indem verlangt wird, dass sie ihre Zustimmung erst nach der Geburt ihres Kindes erteilen können.

154 Spanien schlug mit Arbeitsdokument Nr. 17 vor, dass die Zustimmung der Mutter, sofern erforderlich, „frühestens nach mindestens 30 Tagen, gerechnet von der Geburt des Kindes," erteilt werden dürfe. Das von Italien vorgelegte Arbeitsdokument Nr. 41 gestattete die Zustimmung der Mutter vor der Geburt des Kindes, schrieb aber ihre nachträgliche Bestätigung vor. Beide Vorschläge blieben jedoch erfolglos. Es wurde darauf hingewiesen, dass der Wortlaut des Entwurfs einen Kompromiss darstellt und dass eine eher flexible Regelung besser sei als ein striktes Erfordernis, weil sie die kulturellen, soziologischen und psychologischen Unterschiede berücksichtigen kann, die ohne Zweifel Einfluss auf die zu empfehlende Frist haben können, innerhalb derer der Widerruf der mütterlichen Zustimmung anzuerkennen ist. Somit wurde die Lösung des Entwurfs beibehalten, und aus diesem Grund wird die Frist nach der Geburt des Kindes, innerhalb derer die Mutter ihre Zustimmung widerrufen kann, dem nach den Kollisionsnormen des Heimatstaats anzuwendenden Recht überlassen.

155 Die Wörter „sofern erforderlich" berücksichtigen die Fälle, in denen die Zustimmung der Mutter für die Gültigkeit der Adoption nicht notwendig ist, z.B. wenn sie verstorben ist, wenn ihre elterlichen Rechte aufgehoben sind oder wenn die zuständige Behörde das Kind für verlassen erklärt hat.

Buchstabe d

Einleitung

156 Der Einleitungssatz von Buchstabe d wiederholt den Wortlaut des Entwurfs (Einleitungssatz von Artikel 5 Buchstabe d), der die Grundsätze in Artikel 12 RKÜ ausbauen sollte. Deshalb schreibt er die Feststellung der Wünsche und Meinungen des Kindes sowie seiner Zustimmung in einem anderen Buchstaben als demjenigen vor, der für die Gültigkeit der Adoption erforderliche Zustimmungen anderer Personen, Institutionen oder Behörden regelt, und bestimmt, dass die zuständigen Behörden des Heimatstaats, um dieser Verpflichtung zu genügen, „das Alter und die Reife des Kindes" berücksichtigen müssen.

157 Einige Teilnehmer der Spezialkommission schlugen vor, für die notwendige Beteiligung des Kindes an dem seine Zukunft betreffenden Gerichts- oder Verwaltungsverfahren eine Altersgrenze festzusetzen, wie dies mehrere nationale Rechtsordnungen vorsehen. Angenommen wurde jedoch eine weiter gefasste und flexiblere Formulierung, die nicht festlegt, wie alt das Kind sein muss, damit es angehört wird und seine Wünsche oder Meinungen oder seine Zustimmung berücksichtigt werden, sondern die Entscheidung den zuständigen Behörden des Heimatstaats überlässt.

158 Das Arbeitsdokument Nr. 17 Spaniens regte an, die Zustimmung des Kindes nach Erreichen seines 12. Lebensjahres zwingend vorzuschreiben; aber dieser Vorschlag scheiterte, weil man eine flexiblere Formulierung für realistischer hielt und diese zudem mit Artikel 12 Abs. 1 RKÜ übereinstimmt.

Buchstabe d Nr. 1

159 Buchstabe d Nr. 1 wiederholt den Wortlaut des Entwurfs (Artikel 5 Buchstabe d Unterabsatz i). Er gibt im Wesentlichen die Anforderungen wieder, die Buchstabe c Nr. 1 in Bezug auf die Personen, Institutionen und Behörden aufstellt, deren Zustimmung für die Adoption erforderlich ist, so dass die Bemerkungen zu jener Bestimmung auch hier gelten.

160 Es ist jedoch zu beachten, dass Buchstabe d Nr. 1 die Formulierung des Entwurfs beibehält und ordnungsgemäße Beratung und Unterrichtung „über die Wirkungen der Adoption" vorschreibt, obwohl diese Voraussetzungen in Buchstabe c Nr. 1 wegen der praktischen Unmöglichkeit oder wenigstens Schwierigkeiten, diesem Erfordernis zu entsprechen, abgelehnt worden war. Trotz seiner Beibehaltung ist Buchstabe d Nr. 1 entsprechend Buchstabe c Nr. 1 zu verstehen, d.h. Beratung und Unterrichtung über die Wirkungen im Sinn von Artikel 26 Buchstaben a und b sind zu erteilen, ferner darüber, ob die Adoption das vorher bestehende Rechtsverhältnis zwischen dem Kind sowie seiner Mutter und seinem Vater und je nach Lage des Falles zu seiner Familie beendet, wie in Artikel 26 Buchstabe c erwähnt, und schließlich über die Möglichkeit der Umwandlung nach Artikel 27.

161 Wie schon bemerkt, muss das Kind seine Zustimmung unter Berücksichtigung seines Alters und seiner Reife nicht in Bezug auf eine Adoption im Allgemeinen, sondern speziell auf die Adoption in einem bestimmten Fall erteilen, da es gegen seine Grundrechte verstoßen würde, wenn es adoptiert würde, ohne zu wissen, wer die Adoptiveltern sein werden.

162 Buchstabe d Nr. 1 verlangt die Zustimmung des Kindes nur „soweit notwendig". Daher bestimmt das anzuwendende Recht, in welchen Fällen die Zustimmung eingeholt werden muss.

163 Buchstabe d Nr. 1 ist in Verbindung mit Artikel 16 Buchstabe c zu lesen, nach dem die Zentrale Behörde des Heimatstaats sicherzustellen hat, dass die Zustimmungen nach Artikel 4 eingeholt worden sind, sobald sie überzeugt ist, dass das Kind adoptiert werden kann.

Buchstabe d Nr. 2

164 Buchstabe d Nr. 2 wiederholt den Wortlaut des Entwurfs (Artikel 5 Buchstabe d Unterabsatz ii) und schreibt vor, dass die zuständigen Behörden des Heimatstaats, auch wenn die Zustimmung des Kindes nicht immer erforderlich ist, die „Wünsche und Meinungen des Kindes" zu berücksichtigen haben, wobei davon ausgegangen wird, dass es nicht genügt, dem Kind zu erlauben, sich zu äußern, sondern dass seine Wünsche oder Meinungen berücksichtigt werden müssen.

165 Bei der Erörterung dieser Frage in der Spezialkommission wurde bemerkt, dass Buchstabe d Nr. 2 nicht so ausführlich ist wie die Artikel 12 und 13 RKÜ, in denen das Recht des Kindes verankert ist, sich eine Meinung zu bilden und diese frei zu äußern. Dennoch wurde der Beschluss gefasst, das Übereinkommen solle sich darauf beschränken, die wesentlichen materiellrechtlichen Punkte bezüglich der internationalen Adoption zu regeln und alle anderen dem anwendbaren Recht zu überlassen.

166 Aus den oben Nr. 163 angegebenen Gründen ist Buchstabe d Nr. 2 in Verbindung mit Artikel 16 Buchstabe c zu lesen.

Buchstabe d Nr. 3

167 Buchstabe d Nr. 3 wiederholt den ersten Teil von Artikel 5 Buchstabe d Unterabsatz iii des Entwurfs mit einigen Änderungen ähnlich denjenigen an Artikel 4 Buchstabe c Nr. 2. Aus denselben Gründen braucht die Zustimmung deshalb nicht „unbedingt" erteilt zu werden, sondern muss „unbeeinflusst" und „schriftlich gegeben oder bestätigt worden" sein.

168 Aus den oben bei Nr. 163 angegebenen Gründen ist Buchstabe d Nr. 3 zusammen mit Artikel 16 Buchstabe c zu lesen.

Buchstabe d Nr. 4

169 Buchstabe d Nr. 4 gibt unverändert den letzten Satz von Artikel 5 Buchstabe d Unterabsatz iii des Entwurfs wieder, weil man es für ratsam hielt, diese konkrete Frage in einer gesonderten Bestimmung zu regeln.

170 Dieselbe Voraussetzung enthält Buchstabe c Nr. 3 in Bezug auf die Personen, Institutionen und Behörden, deren Zustimmung für die Adoption erforderlich ist; sie ist in Verbindung mit Artikel 32 Abs. 1 zu lesen, der es jedermann allgemein verbietet, aus einer Tätigkeit in Zusammenhang mit einer internationalen Adoption unstatthafte Vermögens- oder sonstige Vorteile zu erlangen. Deshalb dürfen die Zustimmungen auch nicht durch „sonstige Vorteile" herbeigeführt werden, die keiner Zahlung oder Gegenleistung irgendeiner Art entsprechen.

171 Auch wenn das Übereinkommen diese Frage nicht ausdrücklich anspricht, ist davon auszugehen, dass die Zustimmung nicht widerrufen sein darf, wie dies Artikel 4 Buchstabe c Nr. 3 ausdrücklich verlangt.

172 Aus den oben Nr. 163 angeführten Gründen ist Buchstabe d Nr. 4 in Verbindung mit Artikel 16 Buchstabe c zu lesen.

Artikel 5

Einleitung

173 Nach dem im Übereinkommen angelegten System der Zusammenarbeit und Aufgabenverteilung enthält Artikel 5 die Verpflichtungen, denen der Aufnahmestaat entsprechen muss, bevor eine Adoption im Anwendungsbereich des Übereinkommens stattfinden kann. Folglich müssen sich die zuständigen Behörden des Aufnahmestaats vergewissern, dass die künftigen Adoptiveltern für eine Adoption in Betracht kommen und dazu geeignet sind, dass die künftigen Adoptiveltern soweit erforderlich beraten worden sind und dass dem Kind die Einreise in das Hoheitsgebiet dieses Staates und der ständige Aufenthalt dort bewilligt worden sind oder werden.

174 Die Einleitung von Artikel 5 gibt den Wortlaut des Entwurfs wieder, wobei nur die letzten Wörter („festgestellt haben") gestrichen wurden, um aus sprachlichen Gründen der Aufnahme des neuen Buchstaben b Genüge zu tun.

175 Die Voraussetzungen nach Artikel 5 sind kumulativ zu erfüllen; dabei ist aber daran zu erinnern, dass sie nur Mindestschutzvorschriften darstellen und dass es deshalb dem Aufnahmestaat freisteht, die Erfüllung zusätzlicher Anforderungen zu verlangen.

176 Nach Artikel 5 haben die „zuständigen Behörden" die Überprüfung vorzunehmen; es wird daher Sache des Aufnahmestaats sein, diese Behörden zu bestimmen, seien es gerichtliche oder Verwaltungsbehörden oder auch die Zentrale Behörde nach Kapitel III des Übereinkommens.

177 Artikel 5 ist in Verbindung mit Artikel 36 Buchstabe c zu lesen, um die zuständigen Behörden zu bestimmen, falls in einem Vertragsstaat auf dem Gebiet der Adoption zwei oder mehr Rechtssysteme bestehen, die in verschiedenen Gebietseinheiten gelten.

178 Spanien schlug in Arbeitsdokument Nr. 19 vor, den folgenden neuen Artikel aufzunehmen: „Im Sinn der Artikel 6 und 7 (des Übereinkommensentwurfs) gelten Konsuln als zuständige Behörden des Aufnahmestaats, soweit der Heimatstaat ihre Mitwirkung nicht untersagt". Der Vorschlag entsprach dem innerstaatlichen spanischen Recht und deckte sich zudem mit Artikel 5 Buchstabe f des Wiener Übereinkommens der Vereinten Nationen über konsularische Beziehungen. Er scheiterte jedoch, weil man es für unklug hielt, die Frage zu vertiefen, welche Behörde als eine zuständige Behörde anzusehen wäre.

179 Das von Belgien, Spanien und der Schweiz unterbreitete Arbeitsdokument Nr. 149 regte an, als zusätzliche Adoptionsvoraussetzung im Fall einer Adoption im Heimatstaat aufzunehmen, dass die Erfordernisse für die Unterbringung des Kindes bei den künftigen Adoptiveltern erfüllt sind, also das Einverständnis beider Staaten mit der Unterbringung. Obwohl der Vorschlag nicht formell angenommen wurde, findet sich der ihm zugrunde liegende Gedanke in Artikel 17 des Übereinkommens wieder.

Buchstabe a

180 Buchstabe a wiederholt den Wortlaut des Entwurfs (Artikel 6 Buchstabe a) und ist in Verbindung mit Artikel 15 Abs. 1 zu lesen. Er schreibt vor, dass die zuständigen Behörden des Aufnahmestaats entscheiden müssen, ob die künftigen Adoptiveltern zwei verschiedene Arten von Erfordernissen erfüllen: a) sie müssen „in Betracht kommen", d.h. alle gesetzlichen Voraussetzungen erfüllen; und b) sie müssen „geeignet" sein, also den erforderlichen sozio-psychologischen Anforderungen entsprechen.

181 Diese Entscheidung können jedoch die zuständigen Behörden des Heimatstaats überprüfen, ehe sie sich nach Artikel 17 Buchstabe c damit einverstanden erklären, das Adoptionsverfahren fortzuführen.

182 Buchstabe a ist zusammen mit Artikel 29 zu lesen, der grundsätzlich persönliche Kontakte zwischen den künftigen Adoptiveltern und den Eltern des Kindes oder jeder anderen Person untersagt, welche die Sorge für das Kind hat, solange die Erfordernisse des Artikels 4 Buchstaben a bis c und des Artikels 5 Buchstabe a nicht erfüllt sind.

Buchstabe b

183 Buchstabe b entspricht dem Erfordernis in Artikel 4 Buchstabe c Nr. 1 1. Satzteil und ist in Artikel 5 enthalten, weil diese Aufgabe leichter im Aufnahmestaat wahrzunehmen ist, in dem die künftigen Adoptiveltern ihren gewöhnlichen Aufenthalt haben. Dabei ist jedoch nicht außer acht zu lassen, dass die zuständigen Behörden des Heimatstaats in Übereinstimmung mit Artikel 17 Buchstabe a das Einverständnis der künftigen Adoptiveltern mit der Adoption festzustellen haben.

184 Buchstabe b verlangt, dass die künftigen Adoptiveltern soweit erforderlich beraten worden sind; um es zu erleichtern, diese Bedingung einzuhalten, schreibt Artikel 9 Buchstabe c den Zentralen Behörden der Vertragsstaaten vor, unmittelbar oder mit Hilfe staatlicher Stellen oder anderer in ihrem Staat ordnungsgemäß zugelassener Organisationen alle geeigneten Maßnahmen zu treffen, um insbesondere „den Aufbau von Diensten zur Beratung während und nach der Adoption in ihrem Staat zu fördern".

Buchstabe c

185 Buchstabe c gibt den Wortlaut des Entwurfs (Artikel 6 Buchstabe b) wieder und ist in Verbindung mit Artikel 18 zu lesen, nach dem die Zentralen Behörden beider Staaten alle erforderlichen Maßnahmen treffen müssen, um die Bewilligung der Ausreise des Kindes aus dem Heimatstaat sowie der Einreise in den Aufnahmestaat und des ständigen Aufenthalts dort zu erwirken.

186 Buchstabe c stellt eine sachliche Voraussetzung für die Adoption auf, und der ihm zugrunde liegende Gedanke wurde einstimmig angenommen. Es wäre sicher sinnlos, eine Adoption vorzunehmen, wenn dem Kind die Einreise in den Aufnahmestaat, in dem die künftigen Adoptiveltern ihren Aufenthalt haben, und der ständige Aufenthalt dort nicht erlaubt würden; der gleiche Grund erklärt Artikel 18.

187 Die Adoptivfamilie lässt sich gewöhnlich in dem Staat nieder, in dem die künftigen Adoptiveltern zu Beginn des Adoptionsverfahrens ihren gewöhnlichen Aufenthalt haben; sofern sie aber in der Zwischenzeit in einen anderen Vertragsstaat übersiedeln, erscheint es zwingend, diesen letzten als Aufnahmestaat im Sinn von Buchstabe c anzusehen.

188 Die Formulierung „dem Kind bewilligt worden sind oder werden" ist weit genug, um auch die Fälle zu erfassen, in denen – wie z.B. innerhalb der Europäischen Union – für die Einreise in den Aufnahmestaat oder den ständigen Aufenthalt dort weder eine Erlaubnis noch ein Visum vorgeschrieben sind.

189 Die Feststellung nach Buchstabe c bedarf der Überprüfung durch die zuständigen Behörden des Heimatstaats, ehe nach Artikel 17 Buchstabe d eine Entscheidung getroffen wird, das Kind den künftigen Adoptiveltern anzuvertrauen.

Kapitel III

Zentrale Behörden und zugelassene Organisationen

190 Die Überschrift zu Kapitel III gibt den Wortlaut des Entwurfs wieder und erwähnt die öffentlichen Behörden nicht besonders, die einige den Zentralen Behörden übertragene Aufgaben wahrnehmen können, was sich so erklärt, dass sie in der Regelung des Übereinkommens „weniger deutlich zutage treten" (Bericht der Spezialkommission Nr. 144).

191 Wegen der großen Unterschiede zwischen den Rechtsordnungen mit Bezug auf die Methoden der Strukturierung und Ausübung von Kontrolle internationaler Adoptionen wurde von Beginn der Arbeiten an eingeräumt, dass „es wahrscheinlich sehr schwierig wäre, ihre Anwendung im Wortlaut eines Übereinkommens zu koordinieren, wenn das Übereinkommen nicht ein System von Zentralen Behörden einrichten würde, und zwar nach dem Vorbild des Haager Übereinkommens vom 15. November 1965 über die Zustellung gerichtlicher und außergerichtlicher Schriftstücke im Ausland in Zivil- oder Handelssachen, des Haager Übereinkommens vom 18. März 1970 über die Beweisaufnahme im Ausland in Zivil- oder Handelssachen und insbesondere des Haager Übereinkommens vom 25. Oktober 1980 über die zivilrechtlichen Aspekte internationaler Kindesentführung (im Folgenden: Haager Kindesentführungsübereinkommen) und seiner europäischen und amerikanischen Gegenstücke (Europäisches Übereinkommen vom 20. Mai 1980 über die Anerkennung und Vollstreckung von Entscheidungen über das Sorgerecht für Kinder und die Wiederherstellung des Sorgeverhältnisses sowie Interamerikanisches Übereinkommen vom 15. Juli 1989 über die internationale Rückführung von Kindern), die bestimmte konkrete Befugnisse und Pflichten dieser Zentralen Behörden darlegen".

192 Da das Übereinkommen über internationale Adoption hauptsächlich ein Instrument der Zusammenarbeit zwischen den gerichtlichen und Verwaltungsbehörden der Vertragsstaaten sein soll, musste zwischen den Vorteilen direkter Zusammenarbeit und den Vorzügen der Benennung einer Zentralen Behörde durch jeden Vertragsstaat, um die geplante Zusammenarbeit zu koordinieren und zu lenken, gewählt werden. Es wurde beschlossen, die Vertragsstaaten zu verpflichten, eine Zentrale Behörde nicht einzurichten, sondern zu bestimmen, obwohl anerkannt wurde, dass einige Aufgaben nicht in allen Ländern von den Zentralen Behörden selbst erfüllt werden könnten, so etwa die Bewilligung der Adoption, die gewöhnlich eine Einschaltung der Gerichte verlangt.

193 Die zwischen den Staaten bestehenden Unterschiede erklären die Lösung des Problems, ob die Pflichten, die das Übereinkommen jedem Vertragsstaat auferlegt, unmittelbar von der Zentralen Behörde oder auch durch andere zuständige Stellen oder ordnungsgemäß in dem Staat zugelassene Organisationen erfüllt werden können. Es wurde vorgeschlagen, jeder Vertragsstaat solle selbst entscheiden, ob die den Zentralen Behörden auferlegten Verpflichtungen übertragen werden können, wobei es selbstverständlich war, dass sie die Schlüsselstellung für die Zusammenarbeit zwischen den Vertragsstaaten behalten sollten. Dennoch wurde vereinbart, dass einige Aufgaben unmittelbar von den Zentralen Behörden wahrzunehmen sind (Artikel 7) und andere übertragen werden können (Artikel 8 und 9). Das Übereinkommen unterscheidet sich jedoch vom Entwurf, weil es die Möglichkeit der Übertragung beschränkt, da die wahrzunehmenden Aufgaben in einigen Fällen entweder ausschließlich unmittelbar von der Zentralen Behörde oder durch öffentliche Stellen wahrzunehmen sind (Artikel 8), während die Pflichten im Sinn des Artikels 9 auch von ordnungsgemäß zugelassenen Organisationen erfüllt werden können.

Artikel 6

Allgemeine Bemerkungen

194 Artikel 6 gibt im Wesentlichen Artikel 6 des Haager Kindesentführungsübereinkommens wieder, so dass die Bemerkungen zu dieser Bestimmung auch für Artikel 6 zutreffen.

195 Nach Artikel 6 besteht keine Notwendigkeit, eine „Zentrale Behörde" zu schaffen, sondern nur, eine zu bestimmen, eine Feststellung, die in Erinnerung behalten werden sollte, um Missverständnisse zu vermeiden. In der Tat wäre es falsch zu glauben, die Ratifikation, Annahme oder Genehmigung des Übereinkommens bzw. der Beitritt zu ihm müsse den Vertragsstaaten wegen der den Zentralen Behörden zugewiesenen Rolle zwangsläufig außergewöhnliche Verwaltungsausgaben verursachen. In vielen Staaten gibt es bereits eine Verwaltungsstelle, die bei internationalen Adoptionen Aufgaben einer „Zentralen Behörde" wahrnimmt; in anderen Staaten kann eine bestehende Abteilung oder Dienststelle eines Ministeriums hierzu bestimmt werden.

Absatz 1

196 Absatz 1 wiederholt den Wortlaut des Entwurfs (Artikel 8 Abs. 1) und schreibt vor, dass die Zentrale Behörde die ihr durch das Übereinkommen übertragenen Aufgaben wahrnimmt. Dieser erste Absatz ist jedoch in Verbindung mit den Artikeln 8 und 9 zu lesen, die es je nach Art der wahrzunehmenden Verpflichtungen erlauben, die der Zentralen Behörde zugewiesenen Aufgaben auf andere staatliche Stellen und auf zugelassene Organisationen innerhalb der Grenzen und unter den Bedingungen zu übertragen, welche das Recht des einzelnen Vertragsstaats festlegt. Er ist weiterhin in Verbindung mit Artikel 22 zu lesen, der es innerhalb gewisser Grenzen und unter bestimmten Bedingungen erlaubt, die der Zentralen Behörde in Kapitel IV zugewiesenen Aufgaben auf andere staatliche Stellen, zugelassene Organisationen oder sogar auf nicht zugelassene Organisationen oder Personen zu übertragen.

197 Bei der Prüfung des ersten Absatzes wurde während der Sitzungen der Spezialkommission vorgeschlagen, es jedem Vertragsstaat zu ermöglichen, nicht eine staatliche Stelle, sondern eine halbstaatliche oder nichtstaatliche Organisation als Zentrale Behörde zu bestimmen. Es wurde vereinbart, jedem Vertragsstaat die Entscheidung freizustellen, wie er den durch das Übereinkommen auferlegten Verpflichtungen nachkommen will, und deshalb die Zentrale Behörde zu bestimmen, die ihm am geeignetsten erscheint. Obwohl der Vorschlag keinen Erfolg hatte, sollte die Möglichkeit in Erinnerung behalten werden, die den Zentralen Behörden zugewiesenen Aufgaben in dem Umfang zu übertragen, der nach den Artikeln 8, 9 und 22 des Übereinkommens zulässig ist.

Absatz 2

198 Artikel 8 Abs. 2 des Entwurfs betraf Bundesstaaten und gab im Wesentlichen die gleiche Formulierung wieder, die das Haager Kindesentführungsübereinkommen verwendet. Die Spezialkommission nahm jedoch die Formulierung „einen Staat, der aus autonomen Gebietseinheiten besteht," anstelle der „... autonomen Gebietskörperschaften" an.

199 Bei der ersten Lesung des Entwurfs wies die belgische Delegation darauf hin, diese Formulierung sei unvollständig, weil sie den Vertragsstaaten nicht erlaube, die „persönliche" Zuständigkeit verschiedener Zentraler Behörden zu bestimmen. Deshalb schlug das belgische Arbeitsdokument Nr. 3 vor, Absatz 2 Satz 1 zu ergänzen und es den Vertragsstaaten zu erlauben, die „persönliche Zuständigkeit" der verschiedenen Zentralen Behörden „festzulegen". Um mögliche Missverständnisse auszuräumen, wurde jedoch ohne Gegenstimme beschlossen, dasselbe Ergebnis dadurch herbeizuführen, dass nur auf die „Zuständigkeit" Bezug genommen und die im Entwurf enthaltene Qualifikation „räumliche" gestrichen wird.

200 Trotz dieser uneingeschränkten Zustimmung warf die kanadische Delegation die Frage bei der zweiten Lesung erneut auf und unterstrich, wie überaus bedeutsam es für Bundesstaaten sei, auf den räumlichen Umfang der Aufgaben Bezug zu nehmen, die von mehr als einer Zentralen Behörde wahrzunehmen seien. Daher schlug das kanadische Arbeitsdokument Nr. 185 die erneute Einfügung des Wortes „räumliche" vor „Zuständigkeit" vor, damit der Artikel mit der in anderen Haager Übereinkünften, insbesondere im Kindesentführungsübereinkommen, angenommenen Formulierung übereinstimmt. Nach der Geschäftsordnung konnte der Vorschlag wegen mangelnder Unterstützung nicht in Betracht gezogen werden; aber es wurde vereinbart, im Bericht zu erläutern, dass die Änderung nicht beabsichtigt, den Inhalt des Artikels abzuwandeln.

201 Die Frage wurde der Vollversammlung der Konferenz wiederum unterbreitet, der das von Australien, Belgien, Brasilien, Kanada, Deutschland, Mexiko, der Russischen Föderation, Spanien, der Schweiz und den Vereinigten Staaten von Amerika vorgelegte Arbeitsdokument Nr. 5 vorschlug, in Artikel 6 Abs. 2 Satz 1 vor dem Wort „Zuständigkeit" die Wörter „räumliche oder persönliche" einzufügen. Bei dieser Gelegenheit wurde der Vorschlag mit großer Mehrheit angenommen.

Artikel 7

Absatz 1

202 Absatz 1 ändert den Wortlaut des Entwurfs (Artikel 9 Abs. 1) nicht, der die Formulierung von Artikel 7 des Haager Kindesentführungsübereinkommens mit den notwendigen Anpassungen wiedergab, und sieht allgemein vor, dass die Zentralen Behörden zusammenarbeiten und die Zusammenarbeit der zuständigen Behörden ihrer Staaten fördern sollen, um Kinder zu schützen und die anderen Ziele des Übereinkommens zu verwirklichen. Einige dieser Aufgaben müssen unmittelbar erfüllt werden; aber die meisten können mit gewissen Beschränkungen von anderen öffentlichen Stellen oder zugelassenen Organisationen wahrgenommen werden.

203 Artikel 7 Abs. 1 ist in Verbindung mit Artikel 36 Buchstabe c zu lesen, um die zuständigen Behörden im Fall eines Vertragsstaats zu bestimmen, in dem auf dem Gebiet der Adoption zwei oder mehr Rechtssysteme bestehen, die in verschiedenen Gebietseinheiten gelten.

Absatz 2

204 Absatz 2 gibt inhaltlich den Text des Entwurfs (Artikel 9 Abs. 2) wieder und zählt die Aufgaben auf, welche die Zentrale Behörde unmittelbar erledigen muss und nicht an andere öffentliche Stellen oder zugelassene Organisationen übertragen kann.

205 Während der zweiten Lesung des Entwurfs legte Belgien das Arbeitsdokument Nr. 176 mit der Anregung vor, das Wort „unmittelbar" einzufügen, um Missverständnisse auszuschalten und klarzustellen, dass die in Artikel 7 Abs. 2 aufgezählten Aufgaben nicht übertragen werden dürfen.

206 Artikel 7 Abs. 2 weicht daher von Artikel 6 des Haager Kindesentführungsübereinkommens ab, weil diese Vorschrift nicht vorsieht, dass die Zentrale Behörde die ihr im Übereinkommen zugewiesenen Aufgaben unmittelbar wahrnehmen muss. Dennoch ist das praktische Ergebnis ganz ähnlich, da die Verpflichtungen nach den Buchstaben a und b sehr allgemeiner Natur sind.

207 Bei den Sitzungen der Spezialkommission wurde der Vorschlag gemacht, die Liste der unmittelbar von der Zentralen Behörde zu erfüllenden Verpflichtungen dahin zu erweitern, jeden unstatthaften Vermögensvorteil, die Entführung und den Verkauf von Kindern sowie den Handel mit Kindern und allgemein andere, nicht mit dem Übereinkommen übereinstimmende Handlungen und Praktiken zu verhindern. Ein ähnlicher Vorschlag wurde bei der Siebzehnten Tagung unterbreitet und führte zu Artikel 8.

Buchstabe a

208 Buchstabe a wiederholt den Wortlaut des Entwurfs (Artikel 9 Buchstabe a) und verlangt, dass die Zentralen Behörden alle geeigneten Maßnahmen treffen, um Auskünfte über das Recht ihrer Staaten auf dem Gebiet der Adoption zu erteilen. Information dieser Art ist sehr wichtig, um es den Vertragsstaaten zu erlauben, nach Artikel 17 Buchstabe c in Verbindung mit Artikel 19 Abs. 1 ihr Einverständnis mit der Fortführung des Adoptionsverfahrens zu erklären.

209 Buchstabe a fordert auch, alle notwendigen Maßnahmen zu treffen, um andere allgemeine Informationen wie beispielsweise statistische Daten und Musterformblätter zu übermitteln. Diese Verpflichtung ist jedoch in Verbindung mit Artikel 16 Abs. 2 zu lesen, der vorschreibt, in dem Bericht über das Kind die Identität seiner Mutter und die seines Vaters nicht preiszugeben, wenn diese im Heimatstaat nicht offengelegt werden dürfen. Weiter ist Artikel 30 zu berücksichtigen, der die Vertragsstaaten verpflichtet, die Angaben über die Herkunft des Kindes aufzubewahren, sowie Artikel 31, der den Schutz der gesammelten oder übermittelten personenbezogenen Daten regelt.

210 Die Bezugnahme auf Musterformblätter in Buchstabe a hebt ihre zukünftige Bedeutung hervor, um die Anwendung des Übereinkommens zu erleichtern, und ist in Verbindung mit dem Wunsch der Siebzehnten Tagung zu lesen, dass die Sachverständigen, die an dem ersten Treffen der nach Artikel 42 einzuberufenden Spezialkommission teilnehmen, Musterformblätter erarbeiten, insbesondere zu den nach Artikel 4 Buchstabe c vorgeschriebenen Zustimmungen und zu der Bescheinigung im Sinn von Artikel 23.

211 Die von der Zentralen Behörde nach Buchstabe a unmittelbar zu erledigende Aufgabe besteht nur darin, „alle geeigneten Maßnahmen zu treffen," um die vorgeschriebenen Informationen zu erteilen. Diese Informationen können und werden normalerweise von spezialisierten Personen, Organisationen oder Behörden und nicht von der Zentralen Behörde selbst einzuholen und aufzubereiten sein.

Buchstabe b

212 Buchstabe b wiederholt den Wortlaut des Entwurfs (Artikel 9 Buchstabe b) und verpflichtet die Zentralen Behörden, alle geeigneten Maßnahmen zu treffen, um einander über die Wirkungsweise des Übereinkommens zu unterrichten und Hindernisse, die seiner Anwendung entgegenstehen, so weit wie möglich auszuräumen. Diese Vorschrift ist in Verbindung mit Artikel 33 zu lesen, welcher der Zentralen Behörde die Verantwortung dafür auferlegt sicherzustellen, dass geeignete Maßnahmen getroffen werden, um zu verhindern, dass die Bestimmungen des Übereinkommens nicht beachtet werden oder missachtet zu werden drohen.

213 Buchstabe b verpflichtet die Zentrale Behörde lediglich dazu, die Angaben über die Wirkungsweise des Übereinkommens, gegebenenfalls auch aus anderen Quellen, zu erlangen, und es ist auch nicht ihre Aufgabe, Hindernisse, die der Anwendung des Übereinkommens entgegenstehen, unmittelbar auszuräumen, sondern alle geeigneten Maßnahmen zu diesem Zweck zu treffen.

Artikel 8

214 Die den Zentralen Behörden in Artikel 8 zugewiesene Aufgabe war in Artikel 10 Buchstabe c des Entwurfs Teil der Verpflichtungen, die andere öffentliche Stellen oder zugelassene Organisationen wahrnehmen durften. Das von Schweden vorgelegte Arbeitsdokument Nr. 26 wies jedoch darauf hin, dass die zugelassenen Organisationen ihrerseits nach Artikel 11 Buchstabe c der Überwachung unterliegen. Folglich war es nicht zweckmäßig, die Übertragung dieser Überwachungsaufgaben auf zugelassene Organisationen zu gestatten. Deshalb wurde vorgeschlagen, diese Aufgabe besonders zu behandeln und ihre mögliche Übertragung auf andere öffentliche Stellen zu beschränken, keinesfalls aber eine Übertragung auf zugelassene Organisationen zu eröffnen. Der Gedanke wurde angenommen, und die Verpflichtung wurde aus Gründen der Klarheit in eine besondere Vorschrift aufgenommen, nämlich in Artikel 8, obwohl die finnische und die belgische Delegation anmerkten, dass diese Überwachungsaufgaben in ihren Staaten regelmäßig zugelassenen Organisationen auferlegt werden, weil sie die praktischen Probleme besser kennen.

215 Die Aufgabe nach Artikel 8 ist somit unmittelbar von der Zentralen Behörde oder von anderen staatlichen Stellen wahrzunehmen, nicht aber von zugelassenen Organisationen, wobei davon auszugehen ist, dass die Übertragung durch die Zentrale Behörde auf andere staatliche Stellen nur in dem Umfang und unter den Bedingungen zulässig ist, die jeder Vertragsstaat festlegt.

216 Artikel 8 macht keine näheren Angaben in Bezug auf die staatlichen Stellen im Sinn seines Einleitungssatzes. Sie können also je nach dem Recht des jeweiligen Vertragsstaats gerichtliche oder Verwaltungsbehörden sein. Artikel 8 ist in Verbindung mit Artikel 36 Buchstabe c zu lesen, um bei Vertragsstaaten, in denen auf dem Gebiet der Adoption zwei oder mehr Rechtssysteme bestehen, die in verschiedenen Gebietseinheiten gelten, die staatlichen Stellen zu bestimmen.

217 Wie in den Artikeln 7 und 9 besteht die von Artikel 8 den Zentralen Behörden auferlegte Verpflichtung lediglich darin, „alle geeigneten Maßnahmen" zu treffen, die in diesem Fall unmittelbar oder mit Hilfe anderer staatlicher Stellen getroffen werden müssen, nicht mit Hilfe zugelassener Organisationen, von Personen oder nicht zugelassenen Stellen, wobei aber immer die Bestimmungen und Bedingungen nach dem Recht des Vertragsstaats maßgebend sind.

218 Artikel 8 ist in Verbindung mit Artikel 32 zu lesen, der es untersagt, aus einer Tätigkeit im Zusammenhang mit einer internationalen Adoption unstatthafte Vermögens- oder sonstige Vorteile zu erlangen, sowie mit Artikel 33, der die Nichtbeachtung oder ernsthaft zu befürchtende Missachtung des Übereinkommens verhindern soll.

219 Deutschland schlug in Arbeitsdokument Nr. 48 vor, das Wort „unstatthafte" in der englischen Fassung zu streichen, um der Schlussfolgerung entgegenzutreten, es gebe andere Vorteile, die als „statthaft" anzusehen sein könnten und erzielt werden dürften. Obwohl das RKÜ diesen Begriff verwendet, unterbreitete Frankreich mit dem Arbeitsdokument Nr. 86 einen ähnlichen Vorschlag zur Streichung des Wortes „indu" in der französischen Fassung, weil für Französischsprachige solch ein Adjektiv „schockierend" sei, eine Bemerkung, die auch der Beobachter für Defence for Children International unterstützte. In dieser Hinsicht drückte die kolumbianische Delegierte ihre Besorgnis aus, diese Streichung in den Artikeln 8 und 32 könne die üblichen Schenkungen an Adoptionszentren, die von künftigen Adoptiveltern aufgesucht werden, in Mitleidenschaft ziehen, wobei die Delegierte nachdrücklich darauf hinwies, dass diese Schenkungen einen größeren Schutz für Kinder in Kolumbien ermöglicht haben. Nach sorgfältiger Prüfung der

Angelegenheit wurde beschlossen, in Artikel 8 die Formulierung im VN-Übereinkommen beizubehalten, um die Möglichkeit abweichender Auslegung der beiden Übereinkommen aufgrund formell voneinander abweichender offizieller Fassungen auszuschalten (s. die Bemerkungen zu Artikel 32 unten Nrn. 526 bis 534).

220 Weil die Verpflichtungen nach Artikel 8 sehr allgemein gehalten sind, steht es den Vertragsstaaten frei zu entscheiden, wann sie eine Praxis als „den Zielen des Übereinkommens zuwiderlaufend" einstufen. Im Fall unterschiedlicher Auslegung kann die Frage jedoch beim Treffen der Spezialkommission geprüft werden, die nach Artikel 42 einzuberufen ist, um die praktische Durchführung des Übereinkommens zu untersuchen.

Artikel 9

Einleitung

221 Der Einleitungssatz gibt den Entwurf (Einleitungssatz von Artikel 10) wieder und gestattet den Vertragsstaaten zu entscheiden, wie die im Übereinkommen den Zentralen Behörden auferlegten Verpflichtungen mit Ausnahme der unmittelbar zu erledigenden in Artikel 7 aufgezählten und der nur unmittelbar oder mit Hilfe staatlicher Stellen nach Artikel 8 wahrzunehmenden Aufgaben zu erfüllen sind. Dieser Spielraum ist jedoch nicht unbegrenzt, weil die Übertragung nur auf andere staatliche Stellen oder zugelassene Organisationen gestattet ist und ausnahmsweise Personen oder nicht zugelassene Organisationen alle oder einige den Zentralen Behörden in Kapitel IV des Übereinkommens zugewiesene Aufgaben innerhalb der Grenzen und unter den Bedingungen von Artikel 22 erfüllen dürfen.

222 Obwohl dies nicht ausdrücklich gesagt ist, ergibt sich mittelbar aus der Einleitung von Artikel 9, dass die Übertragung von Aufgaben nur in dem Ausmaß und unter den Bedingungen möglich ist, die das Recht jedes Vertragsstaats festlegt.

223 Zur Bestimmung der staatlichen Stellen oder zugelassenen Organisationen bei einem Vertragsstaat, in dem auf dem Gebiet der Adoption zwei oder mehr Rechtssysteme bestehen, die in verschiedenen Gebietseinheiten gelten, ist der Einleitungssatz zu Artikel 9 in Verbindung mit Artikel 36 Buchstaben c und d zu lesen.

224 Artikel 9 erlaubt daher ein großes Maß an Flexibilität bei der Anwendung des Übereinkommens, und jeder Vertragsstaat trifft seine eigene Entscheidung darüber, wie die den Zentralen Behörden auferlegten Aufgaben zu erledigen sind. Er kann jede Übertragung überhaupt verbieten oder in dem nach den Artikeln 7 und 8 erlaubten Maß eine generelle oder teilweise Übertragung gestatten; in jedem Fall bleibt der Vertragsstaat aber nach Völkerrecht für jeden Verstoß gegen das Übereinkommen verantwortlich.

225 Nach den Artikeln 8, 9 und 22 des Übereinkommens können die Aufgaben, die das Übereinkommen den Zentralen Behörden zuweist, je nach ihrer Natur von anderen staatlichen Stellen, zugelassenen Organisationen oder in manchen Fällen sogar von nicht zugelassenen Organisationen oder Personen erfüllt werden. Folglich sind die Zentralen Behörden nicht notwendigerweise die einzigen „Verantwortungsträger" nach dem Übereinkommen, und die Zusammenarbeit kann auf anderem Weg nach dem Recht jedes Vertragsstaats erreicht werden. Dieser Aspekt unterscheidet das vorliegende Übereinkommen vom Haager Kindesentführungsübereinkommen, in dem die Zentrale Behörde die einzige Institution bleibt, die dafür verantwortlich ist, dass die Verpflichtungen nach dem Übereinkommen eingehalten werden. Daher ist das Übereinkommen flexibler und kann eine tatsächliche Dezentralisierung der Aufgaben bewirken, die der Zentralen Behörde zugewiesen sind.

226 Wegen der möglichen tatsächlichen Dezentralisierung, die sich im Fall einer Übertragung ergeben kann, regte der Bericht der Spezialkommission (Nr. 166) an, von jedem Vertragsstaat zu verlangen, dem Generalsekretär der Konferenz die entsprechenden Angaben über die staatlichen Stellen oder zugelassenen Organisationen sowie, wenn die Erklärung nach Artikel 22 Abs. 2 abgegeben worden ist, über die nicht zugelassenen Organisationen oder Personen zu übermitteln, die einige den Zentralen Behörden durch das Übereinkommen zugewiesene Aufgaben erfüllen können, und welchen Umfang die Übertragung hat. Die Siebzehnte Tagung nahm diesen Vorschlag an und stellte ihn in Bezug auf zugelassene Organisationen in Artikel 13 und in Bezug auf nicht zugelassene Organisationen oder Personen in Artikel 22 Abs. 3 ein. Dennoch erscheint es ratsam, auch die entsprechenden Angaben hinsichtlich der staatlichen Stellen nach den Artikeln 8, 9 und 22 Abs. 1 zu übermitteln.

227 Die Aufzählung in Artikel 8 beansprucht nicht, die den Zentralen Behörden auferlegten Aufgaben erschöpfend aufzulisten, wie die Formulierung „insbesondere" am Ende des Einleitungssatzes zeigt und weil Kapitel IV des Übereinkommens den Zentralen Behörden weitere Aufgaben auferlegt. Daher können nicht in Artikel 7 Buchstaben a und b genannte Aufgaben außer denen nach Artikel 33 unter Beachtung der Beschränkungen des Artikels 8 nach den Bedingungen übertragen werden, die das Recht jedes Vertragsstaats festlegt. Diese Möglichkeit der Übertragung bekräftigt Artikel 22 Abs. 1 in Bezug auf die Aufgaben, die Kapitel IV den Zentralen Behörden zuweist.

228 Wie Artikel 8 unterscheidet Artikel 9 nicht zwischen gerichtlichen und Verwaltungsbehörden; daher können die im Einleitungssatz genannten staatlichen Stellen je nach dem Recht jedes Vertragsstaats gerichtliche oder Verwaltungsbehörden sein.

Buchstabe a

229 Buchstabe a wiederholt den Wortlaut des Entwurfs (Artikel 10 Buchstabe a), ausgenommen die von Frankreich im Arbeitsdokument Nr. 36 vorgeschlagene Änderung, den letzten Satzteil mit einer ausdrücklichen Verweisung auf Artikel 30 zu streichen. Diese Streichung wurde gebilligt, weil der gestrichene Satz zwei unterschiedliche Fragen vermischte: 1) die Einholung und den Austausch von Auskünften zum Adoptionsvorhaben nach Buchstabe a und 2) den in Artikel 30 geregelten Zugang des Kindes zu diesen Angaben, nachdem die Adoption vorgenommen worden ist.

230 Buchstabe a erlegt der Zentralen Behörde die Verpflichtung auf, alle geeigneten Maßnahmen zu treffen, um Auskünfte über das Kind und die künftigen Adoptiveltern einzuholen, aufzubewahren und auszutauschen, soweit dies für das Zustandekommen der Adoption erforderlich ist. Um die Zentrale Behörde nicht zu überlasten, wurde jedoch davon ausgegangen, dass diese Pflicht innerhalb der Grenzen und Bedingungen erfüllt werden sollte, die das Recht jedes Vertragsstaats festlegt.

231 Die vom Vereinigten Königreich bzw. Australien unterbreiteten Arbeitsdokumente Nr. 22 und 25 schlugen vor, in die Einholung, die Aufbewahrung sowie den Austausch von Auskünften auch die „natürlichen Eltern" einzubeziehen; denn wenn ein Kind nach Artikel 30 das Recht auf Zugang zu den Angaben über seine Herkunft habe, sollten diese Angaben so vollständig wie möglich sein. Dem wurde entgegengehalten, dass unbeschadet der Bedeutung der Angaben, die hinzugefügt werden sollten, dieses Erfordernis bei unbekannten natürlichen Eltern nicht erfüllt werden könne und es daher besser auf Angaben ohne Hinweis auf die Identität zu beschränken sei. Der Vorschlag wurde mit knapper Mehrheit abgelehnt.

Buchstabe b

232 Buchstabe b gibt den Wortlaut des Entwurfs (Buchstabe 10 b) wieder und bezieht sich auf die Maßnahmen, die getroffen werden sollen, um das Adoptionsverfahren zu erleichtern, zu überwachen und zu beschleunigen. Diese Verpflichtung greifen andere Artikel des Übereinkommens auf, nämlich die Artikel 18, 19 (Abs. 1), 20 und 35 allgemein im Hinblick auf alle zuständigen Behörden.

233 Allgemein wurde anerkannt, dass Buchstabe b wichtig ist, um das Wohl des Kindes zu schützen und damit eines der Hauptziele des Übereinkommens zu erreichen. Aus diesem Grund schlug Spanien in Arbeitsdokument Nr. 20 folgende Formulierung vor: „Die Zentralen Behörden treffen unmittelbar oder mit Hilfe staatlicher Stellen oder anderer in ihrem Staat zugelassener Organisationen alle geeigneten Maßnahmen, um Adoptionsverfahren zu erleichtern, zu überwachen und zu beschleunigen, indem sie alle Aufgaben nach Kapitel IV wahrnehmen, und treten vor gerichtlichen oder außergerichtlichen Behörden auf". Der Vorschlag scheiterte jedoch, da eingewandt wurde, der Begriff des „Auftretens" habe eine klar umrissene abweichende Bedeutung im Zivilprozessrecht und die vorgeschlagene Formulierung greife übermäßig in das Verfassungsrecht der Vertragsstaaten ein.

Buchstabe c

234 Nach Buchstabe c treffen die Zentralen Behörden alle geeigneten Maßnahmen, um den Aufbau von Diensten zur Adoptionsberatung in ihrem Staat zu fördern. Die ausdrückliche Erwähnung dieser Verantwortung ist leicht verständlich, wenn die Bedeutung berücksichtigt wird, die Artikel 4 Buchstaben c und d sowie Artikel 5 Buchstabe b der sachgemäßen Beratung als Adoptionsvoraussetzung zumessen.

235 Buchstabe c gibt den Wortlaut des Entwurfs wieder (Artikel 10 Buchstabe d); jedoch wurden die Wörter „post-adoption services (Beratungsdienste nach der Adoption)" auf Antrag Koreas in Arbeitsdokument Nr. 61 in der von Irland geänderten Fassung eingefügt. Die Änderung wurde aus Gründen der Klarstellung sowie wegen der Bedeutung der Beratungsdienste nach der Adoption gebilligt, „um die Anpassung des Kindes an sein neues Heim und seine neue Umgebung und den Erfolg der Adoption sicherzustellen". Denselben Gedanken hatten die Philippinen mit dem Vorschlag eingebracht, das Übereinkommen solle den sozialen und kulturellen Schutz der adoptierten Kinder fördern und mit Hilfe der Zentralen Behörden bewusst darauf hinwirken, dass die Kinder nicht nur geschützt, sondern auch in ihre neue Umgebung integriert werden.

Buchstabe d

236 Buchstabe d gibt den Text des Entwurfs wieder (Artikel 10 Buchstabe e) und verlangt, dass die Zentralen Behörden alle geeigneten Maßnahmen treffen, um Berichte über allgemeine Erfahrungen auf dem Gebiet der internationalen Adoption auszutauschen. Diese Vorschrift ist in Verbindung mit Artikel 16 Abs. 2 und Artikel 30 über Datenschutz zu lesen.

Buchstabe e

237 Buchstabe e gibt das von Japan vorgelegte Arbeitsdokument Nr. 192 wieder und stellt eine Kompromisslösung dar, um dem Antrag von Delegierten aus Kinderheimatstaaten auf der Diplomatischen Konferenz Genüge zu tun.

238 Das von Kolumbien, Costa Rica und El Salvador unterbreitete, später zurückgezogene Arbeitsdokument Nr. 94 schlug die Verpflichtung der Zentralen Behörden vor, alle geeigneten Maßnahmen zu treffen, „um die Überwachung der Adoption im Aufnahmestaat bis zur Einbürgerung des Kindes herbeizuführen". Weitere lateinamerikanische Delegierte (aus Bolivien, Brasilien und Mexiko) sowie auch die Russische Föderation machten geltend, die adoptierten Kinder blieben Staatsangehörige des Heimatstaats und deshalb sei diesem daran gelegen, über das Ergebnis der Adoption unterrichtet zu werden. Außerdem bemerkte der Delegierte aus Sri Lanka, diese Frage sei für die Heimatstaaten sehr wichtig, obwohl Unterrichtungsbegehren nach einer Adoption erfahrungsgemäß nie abgelehnt worden seien, und Polen schlug im Arbeitsdokument Nr. 50 vor, zu „überwachen, dass das Kind nach der Adoption die Möglichkeit hat, seine Grundrechte wahrzunehmen".

239 Einige Teilnehmer wandten sich aus verfassungsrechtlichen Gründen gegen diese Vorschläge, weil sie einen Eingriff in die Souveränität des Aufnahmestaats mit sich bringen könnten; jedoch wurde freiwilliger Unterrichtung nach der Adoption nicht widersprochen. Die Delegation der Vereinigten Staaten bemerkte, manchmal sei es sehr schwierig, Auskünfte über eine Person einzuholen, da es in den Vereinigten Staaten kein System der polizeilichen Anmeldung gebe. Es wurde auch darauf hingewiesen, die Heimatstaaten könnten eine solche Überwachung möglicherweise nicht durchführen, wenn man die Zahl der jährlich in einigen Heimatstaaten adoptierten Kinder berücksichtige, und das Übereinkommen sehe bei der Aufdeckung von Missbräuchen keine Sanktion vor, da das Strafrecht nicht in seinen Anwendungsbereich falle.

240 Daher regte Uruguay in Arbeitsdokument Nr. 90 an, die Zentralen Behörden sollten alle geeigneten Maßnahmen treffen, „begründete Auskunftsersuchen über eine bestimmte Adoption zu beantworten"; dieser Vorschlag wurde in dem Sinn ergänzt, die Antwort solle „soweit möglich" übersandt werden. Im Anschluss an diesen Gedanken sah das Arbeitsdokument Nr. 101 Italiens die Verpflichtung vor, Ersuchen zu beantworten, „soweit das Recht des ersuchten Staates dies zulässt," und Kanada unterbreitete das Arbeitsdokument Nr. 102 mit dem Vorschlag, die Antwort „nach Abstimmung mit den zuständigen Behörden" zu übersenden.

241 Der abschließende Wortlaut wurde mit großer Mehrheit angenommen, wobei das Vereinigte Königreich den zwingenden Charakter der Vorschrift ablehnte, auch wenn es anerkannte, dass es in jedem Fall die Weiterleitung der erbetenen Auskünfte an den Heimatstaat empfehlen würde.

Artikel 10

242 Die Frage, ob die Aufgaben, die das Übereinkommen den Zentralen Behörden zuweist, von Einzelpersonen oder privaten Organisationen erledigt werden können, ist ein sehr heikles Thema; denn erfahrungsgemäß gehen die meisten Missbräuche bei internationalen Adoptionen auf die Einschaltung solcher „Vermittler" während der verschiedenen Stadien des Adoptionsverfahrens zurück. Aus genau diesem Grund wollten einige Teilnehmer der Spezialkommission keine Möglichkeit einer Aufgabenübertragung von Zentralen Behörden auf zugelassene Organisationen zulassen, während andere darauf bestanden, jedem Vertragsstaat die Entscheidung zu überlassen, in welcher Art und Weise er den Verpflichtungen des Übereinkommens nachkommt.

243 Die Lösung des Entwurfs (Artikel 11) stellt einen Kompromiss dar, der eine solche Übertragung nur an staatliche Stellen und ordnungsgemäß zugelassene private Organisationen gestattet, die bestimmten im Übereinkommen festgelegten Mindestanforderungen entsprechen. Wie bereits bemerkt, wurde dieser Kompromiss bei der Erörterung der Frage auf der Diplomatischen Konferenz noch weiter eingeengt, weil Artikel 8 des Übereinkommens die Übertragung auf zugelassene Organisationen nicht erlaubt. Dennoch kann jeder Vertragsstaat innerhalb der Grenzen des Übereinkommens frei entscheiden, wie die der Zentralen Behörde auferlegten Pflichten zu erledigen sind, und die Übertragung ihrer Aufgaben gegebenenfalls gestatten oder nicht.

244 Artikel 10 wiederholt den Wortlaut des Entwurfs (Artikel 11); die Wörter „Verwaltungs- und Sozial-" vor dem Wort „Aufgaben" wurden aber gestrichen, um dem österreichischen Vorschlag in Arbeitsdokument Nr. 67 zu entsprechen, weil es den Vertragsstaaten überlassen bleiben sollte, über die Art der von den zugelassenen Organisationen wahrzunehmenden Aufgaben zu entscheiden.

245 Die nach Artikel 10 erforderliche Zulassung soll so erteilt werden, wie dies jeder Vertragsstaat bestimmt, also nicht notwendigerweise von der Zentralen Behörde. Da die Zulassung keine besondere Aufgabe der Zentralen Behörde darstellt, wurde sie so weder in Artikel 7 oder 8 noch in Artikel 9 aufgenommen.

246 Artikel 10 ist in Verbindung mit Artikel 36 Buchstabe c zu lesen, um die zuständigen staatlichen Stellen im Fall eines Vertragsstaats zu bestimmen, in dem auf dem Gebiet der Adoption zwei oder mehr Rechtssysteme bestehen, die in verschiedenen Gebietseinheiten gelten.

247 Weiterhin ist Artikel 10 in Verbindung mit Artikel 11 Buchstabe c zu lesen, der jedem Vertragsstaat nicht nur das Recht gibt, die Zulassung zu erteilen, sondern auch das Recht, sie zu widerrufen, wenn die ständige Aufsicht den Nachweis erbringt, dass die fragliche Organisation nicht länger die Bedingungen des Übereinkommens und andere gesetzliche Zulassungsvoraussetzungen erfüllt. In solch einem Fall kann die Zulassung, wie in Artikel 10 gefordert, nicht „behalten" werden und ist daher zu widerrufen.

248 Obwohl das Übereinkommen den Vertragsstaaten große Freiheit beim Aufstellen zusätzlicher Bedingungen einräumt, die Organisationen einzuhalten haben, welche die Zulassung beantragen, schreibt das Übereinkommen gewisse Mindestnormen vor, die in allen Fällen zu erfüllen sind, und zwar Beweis ihrer Fähigkeit, die ihnen übertragenen Aufgaben ordnungsgemäß auszuführen, wie dies Artikel 10 fordert; Artikel 11 stellt gewisse Mindestanforderungen auf, die zu erfüllen sind, und Artikel 32 verbietet nicht nur jeden unstatthaften Vermögensvorteil, der mit irgendeiner sich auf internationale Adoption beziehenden Tätigkeit verbunden ist, sondern schreibt in Absatz 3 auch vor, dass die Leiter, Verwaltungsmitarbeiter und Angestellten von Organisationen, die an einer Adoption beteiligt sind, unabhängig von einer Zulassung keine im Verhältnis zu den geleisteten Diensten unangemessen hohe Vergütung erhalten dürfen.

249 Artikel 10 bezieht sich auf „Organisationen"; daher können natürliche Personen nicht nach Kapitel III des Übereinkommens zugelassen werden. Diese Einschränkung wurde kritisiert, weil „Organisationen", seien es juristische Personen oder nicht, nicht notwendigerweise bessere Garantien als private Einzelpersonen dafür bieten, dass die Pflichten eingehalten werden, die das Übereinkommen den Zentralen Behörden auferlegt.

250 Artikel 10 bezieht sich nur auf „Organisationen" und lässt die Frage offen, ob sie eine eigenständige Rechtspersönlichkeit haben müssen, um zugelassen zu werden. Die Antwort ergibt sich aus dem Recht jedes Vertragsstaats.

251 Die Zulassung von Organisationen nach Kapitel III ist eine notwendige Bedingung für die eventuelle Übertragung der Aufgaben, die das Übereinkommen der Zentralen Behörde zuweist, an diese Organisationen. Daher wird sie nicht benötigt, wenn Privatpersonen oder nicht zugelassene Organisationen sich nur einschalten, um im Hinblick auf die angemessene Erfüllung der Aufgaben, die das Übereinkommen den Vertragsstaaten auferlegt, zu helfen oder mitzuarbeiten, zum Beispiel durch Erstellen von Statistiken, Mitarbeit beim Sammeln geltender Gesetze oder durch ähnliche Tätigkeiten.

252 Obwohl die Zulassung nur „Organisationen" erteilt werden kann, eröffnet Artikel 22 Abs. 2 unter bestimmten Bedingungen auf der Grundlage besonderer Erklärung eines Staates die Möglichkeit, dass Personen oder nicht zugelassene Organisationen gewisse der Zentralen Behörde durch Kapitel IV zugewiesene Aufgaben wahrnehmen. Diese Vorschrift zielt jedoch darauf ab, die heiklen Probleme zu lösen, welche die sogenannten „privaten" oder unabhängigen Adoptionen mit sich bringen.

253 Die nach Artikel 10 erteilte Zulassung muss keine allgemeine sein, und jeder Vertragsstaat kann frei entscheiden, welche (Verwaltungs-, Sozial- oder sonstigen) Aufgaben den zugelassenen Organisationen anvertraut werden. Die Zulassung kann daher auf die Wahrnehmung bestimmter festgelegter Aufgaben unter Ausschluss anderer beschränkt werden, wobei alles von den Umständen des Falles abhängt.

Artikel 11

Einleitung

254 Die Einleitung wiederholt den Wortlaut des Entwurfs (Einleitung von Artikel 12) und stellt für die Zulassung der Organisationen gewisse Mindestanforderungen auf, die in allen Fällen einzuhalten sind. Es steht daher jedem Vertragsstaat frei, sie genauer zu bestimmen und zu vervollständigen, indem er ergänzende Bedingungen hinzufügt oder auch nicht, und zum Beispiel den Empfehlungen zu folgen, welche die Lateinamerikanische Konferenz über Kinderadoption und Kinderhandel (Quito 1991) oder das Regionalseminar über den Schutz der Kinderrechte bei internationalen Adoptionen (Manila 1992) ausgesprochen hat.

Buchstabe a

255 Buchstabe a gibt den Text des Entwurfs (Artikel 12 Buchstabe a) wieder, weil allgemeines Einvernehmen in dem Sinn bestand, dass zugelassene Organisationen ausschließlich gemeinnützige Zwecke verfolgen dürfen. Das innerstaatliche Recht der Vertragsstaaten entscheidet, wer befugt ist, eine juristische Person oder Körperschaft mit gemeinnützigen Zwecken zu gründen (auch Einzelpersonen und welche Arten von Einzelpersonen) und so Artikel 11 Buchstabe a gerecht zu werden.

256 Die Bedingung nach Buchstabe a, „ausschließlich gemeinnützige Zwecke zu verfolgen", ist allgemein formuliert, unterliegt jedoch den „von den zuständigen Behörden des Zulassungsstaats festgelegten Voraussetzungen und Beschränkungen". Daher bleibt ein breiter Spielraum für mögliche und tatsächlich unterschiedliche Regelungen in den verschiedenen Vertragsstaaten, ohne dass dabei die Ziele aus dem Auge zu verlieren sind, die das Übereinkommen verwirklichen soll.

Buchstabe b

257 Buchstabe b wiederholt den Wortlaut des Entwurfs (Artikel 12 Buchstabe b) unter Streichung des Wortes „besonders" vor dem Wort „qualifiziert" als einziger Änderung, wobei zu berücksichtigen ist, dass dieselben Voraussetzungen in Artikel 22 Abs. 2 Buchstabe b vorgeschrieben sind, der die Voraussetzungen regelt, die nicht zugelassene Organisationen oder Personen erfüllen müssen, wenn sie die Befugnis erhalten sollen, einige Aufgaben wahrzunehmen, die den Zentralen Behörden zugewiesen sind.

258 Die Streichung des Wortes „besonders" wurde auf Vorschlag des Vereinigten Königreichs in Arbeitsdokument Nr. 30 gebilligt, weil es nichts hinzufügte, da Personen auf dem Gebiet der internationalen Adoption nach ihren ethischen Grundsätzen und durch Ausbildung oder nach ihren ethischen Grundsätzen und durch Erfahrung qualifiziert sein können.

259 Buchstabe b stellt einige persönliche Mindestanforderungen an die Zusammensetzung der zugelassenen Organisationen auf und schreibt vor, dass sie „von Personen geleitet und verwaltet werden, die nach ihren ethischen Grundsätzen qualifiziert sind". Diese Bedingung muss von allen Personen erfüllt werden, die für zugelassene Organisationen arbeiten, von ihren Leitern ebenso wie von anderen Mitarbeitern.

260 Die Wörter „für die Arbeit" wurden eingefügt, um klarzustellen, dass Leiter und andere Mitarbeiter, die selbst auf dem Gebiet der internationalen Adoption tätig sind, durch Ausbildung oder Erfahrung darin qualifiziert sein müssen. Diejenigen Leiter oder Mitarbeiter, die selbst nicht auf diesem Gebiet arbeiten, brauchen nicht durch Ausbildung oder Erfahrung qualifiziert zu sein, müssen aber immerhin aufgrund ihrer ethischen Grundsätze qualifiziert sein.

261 Das Arbeitsdokument Nr. 21 von Defence for Children International und dem Internationalen Sozialdienst wollte die Vornahme internationaler Adoptionen durch qualifizierte Fachleute in der Weise sicherstellen, dass es die Änderung des letzten Satzes in Buchstabe b wie folgt anregte: „und nach entsprechender Ausbildung und Erfahrung für die Arbeit auf dem Gebiet der internationalen Adoption". Dieser Vorschlag konnte jedoch nicht in Betracht gezogen werden, weil ihn keine Delegation unterstützte.

Buchstabe c

262 Buchstabe c wiederholt den Wortlaut des Entwurfs (Artikel 12 Buchstabe c) mit einer sprachlichen Änderung und unter Verwendung des Pronomens „ihre" in der Einzahl anstelle der Mehrzahl, weil die Einleitung von Artikel 11 im Singular gehalten ist („Eine zugelassene Organisation").

263 Weiterhin sieht Buchstabe c gewisse Mindestanforderungen für die Kontrolle der zugelassenen Organisationen vor und unterstellt sie einer ständigen Aufsicht. Daher ist die Beibehaltung der Zulassung, wie sie Artikel 10 verlangt, nur möglich, wenn die Ergebnisse der Aufsicht zufrieden stellend waren.

264 Die Aufsicht muss nicht der Zentralen Behörde, sondern kann auch nach dem Recht jedes Vertragsstaats der „zuständigen Behörde" obliegen, wobei dieses Recht auch das einzuhaltende Verfahren und die weiteren sachlichen Voraussetzungen vorgibt, die zusätzlich zu denen zu überwachen sind, die das Übereinkommen festlegt.

265 Artikel 11 ist in Verbindung mit Artikel 36 Buchstabe c zu lesen, um die zuständigen Behörden bei Vertragsstaaten zu bestimmen, in denen auf dem Gebiet der Adoption zwei oder mehr Rechtssysteme bestehen, die in verschiedene Gebietseinheiten gelten.

266 Die ständige Aufsicht soll sich mindestens auf die Zusammensetzung, die Arbeitsweise und die Finanzlage der zugelassenen Organisationen erstrecken: (1) die Zusammensetzung, um die Voraussetzungen nach Artikel 11 Buchstabe b zu prüfen, (2) die Arbeitsweise, um die Einhaltung von Artikel 11 Buchstabe a und Artikel 32 sicherzustellen, und (3) die Finanzlage, um unstatthafte Praktiken in ihrer tatsächlichen Arbeitsweise zu vermeiden.

Artikel 12

267 Der Wortlaut gibt den Gedanken von Artikel 13 des Entwurfs wieder, wobei nur die Änderung vorgenommen wurde, die Belgien in Arbeitsdokument Nr. 5 angeregt hat, nach welcher der geänderte letzte Satz wie folgt lautet: „wenn die zuständigen Behörden beider Staaten dies genehmigt haben". Der Vorschlag wurde ohne Gegenstimme angenommen; dahinter stand die Überlegung, Probleme bei Vertragsstaaten zu lösen, in denen mehr als ein Rechtssystem gilt oder autonome Gebietseinheiten bestehen.

268 Artikel 12 gestattet die Einschaltung zugelassener Organisationen; ihre Funktionsweise bei internationalen Adoptionen ist aber, wie bereits erwähnt, für viele Länder ein sehr heikles Thema, und aus diesem Grund gesteht Artikel 12 jedem Vertragsstaat die Freiheit zu, ihre Tätigkeiten innerhalb seines Staatsgebiets zu gestatten oder zu verbieten, selbst wenn sie die Genehmigung haben, in einem anderen Staat tätig zu werden. Wenn also eine bereits in einem Vertragsstaat zugelassene Organisation in einem anderen Vertragsstaat tätig werden möchte, muss sie die Genehmigung des zweiten Vertragsstaats einholen; diese Genehmigung kann ihr verweigert werden, wenn dieser Staat der Einschaltung privater Organisationen auf seinem Hoheitsgebiet bei der Bearbeitung internationaler Adoptionen widerspricht.

269 Artikel 12 ist allgemein gehalten. Da er keine Unterscheidung macht, ist die „Genehmigung" beider Staaten einzuholen, um „unmittelbar" oder „mittelbar" tätig zu werden.

270 Artikel 12 ist in Verbindung mit Artikel 36 Buchstabe c zu lesen, um die zuständigen Behörden bei Vertragsstaaten zu bestimmen, in denen auf dem Gebiet der Adoption zwei oder mehr Rechtssysteme bestehen, die in verschiedenen Gebietseinheiten gelten.

Artikel 13

271 Der Entwurf enthielt keinen derartigen Artikel; die Diplomatische Konferenz hat ihn eingefügt, indem sie ohne Änderungen den Vorschlag in Arbeitsdokument Nr. 177 der Schweiz annahm, nach dem die Zusammenarbeit wesentliche Grundlage des Übereinkommens und eines seiner Hauptziele ist. Nach seiner Verabschiedung ergänzte Kanada den Vorschlag mit dem Antrag festzulegen, dass jeder Vertragsstaat die Bestimmung der Zentralen Behörde vorzunehmen hat.

272 Eine entsprechende Vorschrift ist in früheren Haager Übereinkommen zu finden, nämlich denjenigen über die Zustellung gerichtlicher und außergerichtlicher Schriftstücke im Ausland in Zivil- oder Handelssachen (Artikel 21), über die Beweisaufnahme im Ausland in Zivil- oder Handelssachen (Artikel 35) sowie über den internationalen Zugang zur Rechtspflege (Artikel 29). Diese Übereinkommen schreiben jedoch alle vor, dass jeder Vertragsstaat die Mitteilung an den Verwahrer, das Ministerium für Auswärtige Angelegenheiten des Königreichs der Niederlande, vorzunehmen hat.

273 Das System von Artikel 13 ist weniger förmlich, weil die Mitteilung nur an das Ständige Büro der Haager Konferenz für Internationales Privatrecht geschieht, wodurch unnötige Verzögerungen vermieden werden sollen, die bei einer förmlichen Mitteilung auf diplomatischem Weg an den Verwahrer des Übereinkommens auftreten können, wie sie die genannten Haager Übereinkommen verlangen.

274 Artikel 13 schreibt nicht ausdrücklich die Mitteilung von Namen und Anschriften sowie des Umfangs der Aufgaben anderer staatlicher Stellen vor, die nach den Artikeln 8 und 9 den Zentralen Behörden zugewiesene Aufgaben wahrnehmen dürfen. Die Übermittlung auch solcher Angaben zur weiteren Verbreitung ist jedoch ratsam.

275 Eine ähnliche Mitteilung sieht Artikel 22 Abs. 3 vor, der die Vertragsstaaten, soweit sie die nach Artikel 22 Abs. 2 zulässige Erklärung abgeben, dazu anhält, dem Ständigen Büro der Haager Konferenz für Internationales Privatrecht regelmäßig die Namen und Anschriften nicht zugelassener Organisationen und Personen mitzuteilen, die befugt sind, Aufgaben der Zentralen Behörden nach den Artikeln 15 bis 21 wahrzunehmen.

276 Obwohl Artikel 13 dies nicht ausdrücklich anspricht, ist er in Verbindung mit Artikel 22 Abs. 3 zu lesen, der die Vertragsstaaten dazu anhält, gegebenenfalls jede eintretende Änderung mitzuteilen, also Änderungen beim Umfang der Aufgaben der Zentralen Behörden oder anderer öffentlicher Stellen bzw. Widerruf, Aussetzung oder aus sonstigen Gründen vorgenommene Änderungen der Zulassung.

277 Wird die Verpflichtung zur Mitteilung der vorgeschriebenen Informationen nicht eingehalten, so sind andere Vertragsstaaten ermächtigt, nach Artikel 33 vorzugehen; eine vorgenommene Adoption bleibt jedoch unberührt, die für alle rechtlichen Zwecke, insbesondere hinsichtlich ihrer Anerkennung durch die Vertragsstaaten, als Adoption im Sinne des Übereinkommens anzusehen ist.

278 Artikel 13 erwähnt das Ziel der Mitteilungspflicht nicht; aber das Ständige Büro der Haager Konferenz für Internationales Privatrecht soll offensichtlich die eingegangenen Informationen an die interessierten Staaten weiterleiten, also die Mitgliedstaaten der Haager Konferenz und die übrigen Vertragsstaaten.

279 Artikel 13 ist zwar nicht ausdrücklich in Artikel 48 aufgeführt; die jeweiligen Vertragsstaaten sollten sich aber nicht gehindert fühlen, entsprechende Informationen an den Verwahrer des Übereinkommens weiterzuleiten.

Kapitel IV

Verfahrensrechtliche Voraussetzungen der internationalen Adoption

280 Belgien kritisierte in den Arbeitsdokumenten Nr. 36 und 133 die Überschrift des Entwurfs zu Kapitel IV, da die schlichte Bezeichnung „Verfahren" als ausschließliche Bezugnahme auf Verfahren vor Gerichten missverstanden werden könne, eine irreführende Annahme, weil das Übereinkommen die Zusammenarbeit zwischen Zentralen Behörden der Vertragsstaaten regelt. Deshalb sollte die Überschrift durch „Zusammenarbeit zwischen Zentralen Behörden" ersetzt werden; nach diesem Vorschlag gab der Redaktionsausschuss in Arbeitsdokument Nr. 179 Kapitel IV folgende Überschrift: „Verfahren bei der Zusammenarbeit zwischen Zentralen Behörden".

281 Dem Vorschlag wurde widersprochen, weil erstens die allgemeinen Grundsätze zur Zusammenarbeit zwischen Zentralen Behörden in Kapitel III niedergelegt sind und zweitens Kapitel IV eine Zahl sehr wichtiger Artikel zu Verfahrensfragen ohne Bezug auf Zusammenarbeit enthält. Diese Gründe erklären, warum das vom Vereinigten Königreich, Kolumbien, Irland, Australien und Mexiko vorgelegte Arbeitsdokument Nr. 181 vorschlug, die Überschrift durch „Verfahrensrechtliche Voraussetzungen der internationalen Adoption" zu ersetzen; dieser Vorschlag wurde in der zweiten Lesung angenommen.

282 Kapitel IV zielt darauf ab, ein Verfahren einzuführen, das die grundlegenden Interessen aller an internationalen Adoptionen beteiligten Parteien schützt, vor allem die des Kindes, der biologischen Eltern und der künftigen Adoptiveltern. Aus diesem Grund stellt Kapitel IV wichtige Garantien zum Schutz dieser Interessen auf; man hat aber gleichzeitig versucht, die bestehenden Verfahren zu vereinfachen und die besten Aussichten zu eröffnen, verlassene Kinder in anderen Vertragsstaaten in ein angemessenes Zuhause zu integrieren.

283 Nach längerer Erörterung einigte sich die Spezialkommission über die zwingende Natur der Vorschriften in Kapitel IV, und dies behielt das Übereinkommen ohne Widerspruch bei. Die Vorschriften in Kapitel IV stehen also nicht den Vertragsparteien zur Verfügung, sondern müssen in allen Fällen angewandt werden.

284 Kapitel IV ist in Verbindung mit Artikel 39 Abs. 2 zu lesen, nach dem jeder Vertragsstaat mit einem oder mehreren anderen Vertragsstaaten Vereinbarungen zur erleichterten Anwendung des Übereinkommens in ihren gegenseitigen Beziehungen schließen darf. In dieser Hinsicht ist weiterhin daran zu erinnern, dass nach Artikel 25 jeder Vertragsstaat gegenüber dem Verwahrer erklären kann, dass er nicht verpflichtet ist, aufgrund des Übereinkommens Adoptionen anzuerkennen, die in Übereinstimmung mit solchen Vereinbarungen zustande gekommen sind. Außerdem sieht Artikel 39 Abs. 2 eine weitere Beschränkung vor, nämlich, dass „diese Vereinbarungen nur von den Bestimmungen der Artikel 14 bis 16 und 18 bis 21 abweichen" dürfen, womit er die zwingende Natur des Artikels 17 in allen vom Übereinkommen erfassten Adoptionsfällen beibehält.

285 Obwohl mehrere Artikel des Kapitels IV die Mehrzahl gebrauchen, zum Beispiel „Personen" oder „künftige Adoptiveltern", gelten sie auch in Fällen, in denen eine Einzelperson die Adoption beantragt und sie ihr gewährt wird, wie es auch Artikel 2 des Übereinkommens vorsieht.

286 Australien schlug in der zweiten Lesung in Arbeitsdokument Nr. 187 eine andere Reihenfolge der Artikel vor, nämlich Artikel 16 voranzustellen und Artikel 14 an zweiter sowie Artikel 15 an dritter Stelle folgen zu lassen, weil „jedermann ein besseres Bild vermittelt wird, wenn der Wortlaut des Übereinkommens zuerst Fragen zum Kind behandelt wie die Einwilligung seiner Eltern und sich anschließend mit der Eignung der künftigen Adoptiveltern befasst, wobei zu berücksichtigen ist, dass der Schwerpunkt bei internationalen Adoptionen darauf liegt, Eltern für Kinder statt Kinder für Eltern zu finden". Wegen mangelnder Unterstützung wurde der Vorschlag jedoch nicht in Betracht gezogen.

287 Belgien regte in Arbeitsdokument Nr. 176 an, die Artikel so umzustellen, dass an erster Stelle die Anvertrauung zu regeln sei (Artikel 17), an zweiter Stelle die erforderlichen Bewilligungen für Aus- und Einreise (Artikel 18) und an dritter Stelle die Voraussetzungen dafür, das Kind in den Aufnahmestaat zu bringen (Artikel 19 Abs. 1). Die vorgeschlagene Änderung wurde in der zweiten Lesung angenommen, um die Aufgaben der Personen zu erleichtern, die an der Ausarbeitung der Artikel nicht mitgewirkt haben, das Übereinkommen aber auf konkrete Fälle anwenden sollen.

Artikel 14

288 Artikel 14 gibt den Wortlaut des Entwurfs (Artikel 14) wieder und schreibt, um Missbräuche zu verhindern, vor, dass das Adoptionsverfahren mit einem Antrag an die Zentrale Behörde in dem Staat beginnen soll, in dem die künftigen Adoptiveltern ihren gewöhnlichen Aufenthalt haben.

289 Artikel 14 regelt nicht ausdrücklich die förmlichen Anforderungen, die der Antrag erfüllen muss. Daher entscheidet hierüber das Recht des gewöhnlichen Aufenthalts der künftigen Adoptiveltern, wobei jedoch davon auszugehen ist, dass sie sich ausweisen und alle notwendigen Angaben machen müssen, um es zu erleichtern, den Bericht nach Artikel 15 zu verfassen.

290 Die Regelung in Artikel 14 ist zwingend, aber in Verbindung mit Artikel 22 Abs. 1 zu lesen; der Antrag kann also bei anderen staatlichen Stellen als der Zentralen Behörde bzw. bei jeder zugelassenen Organisation gestellt werden, wenn das Recht des gewöhnlichen Aufenthalts der künftigen Adoptiveltern dies gestattet.

291 Nach Artikel 14 dürfen die künftigen Adoptiveltern den Antrag nicht unmittelbar bei der Zentralen Behörde, anderen staatlichen Stellen oder zugelassenen Organisationen des Heimatstaats stellen. Diese Möglichkeit wurde vergeblich bei den Tagungen der Spezialkommission und wiederum

auf der Diplomatischen Konferenz vorgeschlagen. Die Vereinigten Staaten regten in Arbeitsdokument Nr. 75 an, die künftigen Adoptiveltern sollten ihren Antrag unmittelbar bei der Zentralen Behörde des Heimatstaats stellen können, und zwar nach Maßgabe der von beiden Staaten aufgestellten Voraussetzungen, womit den Interessen der betroffenen Staaten Genüge getan werde. Japan schlug in Arbeitsdokument Nr. 93 die Aufnahme der folgenden Wörter vor: „oder im Staat des gewöhnlichen Aufenthalts des Kindes" und berief sich darauf, der Wortlaut des Entwurfs sei zu eng, weil er die unmittelbare Antragstellung bei der Zentralen Behörde des Heimatstaats nicht erlaube, auch wenn Kind und künftige Adoptiveltern dieselbe Staatsangehörigkeit hätten.

292 Gegen diese Vorschläge wurden allerdings mehrere Einwände vorgebracht, nämlich: (1) die Schwierigkeiten des Aufnahmestaats, alle von den beauftragten Behörden des Heimatstaats eingehenden Anträge zu überwachen; (2) die bessere Gewährleistung der Rechte des Kindes und der Herkunftsfamilie, wenn der Antrag über die Zentrale Behörde des Aufnahmestaats geleitet wird; (3) die kürzlichen bitteren Erfahrungen in einigen Staaten, die sich aus dem unmittelbaren Kontakt der künftigen Adoptiveltern mit den Heimatstaaten ergaben, Missbräuche, die das Übereinkommen verhindern soll, indem es die internationalen Standards anhebt; (4) die von Staaten mit sichererer und förmlicherer Vorgehensweise hinzunehmenden Nachteile, wenn andere Staaten befugt wären, die unmittelbare Kontaktaufnahme mit den Behörden des Heimatstaats zu gestatten, und (5) dass das Übereinkommen solche gefährlichen Möglichkeiten nicht fördern sollte, indem es sie ausdrücklich regelt.

Artikel 15

Absatz 1

293 Absatz 1 wiederholt den Wortlaut des Entwurfs (Artikel 15 Abs. 1) mit einer kleinen sprachlichen Änderung; anstelle von „und die Eigenschaften der Kinder" wurde „sowie die Eigenschaften der Kinder" verabschiedet. Das Wort „considère" im französischen Wortlaut der Artikel 15 und 16 ist im Sinn der englischen Fassung „Hat sich ... überzeugt" zu lesen. In bestimmten Rechtsordnungen beschränkt sich die Aufgabe der Zentralen Behörde auf die Überprüfung psychologischer, sozialer und rechtlicher Anforderungen, die von anderen zuständigen Behörden, insbesondere Gerichten zu bestimmen sind. Der Wortlaut der französischen Fassung lässt die Befugnisse dieser zuständigen Behörden unberührt.

294 In Übereinstimmung mit dem System der Zusammenarbeit und der Verteilung der Aufgaben im Übereinkommen schreibt Artikel 15 vor, dass nach Antragstellung bei der Zentralen Behörde des Aufnahmestaats diese zu prüfen hat, ob die künftigen Adoptiveltern für eine Adoption in Betracht kommen und dazu geeignet sind, wie Artikel 5 Buchstabe a des Übereinkommens ausdrücklich verlangt. Daher stellt sie nicht nur fest, ob sie alle gesetzlichen Voraussetzungen des anzuwendenden Rechts, wie vom Aufnahmestaat festgelegt, sondern auch die notwendigen sozio-psychologischen Anforderungen erfüllen, die erforderlich sind, um den Erfolg der Adoption zu gewährleisten.

295 Da alle gesetzlichen Voraussetzungen zu prüfen sind, selbst wenn sie nicht ausdrücklich erwähnt sind, muss die Zentrale Behörde des Aufnahmestaats insbesondere sicherstellen, dass die Zustimmung des anderen Ehegatten in Übereinstimmung mit dem Übereinkommen eingeholt worden ist, wenn eine verheiratete Person eine Einzeladoption beantragt, soweit dies nach dem anzuwendenden Recht möglich ist.

296 Unverzüglich danach verfasst die Zentrale Behörde einen Bericht über die künftigen Adoptiveltern, der alle notwendigen Angaben enthält, insbesondere über ihre Identität, ihre Fähigkeit und Eignung zur Adoption, ihre persönlichen und familiären Umstände, ihre Krankengeschichte, ihr soziales Umfeld, ihre Beweggründe für die Adoption, ihre Fähigkeit zur Übernahme der mit einer internationalen Adoption verbundenen Aufgaben und die Eigenschaften der Kinder, für die zu sorgen sie geeignet wären.

297 Artikel 15 Abs. 1 schreibt am Ende vor, dass der Bericht Angaben über „die Eigenschaften der Kinder, für die zu sorgen sie geeignet wären," enthalten muss; diese Formulierung geht von dem Gedanken aus, dass es ratsam ist, die Wünsche der künftigen Adoptiveltern als zusätzliche Garantie für den Erfolg der Adoption herauszufinden, wobei davon auszugehen ist, dass sie allgemein auszudrücken sind, zum Beispiel in Bezug auf Alter, Religionszugehörigkeit, besondere Bedürfnisse (Behinderung usw.) eines Kindes je nach ihren elterlichen Fähigkeiten und Erfahrungen, und nicht ausdrücklich auf ein konkretes Kind Bezug nehmen.

298 Die Aufzählung in Artikel 15 ist nicht ausschließlich; der Bericht kann also andere, von der Zentralen Behörde des Aufnahmestaats für wichtig angesehene Informationen enthalten, weil der Bericht das Ziel verfolgt, der Zentralen Behörde des Heimatstaats genügend persönliche Daten über die künftigen Adoptiveltern zu vermitteln, um es ihr zu ermöglichen, das Kind zu finden, das diesen Angaben am besten entspricht.

299 Daher bestehen ungeachtet des Scheiterns von Arbeitsdokument Nr. 166 Argentiniens in der zweiten Lesung wegen mangelnder Unterstützung keine Bedenken, sondern ist es im Gegenteil ratsam, wie vorgeschlagen die „Religion" als zusätzliche Angabe in den Bericht nach den Artikeln 15 und 16 aufzunehmen, weil sie ein von den „persönlichen und familiären Umständen" sowie von der Krankheitsgeschichte des Kindes verschiedenes Element darstellt.

300 Die Bemerkungen des Heiligen Stuhls hierzu sind sehr wichtig, weil sie nachdrücklich hervorheben, dass „religiöse Beweggründe eine sehr wichtige Rolle bei der Aufrechterhaltung stabiler Ehen und des für die Erziehung von Kindern notwendigen Verantwortungsgefühls spielen. Der Verlust traditioneller Werte hat die mehr oder minder bewusst empfundenen religiösen Überzeugungen untergraben, die früher die Ehe aufrecht erhielten. Aus diesen Gründen ist die religiöse Haltung der künftigen Adoptiveltern gemeinsam mit der religiösen Herkunft des Kindes ausdrücklich zu berücksichtigen. Wenn das Wohl des Kindes eine stabile und hingebungsvolle Familie verlangt, erscheint es zwingend geboten, die Ernsthaftigkeit religiöser Haltung im weiten Sinn als wesentliche Voraussetzung zu beachten, um eine erfolgreiche Adoption zu gewährleisten. Diese Dimension sollte nicht übersehen werden, wenn eine Adoption in Aussicht genommen wird."

301 Artikel 15 Abs. 1 ist in Verbindung mit Artikel 22 Abs. 1 zu lesen; folglich können andere öffentliche Stellen oder zugelassene Organisationen den Bericht erstellen, wenn es das Recht des gewöhnlichen Aufenthalts der künftigen Adoptiveltern erlaubt. Es ist jedoch davon auszugehen, dass die Zentrale Behörde des Aufnahmestaats sich unabhängig von einer entsprechenden Ermächtigung auf andere Behörden oder spezialisierte Organisationen stützen kann, wenn sie die in den Bericht aufzunehmenden Informationen bestätigt.

302 Weiterhin ist daran zu erinnern, dass auch dann, wenn ein Vertragsstaat nach Artikel 22 Abs. 2 erklärt, dass die Aufgaben der Zentralen Behörde nach den Artikeln 15 bis 21 von nicht zugelassenen Organisationen oder Personen wahrgenommen werden können, die Berichte nach den Artikeln 15 und 16 in jedem Fall unter der Verantwortung der Zentralen Behörde oder anderer Behörden in Übereinstimmung mit Artikel 22 Abs. 5 zu verfassen sind.

Absatz 2

303 Artikel 15 Abs. 2 gibt den Wortlaut des Entwurfs wieder und schreibt vor, dass die Zentrale Behörde des Aufnahmestaats den Bericht der Zentralen Behörde des Heimatstaats übermittelt. Die Vorschrift ist zwingend, jedoch in Verbindung mit Artikel 22 Abs. 1 und 2 zu lesen, so dass auch andere öffentliche Stellen oder zugelassene Organisationen den Bericht übermitteln und empfangen können. Dies kann sogar durch nicht zugelassene Organisationen oder Personen geschehen, wenn die Vorschriften des Übereinkommens eingehalten sind und der Aufnahme- bzw. Heimatstaat damit jeweils einverstanden ist.

304 Absatz 2 ist in Verbindung mit Artikel 19 Abs. 3 zu lesen; daher ist der Bericht an die übermittelnde Behörde zurückzusenden, wenn das Kind gar nicht in den Aufnahmestaat kommt.

305 Während der zweiten Lesung regte das Arbeitsdokument Nr. 37 Italiens an, Artikel 15 Abs. 2 wie folgt zu ändern:

„Dieser Bericht wird der Zentralen Behörde des Heimatstaats unmittelbar durch die Behörde des Aufnahmestaats oder durch die künftigen Adoptiveltern übermittelt, soweit die Zentrale Behörde des Aufnahmestaats sie schriftlich dazu ermächtigt hat und die Zentrale Behörde des Heimatstaats diese Möglichkeit anerkennt." Daher wurde zwischen der zwingenden Antragstellung im Aufnahmestaat und der Übermittlung des Antrags unterschieden, die durch die Zentrale Behörde des Heimatstaats oder unmittelbar durch die künftigen Adoptiveltern mit ordnungsgemäßer schriftlicher Ermächtigung geschehen könnte.

306 Der Vorschlag wurde unter Hinweis darauf ausreichend unterstützt, damit könnten die künftigen Adoptiveltern die tatsächliche Übermittlung des Berichts an den Aufnahmestaat sicherstellen und beide Zentralen Behörden blieben beteiligt, auch wenn die künftigen Adoptiveltern den Bericht unmittelbar übermittelten, da ihre Ermächtigung vorgeschrieben sei. Der Vorschlag wurde jedoch nicht angenommen, wobei für die abschließende Beschlussfassung eine zweite Abstimmung notwendig war.

Artikel 16

Absatz 1

Einleitung

307 Die Einleitung wiederholt den Wortlaut des Entwurfs (Einleitung von Artikel 16) und legt eine Aufgabe der Zentralen Behörde des Heimatstaats fest, die sie in Übereinstimmung mit dem im Übereinkommen angelegten System der Aufgabenteilung und Zusammenarbeit zu erfüllen hat. Wie in Artikel 15 ist das Wort „considère" in Artikel 16 Abs. 1 im Sinn der englischen Fassung als „Hat sich ... überzeugt" zu verstehen (siehe Nr. 293 oben).

Buchstabe a

308 Das Verfassen des Berichts über das Kind ist notwendiger Schritt, um seine psychosoziale Lage zu bestimmen; denn man kann erst danach eine angemessene Entscheidung über das Zusammenführen von Kind und Adoptivfamilie treffen und dadurch die Interessen aller beteiligten Personen schützen, des Kindes wie der künftigen Adoptiveltern.

309 Buchstabe a nimmt den Wortlaut des Entwurfs (Artikel 16 Buchstabe a) auf, fordert aber nicht nur Angaben zur „familiären Entwicklung und Krankheitsgeschichte" des Kindes, sondern nunmehr soll der Bericht Angaben über seine „familiäre Entwicklung, seine Krankheitsgeschichte einschließlich derjenigen seiner Familie" enthalten. Der Zusatz findet sich auch in Artikel 7 des Interamerikanischen Übereinkommens von 1984 über das auf die Adoption Minderjähriger anzuwendende Recht und wurde aufgenommen, um der Anregung im britischen Arbeitsdokument Nr. 83 zu entsprechen, es sei in diesem Stadium um so besser, je mehr Angaben beschafft würden, und Krankheitsangaben könnten für die Behandlung des Kindes im späteren Leben durchaus erheblich werden. Dieser Buchstabe ist in Verbindung mit Artikel 30 zu lesen, der sicherstellt, dass die Angaben über die Herkunft des Kindes, insbesondere die Identität seiner Eltern, sowie über die Krankheitsgeschichte aufbewahrt werden und dass das Kind Zugang zu diesen Angaben unter gewissen Voraussetzungen hat.

310 Das Arbeitsdokument Nr. 166 Argentiniens, das Angaben zur Religion verlangte, scheiterte wegen mangelnder Unterstützung; es ist aber daran zu erinnern, dass die in Artikel 16 Buchstabe a aufgezählten Punkte denjenigen in Artikel 15 für die künftigen Adoptiveltern ähnlich sind. Die Aufzählung ist also auch in diesem Fall nicht erschöpfend, und der Bericht kann jede weitere Angabe enthalten, welche die Zentrale Behörde des Heimatstaats für ratsam hält. Die „religiöse Herkunft" ist im neuen Buchstaben b enthalten; außerdem beziehen sich die letzten Wörter in Buchstabe a auf „besondere Bedürfnisse des Kindes", so dass alle seine Eigenarten erwähnt werden sollten, wie etwa Religion, ob Geschwister vorhanden sind oder ob es sich um ein (körperlich oder geistig) behindertes oder älteres Kind handelt (siehe Bemerkung zu Artikel 15 Abs. 1).

311 Das Verfassen des Berichts nach Buchstabe a hängt nicht vom Eingang des Antrags der künftigen Adoptiveltern im Aufnahmestaat ab. Es ist eine Aufgabe, die nicht deshalb durchzuführen ist, weil es einige Bewerber gibt, die ein Kind suchen, sondern sobald die Zentrale Behörde des Heimatstaats feststellt, dass es Kinder gibt, die durch eine internationale Adoption besser geschützt werden könnten. Eine Liste mit Kindern, die adoptiert werden können, ist für den zügigen Nachweis im Hinblick auf die Zusammenführung mit Adoptiveltern zu führen, um sicherzustellen, dass Kinder so bald wie möglich untergebracht und so dem Kindeswohl nachteilige Verzögerungen abgewandt werden.

312 Artikel 16 Buchstabe a ist in Verbindung mit Artikel 22 Abs. 1 zu lesen; daher darf der Bericht von anderen öffentlichen Stellen oder zugelassenen Organisationen angefertigt werden, soweit das am gewöhnlichen Aufenthalt des Kindes anzuwendende Recht dies zulässt. Jedoch ist davon auszugehen, dass die Zentrale Behörde des Heimatstaats sich unabhängig von einer entsprechenden Ermächtigung auf andere Behörden oder spezialisierte Organisationen stützen kann, wenn sie die in den Bericht aufzunehmenden Informationen bestätigt.

313 Weiterhin ist daran zu erinnern, dass auch dann, wenn ein Vertragsstaat nach Artikel 22 Abs. 2 erklärt, dass die Aufgaben der Zentralen Behörde nach den Artikeln 15 bis 21 von nicht zugelassenen Organisationen oder Personen wahrgenommen werden können, die Berichte nach den Artikeln 15 und 16 in jedem Fall unter der Verantwortung der Zentralen Behörde oder anderer Behörden in Übereinstimmung mit Artikel 22 Abs. 5 zu verfassen sind.

Buchstabe b

314 Buchstabe b ist neu und folgt der Anregung des ägyptischen Arbeitsdokuments Nr. 53, weil es wichtig ist, dass das Adoptivkind die Verbindungen zu seiner Vergangenheit aufrechterhält sowie seine Herkunft versteht, wobei insbesondere all seine kulturellen, religiösen und ethnischen Aspekte zu berücksichtigen sind, wie dies das RKÜ vorschreibt. Der Vorschlag wurde allgemein begrüßt, und es wurde hervorgehoben, wie wichtig die Regelung dieses konkreten Aspekts ist, um die Probleme zu vermeiden, auf die das Haager Übereinkommen über die zivilrechtlichen Aspekte internationaler Kindesentführung gestoßen ist, soweit es um

ethnische oder kulturelle Herkunft geht. Das Arbeitsdokument Nr. 179 des Redaktionsausschusses nahm den Vorschlag auf, ließ aber den Standort des Artikels in Kapitel IV, das sich im Wesentlichen mit Verfahrensfragen befasst, oder, wie von Ägypten vorgeschlagen, in Kapitel II offen.

315 Obgleich sich die Delegierten einig waren, wurde darauf hingewiesen, dass die Formulierung „trägt gebührend Rechnung" als Diskriminierung des Kindes und Verstoß gegen das VN-Übereinkommen ausgelegt werden kann. Der Vorsitzende des Redaktionsausschusses erläuterte jedoch, der Wortlaut stamme aus dem Arbeitsdokument Nr. 53 und das Wort „gebührend" sei aufgenommen worden, um die Formulierung möglichst eng an Artikel 29 RKÜ anzulehnen.

316 Buchstabe b ist in Verbindung mit Artikel 22 Abs. 1 zu lesen, wonach die Zustimmungen durch andere öffentliche Stellen oder zugelassene Organisationen überprüft werden können, soweit das Recht des Heimatstaats es zulässt, und nach Artikel 22 Abs. 2 sogar durch nicht zugelassene Organisationen oder Personen, jedoch immer unter Verantwortung der Zentralen Behörde.

Buchstabe c

317 Buchstabe c gibt den Wortlaut des Entwurfs (Artikel 16 Buchstabe b) wieder und ist in Verbindung mit Artikel 22 Abs. 1 zu lesen (siehe Nr. 316 oben).

Buchstabe d

318 Buchstabe d nimmt den Wortlaut des Entwurfs (Artikel 16 Buchstabe c) auf und fordert so lediglich, dass die Zentrale Behörde entscheidet, ob die „in Aussicht genommene Unterbringung", nicht die Adoption selbst, dem Wohl des Kindes dient. Dies geschieht nach der „Zusammenführung des Kindes mit seinen künftigen Adoptiveltern (matching)". Dieser Vorgang gewährleistet, dass die Adoptiveltern aus dem Kreis der zugelassenen Antragsteller bestimmt werden, die auf der Grundlage der Berichte über das Kind und über die künftigen Adoptiveltern den Bedürfnissen des Kindes am besten gerecht werden. Während der gesamten Verhandlungen über das Übereinkommen wurde die Bedeutung des Vorgangs des „matching" (der Begriff erscheint nicht im Wortlaut des Übereinkommens, weil ein gleichwertiger französischer Begriff fehlt) unterstrichen. Natürlich ist anzumerken, dass der Heimatstaat in diesem Stadium des Verfahrens nicht sicherstellen kann, ob die künftigen Adoptiveltern mit der Unterbringung einverstanden sind, weil der Bericht über das Kind noch nicht an den Aufnahmestaat versandt worden ist. Daher kann eine solche Prüfung, ebenso wie diejenige, ob die künftigen Adoptiveltern für eine Adoption in Betracht kommen und geeignet sind, in Bezug auf das mit ihnen zusammenzuführende Kind erst später stattfinden.

319 Buchstabe d ist in Verbindung mit Artikel 22 Abs. 1 zu lesen (siehe Nr. 316 oben).

Absatz 2

320 Zu Anfang wiederholt Absatz 2 den Wortlaut des Entwurfs (Artikel 16 Abs. 2), indem er vorschreibt, dass die Zentrale Behörde des Heimatstaats den Bericht über das Kind an die Zentrale Behörde des Aufnahmestaats schickt. Er ist in Verbindung mit Artikel 22 Abs. 1 zu lesen (siehe Nr. 316 oben).

321 Artikel 16 Abs. 2 ist in Verbindung mit Artikel 19 Abs. 3 zu lesen, da der Bericht an die absendende Behörde zurückzusenden ist, wenn das Kind nicht in den Aufnahmestaat gebracht wird, und ebenso in Verbindung mit Artikel 30 hinsichtlich der Aufbewahrung der erhobenen Angaben und des Zugangs zu ihnen sowie in Verbindung mit Artikel 31 zum Datenschutz.

322 Nach der Fassung des Entwurfs sollte die Zentrale Behörde des Heimatstaats der Zentralen Behörde des Aufnahmestaats „Einzelheiten der nach Buchstabe c getroffenen Entscheidung" übermitteln, d.h. ob die in Aussicht genommene Unterbringung dem Wohl des Kindes dient. Zur Klarstellung der Vorschrift regte das Arbeitsdokument Nr. 68 Österreichs den Zusatz an, „außerdem seien die gemäß Artikel 5 (4 des Übereinkommens) eingeholten Zustimmungen der Zentralen Behörde zur Verfügung zu stellen"; mit Arbeitsdokument Nr. 70 stellte Deutschland klar, „der Nachweis der Zustimmung (Buchstabe b)" sei zu übersenden, und das Arbeitsdokument Nr. 97 Frankreichs regte an, die Übermittlung „der Unterlagen mit den Zustimmungen im Sinn des Buchstaben c und den Gründen für die Vergewisserung im Sinn des Buchstaben d" vorzuschreiben. Unter Berücksichtigung dieser Vorschläge wurde Artikel 16 Abs. 2 dahin geändert, dass er den „Nachweis über das Vorliegen der notwendigen Zustimmungen sowie die Gründe für ihre Entscheidung über die Unterbringung" verlangt, aber es ist davon auszugehen, dass das Einholen der Zustimmungen der Sache nach bedeutet, dass sie nicht rechtswirksam widerrufen worden sind, wobei das Wort „Nachweis" den Vorzug vor „Bescheinigung" oder „Beleg" erhielt, weil das zuletzt genannte Wort in Staaten des Common Law eine abweichende technische Bedeutung hat.

323 Das Arbeitsdokument Nr. 111 Belgiens schlug die Aufnahme des folgenden Satzes in Artikel 16 vor: „wenn die Identität der Mutter und/oder des Vaters des Kindes im Heimatstaat nicht offen gelegt werden darf, sollte der Bericht ihre Identität nicht preisgeben". Der Vorschlag wurde angenommen. Wenn die Identität der Eltern zu schützen ist, kann keine Unterlage über die elterliche Zustimmung beigebracht werden, und in diesem Fall entscheidet das Recht des Aufnahmestaats, in dem die Adoption vorzunehmen ist, ob eine von der Zentralen Behörde des Heimatstaats ausgestellte Bescheinigung der Zustimmungen ohne Bezeichnung der Eltern ausreicht.

Artikel 17

Einleitung

324 Die Regelung im Übereinkommen folgt den Vorschlägen in Arbeitsdokument Nr. 39 der irischen Delegation, das die Bedeutung einer klaren Unterscheidung zwischen a) Voraussetzungen für die Vornahme einer Adoption, b) Voraussetzungen für die Unterbringung des Kindes und c) Voraussetzungen für das Verbringen des Kindes vom Heimat- in den Aufnahmestaat hervorhob. Somit legt Artikel 17 ausdrücklich die Voraussetzungen für die Unterbringung fest; die Anforderungen an die Adoption sind mittelbar in Buchstabe c geregelt, und Artikel 19 Abs. 1 schreibt die erforderlichen Voraussetzungen für das Verbringen unabhängig davon vor, ob es vor oder nach dem Anvertrauen des Kindes an seine künftigen Adoptiveltern geschieht.

325 Die Grundzüge von Artikel 17 stammen aus Arbeitsdokument Nr. 162, das eine zur Prüfung der Artikel 6, 7 und 17 des Entwurfs eingesetzte Ad-hoc-Gruppe vorgelegt hat; die vorgeschlagenen Regelungen bemühen sich, die grundlegenden Interessen des Kindes und der hauptsächlich betroffenen Staaten, nämlich des Heimat- und des Aufnahmestaats, realistisch und flexibel zu berücksichtigen und zu schützen. Deshalb wurden die Unterschiede je nach der Art der Unterbringung berücksichtigt; denn in einigen Staaten wie Indien wird die Entscheidung, wo das Kind unterzubringen ist, auf sehr förmliche Weise getroffen, während andere Staaten keine förmliche Entscheidung vorschreiben und die Angelegenheit Behörden überlassen. Außerdem erkannte die Gruppe an, dass die Fragen im Fall der Unterbringung vor der Adoption (dem üblichen Fall) nur vorläufig geregelt werden können, da die abschließende Entscheidung erst zu fällen ist, wenn das Adoptionsverfahren endet. Aus diesem

Grund kann ein im Übereinkommen nicht gelöstes Problem auftreten, wenn die Verwaltungsbehörden kein Hindernis für die Adoption sehen, das Gericht letztendlich jedoch anders entscheidet.

326 Bei seinen Erläuterungen im Namen der Gruppe erklärte der irische Delegierte, die in Arbeitsdokument Nr. 162 vorgeschlagene Regelung solle Folgendes bewirken: „Die Verfahren in Bezug auf das Anvertrauen des Kindes an die künftigen Adoptiveltern und die zu erfüllenden Voraussetzungen sind zwingend vor dem Adoptionsbeschluss abzuwickeln, außer wenn beides gleichzeitig geschieht. Somit sind alle Voraussetzungen für die Unterbringung des Kindes vor oder im Zeitpunkt der Adoption zu erfüllen. Ebenso müssen alle Voraussetzungen für das Verbringen des Kindes vor dem Verbringen und vor dem oder im Zeitpunkt der Adoption gegeben sein." Er fügte hinzu, mit dem Wort „Voraussetzungen" meine er abzuwickelnde Verfahrensschritte und keine förmlichen, den Richter, der den Adoptionsbeschluss verkündet, bindenden Voraussetzungen (Protokoll Nr. 14).

327 Die Einleitung von Artikel 17 weicht vom Entwurf (Einleitung von Artikel 17) nicht nur dadurch ab, dass sie das Wort „anvertrauen" anstelle der „Unterbringung" verwendet, sondern auch dadurch, dass sie jegliche Entscheidung hinsichtlich des Anvertrauens des Kindes erfasst, den Anwendungsbereich von Artikel 17 auf im Heimatstaat getroffene Entscheidungen beschränkt und die ausdrückliche Bezugnahme auf „seine Adoption" streicht.

328 Die Gruppe einigte sich darauf, das in Artikel 17 des Entwurfs verwendete Wort „Unterbringung" zu ändern, um jedes denkbare Missverständnis unter Berücksichtigung seiner verschiedenen Bedeutungen zu vermeiden: Im Englischen bezieht sich die „Unterbringung" auf die körperliche Übergabe des Kindes an eine Person, im Französischen kann das Wort dagegen als tatsächliche Unterbringung oder solche im rechtlichen Sinn aufgefasst werden, nämlich als Übergang des Sorgerechts für das Kind auf die künftigen Adoptiveltern. Obwohl einige Delegationen während der gesamten Konferenz darauf bestanden, das Wort „Unterbringung" in Artikel 17 wie in andere Artikel des Übereinkommens aufzunehmen, wurde der Begriff „Anvertrauen" aus Gründen der Klarheit und wegen des weiteren Vorteils beibehalten, dass jeder, der seine genaue Bedeutung nicht versteht, sich um seine Auslegung bemühen und somit zu einer zufrieden stellenden Erklärung gelangen wird.

329 Die Entscheidung im Sinn der Einleitung von Artikel 17 haben die zuständigen Behörden des Heimatstaats zu treffen, nicht unbedingt die Zentralen Behörden, da sie von einer Verwaltungs- oder Gerichtsbehörde erlassen werden kann. Dementsprechend ist die Einleitung in Verbindung mit Artikel 36 Buchstabe c zu lesen, wenn in einem Staat auf dem Gebiet der Adoption zwei oder mehr Rechtssysteme bestehen, die in verschiedenen Gebietseinheiten gelten.

Buchstabe a

330 Artikel 17 Buchstabe a gibt den Wortlaut des Entwurfs (Artikel 17 Buchstabe a) wieder und bedarf keines weiteren Kommentars, da das Kind den künftigen Adoptiveltern nur mit ihrem Einverständnis anvertraut werden kann. Die vorgeschriebene Überprüfung sollte auf die Zustimmung des Ehegatten im Fall einer Einzeladoption durch eine verheiratete Person ausgeweitet werden; und nach Artikel 22 Abs. 1 und 2 können sie andere staatliche Stellen oder zugelassene Organisationen als die Zentrale Behörde bzw. sogar nicht zugelassene Organisationen oder Personen vornehmen, wenn das Recht des Heimatstaats dies zulässt.

Buchstabe b

331 Artikel 17 Buchstabe b des Entwurfs schrieb als eine Voraussetzung für die Unterbringung des Kindes bei seinen künftigen Adoptiveltern die Zustimmung der Zentralen Behörden beider Staaten, also des Heimat- und des Aufnahmestaats vor. Die Vereinigten Staaten von Amerika kritisierten diese „Doppelkontrolle" und regten in Arbeitsdokument Nr. 10 eine Änderung im Sinn nur erforderlichenfalls vorgeschriebener Zustimmung der Zentralen Behörde des Aufnahmestaats an, denn nach der im Entwurf vorgesehenen Fassung sei diese Zustimmung vorgeschrieben, „nicht nur wenn die Adoption im Aufnahmestaat, sondern sogar dann, wenn sie im Heimatstaat stattfinden soll, ja sogar dann, wenn dem Aufnahmestaat gar nicht daran gelegen ist, die Entscheidung der Behörden im Heimatstaat zu überprüfen".

332 Der Vorschlag der Vereinigten Staaten fand Unterstützung, aber auch heftige Ablehnung, wobei Delegationen aus Heimat- und Aufnahmestaaten die Argumente dafür und dagegen vorbrachten. Einerseits hielt man es für „unklug", die Beteiligung des Aufnahmestaats am Vorgang des „matching" zwingend vorzuschreiben; auch bestritt man, dass der Aufnahmestaat keine Kontrolle bei der Unterbringung ausübe, wenn ihm die förmliche Zustimmung freigestellt werde. Anderseits hob man hervor, wie wichtig die Mitwirkung des Aufnahmestaats beim „matching" des Kindes sei, einerlei wie schwierig diese Aufgabe sein könne, und zudem brachte man vor, die Möglichkeit der Aufnahmestaaten, freiwillig auf die Kontrolle zu verzichten, lade dazu ein, an bestehenden Missbräuchen festzuhalten.

333 Da keine Einigung zu erzielen war, wurden mehrere Kompromisse vorgeschlagen, welche die Zustimmung des Aufnahmestaats grundsätzlich vorschrieben, jedoch mit den folgenden Ausnahmevarianten: a) „es sei denn, dass das Recht des Aufnahmestaats eine solche Zustimmung nicht vorschreibt" (von der Sondergruppe vorgelegtes Arbeitsdokument Nr. 162), b) „es sei denn, dass das Recht beider Staaten solche Zustimmungen nicht vorsieht" (von Kolumbien, Australien, dem Vereinigten Königreich und den Philippinen vorgelegtes Arbeitsdokument Nr. 175) und c) „es sei denn, dass die zuständigen Behörden beider Staaten gegenüber dem Verwahrer des Übereinkommens erklärt haben, eine solche Zustimmung sei nicht notwendig" (vom Vereinigten Königreich, Kolumbien, den Philippinen, Mexiko, Australien und Uruguay vorgelegtes Arbeitsdokument Nr. 182).

334 Ganz am Ende der zweiten Lesung gab man sich nochmals besondere Mühe, und ein Kompromiss kam auf der Grundlage des Vorschlags im Arbeitsdokument Nr. 198 zustande, welches das Vereinigte Königreich, Kolumbien, Peru, Australien, Brasilien, Costa Rica, die Vereinigten Staaten von Amerika, Irland, die Niederlande, Kanada, Dänemark, Bulgarien, Mexiko, Rumänien, Schweden und Uruguay mit dem Vorschlag vorlegten, Buchstabe b wie folgt zu fassen: „die Zentrale Behörde des Aufnahmestaats diese Entscheidung gebilligt hat, sofern dies verlangt wird i) nach dem Recht dieses Staates oder ii) von der Zentralen Behörde des Heimatstaats". Nach einigen sprachlichen Änderungen des Redaktionsausschusses wurde Buchstabe b schließlich angenommen, der ohne Zweifel den nachhaltigen Wunsch beweist, vernünftige Kompromisse herbeizuführen.

Buchstabe c

335 Buchstabe c schreibt die Zustimmung der Zentralen Behörden beider Staaten zur „Fortsetzung des Adoptionsverfahrens" vor, wobei das Wort „Fortsetzung" bedeutet, dass das Adoptionsverfahren in das nächste Stadium in Richtung auf seinen Abschluss hin übergehen könnte. Der Begriff reicht also weiter als „Anvertrauen", „Unterbringung" oder „Verbringen" des Kindes, deckt aber nicht die abschließende Vornahme der Adoption.

336 Die in Buchstabe c vorgesehene Zustimmung gewährleistet nicht, dass die Adoption zustande kommt, da dies von der Erfüllung aller übrigen vom anwendbaren Recht geforderten Voraussetzungen abhängt, die je nachdem, wo die Adoption geschehen soll, das Internationale Privatrecht des Heimat- oder des Aufnahmestaats bestimmt.

337 Nach Artikel 7 Buchstabe a des Entwurfs mussten sich die zuständigen Behörden beider Staaten vergewissern, dass der Adoption „kein Hindernis" entgegensteht; die Sondergruppe hielt diese Formulierung aber für zu strikt, wenn man die praktischen Schwierigkeiten berücksichtigt, die mit dieser Festlegung verbunden sind, und weil sie das Gericht bei seiner abschließenden Entscheidung über die Adoption nicht binden würde. Die Sondergruppe hielt jedoch die Aufnahme einer Vorschrift für geboten, die es beiden Staaten, also Heimat- und Aufnahmestaat, ermöglichte, die Fortführung eines Adoptionsverfahrens anzuhalten, dem nach der Ansicht eines von ihnen wesentliche rechtliche Hindernisse entgegenstehen. Aus diesem Grund wurde Buchstabe c eingefügt, der indirekt zugleich die Voraussetzungen für die Adoption regelt; denn wenn sich ein Staat rechtlich an der Adoption gehindert fühlt, ist die Zentrale Behörde des Heimat- bzw. Aufnahmestaats befugt, der Fortführung des Adoptionsverfahrens nicht zuzustimmen, so dass das Verfahren angehalten ist.

338 Die Sondergruppe erläuterte den Buchstabe c zugrunde liegenden Gedanken beispielhaft wie folgt: „Wenn ein Heimatstaat eine anstehende Adoption für möglich hält, im Aufnahmestaat aber rechtliche Probleme wegen des Alters des Kindes oder wegen des Altersunterschieds zwischen dem Kind und den künftigen Adoptiveltern auftreten, kann der Aufnahmestaat an diesem Punkt eingreifen und seinen Einwand gegen die Fortführung des Adoptionsverfahrens zur Sprache bringen" (Protokoll Nr. 14). Die gleiche Überlegung gilt für den Fall, dass der Aufnahmestaat für die Anerkennung der im Heimatstaat vollzogenen Adoption eine Probezeit im Anschluss an die Adoption vorschreibt; deshalb nimmt Buchstabe c das im gestrichenen Artikel 23 des Entwurfs geregelte und im Übereinkommen nicht unmittelbar gelöste Problem auf.

339 Buchstabe c ist in Verbindung mit Artikel 23 Abs. 1 Satz 2 zu lesen.

Buchstabe d

340 Buchstabe d verlangt lediglich vom Heimatstaat, sich zu vergewissern, dass die zuständigen Behörden des Aufnahmestaats nach Artikel 5 festgestellt haben, dass die künftigen Adoptiveltern für eine Adoption in Betracht kommen und dazu geeignet sind und dem Kind die Einreise in den Aufnahmestaat und der ständige Aufenthalt dort bewilligt worden sind oder werden. Vor seiner Zustimmung zur Fortführung des Adoptionsverfahrens im Sinn des Buchstaben c kann der Heimatstaat jedoch diese Feststellungen auch überprüfen, ferner ob die künftigen Adoptiveltern erforderlichenfalls nach Artikel 5 Buchstabe b beraten worden sind.

341 Die in Buchstabe d vorgeschriebene Prüfung bezieht sich lediglich auf Artikel 5 Buchstabe a, der abstrakt die Anforderungen an die künftigen Adoptiveltern aufstellt; auch ohne ausdrückliche Erwähnung ist aber davon auszugehen, dass vor jeder Entscheidung über das „Anvertrauen" des Kindes die konkrete Adoption zu berücksichtigen ist.

342 Buchstabe d schreibt nicht ausdrücklich die Prüfung durch die Zentralen Behörden vor; diese Aufgabe ist daher von den zuständigen Behörden des Heimatstaats wahrzunehmen. Dementsprechend ist Buchstabe d in Verbindung mit Artikel 36 Buchstabe c zu lesen, wenn in einem Staat auf dem Gebiet der Adoption zwei oder mehr Rechtssysteme bestehen, die in verschiedenen Gebietseinheiten gelten.

Artikel 18

343 Artikel 18 wiederholt den Wortlaut des Entwurfs (Einleitung von Artikel 18), obwohl ihn einige Teilnehmer der Spezialkommission für überflüssig hielten, da er lediglich die Forderung in Artikel 5 Buchstabe c wiederhole. Artikel 18 ist jedoch weiter gefasst, weil er auch regelt, wie zu bewirken ist, dass die Ausreise des Kindes aus dem Heimatstaat bewilligt wird, um „Schwebe-"Konstellationen für das Kind zu vermeiden.

344 Auch ohne ausdrückliche Erwähnung ist davon auszugehen, dass Artikel 18 nicht eingreift, wenn die Bewilligung, wie unter den Mitgliedstaaten der Europäischen Union, nicht notwendig ist.

345 Artikel 18 ist in Verbindung mit Artikel 22 Abs. 1 und 5 zu lesen. Deshalb können andere staatliche Stellen oder zugelassene Organisationen bzw. sogar nicht zugelassene Organisationen oder Personen die notwendigen Schritte ergreifen, wenn dies nach den Übereinkommensregeln zulässig ist und es das Recht jedes Vertragsstaats erlaubt.

346 Das von Kolumbien, Costa Rica und El Salvador vorgelegte Arbeitsdokument Nr. 85 regte an, im Anschluss an das Wort „Heimatstaat" den folgenden Satzteil anzufügen: „soweit nach dem Recht des Heimatstaats zulässig". Dieser Zusatz wurde jedoch für überflüssig gehalten, weil Artikel 18 den Gedanken abdeckt.

Artikel 19

Absatz 1

347 Artikel 7 des Entwurfs forderte für das Verbringen des Kindes, dass die zuständigen Behörden des Heimat- und des Aufnahmestaats: a) „sich vergewissert haben, dass der Adoption nach dem Recht ihrer Staaten kein Hindernis entgegensteht," und b) „sich vergewissert haben, dass das Kind den künftigen Adoptiveltern anvertraut werden sollte". Wegen der Bedeutung der Angelegenheit wurde eine Sondergruppe zur Behandlung der verschiedenen Vorschläge zu den Artikeln 6, 7 und 17 des Entwurfs eingesetzt; nach umfassender Prüfung der anstehenden Fragen kam die Sondergruppe zu dem Ergebnis, die Anforderungen an das Verbringen des Kindes sollten mit den Anforderungen dafür übereinstimmen, es seinen künftigen Adoptiveltern anzuvertrauen. Arbeitsdokument Nr. 162 brachte daher förmlich diesen Vorschlag ein, der ohne weitere Aussprache verabschiedet wurde, wobei berücksichtigt wurde, dass das Verbringen des Kindes vor oder nach der Adoption sowie außerdem einige Zeit vor oder nach dem Anvertrauen des Kindes an seine künftigen Adoptiveltern stattfinden kann.

Absatz 2

348 Artikel 19 Abs. 2 nimmt den Wortlaut des Entwurfs (Artikel 18 Satz 2) auf und wurde wegen seiner praktischen Bedeutung beibehalten, obwohl er als mittelbar in Artikel 21 Buchstabe e RKÜ enthalten angesehen werden kann, der vorschreibt, dass die Vertragsstaaten „sicherstellen, dass die Unterbringung des Kindes in einem anderen Land durch die zuständigen Behörden oder Stellen durchgeführt wird". Daher erlegt das VN-Übereinkommen den Vertragsstaaten die Pflicht auf, alle notwendigen Maßnahmen zu ergreifen, um zu gewährleisten, dass das Verbringen des Kindes in den Aufnahmestaat unter sicheren und geeigneten Umständen stattfindet.

349 Einige Änderungsvorschläge wollten die Formulierung „wenn möglich" in Artikel 19 Abs. 2 ersetzen. Das Arbeitsdokument Nr. 80 Madagaskars regte stattdessen an vorzuschreiben: „wenn nach dem Recht des Heimatstaats vorgesehen" und rief damit die verschiedenen, kürzlich verabschiedeten Vorschriften ins Gedächtnis, welche auf

die Kritik internationaler Medien an illegalen Kinderausreisen aus Madagaskar reagiert hatten. Das Arbeitsdokument Nr. 87 Boliviens schlug die Formulierung vor: „dass die Adoptiveltern (das Kind) in jedem Fall begleiten".

350 Damit war die Frage wieder auf dem Tisch, obwohl die Spezialkommission einen Kompromiss erzielt hatte, nach dem eine große Mehrheit sich darin einig war, dass die beste Art und Weise, das Kind zu verbringen, in Begleitung seiner Adoptiveltern sei, falls die Adoption nach dem Verbringen entweder im Heimat- oder Aufnahmestaat stattfindet. Die Worte „wenn möglich" wurden dennoch einvernehmlich hinzugefügt, da dieses Erfordernis in manchen Fällen schwierig zu erfüllen sein mag, etwa aus Kosten- oder anderen tatsächlichen oder rechtlichen Gründen.

351 Die Vorschläge von Madagaskar und Bolivien wurden wegen des bereits erzielten Kompromisses nicht angenommen, ferner, um die bestehenden Verfahrensweisen sowie das Recht in vielen Heimat- und Aufnahmestaaten nicht zu ändern. Allerdings kam die Frage in der zweiten Lesung wieder zur Sprache. Das Arbeitsdokument Nr. 127 Italiens schlug die vorgeschriebene Begleitung der Adoptiveltern oder künftigen Adoptiveltern vor, „wenn die Zentrale Behörde eines der beiden Staaten dies verlangt", das Arbeitsdokument Nr. 152 Madagaskars: „nur wenn die Zentrale Behörde des Heimatstaats dies verlangt". Für eine erneute Prüfung des Artikels fehlte jedoch die erforderliche Unterstützung.

Absatz 3

352 Absatz 3 wurde in das Übereinkommen auf der Grundlage des Gedankens im deutschen Arbeitsdokument Nr. 70 aufgenommen, das anregte, folgenden neuen Absatz einzufügen, um dem deutschen Datenschutzrecht Genüge zu tun: „Wenn keine Adoption stattfindet, werden die in den Artikeln 14 und 15 vorgesehenen Berichte nach (drei) Jahren an die andere Behörde zur Vernichtung zurückgesandt". Der Satz „wenn keine Adoption stattfindet" galt als zu unbestimmt und wurde durch „wird das Kind nicht in den Aufnahmestaat gebracht" ersetzt. Außerdem wurden die Worte „zur Vernichtung nach (drei) Jahren" kritisiert, und so wurde am Ende beschlossen, diese Wörter zu streichen.

Artikel 20

353 Artikel 20 wiederholt den Wortlaut des Entwurfs (Artikel 19) und mag zwar als Wiederholung von Artikel 9 Buchstabe b erscheinen, wurde aber als eigenständige Bestimmung aufgenommen, weil die gegenseitige Information sehr wichtig ist, vor allem um den Heimatstaat über den Fortgang der Adoption auf dem Laufenden halten zu können. Diese Begründung erklärt auch ähnliche Vorschriften in einigen bilateralen Abmachungen zur internationalen Adoption.

354 Artikel 20 ist in allgemeinen Begriffen formuliert und umfasst deshalb alle vor dem Ausspruch der Adoption entweder im Heimat- oder im Aufnahmestaat notwendigen Auskünfte.

355 Das von Kolumbien, Costa Rica und El Salvador vorgelegte Arbeitsdokument Nr. 85 scheiterte mit dem Vorschlag, den Satz „falls eine Probezeit verlangt wird" zu streichen und stattdessen einzufügen: „wenn eine solche Unterbringung nach dem Recht des Heimatstaats zulässig ist". Die vorgeschlagene Streichung stieß auf Widerstand, weil sie den Aufnahmestaat zur Anerkennung einer im Heimatstaat ausgesprochenen Adoption zwingen würde, auch wenn keine Probezeit stattgefunden hat. Zudem wurde die Bedeutung der Probezeit nachhaltig unterstrichen, und der Verzicht auf ihre Erwähnung wurde als unvereinbar mit dem Ziel des Übereinkommens angesehen, nämlich „ein System der Zusammenarbeit unter den Vertragsstaaten" einzurichten und die in den jeweils beteiligten Staaten verlangten Voraussetzungen aufeinander abzustimmen.

356 Auf Verlangen des australischen Delegierten wird darauf hingewiesen, dass die Bedeutung der „Probezeit" in Artikel 20 abweicht von derjenigen in Artikel 23 des Entwurfs, der eine andere Konstellation regelte, nämlich die Probezeit im Aufnahmestaat im Anschluss an die Adoption als Voraussetzung für deren Anerkennung, eine Möglichkeit, die das Übereinkommen ausschließt. Demgegenüber bezieht sich die Probezeit in Artikel 20 auf den Zeitraum nach der Unterbringung des Kindes, aber vor der Adoption, in dem Dienste angeboten werden, um die Anpassung des Kindes an die künftigen Adoptiveltern und seine Integration in die neue Familie sowie ihre emotionale Bereitschaft zu der rechtlichen Verbindung sicherzustellen. Diese Probezeit ist in Verbindung mit Artikel 21 zu lesen, nämlich wenn das Kind im Hinblick auf eine Adoption in den Aufnahmestaat gebracht wird.

Artikel 21

Absatz 1

Einleitung

357 Die Einleitung von Absatz 1 wiederholt den Wortlaut des Entwurfs (Artikel 20 Abs. 1) und regelt die Situation, die ungeachtet der Sicherungsmaßnahmen des Übereinkommens für das Anvertrauen und Verbringen des Kindes in den Aufnahmestaat für eine Probezeit vor der Adoption eintreten kann, wenn die weitere Unterbringung bei den künftigen Adoptiveltern im Aufnahmestaat nicht dem Wohl des Kindes dient.

Daher schreibt Artikel 21 einige Maßnahmen vor, die zum Schutz des Kindes unabhängig davon zu ergreifen sind, ob die Adoption im Aufnahme- oder ausnahmsweise im Heimatstaat ausgesprochen werden soll.

358 Artikel 21 regelt nicht ausdrücklich den Fall, dass das Kind im Heimatstaat bleibt. Dennoch ist davon auszugehen, dass die zuständigen Behörden dieses Staates alle notwendigen Maßnahmen zum Schutz des Kindes ergreifen müssen, wenn sie feststellen, dass seine weitere Unterbringung bei den künftigen Adoptiveltern offensichtlich nicht mehr dem Wohl des Kindes dient.

359 Artikel 21 Abs. 1 ist in Verbindung mit Artikel 22 Abs. 1 zu lesen, und daher kann diese Aufgabe von anderen staatlichen Stellen als der Zentralen Behörde oder von zugelassenen Organisationen bzw. sogar von nicht zugelassenen Organisationen oder Personen wahrgenommen werden, sofern das Recht des gewöhnlichen Aufenthalts der künftigen Adoptiveltern dies zulässt.

360 Artikel 21 gilt nur, wenn die Adoption noch nicht vorgenommen, das Kind aber den künftigen Adoptiveltern anvertraut und in den Aufnahmestaat gebracht worden ist. Artikel 21 kann also nicht Fälle erfassen, in denen der Heimatstaat das Verbringen des Kindes in den Aufnahmestaat untersagt, bevor die Adoption stattfindet.

Buchstabe a

361 Artikel 21 Abs. 1 Buchstabe a gibt den Wortlaut des Entwurfs (Artikel 20 Buchstabe a) wieder, jedoch mit einer sprachlichen Änderung, indem vor dem Wort „arrange" in der englischen Fassung „to" eingefügt wurde.

362 Ohne Zweifel muss die erste zum Schutz des Kindes im Aufnahmestaat zu ergreifende Maßnahme, wenn die Unterbringung scheitert, darin bestehen, dafür zu sorgen, dass es den künftigen Adoptiveltern weggenommen wird. Die Formulierung in Buchstabe a ist anschaulich und versucht, das angestrebte Ziel genau zu bestimmen, also die Situation zu beenden, und vermeidet die Bezugnahme auf rechtliche Begriffe wie „Sorgerecht", die in bestimmten Ländern zu Auslegungsproblemen führen können.

363 Buchstabe a schreibt vor, dass die Zentrale Behörde des Aufnahmestaats alle notwendigen Maßnahmen für das Kind ergreift, um für seine „vorläufige Betreuung" zu sorgen, wodurch Buchstabe a die Dringlichkeit der Lage unterstreicht und die Möglichkeiten für die Betreuung des Kindes offen lässt. Das Arbeitsdokument Nr. 103 Spaniens regte an, „das Kind der Betreuung durch eine Behörde oder staatliche Stelle des Aufnahmestaats anzuvertrauen", scheiterte aber, weil darauf hingewiesen wurde, dass das Kind in der Regel einer Pflegefamilie im Aufnahmestaat anvertraut wird, der nicht zwingend an der Adoption gelegen ist.

Buchstabe b

364 Der erste Teil von Buchstabe b wiederholt den Wortlaut des Entwurfs (Artikel 20 Buchstabe b) und verpflichtet die Zentrale Behörde des Aufnahmestaats, die zum Schutz des Kindes erforderlichen Maßnahmen, nämlich „in Absprache mit der Zentralen Behörde des Heimatstaats unverzüglich die Unterbringung des Kindes in einer neuen Familie mit dem Ziel der Adoption", zu veranlassen.

365 Das Wort „Unterbringung" in Buchstabe b hat dieselbe Bedeutung wie „Anvertrauen" in Artikel 17 (siehe oben Nr. 328).

366 Die in den Anfangszeilen von Buchstabe b beibehaltene Formulierung ist etwas widersprüchlich; für sie gelten dieselben Bemerkungen wie zum Entwurf (Bericht der Spezialkommission Nr. 242), weil vorgeschrieben wird, dass die Unterbringung „unverzüglich" veranlasst werden muss, jedoch „in Absprache" mit der Zentralen Behörde des Heimatstaats.

Dieses letzte Erfordernis kann freilich zu zeitaufwendig sein, eine „Schwebe"-Konstellation für das Kind herbeiführen und die notwendigen Maßnahmen zum Schutz des Wohles des Kindes verzögern. Da das Kind aber nicht adoptiert ist, wurde eine Absprache mit dem Heimatstaat für notwendig gehalten; durch das bereits vorhandene System der Zusammenarbeit sollten „Schwebe"-Zustände für das Kind ausgeschlossen sein.

367 Ähnliche Probleme entstehen durch den zweiten Teil von Buchstabe b, der vorschreibt, dass die Adoption im Anschluss an eine Unterbringung erst stattfindet, nachdem der Heimatstaat gebührend über die künftigen Adoptiveltern unterrichtet worden ist. Offen bleibt jedoch die Frage, ob der Heimatstaat ausdrücklich dem neuen matching und der Unterbringung nach Artikel 17 zustimmen muss.

368 Nach Auffassung der spanischen Delegation sollten die Voraussetzungen und Gewährleistungen für die neue Unterbringung mit denen der ersten Unterbringung übereinstimmen und sollte zur Ausschaltung des „Schwebe"-Zustands für das Kind die Adoption im Aufnahmestaat möglich sein, wenn innerhalb einer bestimmten Frist kein Widerspruch laut wird. Aus diesem Grund schlugen die spanischen Arbeitsdokumente Nr. 103 und 168 den folgenden Wortlaut vor: „die Zentrale Behörde des Heimatstaats gebührend über die neuen künftigen Adoptiveltern zu unterrichten, damit sie ihre Zustimmung zu den neuen Adoptiveltern innerhalb einer angemessenen Frist (maximal drei Monate) erklären kann. (Wenn innerhalb dieser Frist kein Widerspruch laut wird, darf der Aufnahmestaat die Adoption vornehmen.)" Der Vorschlag hatte jedoch keinen Erfolg.

369 Die polnische Delegation unterbreitete einen abweichenden Ansatz, nämlich dass die Formalitäten für die zweite Adoption einfacher sein sollten. Deshalb schlug das polnische Arbeitsdokument Nr. 107 – erfolglos – die Aufnahme der folgenden Wörter am Ende des Buchstaben b vor: „(wenn die Zentrale Behörde des Heimatstaats) sich vergewissert hat, dass der Adoption des Kindes durch die neuen künftigen Adoptiveltern kein Hindernis entgegensteht".

370 Das von Defence for Children International und vom Internationalen Sozialdienst vorgelegte Arbeitsdokument Nr. 21 schlug mit Unterstützung der Niederlande vor, am Ende des ersten Teils von Buchstabe b die folgenden Wörter einzufügen: „oder, falls dies nicht angebracht ist, für eine andere dauerhafte Betreuung sorgt". Der diesem Vorschlag zugrunde liegende Gedanke wurde von der Tagung angenommen und sollte den Anwendungsbereich des Artikels 21 auf Konstellationen ausdehnen, in denen weder eine Unterbringung zur Adoption noch die Rückkehr des Kindes in den Heimatstaat nach Buchstabe c als zufrieden stellende Lösungen erscheinen, z.B. wenn das Kind eine besondere Behandlung oder Betreuung benötigt.

Buchstabe c

371 Artikel 21 Abs. 1 Buchstabe c wiederholt den Wortlaut des Entwurfs (Artikel 20 Abs. 1 Buchstabe c) mit der Ergänzung, dass die Entscheidung zur Rückkehr des Kindes nur getroffen werden sollte, „wenn sein Wohl dies erfordert", wie dies das Arbeitsdokument Nr. 98 Frankreichs vorgeschlagen hatte, wenn also alle Maßnahmen, eine andere Betreuung im Aufnahmestaat zu finden, erschöpft sind und der weitere Aufenthalt des Kindes in diesem Staat nicht mehr seinem Wohlergehen und seinen Interessen dient.

Absatz 2

372 Artikel 21 Abs. 2 gibt den Wortlaut des Entwurfs (Artikel 20 Abs. 2) wieder, wobei er den Inhalt von Artikel 12 RKÜ berücksichtigt und zudem die Gedanken in Artikel 4 Buchstabe d wieder aufnimmt.

Artikel 22

373 Die Spezialkommission erörterte ausführlich die so genannten „privaten" oder „unabhängigen" Adoptionen und prüfte die Argumente dafür und dagegen gründlich (Bericht der Spezialkommission Nr. 249 bis 256); die verabschiedete Lösung stellt einen vernünftigen Kompromiss zwischen widersprüchlichen Positionen dar. Einerseits gestattet sie bestimmten nicht zugelassenen Organisationen oder Personen, die den Zentralen Behörden nach Artikel 15 bis 21 zugewiesenen Aufgaben (wie im Übereinkommen vorgesehen) wahrzunehmen, wenn sie vor Erteilung der Erlaubnis zum Tätigwerden bestimmte Mindestnormen erfüllen; andererseits brauchen die Vertragsstaaten aber die Beteiligung nicht zugelassener Organisationen oder Personen nicht hinzunehmen, wenn sie eine ausdrückliche Erklärung in diesem Sinn abgeben. Die Vertragsstaaten können also die Haltung einnehmen, die ihnen am besten erscheint, indem sie nämlich untätig bleiben (womit sie ihre Tolerierung zu erkennen geben) oder ihren Widerspruch gegen diese Beteiligung erklären.

Absatz 1

374 Artikel 22 Abs. 1 wiederholt den Wortlaut des Entwurfs (Artikel 21 Abs. 1) und drückt den Gedanken aus, die Verfahrensregeln sollten flexibel genug sein, um die beste Anwendung des Übereinkommens zu gewährleisten. Daher erschien es nicht ratsam, die Zentralen Behörden dazu zu verpflichten, die verschiedenen ihnen durch Kapitel IV auferlegten Aufgaben zu erfüllen, und wurde es jedem Vertragsstaat überlassen, über diese wichtige Frage zu entscheiden. Aus diesem Grund räumt Artikel 21 Abs. 1 die Möglichkeit ein, dass Vertragsstaaten in dem vom anwendbaren Recht gestatteten Ausmaß die Erfüllung ihrer Pflichten anderen staatlichen Stellen oder nach den Regeln des Kapitels III zugelassenen Organisationen übertragen.

375 Streng genommen ist diese Vorschrift nicht nötig, wenn man berücksichtigt, dass die verfahrensbezogenen Aufgaben, die den Zentralen Behörden in Kapitel IV zugewiesen sind, nicht unter den Aufgaben aufgeführt sind, die nach Artikel 7

unmittelbar von den Zentralen Behörden wahrzunehmen sind bzw. nach Artikel 8 nur auf andere staatliche Stellen übertragen werden dürfen. Folglich fallen sie in den Geltungsbereich des Artikels 9, der den Zentralen Behörden ermöglicht, entweder unmittelbar oder durch andere staatliche Stellen oder zugelassene Organisationen in ihren Staaten tätig zu werden, soweit es nach dem maßgebenden Recht zulässig ist. Trotzdem wurde Artikel 22 Abs. 1 aufgenommen, um alle denkbaren Missverständnisse auszuschließen, vor allem weil die Absätze 2, 4 und 5 eine Sonderregelung für gewisse Tätigkeiten vorschreiben, die von bestimmten nicht zugelassenen Organisationen oder Personen wahrgenommen werden können.

376 Der italienische Delegierte bemerkte, der Wortlaut in den Artikeln 8, 9 und 22 stimme nicht überein. In der Tat erlaubt Artikel 8 den Zentralen Behörden, die notwendigen Maßnahmen mit Hilfe staatlicher Stellen zu treffen, während Artikel 9 Maßnahmen mit Hilfe staatlicher Stellen oder anderer zugelassener Organisationen vorsieht, woraus sich ergibt, dass die Zentrale Behörde die Verantwortung für die von beauftragten Organen abgewickelten Tätigkeiten trägt. Nach Artikel 22 Abs. 1 können dagegen die Aufgaben, die der Zentralen Behörde nach Kapitel IV zugewiesen sind, von staatlichen Stellen oder anderen zugelassenen Organisationen wahrgenommen werden, und dieselbe Formulierung taucht in Satz 2 in Bezug auf nicht zugelassene Organisationen oder Personen auf. Trotz des Unterschieds in der Form ist der Wortlaut von Artikel 22 jedoch in diesem gleichen Sinn zu verstehen, d.h. dass die Aufgaben übertragen worden sind.

377 Artikel 22 Abs. 1 ist in Verbindung mit Artikel 36 Buchstaben c und d zu lesen, um bei Staaten, in denen auf dem Gebiet der Adoption zwei oder mehr Rechtssysteme bestehen, die in verschiedenen Gebietseinheiten gelten, die zuständigen Behörden, staatlichen Stellen oder zugelassenen Organisationen zu bestimmen.

Absatz 2

378 Artikel 22 Abs. 2 wiederholt den Wortlaut des Entwurfs (Artikel 21 Abs. 2 erster Teil), lässt eine begrenzte Möglichkeit „unabhängiger" oder „privater" Adoptionen zu und berechtigt jeden Vertragsstaat zu erklären, dass die Verfahrensaufgaben, die der Zentralen Behörde nach den Artikeln 15 bis 21 zugewiesen sind, auch von anderen Personen oder Organisationen als den staatlichen Stellen oder nach Kapitel III zugelassenen Organisationen durchgeführt werden können, allerdings nur in jenem Staat. Absatz 2 ist also enger gefasst als der Entwurf; denn auf Anregung des von Italien und den Vereinigten Staaten von Amerika vorgelegten Arbeitsdokuments Nr. 170 ist Artikel 14 ausdrücklich ausgenommen.

379 Weiterhin wird Absatz 2 durch Artikel 22 Abs. 5 eingeengt, nach dem „die in den Artikeln 15 und 16 vorgesehenen Berichte in jedem Fall unter der Verantwortung der Zentralen Behörde oder anderer Stellen oder Organisationen in Übereinstimmung mit Absatz 1 verfasst" werden.

380 Artikel 22 Abs. 2 ist in Verbindung mit Artikel 48 Buchstabe d zu lesen; daher müssen die Vertragsstaaten dem Verwahrer die vorgenommene Aufgabenübertragung auf nicht zugelassene Organisationen oder Personen zur Weiterleitung an die Mitgliedstaaten der Haager Konferenz für Internationales Privatrecht, an die anderen Staaten, die an der XVII. Tagung teilgenommen haben, sowie an die Staaten notifizieren, die dem Übereinkommen beigetreten sind.

381 Absatz 2 schreibt keine Frist für die Erklärung vor. Sie kann also jederzeit abgegeben und auch ohne ausdrückliche Regelung jederzeit wieder zurückgezogen werden, allerdings mit Notifikation an den Verwahrer.

382 Absatz 2 fordert eine ausdrückliche Erklärung des Vertragsstaats, wenn nicht zugelassene Organisationen oder Personen die Aufgaben wahrnehmen sollen, die den Zentralen Behörden nach den Artikeln 15 bis 21 zugewiesen sind. Das Schweigen des Vertragsstaats gilt daher als Widerspruch gegen die Wahrnehmung der seiner Zentralen Behörde zugewiesenen Aufgaben durch Organisationen oder Personen, die er nicht zugelassen hat.

383 Die Buchstaben a und b schreiben bestimmte von den nicht zugelassenen Organisationen oder Personen zwingend zu erfüllende Voraussetzungen fest, wenn ihnen die Wahrnehmung der Aufgaben erlaubt sein soll, die den Zentralen Behörden nach den Artikeln 15 bis 21 zugewiesen sind; es handelt sich aber nur um Mindestanforderungen, daher ist jeder Vertragsstaat befugt, zusätzliche Bedingungen aufzustellen, um ihre Betätigung zu überwachen und den Umfang der Aufgaben festzulegen, die sie wahrnehmen können.

384 Die ermächtigten nicht zugelassenen Organisationen oder Personen „unterliegen der Aufsicht durch die zuständigen Behörden" des Staates, der die Erklärung nach Absatz 2 abgegeben hat. Diese Aufsicht erstreckt sich ohne weiteres auf die Beachtung der Regelungen des Übereinkommens, insbesondere das Verbot, aus einer Tätigkeit im Zusammenhang mit einer internationalen Adoption unstatthafte Vermögens- oder sonstige Vorteile zu ziehen, und die in Artikel 22 Buchstaben a und b aufgestellten Voraussetzungen.

385 Die von Australien bzw. dem Vereinigten Königreich unterbreiteten Arbeitsdokumente Nr. 82 bzw. 83 schlugen die Streichung der Wörter „unter Aufsicht seiner zuständigen Behörden" und ihren Austausch gegen die Formulierung „unter Aufsicht seiner für Betätigungen auf dem Gebiet der internationalen Adoption zuständigen Behörden" vor. Die Vorschläge scheiterten jedoch, weil der ihnen zugrunde liegende Gedanke sich aus dem abschließend verabschiedeten Wortlaut bereits mittelbar ergibt.

Buchstabe a

386 Buchstabe a gibt den Wortlaut des Entwurfs (Artikel 21 Abs. 2 letzter Satzteil) wieder und verlangt, dass die nicht zugelassenen Organisationen oder Personen die Voraussetzungen der Integrität, fachlichen Kompetenz, Erfahrung und Verantwortlichkeit erfüllen, die der Staat verlangt, der die Erklärung abgibt. Wie bereits bemerkt, handelt es sich um Mindestanforderungen; daher ist jeder Vertragsstaat befugt, zusätzliche Voraussetzungen aufzustellen.

Buchstabe b

387 Buchstabe b ist neu und folgt den Vorschlägen Australiens, der Vereinigten Staaten von Amerika und des Vereinigten Königreichs in den Arbeitsdokumenten Nr. 82, 121 und 136, sicherzustellen, dass die Regelungen für zugelassene Organisationen (Artikel 11 Buchstabe b) und für nicht zugelassene Organisationen oder Personen im Ansatz übereinstimmen. Es wurde nicht als ausreichend angesehen, „fachliche Qualifikationen" zu verlangen, weil es für die verschiedenen Berufe in vielen Staaten Satzungsautonomie gibt, vor allem in Bezug auf die praktische Handhabung und die ethischen Normen für einen bestimmten Beruf.

388 Das Arbeitsdokument Nr. 196 Nepals schlug vor, die in Artikel 22 Abs. 2 Buchstabe a vorgeschriebene „Integrität" einzufügen; der Vorschlag konnte aber nach der Verfahrensordnung wegen nicht ausreichender Unterstützung nicht behandelt werden. Wie bereits festgestellt, sind die in Buchstabe b festgeschriebenen Voraussetzungen allerdings Mindestanforderungen; daher ist jeder Vertragsstaat befugt, zusätzliche Bedingungen aufzustellen.

389 Unbeschadet der angestrebten Übereinstimmung des Lösungsansatzes ist festzuhalten, dass die Regelung des

Übereinkommens für zugelassene Organisationen und nicht zugelassene Organisationen oder Personen nicht genau gleich ist, weil die letzten die Voraussetzung nach Artikel 11 Buchstabe a nicht erfüllen müssen; sie müssen nämlich nicht „unter Einhaltung der von den zuständigen Behörden des Zulassungsstaats festgelegten Voraussetzungen und Beschränkungen ausschließlich gemeinnützige Zwecke verfolgen".

Absatz 3

390 Artikel 22 Abs. 3 wurde im Anschluss an den Vorschlag im französischen Arbeitsdokument Nr. 99 eingefügt, wobei die Fassung in dem Sinn geändert wurde, dass die Angaben aus Gründen der Flexibilität und um den Wortlaut des Übereinkommens nicht zu überfrachten, nicht dem Verwahrer, sondern dem Ständigen Büro der Haager Konferenz für Internationales Privatrecht mitzuteilen sind. Diese Regelung ähnelt derjenigen in Artikel 13 für zugelassene Organisationen.

391 Auch ohne ausdrückliche Vorschrift soll die Mitteilung es dem Ständigen Büro ermöglichen, die eingegangenen Angaben an die Mitgliedstaaten der Haager Konferenz sowie die Vertragsstaaten des Übereinkommens weiterzuleiten.

392 Unbeschadet der Regelung in Artikel 22 Abs. 3 ist davon auszugehen, dass der Verstoß gegen die Mitteilungspflicht gegenüber dem Ständigen Büro die Adoption unberührt lässt, aber dazu berechtigt, Beschwerde nach Artikel 33 zu erheben.

Absatz 4

393 Artikel 22 Abs. 4 wiederholt den Wortlaut des Entwurfs (Artikel 21 Abs. 3); daher ist die vorgeschriebene Erklärung gegenüber dem Verwahrer des Übereinkommens abzugeben.

394 Auch ohne ausdrückliche Regelung kann die nach Absatz 4 abgegebene Erklärung zweifellos jederzeit zurückgezogen werden. Dies ist dem Verwahrer zu notifizieren.

395 Das Arbeitsdokument Nr. 99 Frankreichs schlug die umgekehrte Wiedergabe der in den Absätzen 2 und 4 verabschiedeten Lösungen durch Änderung des Absatzes 2 in die folgende Fassung vor: „Jeder Vertragsstaat kann dem Verwahrer des Übereinkommens gegenüber erklären, dass Adoptionen von Kindern, die ihren gewöhnlichen Aufenthalt in seinem Hoheitsgebiet haben, auch stattfinden können, wenn die Aufgaben der Zentralen Behörden in Übereinstimmung mit Absatz 2 wahrgenommen werden." Diesem Vorschlag lag der Gedanke zugrunde hervorzuheben, dass internationale Adoptionen über die Zentralen Behörden vorzuziehen sind. Die Vertragsstaaten brauchten also nur Erklärungen abzugeben, wenn sie der Aufgabenübertragung im Sinn des Absatzes 2 zustimmen, und Untätigkeit wäre als Widerspruch gegen eine solche Übertragung auszulegen. Wegen des heiklen Charakters des erzielten Kompromisses erhielt die Anregung jedoch nicht die für eine Prüfung in zweiter Lesung notwendige Unterstützung.

396 Aus diesem Grund ist nach Absatz 4 die Untätigkeit eines Staates als Hinnahme dessen auszulegen, dass internationale Adoptionen von Kindern mit gewöhnlichem Aufenthalt in seinem Hoheitsgebiet auch stattfinden können, wenn die der Zentralen Behörde des Aufnahmestaats zugewiesenen Aufgaben von nicht zugelassenen Organisationen oder Personen wahrgenommen werden, wie dies Artikel 22 Abs. 2 erlaubt, wenn eine Erklärung nach diesem Absatz abgegeben worden ist.

397 Eine andere Frage ist es, ob diese zum Tätigwerden in einem Vertragsstaat befugten nicht zugelassenen Organisationen oder Personen im Zusammenhang mit internationalen Adoptionen auch im Hoheitsgebiet anderer Vertragsstaaten tätig werden dürfen. Diese Frage ist ebenso wie im Fall zugelassener Organisationen zu beantworten, wobei Artikel 12 die Genehmigung beider Staaten vorschreibt.

Absatz 5

398 Absatz 5 ist neu und wurde aufgenommen, um dem Vorschlag der Vereinigten Staaten und Italiens in Arbeitsdokument Nr. 170 zu entsprechen, der klarstellen wollte, dass nicht zugelassene Organisationen oder Personen daran mitwirken dürfen, die Berichte nach den Artikeln 15 und 16 anzufertigen. Zugleich wurde jedoch hervorgehoben, dass die Verantwortung für die Berichte bei der Zentralen Behörde oder anderen staatlichen Stelle oder, soweit nach dem Recht des betreffenden Staates zulässig, bei gemäß Kapitel III zugelassenen Organisationen bleibt, wie Artikel 22 Abs. 1 es vorschreibt.

Kapitel V

Anerkennung und Wirkungen der Adoption

399 Die Artikel 23, 24 und 25 befassen sich mit der Anerkennung der in einem Vertragsstaat vorgenommenen Adoption und verfolgen damit eines der Ziele des Übereinkommens, nämlich nach Artikel 1 Buchstabe c „in den Vertragsstaaten die Anerkennung der gemäß dem Übereinkommen zustande gekommenen Adoptionen zu sichern". Außerdem enthält Kapitel V Artikel 26, der die Adoptionswirkungen teilweise behandelt, und Artikel 27, der einen konkreten Fall der Adoptionsumwandlung regelt.

400 Wie im Bericht der Spezialkommission angeregt, schlug das belgische Arbeitsdokument Nr. 133 die folgende Neufassung der Überschrift von Kapitel V vor: „Anerkennung und Wirkungen internationaler Adoptionen". Der Vorschlag wurde vorbehaltlich der Einschaltung des Redaktionsausschusses angenommen, das die abschließende sprachliche Änderung vornahm.

401 Der Ausschuss zur Anerkennung sprach sich dafür aus, Artikel 23 des Entwurfs zu streichen. Dieser Artikel ermöglicht es dem Aufnahmestaat, die umfassende Anerkennung einer Adoption, die in einem Vertragsstaat gemäß dem Übereinkommen vorgenommen worden ist, vom zufrieden stellenden Ablauf einer zusätzlichen Probezeit nach der Adoption im Aufnahmestaat abhängig zu machen. Diese Möglichkeit wurde als dem Wohl des Kindes nicht dienlich angesehen, da die Adoption, obwohl sie dem Übereinkommen entspreche, so territorial beschränkt würde; zudem wurde darauf hingewiesen, dass das Übereinkommen die Belange der Staaten schütze, die eine Probezeit im Anschluss an die Adoption vorschreiben, weil sie befugt sind, nach Artikel 17 Buchstabe c der Fortführung des Adoptionsverfahrens nicht zuzustimmen.

Artikel 23

Absatz 1

Satz 1

402 Absatz 1 Satz 1 wiederholt den Wortlaut des Entwurfs (Artikel 22 Abs. 1) und zielt darauf ab, die Anerkennung der nach dem Übereinkommen ausgesprochenen Adoption in allen Vertragsstaaten zu erleichtern. Deshalb sieht er ihre Anerkennung kraft Gesetzes vor, ändert damit die bestehende Praxis, nach der die im Heimatstaat bereits ausgesprochene Adoption im Aufnahmestaat neu vorzunehmen ist, nur um solche Wirkungen herbeizuführen, und schließt außerdem die inhaltliche Überprüfung der fremden Adoption

aus. Aus diesen Gründen verlangt er nur eine Bescheinigung, die von den zuständigen Behörden des Staates, in dem die Adoption stattgefunden hat, ausgestellt ist und bestätigt, dass die Vorschriften des Übereinkommens eingehalten und die Zustimmungen nach Artikel 17 Buchstabe c erteilt worden sind, und zwar unter genauer Angabe, wann und von wem.

403 Absatz 1 Satz 1 bezieht sich auf den Staat, „in dem sie" (die Adoption) „durchgeführt worden ist", wobei davon auszugehen ist, dass dies je nach Sachlage der Heimat- oder der Aufnahmestaat sein kann.

404 Die in Artikel 23 geforderte Bescheinigung ist von „der zuständigen Behörde" auszustellen. Aus diesem Grund ist es jedem Vertragsstaat freigestellt zu bestimmen, ob es eine Verwaltungs- oder gerichtliche Behörde sein soll. Die entsprechenden Informationen sind nach Artikel 23 Abs. 2 an den Verwahrer des Übereinkommens zu übermitteln.

405 Absatz 1 Satz 1 ist in Verbindung mit Artikel 36 Buchstabe c zu lesen, um bei einem Staat, in dem auf dem Gebiet der Adoption zwei oder mehr Rechtssysteme bestehen, die in verschiedenen Gebietseinheiten gelten, die zuständigen Behörden zu bestimmen.

406 Das Arbeitsdokument Nr. 72 Frankreichs scheiterte mit dem Vorschlag, die Bescheinigung von der Zentralen Behörde ausstellen zu lassen, weil sie als zur Wahrnehmung dieser Aufgabe am besten geeignet erscheine. Jedoch wurde der Einwand vorgebracht, dies könne zu Konflikten zwischen unabhängigen Gewalten im Staat führen, weil Verwaltungsbehörden nicht gerichtliche Entscheidungen kontrollieren dürfen.

407 Das Übereinkommen regelt nicht die förmlichen Anforderungen an die Bescheinigung, wenngleich Einvernehmen darüber bestand, dass es Vorteile mit sich bringt, die Bescheinigung anhand eines Musters auszustellen. Artikel 23 ist daher in Verbindung mit dem in die Schlussakte der XVII. Tagung aufgenommenen Wunsch zu lesen, dass die Sachverständigen, die an dem ersten Treffen der nach Artikel 42 des Übereinkommens einzuberufenden Spezialkommission teilnehmen, ein empfohlenes Musterformblatt für das Dokument festlegen, mit dem die Vornahme der Adoption nach dem Übereinkommen bescheinigt wird (Schlussakte unter E).

408 Sobald die Bescheinigung vorgelegt wird, ist die ausgesprochene Adoption „automatisch" kraft Gesetzes anzuerkennen. Der anerkennende Staat kann die formelle Gültigkeit der Bescheinigung prüfen. Er darf die Anerkennung nur in Übereinstimmung mit Artikel 24 (oder 25) verweigern. Diese Lösung geht sicherlich sehr weit, da sie zur Anerkennung einer Adoption führen kann, obwohl sie unter Missachtung der Regeln des Übereinkommens zustande gekommen ist. Absatz 1 Satz 2 soll jedoch solche Extremfälle ausschließen (siehe unten Nr. 414 und 415).

409 Die Wörter „kraft Gesetzes" sind nicht sehr genau, wurden aber beibehalten, weil keine bessere Formulierung gefunden werden konnte, um auszudrücken, dass die Anerkennung automatisch stattfinden soll, d.h. ohne erforderliches Anerkennungs-, Vollstreckungs- oder Registrierungsverfahren. Während der zweiten Lesung legte die nepalesische Delegation Arbeitsdokument Nr. 196 vor, mit dem sie darlegte, dass diese Regelung die Vertragsstaaten zur Änderung ihres innerstaatlichen Rechts zwinge; aus diesem Grund regte sie erfolglos an, sie durch die Wörter „ordnungsgemäß (anerkannt)" zu ersetzen. Die Anerkennung der Adoption erfordert also kein vorheriges Exequatur. Das Übereinkommen verbietet natürlich nicht, es zu erlangen, in welchem Fall das Recht des Gerichtsorts das hierbei einzuhaltende Verfahren regelt.

410 Artikel 23 sieht nicht, wie im britischen Arbeitsdokument Nr. 83 vorgeschlagen, die automatische Anerkennung einer Entscheidung vor, mit der die Anerkennung einer Adoption abgelehnt wird. Eine solche Regelung wurde als zu große Abweichung vom Ziel des Übereinkommens angesehen, das vor allem die Förderung der Zusammenarbeit zwischen den Vertragsstaaten zum Schutz von Kindern bei internationalen Adoptionen anstrebt (Artikel 1 Buchstabe b).

411 Das Übereinkommen regelt nicht ausdrücklich die Frage, ob eine in einem Vertragsstaat ausgesprochene und in seinen Anwendungsbereich fallende, aber gegen Regelungen des Übereinkommens verstoßende Adoption von anderen Vertragsstaaten anerkannt werden kann, deren internes Recht eine solche Anerkennung zulässt. In einem solchen Fall verstößt der die Adoption vornehmende Vertragsstaat ohne Zweifel gegen das Übereinkommen, weil dessen Vorschriften zwingend sind, und setzt sich damit der Beschwerde nach Artikel 33 aus; aber die Frage der Anerkennung läge außerhalb des Übereinkommens, und die Antwort sollte sich nach dem anzuwendenden Recht des Anerkennungsstaats richten, wobei immer das Wohl des Kindes zu berücksichtigen ist.

412 Das bei Erörterung von Artikel 22 vorgelegte Arbeitsdokument Nr. 104 Spaniens regte an, folgenden neuen Absatz anzufügen: „Ebenso kann jeder Vertragsstaat dem Verwahrer des Übereinkommens gegenüber erklären, dass er Adoptionen von Kindern nur dann anerkennt, wenn die den Zentralen Behörden übertragenen Aufgaben in Übereinstimmung mit Absatz 1 dieses Artikels wahrgenommen worden sind". Der Gedanke hinter diesem Vorschlag war die Garantie, welche der die Adoption vornehmende Staat des gewöhnlichen Aufenthalts übernehmen muss, sowie der Ausschluss von Betrugsgefahren. Es wurde jedoch bemerkt, dass eine solche Versagung der Anerkennung möglicherweise nicht dem Wohl des Kindes entspricht, wie dies ein von Kanada vorgetragener Beispielsfall eines spanischen Professors mit gewöhnlichem Aufenthalt in den Vereinigten Staaten zeigt, der eine rechtsgültige internationale Adoption ohne Einschaltung der Zentralen Behörden erwirkt, seinen Aufenthalt dort zehn Jahre oder länger beibehält und erst später nach Spanien zurückkehrt; der Vorschlag scheiterte hiernach. Ohne Zweifel wäre es sehr schwer hinzunehmen, dass die Anerkennung der Adoption ausschließlich deshalb zu versagen sein sollte, weil die Zentralen Behörden nicht beteiligt waren.

413 Weiterhin schlug das Arbeitsdokument Nr. 106 Spaniens vor, in Artikel 23 einen neuen Absatz aufzunehmen, nach dem ein Verstoß gegen Artikel 32 nicht als Versagungsgrund für die Anerkennung der Adoption in Betracht kommt. Der Gedanke wurde zwar allgemein anerkannt, der Vorschlag aber zurückgezogen, weil es nicht ratsam erschien, zwischen den Regeln des Übereinkommens Unterscheidungen zu treffen, und weil es unvernünftig wäre, einer bereits vollzogenen Adoption ausschließlich wegen eines Verstoßes gegen Artikel 32 die Anerkennung zu versagen.

Satz 2

414 Absatz 1 Satz 2 wurde in das Übereinkommen aufgrund des Arbeitsdokuments Nr. 142 des Ausschusses zur Anerkennung aufgenommen, das folgenden Wortlaut vorschlug: „Die Bescheinigung muss ausdrücklich feststellen, dass die Voraussetzungen des Kapitels II erfüllt sind". Einen ähnlichen Zweck verfolgte das Arbeitsdokument Nr. 145 Dänemarks, das folgende Wörter in Artikel 23 einfügen wollte: „unter Angabe der Einzelheiten der Zustimmung der zuständigen Behörden des anderen betroffenen Staates", und ebenso traten die Niederlande im Arbeitsdokument Nr. 163 dafür ein, die Bescheinigung solle „ausdrücklich auf die Erklärungen der Zentralen Behörden Bezug nehmen, aus denen für die jeweils betroffenen Staaten hervorgeht, dass

die Voraussetzungen in den Artikeln 6 und 17 erfüllt sind". Eine deutliche Mehrheit lehnte jedoch diese Vorschläge ab, die kritisiert wurden, weil sie das Übereinkommen aufweichen würden und da insbesondere die Bezugnahme auf Kapitel II als sehr unbefriedigend angesehen wurde, denn sie vermittle den Eindruck, nicht alle Vorschriften im Übereinkommen seien erfüllt, wobei ihre Aufspaltung in zwei Gruppen nicht hinzunehmen sei, nämlich grundlegende und nicht grundlegende Vorschriften.

415 Bei der dritten Lesung wurde die Frage allerdings wieder angesprochen, indem die Delegationen Bulgariens, Dänemarks, Irlands, der Niederlande, der Philippinen, Rumäniens, der Russischen Föderation, Sloweniens, Spaniens und des Vereinigten Königreichs das Arbeitsdokument Nr. 183 vorlegten, das die Aufnahme des folgenden Satzes in Absatz 1 vorschlug: „Die Bescheinigung enthält das Datum, unter dem die zuständige Behörde des anderen betroffenen Staates ihre Zustimmung mit der Fortführung des Adoptionsverfahrens erklärt hat, und bezeichnet diese Behörde". Wie von den Antragstellern erörtert, ist die Einhaltung der Voraussetzung von Artikel 17 Buchstabe c „entscheidend für das Ergebnis jeder Adoption und für den Erfolg des Übereinkommens". Jeder Fehlgriff in dieser Hinsicht sei also besonders schwerwiegend, und die vorgeschriebenen Informationen sollten nicht nur den Fall bezeichnen, sondern verhinderten auch, dass der Adoptionsstaat die Bescheinigung ohne Zustimmung des anderen Vertragsstaats ausstellt. Zudem bringt die Aufnahme dieser Informationen keine Zusatzarbeit mit sich; denn vor Ausstellung der Bescheinigung muss die Behörde des Heimatstaats die Akten gelesen haben und feststellen, dass die Voraussetzungen des Übereinkommens erfüllt sind. Der Vorschlag wurde gebilligt, weil er bessere und praktikablere Nachweise liefert, wenngleich daran erinnert wurde, dass alle Anforderungen des Übereinkommens gleich bedeutsam sind und dass es nicht angebracht ist, eine einzelne herauszuheben.

Absatz 2

416 Weil Artikel 23 Abs. 1 nur auf „die zuständige Behörde" des Adoptionsstaats verweist, ist es aus praktischen Gründen zweckmäßig, die einschlägigen Angaben unter den Vertragsstaaten zu verbreiten. Deshalb wurde der Wortlaut von Absatz 2 im Arbeitsdokument Nr. 142 des Ausschusses zur Anerkennung vorgeschlagen. Hierzu herrschte allgemeines Einvernehmen, auch wenn einige Teilnehmer eine zentralisierte Bescheinigung vorgezogen hätten. In zweiter Lesung scheiterte das nepalesische Arbeitsdokument Nr. 196 mit dem Vorschlag, vor „die Aufgaben der Behörde" die Worte „die Reichweite der Zuständigkeit" einzufügen.

417 Nach Artikel 23 Abs. 2 ist die Notifikation auch bei „jeder Änderung in der Bezeichnung dieser Behörden" vorzunehmen, eine Vorschrift, die so zu verstehen ist, dass dazu die Identität sowie die Aufgaben der für die Ausstellung der Bescheinigung zuständigen Behörden gehören.

418 Die in Artikel 23 Abs. 2 vorgeschriebene Notifikation geschieht an den Verwahrer des Übereinkommens, das Ministerium für Auswärtige Angelegenheiten des Königreichs der Niederlande, das die Informationen an die in Artikel 48 erwähnten Staaten weiterleitet.

419 Artikel 23 Abs. 2 ist in Verbindung mit Artikel 36 Buchstaben c und d zu lesen, um die zuständigen Behörden, staatlichen Stellen oder zugelassenen Organisationen in einem Vertragsstaat zu bestimmen, in dem auf dem Gebiet der Adoption zwei oder mehr Rechtssysteme bestehen, die in verschiedenen Gebietseinheiten gelten.

420 Schwer verständlich erscheint, warum die vorgeschriebene Notifikation durch „jeden Vertragsstaat" bei der „Unterzeichnung" des Übereinkommens geschehen soll, da ein Staat durch die bloße Unterzeichnung des Übereinkommens nicht Vertragsstaat wird. Im Übrigen richtet sich das Inkrafttreten des Übereinkommens nach Artikel 43, für den die Unterzeichnung völlig unerheblich, vielmehr der Ablauf von drei Monaten nach Hinterlegung der dritten Ratifikations-, Annahme- oder Genehmigungsurkunde maßgebend ist.

Artikel 24

421 Artikel 24 führt als eigenständige Vorschrift die Ausnahme der öffentlichen Ordnung gegenüber der Anerkennung fremder Adoptionen ein, die im Entwurf in Artikel 22 Abs. 2 enthalten war. Die Frage wurde im Ausschuss zur Anerkennung ausführlich erörtert, und die anfänglich ausgebliebene Einigkeit erklärt die verschiedenen Vorschläge im Arbeitsdokument Nr. 142, das der Zweiten Kommission der Konferenz vorgelegt wurde.

422 Die radikalste Haltung fand sich in Variante III eines Artikels 22 A mit dem Vorschlag, die Ausnahme der öffentlichen Ordnung zu streichen, da sie die Anerkennung fremder Adoptionen kraft Gesetzes aufweiche. Zur Unterstützung dieses Vorschlags wurde vorgebracht, dass das Haager Kindesentführungsübereinkommen keine solche Bestimmung enthält. Der Vorschlag wurde jedoch mit großer Mehrheit abgelehnt.

423 Die Vereinigten Staaten von Amerika bemühten sich, den Anwendungsbereich der Ausnahme der öffentlichen Ordnung einzugrenzen, und schlugen folgenden Wortlaut für den Artikel vor: „Die Anerkennung einer Adoption in einem Vertragsstaat darf nur versagt werden, wenn das Kind entführt wurde, die Zustimmungen zu seiner Adoption gefälscht, betrügerisch herbeigeführt oder unter Zwang zustande gekommen sind und wenn die Versagung dem Wohl des Kindes dient" (Arbeitsdokument Nr. 77 in der Wiedergabe des Arbeitsdokuments Nr. 142, Artikel 22 A, Variante II); als Untervariante sollte folgender Wortlaut eingefügt werden: „Die Anerkennung darf nur von den zuständigen Behörden des Aufnahmestaats versagt werden. Die Entscheidung zur Versagung der Anerkennung wird kraft Gesetzes in den übrigen Vertragsstaaten anerkannt" (Arbeitsdokument Nr. 142, Artikel 22 A, Variante II, Untervariante). Der Vorschlag scheiterte jedoch, weil darauf hingewiesen wurde, „die öffentliche Ordnung sei ein allgemeiner Grundsatz, der sich nicht auf einige besondere Vorschriften einengen lasse".

424 Variante I zu Artikel 22 A in der Wiedergabe des Arbeitsdokuments Nr. 142 wiederholte den Wortlaut des Entwurfs (Artikel 22 Abs. 2) und sah vor, dass „die Anerkennung einer Adoption in einem Vertragsstaat nur versagt werden kann, wenn die Adoption seiner öffentlichen Ordnung und dem Wohl des Kindes offensichtlich widerspricht". Diese Formulierung schrieb vor, dass beide Versagungsgründe kumulativ vorliegen müssen. Danach darf die Anerkennung kraft Gesetzes nicht versagt werden, wenn die Adoption im Ergebnis offensichtlich mit der öffentlichen Ordnung, nicht aber mit dem Wohl des Kindes unvereinbar ist; umgekehrt ist die Adoption anzuerkennen, wenn sie nicht offensichtlich mit der öffentlichen Ordnung unvereinbar ist, auch wenn sie dem Wohl des Kindes widerspricht. Wie im Bericht der Spezialkommission (Nr. 266) ausgeführt, handelt es sich dabei allerdings um einen ausgesprochen seltenen Fall.

425 Artikel 22 A, Untervariante 2 zu Variante I, schlug vor, die Anerkennung einer Adoption in einem Vertragsstaat dürfe nur versagt werden, „wenn die Adoption offensichtlich wesentlichen Grundsätzen der öffentlichen Ordnung und dem Wohl des Kindes widerspricht". In diesem Fall müssten also beide Versagungsgründe ebenfalls kumulativ vorliegen.

426 Verabschiedet wurde schließlich Untervariante 1 zu Variante I von Artikel 22 A, vorgelegt vom Ausschuss zur Anerkennung in Arbeitsdokument Nr. 142, wonach „die Anerkennung einer Adoption in einem Vertragsstaat nur versagt werden kann, wenn die Adoption seiner öffentlichen Ordnung offensichtlich widerspricht, wobei das Wohl des Kindes zu berücksichtigen ist". Der Wortlaut setzt also nicht das kumulative Vorliegen der beiden Versagungsgründe voraus, da das Wohl des Kindes nur zu berücksichtigen ist, wobei davon auszugehen ist, dass der Begriff der öffentlichen Ordnung sehr eng auszulegen ist, also im Sinn einer Bezugnahme auf die „wesentlichen Grundsätze" des Anerkennungsstaats.

427 Das Arbeitsdokument Nr. 106 Spaniens schlug die Aufnahme eines dritten Absatzes mit der ausdrücklichen Vorschrift vor, der Verstoß gegen Artikel 32 „dürfe nicht als Versagungsgrund für die Anerkennung der Adoption dienen". Der Vorschlag scheiterte jedoch, weil davon ausgegangen wurde, dass er in der Ausnahme der öffentlichen Ordnung enthalten ist.

428 Weder Artikel 24 noch andere Artikel des Übereinkommens regeln die Ausnahme des unbekannten Rechtsinstituts als Versagungsgrund für die Anerkennung einer in einem Vertragsstaat vorgenommenen Adoption, eine Möglichkeit, die Artikel 5 des Interamerikanischen Übereinkommens (La Paz, 1984) ausdrücklich verwirft. Die Lösung stimmt also überein, und der Umstand, dass der Anerkennungsstaat die Art der Adoption oder eine konkrete Adoptionsform nicht kennt, kann nicht als Versagungsgrund für die Anerkennung fremder Adoptionen geltend gemacht werden.

Artikel 25

429 Artikel 25 ist eine neue Bestimmung und in Verbindung mit Artikel 39 Abs. 2 zu lesen; denn gemeinsam geben sie den Kompromiss wieder, der zwischen den Befürwortern und Gegnern der Möglichkeit künftiger Vereinbarungen zwischen den Vertragsstaaten zu den im Übereinkommen geregelten Fragen erzielt wurde. Unter gewissen Auflagen lässt Artikel 39 Abs. 2 solche Vereinbarungen zu; aber die übrigen Vertragsstaaten sind befugt, gegenüber dem Verwahrer des Übereinkommens zu erklären, dass sie nicht verpflichtet sind, aufgrund des Übereinkommens Adoptionen anzuerkennen, die in Übereinstimmung mit solchen Vereinbarungen zustande gekommen sind.

430 Artikel 25 verlangt von dem dritten Vertragsstaat positives Handeln, so daß er bei unterbliebener Erklärung nach dem Übereinkommen verpflichtet ist, Adoptionen anzuerkennen, die in Übereinstimmung mit den nach Artikel 39 Abs. 2 zulässigen Vereinbarungen zustande gekommen sind.

431 Nach Artikel 25 ist die Erklärung gegenüber dem Verwahrer des Übereinkommens abzugeben, dem Ministerium für Auswärtige Angelegenheiten des Königreichs der Niederlande, das die in Artikel 48 erwähnten Staaten unterrichtet.

432 Artikel 25 schreibt nicht vor, wann die Erklärung abzugeben ist; daher sind zwei Konstellationen zu unterscheiden. Der erste Fall tritt ein, wenn ein Staat Vertragsstaat des Übereinkommens wird und andere Vertragsstaaten bereits nach Artikel 39 Abs. 2 zulässige Vereinbarungen geschlossen haben. In diesem Fall ist die Erklärung im Zeitpunkt der Ratifikation, Annahme oder Genehmigung des Übereinkommens bzw. des Beitritts zu ihm abzugeben. Möglich ist aber auch die spätere Abgabe der Erklärung; doch wirkt sie dann nur für die Zukunft, und der dritte Vertragsstaat ist nach dem Übereinkommen verpflichtet, Adoptionen anzuerkennen, die in Übereinstimmung mit diesen Vereinbarungen zustande gekommen sind, nachdem er Vertragsstaat des Übereinkommens wurde, aber vor Abgabe der Erklärung gegenüber dem Verwahrer.

433 Bei der zweiten Möglichkeit ist der Staat bereits Vertragsstaat, wenn die nach Artikel 39 Abs. 2 zulässigen Vereinbarungen zwischen einem Vertragsstaat und einem oder mehreren anderen Vertragsstaaten geschlossen werden. Dann ist die Erklärung so bald wie möglich abzugeben, wobei das Übereinkommen keine Frist vorschreibt, und zwar sobald der dritte Vertragsstaat vom Verwahrer die Notifikation nach Artikel 48 Buchstabe d erhält. Die Erklärung kann allerdings ebenso später abgegeben werden; aber in diesem Fall ist der dritte Vertragsstaat aufgrund des Übereinkommens verpflichtet, die vorher in Übereinstimmung mit solchen Vereinbarungen zustande gekommenen Adoptionen anzuerkennen.

434 Die nach Artikel 25 zulässige Erklärung wirkt sich so aus, dass der dritte Vertragsstaat nicht verpflichtet ist, Adoptionen anzuerkennen, die in Übereinstimmung mit Vereinbarungen zustande gekommen sind, welche Artikel 39 Abs. 2 zulässt. Ihrer Anerkennung nach Maßgabe des internen Rechts des Vertragsstaats, der die Erklärung abgegeben hat, steht jedoch nichts im Weg.

435 Obwohl nicht ausdrücklich geregelt, kann der die Erklärung abgebende dritte Vertragsstaat diese jederzeit widerrufen; der Widerruf ist dem Verwahrer des Übereinkommens zur Notifikation nach Artikel 48 Buchstabe d mitzuteilen. Von diesem Zeitpunkt an ist der dritte Vertragsstaat nach dem Übereinkommen verpflichtet, die künftigen gemäß solchen Vereinbarungen zustande gekommenen Adoptionen anzuerkennen; das Übereinkommen enthält jedoch keine Regelung zu den bereits zustande gekommenen Adoptionen.

Artikel 26

Absatz 1

Einleitung

436 Die Spezialkommission konnte sich nicht auf die Rechte einigen, die das Adoptivkind im anerkennenden Staat und in den übrigen Vertragsstaaten genießt, da einige ihrer Teilnehmer den Standpunkt vertraten, Ziel des Übereinkommens sei nicht die Regelung der Rechtsstellung von Adoptivkindern, sondern die Förderung und Erleichterung der Zusammenarbeit zwischen den Vertragsstaaten, damit internationale Adoptionen zum Wohl des Kindes geschehen.

437 Wie im Bericht der Spezialkommission (Nr. 182 bis 195) dargelegt, hängt die Frage nach den Rechten und Pflichten der Adoptivkinder vom Anwendungsbereich des Übereinkommens ab. Zahlreiche Probleme hätten sich durch eine Beschränkung des Übereinkommens auf Adoptionen vermeiden lassen, die das Rechtsverhältnis zwischen dem Kind und seiner Herkunftsfamilie beenden. Für diese Lösung entscheidet sich grundsätzlich das Interamerikanische Übereinkommen von 1984, nach dessen Artikel 1 es „anwendbar ist auf Adoptionen Minderjähriger in Form der Volladoption, Adoptivlegitimation und weiterer ähnlicher Rechtsinstitute, die dem Adoptierten ein gesetzlich zustande gekommenes Abstammungsverhältnis verleihen".

438 Die meisten Teilnehmer nicht nur der Spezialkommission, sondern auch der Diplomatischen Konferenz waren jedoch der Ansicht, es sei vorzuziehen, den Anwendungsbereich des Übereinkommens nicht auf die Adoptionsform einzuengen, die das Rechtsverhältnis zwischen dem Kind und seiner Herkunftsfamilie beendet, und wünschenswert, alle denkbaren Formen der internationalen Adoptionen einzubeziehen. Darum mussten die verschiedenen Formen der Adoption berücksichtigt werden, die sich grob gesprochen in die drei folgenden Gruppen gliedern lassen: (1) Die erste Gruppe lässt nur eine radikale Adoptionsform zu, die das Rechtsverhältnis zwischen dem Kind und seiner Herkunftsfamilie vollständig beendet (Volladoption); (2) die zweite Gruppe erkennt nur eine weniger radikale Adoptionsform

an, die ein solches Rechtsverhältnis nicht völlig beendet (schwache oder beschränkte Adoption), und (3) die letzte Gruppe erlaubt beide Adoptionsformen, also die radikale und die weniger radikale, und nimmt deshalb hin, dass das Rechtsverhältnis zwischen dem Kind und seiner Herkunftsfamilie je nach Art der im konkreten Fall vollzogenen Adoption beendet wird oder bestehen bleibt.

439 Nach großen Anstrengungen konnte mit ehrlicher Kompromissbereitschaft ein Minimalkonsens über bestimmte Wirkungen aller vom Übereinkommen erfassten Adoptionen erreicht werden. Artikel 26, so wie er verabschiedet wurde, will die Frage nach den Adoptionswirkungen nur teilweise beantworten, und zwar wie folgt: (1) Absatz 1 regelt bestimmte Mindestwirkungen, die alle nach dem Übereinkommen zustande gekommenen Adoptionen haben, unabhängig von dem Recht, das nach Internationalem Privatrecht im anerkennenden Staat anzuwenden ist; (2) Absatz 2 regelt die Wirkungen im Aufnahmestaat und in jedem anderen die Adoption anerkennenden Vertragsstaat für den besonderen Fall, dass die Adoption das vorher bestehende Rechtsverhältnis zwischen dem Kind sowie seiner Mutter und seinem Vater (ganz) beendet, wenn diese Rechtsfolge nach dem Recht des Staates der Adoptionsvornahme vorgesehen ist, und (3) Absatz 3 sichert die Anwendung für das Kind günstigerer Bestimmungen, die in einem Vertragsstaat gelten, der die Adoption anerkennt.

Buchstabe a

440 Buchstabe a wiederholt den Grundgedanken des vom Ausschuss zur Anerkennung unterbreiteten Arbeitsdokuments Nr. 142, der bereits in den Entwurf (Artikel 24 Abs. 1) aufgenommen wurde und wonach „ein Kind, dessen Adoption in einem Vertragsstaat anerkannt ist, rechtlich als Kind der Adoptiveltern anzusehen ist".

441 Buchstabe a ist in Verbindung mit Artikel 2 Abs. 2 zu lesen, nach dem „das Übereinkommen nur Adoptionen betrifft, die ein dauerhaftes Eltern-Kind-Verhältnis begründen". Wenn also das nach dem Internationalen Privatrecht des die Adoption vornehmenden Vertragsstaats berufene Recht kein solches Verhältnis begründet, fällt die vorgenommene Adoption nicht unter das Übereinkommen.

442 Der (englische) Wortlaut weicht jedoch von Artikel 2 Abs. 2 ab, der sich auf „Adoptionen, die ein dauerhaftes Eltern-Kind-Verhältnis begründen," bezieht, während der dauerhafte Charakter in Artikel 26 Buchstabe a nicht erwähnt wird. Der Gedanke ist jedoch derselbe, wie sich aus der französischen Fassung ergibt, die in beiden Fällen vom „lien de filiation" spricht.

443 Nach Buchstabe a ist das durch die Adoption begründete Eltern-Kind-Verhältnis zwischen dem Kind und seinen Adoptiveltern in allen übrigen Vertragsstaaten anzuerkennen, unabhängig davon, ob das zuvor bestehende Eltern-Kind-Verhältnis zwischen dem Kind sowie seiner Mutter und seinem Vater aufgrund der Adoption fortbesteht oder beendet wird. Dies zeigt den weit gesteckten Anwendungsbereich des Übereinkommens, das alle Arten möglicher Adoptionen erfasst.

444 Buchstabe a schließt Buchstabe b ein, weil das Eltern-Kind-Verhältnis zwischen dem Kind und seinen künftigen Adoptiveltern mindestens die elterliche Verantwortlichkeit der Adoptiveltern für das Kind umfasst. Die beiden decken sich aber nicht zwingend, weil je nach dem anwendbaren Recht andere Wirkungen, abgesehen von der elterlichen Verantwortlichkeit, aus dem Eltern-Kind-Verhältnis hervorgehen können.

Buchstabe b

445 Buchstabe b gibt den in Arbeitsdokument Nr. 180 gemachten Vorschlag des Redaktionsausschusses wieder; er nimmt einige Bemerkungen während der Aussprache über den Antrag des Ausschusses zur Anerkennung in Arbeitsdokument Nr. 142 (Artikel 24 Abs. 1 Buchstabe b) auf.

446 Der Ausdruck „elterliche Verantwortlichkeit" wurde anstelle des in Arbeitsdokument Nr. 142 gebrauchten Ausdrucks „elterliche Gewalt" verabschiedet, weil dieser Ausdruck in völkerrechtlichen Verträgen üblich ist und um so weit wie möglich klarzustellen und zu betonen, dass Elternschaft nicht nur Rechte, sondern auch Pflichten mit sich bringt.

447 Griechenland schlug vor, Buchstabe b zu streichen, da die elterliche Verantwortlichkeit der Adoptiveltern für das Kind eine Folge des Etern-Kind-Verhältnisses zwischen dem Kind und seinen Adoptiveltern sei, deren Anerkennung Buchstabe a vorsehe. Wie (oben Nr. 144) bemerkt, wurde jedoch darauf hingewiesen, dass sich beide Buchstaben nicht unbedingt decken, weil aus dem Eltern-Kind-Verhältnis zwischen dem Kind und seinen Adoptiveltern andere Wirkungen hervorgehen können. Außerdem wurde die ausdrückliche Erwähnung dieser Wirkung für angezeigt gehalten, da das Eltern-Kind-Verhältnis, nicht aber die elterliche Gewalt fortbesteht, wenn das Kind volljährig wird, und weil dem Wohl und dem Schutz des Kindes bei allen internationalen Adoptionen höchste Bedeutung beizumessen ist.

Buchstabe c

448 Buchstabe c wiederholt den Vorschlag des Redaktionsausschusses in Arbeitsdokument Nr. 180 (Artikel 24 Abs. 1 Buchstabe c), der die Aussprache über das vom Ausschuss zur Anerkennung vorgelegte Arbeitsdokument Nr. 142 (Artikel 24 Abs. 1 Buchstabe c) auf der Grundlage des Wortlauts des Entwurfs (Artikel 24 Abs. 2) berücksichtigt.

449 Das vom Ausschuss zur Anerkennung vorgelegte Arbeitsdokument Nr. 142 erwähnte „jeglichen früheren Rechtsverhältnisses des Kindes zu seiner Mutter und seinem Vater", aber das Wort „jeglichen" wurde in „des" geändert, um die Möglichkeit einzubeziehen, dass in manchen Fällen bestimmte Verbindungen zwischen dem Kind und seiner Mutter oder seinem Vater bestehen bleiben. Die Änderung berücksichtigte die Stellungnahmen Deutschlands und Österreichs, die daran erinnerten, dass bei Adoptionen innerhalb der Familie nach der Rechtsordnung des die Adoption vornehmenden Staates bestimmte Rechtsbeziehungen zwischen dem Kind und einem Elternteil bestehen bleiben können, auch wenn die Vornahme der Adoption das Rechtsverhältnis zwischen dem Kind und dem anderen Elternteil beendet.

450 Die Änderung wurde trotz des Einwandes einiger Teilnehmer gebilligt, die Aufrechterhaltung des Rechtsverhältnisses zwischen dem Kind und seiner Mutter oder seinem Vater könne diesem Elternteil das Recht auf Einreise und gewöhnlichen Aufenthalt im Aufnahmestaat verschaffen – ein der derzeitigen restriktiven Einwanderungspolitik der europäischen Staaten zuwiderlaufendes Ergebnis. Zweifellos besteht diese Möglichkeit, aber das Argument wurde als nicht stichhaltig angesehen, weil der Aufnahmestaat nach Artikel 17 Buchstabe c sein Einverständnis mit der Fortführung des Adoptionsverfahrens versagen kann.

451 Die Bezugnahme in Buchstabe c auf „das frühere Rechtsverhältnis zwischen dem Kind und seiner Mutter und seinem Vater" ist als Verweisung auf das Eltern-Kind-Verhältnis aufzufassen, und im Sinn der Übereinstimmung mit Artikel 2 Abs. 2 hätte der Begriff „dauerhaftes" hinzugefügt werden sollen.

452 Artikel 26 Buchstabe c kann den Aufnahmestaat dazu verpflichten, die Beendigung eines früheren Eltern-Kind-Verhältnisses zwischen dem Kind und seiner Mutter und seinem Vater anzuerkennen, auch wenn diese Wirkung bei Vornahme der Adoption im anerkennenden Staat nicht eingetreten wäre.

453 Der Heimat- bzw. der Aufnahmestaat kann natürlich diese Folge dadurch vermeiden, dass er nach Artikel 17 Buchstabe c sein Einverständnis mit der Fortführung des Adoptionsverfahrens versagt, aber dabei ist zu berücksichtigen, dass diese Möglichkeit keinem anderen Vertragsstaat offen steht, weil das Übereinkommen für die Adoptionsvornahme nicht das Einverständnis von Drittstaaten voraussetzt. Deshalb ist der dritte Vertragsstaat nach dem Übereinkommen verpflichtet, die Beendigung eines solchen früheren Eltern-Kind-Verhältnisses zwischen dem Kind und seiner Mutter und seinem Vater anzuerkennen, auch wenn das nach seinem Internationalen Privatrecht berufene Recht diese Beendigung nicht zuließe.

454 Frankreich, Uruguay, Belgien, Madagaskar, Benin und Burkina Faso schlugen in der zweiten Lesung mit Arbeitsdokument Nr. 193 vor, die französische Fassung in Buchstabe c mit der englischen Fassung durch Einfügung des Wortes „définitive" (endgültige) nach „rupture" (Beendigung) zu vereinheitlichen, denn das Verb „terminate" (beendigen) in der englischen Fassung sei als „rupture définitive", nicht als bloße „rupture" aufzufassen. Der Vorschlag stieß jedoch auf heftigen Widerstand wegen seiner unerwünschten Ergebnisse aufgrund jüngster Erfahrungen Frankreichs, das die Wirkungen einer widerruflichen Adoption nicht anerkennt, auch wenn das frühere Eltern-Kind-Verhältnis beendet wird, da bei Möglichkeit des Widerrufs keine „rupture définitive" eintritt.

455 Das Übereinkommen regelt nicht den Widerruf der Adoption, so dass dieser nicht nach Artikel 23 anerkannt werden kann und jeder Vertragsstaat die Frage nach seinem nationalen Recht regelt. Das Gleiche gilt für Entscheidungen, mit denen die Beendigung des früheren Eltern-Kind-Verhältnisses nach Vornahme der Adoption unabhängig von der Aufrechterhaltung der Adoption widerrufen wird.

456 Buchstabe c belegt wiederum den breiten Anwendungsbereich des Übereinkommens, das alle Formen der Adoption erfasst, die ein dauerhaftes Eltern-Kind-Verhältnis begründen, wie in Artikel 2 Abs. 2 vorgesehen, unabhängig vom Fortbestand des früheren Verhältnisses des Kindes zu seiner Mutter und seinem Vater.

457 Buchstabe c gilt nur für in Vertragsstaaten, sei es als Heimat- oder als Aufnahmestaat, ausgesprochene Adoptionen und trifft keine Regelungen für Adoptionen, die in Nichtvertragsstaaten vollzogen werden. Die Beendigung des Eltern-Kind-Verhältnisses als Folge der Umwandlung der Adoption richtet sich nicht nach Buchstabe c, sondern nach Artikel 27.

458 Die Wahl des Orts der Adoptionsvornahme zwecks Entscheidung über die Beendigung eines früheren Eltern-Kind-Verhältnisses zwischen dem Kind und seiner Mutter und seinem Vater wurde als mit dem gewöhnlichen Aufenthalt des Kindes unvereinbar kritisiert, auf den das Übereinkommen an anderer Stelle zurückgreift, um seinen Anwendungsbereich festzulegen. Die Schwierigkeit erledigt sich, wenn man berücksichtigt, dass Artikel 26 in Verbindung mit Artikel 23 zu lesen ist, der sich auf eine Adoption bezieht, deren Zustandekommen gemäß dem Übereinkommen einschließlich seines Artikels 2 bescheinigt wurde. Auch der fehlende Verweis auf das Recht des Heimatstaats in Buchstabe c wurde angesprochen und angeregt, vor der Anerkennung der Adoption die Art der nach Artikel 4 Buchstabe c und d erteilten Zustimmung zu berücksichtigen. Diese Anregung wurde jedoch verworfen, denn sie würde im Widerspruch zur Verpflichtung, die nach Artikel 23 ausgestellte Bescheinigung zu beachten, die Überprüfung der vollzogenen Adoption gestatten.

Absatz 2

459 Der Ausschuss zur Anerkennung schlug mit Arbeitsdokument Nr. 142 als Adoptionswirkung vor, der anerkennende Staat solle Adoptivkindern die günstigste Rechtsstellung einräumen, änderte diesen Vorschlag aber mit Arbeitsdokument Nr. 171, wonach „das Kind in dem Vertragsstaat, in dem die Adoption anerkannt wird, Rechte genießt, die denen entsprechen, die sich aus in diesem Staat vollzogenen Adoptionen ergeben".

460 Die Vorschläge wurden aus verschiedenen Gründen abgelehnt:

a) Frankreich beharrte auf dem unwiderruflichen Charakter der Adoption nach französischem Recht und schlug vor, jeder Vertragsstaat solle zur Bestimmung der Adoptionswirkungen sein eigenes Internationales Privatrecht anwenden (Arbeitsdokument Nr. 72);

b) Japan trat für die Streichung des Absatzes 2 ein, weil schwer zu verstehen sei, warum das günstigste Recht automatisch Anwendung finde, wenn die Verbringung des Kindes nach der Adoption geschehe, dagegen das nach dem Internationalen Privatrecht des Staates, in dem die Adoption vollzogen wird, berufene Recht über die Adoptionswirkungen entscheide, wenn das Kind dort bleibe (Arbeitsdokument Nr. 161);

c) Deutschland wollte das anwendbare Recht nicht vom zufälligen Aufenthalt des Kindes abhängig machen und bevorzugte deshalb das Recht des Aufnahmestaats (Arbeitsdokument Nr. 173);

d) das Vereinigte Königreich stellte die mangelnde Eignung der vorgeschlagenen Lösungen aus der Sicht des britischen Staatsangehörigkeitsrechts heraus, denn nach dem Übereinkommen adoptierte Kinder würden mit dem Adoptionsbeschluss automatisch die britische Staatsangehörigkeit erwerben, auch wenn sie nicht alle rechtlichen Voraussetzungen erfüllten, während außerhalb des Übereinkommens adoptierte Kinder nicht zwingend britische Staatsangehörige würden (Arbeitsdokument Nr. 155);

e) Irland hielt fest, dass das Kind seinen gewöhnlichen Aufenthalt nicht im anerkennenden, sondern im Aufnahmestaat hat, so dass dieser Staat für sein Wohlergehen, seine Gesundheit und Sozialbetreuung aufzukommen habe.

461 Das vom Redaktionsausschuss vorgelegte Arbeitsdokument Nr. 180 regte zur Lösung des Problems in allen Vertragsstaaten die Verweisung auf den günstigsten Status an, der Adoptivkindern im Staat ihres gewöhnlichen Aufenthalts eingeräumt wird, soweit es sich um einen Vertragsstaat handelt; die Anregung ging auf Deutschland zurück und war von der Zweiten Kommission gebilligt. Ungeachtet der potentiellen Vorteile, dass dem Kind ein fester Status eingeräumt und seine Gleichbehandlung in allen Vertragsstaaten gewährleistet wird, fand der Wortlaut Widerspruch, weil er in verschleierter Form eine einheitliche Vorschrift zum Internationalen Privatrecht einführe, die ein Element der Verwirrung in die Funktionsweise der Internationalen Privatrechtssysteme aller Vertragsstaaten bringe.

462 Das von Deutschland und Irland vorgelegte Arbeitsdokument Nr. 188 beschränkte sich auf die Bestimmung der Adoptionswirkungen im Aufnahmestaat nach dessen Recht und ließ somit die Frage nach den Rechten des Kindes in allen übrigen die Adoption anerkennenden Vertragsstaaten offen. Dem Vorschlag lag der Gedanke zugrunde, eine klare Lösung für das Hauptproblem zu finden, weil das Kind in der

Regel seinen gewöhnlichen Aufenthalt im Aufnahmestaat habe. Dabei wurde anerkannt, dass der Vorschlag nicht den Schutz der Rechte des Kindes in der Zukunft gewährleiste, also im häufigen Fall internationaler Wanderungsbewegungen, wenn das Kind aus dem Aufnahmestaat in einen anderen Vertragsstaat oder einen Drittstaat gebracht werde.

463 Die Entscheidung wurde auf die Wahl zwischen den Arbeitsdokumenten Nr. 171 und 188 beschränkt, aber beide scheiterten wegen Stimmengleichheit bei der Abstimmung, wobei die Mehrheit der Teilnehmer auch den vom Redaktionsausschuss in Arbeitsdokument Nr. 180 vorgelegten Wortlaut ablehnte. Daher schlugen Irland und die Schweiz im Arbeitsdokument Nr. 201 eine Kompromisslösung vor, die mit der Maßgabe verabschiedet wurde, es sei unrealistisch, alle Fragen im Zusammenhang mit den Adoptionswirkungen in einem Übereinkommen lösen zu wollen, das sich im Wesentlichen mit der Zusammenarbeit zwischen den Vertragsstaaten befasst.

464 Artikel 26 Abs. 2 regelt nur den Fall, dass die Beendigung eines früheren Eltern-Kind-Verhältnisses im Staat der Adoptionsvornahme, also im Heimat- oder im Aufnahmestaat, zulässig ist. Das Kind genießt im Aufnahmestaat, in dem die Adoption anerkannt oder ausgesprochen wird (wenn sie nicht im Heimatstaat geschieht), sowie in allen anderen die Adoption anerkennenden Vertragsstaaten Rechte, die denen entsprechen, die sich aus Adoptionen mit dieser Wirkung in jedem dieser Vertragsstaaten ergeben. Artikel 26 Abs. 2 greift also nicht ein, wenn der die Adoption vornehmende Staat die Beendigung des früheren Eltern-Kind-Verhältnisses nicht hinnimmt, und in diesem Fall richten sich die dem Adoptivkind zustehenden Rechte nach Artikel 26 Abs. 1 Buchstabe a und b sowie Absatz 3.

465 Absatz 2 soll sicherstellen, dass das bei einer internationalen Adoption adoptierte Kind nach dem Übereinkommen die Rechtsstellung und den Schutz genießt, die der Rechtsstellung und dem Schutz jedes anderen adoptierten Kindes entsprechen, wie in Artikel 21 Buchstabe c RKÜ vorgesehen, der den Vertragsstaaten, die das System der Adoption anerkennen oder zulassen, vorschreibt sicherzustellen, „dass das Kind im Fall einer internationalen Adoption in den Genuss der für nationale Adoptionen geltenden Schutzvorschriften und Normen kommt".

466 Die praktische Bedeutung des Absatzes 2 lässt sich ohne Mühe anhand des Falls herausstellen, dass der Aufnahmestaat (falls die Adoption dort geschieht) oder der anerkennende Staat sowohl Adoptionen zulässt, bei denen das frühere Eltern-Kind-Verhältnis beendet wird, als auch solche, bei denen es fortbesteht, denn in diesem Fall genießt das Kind die Rechte aufgrund der Adoption, die dieses Verhältnis beendet.

467 Unbeschadet seiner weiten Fassung ist Absatz 2 in Verbindung mit Artikel 26 Abs. 1 Buchstabe c zu lesen, der auf die Beendigung „des früheren Rechtsverhältnisses zwischen dem Kind und seiner Mutter und seinem Vater" verweist.

468 Die Beendigung des früheren Eltern-Kind-Verhältnisses im Sinn des Artikels 26 Abs. 2 braucht nicht „endgültig" zu sein; sie erfasst also auch Ausnahmefälle, in denen der Widerruf der Adoption möglich bleibt.

469 Die Verweisung auf den Aufnahmestaat in Absatz 2 soll Fälle außerhalb der Anerkennung abdecken, in denen die Adoption im Aufnahmestaat geschieht. Auch ohne ausdrückliche Regelung ist die gleiche Vorschrift anwendbar, wenn die Adoption im Ausnahmefall nach der Verbringung des Kindes in den Aufnahmestaat nicht im Aufnahme-, sondern im Heimatstaat ausgesprochen wird.

Absatz 3

470 Absatz 3 ist streng genommen überflüssig, weil das Übereinkommen selbstverständlich keinen die Adoption anerkennenden Vertragsstaat daran hindert, dem Kind besseren Schutz als nach den Absätzen 1 und 2 zu gewähren. Das Gleiche gilt für den Aufnahmestaat, wenn die Adoption dort und nicht im Heimatstaat vollzogen wird.

471 Ein Beispiel für die diesem Absatz zugrunde liegende Vorstellung bildet der Fall, dass das Kind im Wege der „einfachen" Adoption im Heimat- oder im Aufnahmestaat adoptiert wurde, ohne Erbrechte nach Angehörigen der Adoptivfamilie zu erwerben. In diesem Fall gilt weder Absatz 1 Buchstabe c noch Absatz 2, weil das frühere Rechtsverhältnis zwischen dem Kind und seiner Mutter und seinem Vater nicht beendet wird. Nach Absatz 3 kann jedoch das Recht des anerkennenden Staates dem Kind Erbrechte nach der Adoptivfamilie einräumen.

Schlussbemerkungen

472 Wie bereits festgestellt, erhebt Artikel 26 nicht den Anspruch, die Frage nach den Adoptionswirkungen im anerkennenden Vertragsstaat umfassend zu klären. Ungeachtet des komplizierten Gegenstandes liefert Artikel 26 jedoch angesichts der erwähnten unterschiedlichen Adoptionsregelungen in den verschiedenen Staaten angemessene Lösungen für viele mögliche Konstellationen.

473 Tatsächlich treten in den folgenden Fällen keine Probleme auf:

a) wenn die in einem Vertragsstaat bewilligte Adoption das frühere Rechtsverhältnis zwischen dem Kind und seiner Herkunftsfamilie beendet und der anerkennende Staat nur die gleiche Art von Adoptionen zulässt. Dann richten sich die Adoptionswirkungen nach Absatz 1 Buchstaben a, b und c sowie Absatz 2, so dass das Kind Rechte genießt, die denen im anerkennenden Staat adoptierter Kinder entsprechen;

b) wenn die in einem Vertragsstaat bewilligte Adoption das frühere Rechtsverhältnis zwischen dem Kind und seiner Herkunftsfamilie beendet und der anerkennende Staat nicht nur diese Form der Adoption zulässt, sondern auch eine Adoption, die ein solches früheres Rechtsverhältnis nicht beendet. Die Adoptionswirkungen richten sich wiederum nach Absatz 1 Buchstaben a, b und c sowie Absatz 2, und das Kind genießt Rechte, die denen eines im anerkennenden Staat adoptierten Kindes mit Beendigung des früheren Eltern-Kind-Verhältnisses entsprechen;

c) wenn die in einem Vertragsstaat bewilligte Adoption das Rechtsverhältnis zwischen dem Kind und seiner Herkunftsfamilie nicht beendet und der anerkennende Staat nur die gleiche Art Adoption zulässt. Dann richten sich die Adoptionswirkungen nach Absatz 1 Buchstaben a und b, so dass das Kind die gleichen Rechte genießt wie im anerkennenden Staat adoptierte Kinder;

d) wenn die in einem Vertragsstaat bewilligte Adoption das frühere Rechtsverhältnis zwischen dem Kind und seiner Herkunftsfamilie nicht beendet und der anerkennende Staat nicht nur diese Art von Adoption anerkennt, sondern auch eine Adoption, die ein solches Rechtsverhältnis beendet. In diesem Fall richten sich die Adoptionswirkungen nach Absatz 1 Buchstaben a und b, so dass das Kind im anerkennenden Staat die gleichen Rechte genießt wie Kinder, die in der weniger radikalen Weise in Bezug auf ihre Herkunftsfamilie adoptiert werden. Gemäß Artikel 27 kann die Adoption jedoch umgewandelt werden;

e) wenn die in einem Vertragsstaat bewilligte Adoption das frühere Rechtsverhältnis zwischen dem Kind und seiner Herkunftsfamilie beendet und der anerkennende Staat eine solche Folge nicht zulässt. Dann richten sich die Adoptionswirkungen nach Artikel 26 Abs. 1 Buchstaben a, b und c (Absatz 2 ist nicht anwendbar), so dass das Kind im anerkennenden Staat einen Sonderstatus genießt;

f) wenn die in einem Vertragsstaat bewilligte Adoption das frühere Rechtsverhältnis zwischen dem Kind und seiner Herkunftsfamilie fortbestehen lässt und der anerkennende Staat nur eine Art von Adoption zulässt, die dieses Verhältnis beendet. In diesem Fall richten sich die Adoptionswirkungen nach Absatz 1 Buchstaben a und b; Absatz 2 ist nicht anwendbar. Die Adoption kann jedoch gemäß Artikel 27 in eine „volle" Adoption umgewandelt werden.

g) In allen obigen Fällen kann der anerkennende Staat nach Artikel 26 Abs. 3 für das Kind günstigere Bestimmungen anwenden.

Artikel 27

Absatz 1

474 Artikel 27 ist neu und wurde mit Arbeitsdokument Nr. 142 in eckigen Klammern vom Ausschuss zur Anerkennung vorgeschlagen (Artikel 24 A), um die häufigsten Fälle der Adoptionsumwandlung zu regeln.

475 Arbeitsdokument Nr. 142 stellte drei Voraussetzungen für die Umwandlung auf: (a) Zulässigkeit nach dem Recht des Aufnahmestaats, (b) Erteilung der Zustimmungen im Sinn des Artikels 4 Buchstaben c und d für eine Adoption, welche die Beendigung des früheren Eltern-Kind-Verhältnisses bewirkt, und (c) dass diese Adoption dem Wohl des Kindes dient. Diese letzte Voraussetzung wurde gestrichen, da sie nur die schon in Absatz 4 der Präambel verankerte Vorstellung wiederholt.

476 Artikel 27 regelt nur den häufigsten Fall, nämlich die anstehende Umwandlung der im Heimatstaat vollzogenen Adoption im Aufnahmestaat. Dementsprechend löst das Übereinkommen nicht alle Fälle, und die mögliche Adoptionsumwandlung in anderen Vertragsstaaten, auch im Heimatstaat, richtet sich nach dem Internationalen Privatrecht des umwandelnden Vertragsstaats, ohne von den Vorschriften des Übereinkommens, insbesondere Artikel 23, erfasst zu werden.

477 Die Möglichkeit der nach Artikel 27 zulässigen Umwandlung steht unter dem Vorbehalt der Adoptionsvornahme im Heimatstaat. Deshalb ist der Anwendungsbereich des Artikels 27 enger als der des Artikels 26 Abs. 1 Buchstabe c, der auf den Vertragsstaat verweist, in dem die Adoption stattfindet, also den Heimat- oder den Aufnahmestaat. Das Übereinkommen regelt demnach nicht den Fall, dass die Adoption im Aufnahmestaat vollzogen wird, das frühere Eltern-Kind-Verhältnis aufrechterhalten bleibt und die Adoption anschließend in eine dieses Verhältnis beendende Adoption umgewandelt wird, z.B. weil im Aufnahmestaat beide Adoptionsarten rechtlich zulässig sind. Auf eine in dieser Weise verfügte Umwandlung sind die Vorschriften des Übereinkommens, insbesondere Artikel 23, nicht anwendbar.

478 Artikel 27 ist nur anzuwenden, wenn die Adoption nicht die Beendigung des früheren Rechtsverhältnisses zwischen dem Kind und seiner Mutter und seinem Vater herbeiführt, denn die Beendigung ist nach Artikel 26 Buchstabe c anzuerkennen, wenn die Adoption in dem sie vornehmenden Staat eine solche Beendigung bewirkt.

479 Obwohl Absatz 1 von der „Beendigung des Eltern-Kind-Verhältnisses" als Adoptionswirkung spricht, ist dieser Satz in Verbindung mit Artikel 26 Buchstabe c zu lesen, der sich auf die „Beendigung des früheren Rechtsverhältnisses zwischen dem Kind und seiner Mutter und seinem Vater" bezieht.

Buchstabe a

480 Nach Buchstabe a entscheidet der Aufnahmestaat anhand seines nationalen Rechts, ob die Umwandlung zulässig ist. Sie darf also nicht geschehen, wenn das Recht des Aufnahmestaats nicht hinnimmt, dass die Adoption umgewandelt werden kann oder die Beendigung des früheren dauerhaften Rechtsverhältnisses zwischen dem Kind und seiner Mutter und seinem Vater bewirkt.

481 Während der Aussprache wurde vorgeschlagen, „das Recht des Aufnahmestaats" durch „das Recht des Staates des gewöhnlichen Aufenthalts des Kindes" zu ersetzen und, soweit möglich und dem Recht des Aufnamestaats entsprechend, die Umwandlung in allen übrigen Vertragsstaaten zuzulassen. Die beiden Anträge scheiterten jedoch.

Buchstabe b

482 Die Buchstabe b zugrunde liegende Überlegung ist leicht verständlich und will verhindern, dass die Adoption aufgrund der Umwandlung das frühere Eltern-Kind-Verhältnis beendet, obwohl die nach Artikel 4 Buchstaben c und d erforderlichen Zustimmungen für eine Adoption ohne diese Wirkung erteilt wurden.

483 In praktischer Hinsicht wirft die Anwendung des Artikels 27 keine Probleme auf, wenn die vorgeschriebenen Zustimmungen so erteilt wurden, dass sie die Möglichkeit der Adoptionsumwandlung abdecken; jedoch können Schwierigkeiten bei der Einholung der nach Artikel 4 Buchstabe c vorgeschriebenen Zustimmungen auftreten, nachdem das Kind weggebracht wurde und seinen gewöhnlichen Aufenthalt im Aufnahmestaat bei seinen Adoptiveltern begründet hat.

Absatz 2

484 Absatz 2 wurde aufgenommen, um jeden Zweifel an der vertraglichen Verpflichtung zur Anerkennung der Umwandlung kraft Gesetzes gemäß Artikel 23 auszuschließen. Deshalb gilt die dortige Begründung auch hier. Obwohl die zuständige Behörde des Aufnahmestaats die Übereinstimmung der Umwandlung mit dem Übereinkommen zu bescheinigen hat, wird die in Artikel 23 Abs. 1 Satz 2 vorgeschriebene Bescheinigung nicht benötigt, weil diese Voraussetzung für die Umwandlung nicht erforderlich ist.

485 Während der dritten Lesung bestand der griechische Delegierte darauf, dass Absatz 2 auf Artikel 23 und 24 verweisen sollte, weil sie untrennbar seien, denn beide stellten eine „rechtliche und logische Einheit dar, wobei der eine Artikel die Regel (Artikel 23) und der andere die Ausnahme (Artikel 24) darstelle". Obwohl in der Sache Einverständnis bestand, wurde der Vorschlag für überflüssig gehalten, da die Verweisung auf Artikel 23 den Artikel 24 mit einschließe. Dennoch ist dies hier, wie ausdrücklich beantragt, klarzustellen, um mögliche Missverständnisse zu vermeiden.

486 Eine Umwandlung nach Artikel 27 Abs. 2 wird in allen Vertragsstaaten einschließlich des Heimatstaats anerkannt, auch wenn die dort bewilligte Adoption nicht die Beendigung des früheren Eltern-Kind-Verhältnisses bewirkt hat.

Kapitel VI

Allgemeine Bestimmungen

487 Kapitel VI enthält mehrere Artikel, die zum Teil traditionell in Haager Übereinkommen aufgenommen werden, z.B. die Artikel zur Regelung der Fälle, dass in einem Vertragsstaat zwei oder mehr Rechtssysteme bestehen, die in verschiedenen Gebietseinheiten gelten, die so genannte „föderative Klausel" (Artikel 36) oder die für verschiedene Personengruppen (Artikel 37) gelten. Artikel 38 schließt vom Anwendungsbereich des Übereinkommens Kollisionen zwischen den internen Rechtsordnungen aus, die innerhalb ein und desselben Staates gelten. Artikel 39 regelt die Beziehungen zu anderen Übereinkünften, Artikel 40 mögliche Vorbehalte.

488 Kapitel VI enthält auch mehrere allgemeine Bestimmungen mit konkretem Bezug zu internationalen Adoptionen, so etwa Artikel 28, wonach das Übereinkommen bestimmten Verboten nach dem Recht des Heimatstaats nicht entgegensteht, weil es nicht das interne Adoptionsrecht der Vertragsstaaten vereinheitlichen will. Artikel 29 untersagt Kontakte zwischen den künftigen Adoptiveltern und den Eltern des Kindes oder jeder anderen Person, welche die Sorge für das Kind hat. Artikel 30 regelt die Aufbewahrung von und den Zugang zu Informationen über die Herkunft des Kindes, Artikel 31 den Datenschutz. Artikel 32 untersagt unstatthafte Vermögens- oder sonstige Vorteile aus einer Tätigkeit im Zusammenhang mit einer internationalen Adoption. Artikel 33 regelt die Verpflichtung der zuständigen Behörden zur Unterrichtung der Zentralen Behörde, wenn sie feststellen, dass das Übereinkommen nicht beachtet worden ist. Artikel 34 behandelt die Übersetzungskosten, und Artikel 35 hält die zuständigen Behörden dazu an, in Adoptionsverfahren mit der gebotenen Eile zu handeln.

Artikel 28

489 Kolumbien wollte mit Arbeitsdokument Nr. 1 den Anwendungsbereich des Übereinkommens einengen und schlug die Einführung des folgenden Satzes in Artikel 2 vor: „wenn das interne Recht des Heimatstaats die Verbringung des Kindes in den Aufnahmestaat vor seiner Adoption gestattet". Diesem Antrag lag das Bestreben zugrunde, allen Vertragsstaaten ein Problem zu ersparen, das auftreten kann, wenn das Übereinkommen die Verbringung des Kindes aus dem Heimatstaat vor Vornahme der Adoption erlaubt, denn nach kolumbianischen Recht ist „es rechtswidrig, die Verbringung des Kindes aus Kolumbien vor Abschluss der Adoption zu dulden". Somit könnte anhand dieser Einfügung jeder Vertragsstaat insoweit sein eigenes Recht anwenden.

490 Der Antrag erhielt eindeutige Unterstützung in der Sache, insbesondere von lateinamerikanischen Staaten. Dies ergibt sich beispielhaft aus dem von El Salvador vorgelegten Arbeitsdokument Nr. 28, auch wenn einige Teilnehmer den Zusatz für unnötig hielten, da das Übereinkommen nicht die Harmonisierung der internen Adoptionsrechtssysteme der Vertragsstaaten anstrebe, sondern die Schaffung eines flexiblen Systems der Zusammenarbeit, damit bestimmte Schutzmaßnahmen bei internationalen Adoptionen eingehalten werden. Die Klarstellungsabsicht wurde jedoch verstanden und darauf hingewiesen, dass der Vorschlag ungefährlich, aber für viele Staaten sehr wichtig sei.

491 Mit Blick auf die Ziele des Übereinkommens schlug Kolumbien mit Arbeitsdokument Nr. 29 eine Sondervorschrift mit folgendem Wortlaut vor: „Die Artikel dieses Übereinkommens zur Anordnung und Regelung der Verbringung des Kindes in den Aufnahmestaat vor der Adoption und seiner Unterbringung bei den künftigen Adoptiveltern sowie der Adoption im Aufnahmestaat sind nicht anzuwenden, wenn eine solche Verbringung, Unterbringung oder Adoption nach dem Recht des Heimatstaats unzulässig ist". Dieser Vorschlag wurde später durch das von Irland, den Vereinigten Staaten von Amerika und Belgien vorgelegte Arbeitsdokument Nr. 45 mit folgendem Wortlaut für den neuen Artikel ersetzt: „Das Übereinkommen steht Rechtsvorschriften des Heimatstaats nicht entgegen, nach denen die Adoption eines Kindes mit gewöhnlichem Aufenthalt in diesem Staat dort stattfinden muss oder nach denen die Unterbringung im Aufnahmestaat oder die Verbringung dorthin vor der Adoption untersagt ist".

492 Obwohl Italien in der Sache übereinstimmte, hielt es den Vorschlag für zumindest zweideutig, weil er den Umkehrschluss zulasse, das Übereinkommen stünde allen übrigen Adoptionsrechtsvorschriften der Vertragsstaaten entgegen. Deshalb sei eindeutig herauszustellen, dass das Übereinkommen nicht den Anspruch erhebt, den Rechtsordnungen der Vertragsstaaten, also des Heimat-, des Aufnahme- oder des sonstigen Vertragsstaats, entgegenzustehen. Zur Verwirklichung dieses Ziels schlug Italien mit Arbeitsdokument Nr. 123 die Einfügung des folgenden Artikels vor: „Das Übereinkommen steht den Rechtsvorschriften der Aufnahmestaaten nicht entgegen, nach denen eine Probezeit vor der Vornahme der Adoption abzuwarten ist".

493 Ähnlich äußerte sich Japan. Trotz grundsätzlicher Zustimmung in der Sache riet es zu einer allgemeineren Formulierung des Vorschlags, da die übrigen Vorschriften im Heimatstaat zur Verwirklichung desselben Ziels ebenfalls zu schützen seien. Deshalb schlug Japan vor, ausdrücklich festzuschreiben, dass das Übereinkommen nicht „den Vorschriften eines Heimatstaats entgegensteht, die weitere Anforderungen oder Voraussetzungen für die internationale Adoption eines Kindes mit gewöhnlichem Aufenthalt in diesem Staat, für seine Unterbringung in einer Familie oder seine Verbringung in den Aufnahmestaat vorsehen" (Arbeitsdokument Nr. 143).

494 Die von Italien und Japan vorgelegten Arbeitsdokumente Nr. 123 bzw. 143 erhielten für ihre Prüfung in der zweiten Lesung keine hinreichende Unterstützung im Sinn der Verfahrensordnung, so dass der vom Redaktionsausschuss im Arbeitsdokument Nr. 180 vorgeschlagene Wortlaut verabschiedet wurde. Zur Klarstellung ist bei der Auslegung von Artikel 28 jedoch zu berücksichtigen, dass abgesehen von der Regelung im Übereinkommen selbst dieses die Rechtsordnungen der Vertragsstaaten, sei es als Heimat-, als Aufnahme- oder sonstiger Vertragsstaat, nicht berührt.

Artikel 29

495 Artikel 29 wiederholt im Wesentlichen den Wortlaut des Entwurfs (Artikel 4) mit einigen Änderungen zur genaueren Umschreibung des Verbots der Kontakte zwischen den Parteien internationaler Adoptionen; Ziel ist es, Handel und Praktiken anderer Art auszuschließen, die den Zielen des Übereinkommens zuwiderlaufen, insbesondere zu verhindern, dass die zur Durchführung der Adoption erforderlichen Zustimmungen durch eine Zahlung oder Gegenleistung herbeigeführt werden, was Artikel 4 Buchstabe c Nr. 3 ausdrücklich untersagt.

496 Das Verbot in Artikel 29 ist nicht absolut gefasst, weil es Kontakte nicht verbietet, bevor das Kind gemäß Artikel 4 Buchstabe d seine Zustimmung, Wünsche oder Meinungen geäußert hat. Außerdem sind Kontakte bei Adoptionen innerhalb einer Familie und unter den vom Recht des Heimatstaats aufgestellten Voraussetzungen zulässig. Zudem ist das Verbot zeitlich beschränkt, denn die Kontakte werden nach der Feststellung zulässig, dass (1) das Kind adoptiert werden kann (Artikel 4 Buchstabe a), (2) eine internationale Adoption dem Wohl des Kindes dient (Artikel 4 Buchstabe b), (3) die nach Artikel 4 Buchstabe c erforderlichen

Zustimmungen eingeholt worden sind und (4) die zuständigen Behörden des Aufnahmestaats entschieden haben, dass die künftigen Adoptiveltern für eine Adoption in Betracht kommen und dazu geeignet sind (Artikel 5 Buchstabe a).

497 Aus diesem Grund und weil das Kontaktverbot die Umstände verhindern soll, unter denen die größte Wahrscheinlichkeit für unstatthafte Zahlungen oder Gegenleistungen für die nach Artikel 4 Buchstabe c vorgeschriebenen Zustimmungen besteht, schlugen die Vereinigten Staaten von Amerika in Arbeitsdokument Nr. 6 die Verlagerung des Artikels in das Kapitel über allgemeine Bestimmungen vor, wo das Verbot unstatthafter Vermögensvorteile untergebracht ist. Der Vorschlag wurde einstimmig angenommen.

498 Artikel 29 erklärt das Kontaktverbot zur Regel, so dass darunter nicht nur „unmittelbare Kontakte ohne Aufsicht", sondern auch „mittelbare" oder Kontakte „unter Aufsicht" fallen. Diese Unterscheidung wurde von der Spezialkommission ausdrücklich abgelehnt (Bericht der Spezialkommission Nr. 67).

499 Artikel 4 des Entwurfs erlaubte grundsätzlich keinen Kontakt zwischen den künftigen Adoptiveltern und dem Kind, aber die Vereinigten Staaten von Amerika schlugen mit Arbeitsdokument Nr. 9 vor, das Verbot aufzuheben, soweit es das Kind betraf, weil der Kontakt zu dem Kind nicht das gleiche Missbrauchspotential berge wie der Kontakt zu den Eltern und in der Regel wünschenswert und unvermeidbar sein dürfte. Der Vorschlag wurde angenommen; spätere Versuche, das Verbot der Kontaktaufnahme zum Kind wieder einzuführen (von Australien, den Philippinen, dem Vereinigten Königreich, Kolumbien, Sri Lanka und Rumänien vorgelegtes Arbeitsdokument Nr. 150), scheiterten.

500 Weiterhin änderte Artikel 29 den Wortlaut des Entwurfs und folgte dem vom Vereinigten Königreich und Belgien mit Arbeitsdokument Nr. 57 vorgelegten Vorschlag, in das Verbot „jede andere Person, welche die Sorge für das Kind hat" aufzunehmen; der Vorschlag wurde ohne Widerspruch gebilligt. Der französische Begriff „garde" ist im Sinn der englischen „care" (Sorge) auszulegen, also nicht im juristischen, sondern im tatsächlichen Sinn, denn Artikel 29 will Kontakte zu denjenigen ausschließen, die tatsächlich die Sorge für das Kind haben.

501 Australien und Sri Lanka regten mit Arbeitsdokument Nr. 151 an, das Verbot auf den Vertreter der künftigen Adoptiveltern einschließlich der Personen, die kraft Artikel 22 Absatz 2 Aufgaben nach dem Übereinkommen wahrnehmen dürfen, auszudehnen. Für seine Prüfung in der zweiten Lesung erhielt der Vorschlag jedoch keine hinreichende Unterstützung.

502 Weiterhin änderte Artikel 29 den Wortlaut des Entwurfs durch die ausnahmsweise Gestattung von Kontakten, wenn „die Adoption innerhalb einer Familie stattfindet". Die Überlegung wurde insbesondere durch die von Kolumbien, Frankreich bzw. der Schweiz vorgelegten Arbeitsdokumente Nr. 2, 23 bzw. 42 eingebracht, um der Lebenswirklichkeit gerecht zu werden, denn Kontakte ließen sich bei Adoptionen unter Verwandten unmöglich ausschließen. Sri Lanka wies darauf hin, dass offen bleibe, was unter der „Familie" zu verstehen sei. Die Billigung des Vorschlags kam den Wünschen anderer Staaten entgegen, die dafür eintraten, Adoptionen innerhalb der Familie aus dem Anwendungsbereich des Übereinkommens auszuklammern (japanisches Arbeitsdokument Nr. 65; deutsches Arbeitsdokument Nr. 146).

503 Die Schweiz regte mit Arbeitsdokument Nr. 42 die Ersetzung des letzten Satzteils in Artikel 29 durch den folgenden Satzteil an: „unter den von der zuständigen Behörde des Heimatstaats aufgestellten Bedingungen". Der Änderung lag der Gedanke zugrunde, Flexibilität zu gewährleisten und die Aufstellung dieser Bedingungen dem Heimatstaat zu überlassen, und zwar allgemein durch den Gesetzgeber oder von Fall zu Fall, also durch eine Verwaltungs- oder Justizbehörde unter Berücksichtigung der Besonderheiten der Situation.

504 Der Schweizer Vorschlag wurde angenommen, womit zugleich die übrigen Anträge scheiterten, also (a) die von Frankreich im Arbeitsdokument Nr. 23 vorgesehene Streichung des Satzteils zur Ausschaltung der Ermessensausübung durch die zuständigen Behörden des Heimatstaats; (b) die von Kolumbien in Arbeitsdokument Nr. 2 vorgeschlagene Ersetzung durch den folgenden Satzteil: „oder wenn es der Heimatstaat zum Wohl des Kindes für angezeigt hält" und (c) der schwedische Vorschlag (Arbeitsdokument Nr. 26) zur Zulassung der Ausnahme: „wenn das nationale Recht es gestattet" sowie der Alternativvorschlag zur Klarstellung, das Kontaktverbot diene „dazu, die Aufgabe der elterlichen Rechte oder eine Adoption herbeizuführen", so dass die Adoption nicht „aus dem ausschließlichen Grund, dass ein natürlicher und harmloser Kontakt zwischen den künftigen Adoptiveltern und dem Kind stattgefunden hat", untersagt werden darf.

505 Zur Ermittlung der „zuständigen Behörden" bei Vertragsstaaten, in denen auf dem Gebiet der Adoption zwei oder mehr Rechtssysteme bestehen, ist der letzte Satzteil des Artikels 29 in Verbindung mit Artikel 36 Buchstabe c zu lesen.

Artikel 30

Allgemeine Bemerkungen

506 Artikel 30 regelt zwei verschiedene Fragen: (1) die Erhebung und Aufbewahrung der Angaben über die Herkunft des Kindes und (2) die Verfügbarkeit dieser Angaben oder den Zugang des Kindes zu ihnen. Obwohl die Vorschriften materiellrechtliche Fragen regeln und dadurch in einem Übereinkommen über internationale Zusammenarbeit unangemessen erscheinen könnten, wurden sie wegen ihrer Bedeutung aufgenommen sowie wegen der möglicherweise erforderlichen Zusammenarbeit zwischen den Vertragsstaaten, wenn sich das Kind um die Einholung von Angaben über seine Wurzeln bei dem Vertragsstaat seines gewöhnlichen Aufenthalts bemüht.

507 Artikel 30 ist in Verbindung mit Artikel 16 zu lesen, da die in Bezug genommenen Angaben im Wesentlichen übereinstimmen mit den für die Anfertigung des Berichts über das Kind erforderlichen Angaben, den die Zentrale Behörde des Heimatstaats an die Zentrale Behörde des Aufnahmestaats zu übermitteln hat.

Absatz 1

508 Absatz 1 wiederholt im Wesentlichen den Wortlaut des Entwurfs (Artikel 25) mit der im belgischen Arbeitsdokument Nr. 125 angeregten Klarstellung zu den Angaben „über die Identität seiner Eltern" und seine „Krankheitsgeschichte", die Mexiko bei der Prüfung des Wortlauts vorgeschlagen hatte, wobei es auf Artikel 7 des Interamerikanischen Übereinkommens von 1984 über die Adoption verwies.

509 Artikel 30 bezieht sich allgemein auf die Vertragsstaaten einschließlich des Heimat-, des Aufnahme- und eines anderen Vertragsstaats; zur Ermittlung der „zuständigen Behörden" bei Vertragsstaaten, in denen auf dem Gebiet der Adoption zwei oder mehr Rechtssysteme bestehen, die in verschiedenen Gebietseinheiten gelten, ist er in Verbindung mit Artikel 36 Buchstabe c zu lesen.

510 Weiterhin ist Artikel 30 in Verbindung mit Artikel 9 zu lesen, wonach die „Zentralen Behörden unmittelbar oder mit Hilfe staatlicher Stellen oder anderer in ihrem Staat ordnungs-

gemäß zugelassener Organisationen alle geeigneten Maßnahmen treffen, um insbesondere a) Auskünfte über die Lage des Kindes und der künftigen Adoptiveltern einzuholen, aufzubewahren und auszutauschen, soweit dies für das Zustandekommen der Adoption erforderlich ist".

511 Trotz der Einigkeit über die Bedeutung der Aufbewahrung der Angaben über die Herkunft des Kindes gab es Verständnis für die praktischen Probleme der Heimatstaaten, wenn sie alle Angaben unbegrenzt aufbewahren müssen. Deutschland schlug mit Arbeitsdokument Nr. 70 erfolglos vor, die Angaben aufzubewahren, „bis das Kind das (25.) Lebensjahr erreicht", wobei dieses Alter wegen der in den verschiedenen Staaten geltenden unterschiedlichen Vorschriften nur als Mindest-, nicht als Maximalfrist aufzufassen sei. Daher kann der die Angaben aufbewahrende Staat selbst entscheiden, welche Angaben aufzubewahren sind und wie lange.

Absatz 2

512 Das Recht des Kindes auf Zugang zu den Angaben über seine Herkunft wurde nicht in Frage gestellt, weil das VN-Übereinkommen (Artikel 7) es vorsieht. Der uneingeschränkte Zugang kann jedoch in bestimmten Fällen gegen Artikel 3 Abs. 2 des VN-Übereinkommens verstoßen, wonach die Rechte und Pflichten der Eltern neben den Rechten anderer Personen zu achten sind. Die Frage kam von Anfang an in der Spezialkommission zur Sprache, und mehrere Teilnehmer betonten, wie nachteilig es in bestimmten Sonderfällen sein könne, ein unbegrenztes Informationsrecht anzuerkennen, z.B. wenn eine ledige Mutter der Adoption ihres Kindes zugestimmt habe und Jahre später, wenn sie möglicherweise glücklich verheiratet sei, durch die Enthüllung ihrer Vergangenheit schwer geschädigt werde.

513 Deshalb legt Artikel 30 bestimmte Einschränkungen zum Recht des Kindes auf Zugang zu den Angaben über seine Herkunft fest, die im Wesentlichen aus dem Wortlaut des Entwurfs (Artikel 25) stammen. Dazu wurden jedoch einige Änderungen verabschiedet.

514 Die erste Änderung räumt den Zugang nicht nur dem Kind, sondern auch „seinem Vertreter" ein, um den Zugang zu erleichtern, insbesondere solange das Kind noch nicht volljährig ist. Die Vereinigten Staaten von Amerika schlugen mit den Arbeitsdokumenten Nr. 78 und 134 vor, klarzustellen, dass die Angaben „bis zur Volljährigkeit des Kindes gegenüber den Adoptiveltern oder sonstigen Sorgeberechtigten des Kindes offenzulegen sind, und nach Erreichen der Volljährigkeit gegenüber dem Kind". Es setzte sich jedoch die Ansicht durch, das maßgebende Recht solle nicht nur über diese Frage entscheiden, sondern auch über diejenige, die Deutschland ansprach, als es mit Arbeitsdokument Nr. 70 die Aufnahme des folgenden Satzteils vorschlug: „Es sind geeignete Maßnahmen zu treffen, um Dritte am Zugang zu diesen Daten zu hindern".

515 Der Entwurf gewährte Zugang zu den Angaben, soweit dies nach dem Recht des Heimatstaats und dem Recht des Staates, in dem diese Angaben vorliegen, zulässig ist. Im abschließenden Wortlaut wurde die Verweisung auf das Recht des Heimatstaats gestrichen, wobei die Schwierigkeiten bei der Anwendung ausländischen Rechts und der Feststellung seines Inhalts berücksichtigt wurden, wenn das Kind weit entfernt lebt, insbesondere wenn die Adoption lange zurückliegt. Zudem ist das Recht des Heimatstaats nicht das angemessenste, um die Verfügbarkeit der vom Aufnahmestaat aufbewahrten Angaben oder den Zugang des Kindes dazu zu regeln. Diese Gründe sowie die Art der Vorschriften zur Regelung des Zugangs zu den in einem Staat gesammelten und aufbewahrten Informationen, die in der Regel unbeschadet der Auslandsberührung des Falls als anwendbar gelten, erklären, dass Artikel 30 den Zugang nur nach dem Recht des die Angaben aufbewahrenden Staates erlaubt, also des Heimat- oder des Aufnahmestaats.

516 Australien und das Vereinigte Königreich scheiterten mit dem in den Arbeitsdokumenten Nr. 82 bzw. 83 vorgelegten Antrag, der Zugang zu den im Aufnahmestaat aufbewahrten Angaben solle durch dessen Recht geregelt werden, und wenn das Kind „beim Heimatstaat weitere Auskünfte anfordere, dürften zusätzliche Angaben über die Lebensumstände der leiblichen Eltern nur durch den Heimatstaat in Übereinstimmung mit seinem Recht erteilt werden".

517 Die Vereinigten Staaten von Amerika regten mit Arbeitsdokument Nr. 134 die Aufnahme der folgenden Sätze an: „wenn die Angaben keine Namen oder sonstige Daten offen legen, die eine Identifizierung der Personen erlauben", um der überaus heiklen Frage der Identitätsinformationen angemessen Rechnung zu tragen. Dementsprechend müsse die Regelung unzweideutig sein, denn nach den Erfahrungen sei es ausgesprochen leicht, die Identität der Eltern des Kindes ausfindig zu machen, sobald Angaben zum Geburtsort, -krankenhaus, Geschlecht des Kindes usw. bekannt seien. Einige Teilnehmer traten jedoch dafür ein, diese Frage nach dem Recht des die Angaben aufbewahrenden Staates zu beurteilen, wobei daran erinnert wurde, dass der Heimatstaat künftige Schwierigkeiten vermeiden kann, indem er die Informationen gemäß Artikel 16 Absatz 2 in zulässiger Weise nicht erteilt.

518 Unbeschadet der Regelung im maßgebenden Recht schreibt Artikel 30 die Einräumung des Zugangs zu den Angaben „unter angemessener Anleitung" vor, um so weit wie möglich nachteilige emotionale oder anderweitige Folgen für das Kind zu vermeiden. Aus offenkundigen Gründen ist diese Voraussetzung einzuhalten, wenn die Angaben von dem Kind, nicht aber wenn sie von seinem Vertreter eingeholt werden. Außerdem soll die Information nur erteilt werden, nachdem alle geeigneten Maßnahmen unter Berücksichtigung des Alters des Adoptivkinds und seiner anderen persönlichen Verhältnisse ergriffen worden sind, die besondere Vorsichtsmaßregeln erforderlich machen könnten.

Artikel 31

519 Artikel 31 wiederholt den Wortlaut des Entwurfs (Artikel 26) und wurde wegen der Übereinstimmung darüber aufgenommen, dass bei Fehlen angemessener Schutzgarantien durch das Übereinkommen weniger Informationen von den betroffenen Parteien erteilt würden und dies für den Erfolg internationaler Adoptionen von Nachteil wäre. Folglich erkennt Artikel 30 das Recht des Kindes an, unter bestimmten Voraussetzungen seine Herkunft aufzudecken, aber gleichzeitig versucht das Übereinkommen, übermäßiges und missbräuchliches Vorgehen zu verhindern, weshalb in Artikel 31 vorgeschrieben wird, dass die zusammengestellten oder während des Adoptionsverfahrens übermittelten und zur Vorbereitung der Berichte erforderlichen personenbezogenen Daten nur für diese Zwecke verwendet werden dürfen.

520 Die gleichen Gründe erklären die noch weitergehende Lösung des Interamerikanischen Übereinkommens von 1984 über die Adoption; Artikel 7 dieses Übereinkommens schreibt vor: „Dort, wo es nötig ist, wird die Geheimhaltung der Adoption garantiert. Jedoch sind, soweit möglich, Krankheitsdaten über den Minderjährigen und die leiblichen Eltern, falls solche bekannt sind, der gesetzlich dazu befugten Person ohne Namensangabe oder andere Hinweise, die eine Identifikation ermöglichen, mitzuteilen".

521 Erfolglos blieb der Vorschlag, die Frage der Gesetzgebung der Vertragsstaaten zu überlassen, weil der Datenschutz nicht überall gleich weit entwickelt ist. Folglich wurden einige Mindestsicherheitsvorkehrungen im Übereinkommen getroffen, in denen vorgeschrieben wird, dass die Auskünfte über das Kind und die zukünftigen Adoptiveltern nur zu den Zwecken verwendet werden dürfen, für die sie zusammengestellt oder übermittelt wurden.

522 Artikel 31 ist weit genug gefasst, um nicht nur die im Heimatstaat oder im Aufnahmestaat zusammengestellten personenbezogenen Daten zu schützen, sondern auch die für Zwecke internationaler Adoption von einem Staat in einen anderen übermittelten Informationen.

523 Der in Artikel 31 verankerte Datenschutz verhindert jedoch nicht, dass die gesammelten oder übermittelten Informationen in allgemeiner Form ohne speziellen Bezug auf die betreffenden Personen verwendet werden dürfen, z.B. bei der Vorbereitung anonymer Statistiken oder der Veranschaulichung von Problemen, die bei internationalen Adoptionen entstehen. In Anbetracht von Artikel 9 Buchstabe d sollte es keinen vernünftigen Zweifel über diese Möglichkeit geben.

524 Das von Deutschland vorgelegte Arbeitsdokument Nr. 70 schlug die Einfügung detaillierter Einzelvorschriften vor, wurde aber vor der Prüfung zurückgezogen.

525 Schweden regte mit Arbeitsdokument Nr. 89 die Streichung des Artikels an, da er nicht zwischen in automatisierten Dateien gespeicherten und in manueller Form geführten Daten unterscheide. Hierdurch könnten gewisse Probleme auftreten, weil das Datenschutzrecht nicht in der ganzen Welt gleich ausgestattet sei, und außerdem könnten Konflikte zwischen der gebotenen Verhinderung missbräuchlichen Vorgehens und dem Grundsatz des öffentlichen Zugangs zu amtlichen Aufzeichnungen heraufbeschworen werden. Zudem sei zu berücksichtigen, dass sich das Übereinkommen des Europarats über den Schutz des Menschen bei der automatischen Verarbeitung personenbezogener Daten (ETS Nr. 108) mit derselben Frage befasse. Die Anregung wurde jedoch vor der Prüfung zurückgezogen.

Artikel 32

Absatz 1

526 Absatz 1 wiederholt den Wortlaut des Entwurfs (Artikel 27 Abs. 1), der in allgemeinen Worten als eigenständige Bestimmung die in Artikel 21 Buchstabe d RKÜ geregelte Pflicht der Vertragsstaaten bekräftigte, „alle geeigneten Maßnahmen zu treffen, um sicherzustellen, dass bei internationaler Adoption für die Beteiligten keine unstatthaften Vermögensvorteile entstehen". Der gleiche Grundsatz findet sich in Artikel 4 Buchstaben c Nr. 3 und d Nr. 4 als Voraussetzung für die Rechtsgültigkeit der Adoption.

527 Die Bedeutung der Frage war in der Spezialkommission nachhaltig unterstrichen worden; sie erinnerte daran, dass „die bestehende Situation zeigt, dass es nicht nur die Vermittlungsstellen sind, die durch unzulässigen finanziellen Gewinn angezogen werden", da „es schon vorgekommen ist, dass Anwälte, Notare, öffentliche Bedienstete, sogar Richter und Universitätsprofessoren extrem hohe Geldsummen oder großzügige Geschenke von zukünftigen Adoptiveltern verlangt oder angenommen hätten" (Bericht der Spezialkommission Nr. 310).

528 Artikel 32 Abs. 1 untersagt nur „unstatthafte" Vermögens- oder sonstige Vorteile. Alle „statthaften" Vorteile sind also zulässig, so dass Absatz 2 nicht nur die Erstattung der aufgewendeten direkten und indirekten Kosten und Auslagen gestattet, sondern auch die Zahlung angemessener Honorare an die an der Adoption beteiligten Personen einschließlich der Anwälte.

529 Artikel 32 regelt nicht die Folgen seiner Verletzung, aber zweifellos wäre die Ablehnung der automatischen Adoptionsanerkennung in vielen Fällen eine überzogene Reaktion. Aus diesem Grund legte Spanien Arbeitsdokument Nr. 106 vor (siehe die Begründung zu Artikel 23 Abs. 1 Satz 1 oben Nr. 411), und einige andere Teilnehmer hielten es für wenig sinnvoll, allgemeine Verbote zu formulieren, ohne die Folgen ihrer möglichen Verletzung zu nennen.

Absatz 2

530 Absatz 2 gibt im Wesentlichen den Wortlaut des Entwurfs (Artikel 27 Abs. 2) wieder, aber die ausdrückliche Bezugnahme auf „direkte und indirekte" Kosten wurde gestrichen, wobei diese Entscheidung allerdings schrittweise getroffen wurde. Zunächst beantragte Frankreich mit Arbeitsdokument Nr. 131 die Streichung des Wortes „indirekte", da es ungenau sei und verwirren könne, obwohl erläutert wurde, unter „indirekten Kosten" seien Kosten zu verstehen, welche die tatsächlichen Kosten für eine konkrete Adoption übersteigen, z.B. für einen Hilfsfonds gestiftete Summen. Kolumbien widersprach dem Antrag mit der Begründung, die Streichung könne Schenkungen beeinträchtigen, die in Kolumbien anlässlich internationaler Adoptionen regelmäßig für Zwecke der Wohlfahrt von Kindern vorgenommen werden. Das Vereinigte Königreich, Griechenland, Irland, die Schweiz, Australien und die Vereinigten Staaten von Amerika sprachen sich in Arbeitsdokument Nr. 147 dafür aus, das Wort „direkte" ebenfalls zu streichen, weil die Unterscheidung zwischen „direkten" und „indirekten" Kosten und Auslagen zu einer Diskussion über Buchführungsgrundsätze führen und die Zielsetzung des Verbots in Artikel 32 Abs. 2 verdunkeln könne, was sich z.B. aus den Kommunalsteuern ergebe, die je nach den Buchführungsgrundsätzen in den verschiedenen Staaten als „direkte" oder „indirekte" Auslagen eingestuft würden. Aus diesem Grund wurden die Worte „direkte und indirekte" gestrichen.

531 Nach Ansicht einiger Teilnehmer könnte die Bedeutung des Wortes „angemessene" in Verbindung mit „Honorare" besondere Probleme für Staaten mit Common-Law-Rechtssystem aufwerfen, weil dies ein technischer Begriff sei der den Gerichten die Entscheidung überlasse, ob die Höhe der in Rechnung gestellten Honorare angemessen sei und weil dies z.B. davon abhänge, ob das Gericht seinen Sitz in einer Kleinstadt mit relativ niedrigen angemessenen Honoraren oder in einer Großstadt wie New York habe, in der weitaus höhere Honorare als angemessen beurteilt werden könnten. Deshalb schlugen die Vereinigten Staaten von Amerika mit Arbeitsdokument Nr. 141 vor, „die Zentralen Behörden, staatlichen Stellen, zuständigen Behörden oder zugelassenen Organisationen könnten angemessene Honorare für die direkten und indirekten Kosten und Auslagen im Zusammenhang mit Adoptionen festsetzen, wofür die gesamte Bandbreite der von diesen Behörden und Stellen wahrgenommenen Aufgaben einschließlich der Kosten für die Abwicklung und Durchführung von Leistungen im Zusammenhang mit der Wohlfahrt der Kinder über internationale Adoptionen hinaus heranzuziehen ist". Spanien verwies mit Arbeitsdokument Nr. 106 in ähnlicher Weise auf „die in dem Staat, in dem die Person ihren Beruf ausübt, zulässigen Honorare". Beide Vorschläge scheiterten jedoch aufgrund der Erwägung, dass in einigen Staaten die Anwaltshonorare nicht staatlich festgelegt sind und dass ein möglicher Missbrauch droht, wenn sehr niedrige Honorare festgelegt werden.

532 Es herrschte Einvernehmen, Absatz 2 weit auszulegen, so dass er Honorare jeglicher am Adoptionsverfahren beteiligter Personen umfasst, z.B. Anwälte, Psychologen, Ärzte.

Absatz 3

533 Absatz 3 wiederholt den Wortlaut des Entwurfs (Artikel 27 Absatz 3) einschließlich des gleichen Verbots für Leiter, Verwaltungsmitarbeiter und Angestellte der zugelassenen oder nicht zugelassenen Organisationen (Absatz 3 differenziert insoweit nicht), im Verhältnis zu den geleisteten Diensten unangemessen hohe Vergütungen zu erhalten.

534 Die Entscheidung darüber, wann eine Vergütung unangemessen hoch ist, bleibt den Vertragsstaaten überlassen; aus diesem Grund können in vergleichbaren Fällen unterschiedliche Entscheidungen ergehen.

Artikel 33

535 Artikel 33 Satz 1 ist zur Bestimmung der zuständigen Behörden in einem Staat, in dem in verschiedenen Gebietseinheiten auf dem Gebiet der Adoption zwei oder mehr Rechtssysteme bestehen, in Verbindung mit Artikel 36 Buchstabe c zu lesen. Obwohl der Satz auf „eine zuständige Behörde" Bezug nimmt, sollte es selbstverständlich sein, dass die Informationen auch von zugelassenen Organisationen oder sogar von nicht zugelassenen Organisationen oder Personen übermittelt werden können.

536 Die Formulierung des Satzes 1 ist sehr weit gefasst, und deshalb umfasst die den Behörden des Vertragsstaats auferlegte Pflicht nicht nur Einzelfälle, sondern auch jede systematische Form der Nichtbeachtung des Übereinkommens. Außerdem ist der Artikel durch seine allgemein gehaltene Fassung sogar dann anwendbar, wenn nur versucht wird, die Vorschriften des Übereinkommens zu umgehen.

537 Satz 2 ist in Verbindung mit Artikel 7 Buchstabe b zu lesen, der den Zentralen Behörden die Pflicht auferlegt, unmittelbar – also ohne Befugnis zu delegieren – alle geeigneten Maßnahmen zu treffen, um einander über die Wirkungsweise des Übereinkommens zu unterrichten und Hindernisse, die seiner Anwendung entgegenstehen, so weit wie möglich auszuräumen. Die Zentrale Behörde darf die Informationen also nicht abwarten, sondern muss von Amts wegen handeln, wenn sie feststellt, dass die Vorschriften des Übereinkommens verletzt werden oder dass eine solche Gefahr besteht.

538 Die nach Artikel 33 Satz 2 zu treffenden Maßnahmen schließen sonstige den Vertragsstaaten nach Völkerrecht zustehende Rechte, gegen die Verletzung der Vorschriften des Übereinkommens vorzugehen, nicht aus.

539 Australien schlug mit Arbeitsdokument Nr. 82 die Aufnahme folgenden neuen Absatzes in Artikel 33 vor: „Soweit sich Zentrale Behörden nicht auf Vorkehrungen einigen können, um Verstößen gegen das Übereinkommen abzuhelfen, darf ein Vertragsstaat die Geltung des Übereinkommens im Verhältnis zu dem anderen Vertragsstaat aussetzen, wenn dieser nach seiner Ansicht vorsätzlich gegen das Übereinkommen oder dessen tragende Grundsätze verstößt. Die Aussetzung darf eine Dauer von höchstens zwölf Monaten nicht überschreiten. Im Fall der Aussetzung hat der sie aussprechende Staat unverzüglich das Ständige Büro über die Aussetzung des Übereinkommens zwischen den beiden Staaten und die Begründung hierfür zu unterrichten". Einen ähnlichen Vorschlag machte das Vereinigte Königreich mit Arbeitsdokument Nr. 83, jedoch sollte danach die Aussetzung für eine bestimmte Zeit und nicht für höchstens zwölf Monate erfolgen.

540 Der Vorschlag spiegelt die australische Sorge wider, unbeschadet der Bedingungen des Übereinkommens und des guten Willens, sie zu beachten, könne in bestimmten Fällen gegen einzelne Vorschriften des Übereinkommens verstoßen werden. Wenn nach Ansicht eines Vertragsstaats die in einem anderen Staat erteilten Genehmigungen den Anforderungen des Übereinkommens nicht vollständig gerecht würden, käme es zu Genehmigungen nur dem Namen nach, was einer Duldung des Handels mit Kindern oder anderer unerwünschter Verhaltensweisen ihnen gegenüber durch den betreffenden anderen Staat gleichkomme. Unter diesen Umstände solle ein Staat das Übereinkommen gegenüber anderen ratifizierenden oder beitretenden Staaten weiterhin anwenden können, ohne mit dem Staat Beziehungen pflegen zu müssen, mit dem er eine grundsätzliche Meinungsverschiedenheit habe. Als einzige Alternative stünde die Kündigung des Übereinkommens und der damit verbundenen Verpflichtungen offen, aber dieser Preis sei zu hoch und sicherlich weniger wünschenswert als die Aussetzung des Übereinkommens gegenüber einem bestimmten Staat für eine gewisse Zeit. Die Vorschläge blieben jedoch erfolglos.

Artikel 34

541 Dieser Artikel ist neu und geht auf das vom Ständigen Büro vorgelegte Arbeitsdokument Nr. 100 mit folgendem Textvorschlag zurück: „Die Kosten aller notwendigen Übersetzungen haben die künftigen Adoptiveltern zu tragen"; der Antrag wurde ergänzt durch das von der Schweiz vorgelegte Arbeitsdokument Nr. 130, wonach die Geltung des beantragten Artikels auf die Fälle zu beschränken ist, in denen der Bestimmungsstaat die Übersetzung des Dokuments verlangt.

542 Trotz ihrer Billigung dieser Vorschläge regten die Vereinigten Staaten von Amerika und das Vereinigte Königreich anhand des Arbeitsdokuments Nr. 156 an, die Frage, wer die Übersetzungskosten zu zahlen habe, nicht im Übereinkommen zu regeln, da die Kosten vom Staat selbst, von den zugelassenen Organisationen oder den künftigen Adoptiveltern getragen werden könnten. Daher schlugen sie folgenden Wortlaut vor: „Jeder Staat kann vorschreiben, dass die künftigen Adoptiveltern die Kosten für alle notwendigen Übersetzungen zu tragen haben". Dieser Vorschlag wurde angenommen und Artikel 34 in der geänderten Fassung verabschiedet. Es bleibt festzuhalten, dass in der Praxis die Übersetzungskosten im Allgemeinen in den Adoptionsauslagen enthalten sind, welche die zuständigen Behörden und zugelassenen Organisationen in Rechnung stellen.

543 Artikel 34 wurde trotz der Hinweise einiger Teilnehmer verabschiedet, diese Fragen seien nicht im Übereinkommen, sondern im nationalen Recht zu regeln.

544 Zweifellos ist die Bezugnahme auf die „künftigen Adoptiveltern" nur bis zur Vornahme der Adoption zutreffend, denn danach sind sie die „Adoptiveltern".

Artikel 35

545 Dieser Artikel ist neu und stammt aus dem Arbeitsdokument Nr. 89, mit dem Schweden die Aufnahme des folgenden Artikels vorschlug: „Die Zentralen Behörden der Vertragsstaaten handeln in Adoptionsverfahren mit der gebotenen Eile". Obwohl die Zentralen Behörden unmittelbar oder mit Hilfe staatlicher Stellen oder anderer in ihrem Staat ordnungsgemäß zugelassener Organisationen gemäß Artikel 9 Buchstabe b alle geeigneten Maßnahmen treffen, um „das Adoptionsverfahren zu erleichtern, zu überwachen und zu beschleunigen", galt diese Verpflichtung als unzureichend, so dass man es für sinnvoll hielt, eine Bestimmung in Analogie zu Artikel 9 des Haager Kindesentführungsübereinkommens aufzunehmen. Der Vorschlag fand Unterstützung, aber das Vereinigte Königreich verlangte eine weitere Fassung, um Gerichte und alle übrigen mit Adoptionen befassten Stellen einzubeziehen; diese Fassung wurde ohne Einwände verabschiedet.

546 Das in die zweite Lesung von den Vereinigten Staaten, Finnland, Irland, den Philippinen, Uruguay und Venezuela eingebrachte Arbeitsdokument Nr. 184 regte die Streichung des Artikels 35 und die Neufassung des Artikels 9 Buchstabe b an, um den Zentralen Behörden folgende Verpflichtung aufzuerlegen: „die Verfahren zu beschleunigen, soweit erforderlich durch Anhalten der zuständigen Behörden zu unverzüglichem Handeln". Der Vorschlag wurde vorgebracht, weil die Formulierung des Artikels 35 „zu allgemein und unpersönlich" gehalten sei; zudem wurde darauf hingewiesen, die Akte sei vor der Adoptionsentscheidung sorgfältig zu prüfen und die Beschleunigung des Verfahrens könne

dem Wohl des Kindes zuwiderlaufen. Schweden widersprach jedoch dem neuen Wortlaut, da er nicht alle denkbaren Verzögerungen in Adoptions- und Folgeverfahren abdecke, und weil nur eine Minderheit der Delegierten den Vorschlag unterstützte, scheiterte Arbeitsdokument Nr. 184.

Artikel 36

Einleitung

547 Artikel 36 geht auf das vom Ständigen Büro vorgelegte Arbeitsdokument Nr. 100 zurück, das vom Ausschuss für Bundesstaatsklauseln neu gefasst und mit Arbeitsdokument Nr. 157 eingebracht wurde. Es handelt sich um einen in jüngeren Haager Übereinkommen üblichen Artikel zur Regelung des Falles, dass ein Vertragsstaat aus zwei oder mehr Gebietseinheiten besteht, die jeweils ihr eigenes Adoptionsrechtssystem aufweisen. Obwohl die Vorschrift normalerweise als „föderative Klausel" bezeichnet wird, ist zu berücksichtigen, dass Artikel 36 nicht nur für bundesstaatlich gegliederte Staaten gilt, z.B. für die Vereinigten Staaten von Amerika, Kanada, Australien und die Schweiz, sondern auch für Zentralstaaten wie das Vereinigte Königreich und Spanien, in denen verschiedene Gebietseinheiten ihr eigenes Rechtssystem aufweisen.

548 Der verabschiedete Wortlaut wiederholt den einleitenden Satz von Artikel 31 des Haager Kindesentführungsübereinkommens mit der notwendigen Anpassung für Fragen der Adoption, wie dies die österreichische Delegation vorgeschlagen hat.

Buchstabe a

549 Buchstabe a gibt ohne Änderungen den Wortlaut von Artikel 31 Buchstabe a des Haager Kindesentführungsübereinkommens wieder, wonach der gewöhnliche Aufenthalt in einem Vertragsstaat mit zwei oder mehr Rechtssystemen auf dem Gebiet der Adoption, die in verschiedenen Gebietseinheiten gelten, als Verweisung auf den gewöhnlichen Aufenthalt in einer Gebietseinheit dieses Staates zu verstehen ist. Das Übereinkommen gibt also die Lösung unmittelbar ohne Berücksichtigung der interlokalen Vorschriften des betroffenen Staates.

Buchstabe b

550 Der Ausschuss für Bundesstaatsklauseln änderte den Vorschlag des Ständigen Büros im Arbeitsdokument Nr. 100 in Anlehnung an Artikel 19 des Haager Kaufrechtsübereinkommens, so dass er nicht „auf das Recht der betreffenden Gebietseinheit", sondern „auf das in der betreffenden Gebietseinheit geltende Recht" verweist.

Buchstabe c

551 Buchstabe c wiederholt den Wortlaut des Arbeitsdokuments Nr. 100 des Ständigen Büros mit den vom Ausschuss für Bundesstaatsklauseln in Arbeitsdokument Nr. 157 vorgenommenen Änderungen, so dass nicht nur die „zuständigen Behörden", sondern auch die „staatlichen Stellen" angesprochen werden, auf die das Übereinkommen in verschiedenen Artikeln verweist. Außerdem brachte der Redaktionsausschuss einige sprachliche Änderungen an, um den Text zu vereinfachen.

Buchstabe d

552 Der Ausschuss für Bundesstaatsklauseln fügte Buchstabe d wegen der Besonderheiten des vorliegenden Übereinkommens ein, das es erlaubt, zugelassene Organisationen in das Adoptionsverfahren einzuschalten. Die nicht zugelassenen Organisationen oder Personen im Sinn des Artikels 22 Absatz 2 und 3 werden nicht erwähnt, aber jede Verweisung auf sie ist ebenso aufzufassen.

Artikel 37

553 Das Arbeitsdokument Nr. 100 des Ständigen Büros wiederholte Artikel 32 des Haager Kindesentführungsübereinkommens, den der Ausschuss für Bundesstaatsklauseln unverändert ließ. Das Arbeitsdokument Nr. 197 Nepals beantragte zur Klarstellung die Einfügung des folgenden Satzes am Ende: „soweit es auf diese Person Anwendung findet", aber der Antrag wurde mangels hinreichender Unterstützung in der zweiten Lesung nicht geprüft.

554 Artikel 37 ist eine im Haager Übereinkommen übliche Vorschrift und löst die in Staaten mit zwei oder mehr Rechtssystemen, die für verschiedene Personenkreise gelten, auftretenden Probleme. Die praktische Bedeutung der Frage brachte der libanesische Delegierte zur Sprache, der das Fehlen eines einheitlichen persönlichen Zivilstands in seinem Staat hervorhob, da verschiedene Gemeinschaften nebeneinander existierten, insbesondere die islamische und die christliche. Die islamische Gemeinschaft kenne weder die Adoption noch die Eintragung des neuen Kindesnamens in die Registerbücher; die christliche Gemeinschaft gewähre verschiedene Lösungen je nach den verschiedenen religiösen Riten, so dass die Kirchen- und nicht die Zivilgerichte für Adoptionsfragen zuständig seien.

Artikel 38

555 Artikel 38 gibt mit einer geringfügigen sprachlichen Änderung den Vorschlag des Ständigen Büros aus Arbeitsdokument Nr. 100 wieder, der lediglich Artikel 33 des Haager Kindesentführungsübereinkommens wiederholte. Der Ausschuss für Bundesstaatsklauseln änderte ihn nicht (Arbeitsdokument Nr. 157), und er ist eine übliche Vorschrift, um aus dem Anwendungsbereich des Übereinkommens die Konflikte zwischen den geltenden internen Rechtsordnungen in ein und demselben Staat auszuklammern.

556 Wie der Generalsekretär erläuterte, liegt dieser Bestimmung der Gedanke zugrunde, die Anwendung des Übereinkommens auf Adoptionsfälle auszuschließen, in denen ein Kind aus einer Einheit eines Bundesstaats in eine andere Einheit gebracht wird. Deshalb erhielt der Redaktionsausschuss den Auftrag, nach der besten Formulierung zu suchen, und der in seinem Arbeitsdokument Nr. 180 vorgelegte Wortlaut wurde schließlich verabschiedet.

Artikel 39

Allgemeine Bemerkungen

557 Die Spezialkommission erörterte die Frage der Beziehung zu anderen Übereinkünften und beauftragte das Ständige Büro mit der Erarbeitung eines Textes, der bei der XVII. Tagung geprüft werden und die Beziehungen zu geltenden Übereinkünften regeln sollte, soweit diese ausdrücklich in den der XVII. Tagung zur Prüfung unterbreiteten Arbeitsdokumenten erwähnt werden (Bericht der Spezialkommission Nr. 322).

558 Aus diesem Grund enthielt das vom Ständigen Büro vorgelegte Arbeitsdokument Nr. 100 die folgende Vorschrift: „Das Übereinkommen steht der Anwendung folgender Übereinkommen zwischen den Vertragsparteien beider Übereinkommen nicht entgegen: (1) des am 15. November 1965 in Den Haag unterzeichneten Übereinkommens über die Zuständigkeit der Behörden, das anzuwendende Recht und die Anerkennung von Entscheidungen in Adoptionssachen; (2) des am 25. Oktober 1980 in Den Haag unterzeichneten Übereinkommens über die zivilrechtlichen Aspekte internationaler Kindesentführung bzw. (3) des am 24. Mai 1984 in La Paz unterzeichneten Übereinkommens über das Internationale Privatrecht auf dem Gebiet der Adoption Minderjähriger".

559 Der Erste Sekretär im Ständigen Büro erläuterte, bei Konflikten sollten diese Übereinkünfte dem vorliegenden Übereinkommen vorgehen. Er erkannte an, der beantragte Artikel bringe vielleicht keine abschließenden Lösungen für alle denkbaren Probleme, und zwar „wegen der Vielzahl an Übereinkommen zum Thema des Schutzes von Kindern", z.B. das Haager Übereinkommen über die Zuständigkeit der Behörden und das anzuwendende Recht auf dem Gebiet des Schutzes von Minderjährigen von 1961. Daher wurde entschieden, „nur die vorhersehbare potentielle Konflikte bergenden Übereinkommen anzusprechen und andere Übereinkommen außer acht zu lassen, mit denen Konflikte weniger wahrscheinlich erschienen", z.B. das Haager Übereinkommen zur Befreiung ausländischer öffentlicher Urkunden von der Legalisation von 1961. Konflikte mit nicht genannten Übereinkommen seien von den Vertragsstaaten nach den gegebenenfalls hierzu in den anderen Übereinkommen erlassenen Vorschriften oder anhand der allgemeinen Vorschriften des Vertragsrechts zu lösen.

560 Belgien ging mit Arbeitsdokument Nr. 33 anders vor. Es bemühte sich um die Lösung des Problems mit der folgenden allgemeinen Formulierung: „Das vorliegende Übereinkommen ersetzt in den Beziehungen seiner Vertragsstaaten untereinander das Übereinkommen über die Zuständigkeit der Behörden, das anzuwendende Recht und die Anerkennung von Entscheidungen in Adoptionssachen vom 15. November 1965. Das vorliegende Übereinkommen berührt nicht andere internationale Übereinkünfte, deren Vertragsparteien Vertragsstaaten des Übereinkommens sind oder werden und die Bestimmungen über die in dem Übereinkommen geregelten Angelegenheiten enthalten, es sei denn, die durch eine solche Übereinkunft gebundenen Staaten geben eine gegenteilige Erklärung ab. In jedem Fall kann ein Vertragsstaat mit einem oder mehreren anderen Vertragsstaat(en) keine von den Bestimmungen in den Kapiteln II und IV des Übereinkommens abweichende Vereinbarung schließen".

561 Das von Dänemark, Finnland, Norwegen und Schweden vorgelegte Arbeitsdokument Nr. 61 regelte nur eine spezielle Frage: „Unbeschadet der Vorschriften in Kapitel IV dürfen Vertragsstaaten mit anderen Staaten vereinfachte Verfahren zu internationalen Adoptionen pflegen oder aufnehmen, wenn das Kind und die künftigen Adoptiveltern Staatsangehörige dieser Staaten sind oder ihren gewöhnlichen Aufenthalt dort haben, soweit diese Vereinbarungen mit den übrigen Bestimmungen dieses Übereinkommens vereinbar sind". Dieser Vorschlag wurde durch Arbeitsdokument Nr. 140 um folgenden Satz ergänzt: „Jeder Vertragsstaat, der Partei einer Vereinbarung im Sinn des Absatzes 1 ist, zeigt die Vereinbarung gegenüber dem Verwahrer dieses Übereinkommens an".

562 Unter Berücksichtigung der mit der Frage verbundenen Schwierigkeiten und auf der Suche nach einem Ausgleich wurden beide Vorschläge in dem von Belgien, Finnland und Irland eingereichten Arbeitsdokument Nr. 153 mit folgendem neuen Text zusammengefasst:

„1. Das Übereinkommen lässt andere internationale Übereinkünfte unberührt, denen Vertragsstaaten als Vertragsparteien angehören und die Bestimmungen über die in dem Übereinkommen geregelten Angelegenheiten enthalten, sofern die durch eine solche Übereinkunft gebundenen Staaten keine gegenteilige Erklärung abgeben.

2. Jeder Vertragsstaat kann mit einem oder mehreren anderen Vertragsstaaten dieses Übereinkommens ergänzende Vereinbarungen zur erleichterten Anwendung des Übereinkommens in ihren gegenseitigen Beziehungen schließen. Diese Vereinbarungen können nur von den Bestimmungen der Artikel 14 bis 20 einschließlich abweichen. Die Staaten, die solche Vereinbarungen geschlossen haben, übermitteln dem Verwahrer dieses Übereinkommens eine beglaubigte Abschrift".

563 Belgien, Finnland und Irland schlugen mit Arbeitsdokument Nr. 153 weiterhin die Aufnahme folgenden neuen Artikels vor: „Jeder Vertragsstaat kann gegenüber dem Verwahrer des Übereinkommens anzeigen, dass Adoptionen, die in Übereinstimmung mit einer in Anwendung von Artikel 30 Abs. 2 geschlossenen Vereinbarung zustande gekommen sind, in diesem Staat nicht anerkannt werden, soweit diese Vereinbarung von den Bestimmungen der Artikel 14 bis 20 einschließlich abweicht".

564 Der belgische Delegierte erläuterte den Aufbau des mit Arbeitsdokument Nr. 153 angestrebten Kompromisses wie folgt: Der erste Absatz berücksichtige die Lage der bereits durch Adoptionsverträge gebundenen Staaten, z.B. der nordischen Staaten, und greife die klassische Lösung auf, die kürzlich im Haager Übereinkommen über das auf die Rechtsnachfolge von Todes wegen anzuwendende Recht von 1988 bestätigt worden sei; der zweite Absatz lasse die Möglichkeit ergänzender Vereinbarungen zu, allerdings nur, wenn gewisse grundlegende Bestimmungen dieses Übereinkommens nicht von ihnen berührt würden, und der neue Artikel gestatte jedem Vertragsstaat die Versagung der Anerkennung für Adoptionen, die nach diesen künftigen Vereinbarungen vollzogen würden.

565 Der in Arbeitsdokument Nr. 153 enthaltene Kompromiss wurde für annehmbar gehalten. An ihm wurden nur geringfügige Änderungen nach Maßgabe des Arbeitsdokuments Nr. 180 des Redaktionsausschusses vorgenommen, und diese Änderungen betreffen: (1) die Klarstellung, dass die zwischen den Vertragsstaaten zu schließenden künftigen Vereinbarungen nicht (das Übereinkommen) „ergänzen", sondern „die Anwendung des Übereinkommens in ihren gegenseitigen Beziehungen erleichtern" sollen; (2) die Aufnahme des Artikels 17 in den Kreis der Bestimmungen, von denen nicht abgewichen werden darf, und (3) die ausschließlich zulässige Abweichung dieser künftigen Vereinbarungen von den Bestimmungen der Artikel 14 bis 16 und 18 bis 21.

Absatz 1

566 Artikel 39 Abs. 1 berücksichtigt die Lage der bereits durch Adoptionsverträge gebundenen Staaten, z.B. der nordischen Staaten, und bestimmt, dass dieses Übereinkommen solche Verträge unberührt lässt, auch wenn sie von seinen Vorschriften abweichen, sofern die durch solche Übereinkünfte gebundenen Staaten keine gegenteilige Erklärung abgeben. Die übrigen Vertragsstaaten dieses Übereinkommens sind jedoch nicht verpflichtet, die nach solchen geltenden Vereinbarungen vollzogenen Adoptionen anzuerkennen.

567 Die Vertragsstaaten geltender Übereinkommen brauchen gegenüber dem Verwahrer dieses Übereinkommens weder eine Erklärung abzugeben noch ihm eine Abschrift zuzusenden, wie es Absatz 2 ausdrücklich im Hinblick auf künftige Vereinbarungen vorschreibt. Dabei ist daran zu erinnern, dass der von Dänemark, Finnland, Norwegen und Schweden mit Arbeitsdokument Nr. 140 unterbreitete Vorschlag, diese Notifikation verbindlich zu machen, scheiterte.

568 Für die nach Artikel 39 Abs. 1 zulässige gegenteilige Erklärung ist keine Frist vorgesehen, so dass sie jederzeit abgegeben werden kann; das Übereinkommen regelt nicht die Möglichkeit ihres Widerrufs.

569 Die Vereinigten Staaten von Amerika und das Vereinigte Königreich regten mit Arbeitsdokument Nr. 195 die Einfügung eines neuen Artikels an, wonach „das Übereinkommen der Anwendung des am 25. Oktober 1980 in Den Haag unterzeichneten Übereinkommens über die zivilrechtlichen Aspekte internationaler Kindesentführung zwischen den Parteien beider Übereinkommen nicht entgegensteht". Der Vorschlag konnte wegen mangelnder Unterstützung nach

Maßgabe der Verfahrensordnung nicht erörtert werden, aber es bestand Einvernehmen, die Worte „über die in dem Übereinkommen geregelten Angelegenheiten" in Absatz 1 so auszulegen, dass sie bei Konflikten mit dem vorliegenden Übereinkommen nicht nur das Haager Kindesentführungsübereinkommen, sondern auch das Haager Übereinkommen über die Zuständigkeit der Behörden, das anzuwendende Recht und die Anerkennung von Entscheidungen in Adoptionssachen von 1965 sowie das Interamerikanische Übereinkommen über das Internationale Privatrecht auf dem Gebiet der Adoption Minderjähriger von 1984 umfassen und deren Anwendung zulassen.

Absatz 2

570 Die Möglichkeit zum Abschluss künftiger Vereinbarungen zur erleichterten Anwendung dieses Übereinkommens nach Artikel 39 Abs. 2 soll die traditionellen Verbindungen und die historischen, geographischen und anderen Faktoren achten, die bestimmte Vertragsstaaten gegebenenfalls aneinander binden, z.B. die nordischen Staaten, die Staaten der Europäischen Union sowie die aufgrund der jüngsten Ereignisse in der früheren Sowjetunion (UdSSR), der Tschechoslowakei und im früheren Jugoslawien entstandenen neuen Staaten. Dies gilt jedoch auch ohne einen solch bedeutenden gemeinsamen historischen Hintergrund, z.B. im Verhältnis zwischen Kanada und den Vereinigten Staaten von Amerika bzw. den Vereinigten Staaten von Amerika und Mexiko, worauf einige Teilnehmer hinwiesen.

571 Obwohl das von den Vereinigten Staaten von Amerika und vom Vereinigten Königreich vorgelegte Arbeitsdokument Nr. 195 aus formalen Gründen scheiterte, umfasst Artikel 39 Abs. 2 nicht Vereinbarungen wie das Haager Kindesentführungsübereinkommen, das Haager Adoptionsübereinkommen von 1965 sowie das Interamerikanische Übereinkommen über die Adoption Minderjähriger von 1984. Wenn also einer dieser Verträge in einem Vertragsstaat des vorliegenden Übereinkommens in Kraft tritt, dürfen die übrigen Vertragsstaaten die nach Artikel 25 zulässige Erklärung nicht abgeben.

572 Ähnliche Erwägungen gelten für das Haager Übereinkommen zur Befreiung ausländischer öffentlicher Urkunden von der Legalisation von 1961, da es nicht als zum Kreis der Vereinbarungen im Sinn des Artikels 39 Abs. 2 gehörend anzusehen ist. Deshalb berechtigt sein Inkrafttreten in Vertragsstaaten des vorliegenden Übereinkommens die übrigen Vertragsstaaten nicht zur Abgabe der Erklärung im Sinn von Artikel 25.

573 Die nach Absatz 2 zulässigen Vereinbarungen können nur von den Bestimmungen der Artikel 14 bis 16 und 18 bis 21 abweichen. Hinter diesem Verbot steht die Erwägung, die grundlegenden Vorschriften des vorliegenden Übereinkommens durch künftige internationale Vereinbarungen unberührt zu lassen. In der dritten Lesung schlug Österreich vor, Artikel 19 Abs. 1 ausdrücklich unter den Bestimmungen zu nennen, von denen nicht abgewichen werden darf, aber dies erschien überflüssig, weil Artikel 39 Abs. 2 auf Artikel 17 verweist, von dem nicht abgewichen werden darf.

574 Artikel 39 Abs. 2 beinhaltet eine wesentliche Einschränkung der Regelung des Artikels 41 Abs. 1 Satz 1 des Wiener VN-Übereinkommens über das Recht der Verträge, der grundsätzlich die Freiheit der Staaten anerkennt, multi- oder bilaterale Verträge zu schließen, die von geltenden multilateralen Übereinkommen abweichen.

575 Absatz 2 letzter Satz verpflichtet die Vertragsstaaten künftiger Vereinbarungen, dem Verwahrer eine Abschrift zu übermitteln, damit er seiner Aufgabe gemäß Artikel 48 Buchstabe e nachkommen kann. Dies ist besonders wichtig, um es dritten Vertragsstaaten zu ermöglichen, die nach Artikel 25 zulässige Erklärung abzugeben, wonach sie nicht verpflichtet sind, aufgrund des Übereinkommens Adoptionen anzuerkennen, die in Übereinstimmung mit solchen künftigen Vereinbarungen zustande gekommen sind (siehe die Begründung zu Artikel 25).

576 Dennoch schreibt Absatz 2 letzter Satz keine Frist für die Übermittlung der Abschrift vor, und er enthält auch keine Sanktionen für den Fall eines Verstoßes der Vertragsstaaten, die diese künftigen Vereinbarungen schließen, gegen die ihnen damit auferlegte Verpflichtung.

577 Das Übereinkommen enthält keine Vorschrift über sein Verhältnis zu künftigen Verträgen der Vertragsstaaten über in dem Übereinkommen geregelte Angelegenheiten abgesehen von neuen Vereinbarungen zur erleichterten Anwendung des Übereinkommens in ihren gegenseitigen Beziehungen (z.B. zu einem neuen allgemeinen Übereinkommen über den Schutz von Minderjährigen). In diesem Fall finden die allgemeinen Regeln des Vertragsrechts Anwendung (siehe Artikel 30 des Wiener VN-Übereinkommens über das Recht der Verträge).

Artikel 40

578 Am Schluss der zweiten Lesung wies der Stellvertretende Generalsekretär auf die gebotene Aufnahme eines Artikels zu Vorbehalten wie in allen früheren Haager Übereinkommen hin und sprach sich dafür aus, dem Modell von Artikel 27 des Haager Übereinkommens über das auf eheliche Güterstände anwendbare Recht zu folgen. Er betonte das Bedürfnis, insbesondere unter Berücksichtigung des zwingenden Charakters der Vorschriften des Übereinkommens einen Umkehrschluss aufgrund des Schweigens des Übereinkommens zu dieser Frage zu verhindern. Das Vereinigte Königreich stimmte dem Vorschlag zu, obwohl es die Möglichkeit von Vorbehalten zur Frage der Staatsangehörigkeit des Adoptivkindes bevorzugt hätte, wie in seinem Arbeitsdokument Nr. 174 vorgeschlagen. Nepal und Indonesien regten an, Artikel 51 des VN-Übereinkommens über die Rechte des Kindes zu folgen, der mit Ziel und Zweck des Übereinkommens vereinbare Vorbehalte zulässt. Die Philippinen schlugen mit Unterstützung El Salvadors, Mexikos und Chiles die Anwendung der Bestimmungen des Wiener VN-Übereinkommens über das Recht der Verträge vor. Indien lehnte die Aufnahme eines solchen Artikels ab, und der brasilianische Delegierte widersprach der Erörterung des Vorschlags aus formalen Gründen, gestützt auf die Verfahrensordnung. Eine große Mehrheit verabschiedete jedoch Artikel 40, wobei darauf hingewiesen wurde, die gemäß Artikel 25 zulässigen Erklärungen seien keine Vorbehalte.

Artikel 41

579 Als Grundlage für die Erörterung von Artikel 41 diente der Vorschlag des Ständigen Büros in Arbeitsdokument Nr. 100, wonach „das Übereinkommen zwischen den Vertragsstaaten nur auf Adoptionen Anwendung findet, die nach seinem Inkrafttreten in diesen Staaten zustande kommen". Obwohl die Schweiz in der Sache zustimmte, wies sie darauf hin, dass auch eine Adoption nach Inkrafttreten des Übereinkommens vollzogen werden kann, die nicht nach dessen Vorschriften, sondern nach dem internen Recht dieses Staates vorbereitet wurde. Deshalb wurde es für zweckdienlicher gehalten, auf den Moment des Verfahrensbeginns abzustellen; dieser Gedanke wurde angenommen.

580 Das vom Redaktionsausschuss vorgelegte Arbeitsdokument Nr. 180 legte den Zeitpunkt fest, zu dem das Verfahren als eingeleitet anzusehen sei, und schlug folgende Formulierung

vor: „Das Übereinkommen ist zwischen Aufnahme- und Heimatstaat in jedem Fall anzuwenden, in dem ein Antrag nach Artikel 14 eingegangen ist, nachdem das Übereinkommen in beiden Staaten in Kraft getreten ist". Der italienische Delegierte rügte die Zweideutigkeit des Vorschlags, aber er wurde nach einigen sprachlichen Anpassungen abschließender Wortlaut.

581 Artikel 41 regelt nur die Voraussetzungen für die Anwendung des Übereinkommens zwischen Heimat- und Aufnahmestaat, lässt aber – wie von der Schweiz festgestellt – die Frage nach seiner Anwendung im Verhältnis zu den übrigen Vertragsstaaten unbeantwortet.

582 Der Standort der Vorschrift, den Belgien als Problem aufgeworfen hatte, nämlich in Kapitel I, wo der Anwendungsbereich des Übereinkommens geregelt wird, oder in Kapitel VI bei den übrigen allgemeinen Bestimmungen, wurde wie üblich im letzteren Sinn beschlossen, weil der Erste Sekretär des Ständigen Büros erläuterte, Artikel 41 solle die Anwendung des Übereinkommens auf nach seinem Inkrafttreten zustande gekommene Adoptionen begrenzen.

583 Artikel 41 regelt nicht das Inkrafttreten des Übereinkommens im Allgemeinen, das sich nach Artikel 46 richtet, sondern die Anwendung des Übereinkommens auf einen konkreten Fall und setzt voraus, dass das Übereinkommen im Heimat- und im Aufnahmestaat bereits in Kraft getreten ist.

584 Das Ständige Büro regte mit Arbeitsdokument Nr. 100 zu dem Artikel einen zweiten Absatz mit folgendem Wortlaut an: „Ein Vertragsstaat kann jederzeit durch Erklärung die Geltung des Kapitels V (Anerkennung) auf andere Adoptionen ausdehnen, deren Zustandekommen in Übereinstimmung mit dem Übereinkommen die zuständige Behörde des Staates bescheinigt hat, in dem sie stattgefunden haben". Hinter diesem Vorschlag stand der Gedanke, eine Regelung über die Rechtsgültigkeit von Adoptionen zu schaffen, die bereits in den Vertragsstaaten zustande gekommen sind, wenn ein Staat Vertragsstaat des Übereinkommens wird.

585 Einige Teilnehmer hielten den Vorschlag für zweideutig und forderten seine Streichung oder zumindest seine Klarstellung; andere traten für ihn ein. Der Beobachter für die Internationale Zivilstandskommission bemerkte, die Anregung sei überflüssig und gefährlich, denn die Formulierung erlaube im Umkehrschluss eine boshafte Folgerung, da natürliche Folge des Beitritts eines Staates zum Übereinkommen die Anerkennung der in den Vertragsstaaten bereits zustande gekommenen Adoptionen sei. Die in Absatz 2 vorgesehene „Erklärung" lasse sich daher als Erlaubnis auslegen, diesen Adoptionen die Anerkennung zu versagen; aus diesem Grund wurde der Vorschlag abgelehnt.

Artikel 42

586 Artikel 42 wiederholt den Wortlaut des Entwurfs (Artikel 29) unter Berücksichtigung der beachtlichen Erfahrungen mit anderen Haager Übereinkommen, vor allem dem Kindesentführungsübereinkommen, um zu betonen, dass das Übereinkommen über internationale Adoption kein Selbstzweck sein sollte, sondern eher die Grundlage für eine fortgesetzte Überprüfung und Verbesserung seiner Anwendung. Deshalb soll der Generalsekretär der Haager Konferenz für Internationales Privatrecht nach Inkrafttreten des Übereinkommens in regelmäßigen Abständen Spezialkommissionen einberufen, um seine Wirkungsweise zu überprüfen; an diesen Sitzungen können alle Vertragsstaaten teilnehmen, zusammen mit Mitgliedstaaten und anderen Nichtmitgliedstaaten, soweit sie an der XVII. Tagung teilgenommen haben, sowie öffentliche und private internationale Organisationen, die zur Teilnahme eingeladen sind.

587 Artikel 42 ist in Verbindung mit dem von der XVII. Tagung der Haager Konferenz verabschiedeten Beschluss zu lesen, mit dem sie den Wunsch äußerte, dass die an dem ersten Treffen der nach Artikel 42 einzuberufenden Spezialkommission teilnehmenden Sachverständigen Musterformblätter für die von Artikel 4 Buchstabe c vorgeschriebenen Zustimmungen sowie für die Bescheinigung nach Artikel 23 Abs. 1 erarbeiten, um die richtige und einheitliche Anwendung dieser Bestimmungen zu fördern.

588 Spanien schlug mit Arbeitsdokument Nr. 16 vor, folgenden Text als Absatz 1 in Artikel 42 einzufügen: „Die Vertragsstaaten wirken darauf hin, dass die zuständigen und Zentralen Behörden bei der Anwendung des Übereinkommens den Wortlaut des Übereinkommens einheitlich auslegen". Nach diesem Vorschlag sollen die Treffen der Spezialkommission auch „seine einheitliche Auslegung erleichtern", aber der Vorschlag scheiterte, weil er für überflüssig gehalten wurde. Hierzu wurde festgestellt, dass die einheitliche Auslegung allen Übereinkommen zugrunde liege; der Vorschlag sei in diesem konkreten Fall bei Berücksichtigung der Natur des Übereinkommens unpassend, das sich im Wesentlichen mit der Förderung der Zusammenarbeit zwischen den Vertragsstaaten befasse, um die Beachtung der Schutzmaßnahmen bei internationalen Adoptionen sicherzustellen und um dadurch die Entführung und den Verkauf von Kindern sowie den Handel mit Kindern zu verhindern.

Kapitel VII

Schlussbestimmungen

589 Kapitel VII enthält Artikel, die sich in allen Haager Übereinkommen finden und nach dem Muster der Haager Konferenz die Unterzeichnung, Ratifikation, Annahme oder Genehmigung (Artikel 43), den Beitritt (Artikel 44), die Staaten mit zwei oder mehr Gebietseinheiten, in denen unterschiedliche Rechtssysteme für die im Übereinkommen behandelten Angelegenheiten gelten (Artikel 45), sein Inkrafttreten (Artikel 46), seine Kündigung (Artikel 47) sowie die von dem Verwahrer vorzunehmende Notifikation (Artikel 48) regeln.

590 Deutschland schlug die Aufnahme einer Artikel 29 des Haager Übereinkommens vom 1. August 1989 über das auf die Rechtsnachfolge von Todes wegen anzuwendende Recht (im Folgenden: Erbrechtsübereinkommen) entsprechenden Klausel vor, zog den Vorschlag aber wegen der Schwierigkeiten, die sich aus einer solchen Klausel im Rahmen eines Übereinkommens über internationale Zusammenarbeit ergeben könnten, später wieder zurück. Die Frage nach der Beziehung zwischen diesem Übereinkommen und einem möglichen künftigen neu gefassten Übereinkommen bleibt offen.

Artikel 43

591 Das Übereinkommen über das auf internationale Kaufverträge über bewegliche Sachen anzuwendende Recht wurde auf der Außerordentlichen Tagung 1985 mit der Beteiligung von Mitglied- und Nichtmitgliedstaaten verabschiedet, und sein Artikel 25 wollte „den Staaten möglichst viele Wege einräumen, dem Vertrag beizutreten". Laut Erläuterung im Bericht wurde aus diesem Grund „das herkömmliche (grundsätzlich den Konferenzmitgliedern vorbehaltene) Verfahren der Unterzeichnung mit anschließender Ratifikation, Annahme oder Genehmigung dem Beitrittsverfahren gleichgestellt, das einige Staaten wegen seiner einfachen Handhabung bevorzugen" (Verhandlungen der Außerordentlichen Tagung, 14. bis 30. Oktober 1985, Den Haag, 1987, S. 757, Nr. 194).

592 Das Übereinkommen über den Schutz von Kindern und die Zusammenarbeit auf dem Gebiet der internationalen Adoption wurde ebenfalls unter Teilnahme von Mitglied- und Nichtmitgliedstaaten verabschiedet. Dennoch folgt sein Artikel 43 nicht dem Beispiel des Haager Kaufrechtsübereinkommens, sondern Artikel 31 des Haager Übereinkommens über den internationalen Zugang zur Rechtspflege, wie vom Generalsekretär bei der Begründung des vom Ständigen Büro vorgelegten Arbeitsdokuments Nr. 100 erläutert.

593 Deshalb liegt das Übereinkommen nach Artikel 43 Abs. 1 für die Staaten, die zur Zeit der XVII. Tagung Mitglied der Haager Konferenz waren, sowie für die Nichtmitgliedstaaten, die an dieser Tagung teilgenommen haben, zur Unterzeichnung auf, während Nichtmitgliedstaaten, die nicht an der XVII. Tagung teilgenommen haben, das Übereinkommen nicht unterzeichnen können.

594 Die Unterzeichnerstaaten können das Übereinkommen ratifizieren, annehmen oder genehmigen; die jeweilige Urkunde ist beim Ministerium für Auswärtige Angelegenheiten des Königreichs der Niederlande zu hinterlegen.

Artikel 44

595 Da der Beitritt zum Übereinkommen nicht dem herkömmlichen Verfahren der Unterzeichnung mit anschließender Ratifikation, Annahme oder Genehmigung gleichgestellt wurde, war ein besonderes Verfahren für den Beitritt zum Übereinkommen vorzusehen. Laut Auskunft des Generalsekretärs der Haager Konferenz standen drei Wege offen: (1) der Beitritt ohne Auflagen, der nicht angezeigt war, weil das vorliegende Übereinkommen die Zusammenarbeit regelt, (2) die Erschwerung des Beitrittsverfahrens, indem die Annahme des Beitritts von Drittstaaten durch jeden Vertragsstaat vorgeschrieben wird, eine Lösung, die nicht dem Wohl des Kindes dient, und (3) die Gestattung des Beitritts, wenn innerhalb einer Frist von sechs Monaten kein Einspruch erhoben wird. Das vom Ständigen Büro vorgelegte Arbeitsdokument Nr. 100 folgt dem zuletzt genannten Weg, der bereits in Artikel 32 des Haager Übereinkommens über den internationalen Zugang zur Rechtspflege gewählt wurde.

596 Nach Aussprache verabschiedete eine große Mehrheit den Vorschlag des Ständigen Büros, wobei für die Ablehnung des Beitritts einer Frist von sechs Monaten der Vorzug gegenüber einer Zwölfmonatsfrist gegeben wurde, und die Zulässigkeit des Beitritts wurde erst für die Zeit nach Inkrafttreten des Übereinkommens vorgesehen.

Artikel 45

597 Artikel 45 regelt den Fall des Vertragsstaats, der aus zwei oder mehr Gebietseinheiten besteht, in denen für die im Übereinkommen behandelten Angelegenheiten unterschiedliche Rechtssysteme gelten. Das Ständige Büro schlug mit dem vom Sekretariat erläuterten Arbeitsdokument Nr. 100 die klassische Formulierung vor, die sich in Artikel 27 des Haager Erbrechtsübereinkommens findet und die vom Ausschuss für Bundesstaatsklauseln überprüft (Arbeitsdokument Nr. 157) und ohne Schwierigkeiten verabschiedet wurde.

Artikel 46

598 Artikel 46 war in Arbeitsdokument Nr. 100 des Ständigen Büros enthalten. Die Formulierung wird üblicherweise in Haager Übereinkommen verwandt und regelt das Inkrafttreten des Übereinkommens nach drei Ratifikationen. Die gleiche Frist gilt für Ratifikationen, Annahmen, Genehmigungen oder Beitritte nach Inkrafttreten des Übereinkommens.

Artikel 47

599 Artikel 47 befasst sich mit der möglichen Kündigung des Übereinkommens und deckt sich mit dem Vorschlag des Ständigen Büros in Arbeitsdokument Nr. 100, der laut Erläuterung des Sekretariats entsprechend Artikel 30 des Haager Erbrechtsübereinkommens abgefasst ist.

600 Die Vereinigten Staaten von Amerika hielten es für ratsam, ein Verfahren zur Behandlung von Adoptionen zu regeln, die bei Notifikation der Kündigung gegenüber dem Verwahrer eingeleitet, aber noch nicht abgeschlossen sind. Da Kündigungen jedoch recht selten ausgesprochen werden und die dabei zu regelnden Fragen sehr schwierige intertemporale Probleme aufwerfen, wurde beschlossen, keine entsprechende Regelung in das Übereinkommen aufzunehmen und diese Frage den Vertragsstaaten zu überlassen.

Artikel 48

601 Artikel 48 wurde vom Ständigen Büro mit Arbeitsdokument Nr. 100 vorgeschlagen, und das Sekretariat erinnerte hierzu nur daran, dies sei „Sache des Verwahrers" und die Vorschrift könne daher nur in Abstimmung mit diesem richtig geprüft werden. Mexiko lenkte die Aufmerksamkeit jedoch auf das Bedürfnis nach Aufnahme einer Verweisung auf die (an der XVII. Tagung) teilnehmenden Nichtmitgliedstaaten der Konferenz. Der Redaktionsausschuss nahm diesen Punkt auf, und nach Abstimmung mit dem Verwahrer wurde die Vorschrift schließlich mit einigen sprachlichen Änderungen verabschiedet.

Schlussbemerkungen

A. Legalisation

602 Obwohl in der Spezialkommission der Vorschlag eingebracht wurde, das Erfordernis einer Legalisation aufzugeben, erging wegen Zeitmangels bei der Prüfung dieser Frage kein Beschluss. Aus diesem Grund unterstrich der Bericht der Spezialkommission die praktische Bedeutung der Frage zur Vermeidung unnötiger Verzögerungen und – gelegentlich sehr hoher – Auslagen, wobei das Wohl des Kindes zu berücksichtigen sei. Da viele beteiligte Staaten das Haager Übereinkommen vom 5. Oktober 1961 zur Befreiung ausländischer öffentlicher Urkunden von der Legalisation nicht ratifiziert haben, wurde bemerkt, es erschiene ratsam, die in Artikel 23 des Haager Kindesentführungsübereinkommens gefundene Lösung im Blick zu behalten (Bericht der Spezialkommission Nr. 323).

603 Das von der Schweiz vorgelegte Arbeitsdokument Nr. 130 wollte alle überzogenen Verwaltungserschwernisse ausräumen und zwischen den Behörden der Vertragsstaaten vertrauensbildend wirken. Deshalb regte es die Einfügung folgenden Artikels an: „Die Zustimmung zur Adoption und die in Übereinstimmung mit dem vorliegenden Übereinkommen getroffenen Entscheidungen bedürfen weder der Legalisation noch ähnlicher Förmlichkeiten". Das von Österreich unterbreitete Arbeitsdokument Nr. 138 dehnte den Geltungsbereich der Vorschrift aus und nahm Artikel 23 des Haager Kindesentführungsübereinkommens wieder auf, wonach „im Rahmen dieses Übereinkommens keine Legalisation oder ähnliche Förmlichkeit verlangt werden darf".

604 Der Vorschlag scheiterte, da mehrere Staaten einen Eingriff der Vorschrift in ihr internes Recht fürchteten, wenngleich Österreich erläuterte, die Aufhebung des Erfordernisses einer Legalisation solle bei Adoptionsfragen nicht in das interne Recht der Vertragsstaaten eingreifen, sondern nur zusätzlich zu den normalen Verfahren bestehende Erfordernisse abschaffen, z.B. die diplomatische oder konsularische Legalisation von Entscheidungen. Zu

diesem Zweck wurde daran erinnert, das Haager Legalisationsübereinkommen umschreibe die Legalisation als „die Förmlichkeit, durch welche die diplomatischen oder konsularischen Vertreter des Landes, in dessen Hoheitsgebiet die Urkunde vorgelegt werden soll, die Echtheit der Unterschrift, die Eigenschaft, in welcher der Unterzeichner der Urkunde gehandelt hat, und gegebenenfalls die Echtheit des Siegels oder Stempels, mit dem die Urkunde versehen ist, bestätigen". Weiterhin stellte Österreich klar, der Satzteil „oder ähnliche Förmlichkeit" in seinem Arbeitsdokument Nr. 138 beziehe sich auf die im oben genannten Haager Übereinkommen vorgeschriebene Bescheinigung („l'apostille").

605 Österreich und Dänemark nahmen im Arbeitsdokument Nr. 158 den österreichischen Vorschlag zur Prüfung in der zweiten Lesung wieder auf, und das Ständige Büro regte mit Arbeitsdokument Nr. 200 an, ihn durch einen zweiten Absatz zu ergänzen, wonach „jeder Vertragsstaat erklären kann, dass er den vorstehenden Absatz nicht anwenden wird". Der brasilianische Delegierte widersprach aus Verfahrensgründen, und leider scheiterte die Prüfung des Vorschlags an mangelnder Unterstützung.

606 Das Übereinkommen hat das Erfordernis der Legalisation nicht formell aufgehoben, aber die Legalisation wird unnötig im Hinblick auf Vertragsstaaten des Haager Legalisationsübereinkommens von 1961 und in anderen Fällen, in denen sich die Vertragsstaaten auf den Verzicht in ihren gegenseitigen Beziehungen einigen. Wünschenswert wäre die Suche nach einer praktischen Lösung, möglicherweise in den vom Generalsekretär gemäß Artikel 42 einzuberufenden Spezialkommissionen, denn es fällt schwer zu begreifen, warum auch über die Zentralen Behörden übermittelte Urkunden dem Erfordernis der Legalisation genügen müssen, wenn man von einem Vertrauensverhältnis zwischen den Vertragsstaaten als Grundlage des gesamten Übereinkommens ausgeht.

B. Flüchtlingskinder

607 Die Spezialkommission erörterte die mögliche Anwendung des Übereinkommens auf Flüchtlingskinder, kam aber zu dem Ergebnis, seine Vorschriften im Entwurf stellten hinreichende Schutzmaßnahmen auf und seien flexibel genug, die mit der Adoption von Flüchtlingskindern aufgeworfenen Probleme zu bewältigen.

608 Eine ähnliche Diskussion fand in der Diplomatischen Konferenz statt. Die Vereinigten Staaten von Amerika schlugen mit Arbeitsdokument Nr. 12 die Aufnahme folgenden neuen Absatzes in Artikel 2 vor: „Das Übereinkommen gilt auch für Kinder, die aus ihrem Heimatstaat vertrieben wurden. Bei einem vertriebenen Kind übernimmt der Staat, in dem sich das Kind derzeit aufhält, die Aufgaben des Heimatstaats im Sinn des Übereinkommens", und der Hohe Kommissar der Vereinten Nationen für Flüchtlinge (UNHCR) schlug in Arbeitsdokument Nr. 56 die Einfügung des folgenden zweiten Absatzes in Artikel 2 vor: „Das Übereinkommen gilt auch für Kinder, die aus ihrem Heimatstaat vertrieben wurden, einschließlich der Kinder, die den Flüchtlingsstatus anstreben, und der Kinder, die nach dem einschlägigen internationalen oder nationalen Recht als Flüchtlinge gelten. Bei einem aus seinem Heimatstaat vertriebenen Kind übernimmt der Staat, in dem sich das Kind derzeit aufhält, die Aufgaben des 'Heimatstaats' im Sinn des Übereinkommens".

609 Belgien schlug mit Arbeitsdokument Nr. 31 die Verabschiedung einer Resolution zur Einberufung einer Spezialkommission vor, die insbesondere die durch Flüchtlingskinder aufgeworfenen Probleme untersuchen solle. Dieser Antrag setzte sich durch, so dass die folgende Entscheidung verabschiedet wurde:

Die Siebzehnte Tagung der Haager Konferenz für Internationales Privatrecht –

in der Erwägung, dass das Übereinkommen über den Schutz von Kindern und die Zusammenarbeit auf dem Gebiet der internationalen Adoption auf Kinder anzuwenden ist, die ihren gewöhnlichen Aufenthalt in den Vertragsstaaten unter den in Artikel 2 dieses Übereinkommens aufgeführten Umständen haben;

in dem Bemühen, dass Flüchtlingskindern und anderen international vertriebenen Kindern im Rahmen dieses Übereinkommens die besondere Aufmerksamkeit zuteil wird, der sie aufgrund ihrer besonders schwachen Lage bedürfen;

eingedenk der daraus folgenden Notwendigkeit einer weitergehenden Untersuchung dieses Themas und möglicherweise der Erarbeitung einer besonderen Rechtsgrundlage in Ergänzung zu diesem Übereinkommen;

ersucht den Generalsekretär der Haager Konferenz, im Einvernehmen mit dem Hohen Kommissar der Vereinten Nationen für Flüchtlinge in naher Zukunft eine Arbeitsgruppe einzuberufen, um dieses Problem zu untersuchen und konkrete Vorschläge zu machen, die einer Spezialkommission der Haager Konferenz unterbreitet werden könnten, um den geeigneten Schutz dieser Gruppen von Kindern sicherzustellen.

C. Musterformblätter

610 Wie im Bericht der Spezialkommission (Nr. 234) unter Berücksichtigung der guten Erfahrungen mit anderen Haager Übereinkommen in Erinnerung gerufen, erwog die Spezialkommission, ob es ratsam sei, Musterformblätter vorzubereiten, um die Einhaltung der Vorschriften des Übereinkommens in den verschiedenen Stadien des Adoptionsverfahrens zu vereinfachen und zu erleichtern, jedoch nicht als Teil, sondern als Anhang des Übereinkommens, um sie ohne übermäßige Formalitäten ändern zu können. Die Frage wurde allerdings nicht erörtert, obwohl einige Arbeitsdokumente zur Vorbereitung der Formblätter vorgelegt wurden.

611 Die Diplomatische Konferenz erkannte die Bedeutung der Musterformblätter als Anhang zum Übereinkommen an, und der Zeitmangel erklärt, warum die von Belgien mit Arbeitsdokument Nr. 32 und Spanien in den Arbeitsdokumenten Nr. 55 und 79 angeregten Formblätter nicht geprüft wurden. Belgien, Spanien und die Schweiz schlugen jedoch mit Arbeitsdokument Nr. 189 die Verabschiedung einer Empfehlung vor, mit der die beim ersten Treffen der nach Artikel 42 einzuberufenden Spezialkommission vertretenen Staaten ermutigt werden, Formblätter zu erarbeiten, um die richtige und einheitliche Anwendung der Bestimmungen über die nach Artikel 4 Buchstabe c vorgeschriebenen Zustimmungen und über die Bescheinigung im Sinn des Artikels 23 zu fördern.

612 Die Überlegung wurde einstimmig angenommen, und die XVII. Tagung verabschiedete den folgenden Wunsch:

(Die Siebzehnte Tagung,)

in der Erwägung, dass das Übereinkommen über den Schutz von Kindern und die Zusammenarbeit auf dem Gebiet der internationalen Adoption –

a) in Artikel 4 Buchstabe c vorsieht, dass Adoptionen nach dem Übereinkommen nur durchgeführt werden können, wenn die zuständigen Behörden des Heimatstaats des Kindes sich vergewissert haben, dass die erforderlichen Zustimmungen unter Beachtung bestimmter Garantien erteilt worden sind,

b) in Artikel 23 Abs. 1 vorsieht, dass die Anerkennung einer nach dem Übereinkommen durchgeführten Adoption die Erteilung einer Bescheinigung voraussetzt, wonach die Adoption gemäß dem Übereinkommen zustande gekommen ist;

in der Überzeugung, dass der Gebrauch von Formblättern auf der Grundlage eines einheitlichen Musters durch die zuständigen Behörden der Vertragsstaaten die richtige und einheitliche Durchführung dieser Bestimmungen fördern kann;

äußert den Wunsch, dass die Sachverständigen, die an dem ersten Treffen der gemäß Artikel 42 des Übereinkommens einberufenen Spezialkommission teilnehmen, zu diesem Zweck Musterformblätter erarbeiten.

D. Nachtrag

613 Bis zum 31. Dezember 1993 war das Übereinkommen über den Schutz von Kindern und die Zusammenarbeit auf dem Gebiet der internationalen Adoption von den folgenden Staaten unterzeichnet: Brasilien, Kolumbien, Costa Rica, Israel, Mexiko, den Niederlanden, Rumänien und Uruguay.

614 In Übereinstimmung mit der oben genannten, von der XVII. Tagung verabschiedeten Entscheidung hat das Ständige Büro der Haager Konferenz für Internationales Privatrecht eine Sachverständigengruppe für Flüchtlingskinder einberufen, die vom 12. bis 14. April 1994 zusammentreten soll.

615 Das allgemeine Bedürfnis, Straftaten gegen Kinder zu bekämpfen, erklärt das von Beginn an bestehende Interesse der Internationalen Kriminalpolizeiorganisation (Interpol) an diesem besonderen Vorhaben der Haager Konferenz und die Verabschiedung einer Empfehlung an die Vertragsstaaten der Organisation anlässlich der 62. Sitzung ihrer Generalversammlung in Aruba (vom 29. September bis zum 5. Oktober 1993), wonach „unbeschadet der fundamentalen, in bestimmten Staaten für die Adoption geltenden Grundsätze die Mitglieder ihre Gesetzgebung und Vorgehensweisen prüfen, um so schnell wie möglich dem Haager Übereinkommen über den Schutz von Kindern und die Zusammenarbeit auf dem Gebiet der internationalen Adoption beizutreten und, soweit nötig, Strafvorschriften zur Ergänzung der Bestimmungen des Haager Übereinkommens zu erlassen".

Einige Tage später berief die Organisation Amerikanischer Staaten einen Sachverständigenausschuss ein, der vom 13. bis 17. Oktober 1993 in Oaxtepec, Morelos (Mexiko) zusammentrat und „den Entwurf eines Interamerikanischen Übereinkommens über den internationalen Handel mit Kindern" zur Regelung zivil- und strafrechtlicher Fragen verabschiedete, der im kommenden Frühjahr von der Fünften Spezialisierten Interamerikanischen Konferenz für Internationales Privatrecht (CIDIP-V) geprüft werden soll.

Caracas, den 31. Dezember 1993

3. Allgemeiner Teil der Begründung zum Regierungsentwurf eines Gesetzes zur Regelung von Rechtsfragen auf dem Gebiet der internationalen Adoption und zur Weiterentwicklung des Adoptionsvermittlungsrechts (Bundestags-Drucks. 14/6011, S. 15–33)

Begründung

I. Allgemeines

1. Zielsetzung und Inhaltsübersicht

a) Am 7. November 1997 hat die Bundesrepublik Deutschland das Haager Übereinkommen über den Schutz von Kindern und die Zusammenarbeit auf dem Gebiet der internationalen Adoption gezeichnet. Der Entwurf eines Vertragsgesetzes wird den gesetzgebenden Körperschaften gleichzeitig mit diesem Entwurf zugeleitet. Nach der Übereinkunft arbeiten die Vertragsstaaten in näher geregelten Formen zusammen, um bei einer grenzüberschreitenden Adoptionsvermittlung das Kindeswohl bestmöglich zu wahren und zu fördern. Die Ratifikation des Übereinkommens setzt gesetzgeberische Maßnahmen zu seiner Umsetzung in das deutsche Recht voraus, insbesondere müssen zentrale Behörden bestimmt und die Verfahrensschritte bei einer internationalen Adoption geregelt werden. Die Regelungsvorschläge des Entwurfs dazu bauen auf dem Übereinkommen auf, das durch das Zustimmungsgesetz zugleich unmittelbar geltendes Bundesrecht werden soll und dessen Regelungsinhalte daher nicht nochmals in das Begleitgesetz aufzunehmen sind.

Die Umsetzung des Haager Übereinkommens bildet das wichtigste Ziel des Entwurfs. Die Vorschläge hierfür finden sich – wie bei derartigen Übereinkommen üblich – in dem Entwurf eines Ausführungsgesetzes (Artikel 1). Die gewachsenen Strukturen des deutschen Adoptionsvermittlungswesens, die durch eine Aufgabenteilung zwischen örtlichen und überörtlichen sowie zwischen staatlichen und freien Trägern gekennzeichnet sind, bleiben dabei weitgehend unberührt. Allerdings enthalten die weiteren Artikel des Entwurfs neben der Anpassung bundesrechtlicher Vorschriften an die Erfordernisse der Übereinkunft Regelungen zur Erleichterung und Absicherung von Auslandsadoptionen innerhalb wie auch außerhalb des Anwendungsbereichs des Übereinkommens.

b) Bei der Aufnahme eines Kindes in Deutschland gestaltet sich der Ablauf einer grenzüberschreitenden Adoptionsvermittlung derzeit im Überblick etwa wie folgt:

Die Adoptionsbewerber wenden sich an das örtliche Jugendamt, an die örtlich zuständige zentrale Adoptionsstelle beim Landesjugendamt oder an eine auf internationale Arbeit spezialisierte Adoptionsvermittlungsstelle in freier Trägerschaft mit der Bitte um Beratung. Verläuft diese positiv, so entscheiden sich die Adoptionsbewerber für ein Herkunftsland, können Präferenzen etwa in Bezug auf Alter und Geschlecht des Kindes äußern und unterziehen sich einer Eignungsprüfung durch eine örtliche Adoptionsvermittlungsstelle des Jugendamtes oder eines freien Trägers, wie sie auch bei einer Inlandsadoption stattfindet. Der Eignungsbericht und ergänzende Unterlagen werden übersetzt und der jeweiligen ausländischen Vermittlungsstelle zugeleitet; hierbei kann es sich wiederum um eine staatliche oder eine private Einrichtung in dem betreffenden Herkunftsstaat handeln.

Die ausländische Einrichtung unterbreitet der deutschen Adoptionsvermittlungsstelle einen „Kindervorschlag", der von der Adoptionsvermittlungsstelle geprüft und bei positiver Bewertung mit den Adoptionsbewerbern besprochen wird. Stimmen diese zu, so wird im Herkunftsstaat nach dem dort geltenden Recht entweder die Adoption vollzogen oder die Entscheidung getroffen, das Kind den Adoptionsbewerbern zur Pflege anzuvertrauen. Vor der Einreise des Kindes nach Deutschland muss die Zustimmung der Ausländerbehörde eingeholt werde, damit die zuständige deutsche Auslandsvertretung ein Visum erteilen kann; ist das Kind bereits im Herkunftsstaat von Deutschen adoptiert worden, so kommt unter bestimmten Voraussetzungen auch die Ausstellung eines deutschen Kinderausweises in Betracht. Nach der Aufnahme des Kindes in Deutschland werden der Vermittlungsstelle im Herkunftsstaat über einen gewissen Zeitraum von etwa ein bis drei Jahren Berichte über die Entwicklung des Kindes übermittelt. Hat die Adoption noch nicht im Herkunftsstaat stattgefunden, so wird die Annahme des Kindes nach Ablauf einer Probezeit durch ein deutsches Gericht nach dem hier anzuwendenden Recht ausgesprochen. Auch wenn die Adoption bereits im Herkunftsstaat durchgeführt wurde und sie die Voraussetzungen für ihre Anerkennung nach deutschem Recht erfüllt, ist es grundsätzlich möglich, einen die Adoption wiederholenden Ausspruch der Annahme durch ein deutsches Gericht zu erwirken; dazu müssen die Adoptionsvoraussetzungen nach dem hier anzuwendenden Recht erneut geprüft werden.

In den Einzelheiten kann der beschriebene Ablauf variieren. So kann die gesamte Betreuung entweder bei einer örtlichen Adoptionsvermittlungsstelle liegen, falls diese über die nötigen Erfahrungen und Auslandskontakte verfügt, oder sie kann von der auf internationale Arbeit spezialisierten Vermittlungsstelle übernommen werden, wenn deren Mitarbeiter den Eignungsbericht über die Adoptionsbewerber selbst erarbeiten. Auch die Handhabung in Bezug auf die Frage, ob, wie lange und wie häufig die zuständigen Stellen im Herkunftsstaat Berichte über die Entwicklung des Kindes nach dessen Aufnahme in Deutschland erhalten, gestaltet sich unterschiedlich, zumal nach deutschem Recht eine weitere Beobachtung des Kindes und seiner Entwicklung bei den Adoptiveltern grundsätzlich deren Einverständnis erfordert.

c) Das in **Artikel 1** enthaltene **Ausführungsgesetz zum Übereinkommen** passt den beschriebenen institutionellen Rahmen einer Auslandsadoption und ihres Verfahrensablaufs vorsichtig den Vorgaben der Haager Übereinkunft an. Artikel 1 gliedert sich in vier Abschnitte:

– **Abschnitt 1** bestimmt, welche deutschen Stellen die Aufgaben der zentralen Behörden wahrnehmen, die nach der Übereinkunft bei der Vermittlung einer grenzüberschreitenden Adoption mit den entsprechenden ausländischen Einrichtungen zusammenwirken. In diesem Zusammenhang wird auch die Stellung freier Adoptionsvermittlungsstellen als zugelassene Organisationen im Sinne der Übereinkunft umrissen. Ferner finden sich hier allgemeine Regelungen über die Tätigkeit der zentralen Behörden, der Jugendämter und der zugelassenen Organisationen, die sich ergänzend an den Bestimmungen des Adoptionsvermittlungsgesetzes orientieren soll.

- **Abschnitt 2** regelt die Verfahrensschritte, die bei einer grenzüberschreitenden Adoptionsvermittlung gemäß den Bestimmungen der Übereinkunft einzuhalten sind. Hier werden Fragen behandelt, wie die Adoptionsbewerbung, die Prüfungsaufgaben der deutschen Behörden, zugelassene Organisationen und Vormundschaftsgerichte sowie Einreise und Aufenthalt eines vermittelten Kindes.
- **Abschnitt 3** umfasst Vorschriften über die Bescheinigung des konventionsgemäßen Zustandekommens einer Annahme oder der Umwandlung einer so genannten schwachen in eine Volladoption nach den Artikeln 23 und 27 Abs. 2 des Übereinkommens sowie über die Prüfung ausländischer Bescheinigungen dieser Art.
- **Abschnitt 4** enthält ergänzende Bestimmungen über den zeitlichen Anwendungsbereich der Abschnitte 2 und 3.

Artikel 2 beinhaltet den Entwurf eines Gesetzes über Wirkungen der Annahme als Kind nach ausländischem Recht. Dieser Regelungsvorschlag zielt auf ein gerichtliches Verfahren, in dem insbesondere die Anerkennung und die Wirkungen ausländischer Adoptionsakte (innerhalb wie außerhalb des Anwendungsbereichs der Haager Übereinkunft) allgemeinverbindlich geklärt werden können. In diesem Zusammenhang ist unter bestimmten Voraussetzungen ferner die bereits erwähnte Umwandlung von Annahmeverhältnissen vorgesehen.

Artikel 3 schlägt Änderungen des Adoptionsvermittlungsgesetzes vor, die ebenfalls für Adoptionen innerhalb wie außerhalb des Übereinkommens Bedeutung haben. Die Vorschläge beziehen sich auf die Vorbereitung einer internationalen Adoptionsvermittlung durch einen Eignungsbericht über die Adoptionsbewerber, ferner auf die Aufbewahrung der Vermittlungsakten und auf die Frage, unter welchen Voraussetzungen Einsicht in diese Vorgänge gewährt wird. Auch soll die bereits vielfach geübte Praxis, den Heimatbehörden des Kindes Berichte über dessen Entwicklung nach seiner Aufnahme in Deutschland zukommen zu lassen, auf eine klare gesetzliche Grundlage gestellt werden. Neu geregelt werden ferner insbesondere die Anerkennung und Beaufsichtigung von Adoptionsvermittlungsstellen in freier Trägerschaft sowie die Zusammenarbeit der (staatlichen und freien) Adoptionsvermittlungsstellen mit der zentralen Behörde des Bundes auf dem Gebiet der internationalen Adoption. Um die Wahrnehmung der mit der Adoptionsvermittlung verbundenen Tätigkeiten im Interesse der betroffenen Kinder wie auch von Adoptionsbewerbern sicherzustellen, wird die Adoptionsvermittlung Pflichtaufgabe der Jugendämter, die diese unmittelbar oder durch Bildung gemeinsamer Adoptionsvermittlungsstellen zu erfüllen haben.

Artikel 4 beinhaltet die Anpassung sonstigen Bundesrechts.

Artikel 5 ermöglicht eine Neubekanntmachung des Adoptionsvermittlungsgesetzes und bestimmt den Zeitpunkt des Inkrafttretens.

d) Die Gesetzgebungszuständigkeit des Bundes ergibt sich aus Artikel 73 Nr. 2 und 3 (Staatsangehörigkeit und Einwanderung) und aus Artikel 74 Abs. 1 Nr. 1, 4 und 7 (bürgerlichen Recht und gerichtliches Verfahren, Aufenthalts- und Niederlassungsrecht der Ausländer und öffentliche Fürsorge) in Verbindung mit Artikel 72 Abs. 2 des Grundgesetzes. Eine bundeseinheitliche Neuregelung wichtiger Fragen der grenzüberschreitenden Adoption nach dem Haager Übereinkommen sowie über dessen Geltungsbereich hinaus ist zur Wahrung der Rechtseinheit im gesamtstaatlichen Interesse erforderlich. Sie dient einer gleichmäßigen Anwendung der Haager Übereinkunft im ganzen Bundesgebiet und insoweit auch der Umsetzung völkerrechtlicher Verpflichtungen der Bundesrepublik Deutschland.

Der Gesetzentwurf bedarf, da er in seinen Artikeln 1 und 3 Vorschriften zum Verwaltungsverfahren der Länder enthält, gemäß Artikel 84 Abs. 1 GG der Zustimmung des Bundesrates.

Die Ausführung des Gesetzes wird keine Auswirkungen auf Einzelpreise oder auf das Preisniveau haben. Wegen der Kosten für die öffentlichen Haushalte darf auf Abschnitt 8 des Allgemeinen Teils der Begründung sowie auf die Begründung zu dem gleichzeitig vorgelegten Entwurf eines Zustimmungsgesetzes zur Übereinkunft verwiesen werden.

Nachfolgend werden die wichtigsten Problemkreise, die bei der Umsetzung des Haager Übereinkommens zu berücksichtigen sind, sowie die Lösungsvorschläge des Entwurfs in ihren Grundlinien vorgestellt.

2. Zentrale Behörden

a) Ein Kernstück des Haager Übereinkommens bildet die in Artikel 6 Abs. 1 niedergelegte Verpflichtung der Vertragsstaaten, zentrale Behörden zu bestimmen, die zum Schutz der Kinder und zur Verwirklichung der übrigen Ziele des Übereinkommens zusammenarbeiten und die Zusammenarbeit zwischen den (sonstigen) zuständigen Stellen in ihren Staaten fördern sollen. Den zentralen Behörden kommen allgemeine und fallbezogene Aufgaben zu:

- Nach den Artikeln 7 bis 9 fördern die zentralen Behörden die zwischenstaatliche Zusammenarbeit und sichern die Anwendung des Übereinkommens beispielsweise dadurch, dass sie Erfahrungen mit dem Übereinkommen und allgemein auf dem Gebiet der internationalen Adoption austauschen, Auskünfte über das autonome Adoptionsrecht ihrer Staaten erteilen, statistische Angaben bereithalten und gegen Kinderhandel vorgehen.
- In Bezug auf den einzelnen Adoptionsfall wirken die zentralen Behörden im Heimat- und im Aufnahmestaat zusammen; unter dem Heimatstaat ist im Sprachgebrauch der Übereinkunft der Staat zu ver-

stehen, in dem das Kind zu Beginn des Verfahrens seinen gewöhnlichen Aufenthalt gehabt hat. Nach den Artikeln 14 bis 21 obliegt es der zentralen Behörde im Heimatstaat zu klären, ob eine internationale Adoption dem Kind in seiner persönlichen Situation eine geeignete Lebensperspektive bieten könnte, und erforderliche Zustimmungen, namentlich der leiblichen Eltern, einzuholen, während die zentrale Behörde im Aufnahmestaat die Eignung der Adoptionsbewerber prüft und sicherstellt, dass das Kind in den Aufnahmestaat einreisen und sich dort aufhalten kann. Die zentralen Behörden im Heimat- und im Aufnahmestaat entscheiden gemeinsam, ob die Annahme eines bestimmten Kindes durch bestimmte Adoptionsbewerber dem Wohl des Kindes dient. Sollte die Adoption scheitern, nachdem das Kind bereits in die Bewerberfamilie aufgenommen war, so setzt sich die zentrale Behörde im Aufnahmestaat mit der zentralen Behörde im Heimatstaat ins Benehmen, bevor über das weitere Schicksal des Kindes entschieden wird.

Die Mehrzahl dieser Aufgaben, namentlich die Adoptionsvermittlung im Einzelfall, kann gemäß den Artikeln 9, 22 Abs. 1 anderen staatlichen Stellen oder besonders zugelassenen privaten Organisationen übertragen werden. Die Bekämpfung des Kinderhandels bleibt in staatlicher Verantwortung, die aber nicht unmittelbar durch die zentrale Behörde wahrgenommen werden muss (Artikel 8). Nur ein kleiner Kreis von Zuständigkeiten, die vornehmlich der vom Einzelfall unabhängigen Zusammenarbeit der Vertragsstaaten dienen, bleibt unmittelbarer Wahrnehmung durch die zentrale Behörde vorbehalten (Artikel 7).

Bundesstaatlich verfassten Vertragsstaaten steht es nach Artikel 6 Abs. 2 frei, mehrere zentrale Behörden zu bestimmen. Diese können auf zentralstaatlicher oder gliedstaatlicher Ebene oder auf beiden Ebenen angesiedelt sein. Für den Verkehr mit anderen Vertragsstaaten muss allerdings einer dieser zentralen Behörden die Funktion der Empfangsstelle zugewiesen werden.

b) Die Vorschläge des Entwurfs für die Bestimmung der zentralen Behörden und für die Zuordnung von Aufgaben nach dem Übereinkommen sind von dem Bestreben geleitet, bewährte Strukturen der grenzüberschreitenden Adoptionsvermittlung möglichst unangetastet zu lassen. Letztere liegt bislang im Wesentlichen bei den zentralen Adoptionsstellen der Landesjugendämter, die in diesen Fällen gemäß § 11 AdVermiG die Adoptionsvermittlungsstellen ihres Bereichs fachlich unterstützen und vielfach den Kontakt zu ausländischen Partnern herstellen, sowie bei den Adoptionsvermittlungsstellen freier Träger, die sich auf die internationale Vermittlungstätigkeit spezialisiert haben. Leitgedanke des Entwurfs ist es dementsprechend, die internationale Adoptionsvermittlung soweit wie möglich in der Verantwortung der Landesjugendämter und der freien Adoptionsvermittlungsstellen zu belassen.

Bei der Bestimmung der zentralen Behörden empfiehlt der Entwurf daher die Einrichtung zentraler Behörden auf Länderebene. Für die Wahrnehmung dieser Aufgabe kommen wohl nur die zentralen Adoptionsstellen der Landesjugendämter in Betracht, die bei der grenzüberschreitenden Adoptionsvermittlung schon nach geltendem Recht eine wichtige Rolle spielen.

Für die Aufgabenzuweisung im Einzelnen ergibt sich aus der beschriebenen Ausgangslage, dass die meisten Aufgaben, insbesondere im Zusammenhang mit der Einzelfallarbeit, von den zentralen Behörden auf Länderebene wahrgenommen werden sollten. Ferner schlägt der Entwurf vor, den Adoptionsvermittlungsstellen in freier Trägerschaft als zugelassenen Organisationen im Sprachgebrauch des Übereinkommens für die von ihnen betreuten Einzelfälle die Funktionen zu übertragen, die in den übrigen Fällen von den zentralen Adoptionsstellen der Landesjugendämter ausgeübt werden. Das Gleiche gilt für örtliche Jugendämter, die unmittelbar in der grenzüberschreitenden Vermittlung tätig sind.

Auch wenn die Anwendung des Haager Übereinkommens demnach im Wesentlichen in Händen der zentralen Adoptionsstellen, der Jugendämter und der zugelassenen Organisationen liegen soll, sieht der Entwurf doch die Einrichtung einer zentralen Behörde auch auf Bundesebene vor, um insbesondere eine übergreifende Koordination der Arbeit der übrigen Behörden und Organisationen zu gewährleisten und ausländischen Partnern einen feststehenden Ansprechpartner zu bieten.

Der Entwurf schlägt vor, diese Aufgabe dem Generalbundesanwalt beim Bundesgerichtshof zu übertragen. Dieser enthält in Ausübung der genannten Funktionen die Zusatzbezeichnung „Bundeszentralstelle für Auslandsadoption". Bereits nach geltendem Recht nimmt der Generalbundesanwalt Aufgaben der internationalen Rechtshilfe im Bereich des Familienrechts wahr; er fungiert als zentrale Behörde bei der grenzüberschreitenden Geltendmachung von Unterhaltsansprüchen nach dem Auslandsunterhaltsgesetz sowie bei Rückführungsanträgen in Fällen internationaler Kindesentziehung nach dem Sorgerechtsübereinkommens-Ausführungsgesetz. Die Fachkompetenz in Bezug auf die internationale Rechtshilfe in familienrechtlichen Angelegenheiten, die sich dadurch im Geschäftsbereich des Generalbundesanwalts herausgebildet hat, sollte für den Bereich der grenzüberschreitenden Adoptionen fruchtbar gemacht werden. Auch erscheint es sinnvoll, die Aufgaben der zentralen Behörde nach den dem Schutz von Kindern dienenden Übereinkünften der Haager Konferenz für Internationales Privatrecht, welche der Generalbundesanwalt bereits bei dem Übereinkommen über die zivilrechtlichen Aspekte internationaler Kindesentführung wahrnimmt, bei einer einzigen – bei den anderen Vertragsstaaten schon bekannten und anerkannten – Behörde zu konzentrieren. Dies gilt um so mehr, als beabsichtigt ist, die Aufgaben der zentralen Behörde nach dem – in nächster Zeit umzusetzenden – Haager Übereinkommen vom 19. Oktober 1996 über die Zuständigkeit, das anzuwendende Recht, die Anerkennung, Vollstreckung und Zusammenarbeit auf dem Gebiet der elterlichen Verantwortung und der Maßnahmen zum Schutz von Kindern ebenfalls beim Generalbundesanwalt anzusiedeln.

Zugleich fehlt es innerhalb der Bundesverwaltung (unterhalb der Ebene der obersten Bundesbehörden) an einer Einrichtung, die der internationalen Adoptionsvermittlung näher stünde als der Generalbundesanwalt. Eines der Landesjugendämter mit den Koordinierungsaufgaben zu betrauen, erscheint wenig zweckmäßig, weil eine Bundesbehörde grundsätzlich in der Lage sein dürfte, gesamtstaatliche Repräsentation wirkungsvoller wahrzunehmen als eine Landesbehörde. Vor diesem Hintergrund bestehen beim Generalbundesanwalt auf Grund der ihm bereits übertragenen Funktionen sachnahe Anknüpfungspunkte, die dafür sprechen, ihn auch in Form einer Bundeszentralstelle für Auslandsadoption als zentrale Behörde des Bundes nach dem Haager Adoptionsübereinkommen zu bestimmen.

Im Zusammenwirken mit den zentralen Adoptionsstellen, den Jugendämtern und den zugelassenen Organisationen obliegt es dem Generalbundesanwalt als Bundeszentralstelle vor allem, den fallbezogenen Verkehr mit Behörden und Organisationen in anderen Vertragsstaaten zu koordinieren und einen vom Einzelfall gelösten Informationsaustausch zu pflegen. Um der Bundeszentralstelle die Wahrnehmung ihrer Koordinationsaufgaben zu ermöglichen, erhält diese ein entsprechendes Informationsrecht.

Näheres ergibt sich aus der Einzelbegründung zu Artikel 1 § 3 und Artikel 3 Nr. 2.

c) Im Hinblick auf die in Artikel 8 des Übereinkommens angesprochene Aufgabe der zentralen Behörden, gegen Kinderhandel und ähnliche den Zielen der Konvention zuwiderlaufende Praktiken vorzugehen, bedarf es keiner weiteren gesetzgeberischen Schritte zur innerstaatlichen Umsetzung. Denn diese Aufgabe muss nicht von der zentralen Behörde unmittelbar, sondern kann auch mit Hilfe anderer staatlicher Stellen wahrgenommen werden. Schon die der Bundeszentralstelle obliegende allgemeine Zusammenarbeit mit zentralen Behörden anderer Vertragsstaaten kann durch Informations- und Erfahrungsaustausch hierzu beitragen. Im Übrigen wird diese Aufgabe von den Strafverfolgungsbehörden der Länder sowie hinsichtlich der internationalen kriminalpolizeilichen Zusammenarbeit durch das Bundeskriminalamt erfüllt.

Auf dem Gebiet des materiellen Strafrechts sind durch Artikel 1 Nr. 40 und 41 des am 1. April 1998 in Kraft getretenen Sechsten Gesetzes zur Reform des Strafrechts vom 26. Januar 1998 (BGBl. I S. 164, 704) die Strafvorschriften gegen Kindesentziehung (§ 235 des Strafgesetzbuches) und Kinderhandel (früher § 14a des Adoptionsvermittlungsgesetzes, jetzt § 236 StGB) erheblich erweitert und verbessert worden. Sie bieten nunmehr einen weitreichenden strafrechtlichen Schutz gegen Kindesentführungen sowie sämtliche Erscheinungsformen eines illegalen Kinderhandels und entsprechen damit der Zielsetzung in Artikel 1 Buchstabe b der Übereinkunft.

In zivilrechtlicher Hinsicht wird die Annahme eines durch unlautere Vermittlungspraktiken nach Deutschland geholten Kindes durch eine in Artikel 1 Nr. 27 Buchstabe a des am 1. Juli 1998 in Kraft getretenen Kindschaftsrechtsreformgesetzes vom 16. Dezember 1997 (BGBl. I S. 2942, 1998 I S. 946) enthaltene Änderung im Adoptionsrecht erschwert. Nach § 1741 Abs. 1 Satz 2 BGB soll derjenige, der an einer gesetzes- oder sittenwidrigen Vermittlung oder Verbringung eines Kindes zum Zwecke der Annahme mitgewirkt oder einen Dritten damit beauftragt oder hierfür belohnt hat, ein Kind nur dann annehmen, wenn dies zum Wohl des Kindes erforderlich ist. Mit dieser Regelung werden zugleich die Vormundschaftsgerichte, die über den Ausspruch einer Annahme zu entscheiden haben, in die Aufgabe einbezogen, den Kinderhandel zurückzudrängen.

3. Zugelassene Organisationen

a) Den zentralen Behörden stellt die Konvention das Institut zugelassener Organisationen an die Seite. Nach den Artikeln 9 bis 12, 22 Abs. 1 der Übereinkunft können die Vertragsstaaten durch ihr autonomes Recht die meisten, insbesondere die einzelfallbezogenen Aufgaben bei der Adoptionsvermittlung nach dem Übereinkommen nichtstaatlichen Organisationen übertragen, die dabei allerdings staatlicher Zulassung und Aufsicht unterliegen müssen. Bei einer zugelassenen Organisation muss es sich danach um eine gemeinnützige Institution handeln (Artikel 11 Buchstabe a), die durch integres und fachlich qualifiziertes Personal geleitet und verwaltet wird (Artikel 11 Buchstabe b). Die staatliche Aufsicht muss sich auf ihre Zusammensetzung, Arbeitsweise und Finanzlage erstrecken (Artikel 11 Buchstabe c), und zwar nicht nur im Zeitpunkt ihrer Zulassung, sondern darüber hinaus fortlaufend (Artikel 10). Für die Dauer ihrer Zulassung muss die Organisation darlegen, dass sie in der Lage ist, die ihr übertragenen Auftragen ordnungsgemäß zu erfüllen.

b) Von der Möglichkeit, die zugelassenen Organisationen für die von ihnen betreuten Einzelfälle und Adoptionsprogramme mit den Kompetenzen einer zentralen Behörde auszustatten, macht der Entwurf weitestgehend Gebrauch. Lediglich die Vermittlung eines Kindes mit gewöhnlichem Aufenthalt im Inland an im Ausland lebende Adoptionsbewerber bleibt staatlichen Stellen vorbehalten. Dieses Konzept zeichnet bestehende Strukturen des deutschen Adoptionsvermittlungswesens nach, in dem Adoptionsvermittlungsstellen in freier Trägerschaft gerade auf dem Gebiet der grenzüberschreitenden Adoptionsvermittlung eine bedeutende Rolle spielen. Soweit es um die Vermittlung in Deutschland beheimateter Kinder geht, erscheint in der Regel eine Zuständigkeit der zentralen Adoptionsstellen der Landesjugendämter angebracht, da diese sich am besten einen Überblick über etwaige sonstige Möglichkeiten der Unterbringung verschaffen und für eine gleichmäßige Vermittlungspraxis Sorge tragen können. Einzelheiten ergeben sich aus der Einzelbegründung zu Artikel 1 § 2 Abs. 2.

c) Die weitreichende Einbindung freier Träger in die internationale Adoptionsvermittlung macht es allerdings nach den Bestimmungen der Konvention erforderlich, die bestehenden Regelungen über Zulassung und Beaufsichtigung nichtstaatlicher Adoptionsvermittlungsstellen zu überarbeiten. Die §§ 3 und 4 AdVermiG verlangen bislang, dass die Adoptionsvermittlung geeigneten Fachkräften vorbehalten bleibt und dass die Adoptionsvermittlungsstelle mit mindestens einer hauptamtlichen Fachkraft besetzt ist. Hier sieht der Entwurf Anpassungen an die Vorgaben der Übereinkunft vor, die weitgehend auch für solche Adoptionsvermittlungsstellen in freier Trägerschaft gelten sollen, deren Tätigkeitsfeld sich auf das Inland beschränkt. Denn an der bisherigen, lückenhaften Regelung der §§ 3 und 4 AdVermiG ist berechtigte Kritik geübt worden, und allgemeine Anforderungen, wie etwa Gemeinnützigkeit des Trägers oder Zuverlässigkeit des Personals, werden an eine Inlandsvermittlungsstelle im Grundsatz ebenso zu stellen sein wie an eine Auslandsvermittlungsstelle. Insbesondere die §§ 3 und 4 AdVermiG werden deshalb neu gefasst (Artikel 3 Nr. 3).

4. Persönlicher Anwendungsbereich

a) Die Übereinkunft ist nach ihrem Artikel 2 Abs. 1 anzuwenden, wenn ein Kind mit gewöhnlichem Aufenthalt in einem Vertragsstaat (Heimatstaat) in einen anderen Vertragsstaat (Aufnahmestaat) gebracht worden ist, wird oder werden soll, entweder nach seiner Adoption im Heimatstaat durch Ehegatten oder eine Person mit gewöhnlichem Aufenthalt im Aufnahmestaat oder im Hinblick auf eine solche Adoption im Aufnahme- oder Heimatstaat. Weitere Anwendungsvoraussetzungen sind in Artikel 2 Abs. 2 und Artikel 3 geregelt; diese beziehen sich auf die Wirkungen der angestrebten Annahme, die ein dauerhaftes Eltern-Kind-Verhältnis begründen muss, sowie auf das Alter des anzunehmenden Kindes, das noch nicht das achtzehnte Lebensjahr vollendet haben darf.

Die in Artikel 2 Abs. 1 genannten Tatbestandsmerkmale für die Anwendung des Übereinkommens sind damit einerseits ein bereits vollzogener oder beabsichtigter Wechsel des gewöhnlichen Aufenthaltsortes des Kindes von einem Vertragsstaat in einen anderen, zum anderen eine bereits vollzogene oder beabsichtigte Adoption, wobei zwischen diesen beiden Tatbestandselementen ein Zusammenhang bestehen muss. Dem Erläuternden Bericht (Rdnr. 76) zufolge müssen der gewöhnliche Aufenthalt der Adoptionsbewerber im Aufnahmestaat und der gewöhnliche Aufenthalt des Kindes im Heimatstaat zu dem Zeitpunkt gegeben sein, in dem die Adoptionsbewerbung nach Artikel 14 des Übereinkommens bei der zuständigen Stelle im Aufnahmestaat angebracht wird.

Die Feststellung der Anwendungsvoraussetzungen des Übereinkommens kann bisweilen Schwierigkeiten bereiten, so etwa in Bezug auf den geforderten Zusammenhang der Verbringung des Kindes mit einer späteren Adoption im Aufnahmestaat. Schon in rechtlicher Hinsicht kann man hier zweifeln, ob eine spätere Annahme des Kindes die einzige oder doch die wesentliche Motivation für die Aufnahme des Kindes bilden muss oder ob die Bestimmungen des Übereinkommens bereits dann anzuwenden sind, wenn eine mögliche Annahme des Kindes lediglich einer unter mehreren ähnlich bedeutsamen Gründen dafür war, das Kind in den Aufnahmestaat zu holen.

Die Motivation für die Aufnahme des Kindes in tatsächlicher Hinsicht zu klären, mag sich, selbst wenn man von einer weiten Auslegung der Anwendungsvoraussetzungen des Übereinkommens ausgeht, im Einzelfall noch komplexer gestalten. Denkbar erscheint es beispielsweise, dass ein Kind zum Zwecke medizinischer Behandlung nach Deutschland gebracht und anschließend seine Adoption beantragt wird. In einem derartigen Fall wird es vielfach kaum möglich sein zu entscheiden, ob die erstmalige Aufnahme in Deutschland bereits im Hinblick auf eine spätere Adoption geschah oder ob diese Motivation erst später hinzutrat.

b) Je größer die Abgrenzungsschwierigkeiten in Bezug auf die Anwendung der Übereinkunft, desto näher liegt die Gefahr der Umgehung ihrer Bestimmungen. Einer Umgehung geordneter Bahnen grenzüberschreitender Adoptionsvermittlung entgegenzuwirken, ist eines der wesentlichen Ziele des Übereinkommens. Deshalb könnte erwogen werden, mittels des Ausführungsgesetzes die Anwendung der Regel der Konvention betreffend das Verfahren bei einer internationalen Adoptionsvermittlung auszudehnen und dabei ausschließlich an das objektive Merkmal der Verlagerung des Ortes des gewöhnlichen Aufenthalts des Kindes im zeitlichen Vorfeld der (von Anfang an oder erst im Nachhinein) angestrebten Annahme anzuknüpfen. Eine derartige ergänzende Regelung könnte den Versuch einer Umgehung prozeduraler Hürden, der auf dem Gebiet der grenzüberschreitenden Adoption stets zu gewärtigen ist, deutlich erschweren. Doch wäre eine derartige „Übererfüllung" der Anforderungen der Übereinkunft auch mit unübersehbaren Nachteilen verknüpft.

- Zum einen wäre ein solcher Versuch, einer möglichen Umgehung der im Übereinkommen für eine internationale Adoption vorgesehenen Verfahren durch ausdehnende Handhabung seines Anwendungsbereichs im Aufnahmestaat vorzubeugen, auf die Mitwirkung der zuständigen Stellen im Heimatstaat angewiesen. Nur wenn diese im Einzelfall bereit wären, die ihnen durch die Übereinkunft zugewiesenen Aufgaben, wie das Erstellen eines Berichts über das Kind, auch über den (zweifelsfreien) Anwendungsbereich der Übereinkunft hinaus wahrzunehmen, ließe sich eine ausdehnende Anwendung der Übereinkommensregeln verwirklichen. An einer derartigen Bereitschaft könnte es nicht selten fehlen, wenn sich das Kind beispielsweise schon seit einiger Zeit in Deutschland befindet und es dessen Heimatbehörden daher an zureichenden tatsächlichen Erkenntnismöglichkeiten mangelt, um an einer konventionsgemäßen Adoptionsvermittlung verantwortlich mitzuwirken.
- Zum anderen wäre es in einem Adoptionsfall, der nicht dem Anwendungsbereich des Übereinkommens zugeordnet werden kann, kaum möglich, nach Ausspruch der Annahme die in Artikel 23 vorgesehene Bescheinigung auszustellen, auf Grund deren die Adoption in allen Vertragsstaaten kraft Gesetzes anerkannt wird. Denn von einer gemäß dem Übereinkommen zustande gekommenen Adoption im Sinne des Artikels 23 wird wohl nur dann gesprochen werden können, wenn es sich um eine in den Anwendungsbereich des Übereinkommens fallende Adoption handelt. Eine die Anwendung der Konventionsregeln ausdehnende Bestimmung des autonomen Rechts kann die Verpflichtung der Vertragsstaaten zur Aner-

kennung von Adoptionsakten nicht erweitern und würde insoweit für die Betroffenen – trotz Anwendung der aufwendigen Verfahrensregelungen der Übereinkunft im Übrigen – eine Schutzlücke entstehen lassen.

Aus diesen Gründen sieht der Entwurf davon ab, im Zusammenhang mit dem persönlichen Anwendungsbereich des Übereinkommens eine Norm des autonomen Rechts zur Abwehr möglicher Umgehungsversuche vorzuschlagen.

c) Die Abläufe grenzüberschreitender Adoptionsvermittlung, wie sie in der Übereinkunft vorgezeichnet sind, sind darauf zugeschnitten, ausgehend von einer unbestimmten Anzahl von Adoptionsbewerbern und einer unbestimmten Anzahl zur Adoption vorgemerkter Kinder, für das einzelne Kind die jeweils beste Unterbringungsmöglichkeit zu finden, ein „Matching" zwischen Kind und Adoptiveltern herzustellen. Das legt die Erwägung nahe, ob sich der Anwendungsbereich der Übereinkunft nicht auf Fremdadoptionen beschränken sollte, bei denen noch keine Beziehung zwischen Adoptionsbewerbern und Kind besteht. In den Fällen der Annahme eines Kindes durch Verwandte oder durch den Ehegatten eines leiblichen Elternteils wird dagegen meist von vornherein nur eine Adoption durch ganz bestimmte Personen in Frage kommen. Auch hier bedarf es zwar der Prüfung, ob die Annahme dem Wohl des Kindes dient; eine Auswahl unter mehreren oder einer Vielzahl von Adoptionsbewerbungen findet aber nicht statt. Die „Matching"-Prozeduren nach der Haager Übereinkunft passen auf diese Fallgruppe nicht in jeder Hinsicht optimal.

Die Übereinkunft enthält allerdings keine Sondervorschriften für die Verwandten- oder Stiefkindadoption. Gegenüber diesbezüglichen Bedenken der deutschen Delegation überwog bei den Verhandlungen in Den Haag die Befürchtung, es könne zu Missbräuchen oder Umgehungsversuchen kommen (Erläuternder Bericht, Rdnr. 92).

Grundsätzlich ist das Übereinkommen deshalb auch in den genannten Fällen anzuwenden, sofern die tatbestandlichen Voraussetzungen gemäß den Artikeln 2 und 3 erfüllt sind. Allenfalls könnte daran gedacht werden, die Anwendung der Übereinkunft auf diese Fallgruppe nach innerstaatlichem Recht davon abhängig zu machen, dass entweder die zuständige Stelle des Heimatstaates oder die Beteiligten selbst ihr Interesse an der Anwendung der Konventionsbestimmungen bekunden. Im Ergebnis wird jedoch davon abgesehen, eine derartige Regelung vorzuschlagen:

- Zum einen bliebe es zweifelhaft, ob eine solche Begrenzung der Anwendung des Übereinkommens kraft autonomen Rechts mit den durch die Ratifikation übernommenen völkerrechtlichen Verpflichtungen in Einklang zu bringen wäre.
- Zum anderen kann es für die Betroffenen einen gewichtigen Vorteil bedeuten, wenn sie mit der Anwendung der Übereinkunft in den Genuss der darin enthaltenen Regelungen über die Anerkennung eines Adoptionsaktes in den anderen Vertragsstaaten gelangen. Gewisse Erschwernisse, die sich aus der Einhaltung des durch die Konvention vorgeschriebenen Vermittlungsverfahrens ergeben mögen, erscheinen aus diesem Grunde auch in den Fällen der Verwandten- und der Stiefkindadoption zumutbar.

5. Prüfung der Voraussetzungen einer internationalen Adoption

Die Haager Übereinkunft stellt eine Reihe materieller (Artikel 4 und 5) und verfahrensrechtlicher (Artikel 14 bis 21) Anforderungen an die Vermittlung einer internationalen Adoption:

Nach Artikel 4 kann eine Adoption nach dem Übereinkommen nur durchgeführt werden, wenn die zuständigen Behörden des Heimatstaates festgestellt haben, dass das Kind adoptiert werden kann und dass eine – gegenüber Unterbringungsmöglichkeiten im Heimatstaat grundsätzlich subsidiäre – internationale Adoption seinem Wohl dient, und wenn sie sich weiter vergewissert haben, dass die Zustimmungs- und Mitwirkungsrechte insbesondere des Kindes und seiner leiblichen Eltern gewahrt sind. Gemäß Artikel 5 setzt eine internationale Adoption ferner voraus, dass nach den Feststellungen der zuständigen Behörden des Aufnahmestaates die künftigen Adoptiveltern als solche geeignet und bei ihrem Adoptionsentschluss im erforderlichen Maße beraten worden und dass Einreise und Aufenthalt des Kindes im Aufnahmestaat gesichert sind.

Diese materiellen Anforderungen an eine internationale Adoption finden ihre Entsprechung in den Bestimmungen der Übereinkunft über den Ablauf eines grenzüberschreitenden Vermittlungsverfahrens. Dieses beginnt mit der Bewerbung potenzieller Adoptiveltern bei der zentralen Behörde des Aufnahmestaates (Artikel 14) und der Prüfung ihrer Adoptionseignung, die in einem Bericht der zentralen Behörde des Aufnahmestaates an die zentrale Behörde des Heimatstaates zu dokumentieren ist (Artikel 15). Letztere unterbreitet ihrerseits einen Vermittlungsvorschlag für ein bestimmtes Kind, verbunden mit einem Bericht, aus dem hervorgeht, dass die Voraussetzungen des Artikels 4 erfüllt sind (Artikel 16). Bevor das Kind den künftigen Adoptiveltern anvertraut und in den Aufnahmestaat gebracht werden kann, verlangen die Artikel 17 und 19 Abs. 1 eine abschließende Prüfung, ob das Adoptionsverfahren fortgesetzt werden kann. Dazu bedarf es insbesondere noch des Einverständnisses der Adoptionsbewerber mit dem Vermittlungsvorschlag, der Entscheidung über eine Einreise- und Aufenthaltsgenehmigung für das Kind sowie der Zustimmung der zentralen Behörden des Aufnahme- wie des Heimatstaates.

Die Zustimmung der zentralen Behörden bildet zugleich eine eigenständige verfahrensrechtliche Voraussetzung für den Vollzug der Annahme. Denn wenngleich sich die in Artikel 17 genannten Erfordernisse unmittelbar nur auf die Entscheidung darüber beziehen, das Kind im Heimatstaat (tatsächlich) den Adoptionsbewerbern anzuvertrauen, bringt der Wortlaut des Buchstaben c doch die darüber hinausgehende Zielrichtung der Bestimmung zum Ausdruck, die Fortsetzung des Adoptionsverfahrens insgesamt von dem Einverständnis der zentralen Behörden abhängig zu machen. Dementsprechend sieht der Erläuternde Bericht (Rdnr. 337) in dieser Vorschrift ein den zentralen Behörden beider Seiten zur Verfügung stehendes Instrument, das Verfahren anzuhalten, und damit die indirekte Regelung einer Adoptionsvoraussetzung.

Bei der Umsetzung dieser Bestimmungen stellen sich die Fragen,

- wie die Prüfung der genannten Voraussetzungen zwischen den Behörden des Heimat- und des Aufnahmestaates (dazu unter a) sowie
- aus innerstaatlicher Sicht zwischen den zentralen Behörden (und diesen gleichgestellten Jugendämtern und zugelassenen Organisationen) einerseits und den Gerichten andererseits aufgeteilt werden soll (dazu unter b) und
- welche Prüfungsmaßstäbe anzulegen, insbesondere ob diese dem Sachrecht des Aufnahme- oder des Heimatstaates oder dem durch das Kollisionsrecht des einen oder des anderen Staates berufenen Sachrecht zu entnehmen sind (dazu unter c).

a) Wie die erwähnten Vorschriften der Übereinkunft erkennen lassen, weist diese die Prüfung der Adoptionsvoraussetzungen in Bezug auf das Kind und dessen leibliche Eltern vorrangig den im Heimatstaat zuständigen Stellen zu, während für die Prüfung der Voraussetzungen, die sich auf die Adoptionsbewerber sowie auf Einreise und Aufenthalt des Kindes im Aufnahmestaat beziehen, in erster Linie dieser zuständig ist. Allerdings verwehrt es das Übereinkommen beiden Seiten nicht, ihre jeweilige Prüfung über diesen Mindestumfang hinaus auszudehnen. Artikel 17 Buchstabe c macht den Fortgang des Adoptionsverfahrens von der Zustimmung der zentralen Behörden sowohl des Aufnahme- als auch des Heimatstaates abhängig. Beschränkungen, was die Verknüpfung dieser Zustimmung mit Erfordernissen betrifft, deren Prüfung das Übereinkommen der anderen Seite zuweist oder die ganz außerhalb des Regelungsinhalts der Konvention liegen, enthält diese nicht (vgl. Erläuternder Bericht, Rdnrn. 71, 79, 338).

Aus der Sicht Deutschlands als Aufnahmestaat fragt es sich deshalb, inwieweit das deutsche Vormundschaftsgericht oder die deutsche (staatliche oder freie) Vermittlungsstelle, die die Aufgaben der zentralen Behörde wahrnimmt, ihre Prüfung außer auf die Eignung der Adoptionsbewerber und die Einreise und den Aufenthalt des Kindes auch auf die vom Heimatstaat getroffene Auswahl des zur Vermittlung an die Adoptionsbewerber vorgeschlagenen Kindes und auf das bereits von den Heimatbehörden geprüfte Vorliegen benötigter Zustimmungen insbesondere des Kindes und seiner leiblichen Eltern erstrecken sollten.

Nach dem Entwurf bedarf es in jedem Fall der Prüfung der Grundvoraussetzung, ob die beabsichtigte Annahme dem Wohl des Kindes dient; insoweit wird also der vom Heimatstaat unterbreitete Vermittlungsvorschlag nachgeprüft. Eine Vermittlung kommt nur zustande, wenn das „Matching“ zwischen dem Kind und den Adoptionsbewerbern von den zuständigen Stellen sowohl im Heimat- als auch im Aufnahmestaat gebilligt wird.

Im Übrigen differenziert der Regelungsvorschlag zwischen dem Fall einer im Heimatstaat und einer im Inland zu vollziehenden Adoption; denn der Schwerpunkt der Verantwortung für die Einhaltung der rechtlichen Bestimmungen liegt bei den zuständigen Stellen im Vollzugsstaat. Soll die Adoption im Heimatstaat stattfinden, so beschränkt sich die Prüfung der deutschen Stellen deshalb auf das Wohl des Kindes und die Wahrung wesentlicher Grundsätze des deutschen Rechts (ordre public). Bei einer Adoption im Inland sind deren Voraussetzungen nach dem anwendbaren Recht zu prüfen.

Die Einzelheiten ergeben sich aus der Begründung zu Artikel 1 § 5 des Entwurfs.

b) Was bei einer internationalen Adoption zu prüfen ist, die im Inland vollzogen werden soll und in den Anwendungsbereich der Übereinkunft fällt, folgt aus deren Artikeln 4, 5 und 17 Buchstabe c sowie zusätzlich aus dem autonomen Recht, dessen Anwendungsbereich das Übereinkommen grundsätzlich unberührt lässt (Erläuternder Bericht, Rdnrn. 65, 336; *Benicke,* Typenmehrheit im deutschen Adoptionsrecht und deutsches IPR, 1995, S. 331/332). In diesem Zusammenhang fragt es sich,

- inwieweit die Prüfung der Konventionsbestimmungen im gerichtlichen Adoptionsverfahren erfolgen oder an die zentralen Behörden delegiert werden sollte und,
- soweit sich die Anforderungen nach den Artikeln 4 und 5 des Übereinkommens mit den Adoptionsvoraussetzungen nach autonomen Recht decken, ob entweder der Umfang der vormundschaftsgerichtlichen Prüfung mit Rücksicht auf eine parallele Prüfung durch die zentralen Behörden zurückgenommen werden oder ob umgekehrt das Vormundschaftsgericht einen Teil der Prüfungsaufgaben der (deutschen) zentralen Behörde übernehmen sollte.

Der Lösungsvorschlag des Entwurfs beruht auf der Erwägung, dass die grenzüberschreitende Adoptionsvermittlung dem Kind zu einer seine Entwicklung fördernden tatsächlichen, aber auch zur rechtlichen Integration in die Adoptivfamilie verhelfen soll. Die Prüfung der deutschen Vermittlungsstelle muss daher ergeben, dass die vermittelte Annahme dem Kindeswohl dient und dass sie voraussichtlich entweder im Inland vollzogen oder dass eine im Heimatstaat vorgenommene Adoption hier anerkannt werden wird. Für die im Inland durchzuführende Annahme wird der Prüfung durch das Vormundschaftsgericht eine Vorprüfung durch die Vermittlungsstelle mit im Wesentlichen gleichem Prüfungsprogramm vorgeschaltet. Dadurch wird der Gefahr weitgehend vorgebeugt, dass ein Kind im Zuge der grenzüberschreitenden Vermittlung nach Deutschland gelangt, ihm anschließend jedoch der Ausspruch der Annahme versagt bleibt.

Eingriffe in die Regelung des gerichtlichen Verfahrens und in das Prüfungsprogramm des Vormundschaftsgerichts im Zuge einer internationalen Adoption hält der Entwurf gering. Einerseits soll den Gerichten die Prüfung spezieller Konventionsbestimmungen möglichst erspart, andererseits soll ihre Kompetenz, die Adoptionsvoraussetzungen nach autonomem Recht zu prüfen, grundsätzlich unangetastet bleiben.

Letzteres trägt bewährter Systematik des deutschen Rechts Rechnung, das rechtsgestaltende Eingriffe in familienrechtliche Beziehungen wie die Adoption, durchweg gerichtlicher Entscheidung vorbehält. Eine abschließende behördliche Prüfungszuständigkeit, selbst wenn sie nur einen Ausschnitt aus der Gesamtheit der Adoptionsvoraussetzungen beträfe, müsste demgegenüber als Fremdkörper erscheinen.

Umgekehrt erscheint es wenig zweckmäßig, die Prüfungsaufgaben, die das Übereinkommen den zentralen Behörden zuweist, auf deutscher Seite durch Beteiligung der Vormundschaftsgerichte in verschiedene Hände zu legen. Allerdings könnte auf diese Weise der oben angesprochenen Gefahr, dass der Ausspruch der Annahme eines bereits bei den Adoptionsbewerbern im Inland aufgenommenen Kindes abgelehnt wird, am sichersten begegnet werden. Im Verhältnis zu der Vermittlungsstelle im Heimatstaat könnten sich aber Komplikationen daraus ergeben, dass es auf deutscher Seite an einer umfassend kompetenten zentralen Behörde als Kooperationspartner fehlen würde. Eine obligatorische Beteiligung des Vormundschaftsgerichts bei der Entscheidung über die Zustimmung zur Fortsetzung des Adoptionsverfahrens gemäß Artikel 17 Buchstabe c des Übereinkommens könnte zudem entweder den Abschluss des Vermittlungsvorgangs zum Schaden des Kindes hinauszögern oder aber kaum tragbare Zusatzbelastungen für die Vormundschaftsgerichte verursachen.

Dieser Ansatz des Entwurfs stimmt mit dem Konzept des Übereinkommens überein, nach dem die Prüfung der Adoptionsvoraussetzungen durch die zentralen Behörden den Vollzug der Annahme gemäß dem jeweils anwendbaren Recht nicht vorwegnimmt und der Entscheidung der dafür zuständigen Gerichte oder Behörden nicht vorgreifen soll (Erläuternder Bericht, Rdnrn. 336/337). Die Einzelheiten des Entwurfsvorschlags sind in der Begründung zu Artikel 1 § 5 erläutert.

c) Die Frage nach dem Prüfungsmaßstab, d. h. insbesondere nach dem bei der Prüfung bestimmter Adoptionsvoraussetzungen anzuwendenden Recht, stellt sich beispielsweise in Bezug auf ein etwaiges Mindest- oder Höchstalter der Adoptionsbewerber und des Kindes oder im Hinblick auf Zustimmungserfordernisse auf Seiten des Kindes, seiner leiblichen Eltern oder anderer Personen und Stellen.

Die Übereinkunft hat nicht die generelle Vereinheitlichung des Kollisions- oder Sachrechts der Vertragsstaaten zum Gegenstand (vgl. Erläuternder Bericht, Rdnrn. 65, 119), sondern beschränkt sich insoweit auf wenige punktuelle Regelungen, so etwa auf Anforderungen an die Modalitäten benötigter Zustimmungserklärungen in Artikel 4 oder Regelungen über die Wirkungen der Annahme in Artikel 26. In erster Linie regelt die Übereinkunft die Zusammenarbeit der Vertragsstaaten bei der Adoptionsvermittlung. Dabei wird vorausgesetzt, dass sich die Prüfung bestimmter Umstände, die vorrangig in der Verantwortung des Heimat- oder des Aufnahmestaates liegt, an dem Recht dieses Staates – unter Einschluss seines Internationalen Privatrechts – orientiert. So richtet sich die Beurteilung der (passiven) Adoptionsfähigkeit des Kindes und der Gültigkeit benötigter Zustimmungen nach dem Sachrecht, das durch die Kollisionsnormen des Heimatstaates berufen wird; dessen Behörden sind für diese Fragen gemäß Artikel 4 des Übereinkommens primär verantwortlich (Erläuternder Bericht, Rdnrn. 119, 141). Demgegenüber hat die Prüfung der (aktiven) Adoptionsfähigkeit der Bewerber, die vornehmlich dem Aufnahmestaat obliegt, von dessen Internationalem Privatrecht auszugehen.

Der jeweils andere beteiligte Staat ist allerdings nicht gehindert, die ihn nicht primär betreffenden Umstände einer zusätzlichen Prüfung nach seinem (Kollisions- und ggf. Sach-)Recht zu unterwerfen; verläuft diese Prüfung negativ, so kann seine zentrale Behörde ihre Zustimmung zur Fortsetzung des Adoptionsverfahrens gemäß Artikel 17 Buchstabe c des Übereinkommens verweigern (vgl. Erläuternder Bericht, Rdnrn. 114, 181).

Zur Umsetzung des Übereinkommens bedarf es dementsprechend keines Eingriffs in das autonome deutsche Internationale Privatrecht (Artikel 22 und 23 EGBGB). Im Anwendungsbereich der Übereinkunft ist allerdings, wie ausgeführt, hinsichtlich der Erforderlichkeit und der Erteilung von Zustimmungen des Kindes und seiner Eltern zusätzlich auf die Bestimmungen des Rechts am bisherigen gewöhnlichen Aufenthaltsort des Kindes Bedacht zu nehmen (Artikel 4). In den meisten Fällen wird das durch den bisherigen Aufenthalt des Kindes bestimmte Recht zugleich das Recht des Staates sein, dem das Kind angehört, dessen Berücksichtigung grundsätzlich bereits das autonome deutsche Kollisionsrecht (Artikel 23 Satz 1 EGBGB) verlangt. Im Regelfall führt Artikel 4 des Übereinkommens daher nicht zu einem erhöhten Prüfungsaufwand.

6. Einreise und Aufenthalt des Adoptiv(pflege)kindes

a) Nach Artikel 5 Buchstabe c des Übereinkommens setzt eine konventionsgemäße Adoption voraus, dass die zuständigen Behörden des Aufnahmestaates entschieden haben, dass dem Kind die Einreise in diesen Staat und der ständige Aufenthalt dort bewilligt worden sind oder werden. Denn die Annahme dient nur dann dem Wohl des Kindes, wenn in dem Staat, in dem sich die Adoptionsbewerber gewöhnlich aufhalten, eine familiäre Lebensgemeinschaft zwischen diesen und dem Kind ermöglicht werden kann.

Obwohl Artikel 5 die Verantwortung für die Sicherstellung dieser Voraussetzung vorrangig den Behörden des Aufnahmestaates zuweist, fordert Artikel 17 Buchstabe d eine zusätzliche Prüfung insoweit auch von den Behörden des Heimatstaates, bevor das Kind der Obhut der Adoptionsbewerber anvertraut werden darf (Erläuternder Bericht, Rdnr. 189). Ergänzend verpflichtet Artikel 18 die zentralen Behörden des Heimat- und des Aufnahmestaates, alle erforderlichen Maßnahmen zu treffen, um die Bewilligung der Ausreise des Kindes aus dem Heimatstaat sowie der Einreise in den Aufnahmestaat und des ständigen Aufenthalts dort zu erwirken.

Die Ausreise eines Kindes mit gewöhnlichem Aufenthalt in Deutschland zum Zwecke einer grenzüberschreitenden Adoption unterliegt keinen speziellen öffentlich-rechtlichen Beschränkungen; § 6 Abs. 1 Satz 3, Abs. 5 PassG in Verbindung mit § 2 Abs. 1 Nr. 2 DVPassG knüpft die Ausstellung eines Reisepasses oder Kinderausweises lediglich an den Antrag dessen, dem das Aufenthaltsbestimmungsrecht für das Kind zusteht – bei einem Kind, das in Adoptionspflege gegeben wird, in der Regel das Jugendamt nach § 1751 Abs. 1 Satz 2 BGB. Die Frage nach Ausführungsbestimmungen zu den zuvor zitierten Normen der Übereinkunft stellt sich daher nur in Bezug auf die Aufnahme eines Kindes aus dem Ausland.

b) Nach geltender Rechtslage sind Einreise und Aufenthalt eines minderjährigen Kindes, das von im Inland lebenden Adoptionsbewerbern angenommen worden ist oder adoptiert werden soll, folgendermaßen geregelt:

Ist der Annehmende oder einer der annehmenden Ehegatten deutscher Staatsangehöriger, so erwirbt das Kind gemäß § 6 des Staatsangehörigkeitsgesetzes (StAG) grundsätzlich mit der (für den deutschen Rechtsbereich wirksamen) Annahme die deutsche Staatsangehörigkeit. Hat das Kind die deutsche Staatsangehörigkeit erworben, so genießt es nach Artikel 11 Abs. 1 GG Freizügigkeit im Bundesgebiet und ist damit auch zur Einreise und zum ständigen Aufenthalt im Inland berechtigt (vgl. BVerfGE 2, 266, 273; 43, 203, 211), ohne eines Sichtvermerks oder einer sonstigen Aufenthaltsgenehmigung zu bedürfen.

Ein Erwerb der deutschen Staatsangehörigkeit gemäß § 6 StAG vor der Einreise des Adoptivkindes findet dagegen insbesondere dann nicht statt,

- wenn die Annahme erst nach der Einreise durch ein deutsches Gericht ausgesprochen werden soll,
- wenn keiner der Annehmenden (wenigstens auch) die deutsche Staatsangehörigkeit hat oder
- wenn die Annahme zwar bereits im Ausland vollzogen ist, jedoch in ihren Wirkungen hinter denen der Minderjährigenadoption deutschen Rechts wesentlich zurückbleibt (vgl. BayVGH, StAZ 1989, 287, 289/290).

Um dem Kind die Einreise zu ermöglichen, muss seine deutsche Staatsangehörigkeit – namentlich durch einen von der zuständigen Auslandsvertretung ausgestellten deutschen Kinderausweis – dokumentiert sein. Hierbei können sich vor allem im Hinblick auf die Anerkennung und den Wirkungsumfang des ausländischen Adoptionsakts schwierige Zweifelsfragen stellen, die der Ausstellung eines deutschen Ausweises zunächst entgegenstehen.

In diesen Zweifelfällen wie auch dann, wenn das Kind erst im Inland adoptiert werden soll oder aus anderen Gründen (noch) nicht die deutsche Staatsangehörigkeit erworben hat, bedarf es zur Einreise eines Sichtvermerks (§ 3 Abs. 3 Satz 1 AuslG). Weil der Aufenthalt nicht auf drei Monate begrenzt, sondern auf Dauer angelegt sein soll, darf die Auslandsvertretung das Visum nur mit vorheriger Zustimmung der Ausländerbehörde erteilen, die für den vorgesehenen Aufenthaltsort oder für den Ort des Sitzes der beteiligten inländischen Adoptionsvermittlungsstelle zuständig ist (§ 11 Abs. 1 Nr. 1, Abs. 3 DVauslG). Nach welchen Vorschriften des Ausländergesetzes sich die Entscheidung hierüber wie auch über die Erteilung einer Aufenthaltserlaubnis nach der Einreise richtet, solange die Annahme noch nicht vollzogen ist, ist bislang wenig geklärt:

- Einen Anspruch auf Familienzusammenführung hat nach § 23 Abs. 1 Nr. 2 in Verbindung mit § 17 Abs. 1 AuslG das ausländische minderjährige ledige Kind eines Deutschen. Ein Kindschaftsverhältnis entsteht gemäß § 1754 BGB auch durch Annahme als Kind, jedoch erst mit Vollzug der Adoption. Der gesetzgeberische Zweck des § 23 AuslG, dem im Inland lebenden Deutschen eine Verwirklichung der durch Artikel 6 Abs. 1 GG geschützten familiären Lebensgemeinschaft im Bundesgebiet zu ermöglichen, könnte allerdings eine Erstreckung des Anwendungsbereichs des § 23 Abs. 1 Nr. 2 AuslG auch auf Pflegekinder nahe legen. Denn der Schutzbereich des Artikels 6 Abs. 1 GG umfasst auch die seit längerem bestehende Pflegefamilie mit gewachsenen Bindungen zwischen Pflegeeltern und Pflegekindern (BVerfGE 68, 176, 187; 79, 51, 59). An solchen gewachsenen Bindungen wird es indes im Verhältnis zwischen den Adoptionsbewerbern und dem zu adoptierenden Kind bei dessen Einreise nach Deutschland vielfach noch fehlen.
- Abgesehen von dem in § 23 Abs. 1 AuslG angesprochenen Personenkreis können andere ausländische Familienangehörige eines Deutschen gemäß § 23 Abs. 4, §§ 22, 17 Abs. 1 AuslG eine Aufenthaltserlaubnis erhalten, wenn es erforderlich ist, um eine außergewöhnliche Härte zu vermeiden. Hinsichtlich der Frage, ob ein (erst noch) zu adoptierendes Kind als sonstiger Familienangehöriger im Sinne dieser Vorschriften anzusehen ist, dürften ähnliche Überlegungen gelten wie vorstehend zu § 23 Abs. 1 Nr. 2 AuslG (vgl. VGH Baden-Württemberg Urteil vom 15. September 1993, Az.: 11 S. 73/93). Selbst wenn ein Pflegekind, solange es noch an gewachsenen Bindungen zu den Pflegeeltern (Adoptionsbewerbern) fehlt, als sonstiger Familienangehöriger eingestuft werden könnte, erscheint es doch fraglich, ob in einem solchen Falle die „Familienzusammenführung" zur Vermeidung einer außergewöhnlichen Härte erforderlich wäre.
- Im Ergebnis wird daher in Bezug auf ein Kind, das die Adoptionsbewerber zurzeit der beabsichtigten Einreise gerade erst in Pflege genommen und noch nicht adoptiert haben, die Erteilung einer Aufenthaltserlaubnis lediglich nach den allgemeinen Vorschriften der §§ 7 ff., 15 AuslG möglich sein, die die Erteilung einer Aufenthaltserlaubnis in das Ermessen der Ausländerbehörde stellen. Soweit bekannt, werden bei den Ermessenentscheidungen der Ausländerbehörden und Auslandsvertretungen einem Wunsch nach Annahme eines Minderjährigen in aller Regel keine zuwanderungspolitischen Belange entgegengesetzt. Ob das Kind einreisen darf, klärt sich dennoch erst mit Erteilung des Sichtvermerks durch die deutsche Auslandsvertretung, die hierfür der Zustimmung der zuständigen Ausländerbehörde bedarf, an ein positives Votum jedoch nicht gebunden ist.

c) Die Bedeutung der ausländerrechtlichen Lage im Zusammenhang mit dem Übereinkommen ergibt sich aus dessen Bestimmungen über die Aufnahme des Kindes. Bevor das Kind im Heimatstaat den Adoptionsbewerbern anvertraut werden darf, verlangt Artikel 17 Buchstabe d des Übereinkommens die vorgängige Entscheidung der zuständigen Behörden des Aufnahmestaates, dass dem Kind die Einreise und der ständige Aufenthalt dort bewilligt werden. Ohne Erfüllung dieser Voraussetzungen darf die Adoption gemäß Artikel 5 Buchstabe c des Übereinkommens nicht durchgeführt werden. Eine allgemeine, auf die gesetzliche Lage gestützte Einschätzung, dass dem Aufenthalt des Kindes in Deutschland voraussichtlich keine Bedenken entgegenstehen werden, genügt dem Erfordernis einer „Entscheidung" der zuständigen Behörde des Aufnahmestaates nicht. Vielmehr wären die Anforderungen der Übereinkunft insoweit erst mit Erteilung sowohl der Zustimmung der Ausländerbehörde als auch des Visums durch die Auslandsvertretung erfüllt. Selbst wenn diese vorliegen, stellt sich allerdings die Frage, ob damit im Sinne der Übereinkunft dem Kind der „ständige" Aufenthalt im Bundesgebiet bewilligt ist.

Nach der geltenden Rechtslage erscheint es in Anbetracht der Ermessensspielräume, die den zuständigen Behörden bei der Anwendung der §§ 15, 7 Abs. 1 AuslG zukommen, leicht möglich, dass diese die Erteilung der Zustimmung oder des Visums von der abschließenden Zustimmung der beiderseitigen zentralen Behörden zu der beabsichtigten Kindesannahme abhängig machen, während die zentralen Behörden ihrerseits eine Klärung der Einreise- und Aufenthaltsmöglichkeit für das Kind zur Voraussetzung für ihre Zustimmung zur Fortsetzung des Adoptionsverfahrens machen. Auf diese Weise wäre der Fortgang des Verfahrens blockiert.

Vor diesem Hintergrund enthält Artikel 1 § 6 des Entwurfs ergänzende Regelungen über die ausländerrechtliche Stellung eines Kindes, das zum Zwecke einer grenzüberschreitenden Adoption in Deutschland aufgenommen werden soll. Diese Regelungsvorschläge haben zum Ziel, die ausländerrechtlichen Vorschriften an die Anforderungen der Übereinkunft anzupassen, ohne dabei jedoch die Systematik des deutschen Ausländerrechts zu beeinträchtigen oder zu vermehrter Zuwanderung beizutragen. Sie gehen davon aus, dass schon dem geltenden Ausländerrecht keine eigenständige begrenzende Funktion gegenüber der Adoption ausländischer Kinder zukommt, die notwendigen Kontrollaufgaben vielmehr von den Adoptionsvermittlungsstellen und Vormundschaftsgerichten wahrgenommen werden. Dies gilt jedenfalls, soweit es sich – wie nach dem Übereinkommen – um eine durch eine staatliche oder anerkannte Vermittlungsstelle betreute Adoption, also nicht um eine so genannte Privatadoption handelt.

Diese bereits bestehende Praxis soll in den ausländerrechtlichen Regelungen lediglich deutlicher nachgezeichnet werden, um die Vereinbarkeit dieser Bestimmungen mit dem Übereinkommen sicherzustellen und die Durchführung einer internationalen Adoption nach dem Übereinkommen zu vereinfachen. Verwirklicht wird diese Zielsetzung durch die rechtliche Einordnung der Einreise des zu adoptierenden Kindes als eine vorweggenommene Familienzusammenführung. Wegen der Einzelheiten darf auf die Einzelbegründung zu Artikel 1 § 6 verwiesen werden.

7. Wirkungen einer im Ausland vollzogenen Annahme

a) Problemlage und geltender Rechtszustand

Eine Auslandsadoption, d. h. die Annahme eines Kindes mit (früherem) gewöhnlichem Aufenthalt im Ausland, kann im Inland unter Mitwirkung eines deutschen Vormundschaftsgerichts oder im Herkunftsstaat des Kindes unter Beachtung des dort geltenden Internationalen Privat- und Verfahrensrechts zustande kommen. Zahlreiche Herkunftsstaaten gestatten die Ausreise eines Kindes zu den Adoptionsbewerbern nur dann, wenn zuvor die Annahme nach den Regeln des Heimatrechts stattgefunden hat. Ist die Adoption im Herkunftsstaat durchgeführt worden, so stellt sich die Frage, ob dieser ausländische Rechtsakt im Inland als gültig zu behandeln ist und, wenn ja, ob der auf diese Weise zustande gekommenen Adoption die gleichen Rechtswirkungen zukommen wie einer Annahme als Kind nach deutschem Sachrecht.

In diesem Zusammenhang ist zu berücksichtigen, dass das Sachrecht auf dem Gebiet der Adoption international sehr unterschiedlich ausgestaltet ist. Diese Unterschiede betreffen sowohl das Zustandekommen als auch die Wirkungen der Kindesannahme:

- Die Begründung des Annahmeverhältnisses geschieht zumeist entweder durch Vertrag zwischen Annehmendem und Kind (Vertragsadoption) oder – überwiegend – durch Hoheitsakt eines Gerichts oder einer Behörde (Dekretsystem), so nach deutschem Recht durch Beschluss des Vormundschaftsgerichts (§ 1752 Abs. 1 BGB, § 56e FGG).
- Die Wirkungen des Annahmeverhältnisses können darauf gerichtet sein, dass minderjährige Adoptivkind vollkommen aus seinem bisherigen Familienverband herauszulösen und mit allen Rechten und Pflichten in die neue Familie aufzunehmen (Volladoption), so im Grundsatz nach den §§ 1754, 1755 Abs. 1 BGB. Sie können sich aber auch darauf beschränken, das Adoptivkind, das nicht gänzlich aus seiner bisherigen Familie ausscheidet, nur in einzelnen Beziehungen (elterliche Sorge, Unterhalt, Namensführung, Erbrecht) einem leiblichen Kind des Annehmenden gleichzustellen (schwache Adoption). In vielen Staaten bestehen beide Ausgestaltungen der Wirkungen der Kindesannahme alternativ nebeneinander.

aa) **Vertragsadoptionen** unterliegen dem Recht, das durch die Regeln des Internationalen Privatrechts berufen wird. Artikel 22 EGBGB verweist auf die Annahme als Kind auf das Recht des Staates, dem der Annehmende bei der Annahme angehört; nehmen Ehegatten ein Kind an, so gelangt das Recht zur Anwendung, das für die allgemeinen Wirkungen der Ehe maßgebend ist. Zusätzlich unterliegen etwaige Zustimmungserfordernisse grundsätzlich dem (durch die Staatsangehörigkeit bestimmten) Heimatrecht des Kindes (Artikel 23 EGBGB).

Ob eine Vertragsadoption wirksam ist, beurteilt sich nach dem jeweils anwendbaren Sachrecht, die Wirksamkeitsvoraussetzungen, die die maßgeblichen Rechtsordnungen aufstellen, müssen im Einzelnen nachgeprüft werden. Grundsätzlich bedarf es dieser Prüfung jeweils erneut in dem rechtlichen Zusammenhang, in dem es auf die Wirksamkeit der Annahme ankommt. Das Fehlen eines erforderlichen Merkmals, das sich vielleicht erst nach Jahren herausstellt, führt grundsätzlich – soweit nicht ein (unter Umständen verfassungsrechtlich gebotener) Vertrauensschutz eingreift – zur Unwirksamkeit der Annahme und kann dem (vermeintlichen) Adoptivkind beispielsweise ein Erbrecht nach den Adoptiveltern verwehren.

Auch die Reichweite der Wirkungen einer Vertragsadoption richtet sich nach dem kollisionsrechtlich maßgeblichen Sachrecht. Für einzelne Ausschnitte aus den Rechtsfolgen des Annahmeverhältnisses, etwa in den Bereichen des Unterhaltsrechts, des Rechts der elterlichen Sorge oder des Erbrechts, geht die kollisionsrechtliche Prüfung von den Verweisungsnormen auf dem jeweiligen Rechtsgebiet (Artikel 18, 21, 25 EGBGB) aus; in bestimmten Fällen ist jedoch das auf Grund des Artikels 22 EGBGB zu bestimmende Adoptionsstatut mit zu berücksichtigen (*Palandt-Heldrich,* 58. Aufl., Artikel 22 EGBGB Rdnr. 6; *Staudinger-Henrich,* 13. Bearb., Artikel 22 EGBGB Rdnrn. 64 ff.). Im Ergebnis können die Adoptionswirkungen nach verschiedenen, teils ausländischen Rechtsordnungen zu bestimmen sein. Die Rechtslage kann sich hier sowohl kollisionsrechtlich als auch durch die Heranziehung fremden Sachrechts vielschichtig darstellen.

bb) **Dekretadoptionen** werden als Hoheitsakte vorrangig nach den Grundsätzen des internationalen Verfahrensrechts beurteilt:

Die Gültigkeit der ausländischen Adoptionsentscheidung auch im Inland – im Sprachgebrauch des Gesetzes: Ihre „Anerkennung" für den deutschen Rechtsbereich – richtet sich nach § 16a FGG. Greift keiner der in dieser Vorschrift genannten Ausschlussgründe ein, so wird die ausländische Entscheidung kraft Gesetzes anerkannt, ohne dass es eines besonderen gerichtlichen oder behördlichen Ausspruchs hierüber bedürfte. Die Anerkennungsversagungsgründe beziehen sich auf die Einhaltung der (spiegelbildlich zu den in § 43b Abs. 1 FGG niedergelegten Maßstäben des deutschen Rechts zu verstehenden) internationalen Zuständigkeit, die Gewährung rechtlichen Gehörs, die Vereinbarkeit mit früheren Entscheidungen und die Wahrung der deutschen öffentlichen Ordnung (ordre public), insbesondere der Wertordnung der Grundrechte. Die Anerkennung hängt dagegen nicht von einer Nachprüfung der Richtigkeit der ausländischen Entscheidung anhand des nach deutschem Internationalem Privatrecht anwendbaren oder des der ausländischen Entscheidung zugrunde zu legenden oder zugrunde gelegten Rechts ab.

Das dem ausländischen Adoptionsdekret zugrunde gelegte Recht gibt aber Auskunft über die Wirkungen, die sich aus der Anerkennung dieses Dekrets im Inland ergeben. Denn Anerkennung bedeutet nach überwiegender Interpretation (vgl. *Kropholler,* Internationales Privatrecht, 3. Aufl., S. 569) grundsätzlich die Erstreckung der Wirkungen, die der ausländischen Entscheidung im Ausland – genauer: nach dem ihr zugrunde liegenden Recht – zukommen, auf das Inland. Würde ein deutscher Adoptionsbeschluss – als Volladoption – stärker wirken als das ausländische Dekret, das auf eine schwache Adoption gerichtet ist, so hat es bei diesen schwächeren Wirkungen sein Bewenden. Denn es ist davon auszugehen, dass die der ausländischen Adoptionsentscheidung vorausgegangene Prüfung der Annahmevoraussetzungen auf das ihr zugrunde gelegte Recht und auf die darin vorgesehenen schwachen Wirkungen der Adoption abgestellt war. Dies kann namentlich für die Reichweite der von dem Kind oder den leiblichen Eltern gegebenen Zustimmungen gelten. Aus diesem Grunde verzichtet das deutsche Recht bislang generell auf eine so genannte Transformation oder Transposition ausländischer Adoptionsdekrete, legt ihnen also nicht die Wirkungen eines inländischen Annahmeausspruches bei.

cc) Sowohl die Wirksamkeit einer Vertragsadoption als auch die Anerkennung einer ausländischen Dekretadoption bilden eine **Vorfrage** in den verschiedensten öffentlichrechtlichen und privatrechtlichen Zusammenhängen, in denen es auf das Bestehen eines Eltern-Kind-Verhältnisses oder sonstigen Verwandtschaftsverhältnisses ankommt. Dabei stellt sich nicht nur die Frage der Anerkennung dem Grunde nach, sondern auch das Problem, die Rechtswirkungen der Kindesannahme im jeweiligen Einzelfall zu ermitteln. In diesem Zusammenhang wird es für die Anwendung einer deutschen Rechtsvorschrift oftmals der Klärung bedürfen, ob die Volladoption des deutschen Rechts durch eine Adoption nach fremdem Recht substituiert werden kann, ob also der ausländische Adoptionsakt mit den ihn kennzeichnenden Wirkungen ein Rechtsverhältnis des Kindes zu seinen Adoptiveltern begründet, das einem Kindschaftsverhältnis nach deutschem Recht gleichwertig ist.

Alle diese Fragen werden dabei grundsätzlich jeweils erneut und ohne rechtliche Bindung an bisherige Einschätzungen durch die verschiedenen zuständigen Gerichte und Behörden geprüft. Diese prinzipielle Notwendigkeit stets zu wiederholender Prüfung der Gültigkeit und Reichweite im Ausland vollzogener Adoptionen bringt für die betroffenen Familien wie auch für die mit der Frage jeweils befassten Stellen erhebliche Unsicherheiten und Belastungen mit sich.

dd) Zur **praktischen Klärung** der erwähnten Fragen kann die personenstandsrechtliche Beurkundung der Annahme durch Nachbeurkundung der Geburt (§ 41 Abs. 2 PStG) und Eintragung eines Randvermerks zum Geburtseintrag (§ 30 Abs. 1 Satz 1 PStG) oder durch Eintragung in das Familienbuch der annehmenden Ehegatten (§ 15 Abs. 1 Nr. 2 PStG) beitragen, doch kommt einer solchen Beurkundung lediglich deklaratorische Bedeutung zu (BGH, FamRZ 1960, 229, 230).

Zwar dürfte die Eintragung über den Wortlaut des § 60 Abs. 1 Satz 1 PStG hinaus eine Vermutung nicht nur für Tatsachen im engeren Sinne – die Vornahme des Adoptionsakts –, sondern auch für so genannte Rechtstatsachen – eine im deutschen Rechtsbereich gültiges Zustandekommen des Annahmeverhältnisses – begründen (OLG Köln, StAZ 1979, 272, 273; *Hoffmann*, in *Hepting/Gaaz*, PStG, § 60 Rdnrn. 17/18). Hinsichtlich der Wirkungen der Annahme, die in dem Eintrag zumeist lediglich in allgemeiner Form umschrieben werden können, werden sich jedoch häufig Zweifel ergeben. Auch kann die Vermutung gemäß § 60 Abs. 2 Satz 1 PStG widerlegt werden; dazu können, wenn man die Vermutungswirkung des § 60 Abs. 1 PStG nicht auf die Vornahme des Adoptionsakts beschränkt, sondern auf die Rechtsfrage der Wirksamkeit des Annahmeverhältnisses im Inland ausdehnt, auch Rechtsausführungen, etwa hinsichtlich eines Verstoßes der eingetragenen Kindesannahme gegen den deutschen ordre public, ausreichen.

Die Eintragung der im Ausland vollzogenen Adoption in ein deutsches Geburten- oder Familienbuch bewirkt daher nur einen sehr begrenzten Gewinn an Rechtsklarheit.

Zur Feststellung des Bestehens eines Eltern-Kind-Verhältnisses mit Wirkung für und gegen alle führt demgegenüber der Weg eines zwischen den Annehmenden und dem Adoptivkind zu führenden Kindschaftsprozesses (§ 640 Abs. 2 Nr. 1, § 640h Satz 1 ZPO). Hierbei ist allerdings – abgesehen von möglichen Zweifeln hinsichtlich der Voraussetzungen für ein Rechtsschutzbedürfnis im streitigen Verfahren – kaum geklärt, inwieweit Feststellungen hinsichtlich der einzelnen aus der Adoption folgenden Wirkungen im Eltern-Kind-Verhältnis an der Inter-omnes-Wirkung gemäß § 640h Satz 1 ZPO teilhaben. Jedenfalls hat sich diese – wohl als schwerfällig und wenig situationsgerecht empfundene – Lösung in der Praxis nicht durchsetzen können.

Um hinsichtlich der Gültigkeit und der Wirkungen der Annahme klare Verhältnisse zu schaffen, wird den Adoptiveltern deshalb häufig zu einer – zeit- und kostenintensiven – Wiederholung der Annahme nach deutschem Recht geraten. Dabei bereitet es nicht selten Schwierigkeiten, die gesetzlichen Adoptionsvoraussetzungen zu erfüllen, wenn etwa die im Herkunftsstaat erteilte Einwilligung der leiblichen Eltern den strengen Anforderungen des deutschen Rechts nicht genügt.

b) Vorgaben des Haager Übereinkommens

aa) Artikel 23 verpflichtet die Vertragsstaaten im Grundsatz, eine Kindesannahme, die in einem anderen Vertragsstaat unter Beachtung des Übereinkommens zustande gekommen ist, **kraft Gesetzes anzuerkennen**, also ohne dass es im Anerkennungsstaat einer auf die Anerkennung gerichteten Entscheidung oder Förmlichkeit bedürfte. Voraussetzung ist, dass die zuständige Stelle des Staates, in dem die Adoption vollzogen worden ist, deren konventionsgemäßes Zustandekommen bescheinigt hat.

Der in Artikel 23 der Übereinkunft verwendete Begriff der „Anerkennung" einer Annahme bezeichnet in der deutschen Fachterminologie die Erstreckung der Rechtswirkungen einer ausländischen Adoptionsentscheidung (Dekretadoption) auf den deutschen Rechtsbereich. Legt man einen weit gefassten Begriff der Dekretadoption zugrunde, der lediglich eine hoheitliche Prüfung der Vereinbarkeit der Annahme mit dem Kindeswohl verlangt, so lässt sich eine nach den Vorschriften der Übereinkunft – und damit nach Überprüfung seitens der zentralen Behörden im Heimat- und im Aufnahmestaat – durchgeführte Annahme möglicherweise schon wegen der Einhaltung dieses Verfahrens als Dekretadoption auffassen.

Unabhängig von der begrifflichen Abgrenzung dürfte aber jede Art der Adoption sofern die Regeln der Konvention eingehalten wurden, in den Anwendungsbereich des Artikels 23 fallen und im Sinne dieser Bestimmung „anzuerkennen" sein. Eine Vertragsadoption, deren Gültigkeit sich ansonsten grundsätzlich nach dem gemäß den Artikeln 22 und 23 EGBGB anzuwendenden Sachrecht beurteilt, wird damit auf Grund der Bescheinigung im Sinne des Artikels 23 des Übereinkommens als wirksam zu behandeln sein.

Der Anerkennungsbegriff der Übereinkunft dürfte wohl auch in der Richtung über das Begriffsverständnis des deutschen Rechts hinausgehen, dass auf Grund der Bescheinigung gemäß Artikel 23 die Wirksamkeit einer Dekretadoption nach dem im Entscheidungsstaat zugrunde gelegten Recht nicht mehr in Frage gestellt werden darf. Demgegenüber lässt die auf dem Prinzip der Wirkungserstreckung beruhende Anerkennung im Sinne des § 16a FGG die Möglichkeit offen, dass die anzuerkennende Entscheidung im Entscheidungsstaat selbst und folglich auch im Inland wirkungslos sein könnte.

Als Anerkennungshindernis kennt die Übereinkunft im Wesentlichen nur den offensichtlichen Widerspruch der Adoption zur öffentlichen Ordnung des Anerkennungsstaates; bei der Prüfung dieses Merkmals ist das Wohl des Kindes zu berücksichtigen (Artikel 24). Dieser Tatbestand ist mit dem Ordre-public-Vorbehalt gemäß § 16a Nr. 4 FGG, Artikel 6 Satz 1 EGBGB bedeutungsgleich, denn im Rahmen der letztgenannten Vorschriften ist auf das durch die Annahme herbeigeführte Ergebnis und damit auch auf das Kindeswohl Bedacht zu nehmen.

bb) Artikel 26 der Übereinkunft trifft Bestimmungen über die **Wirkungen** einer in den Anwendungsbereich des Übereinkommens fallenden Annahme und deren Anerkennung in den Vertragsstaaten.

In den Anwendungsbereich des Übereinkommens fallen nach dessen Artikel 2 Abs. 2 nur Adoptionen, die ein dauerhaftes Eltern-Kind-Verhältnis begründen; aus Artikel 3 ergibt sich ferner, dass die Übereinkunft grundsätzlich nur die Annahme eines Kindes vor Vollendung dessen achtzehnten Lebensjahres erfasst. Daraus zieht Artikel 26 Abs. 1 Buchstabe a und b die Konsequenz und normiert als in allen Vertragsstaaten anzuerkennende Mindestwirkung jeder derartigen Adoption die Begründung eines Eltern-Kind-Verhältnisses, d. h. eines unmittelbarer Abstammung entsprechenden Verwandtschaftsverhältnisses, zwischen den Annehmenden und dem Kind sowie der elterlichen Verantwortung der Annehmenden für das Kind.

Artikel 26 Abs. 1 Buchstabe c und Abs. 2 enthält weitere Regelungen für den Fall, dass es sich bei der (im Heimat- oder im Aufnahmestaat) konventionsgemäß vollzogenen Annahme nach dem dabei zugrunde gelegten Recht um eine Volladoption handelt. In diesem Fall ist die Beendigung des Rechtsverhältnisses zwischen dem Kind und dessen leiblichen Eltern in allen Vertragsstaaten anzuerkennen (Absatz 1 Buchstabe c). Ferner genießt das Kind in jedem Vertragsstaat, dessen Sachrecht ebenfalls die Volladoption kennt, eine der Volladoption nach dem jeweiligen Sachrecht entsprechende Rechtsstellung (Absatz 2).

Nach Artikel 26 Abs. 3 bleibt die Anwendung für das Kind günstigerer Bestimmungen unberührt. Der Regelungsgehalt der Norm, der im Erläuternden Bericht (Rdnr. 470) als selbstverständlich bezeichnet wird, zielt auf eine schwache Adoption ab und stellt es den Vertragsstaaten insoweit frei, dem Kind weitergehende Rechte gegenüber den Adoptiveltern einzuräumen, als sie nach dem der anzuerkennenden Kindesannahme zugrunde liegenden Recht bestehen. Die Vorschrift trifft dagegen keine Aussage darüber, unter welchen Voraussetzungen einer schwachen Adoption die Wirkungen einer Volladoption beigelegt werden können. Denn die mit einer solchen Wirkungstransformation verbundene (vollständige) Beendigung der Rechtsbeziehungen des Kindes zu seinen leiblichen Eltern wird kaum schlechthin als günstigere Behandlung eingeordnet werden können.

cc) Für die letztgenannte Problemlage trifft Artikel 27 Abs. 1 der Übereinkunft eine besondere Regelung und erlaubt es unter bestimmten Voraussetzungen, eine im Heimatstaat vorgenommene **schwache Adoption** im Aufnahmestaat **in eine Volladoption umzuwandeln**.

Vorausgesetzt wird dafür neben entsprechenden Vorkehrungen im Recht des Aufnahmestaates (Absatz 1 Buchstabe a), dass die in Artikel 4 Buchstabe c und d genannten, nach dem Recht des Heimatstaates (einschließlich des Internationalen Privatrechts) erforderlichen Zustimmungen des Kindes, seiner leiblichen Eltern und sonstiger Personen oder Stellen zu der zunächst durchgeführten schwachen Adoption auch eine Volladoption tragen oder dass diese Zustimmungen nachträglich hierauf erstreckt werden (Absatz 1 Buchstabe b). Lässt sich die Erfüllung dieser Voraussetzung im Nachhinein nicht mehr erreichen, weil etwa die leiblichen Eltern lediglich in eine schwache Adoption eingewilligt hatten, nun aber unbekannten Aufenthalts sind, so darf grundsätzlich nur nach Maßgabe des aus der Sicht des Heimatstaates anwendbaren Rechts hiervon abgesehen werden. Denn dieses Recht entscheidet darüber, welche Zustimmungen im Sinne des Artikels 4 Buchstabe c und d, auf den Artikel 27 Abs. 1 verweist, notwendig sind (vgl. Erläuternder Bericht, Rdnrn. 129 und 141).

Auch eine Umwandlung gemäß Artikel 27 Abs. 1 ist nach Artikel 27 Abs. 2 in Verbindung mit Artikel 23 Abs. 1 der Übereinkunft in allen Vertragsstaaten – namentlich auch im Heimatstaat (Erläuternder Bericht, Rdnr. 486) – anzuerkennen, sofern der Aufnahmestaat ihr konventionsgemäßes Zustandekommen bescheinigt und ihr eine übereinkommensgemäße Annahme im Heimatstaat vorausgegangen war.

Sonstige Fälle einer Umwandlung, wenn diese etwa nach (weiterer) Verlegung des gewöhnlichen Aufenthaltsorts des Kindes in einem anderen Vertragsstaat als dem Aufnahmestaat stattfindet, werden von Artikel 27 nicht erfasst (Erläuternder Bericht, Rdnr. 481). Aus diesem Hinweis lässt sich folgern, dass Artikel 27 nicht den Anspruch erhebt, jede Änderung der Wirkungen einer im Heimatstaat durchgeführten Annahme zu regeln. Lediglich für die Verpflichtung der Vertragsstaaten, eine in einem anderen Vertragsstaat herbeigeführte Wirkungsänderung gemäß Artikel 27 Abs. 2 in Verbindung mit Artikel 23 Abs. 1 des Übereinkommens anzuerkennen, kommt es auf die Einhaltung der in Artikel 27 Abs. 1 aufgestellten Voraussetzungen an. Das bedeutet zugleich, dass die Übereinkunft einer Wiederholungsadoption im Aufnahmestaat nach dem aus dortiger Sicht maßgeblichen Sachrecht nicht entgegensteht.

c) **Regelungsvorschläge des Entwurfs**

Zur Umsetzung der Haager Übereinkunft bedarf es nicht zwingend zusätzlicher Regelungen: Die in Artikel 23 normierte Anerkennung konventionsgemäß zustande gekommener Adoptionen kraft Gesetzes und die in Artikel 26 Abs. 1 und 2 festgelegten Anerkennungswirkungen erlangen mit der Transformation der völkervertraglichen Bestimmungen in das innerstaatliche Recht durch das Zustimmungsgesetz unmittelbare Geltung als Bundesrecht. Artikel 26 Abs. 3 und Artikel 27 eröffnen Regelungsspielräume für die Vertragsstaaten, von denen diese nicht Gebrauch machen müssen. Wenn Artikel 27 die Umwandlung einer schwachen in eine Volladoption ermöglicht, so lässt sich das gleiche Ergebnis auch durch Wiederholung der Annahme im Inland erzielen.

Der Entwurf muss deshalb zunächst die Fragen beantworten, ob ein besonderes Verfahren für die Anerkennung ausländischer Adoptionsakte oder zur Bestimmung ihrer Wirkungen innerhalb oder doch außerhalb des Anwendungsbereichs der Konvention angebracht erscheint (dazu unter aa). Wird dies bejaht, so fragt es sich weiter, ob und inwieweit die dem ausländischen Adoptionsakt zukommenden Wirkungen für den deutschen Rechtsbereich festgestellt oder auch abgeändert werden sollten (dazu unter bb). Schließlich wird zu klären sein, welchen Stellen die Zuständigkeit für das Verfahren übertragen werden (dazu unter cc) und ob dieses obligatorisch oder fakultativ sein sollte (dazu unter dd).

aa) Wie dargelegt (oben unter a bb und cc) besteht vor allem für die Adoptivfamilie, aber auch für andere Teilnehmer am Rechtsverkehr sowie für staatliche Stellen ein Bedürfnis, **Bestand und Inhalt** des durch einen ausländischen Adoptionsakt begründeten Kindschaftsverhältnisses **verbindlich geklärt** zu sehen. Diesem Bedürfnis wird nach geltender Rechtslage häufig durch Wiederholung der Annahme im Inland oder allenfalls durch personenstandsrechtliche Beurkundung der im Ausland erfolgten Annahme abgeholfen. In der rechtspolitischen Diskussion wird demgegenüber seit langem die Forderung nach einem besonderen Anerkennungsverfahren für ausländische Adoptionsakte erhoben (so bereits *Schurig,* StAZ 1973, 144/145; zuletzt *Marx,* ZfJ 1998, 147 ff., mit weiteren Nachweisen).

Der Entwurf des (am 1. September 1986 in Kraft getretenen) Gesetzes zur Neuregelung des Internationalen Privatrechts, der mit § 16a FGG auf dem Gebiet der freiwilligen Gerichtsbarkeit erstmals eine Kodifikation des Grundsatzes der Anerkennung kraft Gesetzes auch für ausländische Entscheidungen vorschlug, beinhaltete keine Sonderregelung für ausländische Adoptionsdekrete. Der Grund hierfür lag vornehmlich in der Erwägung, eine Anerkennungsentscheidung erfülle nur dann ihren Zweck, wenn sie zugleich die Wirkungen der ausländischen Adoption, die von Fall zu Fall ganz unterschiedlich sein könnten, feststelle; dafür eigne sich ein vereinfachtes, außerprozessuales Verfahren jedoch nicht (Bundestagsdrucksache 10/504, S. 93). Ein besonders praxisrelevantes Beispiel hierfür bildet nach geltendem Recht der Erwerb der deutschen Staatsangehörigkeit; dieser setzt nach gefestigter verwaltungsgerichtlicher Rechtsprechung voraus, dass eine im Ausland vollzogene Annahme durch Deutsche in ihren Wirkungen nicht wesentlich hinter denen der Minderjährigenadoption deutschen Rechts zurückbleibt (vgl. BayVGH, StAZ 1989, 287, 289/290). Eine Entscheidung allein über die Anerkennungsfrage würde daher beispielsweise hinsichtlich der Staatsangehörigkeit des Kindes zwar eine der Vorfragen erledigen, aber keine vollständige Klärung herbeiführen.

Aus den beiden genannten Diskussionslinien ergeben sich zwei Anforderungen an ein Verfahren zur Überprüfung ausländischer Adoptionsakte:

- Damit ein solches Verfahren als Fortschritt in der Rechtsentwicklung bezeichnet werden kann, muss es im Vergleich zu einer Wiederholung der Annahme nach deutschem Recht einfacher zu handhaben sein.
- Soll sich der in einer einfacheren Handhabung liegende Vorteil verwirklichen, muss das Verfahren eine Wiederholungsadoption auch entbehrlich machen. Dazu sind Regelungen über die Wirkungen des ausländischen Adoptionsakts erforderlich.

Verglichen mit der personenstandsrechtlichen Beurkundung eines ausländischen Adoptionsakts, bietet ein spezielles Verfahren deutliche Vorteile: Vor allem können die Wirkungen der Anerkennungsentscheidung stärker ausgestaltet werden als die widerlegliche Vermutung gemäß § 60 PStG. Auch erhalten die Standesbeamten mit dem Ausgang des Verfahrens eine klare Orientierung für die Eintragungen in die Personenstandsbücher.

Vereinfachungsvorteile gegenüber einer Adoptionswiederholung bietet ein spezielles Verfahren, weil es keine volle Nachprüfung der Annahmevoraussetzungen verlangt. Diese Prüfung liegt vielmehr bereits der ausländischen Adoptionsentscheidung zugrunde. Die Überprüfung kann sich insoweit auf die in § 16a FGG normierten Anerkennungsversagungsgründe beschränken. Hierbei kommt dem Vorbehalt der öffentlichen Ordnung (so genannter ordre public) gemäß § 16a Nr. 4 FGG die größte Bedeutung zu.

Zur Wahrung der durch diese Vorschrift geschützten wesentlichen Grundsätze des deutschen Rechts kann es beispielsweise ausreichen, dass die elterliche Adoptionszustimmung nach Maßgabe des Heimatrechts erteilt ist, auch wenn dieses im Unterschied zum deutschen Recht (vgl. Erman/*Holzhauer,* BGB, 10. Aufl., § 1747 Rdnr. 5) die so genannte Blankoeinwilligung in die Annahme durch erst noch auszuwählende Adoptionsbewerber kennt. Fehlt die elterliche Einwilligung, so soll dies unbedenklich sein, sofern ein plausibler Grund für das Absehen von dem grundsätzlichen Erfordernis gegeben ist (Staudinger-*Henrich,* 13. Bearb., Artikel 22 EGBGB Rdnr. 91; *Klinkhardt,* in: Münchener Kommentar zum BGB, 3. Aufl., Artikel 22 EGBGB Rdnr. 92, mit weiteren Nachweisen). Für die Anerkennung eines ausländischen Adoptionsdekrets werden daher in Bezug auf die elterliche Zustimmung oftmals nicht die gleichen hohen Hürden zu überwinden sein wie bei einer Adoptionswiederholung, bei der die Artikel 22 und 23 EGBGB zumeist zur kumulativen Anwendung der Zustimmungserfordernisse nach deutschem Sachrecht und dem Heimatrecht des Kindes führen. Zudem wird es im Anerkennungsverfahren – anders als bei der Wiederholungsadoption (§ 56d FGG) – auf Grund einer bereits im Herkunftsstaat durchgeführten fachlich fundierten Kindeswohlprüfung grundsätzlich keiner erneuten Begutachtung der Adoptionsbewerber und des Kindes mehr bedürfen. Schließlich kann ein Überprüfungsverfahren auch kostengünstiger durchgeführt werden als die Wiederholungsadoption, bei der weitere Kosten, z. B. Gebühren für die Beurkundung von Anträgen und Einwilligungen, anfallen.

Die **Belange des Kindes und seiner (früheren) Eltern** bleiben dabei in vollem Umfang gewahrt. Hervorzuheben ist in diesem Zusammenhang, dass die Einführung eines Anerkennungsverfahrens keine Absenkung der im geltenden Recht geregelten Anerkennungshindernisse und des damit verbundenen gesetzlichen Schutzniveaus bedeutet. So ist bei der Prüfung, ob dem Erfordernis elterlicher Zustimmung Genüge getan ist oder ob ausnahmsweise hiervon abgesehen werden durfte, auf die – auch grundgesetzlich geschützte – Bedeutung des Familienbandes und der elterlichen Verantwortung Bedacht zu nehmen. Eine dem deutschen ordre public genügende Kindeswohlprüfung im Herkunftsstaat setzt voraus, dass der Adoptionsentscheidung eine fachliche Begutachtung der Adoptionsbewerber vorausgegangen ist, die deren Lebensumstände annähernd vollständig erfassen muss und deshalb in der Regel nur durch eine ausländische Fachstelle geleistet werden kann. Hat eine derartige fachlich fundierte Prüfung nicht stattgefunden, so begründet dies Zweifel an der Vereinbarkeit der ausländischen Adoptionsentscheidung mit dem deutschen ordre public, die im Rahmen eines gerichtlichen oder behördlichen Verfahrens der Aufklärung bedürfen. Die im Herkunftsstaat vollzogene Adoption kann in einem solchen Fall nur anerkannt werden, wenn sie nach eingehender Prüfung im Ergebnis nicht gegen wesentliche Grundsätze des deutschen Adoptionsrechts, insbesondere nicht gegen § 1741 Abs. 1 BGB, verstößt.

Jedenfalls ein Verfahren, das zur Anerkennung eines ausländischen Adoptionsakts mit umfassender Wirkung führt, bietet damit im Vergleich zur Wiederholung der Annahme im Inland beachtliche Erleichterungen, ohne den Schutz des Kindes oder der Eltern zu vernachlässigen. Seine Einführung erscheint daher jedenfalls dann empfehlenswert, wenn die Ausgestaltung der Entscheidungswirkungen das Bedürfnis für eine Wiederholungsadoption entfallen lässt. Fraglich erscheint allerdings, ob sich ein solches Verfahren auch auf Adoptionen nach der Haager Übereinkunft erstrecken und ob es auch für Vertragsadoptionen vorgesehen werden sollte.

Innerhalb des Anwendungsbereichs der **Haager Übereinkunft** wird das Bedürfnis nach Absicherung durch eine Wiederholungsadoption oder – als Alternative dazu – in einem speziellen Verfahren weniger dringlich sein als außerhalb dieses Rahmens. Denn der Anerkennung einer Annahme, deren konventionsgemäßes Zustandekommen nach Artikel 23 des Übereinkommens bescheinigt ist, kann nur der Vorbehalt der öffentlichen Ordnung (Artikel 24) entgegengehalten werden. Dieser dürfte aber im Bereich der Übereinkunft mit ihren weitreichenden Schutzbestimmungen nur eine geringe Rolle spielen, zumal eine Adoptionsvermittlungsstelle im Aufnahmestaat den Vermittlungsvorgang begleiten und der Fortsetzung des Adoptionsverfahrens zustimmen muss. Vor diesem Hintergrund könnte erwogen werden, Adoptionen, die unter die Haager Übereinkunft fallen, von den Regelungen für ein besonderes Verfahren auszunehmen.

Auch wenn aber die Anerkennung einer im Anwendungsbereich der Übereinkunft vollzogenen Annahme dem Grunde nach in den meisten Fällen außer Streit stehen wird, bleibt für die Adoptivfamilie dennoch ein Rest an Ungewissheit, da die Wirkungen, die eine im Heimatstaat vollzogene Annahme im Aufnahmestaat entfaltet, im Übereinkommen nicht für alle Fälle einheitlich geregelt sind, sondern davon abhängen, ob es sich im Heimatstaat um eine schwache (Artikel 26 Abs. 1) oder um eine Volladoption (Artikel 26 Abs. 2) handelt. Insoweit besteht mithin auch im Anwendungsbereich der Übereinkunft ein Klarstellungsbedürfnis, dem durch eine allgemeinverbindliche Feststellung abgeholfen werden könnte. Die durch Artikel 23 vorgeschriebene Anerkennung kraft Gesetzes steht einem Anerkennungsverfahren dann nicht entgegen, wenn es – jedenfalls für die Übereinkommensadoptionen – fakultativ, seine Durchführung also nicht Voraussetzung für die Anerkennung im deutschen Rechtsbereich ist. Auch andere internationale Anerkennungs- (und Vollstreckungs-)Vereinbarungen, die auf dem Prinzip der Anerkennung kraft Gesetzes basieren, lassen eine Klage auf Feststellung der Anerkennung einer ausländischen Entscheidung zu, so zuletzt Artikel 14 Abs. 3 des Brüsseler Übereinkommens vom 28. Mai 1998 über die Zuständigkeit und die Anerkennung und Vollstreckung von Entscheidungen in Ehesachen.

Vertragsadoptionen sollten, soweit sie unter die Haager Übereinkunft fallen, nicht anders behandelt werden als Dekretadoptionen im Anwendungsbereich der Konvention. Denn weder in Bezug auf die Anerkennungsvoraussetzungen noch hinsichtlich der Annahmewirkungen unterscheidet die Konvention zwischen beiden Adoptionsarten. Ihre Unterschiede werden dadurch im Anwendungsbereich des Übereinkommens auch für den deutschen Rechtsbereich weitgehend eingeebnet.

Bei Vertragsadoptionen außerhalb des Konventionsrahmens verlangt ein Verfahren zur Überprüfung der Wirksamkeit eines solchen Adoptionsakts dagegen die volle Nachprüfung der Gültigkeitsvoraussetzungen nach dem durch das deutsche Internationale Privatrecht berufenen Sachrecht. Ein solches Verfahren könnte sich gegenüber der geltenden Rechtslage vor allem dann als vorteilhaft erweisen, wenn es zu Klarstellungen hinsichtlich der Adoptionswirkungen führt.

bb) Die Praxistauglichkeit eines speziellen Verfahrens sowie die Reichweite, die ihm beigelegt werden sollte, hängen damit wesentlich von einer tragfähigen **Regelung der Adoptionswirkungen** ab. Problematisch erscheint dabei vor allem, ob und inwieweit die dem ausländischen Adoptionsakt zukommenden Wirkungen für den deutschen Rechtsbereich festgestellt oder auch abgeändert werden sollten. Die Regelungsvorschläge des Entwurfs bewegen sich insoweit im Spannungsfeld zwischen zwei gegenläufigen Vorgaben:

- Einerseits erscheint es wünschenswert, die Wirkungen der ausländischen Kindesannahme soweit als möglich denen eines deutschen Annahmeausspruchs anzugleichen. Das schafft Rechtsklarheit für die Adoptivfamilie, aber auch für den Rechtsverkehr, der auf die Geltung deutschen Sachrechts eingestellt ist. Durch weitestmögliche Annäherung an die Wirkungen einer Volladoption nach deutschem Recht wird sich zudem am ehesten erreichen lassen, dass die Betroffenen auf eine Wiederholung der Annahme im Inland verzichten.

- Andererseits gilt es bei ausländischen Adoptionsakten darauf Rücksicht zu nehmen, dass die diesen zugrunde liegende Prüfung der Annahmevoraussetzungen auf die mitunter schwächeren Adoptionswirkungen nach dem jeweils angewandten Recht abgestellt ist, so dass es problematisch erscheint, dem ausländischen Adoptionsakt im Inland weitergehende Wirkungen beizulegen, als sie das ihm zugrunde liegende Recht vorsieht.

In diesem Zusammenhang stellt sich vorab die Frage, ob die inländische Rechtsordnung gegenüber ausländischen Adoptionsdekreten darauf verwiesen ist, deren Wirkungen allenfalls festzustellen, oder ob sie darüber hinaus zu einer Abänderung dieser Wirkungen befugt ist.

Völkerrechtliche Hinderungsgründe, einem ausländischen Hoheitsakt (im Falle der Dekretadoption) im Inland stärkere Wirkungen beizulegen als im Entscheidungsstaat, bestehen grundsätzlich **nicht**: Ebensowenig wie ein Staat – außerhalb vertraglich übernommener Verpflichtungen – gehalten ist, den ausländischen Hoheitsakt im eigenen Territorium anzuerkennen (*Nagel/Gottwald,* Internationales Zivilprozessrecht, 4. Aufl., § 11 Rdnr. 2), sondern hierüber durch einen Rechtssatz seines autonomen Rechts entscheidet (*Kropholler,* Internationales Privatrecht, 3. Aufl., S. 551), ist er gehindert, den ausländischen Rechtsakt zum Tatbestandselement einer Norm zu machen, die im eigenen Souveränitätsbereich an diesen Rechtsakt weiterreichende Rechtsfolgen knüpft, als dies das Recht des Entscheidungsstaates tut.

Diskutiert wird zwar, ob die souveräne Freiheit eines Staates, über die Anerkennung eines ausländischen Hoheitsakts für den eigenen Herrschaftsbereich zu entscheiden, bei Akten, die sich auf den Status einer Person beziehen, menschenrechtlichen Einschränkungen unterliegt (vgl. *Martiny,* Handbuch des Internationalen Zivilverfahrensrechts, Bd. III/1, Rdnr. 158); derartige Einschränkungen werden dann aber zugleich bereits kraft grundgesetzlicher Gewährleistungen zu beachten sein. Aus diesem Grund kann etwa einer schwachen Adoption, die das Rechtsverhältnis des Kindes zu seien leiblichen Eltern in wesentlichen Teilen bestehen lässt, die Wirkung einer Volladoption nur dann beigelegt werden, wenn die elterliche Zustimmung sich hierauf erstreckte, wenn sie nachträglich entsprechend erweitert wird oder wenn nach rechtsstaatlichen Maßstäben ein Absehen von dieser Zustimmung gerechtfertigt ist.

Gegen eine Ausdehnung der Wirkungen eines ausländischen Adoptionsakts könnte weiter sprechen, dass dies zu einer unterschiedlichen Reichweite des Rechtsakts und damit zu einer unterschiedlichen Rechtsstellung des angenommenen Kindes in verschiedenen Staaten führen kann (vgl. *Kropholler,* a. a. O., S. 569). Allerdings ist es nicht ungewöhnlich, wenn die Rechtsstellung einer Person etwa auf Grund unterschiedlicher internationalprivatrechtlicher Anknüpfungen in verschiedenen Staaten abweichend voneinander beurteilt wird. Auch sollte es gerade im Interesse der Adoptivfamilie in begrenztem Rahmen möglich sein, durch eine Angleichung der Wirkungen eines ausländischen Adoptionsakts die Rechtsstellung des angenommenen Kindes im Inland an das hier geltende Kindschaftsrecht anzunähern, selbst wenn dafür eine uneinheitliche Rechtsstellung des Kindes in verschiedenen Staaten in Kauf genommen werden muss. In den meisten Fällen grenzüberschreitender Adoption wird sich der Schwerpunkt der Bindungen des Kindes in den Aufnahmestaat verlagern. Mit Rücksicht auf das Wohl des Kindes sollte deshalb dessen harmonischer Integration in die Rechtsordnung des Aufnahmestaates gegenüber dem – prinzipiell wünschenswerten – **äußeren Entscheidungseinklang** der Vorzug gegeben werden.

Der Entwurf kann daher über eine allgemeinverbindliche Feststellung der Wirkungen eines ausländischen Adoptionsakts nach Maßgabe des Rechts, das der Adoption zugrunde liegt, hinausgehen. Eine bloße Wirkungsfeststellung würde nicht die Frage nach der Möglichkeit einer so genannten **Substitution** der ausländischen für eine Inlandsadoption beantworten. In vielen rechtlichen Zusammenhängen nicht nur des Privat-, sondern auch des öffentlichen Rechts bedürfte es nach wie vor der Klärung, ob der ausländische Adoptionsakt mit den ihn kennzeichnenden Wirkungen ein Rechtsverhältnis des Kindes zu seinen Adoptiveltern begründet, das einem Kindschaftsverhältnis nach deutschem Recht gleichwertig ist. Den Adoptiveltern sollte aber die Ungewissheit, ob ihr Schützling im Inland auch wirklich als „ihr Kind“ (und nicht etwa nur als Pflegekind oder Mündel) angesehen wird, soweit wie möglich abgenommen werden. Geboten erscheint dies vorrangig im Interesse des Kindes, das sich in einer – auch rechtlich – stabilen und auf Integration bedachten Lebensumwelt besser entwickeln kann. Und für das Kind und seine Entwicklung übernimmt die inländische Rechtsordnung schon mit ihrem grundsätzlichen Ja zur Anerkennung der nach ausländischem Recht vollzogenen Adoption durch deutsche oder in Deutschland lebende Adoptiveltern eine Mitverantwortung.

Die Vorschläge des Entwurfs sehen für den Regelfall einen Anerkennungs- und Wirkungsausspruch über die ausländische Adoption vor und orientieren sich in ihrer näheren Ausgestaltung an den Bestimmungen der Haager Übereinkunft und damit an einem international akzeptierten rechtlichen Standard:

- Handelt es sich bei dem ausländischen Adoptionsakt nach dem ihm zugrunde liegenden

Recht um eine Volladoption, so bildet dies eine ausreichende Grundlage, um das Annahmeverhältnis einem durch Minderjährigenadoption nach deutschem Sachrecht begründeten Kindschaftsverhältnis gleichzustellen (Artikel 26 Abs. 2 des Übereinkommens).

- Eine schwache Adoption kann dagegen nur dann in eine Volladoption nach deutschem Recht umgewandelt werden, wenn dies dem Wohl des Kindes dient und die dafür erforderlichen Zustimmungen vorliegen (Artikel 27 des Übereinkommens).
- Handelt es sich um eine schwache Adoption, sind die Voraussetzungen für eine Umwandlung aber nicht erfüllt oder wird die Umwandlung von den Beteiligten nicht gewünscht, so greift eine eingeschränkte Substitution der fremdrechtlichen Adoption Platz. Diese bezieht sich auf die elterliche Sorge und die Unterhaltspflicht der Annehmenden und sichert dem Kind ein Mindestmaß rechtlicher Integration in die neue Lebensumwelt, ohne ihm mögliche nachteilige Rechtsfolgen einer Volladoption und der damit verbundenen Herauslösung aus dem bisherigen Familienverband aufzuerlegen (Artikel 26 Abs. 1 und 3 des Übereinkommens).

Als Ergebnis eines erfolgreich durchgeführten Verfahrens soll das Kind eine endgültig gesicherte Rechtsstellung erhalten ebenso wie nach einer Wiederholung der Adoption im Inland. Das bedeutet, dass das zwischen dem Kind und den Adoptiveltern begründete Rechtsverhältnis – sieht man von einer möglichen Wiederaufhebung ab – durch Fehler des ausländischen Adoptionsakts grundsätzlich nicht mehr in Frage gestellt und dass der Wirkungsausspruch ebenso wie ein Annahmeausspruch (§ 56e FGG) weder abgeändert noch angefochten werden kann. Allerdings wirkt der Beschluss in einem Teil der Fälle nicht gegenüber den leiblichen Eltern des Kindes, da diese – soll das Verfahren handhabbar bleiben – nicht als Beteiligte hinzugezogen werden können.

Die vorgeschlagenen Regelungen erfassen Dekret- wie Vertragsadoptionen und sind im Überschneidungsbereich zwischen Verfahrens-, Kollisions- und Sachrecht angesiedelt. Sie werden daher – ähnlich wie die Sondervorschriften über die Anerkennung ausländischer Entscheidungen in Ehesachen in Artikel 7 des Familienrechtsänderungsgesetzes vom 11. August 1961 (BGBl. III 400-4) – nicht in eine der einschlägigen Kodifikationen (FGG, EGBGB oder BGB) eingegliedert, sondern unter dem Titel „Gesetz über Wirkungen der Annahme als Kind nach ausländischem Recht – Adoptionswirkungsgesetz (AdWirkG)" als spezial-gesetzliche Normierung in Artikel 2 des Entwurfs platziert. Einzelheiten ergeben sich aus der Einzelbegründung zu dieser Vorschrift.

cc) Als für die Durchführung des Verfahrens zuständige Stellen bieten sich insbesondere an:

- die Landesjustizverwaltungen oder – in einigen Ländern – die Präsidentinnen und Präsidenten der Oberlandesgerichte, in deren Händen das Verfahren zur Anerkennung ausländischer Entscheidungen in Ehesachen liegt (Artikel 7 § 1 FamRÄndG);
- die Bundeszentralstelle für Auslandsadoption, die Informationen über Adoptionsrecht und -praxis in ausländischen Staaten sammelt;
- die zentralen Adoptionsstellen der Landesjugendämter, die auf dem Gebiet der Vermittlung von Auslandsadoptionen tätig und in Fällen mit Auslandsberührung von den Jugendämtern zu beteiligen sind (§ 11 Abs. 1 Nr. 2 und 3 AdVermiG);
- die Vormundschaftsgerichte, die durch die bisher weithin üblichen Wiederholungsadoptionen mit der Problemlage vertraut sind.

Der Entwurf schlägt vor, die Vormundschaftsgerichte mit dieser Aufgabe zu betrauen. Dies beruht auf folgenden Erwägungen:

Das verbreitete Streben, ministerielle Aufgaben vor allem bei der Bearbeitung von Einzelfallangelegenheiten möglichst zurückzuführen, spricht eher gegen eine Befassung der Landesjustizverwaltungen mit den Anerkennungsverfahren. Ausdruck dieses Strebens war bereits die Einfügung des Absatzes 2a in Artikel 7 des Familienrechtsänderungsgesetzes, der die Delegation der Zuständigkeit für die Anerkennung ausländischer Entscheidungen in Ehesachen auf die Präsidentinnen und Präsidenten der Oberlandesgerichte erlaubt, durch Artikel 4 des Gesetzes zur Änderung des Rechtspflegergesetzes und anderer Gesetze vom 24. Juni 1994 (BGBl. I S. 1374).

Die in Rede stehende Zuständigkeit der Bundeszentralstelle oder den Landesjugendämtern zu übertragen, könnte zur Entlastung der Justiz beitragen. Da allerdings die Vormundschaftsgerichte für die Wiederholung ausländischer Adoptionen im Inland zuständig sind, liegt ein Entlastungsbeitrag auch bereits in der Einführung eines im Vergleich zur Adoptionswiederholung vereinfachten Verfahrens.

Ausschlaggebend dafür, eine gerichtliche – nicht behördliche – Zuständigkeit vorzusehen, erscheint demgegenüber die rechtliche Tragweite des vorgeschlagenen Verfahrens: Mit dem Wirkungsausspruch erhält das Kind eine abgesicherte Rechtsstellung. Diese erschöpft sich – anders als bei der Anerkennung ausländischer Entscheidungen in Ehesachen – nicht darin, den durch eine ausländische Entscheidung bereits herbeigeführten Wirkungen Geltung im Inland zu verschaffen, sondern beinhaltet zusätzlich eine Bestätigung oder – je nach Lage des Falles – Umgestaltung dieser Rechtswirkungen. Diese wird auch dann nicht hinfällig, wenn sich der ausländische Adoptionsakt im Nachhinein als nach dem zugrunde liegenden ausländischen Recht unwirksam herausstellt. Eine Entscheidung, die dem Kind eine abgesicherte Rechtsstellung wie auf der Grundlage eines inländischen Annahmeausspruches verleiht, rückt zumindest in die Nähe eines familienrechtlichen Gestaltungsakts, der traditionell und rechtssystematisch dem Richter vorbehalten ist. Dies gilt um so mehr, wenn diese Entscheidung – ebenso wie ein Beschluss über die Annahme als Kind (§ 56e Satz 3 FGG) – der Anfechtung entzogen sein soll. Im Unterschied zur richterlichen Entscheidung könnte ein behördlicher Wirkungsausspruch nicht unanfechtbar gestellt werden (Artikel 19 Abs. 4 GG).

Aus diesen Gründen schlägt der Entwurf vor, die Zuständigkeit für den Wirkungsausspruch bei den Vormundschaftsgerichten anzusiedeln, die Bundeszentralstelle für Auslandsadoption jedoch am Verfahren zu beteiligen. Auf diese Weise fließt die Fachkompetenz der Bundeszentralstelle in die Entscheidungsfindung mit ein und trägt dazu bei, dass im Verfahren die tatsächlich und rechtlich bedeutsamen Gesichtspunkte möglichst vollständige Berücksichtigung finden und nach bundeseinheitlichen Maßstäben gewürdigt werden.

Diese Form des Zusammenwirkens der Vormundschaftsgerichte und einer zentralen Fachstelle entspricht Forderungen, die im Vorfeld der Neuregelung des Internationalen Privatrechts Mitte der achtziger Jahre von der Bundesarbeitsgemeinschaft der Landesjugendämter (IPRax 1985, 308, 309) erhoben worden sind und im Reformschrifttum (*Hohnerlein*, Internationale Adoption und Kindeswohl, 1991, S. 166) Unterstützung gefunden haben. Für ein **gerichtliches** Verfahren zur Bestätigung ausländischer Adoptionsakte hat sich seinerzeit auch der Bundesverband der Standesbeamten (StAZ 1984, 97, 98) ausgesprochen.

dd) Ein obligatorisches Anerkennungsverfahren, bei dem die Anerkennungsfolge wie bei der Anerkennung ausländischer Entscheidungen in Ehesachen nach Artikel 7 des Familienrechtsänderungsgesetzes erst mit der (positiven) Anerkennungsentscheidung eintritt, könnte von vornherein allein außerhalb des Anwendungsbereichs der Haager Übereinkunft gelten. Denn deren Artikel 23 schreibt für konventionsgemäß zustande gekommene Adoptionen die Anerkennung kraft Gesetzes vor. Es fragt sich also nur, ob die Anerkennung nicht konventionsgebundener Adoptionen zwingend von einer formalisierten Prüfung abhängig gemacht werden sollte.

Dies könnte einerseits als Rückschritt im Vergleich zur geltenden anerkennungsfreundlichen Rechtslage erscheinen, die in § 16a FGG für ausländische Adoptionsdekrete ganz allgemein die Anerkennung kraft Gesetzes vorsieht. Das gilt um so mehr, als internationale Vereinbarungen über die Anerkennung ausländischer Entscheidungen (auch) in familienrechtlichen Angelegenheiten zunehmend dem gleichen anerkennungsfreundlichen Konzept folgen.

Andererseits lassen sich Erwägungen der Rechtssicherheit und der Rechtsvereinfachung nicht nur – aus der Sicht der Adoptivfamilie – für die **Möglichkeit**, sondern auch – aus der Perspektive des Rechtsverkehrs und der bisher mit der Inzidentprüfung ausländischer Adoptionen befassten Behörden – für ein (zwingendes) **Erfordernis** allgemein verbindlicher Entscheidung über die Anerkennung anführen. Denn bei ausländischen Adoptionsakten ist für den Rechtsanwender wie für die Adoptivfamilie die Ungewissheit nicht nur über die Anerkennung dem Grunde nach, sondern zusätzlich über die kindschaftsrechtlichen Wirkungen und über deren Bewertung als Vorfrage im Vergleich zu anderen familienrechtlichen Vorgängen besonders ausgeprägt. Hinzu tritt die Überlegung, dass ein obligatorisches Anerkennungsverfahren einen Weg zu stärkerer staatlicher Kontrolle so genannter Privatadoptionen weisen könnte, die im Heimatstaat ohne Beteiligung einer im Aufnahmestaat anerkannten Vermittlungsstelle zustande kommen (*Hohnerlein,* Internationale Adoption und Kindeswohl, 1991, S. 158 ff.).

Das Gewicht dieser Argumente, die für ein obligatorisches statt eines fakultativen Verfahrens sprechen, sollte allerdings nicht überschätzt werden:

- In der großen Mehrzahl der Fälle werden die Adoptiveltern einen ihnen angebotenen Verfahrensweg auch beschreiten und damit Rechtssicherheit nicht nur für ihre eigene Familie, sondern zugleich für den Rechtsverkehr insgesamt schaffen.
- Eine umfassende Nachprüfung der ausländischen Adoption unter dem Gesichtspunkt des Kindeswohls vorzusehen, würde das Verfahren in die Nähe der Wiederholungsadoption rücken. Das Wohl des Kindes kann auch durch nachgehende Betreuung der Adoptivfamilie (§ 9 AdVermiG) gefördert werden.

Vor diesem Hintergrund erscheint die Einführung eines obligatorischen Anerkennungsverfahrens verzichtbar. Vielmehr hält der Entwurf am Grundsatz der Anerkennungsfreundlichkeit des deutschen internationalen Verfahrensrechts auch gegenüber ausländischen Adoptionsdekreten fest. Aus zwei weiteren Gründen gibt er einem fakultativen Verfahren den Vorzug:

- Zum einen beruht dies auf dem Bestreben, die komplizierte Gesetzeslage so klar und übersichtlich wie möglich zu halten. Die Einführung eines obligatorischen Anerkennungsverfahrens würde erstens unterschiedliche Regelungen für Adoptionen innerhalb und außerhalb des Anwendungsbereichs der Haager Übereinkunft erfordern und zweitens Vorschriften notwendig machen, um die Rechtsstellung des Kindes in der Interimszeit zwischen Einreise und Anerkennungsentscheidung zu klären und abzusichern.
- Zum anderen nimmt der Entwurf hier Rücksicht auf das Souveränitätsbewusstsein mancher Heimatstaaten, die Adoptionsbewerber nur aus solchen Staaten zulassen, die sich – jedenfalls im Grundsatz – einer Nachprüfung der im Herkunftsstaat vollzogenen Kindesannahme enthalten. Adoptionsbedürftigen Kindern aus diesen Staaten soll der Weg zur Adoptiveltern nach

Deutschland nicht versperrt und deutschen Bewerberehepaaren soll die Chance, diesen Kindern ein neues Zuhause zu geben, nicht verbaut werden.

8. Kostenerhebung und Vollzugsaufwand

a) Die Übereinkunft erlaubt es in Artikel 32 Abs. 2, Kosten und Auslagen der grenzüberschreitenden Adoptionsvermittlung, einschließlich angemessener Honorare, zu erheben; Artikel 34 Satz 2 erwähnt daneben eigens die Möglichkeit, die Adoptionsbewerber mit den Auslagen für erforderlich werdende Übersetzungen zu belasten. Untersagt sind demgegenüber nach Artikel 32 Abs. 1 und 3 unstatthafte, d. h. nicht durch Absatz 2 gedeckte Vermögensvorteile und unverhältnismäßige Vergütungen.

b) Bislang sieht das autonome deutsche Adoptionsvermittlungs- und Gerichtskostenrecht nur in engen Grenzen eine Kostenbeteiligung der Adoptionsbewerber vor. Der Entwurf schlägt vor, diese Kostenbeteiligung maßvoll auszuweiten. Die Vorschläge des Entwurfs bewegen sich nicht nur innerhalb des durch die Übereinkunft gesteckten Rahmens, sondern bleiben auch unterhalb einer kostendeckenden Höhe. Sie sind jedoch geeignet, einen Teil der im Zuge der Umsetzung des Übereinkommens anfallenden Mehrausgaben aufzufangen.

Im Einzelnen gehen die Vorschläge dahin, für Amtshandlungen der Bundeszentralstelle, nämlich für die Prüfung und Weiterleitung von Unterlagen an die Heimatbehörden des Kindes sowie für das Ausstellen bestimmter Bestätigungen, die die Verwendung ausländischer Urkunden im Inland erleichtern, eine Gebühr von maximal 250 Euro je Vermittlungsfall sowie etwaige Auslagen zu erheben. Ob und inwieweit die Auslandsvermittlungstätigkeit der zentralen Adoptionsstellen kostenpflichtig sein sollte, lässt der Entwurf zunächst offen; er schafft jedoch in § 9c Abs. 2 AdVermiG-E eine Ermächtigungsgrundlage, dies durch Rechtsverordnung zu regeln. Die zugelassenen Organisationen entscheiden im Rahmen der Anerkennungsvoraussetzung der Gemeinnützigkeit (§ 4 Abs. 1 Satz 1 Nr. 3, Satz 2 AdVermiG-E, Artikel 11 Buchstabe a des Übereinkommens) und der oben unter a zitierten Konventionsbestimmungen autonom darüber, inwieweit sie den Adoptionsbewerbern Gebühren oder Auslagen abverlangen.

Eine Kostenbeteiligung der Adoptionsbewerber beinhaltet keine Abkehr von dem Grundverständnis der (Minderjährigen-)Adoption als eines Instruments der Hilfe für Kinder und Jugendliche. Adoption und Adoptionsvermittlung sind ganz auf das Wohl des Kindes ausgerichtet; nichtsdestoweniger dienen sie mittelbar zugleich den Belangen der Adoptionsbewerber. Diese in maßvollem Umfang an dem entstehenden Aufwand zu beteiligen, erscheint deshalb gerechtfertigt.

c) Zur Frage des Vollzugsaufwandes wird zunächst auf die Ausführungen in der Begründung zum gleichzeitig vorgelegten Entwurf eines Vertragsgesetzes Bezug genommen. Ein Mehraufwand ist bei der Bundeszentralstelle als der neu zu bestimmenden zentralen Behörde des Bundes zu erwarten. Bei einer jährlichen Zahl in den Anwendungsbereich der Übereinkunft fallender Adoptionsvermittlungen, die anfänglich bei etwa 600 liegen und in der Folge weiter steigen dürfte, sowie im Hinblick auf schwierige, z. T. interdisziplinär angelegte Aufgabenstellungen, die auch Fragen des ausländischen Rechts einschließen, besteht ein entsprechender Bedarf an Personal, teils verwaltungsfachlicher, teils sozialfachlicher Richtung. Im Rahmen der Sachmittelausstattung ist ein Beitrag zur Finanzierung des „International Resource Centre“ des Internationalen Sozialdienstes in Genf vorzusehen. Diese Einrichtung sammelt Informationen zu Gesetzgebung und Praxis auf dem Gebiet der Adoption und angrenzender Fragen des Kinderschutzes weltweit; ihre Arbeit zu ermöglichen ist unerlässlich, da die deutschen zentralen Behörden nach dem Adoptionsübereinkommen tagtäglich mit ausländischem Recht zu arbeiten haben werden und die Praxis ausländischer Vermittlungsstellen kennen müssen.

Auf die Länderhaushalte wird ein erhöhter Personalbedarf bei den Landesjugendämtern zukommen, da diese Funktionen als zentrale Behörden nach dem Übereinkommen wahrnehmen und für die Zulassung und intensivierte Beaufsichtigung der freien Adoptionsvermittlungsstellen zuständig sein werden. Mehrarbeit bei den für die Verfahren nach dem Adoptionswirkungsgesetz (Artikel 2 des Entwurfs) zuständigen Vormundschaftsgerichten steht eine Entlastung der bislang mit Wiederholungsadoptionen befassten Gerichte sowie der (teils im Organisationsbereich der Länder ressortierenden) Staatsangehörigkeitsbehörden bezüglich der Inzidentprüfung ausländischer Adoptionsakte gegenüber. Bei einem – derzeit allerdings lediglich grober Schätzung zugänglichen – zusätzlichen Bedarf von ca. 15 Planstellen des gehobenen Dienstes bei den Landesjugendämtern dürfte die Mehrbelastung aller Länderhaushalte unterhalb eines Jahresbetrags von 1,5 Mio. Euro bleiben.

Die in Baden-Württemberg und Nordrhein-Westfalen als Träger der Landesjugendämter fungierenden höheren Kommunalverbände werden von den auf die Landesjugendämter zukommenden zusätzlichen Aufgaben betroffen werden. Im Übrigen stehen Mehraufwendungen auf kommunaler Ebene durch Erweiterung der Pflichtaufgaben der Jugendämter im Bereich der Adoptionsvermittlung sowie durch strengere Anforderungen an die personelle Ausstattung der Adoptionsvermittlungsstellen (§ 7 Abs. 2 und 3, § 9a und § 3 AdVermiG-E in der Fassung des Artikels 3 Nr. 3, 4 und 6 des Entwurfs) Einsparungen gegenüber, die sich (durch Wegfall der Notwendigkeit, im Ausland erfolgte Adoptionen im Inland zu wiederholen) ebenfalls bei den Jugendämtern sowie (durch Entlastung hinsichtlich der Inzidentprüfung ausländischer Adoptionsakte) bei den Standesämtern und den – teils im kommunalen Organisationsbereich angesiedelten – Staatsangehörigkeitsbehörden ergeben. Wie sich diese Belastungs- und Entlastungsfaktoren saldieren, lässt sich derzeit nicht näher quantifizieren.

III. Sonstige Zusammenstellungen

1. Vertrags- und Zeichnerstaaten des Adoptionsübereinkommens
(Stand: September 2001)

a) Das Übereinkommen haben ratifiziert (Artikel 43):

Albanien	Mexiko
Australien	Niederlande
Brasilien	Norwegen
Burkina Faso	Österreich
Chile	Panama
Costa Rica	Peru
Dänemark	Philippinen
Ecuador	Polen
El Salvador	Rumänien
Finnland	Slowakei
Frankreich	Schweden
Israel	Spanien
Italien	Sri Lanka
Kanada	Tschechische Republik
Kolumbien	Venezuela
	Zypern

b) Dem Übereinkommen sind beigetreten (Artikel 44):

Andorra	Moldau, Republik
Burundi	Monaco
Georgien	Mongolei
Island	Neuseeland
Litauen	Paraguay
Mauritius	

c) Das Übereinkommen haben nur gezeichnet:

Belgien	Russische Föderation
Bolivien	Schweiz
Bulgarien	Uruguay
VR China	USA
Irland	Vereinigtes Königreich
Luxemburg	Weißrussland
Portugal	

Mit der Zeichnung bekundet ein Staat seine Absicht, das Übereinkommen zu ratifizieren. Für die Zeichnerstaaten ist das Übereinkommen aber noch nicht in Kraft.

2. Anschriften der zentralen Behörden

a) Generalbundesanwalt beim BGH
– Bundeszentralstelle für Auslandsadoption –
Heinemannstr. 6
53175 Bonn
neue Anschrift voraussichtlich ab April 2002:
Adenauerallee 99–103
53113 Bonn

b) zentrale Adoptionsstellen der Landesjugendämter

Baden-Württemberg

Landeswohlfahrtsverband Baden
– Landesjugendamt/Zentrale Adoptionsstelle –
Postfach 41 09 Ernst-Frey-Str. 9
76026 Karlsruhe 76135 Karlsruhe

Landeswohlfahrtsverband Württemberg-Hohenzollern
– Landesjugendamt/Zentrale Adoptionsstelle –
Postfach 10 60 22 Lindenspürstr. 39
70049 Stuttgart 70176 Stuttgart

Bayern

Bayerisches Landesjugendamt
– Zentrale Adoptionsstelle –
Postfach 20 05 52 Richelstr. 11
80005 München 80634 München

Berlin

Senatsverwaltung für Schule, Jugend und Sport
Abt. VI – Jug – Zentrale Adoptionsstelle –
Beuthstr. 6–8
10117 Berlin

Brandenburg

Landesjugendamt des Landes Brandenburg
– Zentrale Adoptionsstelle –

Postfach 10 02 51	Schloßplatz 2
16502 Oranienburg	16515 Oranienburg

Bremen

Gemeinsame Zentrale Adoptionsstelle der Länder
Freie Hansestadt Bremen, Freie und Hansestadt Hamburg,
Niedersachsen und Schleswig-Holstein
Feuerbergstr. 43b
22337 Hamburg

Hamburg

s. Bremen

Hessen

Hessisches Sozialministerium
Abt. VII – Landesjugendamt
– Zentrale Adoptionsstelle –
Dostojewskistr. 4
65187 Wiesbaden

Mecklenburg-Vorpommern

Landesjugendamt Mecklenburg-Vorpommern
– Zentrale Adoptionsstelle –
Behördenzentrum, Block E

Postfach 11 01 63	Neustrelitzer Str. 120
17041 Neubrandenburg	17033 Neubrandenburg

Niedersachsen

s. Bremen

Nordrhein-Westfalen

Landschaftsverband Rheinland
Dezernat 4 – Jugend
– Zentrale Adoptionsstelle –

	Hermann-Pünder-Str. 1
50663 Köln	50679 Köln

Landschaftsverband Westfalen-Lippe
– Landesjugendamt/Zentrale Adoptionsstelle –

	Warendorfer Str. 25
48133 Münster	48145 Münster

Rheinland-Pfalz

Landesamt für Soziales, Jugend und Versorgung
Rheinland-Pfalz
– Zentrale Adoptionsstelle –

Postfach 29 64	Rheinallee 97–101
55019 Mainz	55118 Mainz

Saarland

Landesamt für Jugend, Soziales und Versorgung
des Saarlandes
– Zentrale Adoptionsstelle –
Malstatter Markt 11
66115 Saarbrücken

Sachsen

Sächsisches Landesamt für Familie und Soziales
– Zentrale Adoptionsstelle –

Postfach 13 62	Reichsstr. 3
09010 Chemnitz	09112 Chemnitz

Sachsen-Anhalt

Landesamt für Versorgung und Soziales
des Landes Sachsen-Anhalt
Abt. 4 – Landesjugendamt/Zentrale Adoptionsstelle –

Postfach 1709/1710	Neustädter Passage 15
06106 Halle	06122 Halle

Schleswig-Holstein

s. Bremen

Thüringen

Thüringer Landesamt für Soziales und Familie
Abt. 5 – Landesjugendamt – Zentrale Adoptionsstelle

Postfach 100 361	Steinweg 23
98603 Meiningen	98617 Meiningen

3. Anschriften anerkannter Adoptionsvermittlungsstellen, die auf dem Gebiet der Auslandsadoption arbeiten[1]

AdA Adoptionsberatung e. V.
Kapuzinerstr. 25A
80337 München
und
Berliner Str. 31-35
65760 Eschborn

Ball e. V. – Lebensperspektiven für Kinder
Postfach 1130
27731 Delmenhorst

Children and Parents e. V.
Alt-Haarener Str. 147
52080 Aachen

Diakonisches Werk im Rhein-Neckar-Kreis
Friedrich-Ebert-Anlage 9
69117 Heidelberg

Eltern für Kinder e. V.
Burgdorfstr. 1
13353 Berlin

Evangelischer Verein
für Adoptions- und Pflegekindervermittlung Rheinland e. V.
Einbrunger Str. 82
40489 Düsseldorf

ICCO e. V.
International Child's Care Organisation
Victoriastr. 36
33602 Bielefeld

---

[1] Stand: September 2001, ohne Anspruch auf Vollständigkeit

Internationaler Sozialdienst
Am Stockborn 5–7
60439 Frankfurt

Sozialdienst Katholischer Frauen – Zentrale e. V.
Referat: Adoptions- und Pflegekinderwesen
Agnes-Neuhaus-Str. 5
44135 Dortmund

Zentrum für Adoptionen e. V.
Sophienstr. 12
76530 Baden-Baden

Zukunft für Kinder e. V.
Benzstr. 6
68794 Oberhausen

Stichwörter

Die Angaben beziehen sich auf die Teile des Werkes und die Randnummern